Der Prozess

Die Menschheit wird erwachsen

Zehn Schritte in die Freiheit

Julianne Becker

Impressum

Verlag:	Drachenweg Verlag
	Julianne Becker
	Beryllstraße 18
	D-55743 Idar-Oberstein
	Germany
	Lichtfilz@gmail.com
	juliannebecker.de

Druck:	epubli, ein Service der neopubli GmbH, Berlin
	Printed in Germany

Dieses Buch widme ich Wolfgang, Adrian, Ella, Anja, Jana, Simon und Leon stellvertretend für alle unsere nächsten Generationen, die jetzt vor der Entscheidung stehen, wie es mit uns weitergeht.

Als Lernprogramm und Einweihungsweg hat dieses Buch das Potential, euch leicht, zügig und mit Spaß durch den Prozess zu führen und ihn in zehn Schritten zu vollenden. Möge es euren Verstand überzeugen, eure Intuition befreien und euer Herz nähren.

Wählt weise, meine Lieben!

Und wählt auch ihr weise, ihr Menschen, was ihr mit diesem mächtigen Werkzeug am Ende tun werdet!

Möge die Macht mit euch sein!

Inhaltsverzeichnis:

Der Prozess: Die Menschheit wird erwachsen

Vorwort

Die Menschheit befindet sich in großer Gefahr! Sie durchläuft kollektiv einen Reifeprozess und weiß nichts davon. Sie wird gerade erwachsen. Wer diesen Prozess falsch interpretiert, bringt sich, seinen Körper und unsere gute Zukunft in große Gefahr. Wird er dagegen verstanden und bewusst genutzt, wird er zur besten Grundlage für eine gute Zukunft.
Dieses Buch will aufklären und dich mit deinem inneren Drachen bekanntmachen, der im Prozess eine wesentliche Rolle spielt. In zehn Schritten durchläufst du beim Lesen parallel deinen Reifeprozess und lernst, dein eigenes Schicksal und das der ganzen Menschheit vom Sofa aus maximal zu beeinflussen. Dieser Prozess ist der Schlüssel für unser Überleben als kreative, bewusste und friedliche Spezies. Alle Menschen sollten von diesem Reifeprozess wissen und ihn möglichst schnell bis zum Ende durchlaufen.
Der innere Drache ist ein psychologisches Konzept ähnlich dem inneren Kind, aber im Gegensatz zu dem machtlosen Kind in deinem Unbewussten hat der Drache in dir die Macht, alles zu verändern. Nur vereint mit seiner Kraft werden wir auch kollektiv als Menschheit unsere Probleme meistern. Wir müssen verhindern, dass er ins künstliche Koma versetzt wird. Dann ist die Macht mit uns und alles plötzlich ganz einfach.
Wir schaffen das: Wir erschaffen es uns!

Julianne Becker
Idar-Oberstein im Januar 2021

Eins: In deinem Innern schläft ein Drache

Die Aussaat: Dein Unbewusstes kartieren und besser verstehen

Wie kannst du bewusst sein, wenn du noch so unbewusst bist?

Viele Menschen halten es schon für die Entwicklung von mehr Bewusstsein, wenn sie plötzlich aufwachen und ganz neue Dinge erkennen, wenn sie zum Beispiel getäuscht wurden oder etwas für selbstverständlich genommen hatten, was es nicht war. Während wir im dritten Kapitel näher darauf eingehen werden, wie sich unsere Weltsicht dadurch verändert und was eigentlich real ist, beginnen wir erst einmal mit der Kartierung unseres Unbewussten. Denn wir dürfen nicht vernachlässigen, dass etwas, was dir bisher nicht bewusst oder nur halb bewusst war, wenn es an die Oberfläche drängt, ebenfalls zu mehr Bewusstsein beiträgt. Diesen Vorgang erlebst du ebenfalls als ‚Aufwachen'. Und wir müssen das Unbewusste ins Bewusstsein heben, wenn wir als Menschen ganzheitlich drangehen wollen, unsere Probleme zu lösen. Deine Weltsicht wird erst vollständig durch die Vereinigung von ‚bewusst' und ‚unbewusst' in deinem Wachbewusstsein. Im ersten Kapitel schauen wir daher, was uns so alles unbewusst sein könnte und entwickeln ein grobes Raster, um uns zu orientieren. Will man das Unbewusste verstehen, kann man das nur, wenn man sich auf seine Sprache und seine Art zu kommunizieren einlässt.

1a. Ein Besuch in der Drachenhöhle

Der schlafende Drache in einem Höhlenlabyrinth wird als ein modernes archetypisches Bild eingeführt, eine Vorstellung, die tragfähig genug ist, uns diese andere, uns noch unbekannte Realität plastisch zu erklären. Das Gleichnis vom schlafenden Drachen stellt uns ein grobes Koordinatensystem zur Verfügung, an dem wir uns in der ansonsten amorphen Masse (Unbewusstes) orientieren können. Die Drachen-App öffnet bildlich gesprochen ein kosmisches Google Maps und gibt uns ein Navi an die Hand, um selbst auf die Forschungsreise zu gehen. Außerdem werden in diesem Kapitel die fünf Hindernisse beschrieben, die es zu überwinden gilt, wenn du dein volles Potential aktivieren willst.

Ist dir schon aufgefallen, dass wir selten etwas ganz bewusst tun? Unsere unbewussten Themen und halb bewussten Impulse mischen sich mehr in unser Leben ein, als wir uns zugestehen. Sigmund Freud, der Gründer der Psychoanalyse, differenzierte unser Bewusstsein schon vor über hundert Jahren in Ich, Es und Über-Ich. Diese Unterscheidung war ein guter Anfang, doch wenn wir nicht lernen, den vielschichtigen Inhalt unseres Unbewussten noch viel weiter zu differenzieren, bleiben Es und Über-Ich als "das Unbewusste" eine relativ verschwommene, unbestimmte und ganz amorphe Masse und auf jeden Fall weiter unbewusst. Bewusst werden wir dadurch, dass wir unser inneres Unbewusstes ins Bewusstsein heben, es uns also bewusst machen. Und das wird in unserer Gesellschaft oft verwechselt mit der Anhäufung von viel äußerem Wissen.

Ich musste nicht lange nachdenken, wie ich die Vielschichtigkeit unseres Es und Über-Ichs in einem Vergleich stimmig erklären könnte, zumindest so, wie ich es erfahren habe. Meine eigene kreative Spur führte mich zur Drachensymbolik. Der schlafende Drache eignet sich wunderbar, um das Es und das Über-Ich als den individuellen Teil des Unbewussten in einer Vorstellung anschaulich zu erklären. Denn das Unbewusste lebt nur in

Bildern und Geschichten, in Poesie, Melodien und Gefühlen. Nur der trainierte Verstand operiert mit Zahlen, Begriffen und logischen Zusammenhängen. Das Unbewusste überrascht uns durch merkwürdige Sabotagen, Analogien, Träume, Symbole, eine ganz reiche Bildsprache, originelle Ideen, unlogische Sprünge und Assoziationen, intuitive Ahnungen und inneres Wissen.

Stellen wir uns also vor: In jedem Menschen gibt es eine Höhle, in der ein Drache liegt und schläft. Auch in dir schlummert ein solcher Drache. Er steht für einen Aspekt deiner Psyche, der dir vielleicht noch nicht oder zumindest noch nicht ganz bewusst ist. Er symbolisiert deinen natürlichen Selbstausdruck, deine kraftvolle und wilde Natur. Damit meine ich deine ungebremste, unverfälschte und nicht manipulierbare Lebenskraft, die dort verborgen liegt. Du hast noch keinen vollständigen Zugang zu dieser schöpferischen, kreativen Kraft. Mit dem Drachen verbinde ich auch den nicht gezähmten und nicht zähmbaren Aspekt deiner Psyche, der sich dem Griff deines Verstandes nach Kontrolle schon immer entzogen hat und sich auch weiter entziehen wird.

Dein Drache zeigt sich dort, wo du ursprünglich und kraftvoll bist. Wo du souverän, spontan und selbstbestimmt handelst. Und vermutlich auch manchmal unberechenbar, überraschend und kreativ. Selbst wenn du dich nur an wenige Momente in deinem Leben erinnern kannst, ich bin mir sicher, dein Drache hat sich auch in deinem Leben schon gezeigt. Du hast dich bestimmt schon so gefühlt. Du hast sicher schon Augenblicke erfahren, wo dein Drache – wenn vielleicht auch nur für winzige Momente – ganz wach war und laut losbrüllte und dich kraftvoll verteidigte. Oder er hat dich einfach mal seine wunderbare Kraft viel deutlicher spüren lassen als sonst. Deine Drachenkraft ist der Teil Lebenskraft, der in deinem Leben noch nicht ankommt, aber als Potential immer zugänglich bleibt.

Würde deine Lebenskraft aufhören zu fließen, würde dein Körper sofort mit dem Zerfallsprozess beginnen, denn diese durch dich strömende Kraft ist das Merkmal deiner Lebendigkeit. Ohne Kraftfluss sind wir tot. Manchmal halten wir diese Kraft für so selbstverständlich, dass wir sie vergessen. Und damit vergessen wir, dankbar zu sein für unseren

beweglichen, gesunden Körper, für unsere Beziehungen und unsere guten Lebensumstände. Und dann passiert etwas, eine Krankheit oder ein Schicksalsschlag, und wir erkennen, unsere Lebenskraft ist überhaupt nicht selbstverständlich. Sie ist das A und O, das uns ein Leben im Körper erst ermöglicht. Es gibt da eine schöpferische Kraft, die in uns und durch uns fließt, und sie ist für jeden Menschen erfahrbar. Und die Drachenkraft ist der Teil, der in deinem Leben noch nicht ankommt. Dieses Buch will dir auch deine Drachenkraft vollständig zugänglich machen.
Ich bin kein Missionar und ich will dich auch nicht näher zu Gott bringen, deshalb verwende ich das Bild des Drachen. Es ist viel genauer und hilfreicher, um die Zusammenhänge zu verstehen, die ich in diesem Handbuch für bewusstes Erschaffen vor dir ausbreiten werde. Unsere Lebenskraft hat erst mal nichts mit Gott zu tun. Du bist diese Kraft. Dein Körper und deine Psyche erfahren sich gemeinsam durch Lebenskraft. Der unbewusste Teil deiner Psyche könnte den bewussten Teil zu einem starken, ganzheitlichen Bewusstsein ergänzen, und dieses Buch will dir dabei helfen. Deine Gesundheit und deine Abwehrkräfte hängen von dieser Kraft ab, aber auch dein ganzes Denken, Fühlen und Handeln.
Noch einmal: Ich spreche hier ausdrücklich nicht von Gott und von Glauben, denn deine Lebenskraft ist spür- und erfahrbar, da gibt es nichts zu glauben. Mal könntest du mit dieser Energie sprichwörtlich Bäume ausreißen und zu einem anderen Zeitpunkt hängst du schlapp in den Seilen. Wenn diese Kraft durch dich hindurchfließt, muss sie auch von irgendwo herkommen. Jeder Bach, der durch ein Gelände fließt, hat seine Quelle. Wir werden dieser Lebenskraft bis zur Quelle folgen, aber bitte ganz ohne alles, was man dir über Gott, Spiritualität und Religion gesagt hat. Ich möchte dich befreien und nicht mit den nächsten Konzepten vollstopfen. Deshalb bitte ich dich auch am Ende dieses Buches, meine Geschichte vom Drachen wieder einzustampfen und einfach nur ganz kraftvoll du selbst zu sein. Denn dann hast du es ja verstanden. Das Drachen-Gleichnis dient nur dazu, dich zu befreien.
Natürlich hat unsere Lebenskraft eine Ursache, sie strömt aus einer Quelle. Manche nennen diese Quelle einfach "Alles-Was-Ist" oder "Ursprung der Schöpfung" oder auch "das Universum". Ich spreche hier im

Buch von Drachenkraft, wenn es um deinen potenziell vorhandenen, aber momentan noch fehlenden Durchfluss dieser Lebenskraft geht, eine Energie, die dir zusteht, aber auf dem Weg zu dir irgendwo versickert. Den Begriff "Lebenskraft" verwende ich, wenn deine gesamte Lebenskraft gemeint ist, die von der Quelle individuell an dich ausgeschüttet wird, also die, die schon ankommt, zusammen mit der, die unterwegs verloren geht. Wenn ich dagegen den Ursprung dieser Kraft meine, bevor sie sich in die vielen Lebensströme auch anderer Wesen verteilt und verästelt, spreche ich von der Quelle. Auch die Quelle ist für uns alle erfahrbar und damit real. Den Begriff ‚Gott' vermeide ich möglichst, weil mir dieser Begriff nicht unschuldig und klar genug definiert ist, um das Unbewusste hilfreich zu erklären. Die Einteilung in Himmel und Hölle ist mir dagegen zu banal und widerspricht auch allen Erfahrungen, die ich selbst bei der Entdeckung der Drachenkraft und der Kartierung meines Unbewussten gemacht habe.

Du kennst deine Drachenkraft bereits, du hast sie schon erlebt. Nicht jeder muss den Mount Everest besteigen, um solche Glücks-Momente zu erleben, das geht auch im Kleinen: Du nimmst geschickt eine Kurve mit deinem Motorrad, du hast deinem Vater oder deinem Chef Paroli geboten. Du hast ein Projekt erfolgreich beendet oder etwas vollbracht, was andere nicht für möglich hielten. Oder dich getraut, etwas zu sagen, das dir fast nicht über die Lippen kam. Oder endlich mal Grenzen gesetzt. Ich meine also all die Momente, wo du dich besonders kraftvoll und frei gefühlt hast. Solche Momente sind kostbar.

Es mag sein, dass du deinen Drachenauftritt hinterher bereut hast. Der andere Mensch kommentierte dein Verhalten vielleicht mit: "So kenne ich dich ja gar nicht!" Stimmt, so noch nicht, denn normalerweise schläft dein Drache und hält sich aus deinem Leben raus. Wenn er sich in deinem Leben zeigte, dann eher als Saboteur oder als drastischer Nothelfer oder als Provokateur. Sein Auftritt währte meist nur kurz und hinterließ mehr Scherben, als dir lieb war, bevor er wieder einschlief. Man könnte sagen, im Moment ist dein Drache der Meister deines Scherbenhaufens, er schläft ja sogar darauf in deinem Inneren. Denn dorthin hast du alles verbannt, was nicht in dein bewusstes Leben passt. Die Psychologen

nennen das ‚Verdrängung', und was es damit auf sich hat, erkläre ich im nächsten Kapitel.
Wenn du den Drachen bewusst an deinem Leben beteiligen könntest, und er alle von dir vorgegebenen Benimmregeln beachten und deshalb nicht mehr so ungestüm in dein Leben platzen würde, was wäre das für ein Leben? Wie würdest du dich fühlen, immer mit dieser immensen Kraft im Bunde? Würde dann dein ganzes Leben nicht viel kraftvoller, interessanter, gesünder, erfüllter und außerdem auch noch viel fröhlicher und friedvoller werden? Würde das nicht Auswirkungen auf dein ganzes Lebensgefühl haben? Spürst du das? So machtvoll ist dein Drache!
Wäre es nicht besser, dir deinen Drachen bewusst an deine Seite zu stellen, statt dass du ihn als Feind bekämpfst, der jederzeit und vor allem ganz unpassend aus dir herausplatzen könnte? Da schläft doch keine Bestie in deinem Innern, die du in Schach halten musst: Du hast nur seine Rolle noch nicht verstanden. Du selbst bist für das Verhalten deines Drachens verantwortlich, niemand sonst. Du musst ihn vorsichtig wecken und zähmen! Mit deinem Drachen im Bunde wird alles, was du tust, viel durchsetzungsfähiger in seiner Wirkung. Meistere diese Drachenkraft und du wirst ein Drachenmeister. Du wirst zu einem Meister, der immer weiter übt, ein Meister zu sein. Aber immer mit der Macht im Bunde. Yoda, der Jedi-Ritter aus dem Film ‚Krieg der Sterne', hat genau das mit seinem Abschiedsgruß gemeint: Möge die Macht mit dir sein!
Nun spinnen wir das Drachengleichnis mal ein wenig weiter, damit es uns hilft, unser Unbewusstes besser zu verstehen: Stell dir vor, dein Drache liegt in einem riesigen Höhlenlabyrinth, das direkt hinter deinem Herzen beginnt und auch nur über dein Herz erreicht werden kann. Wir sind es gewohnt, im Herzen die höchsten und intensivsten Gefühle anzusiedeln, zu denen wir fähig sind: Die Liebe, den Frieden und unser Gewissen. Ich füge noch hinzu: Auch unsere Drachenkraft und darüber hinaus all unser Entwicklungspotential und unsere ganze, über dieses eine Leben hinausgehende Geschichte – all das liegt hinter unserem Herzen!
In der Höhle hinter deinem Herzen schläft ein Drache. Die Tür zu deinem Unbewussten ist dein Herz, und von dort fließt deine Lebenskraft dann in deine Erfahrungen. Wenn du dein Herz öffnest und mit deinem

Bewusstsein hindurchgehst, gelangst du in eine weite, großräumige Höhle, die nur schummrig von ein paar Fackeln beleuchtet wird. Du hörst lautes Schnarchen und kannst im Dämmer die Umrisse eines riesigen Drachen erkennen, der auf einem großen Berg ganz unterschiedlicher Dinge liegt und tief und fest schläft. Er scheint sich dabei deutlich in der REM-Phase seines Schlafes zu befinden, denn er rollt unter den Lidern mit den Augen und macht ruckhafte, kurze Bewegungen, so als wollte er im Schlaf laufen oder kämpfen oder fressen oder fliegen. Dabei bleibt er aber weiter tief schlafend auf einem Berg unterschiedlichster Dinge liegen, denn er träumt ja nur. Deine Drachenkraft schlummert mit ihm.
Dein Drache ist ein Schöpferdrache, er träumt dein Leben in die reale Existenz. Sein Einfluss blieb dir jedoch bisher verborgen. Er liegt da auf einem großen Haufen, der all deine Verdrängungen, Verletzungen, unguten Erfahrungen, aber auch die schönen Erfahrungen, Träume und Visionen enthält, an die du dich noch nicht erinnerst oder nicht mehr erinnern willst. Während dein Drache schläft, erfasst er intuitiv-unbewusst alles, was er unter sich spürt, und erzeugt nach dem Gesetz der Anziehung mehr davon in deinem Leben. Er hat die Macht, dir Erfahrungen anzuziehen, die deinen Befürchtungen entsprechen. Du selbst warst diesem Mechanismus bisher schicksalhaft ausgeliefert und kamst vermutlich gar nicht auf die Idee, dass da etwas in dir deine Erfahrungen stark beeinflusst.
Die Drachen mancher Zeitgenossen schlafen sogar auf einem extrem großen Sammelsurium an Zeugs, diese Menschen sind Drachen-Messis, sie haben ihre Drachenhöhle vollgestopft bis zur Decke. Ihrem Drachen bleibt kaum noch Platz, um Luft zu holen. Wie soll er da noch gut schlafen? Soll er ja nicht, und das ist genau der springende Punkt. Die verdrängten Themen und Erfahrungen halten die Lebenskraft in der Höhle wie in einem Wirbel gefangen und sie kann nur noch schwer nach draußen fließen und dein Leben bereichern. Vielleicht ist das auch bei dir der Fall, dann kann deine Lebenskraft nicht mehr ungehindert fließen. Das kannst du an deiner Kraftlosigkeit, Müdigkeit und Antriebslosigkeit erkennen. Kaum noch eigene Ideen, kaum Lebenslust, keine Durchsetzungsfähigkeit eigener Ziele, das ist das untrügliche Zeichen, dass der

Berg in der Drachenhöhle einfach zu groß geworden ist. Solche Menschen kennst du bestimmt. Und vielleicht gehörst du auch dazu.
Deine Lebenskraft ist weder statisch noch wurde sie zu Beginn deines Lebens mit einem Eimer vergeben, und wenn sie aufgebraucht ist, musst du sterben. Nein, diese Kraft ist dynamisch und sie wächst mit jeder bewältigten Erfahrung und sie schrumpft mit jeder weiteren Verdrängung. Du hast ein Recht darauf, gesund und erfüllt durchs Leben zu gehen. Es war nie gedacht, dass wir unser Unbewusstes einfach ignorieren, auch wenn es sich nur in Träumen, Visionen und direkt in Erfahrungen zeigt. Oder wenn uns etwas wie magisch anzieht. Die meisten Menschen glauben, dass sie keinen Zugang dazu haben. Das ist falsch. Wir alle haben einen Zugang. Nur eben einen anderen. Ohne unsere intuitive, rechte Hirnhälfte, unser Herz und unser Noch-Unbewusstes verpassen wir einen wichtigen Teil unseres Selbstausdrucks als Mensch. Spätestens als Erwachsene sollten wir bewusst als ganzer Mensch durchs Leben gehen.
Oft haben die Menschen Angst vor ihrem eigenen Unbewussten. Sie ist berechtigt. Es könnte ihnen tatsächlich Angst machen, was sie dort finden. Es hat diesen Menschen zumindest emotional sehr betroffen, traumatisiert und überfordert, während er es erlebt hat, sonst wäre das Erlebnis nicht in der Verdrängung gelandet. Solange du die große Höhle hinter deinem Herzen, dieses Labyrinth mit seinen Seitenwegen und den vielen weiteren Kammern, nie ganz besichtigt hast, muss dir dein Unbewusstes auch einfach Angst machen. Das ist ganz natürlich. Und dann hältst du das Grollen in der Tiefe für ein gefährliches Untier. Du musst dabei nicht einmal deinen Drachen gehört haben, vielleicht hat jemand nur den Ventilator angeworfen, damit der muffige Geruch endlich verschwindet! Schließlich wird dein Erfahrungsmüll irgendwann zum Himmel stinken. Es wird auch nicht leichter, da hinabzusteigen, wenn du deinen Schatten auch noch gewohnheitsmäßig weiter vollstopfst. Such mal in einer Messi-Wohnung nach der Toilette und versuche hinzukommen!
Halten wir fest: Seit Beginn deines Lebens stapelst du deine unbewältigten Erfahrungen in der Drachenhöhle über- und untereinander auf einem Haufen wie der beste Messi. Und bisher hat dir auch noch keiner gesagt,

dass du spätestens als Erwachsener innen wie außen aufräumen solltest. Auch beim Drachen muss irgendwann mal aufgeräumt werden, also besser gleich. Lerne dein Unbewusstes zu nutzen, und du hast mehr Einfluss auf die Welt! Wie man das macht, erkläre ich später. Dein ganzes Bewusstsein (also Tag und Nacht, unbewusst und bewusst, rechte und linke Hirnhälfte) erschafft immer schon dein Leben, egal, ob du dir dessen bewusst bist oder nicht. Dein Bewusstsein und deine Lebenskraft sind die zwei Seiten der gleichen Medaille. Dein Drache mischt sich entweder träumend in dein Leben ein, ohne dass du das kontrollieren kannst, oder du weckst ihn, machst ihn zu deinem Geschäftspartner und erschaffst bewusst. Partner arbeiten in Absprache vertrauensvoll zusammen, besprechen sich in regelmäßigen Teamsitzungen und lassen sich in ihrem jeweiligen Ressort auch freie Hand. Das ist, was dein Drache will: Einen Sitz in der Geschäftsführung.

Noch einmal: Dein gesamtes Bewusstsein erschafft deine Erfahrungen, es umfasst immer beides: Das bereits Bewusste und das dir noch Unbewusste. Du entwickelst dich im Idealfall von unbewusst hin zu ganz bewusst. Dein Bewusstsein bestätigt sich dabei selbst mit dem, was es erschafft. Du hast immer recht, das geht gar nicht anders. Dieser Mechanismus ist jedoch für dich kaum erkennbar, solange du noch einen großen Schatten wirfst, dein Drache also auf einem großen Haufen Verdrängungen schläft. Dann ist dein Unbewusstes auch viel stärker an der Erzeugung deiner Erfahrungen beteiligt als dein Tagesbewusstsein. Dann läuft vieles nicht rund, und du verfängst dich in Krankheitssymptomen und unglücklichen Erfahrungen. Stets sind die anderen schuld, und in der Welt da draußen muss ganz viel bekämpft werden.

Dein Drache ist auch für Zufälle zuständig, für die kleinen und die großen Wunder in deinem Leben. Du kannst natürlich auch die Quelle selbst dafür verantwortlich machen, aber dann glaubst du, die Ursache dieser Zufälle läge nicht bei dir oder zumindest nicht in deiner Mitverantwortung und wartest brav auf göttliche Eingebungen, statt selbst erschaffen zu lernen. Deshalb gehe ich für unsere Geschichte lieber davon aus, dass es keine Zufälle gibt und auch keine göttlichen Eingebungen, es sei denn, du hast sie dir selbst erschaffen. Du zusammen mit deinem

Drachen, denn er ist ja ein Aspekt der Quelle. Deine Lebenskraft sollte frei in dein Leben, in deine Beziehungen und in deine Projekte fließen. Es gibt Zeitgenossen, bei denen tut sie das auch.
Dein Drache möchte eigentlich auch nicht schlafen. Er wünscht sich, dass du alles, was deine Kraft daran hindert, frei in dir zu fließen, endlich mit seiner Hilfe wegräumst. Das gilt insbesondere für Krankheiten. Durch Medikamente wird sein Bemühen gedämpft (so dass du seine Botschaften nicht mehr wahrnimmst) und dein Körper wird stattdessen direkt chemisch angesteuert. Was nur dazu führt, dass dein Drache in dir noch lauter brüllt und sich unruhig im Schlaf wälzt, und dann gehst du den Weg der Degeneration und des Siechtums und folgst der allgemeinen Vorstellung vom Altern. Ein Leidensweg, der so nie für dich vorgesehen war. Du ignorierst dabei deine eigene Lebenskraft und ihre Aufgabe der Selbstheilung und lässt stattdessen Experten alles tun, damit die Symptome aufhören.
Viele medizinische Behandlungen unterdrücken die Anzeichen, statt die Krankheit zu heilen. Mit genau diesen Symptomen will dein Unbewusstes dich vielleicht nur darauf aufmerksam machen, dass du etwas verändern und dich kümmern solltest. Deine Psyche und dein Körper wollen wieder in ein harmonisches Fließgleichgewicht miteinander kommen. Symptome sind Hilferufe deines Drachen, der brüllt: „Geh raus aus dieser gefährlichen Umgebung!“, „Das macht dich krank hier, nichts wie weg hier!", „Verlass diese Beziehung, sie tut dir nicht gut!“, „Stell deine Ernährung um!" oder „Krieg endlich deinen Hintern hoch und trainiere!“.
Lassen wir den Drachen einstweilen schlafen und inspizieren die Drachenhöhle weiter. Du schaust dich um und siehst, dass da zahlreiche Gänge abzweigen und im Dämmer verschwinden. Wo sie wohl hinführen mögen? Von dort, wo du stehst, ist es nicht zu erkennen. Deine Neugier wird nun durch ein großes, hölzernes Tor geweckt, das einen ganz besonderen Gang direkt hinter dem Drachen eigentlich verschließen sollte. Es steht einen Spalt weit offen und wird von deinem Drachen blockiert, indem er viel zu nahe davor schläft.
Bei näherer Betrachtung erkennst du, dass der Schwanz des Drachens in der Öffnung steckt und verhindert, dass sich das Tor ganz schließen

kann. Und du weißt intuitiv, dass es deinen Tod bedeuten würde, ließe der Drache es zu, dass es sich ganz schließt. Denn hinter diesem Tor geht es direkt zur Quelle. Und aus diesem Tor fließt umgekehrt deine Lebenskraft in die Höhle, durch dein Herz und in dein Leben. Durch diesen Spalt kommt aber nur wenig Lebenskraft tatsächlich noch in deinem Leben an. Das wundert dich erst einmal, hast du doch bisher deine gewohnte Lebenskraft für selbstverständlich gehalten und gedacht, mehr geht nicht.

Erst jetzt, wo du die Situation genauer betrachtest, kommst du auf die Idee, dass du möglicherweise dein Leben auf Sparflamme kochst. Was wäre, wenn der Drache aufsteht und das Tor ganz freigäbe? Würde dann deine Lebenskraft viel kraftvoller durch dich hindurch strömen? Was würde passieren? Was könntest du erreichen? Was wäre möglich? Ja, deine Lebenskraft würde viel stärker und intensiver in dein Leben strömen, das täte sie gewiss. Aber hab acht! Wecke bitte den Drachen noch nicht! Geh nur vorsichtig um ihn herum, bis du durch diesen Spalt hindurchschauen kannst. Was mag wohl hinter dem Tor liegen?

Von religiösen und spirituellen Konzepten kennst du sicher die Vorstellung einer Seele. Du denkst: „Vielleicht geht es hinter diesem Tor zu meiner Seele?“ Doch hinter dem Tor liegt nur ein Gang. Er ist viel weiter und höher als alle anderen Gänge, die vorne in der Drachenhöhle abzweigen. Durch diese Verbindung strömt dir Lebenskraft entgegen, du siehst sie nun als flüssiges Licht durch den Gang und durch den Spalt in die Höhle strömen und um den Haufen einen Wirbel bilden. Wenn diese Lebenskraft nicht mehr fließt, beginnt dein Körper zu zerfallen. Nur dieser eine Gang mit dem Tor wird vom Drachen bewacht. Es muss sich um den wichtigsten Gang dieses Höhlenlabyrinthes handeln. Es ist deine Standleitung zur Quelle, zur Macht, die mit dir ist. Mit der Schwanzspitze zwischen Tor und Öffnung bestimmt dein Drache, wieviel Kraft schon zu dir durchkommt. Er dosiert deine Lebenskraft mit dem Schwanz. Du wunderst dich: Warum macht der das?

Hinter dem Tor führt der Gang langsam und stetig nach oben. Er wird dabei immer heller, statt wie die Seitengänge der Drachenhöhle immer dunkler, je weiter er führt. Du kannst auch hier Seitengänge und

Verästelungen ausmachen, das ist nicht einfach nur ein einziger Gang, der schnurstracks nach oben führt. Der größere Teil des Labyrinths liegt sogar erst hier hinter dem Tor, und dieser Gang ist nicht leer. Auch in ihm liegt ziemlich viel Zeug herum. Du erkennst: Deine Standleitung zur Quelle hat eine göttliche Arterienverkalkung, und das auf ihrer ganzen Länge! Wenn der freie Durchfluss an Lebenskraft fast ganz blockiert ist, kannst du natürlich noch nicht wissen, wer du wirklich bist, auch auf anderen Ebenen, und woher du kommst und was du in diesem Leben erfahren willst.

Kurz und gut, die Lebenskraft fließt bei den meisten Menschen nur noch als Rinnsal, weil erstens das Herz nicht geöffnet wurde, zweitens in der Drachenkammer vor dem Tor noch so viel Unbewusstes herumliegt, das ihre Kraft bindet, drittens die Standleitung selbst eine göttliche Arterienverkalkung besitzt und viertens der Drache noch nicht geweckt wurde, um das Tor auf Dauer ganz freizugeben. Und fünftens wurden weder die Seitengänge vor noch hinter dem Tor inspiziert und in ihrer Wirkung bewusst genutzt. Das klingt nach viel Arbeit, aber es macht noch viel mehr Spaß, sich selbst so gründlich kennenzulernen. Das sind also die fünf Hindernisse, wenn du dein volles Potential aktivieren willst. Ein Mensch, der in Trennung von seinem Drachen einfach so dahinlebt, ohne dass er auch nur eines dieser Hindernisse überwunden hat, bei dem kommt nur ganz wenig Kraft an. Zumindest im Vergleich dazu, was fließen könnte.

Weiterführendes Werkzeug: Akzeptiere den Drachen als Symbol für deine unbezähmbare, natürliche Lebenskraft und als Ausdruck deines vollen Potentials. Er steht für deine Durchsetzungsfähigkeit und deine natürlichen Selbstheilungskräfte, die dich von allen Symptomen und Störungen heilen können. Dein Drache symbolisiert dein Entwicklungspotential, deine Gesundheit und deine Ganzheit.

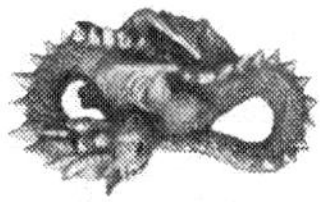

1b. Die Psychologie der Drachensymbolik

Während wir heranwachsen, bauen wir eine Persönlichkeit auf, die uns hilft, möglichst problemlos mit anderen zusammenzuleben. Gleichzeitig wirft diese Persönlichkeit einen Schatten und bindet Kraft beim Drachen, die uns dann im bewussten Leben fehlt. Wenn wir uns von 'erwachsen' zu 'weise' entwickeln, vollzieht sich eine Nachreifung und die Spaltung in Persönlichkeit und Schatten wird wieder aufgehoben. Das erkannte man in der Psychologie und setzt in den Therapiegesprächen darauf, den Schatten zu integrieren.

Für die Psychologie habe ich mich schon immer interessiert. Aus den beiden Lehrerstudien, den fünfundzwanzig Jahren Berufspraxis als Lehrerin und den über hundert eigenen, psychoanalytischen Therapiestunden habe ich eine Menge mitgenommen. Später spezialisierte ich mich auf Lebenskraft, Bewusstsein und bewusstes Erschaffen. Mein theoretischer Hintergrund und meine praktischen Erfahrungen ermöglichten es mir, tiefer in mein Unbewusstes vorzudringen und authentischer ich selbst zu werden. Ich hoffe, dass meine Erklärungen auch dir helfen, dich besser zu verstehen und den Schatz in dir zu heben.

Es ist ein natürlicher Vorgang, dass unsere psychische Kraft in unserem Leben immer weiter zunimmt und in der Weisheit des Alters gipfelt. Es gab Kulturen, wo man das wusste, und die Alten dafür geehrt wurden. Unsere Gesellschaft vergleicht die Äußerungen ihrer Senioren lieber mit dem Zeitgeist und betrachtet sie als überholt. Da werden sogar Professoren in ihrem Fach nicht mehr ernst genommen, sobald sie aus dem Berufsleben ausgeschieden sind. Vielleicht ist dir das auch schon aufgefallen.

Verläuft dein Lebens ideal, wirst du allmählich weise. Du hast mit dem Älterwerden das Gefühl, mehr und mehr mit dir ins Reine zu kommen. Du erwirbst Verständnis für deine Eltern, sobald du selbst Kinder hast. Meistens, indem du versuchst, es besser zu machen als deine Eltern und es dann doch nicht gelingt. Sind deine eigenen Kinder groß, merkst du, dass sie genauso über dich denken, obwohl du doch alles anders gemacht hast. Anders ja, aber nicht besser. Und dann beobachtest du, was

deine Kinder mit den Enkeln erleben. Hattest du keine eigenen Kinder, beobachtest du andere und kommst zu neuen Einsichten.
Der ideale Lebensverlauf macht dich nicht nur weise, sondern auch psychisch stark, weil Lebensthemen, die schon seit deiner Kindheit beim Drachen lagen, durch neue Erfahrungen getriggert werden und sie beeinflussen. Ähnliche Themen und ähnliche Gefühle sorgen dafür, dass die alten Erfahrungen zusammen mit den neuen bearbeitet und vollendet werden. Bei mir war das zum Beispiel der Blick auf das Erziehungsgeschehen aus Sicht des Kindes, des Schulkindes, der Pubertierenden, der Mutter, dann der Pädagogik-und-Psychologie-Studierenden, der konventionellen Lehrerin, der spirituellen Lehrerin, der Sonderschullehrerin, der Seminarleiterin, der Großmutter und schließlich der abgeklärten Alten, die über Erziehung nicht mehr nachdenkt. Heute interessiere ich mich stattdessen dafür, das echte Selbst in jedem Menschen zu fördern. Wie genau du Themen vollendest und dabei stark und weise wirst, wird dir im Verlauf des Buches ausführlich erklärt. Du wirst eine Routine erwerben, besser mit einem Thema umzugehen. Deine Lebenskraft verstärkt sich durch die erfolgreiche Bewältigung einer Erfahrung und gleichzeitig durch die Mitbewältigung deines Schattens. Zum Beispiel korrigierst du ein vorschnelles Urteil oder eine Meinung und kannst eine drei auch mal grade sein lassen. In deiner Drachenhöhle wird dadurch aufgeräumt. Du merkst es daran, dass dieses ganze Thema bei dir einfach ‚durch' ist. Du hast kein Interesse mehr daran.
Wir erforschen unsere Welt immer in Gegensatzpaaren. Mit Bausteinen wie ‚heiß' und ‚kalt' bauen wir unsere Begriffswelt auf. Das sind dann die Lego-Bausteine für unser bewusstes Denken. Die Vorschulerziehung ist voll davon. Es wäre jedoch infantil, dabei stehenzubleiben. Wann immer du einen Pol erfahren willst, entsteht gleichzeitig sein Gegenteil im Schatten. Unser Bewusstsein will und unser Unbewusstes schlägt machtvoll zurück. Bestes Beispiel dafür ist der Jo-Jo-Effekt nach einer Diät zur Gewichtsreduktion. Irgendwann setzt sich das Unbewusste wieder stärker durch als das vom Willen gesteuerte Bewusste, es ist derart machtvoll. Auf das Erschaffen ohne Jo-Jo-Effekt kommen wir noch.

Jedes erfolgreich gelöste Problem, jede integrierte Erfahrung, jedes bestandene Abenteuer – in der Kindheit bis ins hohe Alter – vergrößert deine Kraft und deine Durchsetzungsfähigkeit. Oder um im Bild zu bleiben, dein Drache lässt mehr Lebenskraft durch das Tor fließen, er hat jetzt mehr Platz, um vom Tor wegzurutschen. Diese psychische Kraft steht dir dann zur Verfügung, um dir das Leben so zu gestalten, wie du es haben willst. Du wächst an deinen Aufgaben und deine Kraft wächst mit dir. Deine Lebenskraft spürst du als Freude am Dasein, du kannst überzeugen und deine Ideen durchsetzen.

In der Umkehrung gilt: Wenn du dich einer Erfahrung nicht stellst, eine Aussprache oder eine Entscheidung vor dir herschiebst, ein Ereignis verdrängst, jemanden auf später vertröstest, dich selbst belügst, Ausreden erfindest, dich verbiegst, dich aufgibst, dich bedauerst oder dich verurteilst, rutscht dein Drache wieder näher ans Tor und schließt es mit seinem massigen Körper, bis da schließlich nur noch ein Rinnsal an Lebenskraft an seiner äußersten Schwanzspitze vorbei in dein Leben fließt. Dein Drache belohnt dich also, wenn du für dich einstehst, und er entzieht dir seine Unterstützung, wenn das, was du tust, nicht zu dir passt. Er vergisst nie, wie du wirklich bist und was du wirklich brauchst und wohin du dich entwickeln willst. Dein Drache will, dass es dir selbst gut geht und nicht den anderen. Es ist ja dein Drache.

Das ist seine Aufgabe. Er hält in dir die Erinnerung wach, wie du wirklich bist. Er nährt die Sehnsucht nach deinem authentischen Selbst und gibt alles, um die Spaltung aufzuheben, die im Kindesalter mit uns allen geschah. Sie ist für die Erziehung in unserer Gesellschaft typisch: Die Spaltung in Persönlichkeit und Schatten. Der Aufbau einer Persönlichkeit geschieht ganz unmerklich und allmählich und ist immer mit dem gleichzeitigen Aufbau eines Schattens verbunden. Unsere Persönlichkeit setzt sich aus dem zusammen, wer wir glauben zu sein, und aus dem, wer wir sein wollen. Das bedeutet auch, wir wissen genau, was wir nicht sind und wie wir nicht sein wollen. Diese abgelehnten Eigenschaften übergeben wir unserem Drachen zu treuen Händen.

Wie funktioniert das? Du entdeckst vielleicht in der ersten Klasse, dass dir das Rechnen nicht liegt. Ab sofort definierst du dich als ‚Mathe ist

nicht mein Ding', und das denkst du, obwohl du noch gar nicht wissen kannst, ob ein ganz anderer Teil der Mathematik dir Spaß machen würde. Wenn du das erst einmal entschieden hast, wirst du dich auch in Zukunft weniger für Mathematik interessieren und weniger aufmerksam dem Unterricht folgen und natürlich auch weiter schlecht in Mathe bleiben. Du wirst dir beweisen, dass du recht hast. Deinen anderen Pol (ich bin gut in Mathe) hast du auf dem Haufen beim Drachen abgelegt und fortan ahnst du nicht einmal, dass du für die Zinsrechnung ein echtes Talent entwickeln könntest oder für die Buchhaltung. Nein, du hast dich schon im Alter von sechs Jahren gegen die Zahlen entschieden.
Das ist nur ein Beispiel, doch so baust du aus all deinen Kindheitserfahrungen Standpunkte zu dir selbst und zu deinen Eigenschaften auf oder du übernimmst sie sogar direkt von anderen. Du definierst deine Persönlichkeit. Hat dein Vater dich einen Versager geschimpft, machst du auch das zu deiner Persönlichkeit und lebst fortan gekränkt weiter. War deine Reaktion auf die Bemerkung deines Vaters jedoch Protest, dann hat sich dein Drache schon damals gut um dich gekümmert. Und du hast vielleicht gedacht: „Dem werd ich's zeigen!" und du wirst mit diesem Standpunkt ehrgeizig und erfolgshungrig. Aber auch das bist nicht du, diese Eigenschaft von dir ist reaktiv auf einen dummen Spruch deines Vaters entstanden und hat mit dir selbst nichts zu tun. Wir alle entwickeln im Laufe unserer Sozialisierung Meinungen über uns, die wir mit uns selbst verwechseln, die jedoch Standpunkte sind und nur wenig mit uns zu tun haben. Wir bestätigen sie aber gewohnheitsmäßig durch ein Verhalten wie im Beispiel mit den Zahlen beschrieben. Wir bilden soziale, schulische, wissenschaftliche und religiöse Standpunkte. Wann immer wir eine Erfahrung beurteilen und auswerten, erschaffen wir ein Stück Persönlichkeit und gleichzeitig ein Stück Schatten.
Du fragst dich jetzt sicher, was ist an einem Standpunkt denn so verkehrt? Nun: Er schränkt deine Fähigkeit ein, dein volles Potential zu entfalten. Er spaltet dich in bewusst und unbewusst, in Persönlichkeit und Schatten. Im Unbewussten eines Ehrgeizigen und Erfolgshungrigen liegt die Angst zu versagen, spürst du das? Und das Unbewusste ist stärker als das Bewusste. Die Chancen stehen also gut, dass er genau das auch

erfährt: Sein Versagen. Schon eine einzige flapsige Bemerkung kann dein Leben sabotieren und dich in deinen Handlungen beeinflussen oder sogar lähmen. Doch nur, wenn du sie als relevant für deine Persönlichkeit anerkannt hast, weil ein für dich wichtiger Mensch so geurteilt hat. Es war deine Entscheidung, die das verursachte. Damit trennst du dich von deinem echten Selbst und damit auch von der ganzen Schöpfung und von den anderen Menschen, denn Nähe erfährst du nur über das Selbst. Das kannst du korrigieren und ich will dir dabei helfen.

Wie hat das mit der Persönlichkeit angefangen? Vielleicht warst du für deine Eltern als Kind oft zu laut und zu lebhaft. Also haben sie dich immer wieder kritisiert und angehalten, endlich Ruhe zu geben. So hast du dir angewöhnt, viel ruhiger zu sein, als es deinem Wesen entsprach. Dies ist eine Begrenzung, die dich auch jetzt als Erwachsener noch behindert. Natürlich geht es heute nicht mehr darum, zu toben oder zu johlen, aber in der einen oder anderen Situation würde dir etwas mehr Lebendigkeit schon guttun, oder? Alle Standpunkte werfen also einen Schatten, deine ganze Persönlichkeit tut das: In dir existiert so etwas wie eine Anti-Persönlichkeit, dein Gegenteil, das alles beinhaltet, was und wie du nicht sein willst. Das ist genau der Berg an Sachen, auf dem dein Drache liegt und schläft.

Du willst vielleicht ein guter und kein böser Mensch sein. Wer wollte das nicht? Damit sagst du dem Drachen im Schatten ‚es gibt das Gute und das Böse‘ mit einer klaren Anweisung: Das Böse soll als Erfahrung in deiner Realität existieren und du musst Angst davor haben. Du hast Angst vor dem Bösen, aber auch Angst davor, selbst für böse gehalten zu werden und darunter zu leiden. Noch mehr Angst hast du sogar davor zu entdecken, dass du selbst unwissentlich böse geworden bist, ohne dass du es gemerkt hast. Du hast in diesem Moment deine Unschuld verloren. Merkst du, dass dieses Konzept ‚nicht böse sein wollen‘ einen riesigen Schatten wirft, sobald du ‚Gutsein‘ als dessen Gegenteil anstrebst?

Und weil du dich nun für dieses Gegensatzpaar von Gut und Böse besonders interessierst, siehst du es fortan überall. Du verurteilst Menschen und Situationen und teilst sie ein in Gut und Böse. Es gibt keine

Nuancen und Graustufen mehr, du entwickelst den Tunnelblick für Gut und Böse. Und dein Drache träumt dir weiter ganz brav böse Situationen in dein Leben, weil er annimmt, das ist, wie du die Welt sehen willst. Er glaubt dir sogar, dass die ganze Welt böse ist und macht sie für dich noch böser. Du siehst es nun überall. Du wirst auch tatsächlich mit viel größerer Wahrscheinlichkeit solchen Situationen begegnen, dein Drache zieht sie dir an. Und du wirst unweigerlich erfahren, dass auch du böse verurteilt wirst. Wie lange? Bis du dazu alles verstanden und durchfühlt hast. Irgendwann kennst du dich aus und das Thema wird dir langweilig und du interessiert dich nicht mehr dafür. Denn kein Mensch ist absolut gut oder böse. Er tut nur vielleicht Dinge oder denkt Sachen, die du nicht gut findest, aber er wird seine Gründe und unbewussten Impulse dafür haben. Solange du an einem Gegensatzpaar forschst, siehst du es überall: So ein guter Mensch! Und bei einem anderen zeigt dann das Böse seine Fratze.

Jeder braucht eine Persönlichkeit in dieser Welt, es geht nicht ohne. Du versuchst mit ihr so zu sein und dich so zu benehmen, dass du in die Gesellschaft hineinpasst und nicht zu oft Ärger bekommst. Oder du machst gerade damit sogar Karriere. Du versuchst dabei aber auch jemand zu sein, der du gar nicht bist. Diese Persönlichkeit musst du dann verteidigen und das kostet Kraft. So kommt der erste Kampf in dein Leben und du kämpfst aus Gewohnheit weiter. Du nutzt deine Lebenskraft ab sofort zur aktiven Verteidigung deiner Charaktereigenschaften, zum Beispiel, dass du ‚gut' bist. Mit der Zeit glaubst du sogar, das ganze Leben sei ein Kampf und siehst den brutalen Wettbewerb überall.

Beim Erwachsenwerden bringst du normalerweise innen und außen wieder bewusst zusammen und löst die Gegensatzpaare auf. Ja, du warst schon mal gut. Aber du warst auch schon mal böse. Ja, und man muss das auch nicht so eng sehen und werten, und es kommt auf die Situation an. Dein Schwarzweißdenken löst sich schließlich in jeder Menge bunter Zwischenfarben auf. Wer im Tunnelblick stecken bleibt, hat diesen Schritt noch nicht vollzogen. Er weigert sich, die Pubertät zu verlassen. Die Nachreifung und Vollendung erfolgt, wenn du bewusst deine Unschuld wiederherstellst, die du mit der Persönlichkeitsbildung verloren hast. Damals zog sich dein kleines, inneres Kind von deinem äußeren Ego zurück, und mit ihm dein Drache. Es merkte, es darf sich nicht frei bewegen und frei äußern, und dein Drache war noch viel weniger willkommen.

Deine Reise von unbewusst nach bewusst bringt im Idealfall alle Anteile wieder zusammen. Das innere Kind kann nachreifen und erwachsen werden und dein Drache wird mit seinem Erträumen von Erfahrungen dafür sorgen. Er liebt die Jungfrau, das Mädchen, den kleinen Jungen, das Kind in dir. Er schützt und behütet beide. Das innere Kind muss in allen Themen irgendwann erwachsen werden. Du musst ihm das erlauben, was es als Kind nicht durfte: Im Tagesbewusstsein da sein. Du gibst ihm dafür bewusst Spielräume, sich auszuprobieren und nachzureifen. Dir wird schon was einfallen, was deinem inneren Kind Spaß macht. Wenn alles in dir da sein darf und du ganz unverbogen und ohne Abspaltungen lebst, dann ruhst du in dir und folgst kraftvoll deiner eigenen Spur. Das Sammelsurium beim Drachen ist dann längst verschwunden, du hast aufgeräumt. Das innere Kind ist nachgereift und hat sich mit deinem Drachen und deinem Tagesbewusstsein vereint. Dann ist nicht mehr unterscheidbar, was in deinem Denken, Fühlen, Reden und Handeln gerade von deinem Tagesbewusstsein, deinem inneren Kind, deinem Drachen oder von einer übergeordneten Macht kommt. Du bist bewusst alles. Das Ego wird dabei immer kleiner, aber es verschwindet nie ganz. Es wird nur zum Diener, zum Assistenten. Dein Verstand muss die unbewussten Anteile bewusst in der Geschäftsleitung aufnehmen und Weisheit zulassen.

Diese Nachreifung kann schnell gehen und in diesem Buch zeige ich dir, wie du das machst. Ich möchte dich fördern, ganz du selbst zu sein. Und das ist mehr, als du dir jetzt überhaupt vorstellen kannst. Der Begriff ‚Selbstbewusstsein', wie wir ihn benutzen, ist irreführend. Es ist nicht das Bewusstsein deines Selbst, das aufgebaut wird. Du stärkst in der Regel nur eine künstliche Persönlichkeit und mit der definierst du dich im Vergleich zu anderen. Was wir umgangssprachlich ‚Selbstbewusstsein' nennen, ist pures Ego-Bewusstsein und damit das genaue Gegenteil. Ein Ego erzeugt im Inneren einen riesigen Schatten als Nicht-Ego. Es ist ein selbst gebautes Gefängnis, denn nun träumt der Drache abgeschottet von der Welt immer wilder. Es sind dann die anderen da draußen, die keinen Charakter haben. „Wie kann man sich so benehmen?“ sagt dann die Ego-Persönlichkeit. "“Wie kann der so etwas tun?“ wird dann geurteilt. Und dann will man selbst mit einem solchen Menschen nichts mehr zu tun haben. Schnell ist eine Schublade gefunden (links, rechts, Antifa, Aluhut, AFD, Nazi, dumm, verrückt), um ihn abzuwerten und zu bekämpfen. Doch dann machen sie Erfahrungen. Ein Schicksalsschlag oder zwei, oder drei und aus den Trümmern der alten Persönlichkeit entsteht Demut.

Manche Menschen bauen einen Panzer aus Standpunkten um sich herum auf. Ihre Persönlichkeit steht dann so fest wie eine Burg und sie selbst sind immer bereit für Krieg (Angriff und Verteidigung bzw. Urteil und Verletzung). Die wehrhafte Burg schützt vor Veränderung und soll diesem bedauernswerten Menschen wenigstens ein winziges Gefühl von sich selbst vermitteln. Diese Persönlichkeiten wirken meist psychisch sehr stabil und verteidigen ihre Grundansichten erfolgreich. Man nennt sie dann einen starken Charakter. Ich nenne sie Charakterpanzer und wie dieses militärische Gerät sind sie auch unterwegs, sie bedrohen ihre Mitmenschen mit abfälligen und wenig empathischen Äußerungen und fühlen sich selbst schnell bedroht und verletzt. Dabei haben sie nur eine dicke Schicht Meinungen um sich herum gebaut und ziehen ihr Verhalten durch, komme was wolle. Bewusst ist das nicht. Die Befreiung ihres Selbst gestaltet sich wegen der dicken Mauern viel schwieriger als bei Menschen ohne Panzer, da muss dann schon mal eine Abrissbirne bestellt werden (staatliche Grenzen gesetzt). Sie können durch Argumente nicht mehr geöffnet werden. Leider erreicht sie in ihrem Persönlichkeitswahn nur noch ein charismatischer Führer. Der kann mit ihnen eine sehr stabile Gruppe loyaler und treuer Mitläufer aufbauen, die ihm bedingungslos folgen, oft sogar kampfbereit bis in den Tod.

Andere Menschen halten sich für gescheitert, wenn sie so eine stabile Persönlichkeit nicht aufbauen konnten. Sie schwächeln. Wenn sie sich nur selten durchsetzen konnten, verschwinden sie kraftlos in einem halbbewussten Dämmer. Solche fragil wirkenden Persönlichkeiten sind das genaue Gegenteil eines starken Charakters. Sie konnten einfach keine stabile Persönlichkeit aufbauen, egal, wie sie es anstellten. Sie halten sich selbst für Versager. Sie wirken in dieser Gesellschaft der Bilderbuch-Lebensläufe wie maximal gescheiterte Existenzen. Sie haben sich nie mit Statussymbolen umgeben und gehörten auch nie zu den VIPs.

Ich selbst besaß dank einem Missbrauch in meiner Kindheit eine dieser brüchigen Persönlichkeiten und ich bin absolut dankbar dafür. Denn so war ich gezwungen, auf die Suche nach mir selbst zu gehen und nicht eher zu ruhen, bis ich mein inneres Kind, meinen Drachen und die Quelle selbst gefunden hatte. Fragilen Persönlichkeiten fehlt der schützende Charakterpanzer. Erst konnten sie ihn nicht aufbauen und später wollen sie es nicht mehr, weil sie durchschauen, dass es eine Fassade ist. Sie suchen in allem den Kern, das Selbst. Das sind vermutlich diejenigen, die ihren Drachen schon ganz bald wecken werden, für sie schreibe ich dieses Buch. Der wälzt sich bei ihnen schon unruhig im Schlaf.

Dann gibt es noch die bewusst falsche Persönlichkeit, sie verbraucht und bindet die meiste Lebenskraft. Um eine falsche Fassade aufrechtzuhalten muss Lebenskraft permanent bei anderen gestohlen werden. Eine Fassaden-Persönlichkeit wird immer begleitet von einem riesigen Berg an Zeugs beim Drachen. Dort steckt ihre Kraft fest und fehlt, um den Drachen zu wecken. Das Auftreten solcher Menschen überzeugt nicht einmal sie selbst, sie bleiben innen hohl. Es fehlt ihnen die Integrität und die anderen Menschen durchschauen das. Es sei denn, sie sind von der gleichen Art und spielen mit, weil sie erkennen, wie sie den Hohlkörper des anderen mit Ideen füllen und ausnutzen können.

Weil eine falsche Persönlichkeit aus sich selbst heraus nur wenig Kraft hat, bleibt sie darauf angewiesen, anderen Menschen deren Kraft abzujagen. Sie entwickelt dabei ein Geschick für Rollen, Beziehungen, Seilschaften und Taktiken, mit denen sie sich zu Bedeutung aufblasen kann. Sie will und muss überzeugen und strebt Posten an, um der Macht willen und nicht zum Wohle aller. Falsche Persönlichkeiten werden gerne instrumentalisiert, um im Ressourcenkampf gegeneinander ins politische Schlachtfeld zu ziehen. Sie sind die typischen Bauernopfer. Ein solcher Mensch ist manipulierbar und erpressbar. Mit allem, was man von ihm nicht wissen darf, also mit diesem ganzen Haufen Zeugs. Er muss einen großen Teil seiner Lebenskraft darauf verwenden, den Drachen in Schach zu halten, damit der sich nicht in seine Erfahrungen einmischt. Es gibt Zeitgenossen, die ganze Armeen im Innern dafür unterhalten, Kraft, die ihnen draußen fehlt. Die Bildung einer Ego-Persönlichkeit wirft also einen unbewussten Schatten, den ich mit dem Haufen gleichsetze, auf dem dein Drache schläft. So ist dieser Berg Verdrängungen entstanden.

Es gibt da jedoch noch einen zweiten Mechanismus, der zum unbewussten Schatten beiträgt. Du beginnst dein Leben. Dann kommt irgendwann ein Problem, das du nicht lösen kannst. Es ist dunkel im Zimmer, du kannst nicht schlafen, du hast Angst und weinst und rufst aus dem Gitterbett und keiner kommt, um dich zu beruhigen. Sie hören dich nicht, der Fernseher ist zu laut. Um als dieser kleine Knirps von knapp zwei Jahren nicht verrückt zu werden, spaltest du etwas von deiner Kraft ab und übergibst sie deinem Drachen. Der baut sich gleich brav vor dieser bedrohlichen Angst auf, hält sie in Schach, packt sie am Wickel und legt sie auf seinen Schatzhaufen ab. Dann legt er sich wieder darauf schlafen. Deine Angst ist weg.

Psychologen nennen diesen Vorgang ‚Verdrängen'. Das kleine Kind spürt keine Angst mehr, vergisst sie und kann endlich einschlafen. Wenn das gut funktioniert, macht es das öfter. Wir alle haben das so gemacht. Du auch. Deine Psyche schützt dich so davor, dass du dich mit Problemen beschäftigst, die du noch nicht lösen kannst. Ist die Bedrängnis zu groß, flüchtest du auch mal ganz aus deinem Körper. Aber dein Körper speichert das Drama dennoch. In deinem Unbewussten ist alles noch da und wirkt sich auch weiter auf dein Leben aus. Ein großes Trauma ist fast nicht aufzulösen, sagen die Psychologen. Doch, aber eher mit energetischen Heilmethoden, die gleichzeitig so selbstverständlich mit dem Ausstieg aus dem Körper umgehen können wie mit Karma und mit anderen Inkarnationen. Denn oft liegt die Ursache nicht in diesem Leben.

Wenn du Probleme aus deiner Psyche abspaltest und sie dem Drachen zuschiebst, braucht dein Drache entsprechend mehr Kraft, und er kommt zuerst, er liegt ja näher zum Tor. Dann fließt nur noch ein kleiner Rest an

Lebenskraft an ihm vorbei in dein Leben. Einmal gelernt, verdrängst du immer öfter, denn es hat ja gut funktioniert. Jedes ungelöste Problem legst du beim Drachen ab, so dass du davon nicht mehr weiter behelligt wirst und dich um anderes kümmern kannst. Dein Drache passt auf, dass du im Tagesbewusstsein nicht von grausamen, unschönen oder peinlichen Erinnerungen oder von diffusen, unangenehmen Gefühlen heimgesucht wirst. Die verdrängten Erfahrungen sind dir bewusst nicht mehr zugänglich, aber dein Drache kennt sie alle. Das machst du automatisch, damit du psychisch überlebst. Als Kind bist du auf die Versorgung durch Eltern und Umgebung angewiesen und ihrer Willkür noch lange hilflos ausgeliefert. Doch irgendwann sollte jeder Mensch erwachsen werden!
Hast du eine förderliche Kindheit erlebt, in der es wenig Anlass zu Verdrängung gab, konntest du ein gesundes, echtes Selbstbewusstsein aufbauen. Dann gehst du aus deiner Pubertät mit viel mehr Lebenskraft-Durchfluss hervor und das Tor öffnet sich weit (der Drache rutscht mit seinem dicken Schwanz weiter hinein). Doch vermutlich wirst du aus Gewohnheit verdrängen, weil alle es so machen. Du hast keine Zeit, dich um dieses Problem zu kümmern... oder ... „So schlimm ist es ja nicht..." denkst du dann. Das kann dazu führen, dass du auch einen Teil der neu gewonnenen psychischen Stärke wieder bei deinem Drachen abgibst, damit er sich darum kümmert. Du merkst es daran, dass du kraftloser wirst.
Erst wenn du alles, was du verdrängt hast, wieder in dein Bewusstsein gehoben hast, steht dir deine volle psychische Power zur Verfügung. Und ich spreche hier von deiner ganzen Lebenskraft, deiner kraftvollsten Psyche, deiner Durchsetzungsfähigkeit, und nicht von deiner körperlichen Muskelkraft, auch wenn du durch ein gutes Bodytraining eine starke Psyche entwickelst, weil du Aufgaben erfolgreich bewältigst. Deshalb tut es so gut, den eigenen Schatten zu bearbeiten und schließlich ganz aufzulösen, nicht währenddessen natürlich, das kann schmerzhaft sein, aber danach: Du gehst viel stärker daraus hervor. Denn deine psychische Kraft ist auch deine Lebenskraft, deine Kraft, dich durchzusetzen, oder wie ich es mittlerweile sehe: Das bist du. Der Anteil in dir, den

ich deine Drachenkraft nenne, das bist du selbst viel mehr als alles andere.
Dein Drache hat nur ein Ziel: Dein wahres Selbst zum Ausdruck zu bringen. Die Mauer zwischen unbewusst und bewusst muss weg. Er will die Wiedervereinigung. Und er wird dir keine Ruhe lassen, bevor du dich nicht kümmerst, vor allem, wenn du schon groß bist und dazu in der Lage wärst, es dann aber doch lieber bequem vermeidest. Dein Drache will in deinem Leben bewusst mitmischen, er will dein Leben nicht auf einem unbequemen Sammelsurium verschlafen. Deine Lebenskraft will wirken, denn dafür ist sie da. Deine Psyche möchte Heilung und Ganzwerdung, keine Fragmentierung und Problembewachung. Sie strebt danach, deine ganze Kraft wieder in dir zu vereinen und dein Bewusstsein zu entwickeln. Sie will, dass du glücklich lebst und alles bekommst, was du brauchst. Doch wie könnte sie auf sich aufmerksam machen?
Nun, ganz einfach: Du triffst scheinbar da draußen so lange auf Situationen, die ähnliche Gefühle in dir erzeugen und dich in ähnliche Probleme verwickeln, die du dann auch noch zusätzlich lösen musst, bis du von dem ganzen Problemkomplex von innen und außen regelrecht gargekocht bist. Du hast genug von dem Problem und seinem Gegenteil, du hast eine Lösung gefunden. Deine Psyche sieht in einem aktuellen Problem oft eine Chance, dein Verdrängtes draufzupacken und stellvertretend zu lösen. Ähnliche Probleme klumpen sich zusammen, wenn sie die gleichen Gefühle in dir auslösen. Die alten und neuen Probleme mischen sich und können zusammen geklärt werden.
Du kannst bewusst nach Ähnlichkeiten zwischen dem aktuellen Problem und deinen früheren Erfahrungen suchen: Wo hast du dich schon einmal so gefühlt? Dann können deine Erfahrungen nachreifen, indem du sie bewusst verstehst und durchfühlst. Mit einem "Aha" erkennst du ein Muster. Ab sofort steht es dir frei, es weiter zu aktivieren oder bewusst darauf zu verzichten.
Weiterführendes Werkzeug: Wer bist du und was willst du bewusst sein? Achte einmal darauf, dass du dieses Bild von dir dann auch verteidigen musst. Wenn du dich ärgerst, hat vielleicht nur jemand an diesem

falschen Selbstbild gekratzt, um dir zu helfen, dich besser zu verstehen und dich großzügiger zu definieren.

1c. Der Drachenschatz

Die Verdrängungen in deiner Drachenhöhle lassen sich in psychische Stärke und Weisheit verwandeln, das haben wir im letzten Kapitel herausgefunden und werden es im Laufe dieses Buches auch noch ganz praktisch umsetzen. Auf dieses Potential kannst du durch Therapien und Selbsthilfetechniken jederzeit zugreifen. In dem Sammelsurium, das von deinem Drachen bewacht wird, stecken aber auch noch ganz andere Potentiale, die sich dir erst mit der Schattenintegration erschließen werden: dein Lebensentwurf, deine Träume, deine Visionen und Hoffnungen. Es lohnt sich, dich mit dem Unbewussten zu beschäftigen. Hinter dem Tor geht es dann auch noch weiter. Der größte Teil des Drachenschatzes liegt jenseits des Tores in deiner Standleitung zur Quelle und ihren Abzweigungen: Deine Seele, dein Höchstes Selbst, die Quelle selbst, andere Leben, deine Seelenfamilie, deine galaktische Geschichte, andere Dimensionen und Existenzen. Dort entdeckst du dich selbst. Du bist so viel mehr, als du dir jetzt überhaupt vorstellen kannst!
Dein Drache bewacht ein riesiges Vermögen, dein Potential an Weisheit und verdrängter Kraft. Er schützt dein inneres Kind, dein Herz und deinen Körper und lässt dich erst dann durch das Tor die Standleitung hinauf zur Quelle wandern, wenn das relativ sicher für dich ist. Denn an die sehr viel höhere Schwingung deines Überbewusstseins muss dein Körper sich erst noch gewöhnen. Wenn du diesen Weg beschreitest, wirst du in einem wundervollen Reifeprozess unaufhaltsam mehr zu dir selbst, zu deinem wahren und ewigen Ich. Freu dich darauf: Am Ende dieses Buches wirst du deinen Drachen vorsichtig wecken und zu dem Menschen erwachen, der du immer schon warst.

Mit Zugang zu diesem Potential kannst du deinen Körper heilen, deine Psyche und deinen Geist harmonisieren und Bewusstes und Unbewusstes wieder zusammenführen. Du wirst mit der Natur anders umgehen und deine Lebensumstände so umformen, dass sie dir besser dienen. Du brauchst dafür keine Zwänge und Gesetze, keine zehn Gebote, keine CO2-Steuer und keine Fremdbestimmung. Du lernst Energien ausbalancieren und die Welt um dich herum friedlich zu halten, während deine Kreativität sich vervielfacht und ganz der Umsetzung deiner bewussten Absichten dient.

Am Ende deines vollständigen Reifeprozesses steht ein Mensch mit ganz anderen Fähigkeiten, der aktiv die Wahrscheinlichkeiten in seinem Leben maßgeblich beeinflusst, also ‚mit der Quelle erschafft'. Diesen gerade entstehenden Menschentyp nenne ich den ‚Homo Creativus Pax' oder ‚Mitschöpfer', weil er sein Leben viel kreativer, bewusster und friedlicher gestaltet und seinen Körper am Ende ganz ohne Siechtum ablegt, sobald es Zeit dafür ist. Er schläft einfach ein und machst sich als Bewusstsein auf die Reise. So wie immer, nur diesmal bewusst, dankbar und erleuchtet. Und ohne sich von der Jenseitsfalle wieder einfangen zu lassen. Auf all diese Punkte kommen wir noch zu sprechen.

Du bist bereits dieser machtvolle Mitschöpfer, aber du glaubst es nicht. Man hat dir das Märchen erzählt, du seist ein machtloser, schwacher und sündiger Mensch, und überhaupt: Du seist nur dieser Körper. Doch das stimmt nicht. Du bist der Erbe eines riesigen Vermögens, du weißt nur noch nichts davon und hast daher auch keinen Zugriff darauf. Ganz so wie einer, der im Lotto gewonnen hat, und dann ging ihm der Lottoschein verloren. Deine Vermögensverwalter (die Herrschenden) halten das vor dir geheim und verdienen an deiner Anlage gut. Und natürlich möchten sie auch weiter mit deinen Pfründen wuchern. Sie schöpfen deine Lebenskraft ab und nutzen sie selbst, solange du unbewusst oder nur halbbewusst so dahinlebst. Mit deinem Unbewussten kann man dich nämlich hervorragend manipulieren.

Es wird Zeit, dass die folgende Wahrheit bei all meinen Zeitgenossen ankommt: Jeder Mensch, der jetzt auf der Erde lebt, hat das Potential dazu, ein Homo Creativus Pax zu werden. Wenn du erst einmal die

Zusammenhänge verstanden hast, kannst du den Reifeprozess einfach durch deine Absicht aktivieren. Und ich hoffe, dass du dich am Ende dieses Buches auch dazu entscheiden wirst. Warte aber bitte noch, bis du dieses Buch ganz gelesen hast und damit gut vorbereitet bist. Wir brauchen dich als Mitschöpfer dringender denn je, um die extremen Gefahren abzuschütteln, die uns als Menschheit bedrohen, und um die Weichen für unsere Zukunft neu zu stellen. Wir müssen uns unsere Befreiung erschaffen, oder es wird keine Menschheit mehr geben, wie wir sie heute kennen. Und wir müssen uns aus eigener Kraft befreien, statt den Retter zu erwarten, und wir tun das jetzt bitte auch.
Dieses Buch ist Hilfe zur Selbsthilfe. Es befähigt dich, deinen Reifeprozess anzustoßen, deinem Weg bewusst zu folgen und deinen Transformationsprozess ganz zu vollenden, um zu einem freien, nicht manipulier- und regierbaren Mitschöpfer zu werden, der sich aktiv an dem Erschaffen unserer positiven Zukunft beteiligt. Aktivwerden ist wichtig, passive Mitläufer werden das Mitschöpfertum nie erfahren. Das Passiv, so sagte schon mein Deutschlehrer, sei die Leidensform eines Verbs (Tätigkeitswortes). Es wird dir etwas angetan, statt dass du selbst etwas tust. Ein Mitschöpfer ist grundsätzlich aktiv, selbst wenn es nicht so aussieht. Wer zum Beispiel nicht geht, wird übergangen. Wer nicht schaltet, wird ausgeschaltet. Spiel ruhig mal ein wenig mit der deutschen Sprache, sie spiegelt die große Weisheit unserer Ahnen.
Wenn du aus dem Herzen heraus lebst, ohne den Reifeprozess schon zu kennen, kannst du zwar ein ganz netter Mensch sein, bleibst aber auch naiv und wirst sehr wahrscheinlich ausgenutzt. Es braucht schon viel mehr Bewusstsein und Drachenkraft, um in der Welt von heute zu bestehen. Oft werden die wissenschaftlichen, religiösen und spirituellen Informationen bereits verdreht, verfälscht und verwässert, kaum dass sie an die Öffentlichkeit gelangen. Traue keinem dieser Konzepte, du stopfst damit nur deine Standleitung voll! Bleibe kritisch. Jeder Mensch muss selbst unterscheiden lernen, was er glauben kann und mit wem er reden will. Das ist wichtig, denn du wirst auf deinem Weg die Standleitung hinauf natürlich viele Naturwesen, Engel, Erzengel, Aufgestiegene Meister, Galaktische Föderationsmitglieder, das Ashtar-Kommando oder noch

ganz andere treffen. Egal, wie wohlwollend diese Wesen schon sind, sie haben eine eigene Agenda und die deckt sich nicht immer mit der unsrigen als Menschheit. Mit ihnen bleibst du fremdbestimmt und musst dich am Ende auch von ihnen wieder emanzipieren, um dich an dein eigenes Höchstes Selbst anzuschließen. Es sei denn, es handelt sich dabei um genau deine Seelenfamilie oder eines deiner eigenen anderen Leben.

Betrachten wir den Drachenschatz einmal näher. Natürlich fühlt es sich gut an, in der Höhle aufzuräumen. Die Kraft, die in deinen Verdrängungen feststeckt, kann dann wieder frei fließen, und du bist lebensfroh, fröhlich, kraftvoll und durchsetzungsfähig. Du wirst weise durch die Auflösung des dualen Tunnelblicks. Die Auflösung des Schattens heilt deine Psyche und macht dich ganz, weil Bewusstes und Unbewusstes wieder zusammenkommen und das innere Kind nachreifen kann und erwachsen wird. Dann beteiligt sich dein Drache im Tagesbewusstsein an deiner Lebensgestaltung und setzt dabei die zusätzliche Drachenkraft ein. Das kann man mit einem kleinen Handwerksbetrieb vergleichen, den du die ganze Zeit allein geführt hast und nun bietet dir dein reicher Onkel (Drache) an, als Partner einzusteigen. Für euren Betrieb werden dann Investitionen in völlig neuen Größenordnungen möglich.

Das ist jedoch nur ein Vorgeschmack auf den eigentlichen Schatz, den du erfahren kannst. Dein höchstes Potential ist unvorstellbar viel größer. Mit der Schattenintegration, wie sie die heutige, offizielle Psychologie in der Regel anstrebt, wirst du dir nur bewusst, was dich in diesem einen Leben im Vergleich zur Ewigkeit antreibt. Natürlich ist das wundervoll, wenn du für dieses Leben einen gesunden, kraftvollen und liebvollen Selbstausdruck findest und in diesem Stadium sehe ich viele Menschen, die bereits in der einen oder anderen Form alternativ leben, die sich also alternativ ernähren oder sich um alternative Energien oder um alternatives Wohnen bemühen. Oder für Freiheit oder Klima demonstrieren.

Doch wir dürfen dort nicht stehenbleiben, wir müssen jetzt umgehend aufs Ganze gehen. Wir müssen jetzt unseren Drachen in der Höhle hinter unserem Herzen wecken. Der dadurch ausgelöste Reifeprozess wird bei jedem anders verlaufen, und im nächsten Kapitel werden wir näher darauf eingehen. Es genügt nicht mehr, allgemeines wissenschaftliches, metaphysisches, religiöses und spirituelles Wissen aus Überlieferungen anzuhäufen. Wir sind heute so weit, dass jeder Einzelne seine eigene, individuelle, galaktische Geschichte aufdecken kann. Selbsterfahrung statt Bücherkonsum, darum geht es jetzt. Was war deine Rolle im Ganzen? Und glaub mir: Da gibt es eine Menge galaktischer Geschichten nachzuholen! Dein Höchstes Selbst ist schon Ewigkeiten in diesem und vermutlich auch in anderen Universen unterwegs. Die Verzweigungen in deiner Standleitung zur Quelle führen dich direkt zu all deinen anderen Erfahrungen. Dein bedeutendster Fund wird in der Befreiung deines höchstens Potentials liegen und in dem, was du auf anderen Ebenen längst kannst, weißt und bist.

Egal, wie bewusst du gerade schon lebst, wenn du in deiner Selbsterfahrung über dieses Leben noch nicht hinausgekommen bist, hat dich die Matrix weiter im Griff. Deshalb müssen wir in diesem Buch auch über die Matrix reden. Darunter verstehe ich ein künstlich gesponnenes Netz, das sich in alle Lebensbereiche ausdehnt (Bildung, Sozialisierung, Wirtschaft, Religion, Politik, Medien, Kultur und Kunst) und uns gerade zunehmend kontrolliert und bevormundet. Aus der Perspektive eines einzigen Lebens kannst du diese Matrix nicht verstehen, das Spielfeld ist wesentlich größer. Ohne mehr darüber zu wissen, kannst du unsere Situation nicht wirkungsvoll verändern, es sei denn, du gibst deine Kraft an andere, die das schon besser können. Doch wem willst du noch vertrauen?

Gib deine Macht bitte nicht ab, ich bin für mündige, verantwortungsbewusste Mitschöpfer. Sonst hält die Matrix dich auch weiter in ihren künstlichen Strukturen gefangen. Du schaffst es vielleicht, dich mehr an ihren zivilisatorischen, spirituellen oder religiösen Rand zurückzuziehen, wo sie dich nicht mehr so aufmerksam überwacht. Doch wenn du die Ursache unserer Misere als Menschheit nur in Politik, Wirtschaft und tiefem Staat suchst und nicht auch dein gesamtes Unbewusstes einbeziehst, bleibst du an der Matrix wie an einem Spinnennetz kleben und alle deine Bewegungen ziehen die Spinnenfäden nur fester um dich herum zusammen.

Ich möchte dich ganz befreien, auf allen Ebenen, doch das kann ich nicht. Keiner kann dich befreien, keine alternative Partei, kein Präsident, kein Politiker, keine Demo, kein Gott, kein Jesus und auch kein Prophet. Kein Ashtar Command und auch keine anderen Aliens. Nur du selbst kannst dich befreien, und nur du allein in deinem eigenen Bewusstsein, denn nur du erschaffst dir deine Realität vor dir her. Wie, das erkläre ich später. Kein anderer kann dich retten oder etwas für dich tun. Wenn er das scheinbar trotzdem tut, dann nutzt er dafür deine Lebens- und Vorstellungskraft, aber dann lässt du dich schon wieder von außen benutzen. Ich bin dafür, dass wir als Menschheit damit aufhören und stattdessen lernen, unsere Lebenskraft sinnvoll zu kanalisieren. Ich möchte dich ermutigen, dir deine Geschichte und die der ganzen Menschheit zurückzuholen. Und mit der Macht im Bunde selbst bewusst erschaffen zu lernen. Wie schon Meister Yoda sagte...

Wenn du am Rand der gesellschaftlichen Strukturen lebst, suchst du schon die Beziehung zur Natur und gehst allmählich in eine harmonische Symbiose mit allem Lebendigen, so wie das ursprünglich für uns vorgesehen war. Du klinkst dich wieder ein in die natürliche, lebendige Matrix der Schöpfung und beziehst auch von dort deine Informationen von Gefahr. Genau: Über die intuitive Witterung. Du kannst dann viel deutlicher spüren, wo es lang geht in deinem Leben und ob es wahr ist, was da jemand behauptet, oder ob er dieses Argument nur vorschiebt, um seine perfiden Pläne vor dir zu verbergen. Und wie er dich benutzen will, das merkst du dann auch. „Nachtigall, ick hör dir trapsen...", sagt der Berliner, und das kommt mir in den Sinn, wenn mir ein solcher Mensch begegnet. Spätestens beim Spazieren durch die Natur fallen dir Ungereimtheiten auf, kleine Gesten und verräterische Gesichtsausdrücke. Du spürst es deutlich, da ist einer nicht ehrlich, bei dem würdest du auch keinen Gebrauchtwagen kaufen. Im Laufe der Schattenintegration und des Reifeprozesses zum Homo Creativus Pax wird deine Intuition deutlicher und dein siebter Sinn gestärkt. Du bist dann so gut geführt, dass du immer zur rechten Zeit am rechten Ort bist und dein Leben ideal verläuft. Und das ist natürlich die beste Orientierung für dein Denken, Fühlen und

bewusstes Handeln – neben deinem inneren Navigationsgerät, auf das ich noch zu sprechen komme, was ich dein ‚Navi' nenne.
In deiner Schatzkiste liegt auch ein ganzes Repertoire an Sinneserweiterungen und Sinnesverstärkungen. Viele Talente blieben dir bisher verborgen, die sich über deine Sinne legen, die also von den gleichen Hirnarealen im Kopf ausgewertet werden wie die bekannten Sinne. Öffnest du das Tor hinter dem Drachen, kannst du das auch. Paranormales wird ganz normal. Hellsehen ist zum Beispiel eine mediale Wahrnehmung von Energien, die über das Sehzentrum interpretiert werden. Analog gibt es mediale Wahrnehmungen, die sich über das Hören, Riechen, Schmecken und Fühlen legen. Oder es werden ganz neue Wahrnehmungen in deinem Hirn stimuliert. Manche Menschen berichten zum Beispiel von Rosenduft, wenn sie Jesus in den Raum rufen. Das habe ich selbst auch schon erlebt. Der eigentliche Schatz, den dein Drache bewacht, ist also um vieles größer als der kleine Berg an Zeugs, auf dem er schläft. Das höchste Potential liegt hinter dem Tor zur Quelle und jenseits dieses Lebens. Dein Drache bewacht das Kostbarste, das Hilfreichste und das Beste.
Dein wertvollster Schatz besteht in der direkten Verbindung zur Quelle und in der direkten Führung durch dein Höchstes Selbst. Im Unterschied zu anderen spirituellen Schulen stelle ich den Kraftaspekt von dir in den Mittelpunkt, deine Drachenkraft. Dann geht es bei deinem Schatz um den maximalen Durchfluss an Energie in deiner Standleitung, der Rest folgt ganz natürlich. Wenn da mehr fließt, erhöht sich deine Lebenskraft. Sie startet eine Reihenfolge von Downloads immer höherer Strukturen und Anbindungen, die einfach in deinen Körper fallen und seine Schwingung erhöhen. So erwacht die Macht selbst mit der Zeit in dir. Du erfährst dabei eine selbst induzierte Mutation zum Homo Creativus Pax. Diese Entwicklung betrachten wir im nächsten Kapitel genauer.
Ein Wort noch zu dem allseits beliebten inneren Kind als Dauerbrenner in Therapiestunden. Das innere Kind ist lange genug das kollektive Thema gewesen, es wird einfach automatisch mitbefreit, wenn du deinen Drachenweg zu Ende gehst, denn der Drache selbst sorgt bestens für dein inneres Kind. Es muss nachreifen. Es wird in dir zu einer schönen

Jungfrau heranreifen bzw. zu einem jungen, starken Helden. Doch dieser Anteil in dir ist nicht der, den wir jetzt dringend brauchen. Wenn du dich zu lange mit diesem Kind beschäftigst und deinen Drachen dabei weiter vernachlässigst, wirst du die Chance geschichtlich verpassen, die sich uns nur jetzt bietet. Wir befinden uns in einem Wettrennen, und wer Therapie und Wissenschaft kontrolliert, wird dich machtvoll davon abhalten, deinen Drachen zu wecken.
Es geht nur noch um deinen Drachen und um dein volles Potential, um nichts weiter. In deiner Therapiestunde kannst du gerne weiter ganz nett über das innere Kind plaudern und dich besser verstehen lernen, aber diese Nachreifung passiert auch von selbst, wenn du den Drachenweg zu Ende gehst. Ich schlage dir vor, nur noch die Themen in deine Therapie zu packen, bei denen du wirklich dringend Hilfe brauchst und deine anderen Hausaufgaben daheim zu erledigen. Mir geht es um Selbsthilfe. So wie dein Körper sich selbst heilt, immer wieder, so macht das auch deine Psyche, du musst es nur wissen, wollen und aktiv etwas dafür tun. Das Tor selbst wird in den Überlieferungen auch ‚der Schleier' genannt, weil wir uns nicht daran erinnern, wo wir herkommen und was wir vorher erlebt haben. Unsere Geschichte liegt hinter einem Schleier verborgen. Was nicht heißt, dass wir keine Existenz vor oder nach dem Tod haben. Wir können uns nur noch nicht bewusst daran erinnern. Das physikalische Gesetz der Energieerhaltung legt uns sogar nahe, dass wir bei Geburt oder Tod nur unseren Zustand ändern so wie Wasser verdampft. Die Verbindung zur Quelle und unser Bewusstsein bleiben dabei erhalten. Es gibt weltweit immer mehr Menschen, die bereits ohne diesen Schleier und mit ihrer vollen Erinnerung geboren werden. Einer davon ist der Dalai Lama, den kennst du bestimmt. Der war schon im letzten Leben der Dalai Lama, und davor auch. Die Tibeter habe damit eine lange Tradition. Im Vergleich zu der kleinen Drachenhöhle liegt also der größere Teil deines Unbewussten hinter dem Tor. Dort sind alle Erinnerungen gespeichert, und zwar individuell und kollektiv. Alles wird und wurde immer schon aufgezeichnet, nichts ging verloren, wir wurden nur davon getrennt. Dort hinter dem Tor können wir uns an alles erinnern. Und dieses Wissen ist jederzeit abrufbar. Menschen, die bei dieser kosmischen

Dropbox ein- und ausgehen, nennen diesen Ort ‚die galaktische Bibliothek' oder die ‚Akasha Chronik'. Dieser Datenspeicher ist real, und du findest mittlerweile überall Medien, die für dich dort hingehen. Du kannst sie auch selbst besuchen, zum Beispiel in einem hypnotischen Coaching (Beyond Quantum Healing), Diese Hypnose-Technik wird mittlerweile von vieltausenden Anleitern weltweit angeboten, auch von mir. Das geht mittlerweile auch online.
Die Drachenhöhle entspricht deinem individuellen Unterbewusstsein, da liegen die verdrängten Erfahrungen aus diesem Leben. Damit beschäftigt sich die Psychologie. Dein Psychologe kann selbst natürlich sehr viel bewusster sein, als ihm die offizielle Lehrmeinung erlaubt, und oft ist er das auch. Doch selbst dann wird er dir nur immer im Rahmen seines eigenen Bewusstseins helfen können. Seine Grenzen sind immer auch die seiner Therapie. Bleibe dir dessen bitte bewusst, wenn du mehr willst.
Die höhere Realität hinter deiner Realität ist vielseitig und sehr ausgedehnt. Sie ist mit Ausnahme anderer Leben auf der Erde in höheren Dimensionen und ganz anderen Zuständen angesiedelt und liegt näher zur Quelle. Im Kapitel 3 werden wir uns weiter damit beschäftigen. Folgst du deiner Standleitung zur Quelle aufwärts, endet diese in der Verschmelzung mit der Quelle, wobei du trotzdem individuell erhalten bleibst und dich auch wieder trennen kannst. Diese Verschmelzungs-Erfahrung wird als Erleuchtung, bedingungslose Liebe, absolutes Urvertrauen und unendlicher Frieden beschrieben. Die Heiligen der katholischen Kirche wurden von Malern oft in diesem Zustand von Verzückung dargestellt.
Du kannst diese Verschmelzung selbst erfahren, das kann heute jeder. Du musst es mir nicht glauben oder darüber spekulieren. Ich könnte dir ja auch viel von der großen Liebe erzählen, doch erinnere dich an deine Pubertät: Jedes Konzept und jede Spekulation über die große Liebe waren absolut sinnlos, du musstest die große Liebe selbst erfahren. Dann wusstest du, was Liebe ist. Genauso verhält es sich mit der Erfahrung der Erleuchtung. Wir verbinden diesen Begriff zu Unrecht automatisch mit indischen Gurus, die in ihrer Höhle in den Bergen sitzen und am normalen gesellschaftlichen Leben nicht mehr teilnehmen. Du siehst es

nicht einmal deinem Nachbarn an, ob er die Erleuchtung bereits erfahren hat.
Seit der Drache in allen Menschen durch äußere Umstände so unter Druck gesetzt wird wie heute, kann die Erleuchtung, die plötzliche Öffnung der Standleitung und die spontane Rückverschmelzung mit der Quelle einem Menschen sogar passieren, während er eine Straße überquert, oder wie meinem Lehrer Danaan Parry geschehen, mitten auf der Überholspur einer fünfspurigen Autobahn. Während er das Auto intuitiv-blind quer durch die Spuren bis zum Halt auf dem Seitenstreifen der Autobahn navigierte, fühlte er sich gleichzeitig ‚traumwandlerisch' sicher. Sein Höchstes Selbst hat ihn sicher hindurchgelotst. Die individualisierte Quelle (Höchstes Selbst) erschafft mit dir zusammen alle Erfahrungen. Du kannst diesen Rahmen nicht verlassen.
Die letzte Instanz vor der Quelle, die individuell noch zu dir gehört, nenne ich dein Höchstes Selbst. Es ‚wohnt' ganz oben in deiner Standleitung. Zwischen ihm und deinem Drachen gibt es noch viele andere Repräsentationen von dir, eine davon ist diejenige, die ganz unten in der Standleitung mit deinem Drachen als Schutzengel bzw. Seele zusammenarbeitet. Seele und Schutzengel waren in meiner eigenen Erfahrung identisch. Ich vermute, das ist bei allen Menschen so: Sie besitzen direkt hinter dem Tor eine Seele und direkt vor der Quelle ein Höchstes Selbst. Und dazwischen ist noch jede Menge los, du glaubst gar nicht, was du alles versäumst, wenn du dieses Terrain nicht selbst erkundest! Wir haben eine ganz individuelle Geschichte; selbst deine Erfahrung der Quelle gleicht keine anderen. Dort liegen noch die wahren weißen Flecken auf der Landkarte und warten auf ihre Entdecker!
Die Standleitung ist kein gerader Gang, der direkt zum Ziel führt. Auch hinter dem Tor gibt es noch viele Abzweigungen und Seitenwege. Auf dem Weg zurück zur Quelle liegt die ganze galaktische Geschichte eines Menschen: Alles, was er je erlebt hat, nachdem er aus der Quelle geboren wurde oder was sich alternativ im Dunkel der ewigen Existenz verliert. Wer sich der Welt hinter dem Tor öffnet, trifft auf viele andere Leben, auf die galaktischen Kriege, auf verschiedenste Existenzen ohne Körper oder sogar auf Erfahrungen als Pflanze, Tier, Naturwesen, Kristall,

Fabelwesen oder Alien und betritt dabei viele verschiedene Dimensionen. Die ganze Welt der Fantasy ist dort zu finden! Nur dass es keine Fantasy ist: Du als Bewusstsein hast das real erfahren und dich dabei ausprobiert. Diese höheren Aspekte von dir sind auch mit vielen anderen Inkarnationen verbunden, denn sie haben schon öfter einen Körper betrieben, daher findest du über diesen Umweg auch den Zugang zu anderen Leben auf der Erde.

Aber die Hauptkammer, dort wo dein Drache schläft, die gehört nur zu dir und zu diesem Leben. Das Tor, das bei den meisten Menschen nur einen Spalt weit offensteht, verbindet mit anderen Realitäten. Menschen, die ihre Seele noch nicht mit dem Körper verschmelzen konnten, fehlt eine kraftvolle Mitte. Sie laufen noch sprichwörtlich mutterseelenallein (ohne Kontakt zur Mutter-Seele) durchs Leben und das ist kein schöner Zustand. Dieses hohle Gefühl der Bedeutungslosigkeit, das sich einstellt, wenn die Seele nicht gespürt wird, muss mit einem Korsett aus Ansichten, Gewohnheiten und einer definierten Persönlichkeit kompensiert oder mit Süchten betäubt werden. Ich kenne das, ich war stark esssüchtig.

Erst wenn sich das Tor zur Quelle weiter öffnet, bekommt deine Seele Kontakt zu dir und geht mit deinem Ich in die Verschmelzung. Ich selbst habe meine Seele erst mit meinem Körper verschmolzen, als ich die Vierzig bereits überschritten hatte. In der Literatur wird das ‚die lange, dunkle Nacht der Seele' genannt. Die Ankunft der Seele im Körper zeigt sich in einem starken Gewissen und der fehlenden Notwendigkeit, sich ethische Regeln von außen überstülpen zu lassen. Das Mitgefühl allein genügt. ‚Mach mit einem anderen nichts, was du nicht selbst erfahren möchtest', das ist eine wunderbare Regel. Sie genügt. Die Seele ist auch sinnstiftend. Solange du nicht weißt, warum die hier bist, kannst du nur fremdgesteuert werden. Schade.

Hinter dem Tor zur Quelle liegen auch spezielle Begabungen, die du mit der Zeit erinnerst. Ich selbst konnte zum Beispiel plötzlich filzend sehr hohe Energien auf der Erde verankern und diese Energien auch noch abstimmen auf die jeweiligen Menschen, für die ich filzte. Für diese Menschen baute ich mit einem Filz-Tier eine Art Umleitung zu ihrem

Höchsten Selbst, um die Arterienverkalkung ihrer Standleitung geschickt zu umgehen. Mit dem Lichtfilzling im Arm wurde ihr Höchstes Selbst verstärkt erfahrbar. Andere Menschen entdeckten, dass sie ein planetares Lichtgitter errichten konnten für eine fünftdimensionale Erde. Oder sie machten eine neue (uralte) Heilmethode wieder verfügbar für uns alle. Das sind so ungewöhnliche Jobbeschreibungen, dass du sie nicht einmal in den besten Fantasy-Geschichten finden wirst. Auch in dir liegen mehr Potentiale brach, als du dir vorstellen kannst, denn du hast einfach schon so oft gelebt und so viel erfahren. Wir alle haben eine lange Geschichte und wir sollten sie kennen.

Wenn du deine Standleitung gemeistert hast, erfährst du dich als bewussten Mitschöpfer. Dieses Leben ist ein Wimpernschlag der Zeit innerhalb von Ewigkeit, aus dieser Perspektive heraus kannst du niemals schon deine Fähigkeiten voll ausschöpfen. Du bleibst ein Blatt im karmischen Wind und lässt dich von den Absichten anderer forttragen. Durch das bewusste Hinaufklettern in deiner Standleitung und die Erforschung der Nebengänge, der Verwandtschaften und Beziehungen wirst du zu einem Mitschöpfer. Wenn du dein Unbewusstes aufdecken und mit deinem Tagesbewusstsein verschmelzen konntest, hast du nur den ersten Schritt getan. Du hast deinen Schatten ans Licht gezerrt und deine Erfahrungen vollendet, viel mehr aber leider noch nicht. Bleibe bitte nicht bei diesem ersten Schritt stehen, sondern gehe mutig weiter.

Weiterführendes Werkzeug: Sollten dir in diesem Text Begriffe begegnet sein, von denen du noch nie gehört hast, schlage ich dir vor, im Internet zu stöbern und mehr darüber zu erfahren. Bist du schon ein alter Hase, lies lieber gleich das nächste Kapitel.

Zwei: Der Drache und das Christentum

Schöpfungsströme: Das christliche Abendland und seine Traditionen neu verstehen

Werde selbst zum Experten für die existentiellen Fragen des Lebens

Nun werden wir unseren größten Schatz genauer untersuchen: den Reifeprozess. Seine möglichst zügige Vollendung ist der Schlüssel für die Transformation unserer Situation auf der Erde. Alles andere, was wir bisher getan haben, gerade tun und noch tun werden, bleibt wichtig. Wir müssen aktiv werden und unsere Rolle spielen. Doch erst als ausgereifter Mitschöpfer (Homo Creativus Pax) werden unsere Handlungen fruchtbar und können von der Matrix nicht mehr ausgehebelt werden. Dieser Reifeprozess steht zu Recht im Mittelpunkt dieses Buches, und das Potential dazu besaßen alle Menschen schon immer. Das Wissen darüber wurde ihnen aber vorenthalten, ausgeredet und sie wurden um jeden Preis daran gehindert, diesen Reifeprozess überhaupt zu starten. So hielt man die ganze Menschheit in einer Art infantiler Pubertät. Bis auf einzelne Ausnahmen wurden die Menschen also bisher nie erwachsen. Das muss sich ändern. Wir werden den Reifeprozess ausführlich beschreiben und danach die Rolle untersuchen, welche die Religionen wie zum Beispiel das Christentum bei der Unterdrückung unseres angestammten Rechtes auf das Erwachsenwerden spielten. Und wie und mit welchen Methoden sie unsere Kraft immer noch stehlen, die wir energetisch für den Kickstart des Prozesses benötigen. Dieses Kapitel ist nichts für Persönlichkeits-Menschen, die sich vorwiegend religiös definieren, es wäre zu viel für ihre Nerven. Ich bin mir sicher, sie werden sich vorher schon abschalten lassen. Nun denn.

2a. Unser Reifeprozess – eine natürliche Erfahrung

In diesem Kapitel geht es um den natürlichen Entwicklungsprozess, wie ich ihn selbst erlebt habe und wie er als Potential in jedem von uns angelegt ist. Ich will ihn dir möglichst genau, umfassend und unabhängig von religiösen und psychologischen Konzepten beschreiben, so dass es dich befreit, statt dass du in einem Konzept gefangen bleibst und dir selbst und uns allen vielleicht schadest. Du musst nichts von ihm wissen, der Prozess läuft trotzdem ab. Um gefährliche und falsche Interpretationen zu vermeiden, ist es besser, du weißt, was gerade mit dir passiert, und bist gut vorbereitet, um den Prozess erfolgreich bis zum Ende zu durchlaufen. Jeder heute lebende Mensch steht in der Transformation zum Mitschöpfer oder befindet sich auf dem Weg dahin, egal ob er als Atheist, Christ, Jude, Muslim oder noch ganz anders sozialisiert wurde.
Die Menschheit selbst steht vor der Entscheidung: Entweder entwickelt sie sich in einer Aufwärtsspirale zum Mitschöpfer oder sie lässt sich unbewusst in einer Abwärtsspirale in die kollektive Demenz locken. Im Reifeprozess zum voll bewussten Mitschöpfer wirst du die echte Rückverbindung zu deiner wahren Quelle (lateinisch ‚religio' – ich verbinde mich) wiederherstellen. Zu den selbsternannten Experten auf diesem Gebiet der Religionen und deren Machtstrukturen kommen wir dann im nächsten Kapitel. Wir müssen uns diesem Thema auch sehr vorsichtig annähern, um dich zu informieren und zu inspirieren, ohne dich und deine Vorstellungen von Religion oder deine atheistisch-wissenschaftlichen Konzepte zu triggern, du könntest dich sonst verletzt fühlen, das Buch in

die Ecke feuern und lebenswichtige Informationen verpassen. Behalte bitte im Auge, dass nur ein Konzept verletzt werden kann, an das du fest geglaubt hast, es muss aber deshalb nicht wahr sein. Du als ewiges Wesen kannst nicht verletzt werden.

Die Quelle in uns ist erfahrbar. Dieses Gefühl der Einheit mit der ganzen Schöpfung ergreift den einen beim Betrachten des nächtlichen Himmels, einen anderen auf der Reise durch den Grand Canyon und einen dritten in der körperlichen Vereinigung mit der Liebsten. Das Staunen, die Ergriffenheit, aber auch Zufälle zu deinen Gunsten und kleinere und größere Wunder – sie erinnern dich in den wenigen kostbaren Augenblicken ihrer Existenz an eine höhere Macht. Ein als Mensch gereifter Mitschöpfer bleibt sich dieser Erfahrung immer bewusst. Er erschafft vereint mit dieser Macht und bezieht daraus ganz natürlich das Gefühl von Freude, Erfüllung, Frieden und Dankbarkeit. Am Ende des Reifeprozesses erlebt ein Mensch sich eingebettet in das Geschehen im Kosmos und fühlt sich mit allem eins.

Das Erwachen zu einem neuen, höheren Bewusstsein geschieht meist ganz allmählich, und es gibt drei wohl unterscheidbare Phasen mit völlig anderen Prozessen: Die spirituelle Suche, das spirituelle Finden und die post-spirituelle Anwendung. Die spirituelle Suche findet ihren Abschluss in der Seeleneinschmelzung, während das spirituelle Finden mit der Anmeldung zur Meister-Prüfung endet, in diesem Buch also mit Kapitel 10. Dabei wird der Drache geweckt und die Vollendung des Aufstiegs abgerufen. Danach geht es vor allem um das bewusste Erschaffen, aber auch noch weiter um die Anwendung von Werkzeugen und die Vertiefung von Wissen. Der Mensch ist dann ein Meister, der übt, ein Meister zu sein. Diese Phase nenne ich die post-spirituelle Anwendung. So erlebt sich ein Mitschöpfer: Es geht immer weiter mit Suchen, Finden, Anwenden und bewusstem Erschaffen. Am Ende des Reifeprozesses wird der Mensch zu einem Aufgestiegenen Meister. Die zehn Schritte dieses Buches nehmen dich an die Hand und führen dich in diese Meisterschaft.

Ab und zu erwacht ein Mensch sofort ganz in die Erleuchtung. Es gibt da keine Regel, bei jedem läuft es anders. Ich gehe davon aus, dass die meisten meiner Leser sich bereits in der zweiten Phase befinden, doch

auch Menschen auf der Suche können schon von diesem Buch profitieren. Jeder heute lebende Mensch hat das Potential, noch in diesem Leben ganz aufzuwachen, er muss den Weg nur bewusst zu Ende gehen. Dies ist geschichtlich einmalig. Alle Weltenlehrer, Erleuchtete und Meister, die vor der Mitte der 1990-iger Jahre gewirkt haben, konnten nur das Leid lindern (Buddha), das durch unsere Unbewusstheit versursacht wird, oder uns an das erleuchtete Christusbewusstsein erinnern (Jesus). Ihre Einweihungen und Lehren waren für ihre eigenen Zeitgenossen bestimmt und für die Zwischenzeit bis heute. Nur selten haben diese Großen schon prophezeit, dass die Menschheit den Mitschöpfer verwirklichen würde, sie konnten damals nur das Gegenteil voraussehen, ein Armageddon und die Rettung von nur ganz wenigen. Unser Schicksal wurde zu unseren Gunsten verändert, indem unzählig viele spirituelle Menschen weltweit im Reifeprozess vorangegangen sind oder schon gleich als Sternensaat in die Meisterschaft geboren wurden und die Schwingung immer weiter erhöht haben, bis die kritische Masse erreicht war, um der ganzen Menschheit dieses Potential das Aufstiegs – wie sie es meistens nannten – zugänglich zu machen. Kein Hellseher konnte diese Zukunftsvariante voraussehen, denn es gab sie nicht: Viele aufgewachte Mitschöpfer haben sie erst gemeinsam erschaffen.
Das Wissen um unseren Reifeprozess wurden vor uns versteckt, verleugnet, verdreht, falsch interpretiert, verschleiert und uns ausgeredet. Dabei wurde jedes neuere, spirituelle Konzept ebenfalls assimiliert und in altbewährter Manier verdreht und die Menschen mit spirituellen Blasen in den Schlaf gelullt. Es ist eine Menge Täuschung unterwegs, vor allem im Internet, denn wir sollten nie im Leben auf die Idee kommen, dass es auch uns und sogar noch in diesem Leben geschehen könnte, was Buddha und Jesus realisiert hatten, aber genau das ist, was momentan überall geschieht und erst einmal viele zusätzliche, gesundheitlichen Probleme und Lebenskrisen verursacht. Wir werden gerade alle zu unserem höchsten Potential als Mensch gargekocht. Wir entwickeln uns fertig. Wir holen in einem Reifeprozess das Bewusstsein des Mitschöpfers in unseren Körper und werden dabei immer noch mehr wir selbst. Dabei relativieren wir die künstliche Persönlichkeit. Auch du wirst dabei immer noch

mehr du selbst. Deine Schulkameraden werden dann sagen: „Quatsch, du hast dich doch überhaupt nicht verändert, so warst du schon immer!" Sie spüren das.

Die meisten Älteren von uns wurden noch getrennt von ihrer Seele und ihrer vorgeburtlichen Erinnerung geboren. Sie sind es auch, die nun die größten Schwierigkeiten haben, sich auf diese Entwicklung einzulassen. Bei mir war das auch so. Ich kam ohne Erinnerung an andere Leben zur Welt und ohne jegliches mediale Talent, doch ich konnte mich immer schon in das Gesamtbewusstsein eines natürlichen Kraftplatzes einklinken, mein Herz weit öffnen und mich eins fühlen. Es gibt auch Menschen, die in jeder Situation weiter verbunden bleiben. Sie haben den Reifeprozess, von dem hier die Rede ist, nie gebraucht. Diese wunderbaren Menschen fühlten sich nie als besonders und das haben sie auch alle so gesagt. Sie sind uns nur vorausgegangen. Jesus war einer davon.

Viele der Jüngeren unter uns wurden schon mit der Seele vereint gleich in die zweite Phase des Findens hineingeboren, sie nennen sich 'die Sternensaat' oder ‚Kristallkinder'. Oft sind sie seelisch reifer als ihre Eltern und haben größte Mühe, ihre Gesundheit aufrechtzuhalten und sich in Schule, Job und Wohnsituationen zurechtzufinden, vor allem, wenn ihre Eltern sie zu Lösungen drängen, die ihre spirituelle Entwicklung stören. Wenn sie mit einem bereits gestarteten Reifeprozess geboren wurden, müssen sie unbedingt in diesem Leben noch den Weg zu Ende gehen. Einmal angestoßen, muss der Prozess zu Ende ablaufen. Und je länger sie trödeln, umso gefährlicher wird es für ihren Körper.

Die Mehrheit der heutigen Weltbevölkerung befindet sich nicht einmal auf der Suche. Getrennt von der eigenen Seele haben diese Menschen ihre Fähigkeit verloren, sich eins zu fühlen mit der ganzen Schöpfung. Sie leben völlig getrennt von ihrem Ursprung und finden das ganz normal. Sie kennen es nicht anders. Und dann müssen sie spekulieren und sich an äußeren Konzepten und heiligen Büchern festhalten und allen möglichen Experten Autorität geben, um auf diesem Umweg doch noch eine Nähe zur Quelle (oder zu Gott, wie sie es meistens nennen) herzustellen. Oder sie werden Atheist und verdrängen ihre Angst vor dem Tod

zusammen mit den anderen existentiellen Fragen ins Unbewusste und rühren möglichst nicht mehr daran.
Ob schon auf der spirituellen Suche oder noch nicht, bis zur Verschmelzung mit der Seele wird ihre Persönlichkeit mit jeder Ich-Stärkung auch den Schatten weiter füllen, so wie in Kapitel 1b erklärt. Wer sich nicht einmal auf der Suche befindet, wird außerdem gerade durch das aktuelle politische Klima ‚gargekocht' und gerät in eine Abwärtsspirale, wo in einem Zustand der Angst und durch den Druck der Veränderung vermehrt ungemütliche Erfahrungen und Krankheiten angezogen werden. Das geht so lange, bis der Mensch irgendwann sagt: „Ich gebe auf, ich komme allein nicht mehr weiter. Ich kann nur hoffen, dass es etwas gibt, was größer ist als ich und mir helfen wird." Mit Erreichen dieses Tiefpunkts wird ihre Persönlichkeit in ihrem Größenwahn entmachtet, die Welt zu verstehen und alles besser zu wissen. Erst dann sind sie offen für Spiritualität und ihre Suche beginnt. Ihr Höchstes Selbst erhält das Signal, die erste Phase einzuleiten, wobei ihr Drache aber noch ganz lange weiterschläft. Nun folgen Zufälle, Impulse und Rätsel, mit denen das Höchste Selbst ihre Suche indirekt steuert, und die sie wie beim Geocaching (früher: Schnitzeljagd) immer weiter Richtung Mitschöpfer locken.
Vielleicht erwachst auch du erst einmal nur aus der gesellschaftlichen Trance und merkst, da wird etwas ganz anderes gespielt, da läuft gerade keine gute Entwicklung für uns Menschen. Und dann engagierst du dich fürs Klima oder für die Freiheit. Die Spirale abwärts hast du damit erst einmal gestoppt und die Bewegung umgedreht, es geht nun aufwärts, deine Schwingung wird sich dabei langsam erhöhen und das Geocaching setzt ein. Du bist in der Phase des selbstlosen Dienens angekommen, das steht immer am Beginn deiner Entwicklung. Du willst gut sein und engagierst dich für einen guten Zweck. Der Unterschied zur vorwiegend unbewusst gesteuerten Persönlichkeit und deren Einsatz für bestimmte politische Ziele liegt darin, dass du nun echt altruistisch wirst, was man leicht von Wohltätigkeitsorganisationen unterscheiden kann: Die sind das genaue Gegenteil. Da feiern sich die Reichen selbst und

lassen als die ‚Guten‘ ein paar Krümel publikumswirksam unter den Tisch fallen.
Ein politisch erwachter Mensch ist nicht automatisch auch spirituell erwacht, doch bei den meisten Menschen ist es von da nur noch ein kleiner Schritt zur spirituellen Suche. In dieser Phase will der Mensch vor allem im Außen Gutes tun. Er neigt dabei leider auch zum Missionieren, denn er erfährt nun einen Zufluss an Energie und guten Zufällen und möchte auch seine Umgebung damit beglücken. Er fühlt sich gestärkt in der Gemeinschaft anderer, die sein Bewusstsein teilen. Er kann seine Erfahrungen noch lange politisch deuten, dann will er seine Umgebung aufklären und überzeugen. Wenn er seine Erfahrung spirituell deutet, will er in dieser Phase seine Mitmenschen an dem großartigen, neuen Gefühl teilhaben lassen, und versucht sie dazu zu bewegen, zu Veranstaltungen des spirituellen oder religiösen Gemeinschaftskuschelns mitzukommen. Er wird zu einem spirituellen Missionar. Er weiß noch nicht, dass Gemeinschaftskuscheln erst einmal nichts mit Spiritualität, Gott oder einer bestimmten Religion zu tun hat. Als spirituell Erwachter bleibt er nun entweder noch lange in bestimmten Konzepten von Gott und Engelchen stecken und betreibt eine ritualisierte Religiösität oder er lässt sich wohlig-weich in eine oberflächliche Wohlfühl-Spiritualität sinken. Einige wenige begeben sich sogleich auf die Suche und lassen sich durch nichts und niemanden mehr davon abbringen, so als ginge es um ihr Leben. Und das tut es auch. Nimm dir die Letzteren als Beispiel. Darum geht es jetzt.
Der Suchende setzt sich vielleicht für Frieden ein, für die Tiere, für die Armen, für die Kinder. Er besitzt das ideale Bewusstsein für Ehrenämter. Er beginnt, über sein persönliches, kleines Leben hinauszuwachsen und engagiert sich für die Rettung der Welt und steckt dort auch sein ganzes Herzblut hinein. Dabei kann er sich wie Mutter Theresa in der Aufgabe verlieren und sein Ego vergessen. Das erlebt er als sehr befriedigend und sinnstiftend. Weil er aber die Welt retten will, gerät er in Erfahrungen, wo er unweigerlich zum Täter wird, oder er macht sich selbst zum Opfer. Das ist nicht zu vermeiden. Wer gut sein will, will auch mehr über das Böse-Sein erfahren, siehe Kapitel 1a. Wer retten will, wird auch erfahren

wollen, wie es ist, die eigene Rettung zu benötigen. In der Konflikttheorie beschreibt das TOR (Täter-Opfer-Retter-Dreieck) den Zusammenhang ganz gut: Wer auf eine dieser Rollen einsteigt, wird unvermeidlich auch alle anderen erfahren. Nur ein Tor steigt ein auf das TOR. Mehr will ich dazu hier nicht sagen, aber ich spreche aus Erfahrung.

Je größer das Engagement im Außen für das Gute war, umso enttäuschter ist dieser Mensch am Ende und es kommt der nächste Tiefpunkt, ein weiteres Erwachen. Und die Einschmelzung der Seele beginnt. Nun gibt er auch auf, für das Gute im Außen zu kämpfen, denn er hat gemerkt, dass nur das Bewusstseins eines Menschen entscheidet, welche Erfahrungen er anzieht. Sein ganzer Einsatz war vergeblich: Er hat nur diejenigen, die er retten wollte, mit seiner Kraft genährt und sie damit stabil unbewusst gehalten! Er hat ihre Entwicklung eigentlich sogar verhindert. Sobald seine Persönlichkeit diese nächste Kränkung erfährt, gibt der Mensch auf noch viel tieferen Ebenen auf. Das erst ist das Signal für die Seele, dass sie mit der Verschmelzung (mit dem Ich des Tagesbewusstseins) beginnen kann.

Der Mensch versteht lange nicht, was da gerade mit ihm passiert. Keiner hat ihn auf diese Verschmelzung vorbereitet. Er hat nun immer größere Schwierigkeiten und erlebt sie als Überforderung, verbunden mit starken Stimmungsschwankungen, eine Befindlichkeit, die im Volksmund ‚Burn-Out' genannt wird. Das alte Ich, die alte Persönlichkeit, befindet sich in einem depressiven Sterbeprozess, während die in den Körper gepurzelte Seelenebene ihn als Ich zu steuern beginnt. Dabei kommt die Seele immer öfter durch ins Tagesbewusstsein und erzeugt dort gute Laune. Im Gegensatz dazu macht sich die alte Persönlichkeit als schlechte Laune und gedrückte Stimmung bemerkbar, klar, denn ihre Tage sind gezählt. Der Mensch erfährt sich in maximal positiven und in maximal negativen Gemütszuständen. Doch vor allem wird es für ihn immer schwieriger, in seinem alten Leben zu funktionieren. Das gewohnte Leben lässt sich fast nicht mehr aufrechthalten, vor allem, wenn es noch nie zur eigenen Seele gepasst hat.

Die Seele des Menschen als neues Ich beginnt nun zügig damit, neue Lebens- und Therapieumstände zu manifestieren und kommt derweil

immer stabiler im Tagesbewusstsein an. Der Mensch selbst erfährt sich dabei immer noch mehr als ‚Ich', egal, von welcher Ebene aus sein Körper gerade gesteuert wird. Sollte er noch ganz fest in der offiziellen Lehrmeinung der Medizin und Psychologie feststecken, wird sein Prozess des Aufwachens leider oft fehlgedeutet und unterbrochen. Dann wird er sich mit Diagnosen und Medikamenten helfen lassen, die seine Reife-Symptome als Krankheit beschreiben und seine Entwicklung dämpfen, so dass er weiter auf die alte Weise funktionieren kann. Oft wird der Reifeprozess so massiv ausgebremst, als ob man einer Raupe, die sich gerade verpuppen will, Hormone spritzt, um sie zu zwingen, eine Raupe zu bleiben, um sie dann aber halbverpuppt in den Seilen hängen zu lassen. Die Menschen fühlen sich dabei zu Recht im Stich gelassen. Die Entwicklung kann sogar ganz zum Stillstand kommen, wenn dieser Mensch nicht versteht, was mit ihm geschieht.
Das erste große Erwachen führt also zur Einschmelzung der Seele und ist identisch mit der langen dunklen Nacht der Seele. Dabei wird das Persönlichkeits-Ich zum Seelen-Ich. Die koexistieren auch noch für eine Weile, je nachdem, welche Prioritäten das steuernde Bewusstsein setzt. Der Mensch ist nun sogar viel mehr er selbst geworden, im Vergleich zu dem nur mühsam aufrechtzuhaltenden vorherigen Persönlichkeits-Ich, das ja noch vollkommen überfordert mit seinem Leben war. Nun gibt es für diesen Menschen keinen Zweifel mehr an der eigenen Verbindung zur Quelle und er entscheidet sich, immer im Einklang mit ihr zu erschaffen und nicht nur ab und zu. Diese permanente Verbindung zur Quelle ist so erfahrbar wie die erste große Liebe. Das kann dir auch keiner mehr ausreden, wenn du es erst einmal erfahren hast. Ist die Seele im Körper angekommen, kann sich dieser Mensch ein Leben ohne die Quelle überhaupt nicht mehr vorstellen. Es wird selbstverständlich, der inneren Stimme zu folgen. Der Mensch ist in der Phase des spirituellen Findens angekommen und wird im spirituellen Geo-Caching vermehrt zu Puzzleteilen geführt, die ihm helfen, seine individuelle galaktische Geschichte aufzudecken. Seine Lebenskraft fließt nun viel stärker, so dass er kaum noch Rituale oder Gebete oder Gemeinschaftskuscheln braucht, um

seine Energie wieder aufzufüllen. Nun ist es die unberührte Natur, die ihm hilft, stark, liebevoll und bewusst zu bleiben.
Die Verschmelzung mit der Seele hat aber noch andere Tücken, denn plötzlich fehlt dem bereits spirituell erfahrenen Menschen sein Schutzengel, was er 'seine Führung' nannte, also die Ebene, über die er die höhere Macht bisher deutlich spüren konnte. Der Schutzengel ist nun weg und dieser Mensch fällt – psychisch orientierungslos – ins Bodenlose. Alles, was in der vorherigen Phase der spirituellen Suche noch zur Stabilisierung funktioniert hatte, nutzt nun überhaupt nichts mehr. Denn die Seele als neues Ich muss sich jetzt vor allem darum kümmern, wie das Leben hier mit Körper, Geld, Beruf und Beziehungen funktioniert und den Körper vorsichtig an ihre höheren Schwingungen anpassen, keine Seele sagt: „Hallo, ich bin es, deine Seele, ich übernehme gerade das Kommando, liebe Grüße, dein Ich." Denn du bist und bleibst ja in diesem ganzen Prozess dieses ,Ich'. Du wirst sogar immer mehr zu diesem echten Ich.
Die wenigsten Seelen haben schon eine körperliche Erfahrung gemacht, denn bisher konnte ein menschlicher Körper wegen des fehlenden höherdimensionalen Gitters eine solche Erfahrung auf der Erde nicht machen. Schon seit dem Fall von Atlantis leben die Menschen als Persönlichkeit getrennt von ihrer Seele. In den damaligen Machtspielen und Kriegen wurde die natürliche, höhere, planetare Gitterstruktur (5D) völlig zerstört und kein Überlebender kam mehr durch zur Quelle. Ein Schleier legte sich über das gesamte kollektive Bewusstsein der Menschheit. Mittlerweile (heute, 2020) sind diese höheren, natürlichen Gitterstrukturen wieder vollständig restauriert, erweitert und reaktiviert. Die Menschen können sich nun seit der Zeit von Atlantis das erste Mal wieder willentlich in sie einklinken und ihre Transformation zum Homo Creativus Pax vollenden.
Warum das so ist, würde an dieser Stelle zu weit führen, das überlasse ich deinen eigenen Nachforschungen. Die Erde selbst ist im Aufstieg begriffen, und wir alle steigen mit ihr zusammen auf, aus der dritten zumindest in die fünfte Dimension. Die Erde selbst erhöht den Druck auf unseren Reifeprozess, vielleicht ist auch das eine weitere Ursache der

Klimakrise. Durch das wieder hergestellte, natürliche, spirituelle Gitter ist es für alle Menschen ganz leicht, sich wieder so zu erleben, wie es für die Menschen in Atlantis noch selbstverständlich war, jedenfalls vor dem Zerfall ihrer Zivilisation. Die Atlanter waren noch permanent mit ihrer Seele verbunden. Viele Kinder, die heute geboren werden, kommen auch bereits so auf die Welt. Sie sind damit, wie schon gesagt, in ihrer Entwicklung zum Homo Creativus Pax schon weiter als ihre Eltern. Sie verstehen nicht, wonach sie suchen und wofür sie meditieren sollten, sie interessieren sich nur wenig für Spiritualität. Sie verstehen aber auch nicht, wie man so mit Menschen, Tieren, Pflanzen und der ganzen Erde umgehen kann. Sie leben mit einem starken Gewissen und einer klaren inneren Führung (es stimmt) aus dem Herzen heraus.

In der Phase der Einschmelzung der Seele wird ein Mensch körperlich und psychisch so empfindlich wie nie zuvor, er wird hypersensitiv. Neue mediale Sinne werden geweckt. Der Vergleich mit der Verpuppung einer Raupe trifft es ganz gut. Plötzlich ist die innere Führung nicht mehr da, die diesen Menschen in der spirituellen Phase vermeintlich intuitiv als ‚Gott' geführt hat. Während der Einschmelzung erfährt der Mensch eine sehr beunruhigende und enttäuschende Einsamkeit, die das Ich (selbst das neue!) noch weiter und stärker unterwirft. Es entwickelt sich Demut. Das Tagesbewusstsein des Menschen (Ich) erkennt, dass es auf noch viel tieferen und noch höheren Ebenen überhaupt keine Ahnung und noch weniger Kontrolle hat. Der Mensch beginnt zu differenzieren und sucht nun nach dem Höchsten Selbst. Er ist nicht mehr mit ein paar Engelchen und ein wenig Wohlfühl-Spiritualität zufrieden, das nährt ihn nun nicht mehr.

In der nächsten Phase, dem Finden, wendet sich der Mensch ganz seinem Inneren zu, denn dort können wir alles finden. Er ist sich nun sicher, dass es in erster Linie um die Veränderung von Bewusstsein geht und nicht um die Veränderung der Lebensumstände, der Politik oder der Wirtschaft. Begleitende Krankheiten und Verluste verstärken diesen inneren Weg weiter. Nun sucht er vor allem Heilung. In dieser Phase erkennt er durch die Auswertung seiner Erfahrungen, dass körperliche Symptome, wenn sie nicht durch den Mangel an Nährstoffen, mangelnder

Bewegung, Vergiftung oder Verstrahlung ausgelöst wurden, vor allem von der noch nicht geheilten Psyche selbst stammen, also vom Schatten. So beginnt dieser Mensch, den Schatten zu leeren, und räumt auch schon ein wenig in seiner Standleitung auf.

Nach einer Weile kehrt auch das Gefühl von innerer Führung zurück. Es wird aber oft noch als göttliche Führung fehl-interpretiert, obwohl es sich um den Vorboten des bewussten Erschaffens handelt, worauf wir noch zu sprechen kommen. Dieser Mensch versteht oft noch lange nicht, dass es nun bereits höhere Ebenen von ihm selbst sind, die ihn führen, Ebenen, die weiter oben in seiner Standleitung angesiedelt sind, aber dennoch nicht ihr Höchstes Selbst. Sein Körper mahnt nun mit seinen Symptomen vor allem eine zu seiner höheren Eigenschwingung passende Umgebung an, während er selbst nun als seelenvoller Mensch unterwegs ist. Hat dieser Mensch seine Umgebung gewechselt oder sie zumindest angepasst, ist die Seele in ihm angekommen. Sein Körper kann wieder besser mit Allergenen und Handystrahlen umgehen, kein Symptom war wirklich chronisch. Die Hypersensibilität verliert sich zugunsten eines bewussten Umgangs mit dem Körper. Der Mensch lernt, seinen Körper bewusst vor wissenschaftlich fundierten, aber für seinen Prozess falschen Eingriffen durch Medikamente und energielose, hormonell vergiftete Nahrungsmittel zu schützen. Er dehnt sich zu seinem höchsten Selbst aus und wird von diesem als einzige Autorität zu seiner Heilung geführt.

Die Generationen vor uns kamen in ihrer Entwicklung nicht weiter als bis zur Seeleneinschmelzung, der Aufstieg, oder wie ich es nenne, der Reifeprozess, ist erst heute möglich. Am Ende der Standleitung wartet ein erfülltes, gesundes und harmonisches Leben auf jeden Menschen – als bewusst erschaffender Mitschöpfer. Während des Aufstiegs erkundet der Mensch seine Standleitung mit allen Nebengängen und Verästelungen und findet immer mehr über sich auf anderen Ebenen heraus. Das ist keine gerade Rennstrecke. Es werden nun andere Leben der gleichen Seele erinnert, die noch nicht vollendet wurden und deren karmische Auswirkungen sich über den Schatten in den Erfahrungen dieses Lebens niederschlugen. Nur das Seelen-Ich hat andere Leben, das

Persönlichkeits-Ich ist einfach nur eines von vielen und hat Recht damit, dass es nur einmal lebt und dass mit dem Tod Schluss ist.
Immer mehr Anteile vom ‚Ich' werden aufgesammelt, in der Erfahrung vollendet und eingeschmolzen in das Tagesbewusstsein. Das Ich wird dabei immer umfassender und erlebt dies als eine Zunahme von Bewusstsein und Energie. Klar, denn eine Menge Drachenkraft wird freigesetzt. Dabei klettert der Mensch unmerklich die Standleitung zur Quelle immer weiter nach oben. Die meisten Lehren und Konzepte der spirituell-religiösen Szene können ihm nun nicht mehr weiterhelfen, sie greifen nicht für diese Erfahrung, denn er erlebt etwas ganz Neues: Die Transformation zu einem vollkommen erwachten Mitschöpfer. Das geht nur allein und in einer Art Verpuppung als Einsiedler, wie wir es im neunten Kapitel anstoßen werden. Zuvor befreit er sich von der göttlichen Arterienverkalkung und wirft Konzepte raus, die ihm nun beim Aufstieg hinderlich sind. Da hat er erst mal viel zu tun.
Ist die Seelenebene mit all ihren Inkarnationen geklärt, fällt fast unmerklich schon die nächste Ebene in den Körper und wird zum Ich, die der Überseele bzw. Erzengel. Er beginnt sich selbst auf der Erzengel-Ebene zu erfahren, hat plötzlich eine ganz intensive Verbindung mit ihnen, oder mit anderen größeren planetaren oder galaktischen Wesen. Er beginnt mit ihnen zu kommunizieren und nutzt Einweihungen zu seiner Schwingungserhöhung. Nebenbei werden alle Inkarnationen geklärt, die von dieser gleichen Überseele stammen und noch nachreifen müssen. Spätestens hier wird er auf eigene Alien-Existenzen stoßen und andere aus seiner Seelenfamilie treffen. Er weiß plötzlich, er kommt von Andromeda, oder von Lyra, oder von Sirius, von Orion oder von den Plejaden. Oder noch von ganz woanders. Er war in Atlantis dabei und in Lemurien. Und seine Lebensaufgabe konkretisiert sich weiter und tritt immer deutlicher hervor.
Der Durchfluss an Lebenskraft wird in dem gesamten Reifeprozess weiter verstärkt und der Körper gewöhnt sich allmählich an eine immer höhere Stromstärke. Der Körper erhält permanent weitere Upgrades. Das ist so, als ob sich unsere Computerhardware mit der Softwareaktualisierung weiter anpasst und plötzlich statt mit 220 V mit Starkstrom betrieben

wird, und dass sie auch noch gleitend mit immer mehr Stromstärke umgehen muss. Unser Körper ist eben lebendig und kann sich anpassen und mit immer noch höheren Stromstärken aka Drachenkraft betrieben werden. Der Mensch erkennt, dass sein höchstes Ich eigentlich nur Energie und Bewusstsein ist und dass sein ‚Ich' immer nur das ist, womit er sich identifiziert. Glaubt er in einem Moment, er sei sein Körper, sagt er noch: „Ich bin krank." Glaubt er in diesem Moment, er sei Energie und Bewusstsein, sagt er: „Mein Körper zeigt interessante Symptome." Der findende Mensch hat mittlerweile erfahren, dass er in vielen Leben und in zahlreichen anderen Dimensionen existierte und weiter existieren wird. Er deckt nach und nach sogar seine ganze Geschichte auf und erforscht dabei immer noch höhere Ebenen von sich selbst. Auch hierbei schwankt das Tagesbewusstsein stark und wechselt zwischen der Persönlichkeit und dem höheren Selbst und allen Stufen dazwischen flüssig hin und her.

Sein Körper muss sich vorsichtig an den veränderten Durchfluss an Lebenskraft gewöhnen. Deshalb wird seine Drachenkraft auch nur allmählich freigesetzt. Menschen in diesem Stadium haben sich früher in Klöster oder Einsiedeleien zurückgezogen, geführt durch ein Bedürfnis aus ihrem eigenen Inneren. Sie ahnen, dass es in Richtung Verpuppung geht und ziehen sich auf ihre Art in einen Kokon zurück. An diesem Punkt der Entwicklung neigen die westlichen, Internet gewohnten Menschen leider dazu, neues Wissen in die Standleitung zu stopfen und viel Fastfood in sich selbst, während sie sich vor dem Fernseher mit Videospielen und Netflix gemütlich machen. Sie machen ihr Unbewusstes noch voller, statt es zu leeren, und das nur, um diese immense Stromstärke zu dämpfen und deren Intensität nicht zu spüren. Die Drachenkraft kann beängstigend wirken, wenn man nicht versteht, was los ist, und sie auch nicht richtig kanalisiert. Und die Gefahr ist auch real vorhanden: Die Psyche könnte durchknallen.

Das Abhängen und Ablenken auf dem Sofa ist ein empfehlenswertes Mittel, sich die Zeit im Kokon zu vertreiben, sei es bei der Verschmelzung der Seele am Anfang oder bei der Transformation zum Mitschöpfer am Ende des Reifeprozesses. Das äußere Leben um den Menschen herum interessiert ihn nicht mehr. Nun kommt es darauf an, wie der Mensch sein Kokon-Verhalten interpretiert. Dann ist es entweder ein Burn-Out, eine schreckliche Depression begleitet von einer Arbeitsunfähigkeit und dem Streben nach Frührente oder es ist die lange dunkle Nacht der Seele, ein Umbau des Körpers, und seine Symptome sind dann nichts weiter als ein vorübergehender Lichtkater, der durch die Zunahme von Licht (Energie) die merkwürdigsten Wehwehchen verursacht. Muskelkater entsteht immer nur vorübergehend, wenn in der körperlichen Bewegung kurzfristig zu viel Energie gebraucht und anders als sonst generiert wird. Der Körper will gut darauf vorbereitet werden, den Drachen zu wecken, denn der schläft ja immer noch und drosselt die Energie, um den Körper zu schützen und gewöhnt ihn nur allmählich daran. Der Drache tut das intuitiv in Abstimmung mit deinem Körper und deinem Höchsten Selbst.

Im Reifeprozess geht es nach der Überseelen-Ebene mit der Rishi-Ebene weiter, um mal eine Einteilung zu wählen, aber sie ist willkürlich. Danach kommt deine Avatar-Ebene und schließlich beginnt mit deinem Interesse an den aufgestiegenen Meistern dein Höchstes Selbst sich zu zeigen, das letzte Selbst, das noch individualisiert von der Quelle unterschieden werden kann. Darüber liegt nur noch die Quelle selbst und die permanente Einheitserfahrung. Doch dazwischen ist noch das Aufräumen in allen Seitengängen angesagt, die den Menschen zu ganz anderen Existenzen führen, in denen er sich auf seinem ewigen Weg als Funken der Quelle schon ausprobiert hat, und er ‚erntet' dabei auch die Talente, die sich durch solche Erfahrungen entwickelt haben. Er kann dann zum Beispiel plötzlich mit Naturwesen kommunizieren oder sie sogar sehen. Sein Innenleben erweitert sich zu einem riesigen inneren Kosmos.

Mit Hilfe von Einweihungen, Aktualisierungen und geführten Meditationen, zu denen er sich nun verstärkt hingezogen fühlt, bewegt er sich immer höher in der Standleitung und räumt dabei gründlich auf. Nun muss er jedes metaphysische Konzept überprüfen und sich gegebenenfalls davon trennen, die Plaque der Arterienverkalkung muss beseitigt werden, sie hindert beim Aufstieg. Der Mensch gerät nun überall dort in Konflikte, wo er religiöse und spirituelle Konzepte in der Standleitung liegen hat, die ihn nun deutlich ausbremsen und die zu seiner Seelenaufgabe und zu seinem Selbstausdruck nicht mehr passen. Was für den einen stimmt, muss nicht für den anderen stimmen, jeder hat da seine eigene Geschichte. Früher nannte man Menschen im Reifeprozess 'Adepten' oder 'Gralssucher' und lehrte sie, dass sie sich auf jeder Stufe der Entwicklung erneut von den Konzepten trennen müssen, um die nächste Stufe zu erklimmen. Das ist auch eine gute Beschreibung dessen, was in der Phase des Findens notwendig wird.

Der Mensch überwirft sich dann auch mit Lehrern, über die er hinausgewachsen ist, oder er unterwirft sich endlich seinem Lehrer und Meister ganz, je nach Herkunft und Passung. Es gibt dabei zwei grundsätzlich verschiedene Herkunftsfamilien, die nur auf der allerhöchsten Ebene zusammenwirken: Bei den einen ist ihr Höchstes Selbst in einer Art spiritueller Schwarm-Intelligenz (Hivemind) angesiedelt, einer Seelenfamilie der vollkommenen Selbstaufgabe an die Quelle des ‚dein Wille geschehe', während die andere Herkunftsfamilie das Individualitätsprinzip auch bis in die höchsten Ebenen trägt und von dort aus ihrer Quelle dienen will, ohne sich dabei jemals selbst aufzugeben. Wenn du dich hier an der falschen Herkunftsfamilie orientierst, ist es für dich eine Sackgasse. Wenn du so weit bist, wirst du es ganz deutlich spüren, wo du hingehörst. Jedes Bewusstsein muss seine eigene Heimat finden, um sich erfüllt und ganz zu fühlen.

Find heraus, zu welchem Pol du dich hingezogen fühlst, das ist wichtig. Bei mir war es nie diese Selbstaufgabe. Geht es bei dir um die völlige Selbstaufgabe in einer Meisterlinie, so wie die indischen Gurus es beschreiben, und geht es um das Erreichen des Erleuchtungszustands, dann suche die völlige Ego-Aufgabe unter der Anleitung deines Meisters. Du unterwirfst dich damit dieser ganzen Meisterlinie. Dann hast du in dir vermutlich einen großen genetischen Anteil der blauen Alien-Rasse, die die spirituelle Kultur Indiens und der Himalaya-Völker geprägt hat. Doch das ist nur ein Beispiel, denn es waren zweiundzwanzig Gründerrassen an der Formung unseres genetischen Erbes beteiligt, und deren Familienmitglieder erwachen gerade auch alle, neben vielen Besuchern mit ganz fremdem Hintergrund, der sogenannten Sternensaat. Es gibt da

also eine maximale Vielfalt an Erfahrungen. Gehörst du zur Sternensaat, wird dein Aufwachen anders verlaufen als hier beschrieben, aber einfacher wird es dadurch nicht.
Diese beiden Pole – Aufgestiegene Meister und erleuchtete Meister – sind zwar gegensätzlich, aber sie stehen nicht im Widerspruch zueinander. Sie ergänzen sich. Sie führen dich in und durch Konflikte, die sie in deinem Reifeprozess zum Aufwachen erzeugen. Damit du noch besser verstehst und noch intensiver die Quelle ausdrücken kannst. Um immer noch mehr zu dir selbst zu werden. Und damit du eine immer bessere Unterscheidungsfähigkeit erwirbst und eigenständig deine Souveränität zu beanspruchen lernst. Du bist auf dem Weg, ein authentischer, kraftvoller Mitschöpfer, ein Homo Creativus Pax zu werden und bewusst die Wahrscheinlichkeiten in deinem Leben zu beeinflussen. Du beginnst Liebe und Frieden und Dankbarkeit zu verkörpern, bis auch die letzten Konflikte die Standleitung weiter geleert haben.
Bist du bereit, den endgültigen Transformationsprozess zum Mitschöpfer abzurufen, ist die Phase des Findens beendet und du weckst deinen Drachen, das Ziel dieses Buches. Du beanspruchst deine ganze Drachenkraft und dein volles höchstes Potential. Und du unterwirfst dich ganz dem Weg deiner eigenen Prägung. Du könntest nun für immer in einer echten Höhle, einem Kloster oder in einem Ashram verschwinden und erleuchtet herumsitzen als verwirklichter Homo Creativus Pax, als verwirklichtes Gottesbewusstsein im Körper. Dann reinigst du mit deiner Riesenkraft ganze Länder und Landstriche und hältst sie friedlich stabil und in Liebe und Dankbarkeit. Menschen, die dir begegnen, werden sofort um ein gewaltiges Stück in ihrer Entwicklung vorwärts katapultiert und suchen deine Weisheit. Du verkörperst damit den Energieaspekt der Quelle für die Menschheit, die Natur und die Erde.
Fühlst du dich von der Ebene der aufgestiegenen Meister angezogen, diesem scheinbaren Gegenpol, der sich nichts und niemandem unterwirft und konzeptlos nur mit der Quelle selbst erschafft? Der wie ein Jedi-Ritter danach trachtet, mit der Macht verbunden zu handeln? Dann folge diesem Weg und verkörpere mehr den Bewusstseinsaspekt der Quelle. Ein Aufgestiegener Meister ist ebenfalls ein verkörperter Homo Creativus

Pax, aber er beschäftigt sich mehr mit der Lenkung der Prozesse in Abstimmung mit den Absichten der Quelle, der er kompromisslos dient. Seine Aufgaben sieht er in der Wissensvermittlung, in Einweihungen und im bewussten Erschaffen auf immer noch höheren und noch wirksameren Ebenen. Er trachtet danach, seine eigenen höchsten Ebenen noch stärker in diese Realität zu ziehen und übt gleichzeitig, Meisterschaft immer besser zu verkörpern.

Diese scheinbaren Gegensätze sind keine, es sind nur gegensätzliche Rollen im gleichen Spiel: Die einen verkörpern mehr den energetischen Aspekt ihres Bewusstseins und verankern die Energie der Quelle möglichst ganz auf der Erde. Sie lassen ihre Drachenkraft durch ihren Körper in die Welt fließen. Und die anderen fungieren als Navigatoren, sie lenken die Entwicklung und koordinieren das Aufwachen der ganzen planetaren Bevölkerung. Sie sind es auch, die immer noch höhere Strukturen aufbauen, damit sich immer noch höhere bewusste Wesen als Kinder hier verkörpern können. Denn in dem Maße, wie sich unsere Körper verändern und einen stärkeren und bewussteren Durchfluss an Lebenskraft gestatten, ziehen wir als Eltern auch Seelen an, die sich bisher nicht hier inkarnieren konnten, weil die künstliche Matrix zu dunkel und zu dicht war. Wenn sie es doch versuchten, dann konnten sie oft ihren Körper nur ein paar Monate aufrechthalten, gerade so lange, um bei ihren Eltern einen Reifeprozess anzustoßen.

Der hier beschriebene Reifeprozess betrifft nun alle Menschen. Keiner kann sich dem heute entziehen. Du siehst den Lichtkater überall. Die Entwicklung wurde angestoßen und ist nicht mehr aufzuhalten, entweder zerbricht dein Körper noch in diesem Leben unter der Last falscher Konzepte, die dann wiederum dafür sorgen, dass du nicht wirklich gut für dich sorgst. Oder du gibst dich dem Prozess hin und durchläufst ihn schnell, sicher und in Freude. Die Erde selbst wird biologische Körper der alten künstlichen Matrix nicht mehr lange versorgen können, sie ist schon zu schwach, zu vergiftet und zu verstrahlt. Menschen, die lieber mit der alten künstlichen Matrix verbunden bleiben, werden ihr Heil allein in genetischer Veränderung/Verbesserung und in technischer und medikamentöser Assistenz suchen müssen und dabei ihr Bewusstsein, so

wie sie es heute kennen, ganz verlieren. Das Gute dabei ist: Sie werden sich nicht mehr daran erinnern. Genauso wie die meisten Menschen sich heute nicht mehr daran erinnern können, wie anders sie sich als seelenerfülltes Ich in Atlantis gefühlt haben. In Folge gelingt es ihnen dann immer weniger, ihre Gesundheit ohne äußere Unterstützung aufrechtzuhalten und suchen die Fremdbestimmung als Lösung.
Das endgültige Erwachen zum Mitschöpfer wird eingeleitet durch deine Entscheidung. Du weißt plötzlich, dass du bereit dazu bist und entscheidest dich bewusst, die Transformation auf dich zu nehmen. „Ich will den Aufstieg jetzt! Ich wecke jetzt meinen Drachen!" Du kannst dich hier und jetzt schon so entscheiden, dann kannst du dir alle Konzepte und Umwege sparen, du muss nur genau wissen, was auf dich zukommt. Mein Vorschlag: Geh mutig aufs Ganze, aber informiere dich erst einmal genauer und wecke am Ende dieses Buches deinen Drachen! Und werde zu dem, der du schon immer warst. Dieses Erwachen wird das Heftigste sein, machen wir uns nichts vor. So war das auch bei mir. Aber du kennst ja vielleicht schon das kleine Erwachen der Einschmelzung der Seele und interpretierst, was mit dir passiert, schon besser: Dein Höchstes Selbst wird ins Ich eingeschmolzen und dein Körper wird zu einer einzigen Baustelle. Doch diesmal übergibst du deinem Körper bewusst die Autorität, dich zügig optimal gesund zu machen und dich zu allen Heilungen und Aktualisierungen zu führen, und zwar in der besten Reihenfolge. Und natürlich wirst du auch alle konventionelle, medizinische Hilfe in Anspruch zu nehmen, die steht ja nicht im Widerspruch. Aber die Autorität darf nicht an Experten abgegeben werden, dein Körper weiß es besser. Denn du kannst nun längst mit ihm kommunizieren.
Wer nicht versteht, was gerade mit sich und seinem Körper passiert, kann leicht in die Propagandaschlacht hineingezogen werden, die gerade um die Rechte an seinem Körper, aber auch an seinem Geist und an seiner Lebenskraft tobt. Wer entscheidet über deinen Körper, der Staat oder du? Wer entscheidet über deine medizinische Behandlung, die Krankenversicherung oder dein freier Geldbeutel? Wer entscheidet, was du denkst, welche Worte du benutzt und mit wem du deine Zeit verbringst, eine Autorität, die vorgibt dich zu schützen oder deine

Souveränität? Der Druck, dich zu entscheiden, vergrößert sich von Tag zu Tag. Der Prozess ist bei allen gleich, nur die Interpretation der Vorkommnisse unterscheidet sich und wird bei den einen in die ewige Versklavung und bei den anderen in die Freiheit führen. Wer sich dem falschen Gott hingibt, einer Macht, die nicht sein Bestes will und es auch noch nie wollte, verliert unweigerlich sein Bewusstsein. Die Menschen glauben momentan noch mehrheitlich, es gehe um Gesundheit, Sicherheit oder Freiheit, aber die Gefährdung liegt viel tiefer: Es geht darum, überhaupt noch ein eigenständiges Ich zu betreiben oder kein Ich mehr zu haben, sondern papageienhaft ferngesteuert zu werden. Schaut man sich um, sind da schon so einige Papageien unterwegs. Über die Macht, die nicht dein Bestes will, reden wir dann im nächsten Kapitel.

Weiterführendes Werkzeug: Auch für dieses Kapitel gilt: Finde mehr über die Begriffe heraus, die dir nicht geläufig sind, und wisse, dass meine Erklärung aus der Interpretation meiner eigenen Erfahrung entstand und keiner Lehrmeinung folgt. Entwickle kritisches Unterscheidungsvermögen.

2b. Der Kickstart des Prozesses

In diesem Kapitel betrachten wir den energetischen Aspekt des Reifeprozesses und wie er gestartet wird. Es geht um Schwingungshöhe und Stromstärke und darum, deine Standleitung zur Quelle mit ihrer göttlichen Arterienverkalkung zu verstehen. Ich beschreibe hier, wie jeder einzelne Mensch zu allerlei Unsinn verleitet wird, der nur den einzigen Zweck verfolgt, ihn dazu anzuregen, möglichst viel schöpferische Energie zu generieren. Die Rolle der Religionen und ihrer Rituale wird angesprochen. Wir überlegen, was bei uns Menschen eigentlich das Wertvollste ist, was man ausbeuten könnte. Dabei werden wir über Massenveranstaltungen reden und welche Rolle sie dabei spielen. Am Ende des Kapitels erhältst du ein Werkzeug der Ersten Hilfe und eine Anregung, dich mehr mit einem kinesiologischen Muskeltest zu beschäftigen.

Schauen wir uns die energetische Seite des Reifeprozesses an und bleiben wir uns dabei bewusst, dass eine höhere Stromstärke an Lebenskraft und eine höhere Schwingung immer an ein höheres Bewusstsein gekoppelt sind. Das höhere Bewusstsein entwickelt sich im Reifeprozess durch unterschiedliche, immer noch umfassendere Realitätskonzepte weiter, wobei jedes Konzept der einen Entwicklungsstufe zugunsten einer nächsten auch wieder aufgegeben werden muss, oder der Prozess kommt zum Stillstand. Da Konzepte am Ende wieder überflüssig werden, würden sie an dieser Stelle nur verwirren. Ich will mich daher auf eine rein energetische Erklärung beschränken, denn der energetische Aspekt ist bei jedem Menschen ähnlich: Von der Quelle wird Lebenskraft in höchster Schwingung (Licht, Liebe und Frieden) über dein Höchstes Selbst durch deine Standleitung und die Seele in dein Leben ausgegossen und dein Körper dabei in Form gehalten. Das beschriebe ich so, um im Drachengleichnis zu bleiben und um dir das Verstehen zu erleichtern. In Wirklichkeit ist die Quelle überall und liegt der gesamten Schöpfung als Nullpunktfeld zugrunde. Manche vermuten, dass man die dunkle Energie im Universum mit dieser Quelle gleichsetzen kann. Oder die Zentralsonne jeder Galaxis, ein riesiges Schwarzes Loch. Lass dich nicht durch die Bezeichnung ‚dunkel' beirren, wir könnten genauso gut vermuten, dass die Hintergrundstrahlung des Urknalls uns alle mit Lebenskraft versorgt. Oder ist es das Sonnenlicht, das uns in Form gespeicherter Energie aus Nahrungsmitteln zufließt? Oder das Chi der Natur? Das alles müssen wir als Menschheit noch wissenschaftlich fundiert herausfinden. Wir halten uns für dieses Buch daran, dass da eine Kraft durch uns hindurchfließt, die ja von irgendwoher kommen und wieder irgendwohin fließen muss. Auch wenn sie uns durch alle Seitenwege und Verästelungen sowohl der Höhle als auch der Standleitung zufließen und abfließen kann, hängt der seidene Lebensfaden allein an der Quelle selbst.
Nur die direkte Verbindung, diese Standleitung zur Quelle, entscheidet über Leben und Tod. Deshalb sage ich hier in aller Deutlichkeit: Im Reifeprozess geht es ausschließlich darum, den Empfang der Lebenskraft direkt aus der Quelle oder zumindest aus immer noch höheren eigenen Ebenen zu fördern und drastisch zu verstärken. Damit wird unser Körper

unabhängig vom Energieraub bei anderen und von der Potenzierung und Umverteilung im Gemeinschaftskuscheln, und am Ende sogar unabhängig von feststofflicher oder flüssiger Nahrung. Das Chi selbst muss immer noch feiner aufgenommen werden, damit es noch verstoffwechselt werden kann. Grobe, Chi-lose Nahrung ernährt im Reifeprozess immer weniger, genauso gut kann der Mensch dann Pappe essen. Wer das nicht weiß, wird immer dicker, weil er zu viel Kalorien aufnimmt, um doch noch genug Chi aus der Nahrung zu quetschen, und wird gleichzeitig weiter nach Chi hungern. Der Mensch braucht am Ende nur noch die wilde, kraftvolle Natur, um darin zu leben und um mit seinen Ritualen direkt aus der Quelle seine Energie zu ziehen (Chi Gong und Bigu-Lehre). Du siehst, Körper ist nicht gleich Körper, und all diese wissenschaftliche Gleichmacherei schadet denen, die sich auf den Weg machen, und bezieht sich ausschließlich auf den Homo Sapiens Sapiens, der das nicht tut.

Der Reifeprozess verbraucht viel zusätzliche Energie und die muss irgendwo herkommen. Du kannst willentlich nur durchstarten, wenn deine Lebenskraft nicht nur in einer erforderlichen Stromstärke, sondern auch in einer genügend hohen Schwingung (starke, positive Gefühle) in dein Leben fließt. Zum Vergleich: Den Elektroherd kannst du nur mit Starkstrom betreiben, dem Toaster dagegen genügen 220 Volt. Dein Körper erhält im Reifeprozess Upgrade um Upgrade, so als würde dein Toaster allmählich zu einem Elektroherd werden. Dafür muss die Seele in deinen Körper purzeln. Das ist der Anfang. Erst die Seeleneinschmelzung, bei der dein Ich zum Seelen-Ich wird, sorgt dafür, dass die hohe Schwingung auch bei dir und in deinem Körper so ankommt, dass der Prozess des Heilens und Erinnerns angestoßen wird und unaufhaltsam weiterläuft. Denn der Reifeprozess ist genau das: Ein Heilen und Erinnern auf immer noch höheren und umfassenderen Ebenen. Du wanderst den Weg zu deinem Ursprung zurück.

Vor der Seeleneinschmelzung werden diese Schwingungen zwar auch schon von der Quelle ausgestrahlt, aber dein Körper kann sie noch nicht dekodieren, so als wäre dein Radio nur auf eine bestimmte, niedrige Schwingung (Frequenz) eingestellt. Und das verhält sich tatsächlich so.

Du bist nur auf die Wahrnehmung der 3D-Realität programmiert. 3D nenne ich die herkömmliche Vorstellung von Realität, die bei vielen meiner Zeitgenossen noch sehr beliebt ist, und die nur das für real hält, was Länge, Breite und Höhe besitzt. Dabei wird die Dimension der Zeit völlig vernachlässigt und auch die gesamte astrale Realität, in denen die gleichen Leute im Traum nachts umherwandern, ganz zu schweigen von ihrer Existenz vor der Geburt und nach ihrem Tod. Du weißt es schon besser, sonst hätte dich dieses Buch nicht gefunden. Die Drachenhöhle liegt hinter deinem Herzen, deine erfahrbare innere Realität ist unendlich viel größer als 3D.
Nur dein Herzchakra kann die Schwingungshöhe und Stromstärke empfangen, die den Reifeprozess startet, durchläuft und vollendet. Es will dafür trainiert werden. Du gibst dich diesem natürlichen Prozess hin, wenn du dich bewusst entscheidest, dein Herz zu öffnen und nur deinem Herzen zu folgen. Dein Herz schließt sich allerdings wieder automatisch, wenn du dich vornehmlich mit den Themen der unteren drei Chakren beschäftigst, die sich durch Angst ansteuern lassen. Dem kannst du entgegenwirken, indem du als Erste Hilfe in jeder Situation deinen Körper mit seinem Energiesystem anweist: „Herz öffnen und Schwingung erhöhen!". Du wirst feststellen, dass sich deine Stimmung sofort aufhellt und dir Problemlösungen einfallen, die du dir vorher nicht einmal vorstellen konntest. Durch dieses ‚Gutsein' aus dem Herzen heraus passieren dir immer mehr Zufälle, welche die anderen Menschen deiner Umgebung nicht für möglich halten. Du kannst nicht mehr herzlos handeln und erfährst Wunder, denn diese hohe Schwingung setzt die Gesetze der normalen 3D-Realität außer Kraft.
Im letzten Kapitel sprachen wir von den drei Phasen des Reifeprozesses, dem Suchen, dem Finden und dem Anwenden. Die Suche beginnt mit einem Tiefpunkt in deinem Leben, wo du dich umdrehst und dich der Rückverbindung zur Quelle aktiv zuwendest, statt dich immer noch weiter in 3D zu verlieren. In der Phase des Suchens danach musst du dich noch davon überzeugen, dass es andere, höhere, spirituelle und echt existierende Realitäten gibt und dass du selbst sogar Zugang dazu findest. Mal handelst du schon ganz aus dem Herzen heraus und mal hörst

du wieder auf äußere Experten, das schwankt je nach Laune und Umgebungseinfluss. Genauso schwankend erlebst du dein Bewusstsein. Du erkennst immer deutlicher, wie Bewusstsein und Erfahrungen zusammenhängen und beginnst sie auszuwerten. Welche Erfahrungen wurden durch welche Launen angezogen? Haben sie dir gefallen? Du lernst, deine Lebenskraft so positiv hochschwingend wie möglich einzufärben, damit deine Erfahrungen insgesamt und im Durchschnitt immer erfreulicher für dich werden. Und du spürst mittlerweile ganz deutlich, welche Menschen und Umgebungen deine Schwingung nach unten ziehen und versuchst diese zu vermeiden.

Mit der Entscheidung, dem eigenen Herzen gegenüber allen äußeren Experten immer den Vorrang zu geben und ausschließlich deinen Eingebungen zu folgen, beginnt mit der Einschmelzung der Seele die Phase deines spirituellen Findens. Du lernst, eine höhere Schwingung selbst zu generieren, und eine bestimmte Schwingungshöhe als Eigenschwingung auf Dauer aufrecht zu halten, zum Beispiel durch eine tägliche Meditation. Du lässt dich einweihen von spirituellen Lehrern, die dir vorangegangen sind. Du entwickelst Werkzeuge (Rituale), deine Schwingung aktiv weiter zu erhöhen, um deine Lebenskraft zu verstärken und sie mit deinen erwünschten Gefühlen einzufärben. So werden alle Erfahrungen erschaffen, und das war schon immer so, nur hast du es noch nicht gemerkt. Du hast dir Lebensumstände, Zufälle und Beziehungen erschaffen. Oft mit Resultaten, die du keinesfalls wieder erleben willst. Und du findest heraus: Gute Gedanken und gute Gefühle erzeugen gute Erfahrungen. Wie das genau funktioniert, erkläre ich später.

Du prägst deiner Lebenskraft ein bestimmtes Gefühl auf wie ein Etikett auf eine Flasche Wein, vergleichbar ist das mit dem Lichtspektrum. Jede Farbe gehört zu einem anderen Gefühl: Trauer entspricht schwarz, Neid entspricht gift-gelb, Freude entspricht sonnengelb und Angst entspricht dunkelrot. Die dunklen Farben können den Reifeprozess nicht starten, nur die ganz besonders hellen Farben und dann müssen sie auch noch kraftvoll, satt und nicht transparent daherkommen. Ein Mensch muss sich vornehmlich in einer höheren Schwingung von hellstem Licht und bedingungsloser Liebe bewegen, dann kann sein Höheres Selbst den

Reifeprozess starten. Durch die Einschmelzung der Seele in das Körper-Ich und durch die Verlagerung des Bewusstseins von einem Ich, das sich nur um sich selbst dreht, zu einem Ich, das vor allem dem Wohl der anderen dienen will, strömt bei gleicher Stromstärke die Lebenskraft in viel höherer Schwingung ein und wird über die höheren Chakren des Körpers dekodiert, dem Herzchakra und darüber. Das Bewusstsein dieses Menschen ist dann bereits auf das Wohl aller ausgerichtet. Die Stromstärke bei sehr hoher Schwingung gilt es nun ebenfalls weiter zu erhöhen und du wirst immer besser darin.

Die Phase des Findens wird durch die endgültige und dauerhafte Herzöffnung beendet, was sich so anfühlt, als würde ein Wirbel (Vortex) aus deinem Herzchakra nach hinten und vorne explodieren und ein Stargate öffnen. Ich selbst habe das tatsächlich genauso wie bei der Science-Fiction Serie ‚Stargate SG1' erlebt. Es tut nicht weh, es wird sogar von wundervoller, höchster Verzückung begleitet. Du spürst, du kannst diese viel höhere Schwingung plötzlich selbst halten und so ausdehnen, dass andere um dich herum in das Erleben mitgenommen werden und dadurch in ihnen ein nächster Schritt im Reifeprozess getriggert wird, vorausgesetzt, sie sind dafür empfänglich. Jeder Prozess verläuft individuell. Dieses Wirbel-Erlebnis wird sich in der Regel erst lange nach der Seeleneinschmelzung einstellen, wenn dein Drache bereits geweckt wurde und das Tor auf Dauer freigegeben hat. Danach kann dieses Herz-Stargate durch keine Macht der Welt mehr geschlossen werden. Die Entwicklung zum Mitschöpfer ist unumkehrbar vollendet.

Sie geht aber auch nach der Transformation zum Mitschöpfer noch weiter. Schließlich wird sich auch dein drittes Auge, die Zirbeldrüse in der Mitte deines Kopfes, öffnen und DMT ausschütten, und dir Zugang zu anderen Dimensionen und noch höheren Schwingungen geben. Das hat sie in der Phase des Findens auch schon ab und zu getan, doch nun bist du auch da permanent verbunden. Du erlebst diese zweite, endgültige, nicht wieder umkehrbare Öffnung so, als würde in deinem Kopf eine Sonne explodieren, auch das ist von dem Gefühl der Verzückung begleitet. Es ist die von den Yogis Indiens angestrebte Erleuchtungserfahrung, wofür sie die Kundalini (möglichst im mittleren Kanal) in der Wirbelsäule hinaufsteigen lassen, eine Schlange, die an der Basis noch schläft. Setzt du Schlange gleich Drache, hast du für den Reifeprozess eine uralte traditionelle Beschreibung: Auch die Kundalini muss geweckt werden und am Ende im Kopf als eine Sonne explodieren. Ich fasse den Begriff ‚Erleuchtung' allerdings viel weiter: Es ist der Grundzustand des Mitschöpfers. Der kann zu dem Erleuchtungszustand bedingungsloser Liebe, grundloser Freude und bester Laune jederzeit zurückkehren, er wird zu seinem Normalzustand. Und die Leviathan-Energie müssen wir anschließend wieder entfernen, es sei denn, du bist bei dieser Alien-Familie Zuhause. Doch mehr darüber zu sagen würde hier zu weit führen.

Lebst du erst einmal im Bewusstsein eines Mitschöpfers, scheint in dir die Sonne, egal, wie viel Wolken vorüberziehen. Du spürst mit absoluter Sicherheit, dass die bedingungslose Liebe der Quelle deine Basis bildet, auf der du stehst. Es geht dir das größte Licht auf, das du dir vorstellen kannst. Und dann schaust du in den Spiegel und du bist immer noch der oder die Alte. Nur deine Augen glitzern mehr und du sprühst vor Glück. Vielleicht kamen deshalb die Ägypter auf die Idee, den Sonnengott Ra zu verehren. Geht also das Licht an in deinem Kopf (Explosion einer Sonne), ist dies das Zeichen, dass nun auch dein Höchstes Selbst in deinem Ich und in deinem Körper angekommen ist.

Nun musst du eigentlich nur noch verlernen, dich gewohnheitsmäßig wie dieser alte, sozialisierte Mensch zu benehmen und stattdessen alles, was du neu gelernt und ausprobiert hast, richtig gut anwenden. In diesem Buch geht es daher auch hauptsächlich um das Verlernen von Angewohnheiten, die einem Mitschöpfer nicht mehr entsprechen. Aber natürlich gleichzeitig um die Schwingungserhöhung und die ideale Vorbereitung auf die bewusste Verschmelzung mit der Quelle. So folgt dieses Buch auch dem Einweihungsweg der Drachenmeister der östlichen Tradition. Du wirst zu einem Meister, der übt, ein Meister zu sein.

Im Laufe dieses Lebens und in vielen anderer Leben entwickelt ein Mensch durch Seelenreifung seine Chakren nacheinander zur vollen Kapazität der Energieaufnahme – und jedes Chakra zieht Energie aus einem anderen Frequenzbereich unserer Umgebung. Der Reifeprozess hat nur mit dem Herzchakra zu tun und später mit dem Kronenchakra

(Sonnenexplosion), aber die anderen Chakren ziehen ebenfalls Energie. Solange ein Mensch noch mit den unteren drei Chakren und ihren Themen beschäftigt ist, kann er den Reifeprozess nicht starten. Ihre Themen sind Überleben, Kampf und Flucht (Wurzelchakra an der Basis der Wirbelsäule), selbstsüchtige Kreativität, Sexualität und Reproduktion (Sakral-Chakra in Höhe der Sexualorgane) und Wille, Macht und Kontrolle (Solarplexus in der Magengegend). Alle drei Chakren sind vorwiegend angstgesteuert. Umgekehrt gilt, wer die Menschheit kontrollieren und den Start des Reifeprozesses verhindern will, muss die Menschen mit genau diesen Themen beschäftigt halten und verhindern, dass sie ihr Herz öffnen und ihre Seele entfalten.
Die Lebenskraft aus der Quelle müsste eigentlich viel stärker durch dich fließen, doch deine Standleitung ist noch ‚undicht' und der Schatzhaufen beim Drachen bindet sie zusätzlich und lenkt sie gleichzeitig auch in die Nachbarhöhlen unserer Beziehungen und Umgebungen. Jedes Muster, das uns zum automatischen Funktionieren bringt, wirkt wie ein installierter Wasserhahn, den andere nach Belieben auf und zudrehen können, um sich an deiner Energie zu bedienen. Und mit dem Glauben an bestimmte Konzepte gibst du den Konzeptvertretern ein Energie-Abo auf ewig (also auch auf andere Leben!). Schauen wir uns also an, wo deine Lebenskraft überall versickert, bevor sie bei dir ankommen kann. Dass auch der Haufen Zeugs in der Höhle beim Drachen sehr viel Lebenskraft bindet, um deine Verdrängungen zu bewachen, so dass sie dein Leben nicht stören, sollte dir klar sein und wie man es ändert, dazu kommen wir später.
Interessanter wird es in der Standleitung, denn die göttliche Arterienverkalkung besteht – aus der Nähe betrachtet – aus vielen einzelnen Blockaden, die deine Lebenskraft umleiten, bevor sie bei dir ankommen kann. Jedes religiöse oder spirituelle Konzept, jede Vorstellung, die du dir von der Quelle und von dieser Realität machst und die du für dich als wahr akzeptiert hast, lässt deine Lebenskraft bereits in der Standleitung wegfließen zu denjenigen, die dieses Konzept propagieren, und verstärkt die Institutionen zu diesem Konzept und deren Agenda. Denn ein solches Konzept automatisiert unterschwellig einen Teil deiner

Aufmerksamkeit, also der Kraft, mit der du erschaffst. Dann können andere ihre Absichten mit deiner Energie erschaffen und du bist einverstanden. Die Arterienverkalkung dient als Bremse, um deine Energie in diese Vorstellung umzulenken. Je kleiner du in einem religiösen Konzept gemacht wirst (Sünder, Verführter, Schuldiger, ewige Lockung des Weibes, Schaf, dumm und unbelehrbar, ein Nichts), umso mehr Lebenskraft kann direkt schon in der Standleitung von dir abgeleitet werden. Du fühlst dich dann tatsächlich so, aber nur, weil du deine Kraft im Abo zum Monatsersten abgibst, gleich nachdem dein Gehaltsscheck eingetroffen ist.
Bestimmte Symbole und Strukturen wie die Kaaba, dieser schwarze Quader, der die saturnische Unterwerfung der Menschheit symbolisiert, oder das Kruzifix, womit die Darstellung eines Foltertodes verehrt und damit Foltersituationen weltweit akzeptiert werden, verstärken den Mechanismus weiter. Ja, du hast richtig gelesen: Mit der Verehrung eines Menschen zum Zeitpunkt seines Foltertodes gibst du dein Einverständnis nicht nur dazu, dass auch du als eigentlich souveräner Mitschöpfer gefoltert werden darfst, sondern auch, dass es für dich auch bei all deinen Mitmenschen O.K. ist, dass sie dies erleiden. Dieser ganze Deutungs-Unsinn unserer Sklavenhalter rund um das Kreuz, den sie dir einreden, um dich dahinzubringen, ist ein Geniestreich und verdiente Bewunderung, würde er sich nicht so grausam auf die Menschheit auswirken.
Mit ziemlich vielen Unsinns-Konzepten wirst du in wundervollen und sehr bedeutenden, religiösen Ritualen dazu angehalten, dich selbst und deine frei fließende Lebenskraft zu verleugnen und dich vor diesen symbolischen Dingen zu verbeugen, so wie Wilhelm Tell vor Gessners Hut. Du kniest nieder vor deinen Sklavenhaltern. Ein solches Symbol wird fest in dir und in deinem Herzen verankert und du selbst wirst angehalten, es zu lieben und bewusst deine Verehrung darauf zu lenken. Und viele Menschen hängen sich ihre Kette (die sie knechtet) mit Kreuz sogar bis zum Tod um den Hals. Doch weder hat die Kaaba selbst etwas mit den echten Perlen der Weisheit eines Propheten noch ein Kruzifix mit den Perlen der Weisheit eines Jesus Christus zu tun. Entschieden nein.

Wenn du die Botschaft Jesu wirklich ernst nimmst, dann solltest du, wenn überhaupt (denn er selbst wollte nie verehrt werden) den Aufstieg verehren, seine Befreiung, seine Himmelfahrt. Dann müsste in den Kirchen über dem Altar Bilder von Jesus im Aufstiegsprozess hängen (wo er sich als souveräner Mitschöpfer erfährt) und die Prediger müssten dich den natürlichen Reifeprozess lehren und sonst nichts. Und ich bräuchte jetzt nicht zu kommen, um es dir zu erklären, du wüsstest es schon. Doch die guten Hirten an der Basis solcher Institutionen wissen selbst nicht einmal davon und haben ihren Prozess meist auch noch nicht gestartet. Sie können das aber jetzt sehr schnell nachholen und ich hoffe darauf.
Die Mächtigen haben sich bisher noch jeder geschichtlich überzeugenden Bewegung bemächtigt, wenn sie sonst nicht zu stoppen war. Spätestens nach zwei, drei Generationen waren alle Perlen der Weisheit unter einer Ansammlung von großem Käse verschwunden, so dass man sie wie die Stecknadel im Heuhaufen suchen musste. Die Matrixmacher nutzten ab da umgekehrt genau die Integrität und Glaubwürdigkeit eines so hohen Meisters wie Jesus für ihre eigenen Zwecke. Das ist bisher noch allen geschichtlich bekannten Weisheitslehrern so gegangen, mach dir darüber keine Illusionen, und das ist auch bis heute so geblieben. Die selbsternannten religiösen und spirituellen Experten beherrschen alle Tricks, um die Schöpferkraft der Menschen in ihre eigene Machtstrukturen umzulenken und damit ihre Macht zu verstärken, zu festigen und auszudehnen. Du ahnst nicht einmal, wo du selbst als Atheist noch diesen Machtmenschen deine Energie abgibst, statt sie tatsächlich in deine eigenen, positiven Ziele zu lenken! Die alten Matrixmacher haben sich vor allem religiös ihre Macht gesichert und dabei ist ihr eigenes Herz fast ganz verschrumpelt. Je mehr Menschen aus der inflationären Persönlichkeit heraus leben (statt aus einer bewussten Ganzheit heraus) und ihren Schatten ignorieren, umso mehr Mitläufer finden sie für ihr Treiben.
Aber denke nun ja nicht, dass sie ihre Macht in der Moderne verloren hätten, sie haben ihre Tricks nur ausgedehnt oder sich ein neues Gewand angezogen, wirken aber im Hintergrund wie eh und je weiter. Keiner katholisch gläubigen Mehrheit ist es zum Beispiel bisher gelungen,

das Zölibat abzuschaffen, obwohl es doch strukturell offensichtlich die Pädophilie begünstigt. Diese Religionsexperten brauchen liebesfähige Menschen und deren schöpferische Kraft, um überhaupt erschaffen zu können. Ihre Macht verdunstet wie Wasser in der Sonne, sobald die Menschen diesen Energieraub stoppen. Solange aber die Menschen diese Tricks nicht verstehen und die perfiden Machenschaften ihrer Manipulateure unbewusst mittragen, wird diese Bevormundung auch weitergehen und sich nur immer in einem neuen Kleid zeigen. Die liebenswerten Pfarrer und Priester sind selbst die ersten Opfer dieser Strategie: Ihr offenes Herz macht sie so überzeugend, dass die Menschen an das Gute glauben wollen und ihr Energie-Abo auf die Institution übertragen. Institutionen sind aber nie gut, sie sind immer eine Kontrollmacht. Wenn sie hierarchisch, bürokratisch und pyramidal organisiert sind, wird Energie an die Spitze transportiert und dafür an der Basis abgezogen.
Natürlich will man nicht, dass du das verstehst, genau deshalb bitte ich dich, gib mir die Chance, mir durch dieses Buch bis zum Ende zu folgen und überprüfe bitte alle meine Behauptungen auch praktisch in Selbstversuchen. Ich wünsche mir, dass du nichts und niemandem einfach ungeprüft glaubst, auch mir nicht. Doch lass mich auch zu Ende erklären und experimentiere selbst mit deinem Bewusstsein. Natürlich würde ich mich freuen, wenn mein Buch ein Beitrag dazu wäre, dass du dich selbst ganz befreist, aber ich mache mir auch keine Illusionen darüber, wie schwierig es für dich werden könnte. Es ist überaus schwer verdaulich, wenn dir das ganze Ausmaß an Bosheit klar wird und wie übel uns als Menschheit mitgespielt wurde. Gib mir und dir und damit uns allen bitte die Chance auf echte Freiheit. Denn du kannst nicht frei werden, solange du unbewusst gegen den kollektiven Schatten einer versklavten Menschheit kämpfst und dich in Propagandaschlachten ziehen lässt.
Die Matrixmacher wissen das und haben eine geplante und anstehende gesellschaftliche Veränderung immer geschickt damit eingeleitet, dass sie Gegensätze anfeuerten und sich hochschaukeln ließen, damit ihre Schäfchen sich im Kampf gegenseitig aufreiben als Täter, Opfer oder Retter. Die Menschheit soll sich angstvoll aufregen. So stimuliert generieren die Menschen mehr und mehr Emotionen als abschöpfbare

Energie in niedriger Schwingung, und die so benutzten Menschen werden zu lebenden Batterien der Matrix. Ohne die Wirkweise zu verstehen, ist jedes Engagement für die sich hochschaukelnden Demonstrationen und Gegendemonstrationen oder politischen Parteien, die gegeneinander antreten, oder wie 2020 in den USA dieser heftige Kampf zwischen zwei Präsidentschaftskandidaten immer Teil des Systems. Ein unbewusstes für oder gegen ohne schon mit der Macht im Bunde (Jedi-Ritter) über das Herz zu erschaffen, fördert immer die Planung der Matrixmacher hin zu mehr Chaos – mit ganz viel Leid für die einzelnen Menschen. Die Matrixmacher stehen dabei hoch über dem ganzen Szenario in Sicherheit und präsentieren sich im geeigneten Moment als Retter mit ihrer nächsten Idee einer Herrschaftsstruktur, um aus dem Chaos eine neue, bereits seit Jahrzehnten geplante Weltordnung zu erschaffen (Order out of Chaos).

Aus einer Meinung für oder gegen etwas oder einer Teilnahme an einer Demo ja oder nein kannst du umgekehrt nicht schließen, ob ein einzelner Mensch noch sehr unbewusst aus der Persönlichkeit heraus lebt und manipulierbar bleibt, oder ob er missionarisch spirituell als Sucher oder schon als Finder unterwegs ist, oder ob er sogar bereits sein Höchstes Selbst in sein Ich eingeschmolzen hat und als Mitschöpfer sein Leben vor sich her souverän bewusst erschafft. Alle Teilnehmer sowohl einer Demo als auch einer Gegendemo hatten offenbar den Impuls dazu, daran teilzunehmen, in ihrem jeweiligen Bewusstsein war es richtig. Auch 2020 bei den Querdenkern waren Menschen in allen Varianten von Bewusstsein und Phasen des Reifeprozesses auf der Straße und konnten auch ihrem Bewusstsein entsprechend manipuliert oder eben nicht mehr manipuliert werden. Es geht in dieser öffentlichen Auseinandersetzung aber um viel mehr.

Vergiss bitte alle Theorien, die du bisher darüber gehört hast, warum Menschen ausgebeutet werden und was man da eigentlich ausbeutet oder vergewaltigt. Die Menschheit hat das leider immer noch nicht durchschaut. Erst brauchte man Menschen als Sklaven, als Leibeigene, als Diener, als Arbeitskraft, aber so viele? Dann haben wir in den letzten Dekaden erkannt, nein, sie brauchen unsere Daten. Nein sage ich auch dazu, obwohl sie für die Erzeugung eines digitalen Avatars eines Menschen natürlich gebraucht werden, um diesen Menschen mit künstlicher Intelligenz über 5G total zu überwachen. Neuerdings regt sich die Meinung, es geht um unsere Gene und um den genetischen Pool der ganzen Erde. Ja, das mag alles sehr wertvoll sein, und ja, es wurden längst genetisch ‚verbesserte' Menschen auf Raumschiffen erschaffen (einer der Hintergründe von Ufo-Entführungen), aber das trifft immer noch nicht des Pudels Kern.

Wer nicht aus eigener Kraft erschaffen kann, weil sein Herz verdorrt ist (= unsere Matrixmacher und ihre Handlanger), muss die Lebenskraft mitfühlender Wesen abschöpfen und zum eigenen Erschaffen nutzen. Nur so kann ein Machthungriger mächtig werden und an der Macht bleiben, denn alles in dieser Realität zerfällt, wenn es nicht von Lebenskraft und Bewusstsein in Existenz gehalten wird. Wenn du das bewusste Erschaffen in Gänze verstanden hast, erkennst du, es ging immer schon vor allem um deine Drachenkraft. Um den Teil deiner Energie, der sich abschöpfen lässt. Und was machen sie mit deiner Drachenkraft, also mit dem dir (noch) nicht zur Verfügung stehenden Teil deiner eigenen Schöpferkraft?

Wie ich in dem Kapitel ‚In deinem Innern schläft ein Drache' aufzeigte, erschaffen unsere unbewussten und bewussten Absichten als Gesamtbewusstsein unsere Erfahrungen vor uns her. Die künstliche kollektive Matrix der Menschheit besteht aus menschlichen Gedanken, Gefühlen und Erfahrungen, im Unterschied zu den natürlichen planetaren Prozessen. Und Gedanken und Gefühle können massiv beeinflusst werden. Der erste Grundsatz der machtvollen Manipulation anderer Energiewesen lautet: Gib ihnen die Vorstellung, wie ihre Zukunft werden könnte (weil du das für sie so planst) und sorge für angstvolle Gefühle, damit sie zwar diese Vorstellung mit ihrer Lebenskraft beleben / erschaffen, so dass sich die Vorstellung umsetzen muss, aber halte sie gleichzeitig in der untersten Ebene negativster Emotionen fest, damit sie sich ja nicht selbst ihrer Macht bewusst werden, oder sogar der natürliche Entwicklungsprozess in ihnen gestartet wird und sie sich unabhängig machen könnten von der künstlichen Matrix.

Die Manipulation muss so geschickt erfolgen, dass die Schäfchen der guten Hirten einerseits brav ihre Energie einspeisen in die vorgegebene Vorstellung, andererseits aber sich dann alle Mühe geben müssen, dieses Schicksal abzuwenden und sich mit noch mehr Lebenskraft anzustrengen. Ob es dabei wie im Mittelalter um den Teufel und um Hexenmeister geht oder wie in der Neuzeit um rechtsradikales Gedankengut: Die Vorstellung davon muss den Menschen als ‚real möglich' in die Gedankenwelt eingepflanzt werden. Nicht einmal Hitler und seine NSDAP bildeten da eine Ausnahme. Hitlers ‚Mein Kampf' hat offen erklärt, was er genau vorhatte, schon viele Jahre, bevor er an die Macht kam. Und ich verwende das Beispiel des Dritten Reichs bewusst an dieser Stelle, weil es in diesem Kapitel um die Manipulation durch Religionen geht. Denn das Gedankengut eines Adolf Hitlers war für sein Volk eine Religion. Nationalsozialistische, neoliberale oder kommunistische Ideologien wirken wie Religionen.
Die Propagandaschlachten, die im Jahre 2020 unsere globale Zivilisation polarisierten, hat es im Kleinen auch schon in der kurzen demokratischen Phase Deutschlands (Weimarer Republik) gegeben. Da hat sich auch kaum einer vorstellen können, dass Hitler diese Ideen tatsächlich so radikal umsetzen würde. Und auch damals spielte die Wissenschaft eine gespaltene Rolle. Schon seit Jahrzehnten kursierte die Theorie der Herrenmenschen, der genetischen Überlegenheit der arischen Rasse (blond, blauäugig). Wissenschaft, die sich damit beschäftigte, wurde optimal gefördert. Das waren die Experten jener Zeit, auf die man medial hörte. Die Herren im weißen Kittel gingen daran, wertes und unwertes Leben zu vermessen und zu unterscheiden. Es wurde sogar in der Schule als Fach gelehrt! Und dann: So ein guter Mensch wie der verehrte Führer konnte doch keine so unvorstellbar bösen Absichten haben! Es spielte auch keine Rolle, ob damals ein Mensch für Hitler war oder gegen ihn oder sich ganz raushielt: Die Vorstellung selbst wurde nur immer weiter aufgeladen mit der Lebenskraft all derjenigen, die sich überhaupt irgendwie darüber Gedanken machten. Bis das Momentum ihrer Ladung sich geschichtlich einfach umsetzen musste.

Es spielt in der heutigen Situation daher überhaupt keine Rolle, ob du eine Entwicklung, wie sie von George Orwell oder Aldous Huxley beschrieben wurde, für möglich, für wahrscheinlich oder für völlige Spinnerei hältst. Und ob du dich bei den Verschwörungstheoretikern oder dem Gegenteil der Fakten-Checker verortest. Allein, dass du davon weißt und dass du darüber nachdenkst, lässt dich deine Energie in jene Kanäle einspeisen, die irgendwo in deiner Standleitung abzweigen. Hauptsache, ganz viel Emotion in niedriger Schwingung. Deine Energie, zusammen mit der von allen anderen Aufgeregten, wird die nächste Agenda der Herrschenden zuverlässig umsetzen. Solange du die Energiekanäle in deinem Unbewussten nicht verstanden, die Weiche (das Konzept) nicht entfernt und den Seitengang zu dieser Manipulation nicht bewusst verschlossen hast, wirst du mit allem, was du tust, die geplante Entwicklung der Herrschenden unterstützen. Oder wie andere es formulieren: Du bleibst doch Teil des Systems deiner eigenen Manipulation und unterstützt es weiter. Du befindest dich in einer Zwickmühle wie in dem Brettspiel ‚Mühle': Seit Jahrzehnten haben die Matrixmacher ihre neuen Mühlen gebaut und mit jedem eigenen Zug verlierst du jetzt den nächsten Stein, unweigerlich.
Ich will dir das mal anhand der Rituale erklären, die ich aus meiner eigenen Sozialisation kenne. Da ist erst einmal die Taufe. Damit wurde ich zum Eigentum dieses Gottes erklärt. Eigentum entspricht einem Energie-Abo über den Tod hinaus. Energetisch erhielt ich (das Schaf) ein Brandzeichen. Jetzt war ich Christ. Die Organisation des ‚guten' Hirten hatte danach immer Zugriff auf meine Energie. Meine Eltern haben mich damit energetisch verkauft. Was haben deine Eltern für dich entschieden, bist auch du getauft? Natürlich gingen deine Eltern davon aus, dass dieser Gott deine Quelle selbst sein muss, doch mal ehrlich: Deine eigene Quelle sprudelt doch schon per se in dir und hält dich am Leben. Was hätte sie davon, wenn man dich schon als Säugling zu ihrem Eigentum erklärt? Der Druck der Familientradition führt immer wieder neue Menschen in die Versklavung, zu anderen Zeiten war der gesellschaftliche Druck sogar noch viel größer: Da wurde ein ungetaufter Mensch oder ein Sünder ohne Absolution durch einen Priester nach der Beichte nicht

einmal auf dem Friedhof beerdigt, sondern wie Vieh draußen davor an der Mauer verscharrt. Die letzte Ölung erneuert dieses Eigentumsrecht dann auch noch am Ende jedes gläubigen katholischen Lebens für den angeblichen Himmel, man darf also über dich hinweg entscheiden, wie es mit dir nach dem Tod weitergeht. So wird ein Mensch Leben um Leben erneut in diese Bewusstseins-Falle eingespeist und bleibt der Matrix auch in den nächsten Leben ausgeliefert. Die letzte Ölung würde nicht propagiert, wenn nicht zumindest die Elite dieser Strukturen genau wüsste, was sie damit eigentlich macht.
Viele Menschen, die ich kennenlernen durfte, machten religiöse Rituale nur pro Forma mit und hielten sie für belanglose und wirkungslose Worthülsen. Sie wollten ihrer Familientradition folgen und ein schönes Fest feiern und dazu gehören nun mal diese religiösen Rituale auch heute noch dazu. Doch es ist eine Frage von Integrität, ob dein Wort etwas gilt. Versprochen ist versprochen. Selbst wenn du mit deinen Gedanken nicht bei der Sache bist und nur was von anderen nachplapperst, es gibt keine harmlosen Rituale. Am Anfang war das Wort, dann folgte die Schöpfung, so steht es schon in der Schöpfungsgeschichte der Bibel. Jedes Wort ist supermächtig. Jedes Wort zählt. Ich selbst war geschockt, als ich das herausfand, hatte man mir doch suggeriert, dass ich Gott durch solche Rituale näherkommen und ihn intensiver erfahren könnte. Was ich allein im Glaubensbekenntnis alles versprechen sollte!
Und dann kam meine Konfirmation und ich musste eine Oblate verzehren als den Leib Christi und einen Schluck Wein trinken als das Blut Christi, und wieder war ich verzaubert von der magischen Atmosphäre des rituellen Gemeinschaftskuschelns und meine Emotionen gingen hoch. Bei mir öffnen sich dann gleich alle Tränenkanäle und erst jetzt weiß ich, was dabei energetisch passiert, weil ich es mittlerweile direkt spüren kann. Ich generiere abschöpfbare Energie für andere. Genau diese Emotionen von mir waren es, die mit dem Ritual geerntet wurden, um die echten Folterungen und Opferungen von Kindern und Jungfrauen wirkungsvoll zu verstärken, die an einem anderen, geheimen Ort auf der Welt und zu bestimmten, besonderen Zeiten stattfanden. Die echten Rituale, die ich mit meiner Teilnahme nährte, blieben mir dabei verborgen.

Und glaub mir, die das tun, die kennst du nicht. Wer als Pfarrer den Leib Christi verzehren lässt und das Blut Christi trinken, der weiß es selbst nicht besser und gehört bestimmt zu den Guten, aber er leitet trotzdem die Lebenskraft seiner Gemeindemitglieder weiter an satanische Rituale und an die Pyramidenspitze seiner Machtstruktur. Nicht alle machen solche Rituale insgeheim in echt, aber die hinter den Kulissen Herrschenden auf jeden Fall. Glaub es oder glaub es nicht.
Die religiösen Institutionen haben sich dabei so in das gesellschaftliche Leben eingeflochten, dass sie das Gemeinschaftskuscheln auch in anderen Sozialbereichen weitgehend kontrollieren. Verlören unsere religiösen Institutionen von heute auf morgen ihre Macht (weil ihnen die Gläubigen wegliefen), würde unser soziales System zusammenbrechen. Das muss es aber nicht. Ich vertraue darauf, dass nun auch viele ehrliche, liebevolle und mutige Menschen an der Basis solcher Institutionen den natürlichen Reifeprozess bis zum Ende durchlaufen und dann wissen, was zu tun ist. Sie werden aus ihrer eigenen Quelle trinken und geführt die richtigen Schritte innerhalb dieser Institutionen oder außerhalb tun, Schritte, die alle Menschen ihrer Gemeinschaft sicher auf ein neues Gleis für eine gute Zukunft setzen. Jeder hat da seine Rolle zu spielen und sitzt dafür an der richtigen Stelle in der künstlichen Matrix. Doch die Pyramidenstrukturen selbst, die müssen wir überall wieder loswerden, warum, würde hier zu weit führen.
Dass die religiösen Machthaber gerne wohltätige soziale Bereiche abdecken, ist die natürliche Folge ihres Machthungers und hat nichts mit Altruismus und mit großem Herz zu tun. Mit dem Gemeinschaftskuscheln steuern sie einen zweiten Mechanismus an, um die einzelnen Menschen zu einer verstärkten emotionalen Nutzbarkeit zu aktivieren: Es ist ein energetisches Gesetz, dass das gemeinsame Konzentrieren auf ein Symbol oder auf eine rituelle Handlung die Lebensstärke im Raum potenziert. Die schöpferische Lebenskraft fließt durch das Gemeinschaftserlebnis um ein Vielfaches verstärkt in die Kanäle der Absicht der Veranstaltung. Nicht nur die Absichten der Teilnehmer erhalten etwas von der Ernte, sondern der Veranstalter und seine Agenda, der ‚Künstler', der Initiator, seine Ideologie und seine Organisation oder

Glaubensgemeinschaft. Das kann allerdings auch in jedem anderen Seminar oder Treffen erfahren werden, wenn sich an gewisse Spielregeln gehalten wird. Menschliche Gemeinschaft kann sehr viel zusätzliche Kraft erzeugen, viel mehr als jeder Einzelne allein. Es ist daher keine einfache Addition, es potenziert sich die Durchsetzungsfähigkeit gemeinsamer Absichten im Quanten-Meer der Wahrscheinlichkeiten.
Wenn Herrschaft ohne diesen Effekt gelingen könnte, würden die Menschen nichts von den Herrschaftsplänen erfahren. Geheimhaltung wäre für die Herrschenden viel bequemer, aber so ist es nicht, da müssen Informationen raussickern und werbewirksam bekämpft werden. Es reicht auch schon eine kleine Notiz am Rande. Hauptsache, der Plan wurde irgendwo im Kollektiv in einer kleinen Lokalzeitung am Rande erwähnt. Das kollektive Unbewusste oder Halbbewusste muss damit gefüttert werden, um die ahnungslosen Menschen dazu zu bewegen, ihre schöpferische Kraft auf ihren eigenen Untergang zu lenken. Die Manipulateure setzen ansonsten auf mediale Großereignisse: traditionelle Umzüge, Kranzniederlegung, Papstbesuch, royale Hochzeiten oder ein Konzert mit Lady Gaga, sie alle haben eines gemeinsam: Die Energie der einzelnen Teilnehmer wird potenziert und die Energie fließt dorthin, worauf sich die Aufmerksamkeit richtet. Und du darfst wetten, dass sich dieser Effekt auch in Geld zeigt: Geld folgt der Energie. Wer lernt, durch sein Verhalten die Aufmerksamkeit seiner Mitmenschen zu ernten, möglichst noch die einer ganzen Gruppe, der geht aus der Erfahrung voller Kraft und Ideen nach Hause. Das habe ich schon von meinen verhaltensauffälligen Schülern gelernt, auf diese private Energieraubkultur komme ich später noch zu sprechen.
Starke Emotionen werden von uns ‚geschöpft', wie die Banken Giralgeld schöpfen. Wir sind als Menschen in der Lage, bestimmte Gedanken extrem mit Emotion zu laden. Je größer und weiter offen unser Herz und je gutgläubiger und naiver wir selbst dabei sind, umso mehr Milch geben wir als Kühe. Unsere Matrixmacher wussten das schon immer, sie luden zu allen Zeiten vor allem die Gefolgsleute mit Herz ein, sich furchtbar aufzuregen. Um diese Energie dann zu kanalisieren und zu ernten. Die herzlosen Kühe (ihre Handlanger) geben kaum noch Milch. Hinzu

kommt: Eine intensive emotionale Erfahrung kann in jeder Schwingungshöhe erfahren und mit der Quelle selbst verwechselt werden, sogar in der größten Angst. Deshalb spürt ein Djihad Kämpfer seine wichtige Mission auch so intensiv und weiß, dass er dies für Gott tut. Er spürt intensive Emotionen und die erst machen solche Gedanken wahr.
Die intensive Gottsuche hat immer schon merkwürdige Blüten getrieben, z. B. kam es im Mittelalter zu Selbstfolterungen. Die Mönche schlugen sich blutig, um eine Verbindung zu Gott zu spüren. Aber sie haben nur ihre Emotionen mehr oder weniger stark erfahren, ihre Lust am Schmerz. Je höher dein bewusstes Ich die Standleitung hinaufgeklettert ist, umso höher schwingend werden auch die Farben der Emotionen, die du aktiv erzeugen kannst (das heißt noch lange nicht, dass du es dann auch bewusst tust). Und mit Farben meine ich Prägungen von Angst, Hass (ganz dunkele und schwere Emotionen) über Gleichgültigkeit bis hin zu Dankbarkeit, Verzückung, Frieden und bedingungslose Liebe (ganz helle, lichte und leichte Emotionen). Das alles sind Etiketten, die wir unserer Lebenskraft aufprägen und je mehr Lebenskraft du in sie hineinleitest, umso intensiver erfährst du sie.
Wir alle machen das, so schöpfen wir als Mitschöpfer. Doch der Quelle rücken wir damit nicht näher. Wir verstärken nur die Heftigkeit unserer Emotionen, nicht den Durchfluss an Lebenskraft. Wir generieren Energie direkt über unsere bewusste Absicht. Dagegen zeigt sich die Annäherung an die Quelle und damit ein verstärkter Durchfluss von Lebenskraft vor allem in positiven Einfärbungen bzw. in sehr viel höheren Schwingungen. Am oberen Ende der Standleitung können wir unserer Lebenskraft das Etikett der puren Liebe für die ganze Schöpfung aufprägen, dazu unendliche Dankbarkeit für die eigene Existenz mit allem, was dazu gehört, und ein Gefühl tiefsten Friedens. Und das fühlt sich richtig gut an.
Martin Luther hatte sich damals die katholische Kirche zum Feind gemacht, unter anderem mit der Behauptung, dass jeder Mensch Gott nur im eigenen Innern finden könnte. Ich gebe ihm heute recht. Der kannte seine Standleitung! Erst diese Verbindung gibt uns Leben und lässt uns Glückseligkeit erfahren. All unsere persönlichen, einschneidenden

Erfahrungen, verdrängten Probleme und kleinen und großen Konflikte liegen aber leider vor dem Tor unserer Standleitung zur Quelle und versperren die Sicht auf das größere Ganze. Bei so viel Müll kann man die Macht im Inneren noch nicht spüren. Der Reformator und Ketzer Luther hatte die Bedeutung unserer inneren Standleitung erkannt und davon viel gepredigt, erst einmal, dass es sie überhaupt gibt, und dann auch, dass jeder diese Verbindung zu Gott nur in seinem eigenen Inneren finden kann. Mehr Verständnis war der Menschheit damals kollektiv noch nicht möglich. So blieb selbst Luthers Standleitung zur Quelle noch verstopft mit der gleichen Art Arterienverkalkung, mit der wir immer noch zu kämpfen haben, denn er übernahm ansonsten die meisten Konzepte aus der katholischen Kirche. Sind wir nachsichtig mit ihm: Mehr Veränderung war den Menschen damals noch nicht zumutbar. Und Martins eigener innerer Drache blieb auch weiter auf einem Haufen Zeugs liegen, die Psychologie war ja auch noch nicht erfunden. Doch sein Tor stand schon viel weiter offen, vor allem viel weiter als das der meisten Zeitgenossen, daher hatte seine Lehre eine so überzeugend große Wirkung.
Damals wie heute ist die göttliche Arterienverkalkung in der Standleitung das größere Problem. Die Verbindung zur Quelle wurde über die Jahrhunderte durch unsere Traditionen, unsere christliche Kultur, durch den Volksglauben und später auch noch durch die Wissenschaft vollgestopft. Die meisten Menschen haben dort sogar sich widersprechende Konzepte nebeneinander eingelagert, sie können davon nicht genug kriegen. Morgens forschen sie wissenschaftlich und abends gehen sie in die Messe. Überall kleben Schlacken an den Wänden der Verbindung, die den freien Fluss behindern. Doch die gute Nachricht ist: Heute können wir das Problem lösen und das Plaque recht einfach entfernen. Wir sind gerade schon dabei. Meine erste Hilfestellung dazu ist: Beobachte deine Emotionen in Verbindung mit Massenveranstaltungen aller Art. Du musst den Royals oder Lady Gaga nicht auch noch deine Lebenskraft nachtragen, die können auch so schon aus dem Vollen schöpfen.
Dem Gott Mammon, der uns seit den Zeiten des alten Babylons mit Hilfe der Matrix in vielen Varianten beherrscht, huldigst du damit, dass du ihm Geld opferst. Beobachte also auch genau, wo dein Geld hinfließt. Wenn

du das System ändern willst, musst du ganz raus oder zumindest möglichst an den Rand und aufhören, es finanziell zu unterstützen. Und du musst gleichzeitig deine ganze Aufmerksamkeit abziehen und stattdessen als Mitschöpfer deine eigenen Absichten emotional bewusst aufladen. Wenn mir einer sagt, wie ich das bei Bill Gates machen soll, bin ich sofort dabei. Gibt es Alternativen zu seinem Windows Betriebssystem, seinem Office und seinem Imperium? Als Gründer kriegt er weiter Dividenden und ganz viel Energie von uns, egal, wie viele Aktien er noch hält. Kein Geld, keine Beschäftigung mehr mit diesem Menschen, weder im Guten noch im Bösen, und sein Erfolg wird so schnell austrocknen wie ein Wadi in der Sahara Wüste.

Niemand muss kämpfen. Einfach nur Geld und Aufmerksamkeit ganz abziehen. Keine Kirchensteuer mehr. Austreten. Du kannst dir nicht vorstellen, wie erstaunt ich war, als ich aus der evangelischen Kirche austreten wollte: Ich musste dafür in die Vormundschaftsabteilung der Stadtverwaltung! Wie genial ist das denn? Denk nach und mach, was für dich richtig ist. Es kann für dich stimmen, im System drin zu bleiben, aber dann vollende wenigstens umgehend deine natürliche Entwicklung (Reifeprozess) und bringe die Reformen wirksam ein, von denen du immer schon geträumt hast, und die jetzt einfach mal nötig sind, damit es uns allen gut geht. Wie du das noch wirksamer machst, erkläre ich später.

Ein weiteres Ritual möchte ich noch erwähnen, denn die Bekreuzigung ist einfach zu genial, um unerwähnt zu bleiben, und ich verneige mich vor dem Erfinder. Mittlerweile kennen schon viele Menschen den kinesiologischen Muskeltest, du brauchst dafür einen Partner. Der Proband hält seinen Arm gerade nach vorne hoch und denkt dabei einen bestimmten Gedanken. Der Tester andererseits versucht nun mit aller Kraft, dessen gestreckten Arm nach unten zu drücken. Der Test funktioniert bei allen Menschen, wenn sie zuvor reichlich Wasser getrunken haben, denn Wassermangel schwächt deine Körperenergie grundsätzlich und das verfälscht jeden Test. Ist der gedachte Satz wahr, bleibt der Arm stark und waagerecht, und ist die gedachte Behauptung falsch, lässt sich der Arm ganz leicht nach unten drücken. Probiere das mit einem Partner wechselseitig mit ein paar netten Ideen aus, zum Beispiel ‚ich bin eine

Frau‘, wenn der Proband ein Mann ist, dann lässt sich sein Arm leicht nach unten bewegen. Denkt er dagegen die Wahrheit, ‚ich bin ein Mann‘, dann schafft der Tester es nur unter erheblicher Anstrengung, den Arm überhaupt zu bewegen. So weit so gut. Nun kommen wir zur energetischen Überprüfung meines Lieblings-Rituals, der Bekreuzigung. Der Proband soll sich nun vorstellen, dass er seinen Reifeprozess vollendet hat und ihm nun seine ganze Drachenkraft selbst zusätzlich zur Verfügung steht. Test? Und dann soll er sich ernsthaft im Modus eines gläubigen Christen als sündiger Mensch bewusst bekreuzigen und sofort danach testen lassen. Test? Schwächer geht's nicht.
Erklärung: Die Bekreuzigung besteht aus zwei Teilen: Du führst die Hand von oben nach unten vorne am Körper und an allen Chakren vorbei. Das bedeutet symbolisch mit entsprechender energetischer Auswirkung: ‚Ich verbinde mich mit meiner Quelle und damit lasse ich all meine Lebenskraft verstärkt und frei in mein Leben und durch meine Chakren fließen.‘ Das ist also eine sehr empfehlenswerte Geste. Mit der zweiten Geste bewegt sich die Hand quer zu diesem Energiefluss auf Höhe des Solarplexus/Magens oder Herzens (es wird verschlossen). Der Solarplexus ist für das Thema ‚Macht‘ zuständig, entweder um deine Macht selbst ganz zu beanspruchen oder sie ganz abzugeben. Diese Hand sagt also symbolisch: ‚Und ich unterbreche meinen eigenen starken Durchfluss an dieser Stelle, so dass meine Lebenskraft nur noch rudimentär in meinem eigenen Leben und in meinen unteren Chakren ankommt. Den Rest meiner Kraft spende ich mit dieser Geste bewusst an die Institution, die mich gerade zu solchem Unsinn anleitet.‘ Viel Spaß beim Ausprobieren!
Weiterführendes Werkzeug: Nutze die Erste Hilfe und befiehl: ‚Herz öffnen und Schwingung erhöhen!‘. Sage es als Affirmation immer wieder. Du wirst feststellen, dass sich deine Stimmung sofort aufhellt und dir Problemlösungen zufließen, die du dir vorher nicht einmal vorstellen konntest. Durch dieses 'Gutsein' aus dem Herzen heraus passieren dir immer mehr Zufälle, welche die anderen Menschen deiner Umgebung nicht für möglich halten. Du erfährst Wunder, denn diese hohe Schwingung setzt die Gesetze der normalen 3D-Realität außer Kraft.

Und: Mach den kinesiologischen Test zu einem Teil deiner alltäglichen Neugier. Statt der Armprüfung findest du im Internet sicher auch noch andere Formate. Beim Einkaufen befrage ich zum Beispiel im Zweifelsfalle meinen Körper, ob wir ein Nahrungsmittel kaufen wollen (wir = mein Körper und ich), indem ich es vor meinen Solarplexus halte, dabei die Augen schließe und stillstehe, bis ich leicht zu schwanken beginne. Ist mein Körper zuerst nach hinten ausgewichen, heißt das ‚nein‘, nach vorne heißt ‚ja‘. Spiel damit, das Leben kann so viel Spaß machen!

2c. Die selbsternannten Torwächter

Eigentlich sollte nur der eigene souveräne Drache eines Menschen darüber wachen, dass die aus den höheren Ebenen ankommende Stromstärke und deren Schwingungshöhe sein physisches und psychisches System nicht überlastet und bei ihm deshalb die Sicherungen irreparabel durchbrennen und er entweder verrückt wird oder stirbt. Es gibt allerdings auch äußere Experten, die sich anmaßen, unser Tor und unseren Drachen zu kontrollieren. Ich spreche hier von den Religionen und damit von den angeblichen Fachleuten der religiös-spirituellen Rückverbindung. Ohne dass es die liebvollen Gläubigen an der Basis wissen, werden diese kollektiven Torwächter (Religionen und Glaubensgemeinschaften) dazu benutzt zu verhindern, dass die Menschheit als Ganzes den Reifeprozess einleitet und ganz durchläuft. Und sich selbst aus der Versklavung befreit. Unsere selbsternannten Torwächter müssen dafür die einzelnen Tore in jedem Menschen so kontrollieren, dass sie sich nie weit genug öffnen können, um den Reife- und Befreiungsprozess zu starten. Denn einmal angestoßen, ist dieser Prozess nicht mehr aufzuhalten.
In diesem Kapitel befassen wir uns näher mit den selbsternannten Torwächtern, ihren Absichten und ihren Vorgehensweisen.
Abgesehen von all ihren Grausamkeiten haben sie das zumindest auch sehr gut gemacht: Sie sorgten in der langen menschlichen Geschichte

auf diesem Planeten mit ihrem ganzen Einsatz dafür, dass der Reifeprozess in den Menschen nicht angestoßen wurde, solange ihr Körper noch nicht genügend darauf vorbereitet war und hätte durchknallen können. Deshalb dürfen wir auch nicht gleich deinen Drachen wecken, dein Körper und deine Psyche müssen erst noch darauf vorbereitet werden, und dieses Buch und seine Umsetzung sorgen dafür. Unsere externen Torwächter haben uns, ihre Schäfchen, behütet, aber gleichzeitig auch benutzt, keine Frage. Sie waren gute Hirten, um mal im Bild zu bleiben, sie lieben ja geradezu diese Vorstellung. Geschichtlich gesehen ist die gesamte kollektive Menschheitsfamilie in ihrer Entwicklung nun (und tatsächlich erst jetzt) an einem Punkt der Reife angekommen, so dass sie aus der Pubertät hinaustreten könnte und ihr freies Leben beanspruchen. Die Menschheit wird erwachsen. Der Reifeprozess steht nun jedem offen: sicher, schnell und in Freude.
Wir müssen begreifen, dass wir diese elterlichen, religiös-spirituellen Torwächter nun hinter uns lassen müssen, um uns selbst eine bessere Zukunft zu erschaffen. Und wir dürfen uns nicht verheddern in Kämpfen mit ihnen und ihren Regeln und ihren absurden Argumenten am Mittagstisch. Das kennst du doch schon aus deiner eigenen Pubertät: Die Diskussion mit den besserwisserischen (und leider oft auch besserwissenden) Erwachsenen ist fruchtlos. Es hält dich nur länger in der Abhängigkeit vom Elternhaus, wenn du versuchst, deine Eltern zu überzeugen. Erwachsen werden, das ist nun dran für die gesamte Menschheitsfamilie. Tschüs, ihr selbsternannten Experten und Torwächter: Wir haben viel gelernt, wir sind gewachsen und wir haben bis hierher überlebt: Danke, aber wir gehen jetzt.
Erst jetzt ist die kollektive Eigenschwingung der Menschheit so hoch und gleichzeitig die höheren, nährenden Gitterstrukturen schon vollständig am Platz, so dass die gesamte Menschheit möglichst gefahrlos den Prozess durchlaufen kann, ohne in der Psychiatrie zu landen oder im Siechtum zu enden. Was ja nichts anderes bedeutet als dass wir – willentlich-bewusst – vom Homo Sapiens Sapiens zum Homo Creativus Pax mutieren. Was sonst bedeutet das, wenn ich dir vorschlage, dein höchstes Potential zu beanspruchen, als dass du auch bewusst auf genetischer

und holografisch-genetischer Ebene deine Junk-DNA so ansteuerst, dass du tatsächlich mutierst? Ich bin davon überzeugt, dass sich die Aktivierung zum Mitschöpfer in spätestens der dritten Generation danach auch materiell genetisch beweisen lässt. Aber willst du darauf verzichten, nur weil sie sich jetzt noch nicht materiell nachweisen lässt?
Wir befinden uns in einem Wettrennen zwischen dem natürlichen Prozess und der totalen Unterbindung dieses Prozesses für immer. Wir werden uns auf jeden Fall als Menschheit genetisch verändern. Entweder durch die freiwillige, bewusste Aktivierung des natürlichen Reifeprozesses oder durch weitere Eingriffe auf materieller, strahlender, chemischer und genetischer Basis, die unseren Drachen ins ewige Koma schicken. Darauf kommen wir noch. Unsere Torwächter möchten natürlich ihre Sklaven behalten, keine Frage! Aber ihre Agenda kann in diesem Stadium auch nicht mehr weiter verborgen bleiben, denn wie ich dir schon im vorigen Kapitel erklärt habe, müssen die Schafe ihre Energie aktiv in die Vorstellungen ihrer guten Hirten lenken, um deren Wünsche aktiv umzusetzen. Deshalb kommt das alles gerade raus. Unsere Zeit ist die Zeit der Enthüllungen und Wikileaks, weil die alte Matrix bröckelt und die Menschheit sich langsam an die geplante neue Matrix gewöhnen soll. Unsere Reaktionen auf all diese Enthüllungen wurden dabei mit eingeplant. Vergiss nie, das sind versierte Schachspieler mit KI-Unterstützung, die planen so viele Züge und Gegenzüge im Voraus, dass du dich auf jeden Fall zum Bauernopfer machen wirst, sobald du dich an ihren Spieltisch setzt.
Du musst wissen, wo das Ganze jetzt hinführen soll, damit man deine Drachenkraft überhaupt abschöpfen und zur Erschaffung der fremden Agenda nutzen kann. Deshalb kommt gerade so viel Schockierendes an die Oberfläche. Es wird aber nur dafür genutzt, dich weiter mit emotionaler Empörung und Don-Quijote-Kämpfen beschäftigt zu halten, bis die Falle zuschnappt, auf die wir noch zu sprechen kommen. Und die Angst hält dich in einer niedrigen Schwingung, in der jeder Prozess erst einmal wieder zum Stillstand kommt. Das verhinderte Gemeinschaftskuscheln im Lockdown tut ein Übriges, damit der Reifeprozess unerkannt bleibt und lediglich energetisch weiter ausgebeutet werden kann. Du sollst

deine Energie für oder gegen die drohende Agenda einspeisen. Die Polarisierung dient der weiteren, emotional verstärkten Aufladung und generiert insgesamt die Energie dafür, dass die Agenda sich umsetzt. Dabei sind für den einzelnen Menschen nur die Hunde sichtbar, die die Schafherde zusammentreiben, nicht aber die guten Hirten selbst, die wirken im Verborgenen. Und gut waren die übrigens noch nie.
Alle Rituale generieren emotionale Energie, eine Verstärkung der abgeschöpften Lebenskraft und diese fließt dann fokussiert und potenziert dorthin, worauf du deine Aufmerksamkeit richtest. Wer sich also auf die Klimakatastrophe konzentriert, macht sie wahrscheinlicher als Erfahrung für sich selbst. Deshalb hebt sich ein Engagement für Frieden und ein Engagement gegen Krieg energetisch gegeneinander auf, es ist das genaue Gegenteil. Unser Unbewusstes versteht keine Verneinung, darauf kommen wir noch. Alle Filme sammeln unsere Aufmerksamkeit ein, alle Berichte, alle Shows und jede Musik. Du resonierst mit der Grundschwingung und in Resonanz erzeugst du eingefärbte Energie, du imprägnierst deine eigene Lebenskraft mit diesem Etikett und sie fließt dann auch dorthin, wo die Flaschen mit dem gleichen Etikett im Regal stehen.
Unsere selbsternannten Torwächter sind Meister von Ritualen, die uns aufregen oder uns emotional stark berühren sollen. Sie lenken dabei unsere Energie auf ein geeignetes Ziel: Die Regierung, die WHO, den Papst, die Verschwörungstheorien (lies: die echten Verschwörungen). Die Tagesschau tut es, die Zeitung tut es. Deshalb sind die Medien von der Matrix so begehrt und werden vereinnahmt, je länger ein System durch Geld korrumpiert und gesteuert wird. Natürlich sollst du das gleichzeitig nicht merken. Du weißt nur ganz selten, in welche Kanäle deine Energie gerade wirklich fließt und was damit erschaffen wird. Wir haben geduldet, dass Monopole entstanden sind, die unsere digitale Vernetzung begünstigen. Es war bequem, wir haben uns an die Technik gewöhnt. Dabei hat sich Microsoft immer schon für Viren und Virenschutz interessiert, nicht jetzt erst der Bill. Ich war in den Neunzigern erstaunt, herauszufinden, dass mein Apple keinen Virenschutz brauchte. Viren, sagte man mir, die gibt es nicht auf Apple. Da hat ein Oligarch es einfach nur gut verstanden, sich ständig neue Geschäftsmodelle der

Energielenkung zu generieren. Nein, ich empfehle Apple auch nicht. Ein Unternehmen, das so mit seinem idealistischen Gründer umgeht und ihn psychisch in eine tödliche Krankheit treibt, ist auch längst von der Matrix vereinnahmt, genau wie ganz Hollywood.
Die Kontrolle deines Glaubens bedeutet Kontrolle dessen, was du für möglich hältst und was du bereit bist, mit deiner Energie zu erschaffen. Gleichzeitig mussten bisher unsere selbsternannten Torwächter diejenigen von uns, bei denen der Prozess in greifbare Nähe gerückt war, beschäftigt halten mit unsinnigen Übungen und jeder Menge metaphysischem Badeschaum, um ja nicht den Prozess in ihnen zu starten. Oder um sie zumindest abhängig zu halten von den regelmäßigen Indoktrinationen in ihren Veranstaltungen. Ihre Rituale dienten dabei schon immer der Potenzierung der sehr geringen Kraft ihrer Schäfchen (weil in niedriger, angstvoller Schwingung = wenig Durchsetzungskraft) durch die Fokussierung auf ihre Planungen. Wenn schon kaum Kraft dahinter ist, dann muss es eben die Masse bringen.
Das Gemeinschaftskuscheln gab den Menschen gleichzeitig das Gefühl, an etwas Gutem teilzunehmen, aber das ist nur eine Illusion. Solange du nicht weißt, wohin deine fokussierte und potenzierte Lebenskraft in einer schönen Veranstaltung wegfließt, solltest du um solche Veranstaltungen einen großen Bogen machen. Unsere alten Traditionen und politischen Strukturen können uns heute sowieso nicht mehr weiterhelfen, es sei denn, dass wir sie nach unserer vollständigen Ausreifung zum Mitschöpfer zusammen mit anderen Mitschöpfern bewusst verändern.
Wie in den vorherigen Kapiteln ausgeführt, wird sich dein Verhalten da draußen in der Welt nicht verändern. Die anderen und die Matrix werden es noch lange nicht merken, dass du dabei bist, den Reifeprozess zu vollenden. Und das ist auch gut so. Du entscheidest dich nämlich bitte für einen idealen Reifeprozess, der sicher, bequem und in Freude verläuft. Dann erschaffst du tatsächlich vom Sofa aus. Es ist allein dein Bewusstsein, das bestimmt, ob du einen Schritt näher an die Freiheit oder an das kollektive Koma heranrückst. Die Menschen können, wie gesagt, sogar an der gleichen Demo teilnehmen und trotzdem etwas ganz Gegensätzliches erschaffen. Erspüre das! Wenn du den Impuls hast, mit

der Macht im Bunde (deinem eigenen Höchsten Selbst als Mitschöpfer) einer Demonstration beizuwohnen oder etwas auf Facebook zu teilen, dann tue es. Aber reflektiere, ob du gerade reaktiv handelst und deinen Post mit niedriger Schwingung wie Angst oder Hass oder Hetze aufgeladen hast oder mit Frieden und Ermutigung. Achte genau darauf, wohin deine Aufmerksamkeit gelenkt wird. Und halte bitte grundsätzlich angstfrei deine gute Laune aufrecht. Das ist wichtiger, als du jetzt schon verstehst, wenn dir der Inhalt meines Buches ansonsten völlig neu ist.

Nehmen wir zum Beispiel den Vorwurf, es wären so viele ‚Hater' auf Facebook unterwegs (das sind sowieso meistens künstliche Bots, die sich formularmäßig mit Worthülsen wiederholen, um dich aufzuregen. Sie sind selten echt, denn so dumm sind die wenigstens Menschen, echt jetzt!) und man müsse was gegen die Verrohung unserer Kultur tun. Deine Energie wird damit auf das Thema ‚Hater' gelenkt und damit auf die Erzeugung niedrige Schwingung, kombiniert mit bösen Etiketten deiner Energie. Du sollst glauben, dass dieses Verhalten unter den Menschen zunimmt, damit es weiter zunimmt. Deine Empörung (Aufregung = emotional starke Aufladung) wirkt potenzierend auf genau das, was du nicht gut findest. Wenn du dich dann für oder gegen äußerst, vor allem noch emotional geladen, beteiligst du dich am Erschaffen von noch mehr davon. Sachliche, emotionslose Posts ziehen dagegen nur ein Minimum an Aufmerksamkeit und damit an Energie ab, gerade so viel wie notwendig ist, dass diese Information bei dir ankommt und du einen größeren Verständnishorizont und Handlungsspielraum entwickelst. Merke: Was emotional daherkommt, will dich melken. Immer. Beobachte und lerne.

Unsere selbsternannten Torwächter haben sich sogar das Patent sichern lassen dafür, dir auch dein Ableben zu ihrem Vorteil zu erklären. Ihre netten Rituale zielen auf die Kontrolle all deiner Leben, auch des nächsten. Ich wünsche mir, dich so aufzuklären, dass du das alles über dich weißt und erfahren kannst, während du dich gleichzeitig nicht mehr am Ende deines Lebens in ein falsches Licht locken lässt. Denn dann ist tatsächlich erst mal mit diesem Leben alles für dich zu Ende. Aber nur, weil jede Erinnerung gelöscht wird. Du behältst also auch über den Tod hinaus recht, wenn du nicht an ein Jenseits glaubst. Denn du erschaffst

es dir so. Mein Vorschlag: Sage auf jeden Fall zum Zeitpunkt deines Todes zum Beispiel: „Ich will nach Hause. Zu den Ebenen, aus denen ich ursprünglich kam und wo ich meine kosmische (nicht meine komische!) Familie wiedertreffe." Und wende dich ab und betritt nicht den Tunnel mit dem Licht am Ende, egal, wie sehr er dich mit seiner Fata Morgana lockt. Du hast das ganze Universum, um deine nächsten Schritte hinzulenken, was willst du in der Falle, dieser Elektroschockkammer zum Recyceln von lebendigen Seelen?
Und bitte komm mir jetzt nicht mit Engelchen, Erzengeln, Aufgestiegenen Meistern oder Gott und seinem einzigen Sohn. Und auch nicht mit Erzengel Michael oder dem heiligen Martin, die den Drachen angeblich getötet haben. Das ist auch nur eine Falle für Menschen, die lieber ihren Schatten und ihre Standleitung zur Quelle noch weiter füllen und nun über eine christliche Sekte in dem Gefühl der scheinbaren Verbindung zur Quelle schwelgen. Einem Gefühl, das jeder Mensch auch einfach in der Natur und in einer gut funktionierenden Gemeinschaft direkt erfahren kann, wenn Nähe gut hergestellt wird. Ein in der künstlichen Matrix ausgelegter Pfad ist keine Lösung. Lass bitte diese ganzen Geschichten hinter dir. Mehr will ich dazu nicht sagen, es würde den Rahmen dieses Buches sprengen. Ich biete dir mit diesem Buch an, ganz aufzuwachen und in deine Meisterschaft einzutreten, wobei nur du allein definieren kannst, was für dich Meisterschaft bedeutet. Vielleicht die Meisterschaft in der Gründung einer neuen Religion. Ich kontrolliere dich nicht in dem, was du mit deiner Macht anstellen willst, wenn du sie dir wahrhaft erworben hast. Aber da ich den Mechanismus verstanden habe und in seiner Wirkung überall beobachte, wird dein Drache sich sofort wieder zurückziehen und das innere Tor zur Quelle bis zu einem Minimum schließen, das dich am Leben erhält, wenn du mit deinem Handeln dir selbst dienen willst, statt dem Leben und dem Wohle aller und der ganzen Menschheit. Und dann bist du auch wieder darauf angewiesen, deinen Mitmenschen ihre Lebenskraft abzujagen. Viel Spaß dabei.
Seit etwa vierzig Jahren gab es das Phänomen, dass ganze Scharen von Individuen sich auf den Weg machten, ihre Schwingung deutlich zu erhöhen, aktiv sehr bemüht, schnell und drastisch. Man nennt sie

'spirituell'. Das ist nicht zu verwechseln mit religiös! Ein religiöser Mensch verinnerlicht die Ideen und Konzepte seines Glaubens und betoniert seine Standleitung damit zu, praktiziert Rituale und Gebete und hält sich an Gebote und Verbote. In dieser Lebenshaltung ist keine Veränderung vorgesehen. Hier bleibt möglichst immer weiter alles beim Alten, wie gehabt. Nimm nur mal das Zölibat als Beispiel. Es ändert sich nichts. In dieser alten Ordnung wurden allerdings immer schon Menschen mit besonders hoher Schwingung gesucht und identifiziert. Man erkannte sie an ihrer bedingungslosen Liebe für alles Lebendige und an ihren Heilkräften, sie wurde als heilig betrachtet. Diese Menschen gab es in jedem Glaubenssystem, keines war darin besser als das andere. Diese ganz besonders hoch schwingenden Menschen trugen zur Glaubwürdigkeit eines Systems bei, wobei sie selbst am liebsten zum Beispiel als Mönch oder Nonne unter Kontrolle gehalten wurden, so dass sie nur im Sinne der Lehre wirkten und nicht im Sinne der Freiheit.
Unsere religiösen Autoritäten gaben zwar immer vor, unsere Entwicklung zu fördern, haben aber de facto in der gesamten Geschichte mehr darüber gewacht, diesen natürlichen Prozess stattdessen schon im Keim zu ersticken! Und dort, wo der Prozess bei Individuen schon ins Rollen kam, haben sie es diesen einzelnen Menschen falsch erklärt und sie mit jeder Menge Unsinn beschäftigt gehalten, so dass sich der eigentliche Aufwachprozess möglichst in die Länge zog, bis es gelang, sie als Heilige in die "heilige katholische Kirche" einzutüten und mit ihnen auch noch anzugeben – in einer Nische verehrt als Heilige. Und hörte ein Mensch, bei dem sein Drachen zufällig geweckt worden war, überhaupt nicht auf, sich frei weiterzuentwickeln, und folgte weiter nur seinem eigenen Reife- und Befreiungsprozess außerhalb der Institution und geriet dadurch auch in Konflikt mit der herrschenden Realitätsauffassung (Propaganda), wurde er kurzerhand zum Ketzer erklärt und verfolgt. Auch deshalb stimmt das Bild vom Drachen: Der ärgste Feind der Institutionen dieser religiösen Experten ist ein in den Menschen erwachter Drache. Doch die Idee, diesen zu töten, ist absurd. Man wollte damit die Angst vor der eigenen Kraft und vor der Befreiung der eigenen unabhängigen Standleitung zur Quelle einfach nur vervielfachen.

'Normale' Menschen kamen zwar manchmal auf die Idee, es diesen Heiligen gleich tun zu wollen, aber die religiösen Systeme selbst haben dann im Laufe der Zeit keine nennenswerten Schwingungserhöhungen bei ihren Gläubigen hervorgebracht (= Nähe zur Quelle). Man war entweder schon als Heiliger geboren oder man musste sich unglaubliche Mühe geben, den Regeln zu folgen. Dass sich die Menschen in diesen Gemeinschaften dennoch so kuschelig aufgehoben fühlten und in ihrer Stimmung angehoben wurden, erzielte man vor allem fremdbestimmt, man brauchte immer die äußern Heiligen, den Propheten oder den Sohn Gottes, um sich – abhängig bleibend – in die Resonanz nach oben ziehen zu lassen. Höher als die Schwingung der gesamten Religionsgemeinschaft konnte sich eine solche fremdbestimmte Gemeinschaft allerdings auch nicht ziehen lassen. Die Grundschwingung der meisten religiösen Systeme basiert außerdem auf der Angst, und ein Konzept, in dem Angst vorkommt, ist in der Schwingung per se sehr langsam, dunkel und niedrig. Und hält auch alle Mitglieder dort unten. Wenn ein Heiliger dann trotz alledem keine Angst zeigte und spontan im Zustand der Liebe lebte, machte ihn das noch abgehobener zu etwas ganz Besonderem, unnahbar und unerreichbar. In dem normalen Gläubigen wurde dadurch die Idee genährt, dass er im Vergleich dazu immer ein armer Sünder bleiben würde.
Es wird nichts angeboten, was deinen Horizont erweitern und dich selbst unabhängig und frei machen könnte. Dagegen wird deine Standleitung vollgestopft mit bedeutungsschwangeren Konzepten, die dir die klare Sicht vernebeln. Wenn das nicht hilft, ist der nächste Schritt das Lächerlich-machen, deren Steigerung ist dann, es als gefährlich zu erklären bis hin zum gesellschaftlichen Pranger, dann werden befreiende Thesen mit Feindbildern ins Abseits geschoben. Alle diese Verurteilungen und wie ich sie nenne – Abschaltbegriffe – zielen weniger auf denjenigen, der an den Pranger gestellt wird, sondern vielmehr auf die Herde, um sie zusammenzuhalten, damit nicht noch mehr Schafe das Loch im Zaun finden und ausbüchsen. Aufklärer werden auf diese Weise in ihrer Wirkung medial abgeschaltet, um die Herde von dem Riss im Zaun möglichst weit weg zu treiben und ihnen sogar Angst einzuimpfen (!), sich der

Fluchtmöglichkeit anzunähern, alles mit dem Ziel, dass sie das Interesse daran verlieren.

Es ist doch nicht lächerlich, eine Erleuchtungserfahrung zu beschreiben, indem einer sich als Gottes Sohn erfährt! Es ist doch interessant zu hören, was ihm da passiert ist. Aber als David Ike (es fehlt das ‚c' im Namen) sich in einem Interview vor dreißig Jahren öffentlich dazu bekannte, wurde er zum Gespött der englischen Nation. Erst jetzt, nachdem seine lächerlich gemachten Vorträge zu seinen Büchern schon das Wimbley Stadion gefüllt haben, wird er aus der lächerlichen Ecke der Spinner rausgezerrt und zur Gefahr erklärt. Und aus den sozialen Netzwerken gelöscht und bei YouTube und Vimeo ganz ausgeschlossen. Seine Bücher gibt es noch zu kaufen. Keiner hat die gesamten Hintergründe zur Manipulation durch Kirche und Staat so gründlich erforscht wie er, und du solltest dir seine Bücher noch kaufen, gedruckt, versteht sich, solange es sie noch gibt. Denn ich muss kein Prophet sein, um dir anzukündigen, dass die EBooks von unliebsamen Autoren als nächster Schritt auch einfach gelöscht werden. Und damit wird alles, was sie herausgefunden haben, für dich nicht mehr zugänglich sein. So wie jetzt schon alle unpassenden YouTube Videos. Die Zensur wird sich weiter ausbreiten, in dem Maße wie man es sich traut, ohne die Mehrheit schon zu wecken und zu konfrontieren.

Und dann sind sie auch aus deiner privaten EBook-Bibliothek verschwunden. Man informiert dich vielleicht sogar zusätzlich, dass du offensichtlich die falschen Bücher liest und verweist dich an eine staatliche Stelle der Umerziehung, die wird aber natürlich anders genannt. Vieles, was gerade als Information verkauft wird, ist einfach nur staatliche Propaganda. EBooks sind in deiner privaten Bibliothek leicht zu löschen, genauso wie alles, was du sonst in der Cloud speicherst. Also: Kauf Bücher. Und kaufe sie so, dass niemand verfolgen kann, dass du sie gekauft hast. In früheren Zeiten war die Bibliothek das Kostbarste, was gerettet werden musste. Es geht nicht um Widerstand oder Demos, es geht nur darum, dass du den Zugriff auf die Meinungsvielfalt und auf gegensätzliche Konzepte behältst, um daran zu wachsen und bewusst zu werden. Sonst ist es Papageienwissen, was du anhäufst und der staatlichen

Propaganda nachplapperst. Du bist erwachsen, man muss dich doch nicht vor alternativen Meinungen schützen!
Halte dir also ein paar Exemplare auch anderer Meinungen und anderer Welterklärungen, falls die Bücherverbrennung digital angeordnet wird, weil abweichende Meinungen so gefährlich sind (für wen?). Nur so zum Nachschlagen. Wenn diese Bücher und Inhalte zu einem Tabu werden, sind sie für immer für uns verloren. Erhalte dir bitte die Vielfalt auch anderer Meinungen und Erklärungen! Du machst doch auch nicht nur ein Kiesbett rund ums Haus oder nur Rasen. Erst andere Meinungen regen uns an, selbst zu denken und eine Position zu beziehen. Reifen können wir nur an Gegensätzen, die wir zur Mitte hin relativieren, erst dann wird aus schwarz-weiß eine bunte Vielfalt an farblichen Nuancen. Staatliche Propaganda macht das Gegenteil: Immer mehr darf offen nicht mehr gesagt werden, immer mehr schwarz und weiß Denken. Jeder Einzelne wird noch mehr in eine Persönlichkeitsfassade getrieben und angepasst. Mit dem, was nicht mehr da sein darf, wird dann der kollektive Schatten gefüllt. Und auch der Schatten jedes Einzelnen wächst und wächst, und damit die Möglichkeit, diese automatischen Muster manipulativ zu triggern. Die Spaltung wird fortgesetzt und die Menschen werden von Angst beherrscht.
Eine ganz Spezies (die Menschen) wurde seit einer gefühlten Ewigkeit daran gehindert, ihre natürliche Entwicklung fortzusetzen, ihrer eigenen Spur zu folgen, und ihre Zukunft selbst zu bestimmen. Sie wurde künstlich im Raupenstadium (Homo Sapiens Sapiens) gehalten und ihre Verpuppung verhindert, und einzelne schon geschlüpfte Schmetterlinge ausgegrenzt, damit die ganze Menschheit als solche nicht in die Verpuppung geht, sich dabei von ausnahmslos allen Konzepten aus der Vergangenheit trennt und in sich selbst die Verwandlung in den Schmetterling vollzieht (Homo Creativus Pax). Aus Sicht unserer guten Hirten muss die ganze Menschheit als nächstes einer genetischen Veränderung unterzogen werden a la Monsanto, aber nicht nur, weil diese Menschen dann über Patentrechte in das Eigentum der Patentinhaber dieser Genetik übergehen sollen, sondern auch und vor allem, weil sie dann für immer im kontrollierbaren Raupenstadium verbleiben. Erst heute ist die

gesamte Menschheit so weit in ihrer Entwicklung, dass sie sich ganz aus allen archaischen Eigentumserklärungen und Brandmarkungen befreien könnte und deshalb ist auch erst heute zu unserer Beherrschung eine Monsanto-Strategie erforderlich.
Die chemisch-physikalisch-genetische Veränderung von außen soll den Reifeprozess verhindern und unsere Machthaber müssen schneller sein als das Aufwachen der Menschheit. Längst hat ein Wettrennen mit der Zeit eingesetzt. Bis sie durch reale physikalische Eingriffe den Start des Reifeprozesses für immer blockieren können, müssen sie sich mit den abstrusesten Geschichten einmischen, um die Menschen abzulenken, damit sie den natürlichen Prozess immer weiter vor sich herschieben. Nur so kann der gute Hirte seine Herde noch einfangen, die ist nämlich schon unaufhaltsam Richtung Loch im Zaun unterwegs. Das genetische Upgrade selbst kann nicht mehr von außen gesteuert werden, es liegt in unserem Erbe verborgen, und schon gar nicht von Aliens, die eine niedrige Schwingung und ein ebensolches Bewusstsein und das Mitgefühl einer Echse besitzen. Es ist der innere Prozess in jedem Menschen, der, einmal getriggert, sich automatisch fortsetzt. Du kommst in die Reifeprozess-Pubertät und wirst erwachsen. Was jetzt passiert, wird von zukünftigen Generationen schon in der Pubertät durchlaufen, dafür war der Reifeprozess ursprünglich gedacht. Er gehörte bei unseren 22 Gründerrassen zum Erwachsenwerden dazu, es ist unser angestammtes Erbe, was man uns vorenthalten hat. Jeder wird ein Mitschöpfer, unweigerlich, jeder in seinem eigenen Reifetempo. Es sei denn, es gelingt dieser globalen Mafia, deinen Körper so zu schädigen, dass der Reifeprozess nicht mehr stattfinden kann und du und deine Nachkommen auf ewig Lebenshilfe brauchen.
Mit meiner Aufklärung will ich dazu beitragen, dass dieser Prozess gewürdigt und möglichst störungsfrei gehalten wird. Nach und nach kommt nicht nur ein stärkerer Zufluss an Lebensenergie in immer noch höherer Schwingung durch die Standleitung, sondern auch alle aktuellen Upgrades, die den Körper verwandeln und teilweise zu einer Baustelle machen. Die meisten Menschen werden nur krank, weil sie diesen Prozess nicht verstehen, und weil die Sklavenhalter ihnen nur über

Krankschreibung eine Möglichkeit der Verpuppung gewähren. Die offiziellen Behandlungsmethoden sind dann vor allem auf die Dämpfung der Symptome ausgelegt, damit die Leute wieder weiterarbeiten können, während der offenbar bereits angestoßene Reifeprozess verlangsamt, verhindert, oder sogar für diese Leben ganz abgebrochen wird. Mittlerweile ist die ganze Menschheit reif für diese Verwandlung und die heute lebenden Menschen mutieren noch in diesem Leben zu Mitschöpfern oder sie können ihren Körper nicht mehr ohne Medizin und Technik aufrechthalten, werden durch neue Behandlungsmethoden genetisch verändert und verlieren diese Fähigkeit ganz.
Weiß ein Mensch dagegen seine Symptome im Sinne des Reifeprozesses zu deuten und übernimmt die volle Verantwortung für seine eigene Heilung und welchen Methoden er dafür vertraut, und wählt in jedem Augenblick einen Akt der Liebe, statt eine Reaktion aus Angst, wird sein Reifeprozess ihn sicher in die vollendete Meisterschaft führen. Dabei fallen allmählich immer noch höhere eigene Anteile durch die Standleitung in den Körper und werden als ‚Ich' in das Ich des Tagesbewusstseins eingeschmolzen. Der Durchfluss an Lebenskraft verstärkt sich und wird immer lichter und klarer, und die Absichten dieses Menschen setzen sich dadurch auch wesentlich stärker durch als die der ferngesteuerten Menschen, die noch aus der Persönlichkeit heraus leben.
In der obersten Instanz findest du dein Höchstes Selbst und die Quelle, und das ist weder Mohammed noch Jesus oder Erzengel Michael, das ist immer nur das eigene Höchste Selbst. Auf dem Weg dahin die Standleitung hinauf kannst du all diesen Wesen begegnen und sie achten und als deine Brüder und Schwestern auch nach dem Weg fragen, doch keine noch so hoch schwingende und förderliche Alien-Rasse ist dafür zuständig, dich zu führen, lass das nicht zu. Nur deine eigene Anbindung an die Quelle und deine eigene Seelenfamilie ist keine Fremdbestimmung. Du brauchst diese Krücken nicht mehr als Mitschöpfer, spätestens nach der Verpuppung (Kapitel 9) kannst du freilaufen. Nur das eigene Höchste Selbst ist dann deine Autorität, die dir hilft, dich harmonisch mit den sehr weit gefassten Absichten der Quelle abzustimmen. Ein wahrer Lehrer und Meister befreit dich von sich selbst, der hilft nicht ständig

weiter. Als ich selbst mal weinerlich in ein altes Abhängigkeitsmuster zurückfiel und den Aufgestiegenen Meister Hilarion jammernd (und channelnd) um ein paar Worte und entsprechende energetische Hilfestellung bat, hörte ich in meinem Kopf die Worte: „Hier ist Hilarion, leider nur auf Band. Ich bin unterwegs an anderen Orten und mit anderen Aufgaben. Du bist jetzt selbst Meister, also mach!“
Er hatte Recht und ich besann mich reumütig auf alles, was ich bis dahin gelernt hatte. Ein Meister des bewussten Erschaffens (Homo Creativus Pax) ist ständig weiter auf dem Weg dazu, in dieser materiellen Realität zu einem Q zu werden, diesem Kerl aus der Science-Fiction Serie ‚Star Trek‘. Dieser Q lebt im Kontinuum, also in einer Realität, wo er sich selbst permanent verbunden mit der Quelle als Mitschöpfer erfährt. Das Kontinuum ist nur eine etwas anders geartete Vorstellung der Quelle unserer Lebenskraft, denn irgendwo muss die ja herkommen. Aber zumindest eine, die dir größtmögliche Entwicklungspotentiale eröffnet, statt dich klein und abhängig zu halten. Auch du hast das Potential, ein Q zu werden, ein Mitschöpfer, ein Aufgestiegener Meister. Genau das ist der Schatz des Drachen. Eine ähnliche Idee gab es in der Science-Fiction Serie ‚Stargate SG1‘, da heißen diese Menschen, die sich über unser Stadium des Homo Sapiens Sapiens hinaus entwickelt haben, die ‚Antica‘. Dort ist das eine fortschrittliche humanoide Rasse, die kollektiv aufgestiegen war und dabei ihre Technik zurückgelassen hat. Sie lebten fortan im Kontinuum und mischten sich nicht mehr auf der Erde ein. Einer der Serienhelden, Daniel, erlebte ebenfalls den Aufstieg, und der Böse war auch bereits halb aufgestiegen, denn natürlich wollte der auch nach dieser Macht greifen.
Wenn Geschichten, Filme und Videos etwas in dir berühren konnten, dann nur, wenn sie dir symbolisch oder sogar ganz konkret einen Teil deiner inneren Wahrheit spiegeln. Genau wie diese faszinierenden Legenden von Artus, den Rittern der Tafelrunde und die Suche nach dem heiligen Gral. Auch der steht symbolisch für den Aufstieg, dafür, von der Quelle des Lebens zu trinken und ewiges Leben zu erlangen. Solche Geschichten haben die Menschen schon von jeher fasziniert, beschäftigt und angetrieben. Mehr als jede technische Errungenschaft. Doch das

ändert sich grade, die Sucht nach Technik passt einfach zu gut in die Pläne der Matrixmacher.
Du sollst so lange wie möglich nichts von deinem großartigen Potential wissen und wenn dir diese Möglichkeiten neu sind, hat es ja auch gut funktioniert. Du sollst nicht wissen, dass du eine Seele hast, und noch viel höhere Strukturen und ein ewiges Leben, und dass du wie alles Lebendige heilig bist, sollst du auch nicht bemerken, sonst könnte man deine Ausbeutung wohl nicht so vehement vertreten. Dann müssten sich alle Menschen zusammentun und ein bedingungsloses Grundeinkommen für alle umgehend einführen. Du hast eine Geschichte, die man dir geraubt hat und vorenthält, du hast eine kosmische Familie, von der du noch nichts weißt, eine Seelengruppe, mit der du dich gemeinsam entwickelst, und du bist in den unendlichen Weiten des Kosmos Zuhause. Wenn du das nicht weißt und dein ewiges Leben auch nicht erinnern kannst, bis du mit dem Tod zu erpressen. Dann glaubst du sogar, du hast dich zufällig aus dem Affen entwickelt, aber genauso gut kannst du glauben, wenn du die Dose mit dem Salami-Pausenbrot schüttelst, wird daraus ein Milchbrötchen.
Dieser Planet ist ein Riesengefängnis und jedes Bewusstsein, das seinen Körper abgelegt hat, wird in einen lichtvollen Tunnel gelockt (Licht am Ende des Tunnels!). Sobald die Silberschnur zerreißt, die dich als Bewusstsein mit dem Körper verbindet, und damit die Rückkehr in den Körper nicht mehr möglich ist, wirst du in eine Kammer geleitet und mit starken Elektroschocks behandelt, die deine Erinnerung löschen, bis keine mehr übrigbleibt. Dann kann sich dein Bewusstsein etwas erholen und wird neu geladen, programmiert und zurückgeschickt. Klar hast du dann bei der Geburt keine Erinnerung mehr. Der Löschungsprozess muss außerdem sehr schmerzhaft und besonders tragisch sein, denn schon bei den Lebenden ist die Angst vor Demenz sehr groß, und was da bei dir künstlich erzeugt wird, ist ja eine kosmische Demenz, die sich auf deine gesamte galaktische Vorgeschichte bezieht. Man sagt dir auch nicht, dass deine Erinnerung dennoch weiter existiert, da draußen, unabhängig von diesem Gefängnisplaneten, der einmal ein Juwel war und wenn es nach mir geht, auch wieder werden wird. Wir müssen nur die

ausbeuterische Meute abschütteln und als Menschheit endlich erwachsen werden. Die Religionen sind verantwortlich dafür, dass du dich von heiligen holografischen Videoclips in die Jenseitsfalle locken lässt. Da steht dann Jesus und empfängt dich, oder Maria. Und es könnten natürlich auch die Echten sein, den Unterschied erkennst du daran, ob du von ganz viel überdosierter emotionaler Rührung überflutet wirst (fremd) oder höchste, bedingungslose Liebe in höchster Schwingung der Quelle spürst (echt). Lerne das noch zu Lebzeiten unterscheiden und habe einen Plan für dein Sterben. Diese Unterscheidung solltest du also trainiert haben, um dem Zirkus nicht mehr auf den Leim zu gehen. Natürlich sieht da einer auch mal Jungfrauen, wenn er sie erwartet!
Der Buddhismus macht da eine Ausnahme, in seiner Lehre ist es wichtig, richtig zu sterben und über dieses Gefängnis, das weit bis ins Astralreich der vierten Dimension hineinreicht und materiell sich bis über den Saturn erstreckt, richtig zu sterben und den echten Himmel von Buddha zu betreten, den er und einige Nachfolger in den höchsten Ebenen der vierten Dimension errichtet haben, auch wenn das Ziel ist, einmal über die vierte Dimension hinaus zu gelangen. Zurück in einem nächsten Körper kann ein Buddhist sich selbstverständlich an sein letztes Leben erinnern. In die Jenseitsfalle laufen dennoch alle, die nicht schon vor ihrem Tod in Mediationen über diese Falle hinausgehen konnten. Es ist eine Frage des bewussten Erschaffens und der eigenen Schwingungshöhe und des richtigen Sterbens. Du kannst im Tod sogar direkt eine Erleuchtung nachholen und zur Quelle gehen. Du solltest also allein schon deshalb beizeiten deine Verbindung freischaufeln, du wirst auch hinter dem Schleier weitere Kammern, Räume, Strukturen und Talente vorfinden, so nennen die Avatare ja dieses Tor beim Drachen. Du kannst deine ganze kosmische Geschichte aufdecken und zurückverfolgen und dir deine Erinnerung zurückholen.
Die Menschheit selbst ist dabei, sich aus einer Herde Schafe hin zu einer globalen Menschheitsfamilie zu entwickeln, die im Vergleich zu anderen Alien-Rassen die Vielfalt in Einheit begriffen hat und die Vielfalt schützt und damit insbesondere ihre genetische Entwicklung. Als Menschheitsfamilie ist es unsere Aufgabe, die Erde als einen lebendigen Pool und

damit auch das Erbgut der Menschen, der Flora und Fauna vor Missbrauch zu schützen. Wenn andere Alien-Rassen davon etwas haben wollen, müssen sie anklopfen und um Erlaubnis bitten, und wenn sie etwas am Erbgut verändern wollen, so bitte auf ihren Raumschiffen und ohne unsere lebendige Bibliothek hier zu gefährden. Sie dürfen sich in die Vielfalt dieser Erde nicht einmischen. Oft haben sie nur deshalb Interesse an unseren Genen, weil sie selbst ihrer Evolution schon vor langer Zeit durch solche Eingriffe geschadet haben oder sich sogar Richtung Aussterben bewegen. Helfen ja, aber Experimente woanders, das Universum ist groß. Und vor allem keine Experimente an uns. Australien als Kontinent schützt sich seit der Verbreitung der dort ursprünglich nicht beheimateten Hasen vor der Artenveränderung. Für die gab es nämlich keine natürlichen Feinde. Sie haben das ganze Biotop durcheinandergebracht. So müssen wir die Erde selbst auch abschirmen. Wir waren als die Hüter der Erde gedacht. Es wird Zeit, dass wir unsere Aufgabe erfüllen.

Weiterführendes Werkzeug: Die kollektive Pubertät dauert nun schon lange genug, unsere ‚Eltern' funktionieren nach dem Motto: "Solange du deine Füße unter meinen Tisch streckst, hast du zu machen, was ich sage.". Bitte finde deinen eigenen Weg und verlasse die religiösen Experten umgehend.

Drei: Gibt es diesen Drachen wirklich?

Die materielle Form: Deine Vorstellung von Realität bewusst erkennen und erweitern

Deine Realität ist das, was du dir vorstellen kannst.

Unser Reifeprozess findet nicht im luftleeren Raum statt. Die Rahmenbedingungen unserer Bevormundung durch eine Elite, die wir für die Zwecke dieses Buches nicht näher definieren müssen, sind dadurch festgelegt, wie wir unsere Welt wahrnehmen, verstehen und in ihr agieren. Das ist das Spielfeld, auf dem wir uns als Homo Sapiens Sapiens bewegen und unsere Züge Schritt für Schritt vollziehen. Auch als Mensch in der Entwicklung zum Mitschöpfer werden wir noch eine Weile auf diesem Spielbrett mitlaufen (müssen). Dieses offizielle, gesamtgesellschaftliche Weltbild wird durch die Wissenschaft ständig weiter vertieft, korrigiert und erweitert, zumindest dort, wo Geld fließt für die Forschungsmittel. Daher dehnte sich unser Weltbild in der Moderne vor allem in den Bereichen aus, wo Einzelne und Unternehmen ein lukratives Geschäft witterten, während Forschungen für das Allgemeinwohl ohne Gewinnabsichten verständlicherweise etwas vernachlässigt wurden, unsere Politiker waren viel zu beschäftigt. Gleichzeitig veränderte sich so auch das Schachbrett der dich kontrollierenden Matrix, und solange du darauf mit ihnen nach ihren Regeln spielst, wirst du verlieren. Sie sind dir immer mehrere Schritte voraus. Im dritten Kapitel werden wir dieses Schachbrett aufweichen, unsere Vorstellung von Realität erweitern und schauen, ob wir darunter nicht ein anderes Spielfeld finden, auf dem wir bessere Chancen haben zu gewinnen. Und auf dem wir unsere Interessen als der kreative, liebevolle, friedliche Mitschöpfer durchsetzen, der wir in Wahrheit sind.

3a. Was ist real?

Real ist, was mit unseren Sinnen erfahrbar ist. Das ist mein eigener, ganz praktischer Ansatz ohne jeden wissenschaftlichen, philosophischen oder wie auch immer gearteten Anspruch. Die Natur um uns herum ist erfahrbar: Das Wetter, die Härte eines Steines, die Entwicklung einer Pflanze, das Verhalten eines Tieres. Wie uns etwas schmeckt, wie es riecht, wie es aussieht und wie es sich anhört und anfühlt. Der Rasenmäher, das Lagerfeuer, ein Erdbeereis. Berührung, Wolle, Filz, Kiesweg, Rasen, Wasser, Matsch. Das macht unsere Realität aus. Wir repräsentieren die äußere Welt in unserem Kopf. Wie wir mittlerweile wissen, übersetzen wir dabei ein chemisch-elektrisch weitergeleitetes Signal in eine Information und bilden daraus Muster der Wiedererkennung. Unsere äußere, objektiv erfahrbare Welt wird in unserem Inneren repräsentiert. Unsere Vorstellung sorgt für eine Abbildung der Äußeren Welt in unserem Inneren.

Unsere Wohnung zum Beispiel ist eine uns besonders vertraute Umgebung, die wir selbst prägen und individuell gestalten. Wir können uns unsere Wohnung auch vorstellen, wenn wir nicht dort sind. Wir kennen den Weg ins Bad fast schon im Schlaf. Wir lieben unsere Möbel und die Ordnung unserer Dinge. In unserem Kopf haben wir auch einen Lageplan für die Wege, die wir täglich außerhalb unserer Wohnung zurücklegen. Wir können uns sogar die Menschen vorstellen, denen wir öfter begegnen, nicht nur, wie sie aussehen, sondern auch ihre Stimmen, wie sie riechen und was sie typischerweise zu uns sagen würden. Unser Sehen bestimmt zu etwa 80 Prozent unsere Sinneserfahrung, wir sammeln nur 20 Prozent der Signale durch alle anderen Sinne zusammen. Das ist bei jedem Lebewesen anders, andere Tiere haben andere prozentuale Stärken.

Alles, was wir uns vorstellen können, dass es im Außen existiert, existiert eigentlich nur in unserem Innern. Daher glauben wir an eine objektiv vorhandene Realität da draußen. Die Welt, in der wir als Körper herumlaufen, muss objektiv gesehen auch so sein, wie wir sie uns vorstellen. Dabei können wir uns natürlich irren. Biologische Forschungen legen die Vermutung nahe, dass schon eine andere Tierart die gleiche Umgebung völlig anders wahrnimmt. Ein Hund stellt sich vielleicht seine Umgebung als ein Meer aus Gerüchen vor, denn sein stärkster Sinn ist der Geruch. Seine innere Karte ist dann möglicherweise geprägt von Wellen und Strömungen der verschiedensten, stärkeren und schwächeren Geruchspartikel, deren Bahnen er schnüffelnd folgen kann. Vielleicht sieht er jeden unterscheidbaren Geruch dann als eine andere Farbe, und die Signale erzeugen transparente Schichten oder Farbmischungen in einer bunten Karte, wobei seine Sehnerven dann nur ein unterlegtes, schwarzweißes Gelände-Raster liefern. Oder nimm eine Schlange: Sie kann Infrarot sehen und damit, ob an einer Stelle gerade ein Säugetier gelegen hat.

Lassen wir uns trotzdem realistisch bleiben: Ein Realist ist ein Mensch, der seine Weltsicht auf äußerlich erfahrbare, bewiesene Fakten aufbaut. Er glaubt seinen Sinnen und darüber hinaus allem, was die Wissenschaften ergänzend für ihn herausgefunden haben. Er kombiniert in seinem Kopf seine durch die Sinne erzeugte Vorstellung mit vielen weiteren Vorstellungswelten, die ihm als Modelle von Wissenschaftlern angeboten werden. So stellen wir uns mittlerweile zum Beispiel gewohnheitsmäßig wunderschöne Staubwolken im Kosmos vor, weil wir uns an die roten und blauen Einfärbungen der Astronomen gewöhnt haben, die mit blau eigentlich nur zum Ausdruck bringen, wieviel Wasserstoff dort vorhanden ist. Würden wir dorthin reisen, wir wären ernüchtert: Wir könnten stattdessen diese Sternenkonstellation nur in Schwarz-weiß sehen. Ich möchte also wetten, dass der Himmel in uns allen längst sehr viel bunter ist, als es mit den Augen beweisbar wäre.

Wenn man es genau nimmt, besteht die natürliche Umgebung um uns herum daher eigentlich aus einer Signal-Matrix, einem Sammelsurium unterschiedlichster Informationen, die von verschiedenen Sinnen aufgenommen werden können. Jede Tierart hat über ihre Sinne Zugang zu ganz anderen Signalbereichen innerhalb dieser Matrix und dekodiert sie auch anders, dabei werden völlig unterschiedliche innere Realitätsvorstellungen erzeugt. Selbst innerhalb einer biologischen Art gibt es Unterschiede. Einige Menschen können keine Farben sehen oder werden schwerhörig. Ihre Sinne liefern dann nur noch Signale aus viel engeren Bereichen. Meine Großmutter konnte mich zuletzt nur noch sehen, wenn ich mich bewegte. Ich nenne diese Realität unserer als Mensch über die Sinne zu entschlüsselnde Umgebung unsere natürliche Matrix, weil jeder andere Mensch diese Signale nachvollziehen kann, indem er sie direkt aus der natürlichen Umgebung gewinnt. Selbst wenn er nie mit unserer Zivilisation in Kontakt kam.

Seit der Aufklärung hat die Menschheit ihre Wissenschaftler mit dem Auftrag ausgesandt, ihre Sinne zu erweitern und mehr über diese natürliche Matrix herauszufinden, die Erde, das Leben und den Kosmos. Es wurden Mikroskope und Teleskope erfunden und die Welt umsegelt. Man drang dabei immer tiefer ein in diese natürliche Matrix. Das wissenschaftliche Denken wurde schließlich zur Basis der menschlichen Vorstellungswelt und verdrängte dabei die künstlichen religiösen Weltbilder, die jahrtausendelang die Sinneserfahrung der Menschen ergänzten und vor allem auch völlig anders interpretierten. Da konnte dann ein Blitz nur als eine Bestrafung von Gott gedeutet werden. In der Moderne wurden der Verstand und die Technik zu bevorzugten Beweislieferanten. In einer standardisierten, wissenschaftlich objektivierten Vorgehensweise werden dann Daten und Fakten aus vielen Versuchsreihen gewonnen, die verschiedene Wissenschaftler danach analysieren und eventuell trotzdem unterschiedlich interpretieren.

Die Wissenschaften sind entstanden, um unsere Vorstellung von Realität zu erforschen und zu erweitern und auf vielen Gebieten tun sie das auch, ohne sich von der herrschenden Gesellschaftsstruktur zu einem Dogma missbrauchen zu lassen, wo sie doch selbst am besten wissen, dass das wissenschaftliche Forschen immer mit einer Theorie beginnt. Erst muss eine Theorie, also eine Vermutung, da sein, dann kann man in einem streng wissenschaftlichen Format dazu Versuche erfinden, die eine solche Theorie entweder bestätigen oder widerlegen. Eine andere Theorie wird sofort andere Versuchsreihen erforderlich machen und möglicherweise einen ganz neuen Forschungszweig begründen, der vorher nicht da war. Damit ist erst einmal jeder Theoretiker – egal zu welchem Thema – nur einer, der eine Vermutung formuliert, für die er noch nach Beweisen sucht, wobei er auch andere öffentlich dazu ermuntert, mit ihm daran zu forschen. Jeder Forschungszweig hat dabei andere Möglichkeiten der Beweisführung entwickelt. Ein Historiker zum Beispiel kann direkt keine Versuche mehr anstellen, die Geschichte ist ja längst passiert, wenn er sie erforscht. Er sucht also Beweise in unterschiedlichsten Überlieferungen oder Zeugendarstellungen und wertet alle verfügbaren Quellen aus. Darüber hinaus liefern ihm Verträge und Bilder und neuerdings auch Filmmaterial Hinweise auf die wirkliche, historische Realität von damals. Wenn wir uns die objektiv da draußen außerhalb unseres Körpers vorhandene Realität als eine geschlossene Schachtel vorstellen, von der wir nach wie vor eigentlich keine Ahnung haben, dann bohrten unsere einzelnen Wissenschaftsrichtungen jeweils ein eigenes Loch in diese Schachtel (Blackbox-Theorie), um uns zu erzählen, was sie über die Realität in der Box (der natürlichen Matrix) herausgefunden haben. Der Chemiker schaute hinein und entdeckte chemische Elemente und ihre Reaktionen miteinander. Der Physiker schaute hinein und entdeckte Großes: das Universum, Planeten und Sonnen, aber auch das ganz Kleine: Atome, Quarks und viele Gesetzmäßigkeiten. Der Soziologe schaute hinein und sah Beziehungen und Dominanzen. Der Theologe schaute hinein und sah überall den Schöpfer am Werk und staunte. Der Biologe schaute hinein und sah durch sein Loch eine Vielfalt an Arten und studierte sie. Der Mathematiker spielte eigentlich nur mit Logik, mit Geometrien und Zahlen und entdeckte dabei in der Box Zahlenräume und Gesetzmäßigkeiten, die sich zu seiner eigenen größten Verwunderung später als nützlich erwiesen, um einen Computer zu erfinden oder

andere technischen Geräte. Die Sinneserfahrung der Forscher erweiterte sich gewaltig, von der Radioantenne bis hin zum Virustest.
Alle Wissenschaften haben ihren individuellen Blickwinkel genutzt, um die menschlichen Sinne zu erweitern. Sie erlauben uns, durch ihr ‚Loch' in die Blackbox zu schauen. Neue Erkenntnisse ersetzen oder erweitern die alten, wenn diese eine bessere und genauere Vorstellung für Zusammenhänge liefern. Dabei hat sich diese natürliche Matrix längst mit der künstlich darübergelegten, zivilisatorischen Matrix gemischt, die künstliche wurde selbst wiederum zum Forschungsgegenstand zum Beispiel in der Gesellschaftspolitik, der Volkswirtschaftslehre und der Geldtheorie. Denn im Unterschied zu den Tieren haben die Menschen schon vor langer Zeit damit begonnen, eine zweite Matrix aufzubauen, die ich die künstliche oder zivilisatorische Matrix nenne, und die immer wieder verändert und angepasst wird. Wir sollten – um der Genauigkeit willen – also zwei Boxen unterscheiden, die ineinander verschachtelt wurden: die natürliche und die zivilisatorische Matrix. Das wird im Folgenden auf unserer Reise zum Mitschöpfer noch wichtig sein. Hier wollte ich erst einmal nur verdeutlichen, wie vielschichtig die innere Vorstellungswelt eines modernen Menschen sein kann. Es leuchtet daher auch ein, dass die inneren Repräsentanzen der natürlichen und der zivilisatorischen Matrix in jedem Menschen vollkommen unterschiedlich vorliegen. Was ein Mensch sich vorstellen kann, hängt von der Bildung, seiner Sozialisation und seinem Interesse ab, was er sich dagegen wirklich vorstellt, ist allein Sache seiner willentlichen Entscheidung, ein Modell zu akzeptieren und sich damit zu identifizieren. Dass die Erde flach sei und keine Kugel ist zunächst nur eine Entscheidung, die ein Mensch aufgrund von Hinweisen getroffen hat, die ihn überzeugen konnten. Doch erst wenn die Mehrheit ebenfalls davon überzeugt werden konnte, gilt diese Vorstellung als real für die gesamte Zivilisation.
Die gelernten, erweiterten Konzepte werden dabei einfach über unsere natürliche drübergelegt. Wir ‚sehen' einen Spiralnebel mit den Augen, aber es ist nur ein Foto, aufgenommen von einem Teleskop und wunderschön in rötlich und bläulich eingefärbt. Eine andere Spezies würde anderes wahrnehmen. Eine Schlange zum Beispiel kann im Infrarotbereich

Sterne sehen, die nicht einmal auf unserem Foto erscheinen, falls sie sich überhaupt für den Himmel interessiert. Tiere haben ihr eigenes Loch in die Blackbox. Die meisten Insekten werden durch Farben von Blüten geleitet, die für uns unsichtbar bleiben, es sei denn, wir färben die Fotos ein und legen diese Wahrnehmung sozusagen über das Sehen, wir verarbeiten sie im gleichen Hirnbereich. Alle unserer Mitbewohner auf diesem Planeten erfahren andere Dinge aus einem Riesenspektrum an Signalen der natürlichen Matrix. Sie sehen einen anderen Bereich der Realität, und der kann größer, kleiner oder auch nur auf der Skala der Schwingungen verschoben sein. Sie hören, riechen und schmecken anders. Ihre innere Vorstellung von realer Welt muss also anders sein. Würde sich ein menschlicher Realist mit einem Frosch austauschen, der unter den Fröschen als Realist bekannt ist, so könnten sie sich sicher nicht einigen darüber, was real ist. Es wäre auch müßig, sich mit einem Hund zu streiten, ob diese Fährte nun nach dem einen riecht oder nach dem anderen.

Im letzten Jahrhundert stellten einige Wissenschaftler dann unsere gesamte Vorstellung von Realität noch einmal komplett auf den Kopf: Die Physiker kamen von ihrer Forschungsreise zurück und erzählten uns, dass alles, was wir als Objekt wahrnehmen können, also unsere ganze materielle Welt, eigentlich nur aus Quanten besteht, die in die Existenz springen und wieder raus. Sie nannten das ihre Quantentheorie. Sie behaupteten, alles um uns herum sei Schwingung, also Frequenz, und bestehe nur aus Wellen oder Photonenpaketen und damit aus Licht, das nur umso materieller wirkt, je langsamer es schwingt. Auf der nächsthöheren Ebene der Atome und Moleküle bestehen alle Dinge aus Elektronen, so sagen sie, die um einen Kern aus Protonen und Neutronen kreisen und dabei in der Größenordnung soweit auf Abstand kreisen wie die Planeten um die Sonne. Eigentlich besteht also sogar jeder feste Gegenstand fast nur aus einem Geschwirre im leeren Raum, der, wie die Physiker nun auch herausgefunden haben, nicht einmal leer ist, er besteht aus dunkler Energie, oder wie spirituelle Physiker sagen, aus dem Nullpunktfeld, einer Ursuppe, aus der heraus alles Erschaffene entsteht. Sie beschreiben die natürliche Matrix als eine Quantensuppe, aus der wir uns einfach nur bestimmte Signale herausfischen, dekodieren und in Vorstellungswelten umwandeln.

Was heißt das nun für mich und dich? Aus allem, was du über die verschiedensten Wissenschaften gelernt hast, baust du dir in deinem Inneren ein individuelles Realitätskonzept zusammen. Ist es deshalb real? Nein. Aber du glaubst es vielleicht. Du glaubst, dass du damit eine objektive Vorstellung von Realität besitzt, auf der du dein Leben in Sicherheit und Gewohnheit leben kannst. Du musst dich auf deine Realität verlassen können, sonst wird dir der Boden unter den Füßen weggezogen. Du brauchst Hinweise und Signale und Vorstellungen, um überhaupt in dieser Welt zu funktionieren. Du verlässt dich darauf, dass die Wohnung gleichbleibt und auch dein Weg zur Arbeit. Du hast dir diese innerliche Vorstellung gebaut, um dich in Sicherheit zu wiegen, dass deine Welt objektiv stabil bleibt. Als Realist glaubst du außerdem, dass du dich dazu objektiv entschieden hast. So und nicht anders ist die Welt. Dabei hast du längst deine Sinne durch technische Erweiterungen überlagert. Dein Sehen verarbeitet nun auch Bilder von Vergrößerungen, Verkleinerungen, sowie Einfärbungen aus dem ultravioletten und infraroten Lichtbereich. Dein Hören verarbeitet Audiokonserven, Tonexperimente, Verstärker und ähnliches, die in der Natur so nicht vorkommen. Während unsere Sinne im Gehirn also eigentlich an die gleichen Areale gekoppelt bleiben, verarbeiten wir dort nun auch andere Wahrnehmungen, die uns durch die Technik und Forschung ermöglicht werden und die wir dort nur erinnern. Du pfeifst ein Lied aus dem Gedächtnis. Du kannst dir den Spiralnebel vorstellen. Korrigieren wir den Sachverhalt also durch diese Einsicht und halten wir fest, dass du alles für real hältst, was du dir vorstellen kannst. So musst du auch die typische Reaktion auf eine neue Information verstehen, da sagt dann einer: „Das kann ich mir nicht vorstellen." Genau, und damit ist es für diesen Menschen – noch – nicht real. Und das bleibt vielleicht auch so, wenn er die Informationen ablehnt.

Die moderne Physik hat uns damit an eine Grenze der Objektivität gebracht, die bei vielen Menschen noch nicht bewusst angekommen ist, jedenfalls nicht so wie zum Beispiel die Theorie, dass die Erde sich um die Sonne dreht. Auch diese Vorstellung ist nicht selbstverständlich. Den

Zeitgenossen dieser Entdeckung kam das noch vollkommen unrealistisch und unlogisch vor. Sie waren es einfach gewöhnt, sich die Erde im Mittelpunkt des Universums vorzustellen. Ihre Vorstellung entschied also, was sie als real ansahen. Nicht umgekehrt! Oft müssen wir widersprüchliche Vorstellungen unter einen Hut bringen. Während eines Spaziergangs im Sonnenschein sagte mein vierjähriger Sohn zum Beispiel zu mir: „Jetzt liegt die Erde auf dem Boden, aber wenn es Nacht wird, dann springt sie hoch und kreist um die Sonne." Er versuchte damit, zwei Konzepte in seiner Vorstellung harmonisch abzustimmen. Dass die Erde um die Sonne kreist, musste er irgendwo aufgeschnappt haben, und das stand im Widerspruch zu seiner Beobachtung, dass er doch gerade auf der Erde herumlief.

Nicht nur Vierjährige, eigentlich ist jeder Mensch permanent damit beschäftigt, Konzepte aus den verschiedensten Wissenschaftsrichtungen mit den eigenen Erfahrungen zu harmonisieren. Unsere innere Realität befindet sich permanent in Veränderung, wir sind sogar süchtig danach, Neues zu hören, zu lesen, zu sehen und zu erfahren. Die menschliche Neugier erzeugt ein stetiges Lernen. Unsere Neugier beobachtet und forscht. Damit kommen wir zu einer anderen Entdeckung der Quantenphysik, dass nämlich der Beobachter das Experiment bestimmt. Klingt nicht wichtig, dabei hat es aber radikale Folgen, wenn es stimmt. Demnach gibt es keine objektiv beobachtbare Realität, so wie man sich das in einem mechanistischen Weltbild vorstellt! Die Quantenphysik behauptet: Eine Realität wird erst durch die Beobachtung real. Angeregt durch den Beobachter springen die Quanten in ihre Existenz. Vorher war die Erfahrung nur als Potential vorhanden. Keine Beobachtung, kein Hüpfen von Quanten.

Ein Beobachter beeinflusst das, was er beobachtet, das gehört mittlerweile ganz selbstverständlich zu der Realität, wie ich sie mir vorstelle. Während dieses Konzept an materiellen Dingen nur schwer nachvollziehbar ist, scheint deine innere Realität und die künstliche Matrix voll davon zu sein. Was die Menschen häufig sehen, wird verstärkt und das gibt es in Folge öfter. Wer Hunger hat, läuft durch die Stadt und sieht nur Bäckereien und Restaurants. Wenn das viele machen, wird die

Geschäftsidee, eine weitere Bäckereifiliale aufzumachen, immer wahrscheinlicher. Zumindest auf die zivilisatorische Matrix nehmen wir ständig Einfluss. Es muss sich nur ein weiterer Bäcker finden, der dieses Potential wahrnimmt. Wenn wir Erfahrungen durch Beobachtung, Aufmerksamkeit und Interpretation verstärken, ziehen wir solche Erfahrungen vermehrt an. Es wird wahrscheinlicher für uns und andere, dass sich diese Erfahrung wiederholt. Das ist eine Vorstellung von Realität, für dessen Verstehen ich selbst besonders lange brauchte, bis ich sie akzeptierte (mich zu diesem Modell von Realität entschied). Doch vorher musste ich mich erst mit vielen Selbstversuchen davon überzeugen. Siehst du Gewalt und Chaos überall und verstärkst das durch deine Wahrnehmung und eventuell zusätzlich noch durch Urteile und eine emotionale Ladung, wirst du in Zukunft mehr davon wahrnehmen. Was hat das für Konsequenzen? Wirst du sogar mit der Zeit davon überzeugt sein, dass die Gewalt in den letzten Jahren zugenommen hat, nur weil du selbst mehr davon siehst? Könnte das so weit gehen, dass du ‚zufällig' deinen Fernseher einschaltest, wenn gerade wieder davon berichtet wird? Das ist nicht spooky, das ist aus Sicht der Quantentheorie einfach nur logisch: Als Beobachter lässt du die Quanten zu Gunsten deiner Vorstellungswelt hüpfen, mehr passiert da nicht! Wer seine Mitmenschen als Verbrecher wahrnimmt, sie beschimpft und seinen Schmäh auch noch ordentlich emotional negativ auflädt, wird das Verbrechen anziehen wie das Licht die Motten und für sich und sein Leben als Erfahrung viel wahrscheinlicher machen. Wer das macht, schadet sich allein schon dadurch, dass er sich auf unliebsame Erfahrungen konzentriert!

Das bedeutet auch, dass deine innere Realität sehr viel dynamischer sein könnte, als dir lieb ist. Nimm deinen Weg zur Arbeit als Beispiel. Du möchtest dir unterwegs einen Kaffee-to-go holen. Wenn das öfter passiert, wird sich die Repräsentanz deines Weges dahingehend verändern, dass du nun überall Gelegenheiten siehst, für einen Kaffee anzuhalten, während du dich an den Friseursalon nicht erinnerst, der auch auf dem Weg liegt. Die Realität des Friseurs verschwindet in dir. Werbung wirkt dem entgegen: Sie füllt deine innere Realität mit einem hervorgehobenen Angebot wie Friseur, damit du es in deine innere Realität mit aufnimmst, wobei anderes darin verdrängt wird. Moderne Erfindungen wie Google Maps machen nichts anderes. Erst ist da nur der Stadtplan, aber es dauert nicht lange und der füllt sich mit allerhand Geschäftsadressen. Unsere innere Realität rückt immer weiter ab von der objektiv mit den Sinnen erfahrbaren natürlichen Matrix. Doch wir entscheiden immer noch allein mit unserem Bewusstsein, ob wir Google Maps nutzen oder ein Navi oder uns diese Vorstellungswelt innerlich noch eigenständig aufbauen. Sollten wir nicht vor allem guten Produkten und Erfahrungen unsere Aufmerksamkeit schenken, die wir erneut haben oder erfahren wollen? Das ist unsere Macht als Beobachter. Wir verstärken als Beobachter, dass etwas wahrscheinlicher wird als Realität.

Es ist und bleibt allerdings eine Wahrscheinlichkeitsrechnung. Es ist wahrscheinlicher, dass du das Gewinnlos ziehst in einer Lotterie mit zehn Losen gegenüber einer Lotterie mit einer Million Losen. Doch du kannst in beiden Lotterien trotzdem gewinnen oder leer ausgehen. Wenn wir unsere Erfahrungen durch Beobachtung erzeugen, verhält sich das ähnlich: Wenn wir uns aktiv entscheiden, nur noch das bewusst wahrzunehmen, was wir vermehrt sehen wollen, so ist das zwar kein Garant, dass wir tatsächlich eine solche Erfahrung anziehen, aber die Grundidee kann durch eine Vielzahl an Versuchen schon mal überprüft werden. Wird unser persönliches Leben besser? Das echte bewusste Erschaffen, das ich mit diesem Buch vertrete, geht eine Vielzahl weiterer Variablen durch, die alle zusammen die Wahrscheinlichkeit erhöhen, so dass du lernst, deine Realität – innen wie außen – zu deinen Gunsten zu verändern.

Wenn dein Reifeprozess zum Mitschöpfer vollendet ist, kannst du das Nullpunktfeld selbst stimulieren und daraus bewusst erschaffen oder in einer Quantenheilung ein Problem einfach durch Kollabieren der zwei Ankerpunkte im Quantenfeld löschen. Was, so einfach ist das? Ja natürlich, denn auf Quantenebene wird die Information zu diesem Problem einfach nur durch einen Spanungszustand erinnert und den kann man selbstverständlich entladen. Das Problem ist weg und der Mensch erleichtert. Quantenheilung kann man unabhängig vom Reifeprozess lernen. Es ist nur eine alternative Technik, ihre Anwendung ist spielend einfach. Früher haben die Menschen darüber gestaunt, dass Flugzeuge fliegen. Heute staunen sie, wenn ein mit geschlossenen Augen stehender Mensch nach hinten fällt, sobald der Quantenheiler die richtigen zwei Punkte irgendwo in der Luft um ihn herum (!) gefunden hat, so dass die Spannung der zum Problem gehörigen Quanten im Nullpunkt kollabiert. Mich erstaunte das kein bisschen, es passte zu meinem Realitätskonzept. Aber mich konnte auch kein ‚Quanteln' mehr zum Umfallen bringen, und das fand ich sogar noch viel interessanter.

Wenn du bisher davon noch nichts gehört hast, es also noch nicht zu deiner Realität gehört, dass Heilung auch ganz anders funktionieren kann, dann wird es Zeit, dich zu kümmern. Die alternativen Methoden werden immer verrückter und gleichzeitig immer noch effektiver und einfacher. Was der Mensch sich über Gesundheit vorstellen kann, entscheidet darüber, welche Hilfen er sucht. Seine Vorstellung wandert dabei erst durch die äußere Welt (Ernährung, Bewegung, physikalische Therapie, Medikamente), dann in den Schatten (psychische Gesundheit, Verdrängungen, Traumata, inneres Kind, Drachenkraft), dann in die Standleitung hinein (mit Seeleneinschmelzung beginnen sich außersinnlichen Wahrnehmungen zu zeigen, auch die legen sich wie unsere technischen Erweiterungen über die Sinne (Hellsehen, Hellhören, Hellfühlen). Und schließlich ist Gesundheit nur noch Teil eines geläuterten Fließgleichgewichtes, welches ein Mitschöpfer mit seiner Umgebung, mit der natürlichen und der künstlichen Matrix, mit der neuen, höherdimensionalen Matrix und mit seinen Beziehungen herstellt. Es ist ein wundervoll ausbalanciertes System, das sich in dem Gefühl ‚es stimmt' zeigt, und wir nennen es Leben. Und dann staunen wir, wie sich Millionen verschiedenster Variablen und Gesetzmäßigkeiten so einfach ins Gleichgewicht bringen und darin halten lassen, einfach dadurch, dass es stimmt.

Paranormale Wahrnehmungen werden normal, sobald du in der Standleitung weiter nach oben kletterst. Deine innere Realität wird um andere Leben, andere Dimensionen und weitere Existenzen erweitert. Ich bin zum Beispiel energiefühlig. Dieses Fühlen von Energien, also wie hoch sie in der Schwingung sind, wie stark sie emotional geladen wurden, wie der Energiefluss an einem Ort verläuft und wie er verstärkt, harmonisiert und umgeleitet werden könnte, ist für mich mittlerweile genauso

wahrnehmbar wie für andere der Duft von Rosen. Solche übersinnlichen Wahrnehmungen entwickeln sich bei allen Menschen, während sie den Reifeprozess durchleben. Dabei werden die Wahrnehmungen immer unterschiedlicher. Bei jedem Menschen legen sich diese übersinnlichen Wahrnehmungen nämlich über andere Sinneszentren, in denen sie zusätzlich verarbeitet werden. Hätten sich meine übersinnlichen Wahrnehmungen über das Sehzentrum gelegt statt über das Fühlzentrum, hätte ich angefangen, Geister zu sehen, und wäre noch lange nicht auf die Idee gekommen, dass sie nur Platzhalter für Energien sind, die im Quantenfeld auf mich einwirken. Also Icons von Foldern, die ich anklicken kann, mehr nicht, also völlig harmlos. Ich hätte mich vielleicht vor ihnen gefürchtet, statt meine Feldtheorie des Erschaffens zu entwickeln. Es gibt kaum noch einen gemeinsamen Nenner bei Mitschöpfern, man kann sich nur noch gegenseitig von unterschiedlichsten Erfahrungen berichten und muss sich dann einfach seinen Reim darauf machen.
Was einige Menschen schon von Geburt mitbrachten und entweder unterdrückten oder einen Weg fanden, es als ihre innere Realität zu behalten, kommt auf alle Menschen zu, die sich auf den Weg machen: Paranormale Fähigkeiten. Und am Ende der Standleitung steht die Erfahrung von Einheit. Das Einheitsbewusstsein. Dann sind wir auch dort angekommen, was Physiker das Nullpunktfeld nennen, oder das Quantenfeld. Ob wir dann alle schon instant erschaffen können, werden wir sehen. Vielleicht klettern wir auch noch lange nicht sehr hoch in der Leitung. Ich bin schon zufrieden, wenn sich deine Weltsicht dahingehend verändert, dass du es für möglich hältst, dass diese Realität erstens ganz anders ist, als du denkst, und zweitens, dass du viel größere Möglichkeiten hast, deine Erfahrungen aktiv zu verändern. Mit zu erschaffen. Mit allen anderen zusammen, deshalb spreche ich auch vom Mitschöpfer. Auf deine Vorstellungskraft kommt es dabei an, denn mit der erschaffst du im Prinzip deine erfahrene Realität vor dir her. Imagine! John Lennon hat das schon gewusst. Man könnte auch sagen: Dein Bewusstsein entspricht dem, was du dir vorstellen kannst und dein Bewusstsein bestätigt sich selbst, indem es Erfahrungen anzieht, die beweisen, dass es recht hat. Du hast also immer recht.

Weiterführendes Werkzeug: Was ist deine Vorstellung von Realität? Versuche dabei die natürliche Matrix von der künstlichen Matrix zu unterscheiden und auch von solchen Interpretationen abzugrenzen, die wiederum die künstliche Matrix nur reflektieren und dich veranlassen, deine Erfahrungen auf eine bestimmte Weise auszuwerten. Wie bist du bisher mit allen Signalen und Erfahrungen umgegangen, die nicht in deine Vorstellung von Realität gepasst haben? Vielleicht magst du sie ja sogar neu bewerten.

3b. Die äußere Realität ist nicht, was sie scheint

Wie real und verlässlich ist unsere äußere, angeblich objektive Welt? Wie können so unglaublich viele, völlig verrückte Theorien über unsere Welt kursieren? Welchen Beweisen kann man bei der Fülle an medialen Angeboten noch vertrauen? In diesem Kapitel geht es um die Objektivität einer Weltsicht unter Einbeziehung der Quantentheorie, um Verschwörungstheorien, und um die Spaltung der Gesellschaft. Mittlerweile findest du bei keinen zwei Menschen mehr eine völlige Übereinstimmung in ihrer Vorstellung von Realität. Die Abweichungen sind manchmal sogar spektakulär und werden vom Mainstream mittlerweile für gefährlich gehalten, statt sie als ein Versagen des Bildungssystems zu interpretieren, den Menschen Wissen, Zusammenhänge und Werkzeuge für Bewusstsein zu vermitteln, die sie zum selbstständigen Denken und zu einer wissenschaftlich objektiven Vorgehensweise anregen.

Zum Beispiel ist da ein Mensch davon überzeugt, dass es Chemtrails gibt, seit er einige Beobachtungen gemacht hat, dass Kondensstreifen plötzlich anders aussahen, andere Muster als die Fluglinien bildeten und nicht gleich wieder verschwanden. Im Internet fand er dann die Chemtrail-Theorie, die behauptet, dass Metalle und andere chemischen Stoffe als Aerosole in der oberen Atmosphäre versprüht werden, um eine bestimmte Wirkung zu erzielen. Fortan geht er bewusst auf die Suche nach Beweisen für diese Theorie und kommt auf immer noch weitere Ideen

darüber, wer das macht und warum. Die Wahrnehmung selbst wird dabei nicht in Frage gestellt. Und tatsächlich, er sieht diese Phänomene dann immer öfter und weiß es nun ganz genau, das ist so.
Und das ist für ihn auch so. Es würde mich nicht wundern, wenn er ‚zufällig' in einer Gegend wohnt, wo das Militär z.B. Versuche damit anstellt, das Wetter zu beeinflussen, schließlich ist es nicht unrealistisch, wenn da ein Wetter-Manipulier-Patent aus den Siebzigerjahren auch mal getestet wird, vielleicht sogar, um die Klimakatastrophe noch abzuwenden. Und natürlich würde der kreative Umgang mit einem solchen, real existierenden Patent auch noch andere Verwendungsmöglichkeiten hervorbringen. Ich dagegen habe noch keine Chemtrails gesehen. Das kann daran liegen, dass ich mich nicht dafür interessiert und diese Erfahrung deshalb auch nicht in größerer Wahrscheinlichkeit angezogen habe. Daher wohne ich auch ‚zufällig' irgendwo, wo man diese Technik noch nicht ausprobiert hat. Kann ich deshalb sicher sein, dass es keine Chemtrails gibt? Kann der andere sicher sein, dass das Chemtrail Phänomen sehr weit verbreitet ist und sich dadurch ausrechnen, wieviel Chemie schon versprüht sein müsste? Und wie sich das auf unsere Biologie auswirkt?
Das mag dir auf den ersten Blick wie an den Haaren herbeigezogen vorkommen, vor allem, wenn du noch nicht gemerkt hast, dass du in einer so intensiven Wechselwirkung mit der natürlichen und künstlichen Matrix stehst. Momentan wird vielleicht dein Unbewusstes mehr Einfluss auf deine Erfahrungen nehmen und deshalb ist es dir auch noch nicht bewusst. Darüber sprechen wir im nächsten Kapitel. Hier geht es erst einmal darum, wie unser Bewusstsein sich selbst die Bestätigung erschafft für das, was es für real hält. Du beobachtest von außen, dass der mit den Chemtrails sich in diese Sache verrennt und suchst deine Erinnerung nach solchen Chemtrails ab und kannst keine finden. Klar, deine Beobachtung erschafft ‚es gibt keine Chemtrails'. Und dann wirst du dein Bewusstsein auch darin verstärken und ihm natürlich nicht recht geben. Du wirst nun ‚zufällig' auch noch im Internet zu aufklärenden Influenzern geführt, die als Fakten-Checker Gegenbeweise zu den Chemtrails suchen und veröffentlichen. Doch egal, wie viele Beweise du deinem Bekannten darüber lieferst, dass es Chemtrails nicht gibt und nicht geben

kann, ihr kommt in dieser Sache nicht mehr zusammen. Irgendwann denkst du dir nur noch ‚der spinnt'. Schließlich lässt du ihn einfach stehen und nimmst ihn nicht mehr ernst.

Dass die einen etwas wahrnehmen und die anderen nicht, zieht sich als Konflikt gerade durch die gesamte Gesellschaft und fordert uns auf, ein Jahrhundert nach der Erstformulierung der Quantentheorie endlich die Rolle des Beobachters auch der Mehrheit der Menschen näher zu bringen. Das hat praktische Konsequenzen für unsere Wahrnehmung und unsere Beweissicherung. Solange du dir nicht vorstellen kannst, dass irgendwelche staatlichen Stellen, Militärs oder private Institutionen unsere Atmosphäre bewusst vergiften wollen, wirst du dir dies auch bestätigen und die Wahrscheinlichkeit, dass du zum richtigen Zeitpunkt am richtigen Ort bist, um ein solches Phänomen selbst zu beobachten, wird relativ gering ausfallen. Dein Chemtrail-Bekannter ist aber in seinem Bewusstsein mittlerweile davon überzeugt, dass er sowohl Staat als auch Privatwirtschaft durchaus zutraut, so etwas Unverschämtes und Kriminelles zu tun wie die Vergiftung der Atmosphäre. Der ist mit größerer Wahrscheinlichkeit zur richtigen Zeit am richtigen Ort, um es zu erfahren. Beide haben recht, jeder in seinem Bewusstsein. Und jeder bleibt auch unversöhnlich und unbelehrbar dabei, er hat seine Beweise gefunden und der andere muss deshalb unrecht haben. Die grundsätzliche Haltung ‚ich kann mir das so vorstellen' oder ‚ich kann mir das nicht vorstellen' führt zu unterschiedlichen Suchabläufen im Internet, zumindest soweit wirst du mir schon folgen können.

Das führt aber nur dazu, dass die Theorien immer wilder und für den alten Bekanntenkreis immer abstruser werden und spaltet die Familie, die Freunde und Kollegen in Befürworter und Gegner. Schließlich zieht sich zu diesem Thema eine Spaltung durch die gesamte Gesellschaft. Und das geschieht mittlerweile mit immer mehr Themen. Unsere Gesellschaft verliert den Konsens und das macht einerseits Angst und führt zu diktatorischen und propagandistischen Tendenzen, um die Menschen doch noch zu einem einzigen Weltbild zu zwingen und andererseits dazu, dass das neue, das weiter gespannte Gesamtweltbild der Quantentheorie mehr und mehr im Volksglauben über die Realität ankommt.

Ich sage hier bewusst Volksglaube, denn mehr ist das nicht. Ein Schelm ist, wer sich Böses dabei denkt, wenn die Menschen mit all diesen Trennungen und Konflikten so beschäftigt werden, dass sie leichter beherrschbar werden. Die Gefahr, dass sie sich wieder zusammenfinden und etwas gegen Missstände tun, geht gegen Null, wenn alle so zerstritten sind.

Daher ist unsere Realitätsvorstellung gerade das umkämpfte Gebiet, der Krieg tobt weniger in Afghanistan als in unserer Gesellschaft über die Oberhoheit eines mechanistischen versus eines Quantenweltbildes, wobei die Quantentheorie den Menschen schon direkt zum Mitschöpfer erklärt. Er muss es dann nur noch lernen und die neuen Gesetzmäßigkeiten richtig anwenden, um das zu seinen Gunsten besser zu tun, was er per se schon immer konnte. Davon handelt im Prinzip dieses Buch. Wir müssen an die Beweislage selbst schon anders herangehen, denn die Wissenschaften und ihre objektiven Bilder und Zahlen können uns nur eine Realität vermitteln, in der wir der scheinbar objektiven künstlichen Realitätsmatrix unterliegen, und damit werden wir immer weiter davon abgelenkt, dass wir Mitschöpfer sind und immer schon waren. Wir sollen das nicht wissen. Und wer das in der Elite weiß, nutzt es auch erst mal zu seinem eigenen Vorteil und nicht zu unser aller Wohl.

Die meisten Menschen sind jetzt noch keine bewussten Mitschöpfer, aber das ändert sich gerade. Ein Mitschöpfer erfährt seine Realität synchronisiert. Da passt immer alles zu allem. Er hat eine Vorstellung, wie etwas ist und dann erfährt er es so, und das immer öfter. Bei allen anderen spielt das Unbewusste die Geige und sie übernehmen nicht die Verantwortung für das, was sie sehen und was ihnen passiert. Als erste Gegenmaßnahme für unbewusstes Beibehalten unsinniger und ungeprüfter Realitätsvorstellungen schlage ich vor, einfach in der Frage zu bleiben, so neugierig wie ein Kind. Du musst dich doch nicht entscheiden, ob es Chemtrails gibt oder nicht. Lass es doch offen. Frage einfach viel mehr, statt etwas schon zu wissen, vor allem das Universum selbst, und gib ihm Gelegenheit, dir Antworten vorbeizuschicken. Universum: Wahrheit! Was hat das mit den Chemtrails auf sich?

Und komm mir jetzt nicht mit positivem Denken. Ja, Worte haben Macht. Klar, und das ist nach der Quantenphysik und Neurobiologie auch überhaupt nicht verwunderlich. Das stimmt. Wenn du das glaubst, wirst du das öfter erfahren, was du positiv denkst. Aber dein Schatten wird dadurch nicht geleert und du erschaffst immer noch unbewusst und fremdbestimmt. Die neuen sozialen Medien des Internets bilden da sehr schön ab, wie unsere ganze Realität funktioniert. Facebook motiviert permanent, Meinungen zu haben und zu teilen und uns gegenseitig diese Vorstellungen von Realität und deren Bewertung zu bestätigen. Je mehr Follower, umso wahrer muss diese Meinung sein. Ein Shitstorm bestätigt, dass diese Realität von ganz vielen akzeptiert und gleichzeitig bekämpft wird. Facebook bildet auch den Prozess ab, wie emotionale Aufregung auch im echten Leben abgeschöpft wird, und Mark Zuckerberg erhält dabei immer einen energetischen Anteil. Er verdient sein Geld nicht, er benutzt die User, um Geld und Macht zu generieren. Denn Geld folgt immer der Energie. Erst wenn du weißt, wie er sie abschöpft, kannst du bewusst entscheiden, willst du ihm deine Energie geben oder nicht. Google dagegen bildet ab, dass wir in dieser scheinbar objektiven Realität der natürlichen und künstlichen Matrix wie in einem Computerspiel immer nur einem ganz bestimmten Weg folgen können. Wenn die Simulation ausgefeilt genug ist, kann jeder dabei eine ganz andere Realität erfahren. YouTube ist dagegen die größte Maschine der Realitätsformung und Realitätsveränderung. Die Mainstreammedien könnten das zwar auch sein, haben ihre Rolle als Bildungsinstrument aber noch nicht voll erkannt. Sie versuchen stattdessen, die Meinungsvielfalt zu bündeln und das Volk zusammenzuhalten in einer möglichst homogenen Realität. Deshalb lese und spreche ich auch auf einem eigenen YouTube Kanal, in der Hoffnung, dass du, selbst wenn du noch in einem ganz anderen Bewusstsein lebst, doch zumindest neugierig wirst auf das bewusste Erschaffen. Warum sonst sollte ich so viel Zeit darauf verwenden?
Mit YouTube lässt sich wunderbar erklären, wie deine Vorstellung von Realität entsteht und weiter ausgebaut wird. Denn diese Plattform bietet dir auf der Startseite zufällig genau die Videos an, die zu deiner Bewusstseinsstruktur passen, und die hat es von dir bereits erfasst. Hast du erst

einmal ein Video über Chemtrails gesehen, wird sich die Wahrscheinlichkeit erhöhen, dass dir weitere Videos dazu angeboten werden. So funktioniert auch unsere ganze äußere Realität. Einfach alles hier funktioniert so. Es kann nichts erfunden werden, was es nicht schon gibt, es wird immer nur technisch relativ grob nachgebaut und nachempfunden. Ich bin mir bewusst, das ist harter Tobak.

Alle diese Internetplattformen sind nur ein schaler Abklatsch des Cosmic Creator Net. Unsere gesamte Schöpfung liegt eingebettet in einer kosmischen Internetplattform, auf der alles Lebendige mit Bewusstsein und freiem Willen surft, sich seine Realitätsvorstellung zusammenbastelt und gleichzeitig sich genau diese Realität bestätigt und vor sich her weiter erschafft. Rundherum nur Quanten, aber unter dir als Surfbrett immer deine Realitätsvorstellung, und die erschafft dann deine Spur durchs Meer der Quanten. Mitschöpfer haben immer recht (ebenso das Unbewusste von noch nicht erwachten Menschen), aber bewusste Mitschöpfer wissen gleichzeitig auch noch, wie sie das erschaffen haben, was sie erfahren, und entscheiden, ob sie das ändern wollen. Sie bleiben sich immer bewusst, dass in diesem Cosmic Creator Net (kosmisches, schöpferische Internet) alle unterwegs sind und gemeinsam erschaffen, als Mit-Schöpfer.

Um das verdaulicher zu machen, kehren wir zu den Chemtrails zurück. Der eine bestellt beim Universum (so könnte man das kosmische Ebay der Erfahrungen auch nennen), dass den staatlichen Stellen nicht zu trauen ist und beginnt Verschwörungen zu vermuten, (was ja nur bedeutet, da haben sich ein paar Leute im Geheimen zusammengetan und brüten etwas aus, was die anderen auch betrifft, aber möglichst nicht mitkriegen dürfen). Soll vorkommen, Geheimdienste sind dafür schon dem Namen nach zuständig. Dieser Mensch beginnt nun nicht nur im Internet, sondern auch im Cosmic Creator Net danach zu suchen, und er findet nun nicht nur auf YouTube immer mehr solcher Videos, er macht aus dem Cosmic Creator Net heraus auch tatsächlich vermehrt solche Beobachtungen, er fotografiert und filmt sie und hält schließlich Vorträge oder scheibt Bücher. Hurra, nun ist dein Bekannter sogar Experte auf

dem Gebiet von Chemtrails, und auch sonst kann er sich immer besser vorstellen, was weltweit als Verschwörung abläuft.
Du dagegen lehnst dich zurück: Du hast entschieden, du vertraust weltweit den Politikern, zumindest in Demokratien, den Militärs, den Medien und den Wissenschaften, und du ignorierst die Tatsache, dass es da Geheimdienste gibt, die immer schon undurchsichtig und in der Anwendung schräger Methoden nicht zimperlich waren. Nun gut, das kannst du tun. Für dich gibt es den tiefen Staat nicht. Du schaust dir ein, zwei Videos zum Thema an, und du suchst gezielt solche Beiträge (durch deine Vorstellung davon, was real ist), die das Gegenteil beweisen, und vielleicht merkst du dabei nicht einmal, dass keiner beweisen kann, dass es keine Verschwörung gibt und auch keine Chemtrails. Wir wollte man das auch beweisen? Wenn einer behauptet, es gibt keine Maikäfer mehr, wie willst du das beweisen? Du kannst doch nicht lückendicht die gesamte Natur monitoren und dann sagen, wir haben die Natur total überwacht, es gibt tatsächlich keine Maikäfer. Der erste Maikäfer, der aktuell gesichtet wird, kann nur das Gegenteil beweisen: Es gibt noch Maikäfer. Du freust dich, es gibt sie noch, die Spielgefährten aus Kindertagen. Du benötigst also nur einen Zeugen, dem du vertraust, oder viele, die du nur oberflächlich kennst, um diese Theorie zu akzeptieren, es gibt noch Maikäfer. Wer also eine Verschwörung oder Chemtrails beweisen möchte, braucht nur einen einzigen, für sich glaubhaften Zeugen.
Der Unterschied zwischen dir und deinem verrückten Bekannten besteht nur darin, dass du den Videos und Experten vertraut hast, die diese Verschwörungsidee lächerlich gemacht haben. Du gingst in Resonanz zu der emotionalen Ladung und der Schadenfreude darin und hast dich amüsiert. Oder sogar aufgeregt. Ok. Du schickst also deine Lebenskraft direkt wieder in die Institutionen, die dich eigentlich nur angeregt haben, viele Emotionen zu erzeugen, die dir gleichzeitig aber die Nichtexistenz auch nicht beweisen konnten, einfach, weil das gar nicht geht. Ging es in den Medien dann um die Emotionen oder um den Inhalt der Nichtexistenz? Du kannst nur eine Existenz beweisen, aber keine Nicht-Existenz, siehe Maikäfer. Diese Beiträge versuchen nicht einmal, stattdessen in dir mehr Vertrauen in den Staat, den Geheimdienst oder in die privaten

Institutionen aufzubauen, sie wenden einfach nur Propagandamittel an, um dich aufzuregen und emotional zu melken. Das sind Werbemethoden, mit denen man jedes Waschpulver an unbewusste Leute verkaufen kann, und die Methoden haben nichts mit dem Thema selbst zu tun.
Anders als dein Bekannter wirst du auf keinen Fall – weder im Internet noch in deiner bewussten realen Welt – Beobachtungen und Erfahrungen anziehen, die eine Verschwörungstheorie nahelegen. Du würdest sogar kurz auf dem Liegestuhl einpennen, wenn sich Chemtrails über dir ereignen, und später aufstehen und andere Routinen folgen, ohne den Himmel auch nur eines Blickes zu würdigen. Wie oft schaust du tatsächlich zum Himmel? Und dann lebst du vielleicht auch im Tal der Ahnungslosen, wo alle annehmen, es gäbe keine Chemtrails, ihr werdet euch also gegenseitig ablenken davon und zufällig keine solchen Erscheinungen sehen, selbst wenn sie objektiv da wären. Das ist der Punkt: Es gibt keine Objektivität in der Quantentheorie, der Beobachter beeinflusst das Experiment. Wir Menschen sind so was wie Algorithmen und Bots, die durch das Cosmic Creator Net streifen und nach Erfahrungen suchen, mit denen andere uns beauftragt haben. Und Mitschöpfer sind dann die gleichen Programme, aber sie haben gelernt, sich selbst umzuprogrammieren und bewusst zu suchen, was sie selbst finden wollen. Sie entscheiden sich zu einer Erfahrung.
Ich selbst habe mich entschieden, nichts zu glauben, aber auch das Gegenteil: alles. Ich glaube erst einmal alles und nichts, aber ich entscheide mich nicht für oder gegen. Die meisten Behauptungen gehen mich so wenig an, dass ich sie weiter in der Schwebe halten kann. Ich mache sie nicht zu einem festen Weltbild. Denn es ist immer eine Frage des Bewusstseins. Und Chemtrails interessieren mich einfach nicht. Als bewusster Mitschöpfer muss es das auch nicht, ich kann doch entscheiden, meine bewusste Schöpfung im Cosmic Creator Net als Absicht anzumelden, und dann mit allen mir zur Verfügung stehenden Mitteln dafür zu sorgen, dass sich ihre Wahrscheinlichkeit erhöht, sich durchzusetzen. Ich entscheide mich also, dass das sofort aufhört, falls einer – egal wer – die Atmosphäre mit kleinesten Metallpartikel anreichert, so dass die Hitze in der Atmosphäre gehalten und damit das Klima angeheizt wird.

‚Sofort hört das auf', sage ich mit all meiner Macht, ‚dass unsere Atemluft vergiftet wird. Jetzt.' Und dann bitte ich darum, dass alles, was in meinem Unbewussten noch herumliegt und etwas Gegenteiliges erschaffen könnte, sofort gelöscht wird. Und ich möchte einen Impuls vom Universum erhalten, wenn es zu dieser Absicht konkreten Handlungsbedarf gibt. Dann danke ich dem Universum, dem kosmischen Ebay der Möglichkeiten. Der natürlichen Matrix gebe ich auch gerne meine Schöpferkraft, denn als Lebenskraft wird sie mir dann ja auch wieder verstärkt zufließen. Danke, Universum.

Dabei bleibe ich mir immer bewusst, ich bin nur ein winziger Teil der Schöpfung. Solange es unbewusste Menschen gibt, die weder ihre kosmische Geschichte kennen und die Verletzungen, die sie darin davongetragen haben, werde ich, da ich mit ihnen zusammenlebe, auch von ihren unbewussten Schöpfungen betroffen, ich kann mich nur etwas weiter an den Rand zurückziehen, so dass ich von ihren Konflikten nicht mehr erreicht werde. Ein Lockdown betrifft mich natürlich so wie jeden anderen auch. Die Welt da draußen ist so, wie wir sie uns gemeinsam erschaffen haben, allerdings ganz stark stimuliert und dumm gehalten von Kräften, die uns ausbeuten und denen unser Schicksal und unser Leid egal ist. Ich kann dir nicht sagen, ob es Verschwörungen tatsächlich gibt, aber es liegt zumindest nahe, mal eingehender nachzuforschen, falls du schon gemerkt hast, dass es den meisten Menschen – egal in welcher Zivilisation – nicht wirklich gut ging. Ich hoffe, dass möglichst viele Menschen zu bewussten Mitschöpfern werden und wir dann gemeinsam unser Schicksal verantwortlich in die Hand nehmen und den Himmel auf Erden erschaffen. Wir müssen alle mitnehmen. Solange auch nur einer den Krieg will und sich um sein Unbewusstes nicht kümmert, wird es in seiner Nachbarschaft auch Kriege geben.

Willst du deine eigene Realität erweitern, so bestelle dir beim Universum doch wenigstens schon vermehrt gute Erfahrungen, am besten für alle, und nicht nur für dich. Lerne dies vom positiven Denken in Affirmationen zu unterscheiden, denn das sind leider nur die ‚guten Eigenschaften' der Persönlichkeit, die den negativen Schatten weiter ausbauen und einen Bumerang-Effekt erzeugen. Am besten, du bleibst immer in der Frage.

Universum, falls es so etwas gibt, weil es von so vielen anderen unbewusst erschaffen wurde, würdest du mir das bitte beweisen? Und wie kann ich selbst und wie können wir alle dann zusammen aus dieser Nummer wieder rauskommen? Und dann beobachte. Zufälle und Synchronizitäten, aber auch Träume, Begegnungen, was du ‚zufällig' beim TV-Zappen erwischst. Und alle Leute, die du kennenlernst. Alles könnte dir auf deine Fragen antworten. Erkenne, dass dir das Universum immer auf diese Weise antwortet, immer, aber nie logisch. Vielleicht träumst du auch die Lösung eines Problems oder du hast den Impuls, mal jemand anzurufen. Bleib in der Frage.

Bewusstsein definiere ich selbst mittlerweile so: Bewusstsein ist ein Zustand, in dem alles existieren darf und über nichts geurteilt wird. Bewusstsein ist weder eine Ansammlung von Meinungen noch von Wissen oder von Macht. Damit stopfst du nur deine Höhle beim Drachen und deine Standleitung weiter voll. Reduziere deine äußere Persönlichkeit auf ein funktionales Minimum (Ego aufgeben), kläre deinen Schatten (hebe das Unbewusste ins Bewusstsein) und folge möglichst konzeptlos deiner eigenen Spur, ausgelegt durch dein Höchstes Selbst, das dich einfach nur in den voll ausgereiften bewussten Mitschöpfer führen will. Und dann leben wir beide mit allen anderen zusammen auf diesem schönen Planeten und beobachten bewusst, wovon wir mehr haben möchten. Ich sehe zum Beispiel immer mehr Menschen sich für Bewusstsein und bewusstes Erschaffen zu interessieren. Das wird schon. Das wird, weil ich es so sehen will. Meine äußere Realität ist auf eine andere Weise objektiv, ich suche überall nach Beweisen, dass sie sich zu unseren Gunsten verändert. Wir glauben, dass wir etwas objektiv wahrnehmen, aber wie ich dir schon mit dem Maikäfer zeigte, kannst du noch so viel beobachten und deine Nachbaren mögen sogar schon Witze darübermachen, dass du an Maikäfer glaubst. Sie sind eben jünger und haben noch nie einen gesehen. Es braucht aber nur ein Maikäfer aufzutauchen, den du einfängst und den anderen mitbringst, und es gibt den Maikäfer wieder für alle. Und ich möchte euch den Himmel auf Erden wieder mitbringen, nicht mehr und nicht weniger.

Dass es etwas nicht gibt, kann man nicht beweisen. Deshalb tut sich die offizielle Medienwelt so schwer mit der Unterdrückung solcher Theorien. Die Frage muss aber doch erlaubt sein: Warum sollte jemand überhaupt ein Interesse daran haben, dass du glaubst, dass es etwas nicht gibt? Für die natürliche Matrix ist das belanglos, ob du schon mal einen Wolf gesehen hast, aber dir könnte es das Leben retten, wenn du dich vor ihm in Acht nimmst. Es ist noch nicht lange her, da konnten die Menschen nicht fliegen. Und Menschen, die glaubten, dass das gehen müsste, wurden ausgelacht. Heute würde jeder lächerlich erschienen, wenn er behauptet, dass Flugzeuge nicht fliegen. Ich bin mir sicher, dass du im Laufe der ersten Kapitel schon mehrmals gedacht hast, dass du in mir einen starken Vertreter der Verschwörungstheorien vor dir hast. Aber das stimmt so nicht. Ich halte es wie mit dem Maikäfer. Ich suche nach Zeugen, und zwar möglichst nach denen, die diese Erfahrung selbst gemacht haben, sozusagen Augenzeugen für Maikäfer. Ein Zeuge oder Theorievertreter muss mir dafür ein Bild oder Video oder einen anderen Beweis liefern, doch ich bleibe mir auch bewusst, dass man Bilder und Filme fälschen kann, genauso wie das geschriebene oder gesprochene Wort ziemlich viel Unsinn behaupten könnte.

Als Mitschöpfer mache ich das anders. Ich lasse den Augenzeugen auf mich wirken. Ich denke mir im Befehlston: ‚Wahrheit!' Und dann beobachte ich meine gefühlte Wahrnehmung und frage mich, wäre das ein Mensch, dem ich einen Gebrauchtwagen abkaufen würde? Würde er mich ehrlich informieren oder mich betrügen? Hat er Rückgrat oder ist er käuflich. Das lässt sich über die Energie wahrnehmen und über Sympathie und Antipathie. Jedes Kind kann das schon, wenn wir es ihm nicht aberziehen. Es sagt dann einfach, den mag ich nicht. Dann glaub ihm auch nichts. Oder es setzt sich begeistert auf seinen Schoß. Solange du deinen Reifeprozess noch nicht vollendet hast und dir noch keine weiteren Wahrnehmungssinne zur Verfügung stehen, kannst du einfach deine Kinder fragen, solange sie noch unschuldig sind und unverdorben. Magst du den Menschen da im Fernsehen?

Nicht dass du nun hingehst und durch dein Kind deine Realität bestimmen lässt, nein, ich lege dir nur nahe, mit deiner Verantwortung als

Beobachter bewusst umzugehen, und zu entscheiden, von wem und wovon du mehr erfahren und was du verstärkt wahrnehmen willst und auch, was du dafür tun kannst, dass es mehr wird. Bleibe offen, und geh auch viel in die Natur. Experimentiere mit deinem Bewusstsein. Gibt es noch Mohnblumen? fragte ich mich diesen Sommer. Und während ich sie im letzten Sommer kaum noch sah, kamen sie mir diesen Sommer auf allen Wegen entgegen, klar, ich hatte den Ort gewechselt. Merkst du: Du sollst auch mir nicht glauben!

Mit deiner Wahrnehmung wird das Wahrgenommene dauerhaft weiter erschaffen. Das ist zumindest meine momentane provisorische Theorie dafür, dass wir unsere Welt um uns herum als so unveränderlich stabil erfahren. Vielleicht erschaffen wir uns unsere Realität in jedem Moment alle zusammen neu, also jetzt neu, jetzt neu, jetzt neu im Sekundentakt? Wenn wir den bewussten Gewohnheiten des Denkens folgen, haben alle diese Theorien z.B. über die Blackbox und die Rolle des Beobachters keine Konsequenzen. Wenn sich bei bestimmten Menschen kaum etwas in ihrem Leben ändert, haben sie einfach nur eine sehr stabile Struktur von Realität für sich gefunden, die genügt, mehr interessiert sie nicht. Doch ich behaupte, diese Stabilität kommt mehr aus dem sehr mächtigen kollektiven Unbewussten, das dafür sorgt, dass es in der Welt nie besser wird, nur immer wieder anders. Das behauptete schon meine Großmutter.

Kommen wir auf den Otto Normal zurück und seinen Bekannten, den Verschwörungstheoretiker. Wie könnte man diese sich immer weiter ausbreitende Verwerfung und Spaltung der Gesellschaft und der Realitätswahrnehmung aufheben? Ist diese Polarisierung, die wir überall beobachten, nicht eher eine Folge und gleichzeitige Verstärkung des Umstandes, dass wir keine Nähe mehr miteinander herstellen können? Sowohl Otto Normal als auch dem Verschwörungstheoretiker kann ich aus der Perspektive des Reifeprozesse eigentlich nur empfehlen: Bleibt in Kontakt. Vermeidet die Themen, die euch trennen, und erschafft mehr verbindende soziale Erfahrungen, sucht aktiv nach Gemeinsamkeiten und Menschlichkeit. Und wenn ihr diese menschliche Beziehungsbasis um euch herum hergestellt habt und euch als Freunde anseht und nicht mehr als Feinde, könnt ihr euch vorsichtig gegenseitig einladen, durch das jeweilige Loch des anderen in die Blackbox zu schauen. Aber erst dann, wenn ihr wisst, dass ihr euch vertrauen könnt.

Denn solange ihr euch als Mensch vom anderen nicht genauso angenommen fühlt, wie ihr seid, urteilslos und bedingungslos, ist eure Wahrnehmung und sind alle eure Sinne darauf ausgerichtet, erst einmal herauszufinden, ob der andere Freund oder Feind ist, und ihr steckt im Reptilienhirn der Kommunikation fest, das nur Flucht oder Kampf kennt. Erst wenn die Beziehung geklärt und auf Belastbarkeit überprüft wurde, sind wir überhaupt bereit, durch das Loch des anderen in diese Blackbox-Realität zu schauen. Es lohnt sich, ich empfehle es ausdrücklich. Alle Löcher in der Blackbox liegen nebeneinander, jeder hat eine andere Sicht auf die Dinge. Und da gibt es noch sehr viel zu entdecken und zu lernen. Mit diesem Buch lasse ich dich durch mein eigenes kleines Loch in die Blackbox schauen. Vielleicht sollten wir uns öfter gegenseitig einladen, die Löcher zu tauschen? Halten wir fest: Es gibt keine objektive, unabhängige Beobachtung und daher auch keine objektive äußere Realität, nur immer das, was wir in unserem Kopf daraus machen.

Weiterführendes Werkzeug: Bezweifle Bilder und Filme grundsätzlich, wenn sie dazu verwendet werden, Stimmung gegen ein Land oder einen Menschen zu machen oder dich zu einer bestimmten Reaktion zu verführen. Wenn sie dich stimulieren, bleib misstrauisch. Du bist doch keine Maus, die sich durch einen Reiz zu einer Reaktion stimulieren lässt. Entscheide und handele bewusst aus dir selbst heraus, statt zu reagieren. Und bleibe misstrauisch bei allem, worüber sich andere aufregen. Was hoch emotional geladen daherkommt ist selten objektiv.

3c. Die innere Realität ist viel mächtiger

In diesem Kapitel betrachten wir den Einfluss unseres Unbewussten auf unser Leben und auf unsere Gesellschaft. Ich werde ausführen, dass

sich unser Unbewusstes zumindest in der Cosmic Cloud alles merkt, alles weiß und mächtiger ist als unser Bewusstsein. Wir untersuchen die Traumwelt und lernen luzides Träumen sowie eine Vielfalt anderer Möglichkeiten kennen, mit diesem Unbewussten zu kommunizieren. Wir sprechen auch über Kunst und Kultur, über die Demokratie, den Gefangenenplaneten Erde und die Auslöschung unserer Erinnerung. Eine kleine Konversation zwischen einem Homo Sapiens Sapiens und einem Homo Creativus Pax wird aufzeigen, wie sich mittlerweile die beiden Varianten des menschlichen Bewusstseins kaum noch begegnen können. Womit ich für eine gegenseitige Achtung der Andersartigkeit werbe. Alle Menschen haben zu diesem geschichtlichen Zeitpunkt die einmalige und nicht wiederkehrende Chance, sich dem Mitschöpfer in sich öffnen. Damit kämen wir gemeinsam dem Himmel auf Erden ein gutes Stück näher, weshalb auch davon die Rede sein wird.
Die australischen Ureinwohner behaupten, dass ihre Traumwelt die einzig wirkliche Welt sei. Sie sei die machtvolle Vorstufe unserer erfahrbaren und scheinbar so objektiven Welt, wo unsere Erfahrungen erzeugt werden, bevor sie in 3D erscheinen. Aus der Traumwelt, so glauben sie, wird die gesamte objektive Welt erschaffen und gesteuert und nur dort können Menschen auf den schöpferischen Prozess auch selbst aktiv zugreifen. Sie nennen das Unbewusste ihre Traumzeit, weil dieser Teil unseres Bewusstseins eher durch Symbole, Zufälle, Visionen, Inspirationen und natürlich in Träumen mit den Menschen kommuniziert. Es ist eine Welt, die voller mysteriöser Geschehnisse zu sein scheint. Als der magische Teil unseres Bewusstseins, der uns über das Herz auch kollektiv untereinander und mit der Schöpfung verbindet, wird die Traumzeit indirekt über Rituale, Wiederholungen, Anrufungen und Gebete angesprochen. Die Traumzeit ist kollektiv und individuell bedeutsam, sie meldet sich also auch mit Warnungen für eine ganze Gruppe oder mit einem künstlerischen Ausdruck, der für die gesamte Menschheit von Bedeutung und jetzt ‚dran' ist.
Unbemerkt von den Mainstream Menschen gibt es allerdings immer mehr Träumer, die aktiv in ihre Träume eingreifen können und sie bewusst verändern und damit bewusst Veränderung erschaffen. Sie

stecken entweder mitten im Reifeprozess oder stehen schon in der meisterlichen Übungsphase nach der Vollendung zum Mitschöpfer. Auf luzides Träumen kommen wir später noch einmal zurück. Die Macher des Films ‚Inception' müssen von dieser Idee inspiriert gewesen sein. Und ähnlich vielschichtig wie in diesem Film darf man sich unser Unbewusstes auch vorstellen, und auch ähnlich fluide und symbolisch-magisch. Aber da wir alle vor dem Okkulten und Paranormalen gewarnt wurden durch die Experten unserer rationalen Wissenschaften, lassen die meisten Menschen lieber die Finger davon und verzichten auf eine Kartierung ihres Unterbewusstseins. Und bringen ihre beiden Hirnhälften auch nie aktiv in einen besseren Kontakt zueinander.

Dieser unbewussten, aber gleichwohl sehr aktiven und Erfahrung erzeugenden Traumwelt ordnen wir heute die rechte Hirnhälfte zu, während die Logik, der Verstand und das lineare Denken in der linken Hirnhälfte stattfindet. Und da sich die Nervenbahnen kreuzen, gehört die rechte Körperseite zum logischen Verstandesdenken und die linke Körperseite zu der der intuitiven Seite unseres Gehirns. Diese beiden Hälften sind nur über einen schmalen Nervenbalken miteinander verbunden, der bei dem einen sehr ausgeprägt sein kann und bei einem anderen nur eine dürftige Kommunikation zwischen den beiden Teilen des Gehirns zulässt. Beim zivilisierten Matrix-Menschen spielt die Verbindung der beiden Teile nur eine untergeordnete Rolle, denn wir wurden angeleitet, nur aus der Logik und dem Verstand heraus zu leben. Wissenschaft ist Trumpf und alles andere hat sich den Fakten unterzuordnen. Sei vernünftig, heißt es dann. Daher haben viele Menschen nicht gelernt, ihr Unbewusstes und ihr bewusstes Tagesbewusstsein zu harmonisieren. Doch damit der Verbindungs-Balken im Gehirn funktioniert und Nervenbahnen aufbaut, muss er durch aktive Nutzung angeregt werden.

Kunst, Musik und Dichtung entsteht aus dieser intuitiven Ebene heraus, die anders als der logische Verstand permanent mit dem Herz und dem gesamten Unbewussten dahinter verbunden bleibt. Kreativität wird aus einem kreativen Ideen-Pool ‚geschöpft', und der Pool kann sich dabei ganz eng auf den Haufen Zeugs beim Drachen beziehen und vor allem der Heilung und Vollendung dienen (persönliche künstlerische

Verarbeitung, und da macht oft auch das Gegenteil der Drastifizierung Spaß) oder bis weit hinter das Tor beim Drachen greifen und Neues aus dem Cosmic Creator Net für die gesamte Menschheit aus dem Quantenmeer fischen. So wie das Erfinder und große Dichter und Denker tun. Hier ist Zukunft bereits vorhanden, daher ist es für einen Kreativen leicht, sie abzugreifen und der Entwicklung vorzugreifen, hier können Schicksale noch beeinflusst werden, bevor sie sich in der realen, bewussten Welt auswirken. Hier finden sich Wahrscheinlichkeiten und Potentiale.
Gründer empfangen von dieser Ebene wichtige Impulse. Schamanen aller Zeiten haben den Zugang dazu gesucht, um ihrem Stamm gute Handlungsspielräume zu eröffnen, um Unheil noch abzuwenden, Heilungen durchzuführen und bessere Erfahrungen aus dem kollektiven Unbewussten zu schöpfen, und das war ihnen möglich über besondere Begabung, Schulung, Drogen, Trommeln, Beschwörungen, Trance-Induktionen und deren Anwendung in Ritualen, Gesängen, Tänzen und magisch-symbolischen Handlungen. Diese Begriffswelten waren für sie zumindest auch real. Zu alledem kann die Traumwelt Erstaunliches beitragen. Den Realitätsbegriff der beiden vorigen Kapiteln müssen wir also erweitern und sagen: Etwas ist real, wenn es die Kraft besitzt, deine erfahrbare Welt zu verändern. Und jede Erfahrung ist so real wie sie sich in deiner materiellen Welt auswirkt.
Für den Reifeprozess zum Homo Creativus Pax ist außerdem eine erbsengroße Drüse in der Mitte unseres Gehirns von Interesse, die Zirbeldrüse. Wenn sie entkalkt und aktiviert wird, schüttet sie eine körpereigene, drogenähnliche Substanz aus, das DMT, und dieses DMT öffnet das dritte Auge nach oben in den Kosmos hinein, das entspricht der ganz weiten Öffnung des Tores beim Drachen. Der wird förmlich durch dieses Erlebnis beiseitegeschoben, selbst wenn er noch auf einem riesigen Berg Zeugs liegt. Dies entspricht der Öffnung des Kronenchakra. Nicht bei jedem wird durch die Aktivierung der Zirbeldrüse der Zugang zur Standleitung gleich ganz aufgerissen, meistens ist es ein allmählicher Prozess, die Standleitung zur Quelle hinaufzuklettern und die volle Lebenskraft als Energie und Bewusstsein freizusetzen. Und das ist für den Körper auch die sanftere Lösung. Der Berg an Verdrängungen muss

dennoch entfernt werden, genau wie die Schlacken aus der Standleitung, sonst spülen sich zu viele Probleme auf einmal massiv ins Leben. Menschen, die mit der Öffnung der Zirbeldrüse experimentieren, ohne schon die Hausaufgaben gemacht zu haben, könnten sich in radikalen Transformationsprozessen wiederfinden und sich gesundheitlich extrem gefährden, falls sie die Symptome nun auch noch falsch deuten und verrückten Konzepten folgen, die ich hier bewusst vermeide. Meine Empfehlung ist es, den Drachen erst zu wecken, wenn man sich gut darauf vorbereitet hat, dafür steht dieses Buch. Da es sich um einen Reifeprozess handelt, der einmal getriggert, bei jedem wie eine Schwangerschaft einfach abläuft und trotzdem ganz unterschiedlich verläuft, genügt es den Schritten dieses Buches zu folgen, ohne sich direkt um die Zirbeldrüse zu kümmern. Sie wird sich zum idealen Zeitpunkt hinzuschalten.
Mittlerweile gibt es jahrzehntelang entwickelte und getestete Methoden, um auf unser Unbewusstes zuzugreifen. Die Traumdeutung oder die Kommunikation über künstlerische Prozesse gehört dazu, ebenso die schamanische Ausbildung. Wir können luzides Träumen üben, Channeling oder Remote Viewing erlernen, oder in einer Beyond Quantum Healing Sitzung (BQH), wie ich sie anbiete, nach und nach unser gesamtes Unbewusstes, die Höhle mit dem Drachen und die Standleitung mit all ihren Abzweigungen bis hin zu unserem Ursprung erkunden, und dort die Ursachen für akute Krankheiten beseitigen und eine Selbstheilung (= durch das Höchste Selbst) einleiten. BQH ist ein hypnotisches Coaching, indem der Klient durch sein eigenes Unbewusstes navigiert und in dem Maße schon Heilung und Antworten zu allen Lebensfragen erhält, wie er sie mit seinem Bewusstsein bereits erfassen und sich anpassen kann. Die zuvor formulierten Absichten für die Sitzung dienen als Kompass und – wie beim Unbewussten nicht anders zu erwarten – beantwortet es die Fragen erst einmal mit Bildern und traumähnlichen Situation oder mit anderen Leben, was nicht jeder Klient gleich als Antwort auch zu deuten weiß.
Die echten weißen Flecken auf der ‚Landkarte' der Menschheit liegen nicht da draußen im 3D Kosmos oder in der winzigen Quantenwelt (auch noch 3D), sondern in diesem inneren unbewussten Kosmos, der alles

enthält, was wir zu unserer Befreiung wissen und tun können. Das Unbewusste ist viel mächtiger als das Bewusste. Solange wir das Unbewusste nicht ins Bewusstsein gehoben haben und uns damit selbst bewusst geworden sind, werden sowohl unsere Weltsicht als auch unsere Interessen, Konflikte, Schöpfungen und Erfahrungen unsere objektive (natürliche und künstliche) Welt da draußen viel mehr bestimmen als das, was wir bewusst denken, fühlen und beabsichtigen. Oder auf welche Demos wir gehen oder welchen YouTube Videos wir folgen.

Wir werten unsere Erfahrungen aus und speichern den neuen Standpunkt, der sich daraus ergibt, im Datenkeller beim Drachen und in der Leitung. Wenn ich so etwas tue, hat das diese Konsequenzen. So entstehen Standpunkte und Meinungen über die künstliche Matrix und wie sie funktioniert. Ohne sie hätten wir keine Orientierung und könnten in unserer Welt nicht funktionieren. Die künstliche Matrix unserer Zivilisation und Kultur war also erst einmal überlebenswichtig und wir dürfen sie nicht einfach abschaffen und nur noch isoliert in kleinen Gruppen mitten im Dschungel leben. Wir müssen diese künstliche Matrix aber unserem Bewusstsein anpassen und sie upgraden auf die 5D-Matrix, die andere Mitschöpfer bereits für uns im Groben als Raster erschaffen haben. Dieses Raster gilt es nun mit unseren Ideen zu füllen, wie wir uns aufgrund unserer Erfahrungen den Himmel auf Erden vorstellen, darin sind wir mittlerweile alle Experten. Wir wissen immer besser, wie wir es nicht haben wollen. Ist der Berg beim Drachen aufgelöst und einsortiert und auch die Standleitung von engen Konzepten befreit, beginnt sich das Gegenteil aller unerwünschten Erfahrungen selbst zu erschaffen, wir müssen nur in unserer Mitte bleiben und diesen Prozess bewusst nicht stören. Dann fließt der Himmel auf Erden auf natürliche Weise mit Drachenkraft geträumt in unser Leben, wir müssen dabei nur in der Liebe bleiben und im Vertrauen.

Wenn wir Erfahrungen bereits vollendet hätten, würden sie einfach nur als Fakten in Einmachgläsern irgendwo in den Regalen an der Wand der Drachenhöhle oder in Kellergewölben säuberlich geordnet vorliegen oder hingen als Werkzeuge übersichtlich geordnet im Drachen-Hobbykeller bereit. Wenn nicht, so sind unsere Daten zumindest zusätzlich

auch noch in der Cosmic Cloud gespeichert. Sie stören unser freies Erschaffen nicht, wenn sie bereits vollendet wurden (wie man das macht, besprechen wir noch). Nur die emotionale Ladung hält sie aktiv und wirft sie auf den Haufen Zeugs beim Drachen. Da sieht der Drache dann noch Handlungs- und Lernbedarf auf dem Weg zu einem ausgereiften Mitschöpfer und setzt dich unter Druck. Damit mischt er sich in deine objektiv reale Welt ein. Die Standpunkte selbst bestimmen aber auch ohne Ladung das, was du dir überhaupt vorstellen kannst und begrenzen damit deine Visionen und dein Potential an Erfahrungen. Das muss man auseinanderhalten, denn du hast ja immer recht, dein Gesamtbewusstsein bestätigt sich durch die erzeugte Erfahrung. Im Außen suchst du dann den Beweis für deinen Standpunkt.
Das Unbewusste merkt sich alles, weiß alles und ist mächtiger als das Bewusstsein, zumindest im modernen Menschen. Denn wir leben in einer Ausnahmesituation. Andere unendliche Wesen erinnern sich permanent an ihre ganze Linie an Erfahrungen, sowohl individuell als auch kollektiv, und das, seit sie die Quelle verlassen haben. Wir könnten uns ebenfalls daran erinnern, denn wir selbst haben auch schon so ‚unendlich' oft gelebt. Selbst wenn deine persönlichen Erinnerungen am Ende deines irdischen Lebens in der Elektroschockkammer (Tunnel zum Licht) gelöscht werden, als unendliches Wesen sind dennoch alle deine Erfahrungen außerhalb von dir in der Akasha Chronik – unserer kollektiven Cloud – gespeichert und bleiben dir erhalten. Über deine intuitive Seite, dein Herz und dein Höchstes Selbst hast du jederzeit Zugang dazu, einfach, weil du ein Mensch bist mit dem Potential von 22 Gründerrassen. All dies wirkt auf deinen individuellen Weg durch die erfahrbare äußere Welt ein und bestimmt deine Realitätserfahrung. Das Bewusstseins-Gefängnis, auf das ich an anderer Stelle noch weiter eingehen werde, hält dich davon ab, dort zu suchen, wo du Antworten finden und deine Befreiung erschaffen könntest, denn dort bleibt immer ein Loch im Zaun (Herz), durch das die Schafe ganz leicht entkommen könnten. Deshalb werden die Hunde auf die Herde gehetzt, um sie immer wieder von diesem Loch wegzutreiben.

Ist eine Erfahrung vollendet, dann wirst du von ihr nicht mehr unbewusst getrieben, sondern konntest stattdessen bewusst eine neue Fähigkeit und Fertigkeit daraus ernten und so deinen Denk-, Fühl- und Handlungsspielraum erweitern. So nach und nach entwickelst du dann dein volles Potential. Zur Erinnerung: Der Durchfluss an Lebenskraft wird stärker mit jeder gut bewältigten Lebensaufgabe, jeder bewältigten Beziehungskrise, jeder überstandenen Krankheit und mit jedem erfolgreichen Projekt. Jedes erreichte Ziel macht stärker, das Tor beim Drachen öffnet sich und du spürst mehr schöpferische Lebenskraft. Jedes Versagen, Vermeiden, Verzögern, Vertagen und Verleugnen bindet dagegen Lebenskraft beim Drachen. Mit Lügen, strategischen Taktiken, mit boshaften Spitzfindigkeiten und anderen egoistischen Verhaltensweisen (im Englischen "service to self" statt "service to others" genannt) geht das Tor fast ganz zu. Dann muss man von der Energie anderer leben oder untergehen, wodurch derjenige ganz aus der potenziellen Verkörperung in dieser Realität verschwindet oder in einer Art Demenz ganz pulverisiert in die Materie zurückfällt. Wir alle sind Energie und Bewusstsein, davon bin ich mittlerweile überzeugt. Unser Körper ist nur unsere Hülle, unser Raumanzug für diese Realität. Wir haben durch den Persönlichkeitsaufbau und durch Verdrängungen den Zugang zu unserem Drachen und zum Tor aus dem Blick verloren und wurden bewusst in Unkenntnis darüber gehalten, wie das hinter dem Tor weitergeht.

Wie wirkt das Unbewusste eines Homo Sapiens Sapiens auf seine Erfahrungen? Das müssen wir besser verstehen lernen, wir können nicht oft genug darüber sprechen. Wie war das bei dir? Verlief deine Kindheit schwierig, dann stehen dir vielleicht zum Zeitpunkt deiner Volljährigkeit nur noch zwanzig Prozent deiner psychischen Kraft zur freien Verfügung, die anderen achtzig Prozent sind mit deiner Verdrängung beschäftigt. Um trotzdem täglich zu funktionieren, musst du dich viel mehr anstrengen. Die wenige Lebenskraft kannst du aber vermehren, indem du nun erfolgreich Erwachsenenprobleme löst, allerdings hast du kaum die Kraft dazu, das Leben selbst hält dich viel zu beschäftigt. Das Unbewusste mischt sich massiv bei dir ein. Deshalb hast du so viele Probleme. Trotzdem: Auch dann macht dich noch jede weitere, gute, integrierte

Erfahrung stärker, lässt dich jedes gelöste Problem etwas mehr Lebenskraft ansammeln (gebundene Energie wird freigegeben). Doch deinen Schatten schleppst du weiter mit dir 'rum.
Die anerzogene Persönlichkeit musst du in dieser Gesellschaft entwickeln, um erst mal zu überleben. Du bestehst dann bewusst zum größten Teil aus dem, wie man sein sollte und dem, was andere akzeptieren würden. Als dieser Mensch würdest du dich dann damit beschäftigen, ‚was die anderen über dich denken würden, wenn du...' Solange du nicht innerlich stärker bist als dieses ‚man' im außen, wirst du nicht wissen können, wer oder was du wirklich bist, und was du dir nur hast einreden lassen. Dann bleibst du auch manipulierbar, und kannst weder erkennen, was echt gut für dich wäre, noch danach handeln.
Dein Leben wird auch deshalb so schwierig, weil du falsche Annahmen triffst und aus Fehlinformationen heraus dich immer weiter falsch entscheidest, denn deine Gewohnheiten vermischen sich mit den dringenden Themen unter dem Drachen, der projiziert reichlich Stoff zur Bearbeitung nach draußen in die Welt. Du ärgerst dich zum Beispiel über die Bürokratie, aber dahinter steckt immer noch die Erfahrung mit deinem Vater, als der noch deine Bürokratie war. Und dann benimmt sich diese Bürokratie auch dir gegenüber so typisch wie dein Vater. Eigentlich kommt dir von überall die Autorität deines Vaters entgegen. Und das so lange, bis du das Thema geklärt hast, dann machst du auch mit der angeblich objektiven, materiellen Realität da draußen (in Form der echten Bürokratie) ganz andere und zwar ziemlich nette Erfahrungen. Dann gerätst du plötzlich an Angestellte, die menscheln. Der Volksmund sagt: Wie es in den Wald hineinschallt, so schallt es wieder raus. Das ist, was du beachten solltest. Was aus deinem unbewusst-bewussten Gemisch an Erfahrungsbestellungen beim kosmischen Ebay nach draußen projiziert wird, kommt natürlich auch wieder als Erfahrung zu uns zurück.
Die Macht der Projektion deiner Probleme nach draußen hat der Drache in deinem Schatten, weil sie zu dir gehören und du endlich aufwachen sollst zu dem, der du wirklich bist. Er macht immer mehr Druck, damit du in deine ganze Kraft gehst. Denn es verfälscht ja auch deinen ganzen Lebensausdruck, wenn du nur zu zwanzig Prozent vorhanden bist, um

mal bei dem Beispiel der problembeladenen Kindheit zu bleiben. So jemand kann sich doch überhaupt noch nicht kennen! Und dann haben auch äußere Kräfte leichtes Spiel, die nicht dein Bestes wollen. Dir wurden Zweifel, Minderwertigkeitskomplexe und verunsichernde Gedanken von Familie, Tradition, Religion, Schule und Gleichaltrigen eingegeben, damit du dich zu deren Vorteil selbst kontrollierst und brav bist. Du sollst niemals auf die Idee kommen, in dir aufzuräumen und deine volle psychische Kraft zu beanspruchen. Sonst würdest du unbequem werden und dir endlich das Leben so gestalten, wie du es haben willst. Denn das geht, das ist dann sogar unvermeidlich. Und damit würde es mit dir für die anderen bestimmt viel schwieriger werden, so denken sie zumindest. Oder du wirst sogar ganz unberechenbar.

Wenn du durch meine Augen in die Welt schauen könntest, und ich wäre noch nicht die, die ich bin, sondern nur mit meinem Wissen und meinem Verstand identifiziert, dann würdest du überall nur unbewusste, uninformierte, verletzte und leidende Menschen sehen, denen offiziell – und das hat sich in der Geschichte auch noch durch keine Staatsform geändert – nur so viel Informationen, Energie, Bewusstsein und Heilung zur eigenen Verwendung gestattet wird, dass sie gerade überleben und sich nicht in die Weltpolitik und in die Geschäfte der Mächtigen und die Ausbeutung ihrer eigenen Lebenskraft einmischen. Mit meiner Drachenkraft im Bunde – mein Unbewusstes ins Bewusstsein gehoben, den Haufen beim Drachen beseitigt, die Leitung von Schlacken befreit und das Einheitsbewusstsein erfahren – sehe ich stattdessen nur dein Potential zu deiner Selbstbefreiung. Ich kann es nicht für dich tun, keiner kann das. Wie schon damals als Sonderschullehrerin bei meinen lernverhinderten und verhaltensauffälligen Schülern sehe ich deine Potentiale und setze alles in meiner Macht Stehende dafür ein, dass du dich voll entfalten und deinen Lebensweg selbstbestimmt gehen kannst. Es ist der Sinn meines Lebens. Mit diesem Buch gebe ich dir alles.

In dieser Gesellschaft gibt es eine Menge Leute, die damit ihr Geld verdienen, dass die Menschen unreif und hilfsbedürftig bleiben, ganze Berufsfelder leben davon. Wenn die Mehrheit einer Bevölkerung durch infantile Plattheiten wie z. B. Waschmittelreklame und einfachste

Propaganda-Instrumente gelenkt werden kann, ist die Demokratie die ideale Gesellschaftsform, um eine winzige Elite super reichlich zu versorgen. Lass diese Information bitte erst einmal ganz in dir ankommen, und nimm sie auf durch die gesamte idealistische Gehirnwäsche hindurch, der du unterzogen wurdest. Die Demokratie ist beim Homo Sapiens Sapiens die ideale Gesellschaftsform, um eine winzige Elite super reichlich zu versorgen und alle anderen und die Natur selbst zu diesem Zwecke unbarmherzig auszubeuten. Der alte Großindustrielle und Stahlkocher Krupp hatte das schon im Kaiserreich erkannt: Er lehnte die Demokratie ab und meinte, man könne seinen Arbeitern doch keine Mitbestimmung geben, die hätten doch keine Ahnung von Geschäftsführung oder Politik. Doch, Herr Krupp. Demokratie könnte funktionieren: Aber nur unter bewussten Mitschöpfern! Unser Grundgesetz bildet dafür eine ideale Grundlage.
Es funktioniert aber nicht mit verletzten, traumatisierten, abgerichteten, erzogenen, angepassten und uninformierten, vor allem aber auch noch passiv-uninteressierten Persönlichkeits-Menschen, die halbbewusst so dahinleben, ohne ihr Höchstes Selbst zu beteiligen, ohne ihre galaktische Geschichte aufzudecken und ohne sich selbst zu verstehen. Sie wissen nicht, dass sie auf einem Müllplatz /Archipel Gulag leben, wo alle unendlichen Wesen entsorgt wurden, die entweder unsozial, kriminell oder aufrührerisch, rebellisch, revolutionär oder erfinderisch, unbequem, selbstbewusst und unabhängig waren, oder auch einfach nur Kriegsgegner in den galaktischen Kriegen. Und sie haben vielleicht die falschen Gene und würden es den 22 Gründerrassen auch weiter erlauben, sich wieder hilfreich zu inkarnieren, also ist der Genozid das Mittel der Wahl, um Avatare wie Jesus zu verhindern. Wenn höher dimensionale Wesen (Seelen) keine passenden Körper vorfinden, können sie nicht mehr auf Erden geboren werden. Die Essener haben das gewusst und über zweihundert Jahre lang Generation um Generation Körper, Geist und Seele gereinigt und alles darauf vorbereitet, damit in ihren Reihen ein Avatar geboren werden konnte, und das unbemerkt von allen 3D-Kontrollmächten. Die Sekte zerfiel wieder und wurde vom entstehenden Christentum absorbiert, als sie ihre Aufgabe erfüllt hatte: Alles zu tun, damit Jesus

Christus, der ‚Lehrer der Gerechtigkeit', wie sie ihn nannten, einen Körper vorfand, der ihn er-tragen konnte, ohne schon im plötzlichen Kindstod durchzuknallen.
Dieser schöne Planet ist am Ende der galaktischen Kriege an eine Macht gefallen, die seitdem hier alle lebendigen, unendlichen Wesen entsorgte, die irgendwie Probleme bereiteten. Die Lagerinsassen des Archipels Erde werden beschäftigt gehalten und energetisch ausgebeutet, bis sie ihr unendliches Wesen verlieren und sich in Nichts auflösen. Die größte Strafe für ein unendliches Wesen ist nicht der Tod, denn das Bewusstsein geht ja weiter. Doch man kann ihm seine Erinnerung daran nehmen und es in ständiger Angst vor der Auslöschung halten. Ein unendliches Wesen kann ein anderes nicht direkt auslöschen, das muss es selbst in Demenz tun, aber die Besiegten, der Widerstand und die Kriminellen mussten irgendwohin. Also wurde die Erde vor über zweihunderttausend Jahren in ein Gefangenenlager umfunktioniert. Die künstliche Matrix sorgt nun einerseits für die maximale Ausbeutung der nützlichen Menschen und verschafft andererseits Zeit, in der diese unendlichen Wesen als Lagerinsassen immer weiter Bewusstsein und Kraft verlieren, bis sie vollkommen im Unbewussten verschwinden. Denn ein unendliches Wesen kann sehr wohl immer mehr in der sinnlosen Materie versinken, bis es nicht mehr Bewusstsein besitzt als es ein Stück Fels.
Der äußere gesellschaftliche Druck auf einen Menschen (die künstliche Matrix) unterscheidet sich von Gesellschaft zu Gesellschaft und von Kultur zu Kultur. Es ist eine Matrix am Werk, wenn du in das Berufsleben eingetütet wirst, aber sie gilt eben nicht für alle. Ein reicher Erbe zum Beispiel ist durch Existenznot nicht kontrollierbar, wohl aber durch seine Angst, er könnte alles verlieren. Diese künstliche Matrix ist auch verantwortlich dafür, dass unsere Zivilisation so einen riesigen Schatten wirft und wir kollektiv gezwungen werden, Machtkämpfe gegeneinander zu führen. Würden wir natürlich, selbstbestimmt und frei aufwachsen, überließe man es uns selbst, herauszufinden, wer wir sind und was wir zum Wohle aller beitragen wollen. Wir tun heute zwar schon in den Bildungssystemen so, als wäre das der Fall, aber die Welt der Jobs spricht dann eine ganz andere Sprache. Die existentielle Not tütet die jungen Leute

dann meistens doch wieder ein in die Matrix. Und so ein Mensch entdeckt dann vielleicht erst in der Midlife-Crisis, wie man die lange dunkle Nacht der Seele früher nannte, dass er eigentlich lieber einen anderen Beruf ergriffen und ein anderes Leben geführt hätte. Und was ihm erst Sinn gibt und Freude. Das hätte er schon in der Pubertät entdecken müssen, bevor er in die Matrix eingetütet wurde! Aber dann wäre er ja sinnerfüllt glücklich durchs Leben gegangen, ohne sich viel um die Tricks der Matrixmacher zu kümmern.

Der am Ende seines Reifeprozess angelangte Mensch ist telepathisch und empathisch. Stell dir vor, du wüsstest, was da ein Politiker wirklich denkt – du befiehlst innerlich: Wahrheit! und diese Information fällt dir sofort zu – er könnte keine Absichten mehr vor dir verbergen! Du würdest sogar energetisch Schmerzen empfinden, wenn er gemein und unehrlich und hinterhältig wäre und eigentlich doch alles nur für eine Lobby oder die eigene Karriere tut. Es gibt schon viele Menschen, die sich selbst so weit entwickelt haben, dass sie diese Eigenschaft erworben haben. Sie spüren die Falschheit und die Verschlagenheit der logischen Argumente und wittern die Agenda dahinter. Das ist keine Kunst, wer hellsichtig ist, sieht die Geister.

Wenn du einen Mitschöpfer fragst: „Sag mir, warum willst du diesem Menschen nicht zuhören?“ gibt er dir zur Antwort:

„Ich mag seine Energie nicht. Irgendwas ist da komisch.“

„Aber wie kommst du darauf?“, fragst du nach.

„Es stimmt einfach für mich nicht, ihm zuzuhören und ihm zu folgen.“

Und du setzt nach: „Aber die Argumente! Er hat doch recht!“

Und dann kommt als Antwort: „Die schiebt er nur vor, aber sie sind nicht Grund seines Handelns. Mehr weiß ich nicht. Und lass mich bitte, ich höre ihm nicht zu. Ich will mit diesem Menschen nichts zu tun haben. Es stimmt für mich nicht, das zu tun, was er vorschlägt. Und ich mache nur, was für mich auch energetisch stimmt, damit fahre ich am besten.“

„Aber das ist doch unlogisch, hör ihn doch wenigstens mal an!“, setzt du vielleicht noch nach. „Es ist so überzeugend, er hat doch recht!“

„Ich bleibe ja offen dafür, dass er sich ändert, aber in diesem von mir gerade wahrgenommenen Zustand möchte ich einfach nichts mit ihm zu

tun haben, seine Schwingung schmerzt, so als würde er völlig besoffen laut und aggressiv Zoten rausbrüllen. Spürst du das denn nicht?
Neben den sich verschlechternden Lebensbedingungen ist die Zunahme an hypersensiblen Menschen darauf zurückzuführen, dass diese Menschen schon mitten im Prozess stehen und ihr Körper vielleicht sogar schon in der Verpuppung feststeckt. Möglicherweise gehören sie zur Sternensaat und leben das erste Mal hier in einem Körper. Sie sind auch diejenigen, die am meisten von den BQH Sitzungen profitieren, denn dadurch, dass sie nur wenige oder keine anderen Leben auf der Erde erfahren haben, konnten sie ihre Höhle und Standleitung auch nicht so zustopfen wie andere. Sie wurden schon mit Seeleneinschmelzung geboren oder lebten noch nie von ihrer Seele getrennt. Sie können sich kaum in Menschen einfühlen, die ohne Seele herumlaufen. Grobe, hasserfüllte, manipulative und zotig-dumme Menschen sind fast schon körperlich schmerzhaft unerträglich für sie. Für sie ist es das Beste, den Reifeprozess zügig ganz zu durchlaufen und sich dann bewusst eine Umgebung zu erschaffen, die ihnen guttut. Für sie schreibe ich dieses Buch auch. Damit sie nicht stehenbleiben, sondern zügig durchmarschieren.
Vielleicht fehlt ihnen nur noch ein winziger Schritt zum Mitschöpfer. Viele andere befinden sich bereits in der Anwendungsphase, und dafür bin ich unendlich dankbar. Doch bitte ohne Einmischung von Aliens, die wir dann als Engel oder Meister verehren! Wir sind ebenbürtig. Die Menschheit hat das Potential zur Selbstbefreiung aus sich selbst heraus. Alle diese Verehrungen und Abhängigkeiten sind nur Krücken zum Laufen lernen, aber als Meister musst du echtes Laufen auch ohne Krücken trainieren, doch natürlich dürfen wir all diesen Helfern und Allianzen dankbar sein. Aber wir sollten nicht die Rettung von irgendwem da draußen und da oben erwarten außer von uns selbst. Denn Mitschöpfer sein bedeutet, dass du selbst erwachsen wirst und dich damit nur deinem eigenen Höchsten Selbst als Richtschnur anvertraust, jenes, das dich mit Lebendigkeit versorgt. Und dann speist du deine vereinte Lebens- und Drachenkraft in dein eigenes Leben, in deine Befreiung und in die von uns allen, bitte! Nur Kinder erwarten die Rettung von Erwachsenen. Aber

Kinder werden auch wieder in das nächste System guter Hirten eingetütet, egal aus welcher Dimension die dann kommen. Hört endlich auf, so naiv zu sein: Jede Dimension hat lebendige Wesen mit einer eigenen Agenda. Und dies hier ist unsere Dimension, wir müssen unsere Agenda selbst bestimmen.

Ein Mitschöpfer spürt, was wirklich vorgeht, er versteht es. Als Mitschöpfer leidet er empathisch mit und tut alles, um das Leid um ihn herum zu vermindern, ansonsten widmet er sich dem, was ihn fasziniert und mit Sinn erfüllt: Seiner Lebensaufgabe. Es ist für ihn selbstverständlich, aus dem "Service to Others" heraus zu leben. Wegen der Telepathie und der Empathie braucht er keine weiteren ethischen Regeln, die Regel ‚Was du nicht selbst erfahren willst, das füg auch keinem anderen zu' genügt völlig. Es gäbe mehr selbstständige Mitschöpfer, kaum noch abhängige Arbeit. Jeder würde seiner eigenen Spur folgen, dabei Erfahrungen machen und ganz er selbst bleiben. Auf natürliche Weise könnte jeder sich selbst entdecken und entwickeln und fast keinen Schatten mehr aufbauen. Schon in der Schule würde gelehrt, wie man das macht.

Weiterführendes Werkzeug: Suche nach Spuren, wo dein Unbewusstes dich zu Handlungen angetrieben hat, nach Zufällen, Synchronizitäten und richtig glücklichen Erfahrungen in deinem Leben. Hast du die Weichen in deinem Leben eher bewusst rational oder intuitiv gestellt?

Vier: Dein Drache auf ewig in Ketten

Schöpfungskräfte: Die Herrschenden in mehr Tiefe verstehen

Der Ring, dich ewig zu knechten...

Nachdem wir das äußere Spielfeld und seine innere Repräsentanz in dir zumindest vom Matrix-Spielfeld entkoppeln konnten, gehen wir als Nächstes der Frage nach, worin denn eigentlich die Gefährlichkeit unserer Reifeprozesses besteht und für wen wir dabei überhaupt gefährlich werden. Wir werden uns erneut und vertiefend mit den Tricks der Herrschenden beschäftigen, mit denen sie unsere Gefährlichkeit unterdrücken, vermeiden und verhindern. Wobei ich Gefährlichkeit mit unserem befreienden, förderlichen, pluralistischen, basisdemokratischen Denken und Handeln gleichsetze. Schließlich gehen wir der Frage nach, was denn als Ziel hinter dieser Agenda steckt, das Ziel aller Ziele sozusagen. Alle anderen Ziele, die du selbst bestimmt schon herausgefunden hast, haben dabei weiter Bestand, wir müssen aber das künstliche Koma ergänzen. Diese Absicht der Kontrollmächte versteht man erst, wenn man auch den energetischen Aspekt unserer Unterdrückung vollkommen verstanden hat. Denn die Menschheit als Ganzes hat nur die Wahl zwischen zwei Alternativen: Den Reifeprozess zum Homo Creativus Pax möglichst schnell zu durchlaufen oder das künstliche Koma des Homo Sapiens und sein Downgrade auf einen Homo Borgius passiv abzuwarten und Schritt für Schritt hinzunehmen.

4a. Dein Drache ist gefährlich

Nun gehen wir der Frage nach, was an unserem Drachen und unserem Reifeprozess so gefährlich ist, dass ihn unsere Herrschenden unbedingt unterdrücken wollen. Um das besser zu verstehen, betrachten wir erst einmal die vorherigen Kapitel unter diesem Aspekt. Wir als Menschheitsfamilie sind zu potent für die Herrschenden (potent heißt, wir wissen es nicht und handeln nicht danach, genauso wenig wie ein Genie es auch lange nicht merkt, dass es genial ist). Wir als potente Mitschöpfer sind gefährlich für jede Herrschaft, aber nur, wenn wir zum Mitschöpfer mutieren. Wir selbst werden dadurch jedoch nicht gewaltbereit und tun dann Böses – wir müssen also keine Angst voreinander haben – nein, wir sind nur deshalb so gefährlich, weil die Propaganda-Methoden an uns abperlen werden, weil wir Lügen und Manipulationen schon von weitem intuitiv wittern, weil wir hellsehen und hellfühlen können und spüren, ob ein anderer echt und integer ist und vom Herzen kommt. Und weil wir unsere Kraft nicht mehr weggeben und in fremde Strukturen lenken, die uns bevormunden.

Im ersten Kapitel haben wir das Gleichnis vom schlafenden Drachen in der Drachenhöhle ausgesät und dann auch psychologisch untermauert. Dein Drache bewacht das Tor zu unserem Reifeprozess, der uns erst zu dem werden lässt, der wir immer schon sein konnten. Das entspricht im Tarot der ersten Karte im großen Arkana, der Karte des Magiers, und damit der Aussaat einer neuen Schöpfung. Ich wollte in unseren Köpfen eine neue Betrachtungsweise aussäen, ein Bild, das es uns ermöglichen wird, komplexe Zusammenhänge besser und differenzierter zu verstehen. Denn wir müssen endlich erkennen, auf welchem Schatz unser Drache schläft und wie gut wir den nun brauchen können. Aber auch, wie gefährlich dieser Drache ist – für andere, die uns kontrollieren wollen.

Es ist ungefähr so, als hätten wir das Sparbuch unserer Urgroßeltern gefunden und durch Zinsen und Zinseszinsen könnten wir nun auf ein wahrhaft riesiges Vermögen zugreifen und unter den glücklichen Nachkommen verteilen, obwohl die Urgroßeltern damals nur eine sehr kleine Summe zurückgelegt hatten. Mit dem geweckten Drachen gehen wir zur Bank und lösen das Konto auf. Und nutzen alle diese Ressourcen, die uns per Erbgesetz zustehen, für uns selbst und eine gute, selbstbestimmte Entwicklung. Und wir verstehen auch, dass es unsere Torwächter nur gut gemeint haben, sie schützten uns vor unserer eigenen Macht und Größe. Sie mussten unseren Reifeprozess verhindern, solange nicht einerseits die höhere 5D-Gitterstruktur auf der Erde installiert und repariert war und andererseits unsere Körper schon auf die größere Stromstärke und die viel höhere Schwingung vorbereitet waren. Unseren Torwächtern war dabei natürlich nicht bewusst, dass sie uns unter Druck setzen sollten, damit wir in ein höheres Bewusstsein aufwachen. Sie hatten andere Motive. Und sie haben es gut gemacht. In den letzten siebzig Jahren haben sie mit Hilfe internationaler Organisationen in unzähligen Abkommen und Verträgen emsig ihr Netz über die gesamte Erde geknüpft, und unsere demokratisch gewählten Regierungen damit global gebunden und in ihrer Handlungsfreiheit extrem eingeschränkt. Wir dachten, es diene unserer Waren- und Reisefreiheit, dem internationalen Zahlungsverkehr und der Friedenssicherung. Dabei haben sie uns nur bis zur Zeit der Ernte in Sicherheit gewiegt. Schon vor ein paar Jahren begannen sie dann damit, ihr Netz langsam wieder einzuholen. Nun wird das Netz spürbar. Die Maschen ziehen sich gerade immer schneller immer enger, aber das Netz selbst existiert schon lange. Chapeau!

Als Menschheit stehen wir nun das erste Mal an der Schwelle, erwachsen zu werden und können unseren Torwächtern endlich kündigen. Kein Erwachsener will immer weiter im Kindergarten spielen. Und die künstliche 3D Matrix ist Bewusstseins-Kindergarten. Es ist die hohe Kunst einer schmarotzenden Spezies, die von der Lebenskraft einer anderen Spezies lebt, die stärkste schöpferische Lebenskraft in ihnen zu stimulieren und gleichzeitig dafür zu sorgen, dass der Reifeprozess nicht angestoßen wird, der sie befreien könnte. In der Erntephase muss die Spezies

über die gesamte Dauer der Netzeinholung und Energiegewinnung in niedrige Gefühle der Angst, Isolation und Gefahr versetzt werden, um ihre Lebenskraft in der Form niedrigster Schwingung abzuschöpfen, die für eine räuberische Spezies noch verdaulich ist. Erst wenn der ganze Saft ausgepresst ist, lassen sie wieder locker und geben der Spezies den Raum sich wieder zu erholen, dann liegt die alte Ordnung, die Wirtschaft und die kulturelle und soziale Lebensgrundlage schon in Trümmern. Und während sich diese bedauernswerte Spezies noch vom Krieg erholt und eifrig an den Wiederaufbau ihrer Zivilisation geht, werden schon die nächsten Netze geknüpft und man gibt der Spezies das Gefühl, aus der Vergangenheit zu lernen. Deshalb muss die Matrix auch immer wieder angepasst werden, so dass die Opfer an eine bessere Zukunft glauben und sich recht anstrengen, diese zu verwirklichen.
Um die evolutionäre Entwicklung des Homo Sapiens Sapiens zum Homo Creativus Pax zu verhindern, hat man unsere Genetik durcheinandergebracht und unsere Freiheits-Gene einfach als Junk-DNA abgeschaltet. Ich weiß es, denn ich war in einem anderen Leben als Ninhursag inkarniert, also eine derjenigen Anunaki, die dabei mithalfen. Ich kann mich erinnern, siehe auch mein Buch ‚Reich mir den Apfel, Eva'. Und dann wurde die Menschheit insgesamt sehr kunstvoll in eine zivilisatorische Matrix eingesponnen. Jede Zivilisation fand dafür eine andere Ausprägung und passte sich dem dynamischen, sich ständig verändernden Bewusstsein der jeweiligen zivilisatorischen Gruppe immer wieder an. Die Menschen selbst nahmen als Fortschritt wahr, was eigentlich nur die aktualisierte Planung der Herrschenden war, um den Reifeprozess doch noch zu verhindern.
Das zweite Kapitel entspricht der Tarotkarte der Hohepriesterin, der zweiten Karte der großen Arkana, daher ging es in diesem Kapitel – stellvertretend für alle Religionen – um das Christentum, weil ich mich mit ihm etwas besser auskenne. Die Hohepriesterin war dafür zuständig, die Energie schon in der Standleitung der Menschen abzuschöpfen und so umzulenken, dass auf keinen Fall der Reifeprozess in ihren Schützlingen ausgelöst wurde. Stattdessen sollte maximal viel Drachenkraft abgeschöpft und in die eigenen Kanäle umgeleitet werden. Die Hohepriesterin

als die weibliche, intuitive Variante war für die Schöpfungskraft der ganzen Religionsgemeinschaft zuständig. Sie leitete ihre Gläubigen an, diese überhaupt erst einmal verstärkt aus der Quelle zu ziehen (zu schöpfen) und dann in die versammelte Gemeinschaft zu gießen, um von dort in bestimmte Ziele umgelenkt zu werden. Auch wenn es sich angeblich nur um ein Fruchtbarkeitsritual handelte, wurde vor allem die bürokratische Struktur und der Berufsstand der religiösen Expertinnen und deren Herrschaft genährt und erst nachrangig die Fruchtbarkeit der Ernte. Und die lebten gut davon. Ob Matriarchat oder Patriarchat, das spielte dabei keine Rolle. Im Matriarchat und im Übergang zum Patriarchat übernahmen medial begabte Frauen diese Funktion, wie zum Beispiel im Orakel von Delphi, später aber wurde auch diese Funktion vom Patriarchat vollkommen an sich gerissen und zum unbewussten, symbolisch weiterwirkenden Zeichen, dass man die Rolle einer Hohepriesterin übernommen hatte, traten die Männer dann ebenfalls in Frauengewändern auf – und diese Tradition reicht bis heute.
Bei der patriarchalen Übernahme wurden auch wichtige Kreuzungen der Ley-Linien, die Drachenwege, und die Jahreszeitenfeste christlich besetzt und umbenannt. Aus dem Fest der Fruchtbarkeitsgöttin Ostara wurde dann zum Beispiel Ostern. Doch was ist bitte schön noch fruchtbar an einem Foltertod? Und auf die Kreuzungen der Ley-Linien, den Meridianen unserer Erde, setze man zur Verstärkung der kirchlichen Macht die Kirchen und Kathedralen. Und benutzte so die natürliche Kraft unserer Erde, um sie sich selbst anzudichten. Denn die Menschen, die diese Kraft dann noch architektonisch verstärkt in dem heiligen Gebäude wahrnehmen konnten, glaubten nun, dass die Ursache dieser Kraft in der Religion und den Ritualen lägen und in den Gebäuden besonders spürbar würden, und vergaßen die natürliche Kraft von Mutter Erde und ihre Kraftplätze. Nur wenige große Kraftplätze sind unbesetzt geblieben und wurden nicht gekapert.
Im zweiten Kapitel sind wir also der Energie der Quelle gefolgt und haben an Beispielen betrachtet, wie sie in welche Kanäle fließt, und vor allem, welche Rolle das Christentum und die Religionen im Allgemeinen dabei spielen. Im dritten Kapitel haben wir dann an den Grundfesten deiner

Realität gerüttelt, von der du vielleicht bisher geglaubt hast, sie sei auf Fels gebaut und nicht zu erschüttern. Neue wissenschaftliche Entdeckungen könnten dem auch nichts mehr hinzufügen. Und vor allem, du seist auch objektiv-rational in deinem Leben unterwegs. Dabei solltest du verstehen, dass die wissenschaftliche Entwicklung der letzten hundert Jahre noch überhaupt nicht in unserem Allgemeinverständnis von Realität angekommen ist. Moderne alternative Physiker werden von der Mainstream Wissenschaft genauso ignoriert, wie vormals Tesla von den Universitäten seiner Zeit. Alternative Wissenschaftler und Spirituelle jenseits des Mainstreams haben uns längst ganz andere Realitätsentwürfe angeboten, als Beispiel nenne ich mal Burkhard Heim und Nassim Haramein, falls es dich interessiert. Du kennst die ‚Einsteins' unserer Zeit noch so wenig wie die Menschen damals im Kaiserreich den echten Einstein.

Das dritte Kapitel, in dem wir uns gefragt haben, was eigentlich real ist, entspricht im Tarot der dritten Karte der großen Arkana, der Herrscherin, und die steht für die materialisierte Form. Das Ziel des dritten Kapitels war, dich darauf aufmerksam zu machen, dass das Unbewusste sehr viel mächtiger mitspielt, was deine objektive Realität betrifft, und dass deine Vorstellung selbst schon vorprogrammiert, was du wahrnehmen wirst. Es endete mit der Bitte, dir die Realität nicht vorschreiben zu lassen und offen für Neues zu bleiben. Nur dadurch entdeckte Kolumbus Amerika. Und ich habe definiert, dass nicht das, was wir messen können, real ist, sondern das, was erfahrbar ist.

Hier im vierten Kapitel wird es um Herrschaft gehen, es entspricht im Tarot der vierten großen Arkana-Karte, dem Herrscher, der die Schöpfungskräfte weiter bündelt und viel konkreter nutzt, um zu herrschen. Wir werden gefährlich für diejenigen, die bisher ungestört über uns herrschen konnten, weil wir echte Demokratie einfordern werden, die sich an den Menschenrechten und unserem Grundgesetz orientiert, und die müssen wir auch erst noch neu überdenken. Was wir jetzt ‚Demokratie' nennen, hat uns an diesen Punkt in der Geschichte gebracht, mehr auch nicht. Jeder Einzelne von uns kennt die künstliche Matrix aus einer anderen Perspektive und weiß genau, was sich ändern müsste. Wir

brauchen jeden für unseren gesellschaftlichen Umbau, jeden mit seinem Knowhow genau an seinem Platz, und da kann jeder auch auf dem Sofa sitzen bleiben. Nur aufwachen und den Drachen wecken und bewusst erschaffen lernen und seinen Absichten und Impulsen folgen.
Wir müssen lernen, uns den Himmel auf Erden vorzustellen und dabei parallel ganz vorsichtig die künstliche Matrix aufzuweichen und umzuformen, jeder an seiner eigenen Stelle. Aus der eigenen Perspektive müssen sich alle Mitschöpfer die wünschenswerte Veränderung in ihrem Bereich vorstellen, indem sie sich auskennen. Und dann das Universum selbst mit der Lieferung beauftragen. Wie das genau geht, darauf kommen wir noch. Wir können an unseren Parasiten vorbei den Himmel auf Erden erschaffen, und das kann sicher, gewaltfrei, vorsichtig und leicht geschehen, wenn wir erst einmal unsere Hausaufgaben gemacht haben und zu einem souveränen Mitschöpfer erwacht sind. Wir werden uns unsere Freiheit erschaffen, weil wir sie mit unserer schöpferischen Schwerkraft so anziehen werden wie der Boden einen fallenden Apfel. Die schöpferische Schwerkraft von ausgereiften Mitschöpfern ist dem Apfel vergleichbar. Wir krümmen den Raum mit unserer Vorstellungskraft, jeder nur ein klein wenig an seiner Stelle in der künstlichen Matrix, doch zusammen kriegen wir das hin mit einem guten, friedlichen und erfüllten Leben für uns alle und nicht nur für eine winzige, ehrlose und bösartige Minderheit und den Aliens (dieser parasitären Spezies) dahinter.
Ich möchte dir hier vor allem das Gefühl vermitteln, wieviel Angst diese Manipulateure umgekehrt vor uns haben. Wenn du von den Medien mit Angst überzogen wirst oder durch real existierende Situationen, die du dir in Folge angezogen hast, dann ist das in erster Linie die verdrängte Angst dieser Wesen mit verkümmertem Herzen, ihre Angst vor uns und dass wir aufwachen könnten und ihr Spiel beenden. Ihre Angst bezieht sich nicht auf Demonstrationen, Revolutionen, Terror, Pandemien oder Krieg, denn das ist ihr Spielfeld, darin sind sie Meister. Sie werden alles, was du innerhalb des Systems dafür oder dagegen machst, zu ihren Gunsten verdrehen. Sie sind die virtuosen Spieler auf der Fidel der Polarität und der orchestrierten Aufhetzung gegnerischer Lager. Sie herrschen durch Spaltung und Social Distancing. Solange die da unten sich

gegenseitig bekriegen, können die da oben machen was sie wollen. Darf ich dich bei der Gelegenheit an unsere Nationalhymne erinnern: "Einigkeit und Recht und Freiheit." Na also, wir wissen das doch längst.
Nein, sie haben tatsächlich nur Angst vor Leuten wie John Lennon, Gandhi und Martin Luther King, denn die haben die größte Wirkung. Spürst du das? Und genau deshalb mussten sie sterben. Deren verrückte Attentäter waren unbewusst gesteuerte Marionetten, aber keine Einzeltäter. Warum haben Leute wie Gandhi dann nicht die Welt verändert und uns von diesen Parasiten befreit? Weil wir alle noch schlafende, potente Mitschöpfer waren, wir haben es uns leider noch nicht vorstellen können. Und das trotz des wunderbaren Liedes von John Lennon: ‚Imagine'. Der wusste genau, was er uns damit schenkte. Diese Idee ist immer noch aktiv. Jetzt ist die Zeit, sie umzusetzen. Wir alle zusammen.
Was diese großen Mitschöpfer, die uns vorangingen, aber durchaus schon tun konnten, war, die Idee für das größere Aufwachen in unserem kollektiven Bewusstsein zu verankern. Die Zeit war noch nicht reif für mehr. Denn jeder Einzelne muss in seinem eigenen Bewusstsein sein größtes und höchstes Potential aktivieren und dann die Matrix um sich herum aufweichen, kein anderer kann das für ihn tun. Wir werden entweder gemeinsam frei oder gemeinsam auf ewig geknechtet. Social Distancing ist die Waffe, das zu verhindern, dass wir uns treffen, um unsere Herzen zu verbinden und gemeinsam zu erschaffen. Und stattdessen locken sie uns vermehrt in die sozialen Medien, die unsere Kraft dann abschöpfen, es sei denn, wir wissen es und machen es auch da besser.
Deine Gefährlichkeit besteht ausschließlich darin, dass du an deiner eigenen Stelle in der künstlichen Matrix unerschrocken deine Befreiung vorantreibst, du bleibst dabei in deiner eigenen Lebenssituation und in deinen eigenen Beziehungen. Die Elite muss das nicht einmal merken. Du lässt dich nur nicht mehr abschalten. Im nächsten Kapitel gehen wir näher darauf ein. Lerne damit zu leben, dass du anders bist und bleibe in einem Zustand von Freude und Frieden. Setz dir den Narrenhut auf. Am Hof des Kaisers durfte nur der Narr die Wahrheit sagen (und immer nur in dem Rahmen natürlich, der seiner Rolle angemessen war), eine Wahrheit, für die andere geköpft wurden. Aber er musste sie geschickt

witzig und unterhaltsam verpacken und neue Ideen liefern, so dass er weiter für Kreativität und Unterhaltung gebraucht wurde. Ich hoffe, dass ich mit diesem Buch die Narren-Kurve kriege und mir in dieser Rolle einen Ehrenplatz am Hofe erarbeite.
Weiche die Matrix an deiner Stelle geschickt auf. Nach außen wirst du weiter einfach deinen Interessen und Talenten folgen, deine Projekte werden mit der Zeit nur viel wirksamer. Noch kann keiner kontrollieren, was du Zuhause auf dem Sofa machst, es sei denn, du setzt dich vor die Mattscheibe, die dich mit ihren Trägerfrequenzen träger macht, egal was du guckst: Dein Drache wird eingelullt. Du wirst plötzlich auch tagsüber müde und machst ein Nickerchen vor der Mattscheibe. Ein untrügliches Zeichen, dass du gerade über die Trägerfrequenzen gemolken und gleichzeitig mit aktuellen Matrix-Ideen aufgeladen wirst, egal, was dabei über den Bildschirm flimmert. Mach das Gerät ganz aus und trenne es auch von der Stromzufuhr, wenn es schon eigenständig online gehen kann. Mach's und beobachte mal, ob du immer noch das Bedürfnis hast, zu ungewöhnlichen Tageszeiten ein Nickerchen zu machen. Ach ja, und dieses schwarze Rechteck genannt Bildschirm hat den Charakter eines Schwarzen Loches, wir setzen das in unserem Unbewussten damit gleich. Es zieht dich rein. Das Ding trägt einen ganz mächtigen Impuls in sich, es anzuschalten, statt dich um dein soziales Miteinander zu kümmern. Meinem eigenen TV habe ich eine helle Stoffmütze genäht, damit er mich energetisch in Ruhe lässt. Was soll ich sagen: Es funktioniert.
Real ist, was erfahrbar ist, erinnere dich. Also glaub mir nicht, probiere es aus. Das Leben will erfahren werden. Und ich bin auch nur ein Mensch, ich kann mich irren. Irren ist menschlich. Es ist übrigens klassisches wissenschaftliches Denken, eine Vermutung zu haben, wie die Dinge sich verhalten könnten, dafür Anzeichen zu suchen und eine Theorie darüber zu entwickeln, die das bereits vorhandene Bewusstsein erweitert. Dort sehe ich die meisten Verschwörungstheoretiker da draußen festhängen. Aber der viel wichtigere Teil kommt doch noch: Nun musst du Versuchsreihen entwickeln, die deine Theorie entweder beweisen oder nicht. Wenn nicht, ex und hopp mit der Theorie. Wenn du Versuche mit deinem Bewusstsein machst, sind erwünschte Erfahrungen deine

Beweise. Du bist so potent, das muss den Herrschenden einfach Angst machen, und nur diesen!
Dein Drache darf nicht aufwachen, sonst wirst du unbeherrschbar. Das ist angeblich etwas Böses. Wir denken dabei gleich an die unbewussten, aggressiven Knalltüten, deren Drache aus dem Schatten heraus explodiert und schreckliche Dinge tut. Ich spreche von Terroristen. Doch völlig unbewusst gefährliche und lebensfeindliche Sachen zu machen ist das Gegenteil von unserer gerade entstehenden Gefährlichkeit, denn wie Gandhi sind wir nur gefährlich für die, die uns beherrschen wollen. Mitschöpfer sind absolut friedlich und liebevoll. Aber nicht naiv. Sie setzen Grenzen und beanspruchen ihre Souveränität. Sie müssen aus der Liebe heraus handeln, sonst verlieren sie wieder ihr Bewusstsein. Und das ist nichts, was sich jemand wünscht, der schon einmal echt bewusst wach war. Denn die Macht ist mit der Liebe.
Mitschöpfer verlieren wieder ihr mühsam erreichtes Bewusstsein, sobald sie ihre Macht nicht mehr für das Gute einsetzen. Wir als werdende Mitschöpfer müssen, wie Luke Skywalker im ‚Krieg der Sterne', standhaft bleiben und unseren Feind weiter lieben, während wir ihm möglichst friedlich Grenzen setzen und ihn entmachten. Wer erinnert sich nicht an diese Szene, wo der dunkle Oberboss im Kapuzenmantel dem wundervollen Helden namens ‚Luke' einflüstern will, seinen Vater zu hassen. Denn dann und nur dann könnte er ihn für seinen Machthunger versklavt benutzen und ihn umgepolt mit seinen Fähigkeiten des Jedi-Ritters in den Dienst des Bösen stellen. Und den Zuschauern ist klar, so wurde schon den Vater – Darth Vader – zu einer willenlosen Marionette gemacht. Der im Umhang konnte Luke nicht umpolen, seine bedingungslose Liebe für den bösen Vater war es, die ihn stärker machte, sogar stärker als seinen Vater. Er liebte seinen Vater einfach trotzdem weiter.
Ein Mitschöpfer, und das kannst du ruhig mit einem Yedi-Ritter gleichsetzen, wird wie im Mensch-ärgere-dich-nicht-Spiel ganz auf null gesetzt, also auf Marionette, sobald er das Gute und Friedliche verliert und damit die Nächstenliebe für seinen Feind. Aber auch dadurch, dass er sein Herz, sein Gewissen und damit sich selbst verrät. Wenn er also manipuliert, lügt, erpresst, quält und foltert, wird er in der Standleitung sofort

ganz nach unten purzeln. Sobald er sich selbst und seiner Karriere dient, statt dem Wohle aller, saust er in einer Spirale nach unten ins Bodenlose. Auch wenn ihm Taktik über Integrität, Offenheit und Ehrlichkeit geht. Wurde er in seinem höchsten Potential wie Darth Vader umgepolt, muss er die gesamte Entwicklung vom Homo Sapiens Sapiens zum Homo Creativus Pax noch einmal ganz von vorne durchlaufen, seine Spielfigur wird wie bei Mensch-Ärger-Dich-Nicht rausgeworfen. Hier in 5D kann er nicht mehr mitspielen, nicht mehr in diesem Leben und nicht mehr auf diesem Planeten, doch das ist wieder ein ganz anderes Thema.
Wer Gewalt bereit ist einzusetzen, wurde also entweder umgepolt wie Darth Vader oder hat in seiner Entwicklung weder seinen Schatten auch nur angerührt, der beim Drachen herumliegt, noch das Tor mehr als einen Spalt geöffnet. Denn er wählt Gewalt ja nur, weil er sich so ohnmächtig fühlt und sich dagegen wehren will, weiter diese Gewalt von außen zu erfahren. Und es mag tatsächlich sein, dass er von der Matrix zum Opfer gemacht wurde, wer wurde das nicht. Natürlich bekommen das nicht alle gleichermaßen zu spüren, die Machtlosen an der Basis der pyramidalen Herrschaftsstruktur kommen leider viel schneller und öfter unter die Räder. Das passiert jedoch nicht zufällig. Diese Menschen haben sich schon in anderen Leben stärker unterworfen oder wurden das Opfer grausamster Rituale, Kriege und Seuchen. Ohne dass diese Menschen sich dieser Traumata zumindest energetisch stellen und deren Wirkung neutralisieren, werden sie immer wieder ähnliche Erfahrungen anziehen. Sie sind nur viel mehr in die Mühlen der Herrschenden geraten, aber oft genau deshalb, weil sie noch viel mehr Herz haben, und ihre Lebensenergie deshalb besonders gefragt war.
Noch einmal: Das hört nie auf, du kannst auch noch hunderte Leben lang immer wieder zum Opfer werden und dann auch automatisch in dem gleichen oder einem anderen Leben zum Retter (Helfersyndrom!) und zum Täter. Solange der unbewusste Haufen beim Drachen nicht geklärt und du in der Standleitung allmählich nach oben gewandert bist und dir dein ganzes Potential dort abgeholt hast, wirst du immer wieder in solche brutalen Szenarien gezogen werden. Wenn jemand zum Beispiel sexuell erregt wird durch die Fantasie gewaltsamer Szenen, ist er bereits

traumatisiertes Opfer gewesen, aber auch Täter und Retter, dieses Thema ist dann geladen. Er wurde zumindest in einem anderen Leben gefoltert und gleichzeitig sexuell missbraucht, daher die sexuelle Stimulation durch SM. Sonst würde ihn die Szene nicht stimulieren, sondern abtörnen. Es ist bekannt, dass es sexuellen Kindesmissbrauch in ganzen Familienlinien gibt, der Vater tat es schon, der Großvater ebenso, Missbrauch verliert sich so im Dunkel der Geschichte.
Ob du selbst schon auf der guten Seite bist und nur noch deinen Haufen beim Drachen aufzuräumen brauchst, erkennst du daran, dass du dir die sexuellen Fantasien gerne von außerhalb vorstellst, und zwar aus der Perspektive im Luftraum über dem Vergewaltiger. Das ist ein untrügliches Zeichen dafür, dass du selbst zuletzt nicht Täter oder Retter, sondern traumatisiertes Opfer warst, und das kann auch in deinem letzten Leben gewesen sein. Du bist aus dem Körper ausgetreten, weil die Situation nicht mehr auszuhalten war, und hast die Szene im Astralkörper aus der Perspektive des Verursachers beobachtet. Das Erlebnis als Opfer ist der potenteste Punkt in deiner seelischen Entwicklung, es ist der Umkehrpunkt (gibt es eine Höhere macht, die mir helfen kann? Bitte hilf!) für Veränderung und startet deinen Weg zurück durchs Herz, am Drachen vorbei und in der Standleitung nach oben. Das Opfer hat die Macht, das Spiel sofort zu beenden, keine der anderen beiden Rollen besitzt diese Macht. Das Opfer hält die Fäden in der Hand und wird immer weiter Täter, Opfer und Retter erzeugen, in diesem und in allen anderen Leben, solange es an seinem Opferbewusstsein festhält. Es erschafft die Thematik damit machtvoll unbewusst weiter. So werden permanent weiter Terror und Kriege und Missbrauch und Gewaltdelikte aller Art stimuliert. Und jeder, der weiter solche Gewaltfantasien nährt, um sich zum Beispiel bei der Masturbation zu erregen, der erschafft für andere irgendwo auf der Welt, dass ihnen dies genauso real widerfährt. Es gibt keine harmlosen Fantasien. Das Gleiche gilt für Krimis, Horrorfilme und andere dunklen Inhalte. Sie ziehen die Menschheit als Kollektiv immer weiter in die Dunkelheit und nähren den Schatten.
Versteh mich nicht falsch: Das Opfer ist nicht schuld. Aber alle Beteiligten haben sich unbewusst in Handlungen ziehen lassen, die nicht gut sind.

Natürlich kann auch ein Helfersyndrom-Mensch sich heilen und den Weg zurück zur Quelle gehen. Und natürlich auch der Täter. Doch sie müssen erst in ihre Vergangenheit tauchen und in ihre anderen Leben nach der Schlüsselsituation suchen, in der sie das erste Mal zum Opfer wurden und damit auf das TOR (Täter-Opfer-Retter-Dreieck) eingestiegen sind. Der Anfang aller TOR-Wiederholungen. Und diese auslösende Situation müssen sie für sich klären und annullieren. Diese erste Ursache aller weiteren Erfahrungen muss vollendet werden. Wie das geht, erkläre ich später. Wer also in diesem Leben zum Opfer gemacht wurde, hat den Schlüssel für seine gute Zukunft schon in der Hand, denn der wird am ehesten geneigt sein, eine Therapie nachzufragen und sich helfen lassen. Der steht vielleicht schon mitten im Prozess.
Es ist auch keiner schuld, das ist nur eine der Lieblingsideen der künstlichen Matrix. Schuld ist ein Mittel zur Disziplinierung und ein großes Thema, mit der sich Einzelne oder ganze Bevölkerungsgruppen karmisch gegenseitig aneinanderbinden und weiter in Konflikte ziehen und sich gegenseitig kontrollieren. Schuld ist eines der beliebtesten Mittel der Matrix, dich fremdbestimmt zu Handlungen zu veranlassen, zum Beispiel Vergünstigungen, die dir ohne den geschichtlichen Hintergrund der Schuld nicht einfallen würden. Und die Matrix vererbt die Schuld auch gerne weiter an nachfolgende Generationen, genau wie die Erbsünde immer noch die Frau aus den wichtigen Ämtern der katholischen Kirche fernhält.
Ein Mitschöpfer stellt durch die Klärung und Wiedergutmachung seiner Vergangenheit seine Unschuld wieder her, und das macht ihn besonders gefährlich, denn er lässt sich dann auch durch Schuld nicht mehr manipulieren. Lehnt ein karmischer Mitspieler die angebotene Entschuldigung und Wiedergutmachung ab oder gibt ihn nicht voll umfänglich wieder frei, bleibt die Last allein bei demjenigen, der auf der Schuld besteht (der ist frei, das zu tun), ohne dass dies noch eine Wirkung auf den schuldfreien Mitschöpfer hat. Noch einmal im Klartext: Das Opfer darf sich gerne weiter mit dieser Rolle identifizieren, es wird dann neue Menschen in sein Leben ziehen, die das TOR mit ihm weiterspielen. Alle Versuche, den Mitschöpfer noch durch Schuld zu manipulieren, laufen

jedoch ins Leere. Die Liebe muss sich durchsetzen, auch bei denjenigen, die Schuld aufrecht halten möchten. Das TOR-Spiel ist beendet, wenn das Opfer Vergebung gewährt und sich der Eigenverantwortung an seinem Schatten zuwendet. Statt Schuldzuweisungen sollten wir unsere Hausaufgaben machen und uns gegenseitig freigeben. Wir werden auch ohne gegenseitige Schuldzuweisungen noch genügend manipuliert.

Traumata sind heilbar. Doch wenn sie als Saat schon in anderen Leben liegen, kann eine Verhaltenstherapie dich nur vorsichtig um den Haufen beim Drachen herumlotsen, geheilt wird so noch nichts. Dann muss auch die erste Ursache in diesem anderen Leben geklärt werden. Ich konnte meinen Missbrauch noch durch zwei weitere Leben zurückverfolgen, bis ich auf die Situation stieß, die den Anfang setzte und in der ich meine Macht (freiwillig!) abgab an den Kerl, der mich entführt hatte, in einem klassischen Raub der Sabinerinnen, die dann ihre Vergewaltiger auch noch zu lieben begannen und bei ihnen blieben, wie es sich in der Antike immer wieder so oder so ähnlich zugetragen hat. Das klassische Stockholm-Syndrom eben. Das macht ein souveränes Wesen nicht ungestraft. Prompt war er in einem mittelalterlichen Leben mein übelster Folterknecht. In meinem aktuellen Leben verlief der Missbrauch vergleichsweise harmlos, es passierte nur einmal. Danach konnte dieses damals dreijährige Kind es verhindern.

Wir müssen unsere Wissenschaften und Therapien dem Bewusstsein eines Mitschöpfers neu anpassen. Die Unterdrückung, Bevormundung und Gängelung alternativer Therapien und psychologischer Forschungsformen ist momentan einzig darauf ausgerichtet, dein Erwachen und deine echte, vollständige Heilung zu verhindern. Dein Reifeprozess soll möglichst nicht getriggert werden, stattdessen darfst du auch körperlich langsam dahinsiechen und das bitte schön emotional energetisch abschöpfbar. Deine Gefährlichkeit liegt genau darin, dass du auf eigene Verantwortung (wessen Verantwortung auch sonst?) die Dinge tust, die dich echt weiterbringen in Richtung Einigkeit, Liebe und Freiheit. Lass dich darin nicht mehr bevormunden.

Weiterführendes Werkzeug: Ich bin bereit, gefährlich zu werden, indem ich ganz ich selbst bleibe und mich immer weniger verbiege. Mein Leben verläuft dabei in Ideallinie, ich bin und bleibe ganz sicher, friedlich und liebevoll.

4b. Die immer gleichen Tricks der Herrschenden

In diesem Kapitel geht es um die sich ständig wandelnde Matrix und um die Aufrechterhaltung der Macht, indem die Herrschenden uns anleiten, unser eigenes Bewusstseinsgefängnis immer weiter zu optimieren. Sie setzen jeden Einzelnen und uns alle zusammen in einen Käfig aus Angst, doch der Käfig muss offenbleiben, sonst kann man uns nicht ausbeuten. Die Tür in die Freiheit steht weit offen und ist auch noch ganz leicht zu finden. Die Matrix selbst zeigt uns den Weg, man muss ihre Sprache nur verstehen. Dabei durchlaufen befreiende Thesen verschiedene Phasen der ‚Behandlung' durch die Matrix: Ablenkung, Lächerlichmachen, für Gefährlich-erklären, verbieten-löschen-Bücherverbrennung. Damit ist die Geschichtsfälschung auch für zukünftige Generationen abgeschlossen und das Thema ganz vom Tisch. Hoch wirksame Abschaltbegriffe sorgen außerdem dafür, dass sich möglichst keiner mit solchen befreienden Themen beschäftigt. Wir tun es hier trotzdem.

Die Herrschenden sind so leicht zu durchschauen! Alle Demokratien, die bisher in wechselseitiger Beeinflussung zu der jeweils neu angepassten künstlichen Matrix entstanden, haben die Bürokratie und die staatliche Gesamtorganisation oder zumindest viele staatlichen Elemente der alten Ordnung unhinterfragt mitgeschleppt. Die Struktur der Herrschaft selbst wurde dabei einfach in einem neuen Kleid fortgesetzt. Nach dem ersten Weltkrieg wurden die deutschen Adligen, die kleinen und größeren Herrscher des deutschen Kaiserreichs, durch gewählte Vertreter ersetzt. Doch da man an der Struktur selbst nicht viel veränderte, setzte sich die alte Bevormundung und die Posten- und Vetternwirtschaft des alten Systems wieder durch. Mit ‚Animal Farm' wurde das literarisch sehr treffend thematisiert und das gilt bis heute, egal, ob die Veränderung, also das Chaos, durch einen Krieg, eine Revolution, einen schwarzen Freitag

(Weltwirtschaftskrise) oder eine Seuche ausgelöst wird. Die alte Ordnung liegt aber im Chaos nur scheinbar in Trümmern, denn in den Köpfen existieren die alten Vorstellungen weiter und die neue Ordnung, die aus dem Chaos entsteht, ist nur eine von den herrschenden Eliten geplante Modernisierung der alten Matrix, weil das Bewusstsein selbst, das dort repräsentiert wird, sich durch die Krise nicht verändert hat. Denn unser Bewusstsein erschafft. Bleibt es gleich, erschafft es das Alte im neuen Gewand.

Die Herrschenden im Jahre 2020 legitimieren sich dabei auf verschiedenste Weisen. Moderne Herrscher sind Oligarchen aus dem Silicon Valley. Sie decken monopolistisch bestimmte neue Bedürfnisse der Menschen (die sie zuvor selbst geweckt haben) und leiten daraus den Anspruch ab, ihre Nutzer auch mehr und mehr zu bevormunden. Sie tun das über ihre Geschäfts- und Nutzungsbedingungen. Es stellte sich heraus, dass sie in der freien Phase ihre Nutzer nur angefüttert und in ihre neuen Internetstrukturen gelockt haben, um erst nur Daten und Lebenskraft abzuschöpfen, um sie noch später zusätzlich zu bevormunden und zu beherrschen. Sie steuern über einen undurchschaubaren Dschungel an Wohltätigkeitsorganisationen und wirtschaftlich-monopolistischen Verflechtungen ihr globales Imperium und machen uns glauben, dass wir machtlos dagegen sind. Ihre Strukturen sind größer und mächtiger als jeder Staat, und sie sind es auch, die gemeinsam mit der Wirtschaft die Globalisierung vorantreiben. Sie definieren sich als Experten für unsere Sicherheit. Doch was sie eigentlich im Sinn haben ist nur die Absicherung ihrer Herrschaft und dafür stimulieren sie Angst.

Moderne Herrscher gibt es auch in der Politik. Sie lassen sich sogar von ihrem Volk auf Lebenszeit wählen (Beispiel Türkei). Doch es bleiben Diktatoren und es sind Eroberer, sie greifen nach unserem Körper, unserem Geist und unserer Seele. Früher eroberten Herrscher Territorien und heute erobern sie Parteienlandschaften, Medien oder Märkte. In der Gründungsphase gibt es noch viele Kleinunternehmen, die sich in einem kreativen Chaos einen echten Wettbewerb liefern. Doch bald gehen bestimmte Persönlichkeitstypen als Sieger aus diesem kreativ-revolutionären Chaos hervor, und das sind fast immer die Machtmenschen, nur selten ausgereifte Mitschöpfer. Wollen wir daran etwas ändern, müssen wir dem ganzen System unsere Lebenskraft entziehen und stattdessen nur noch die Strukturen und Vertreter mit unserer Aufmerksamkeit nähren, die in unserem Sinne Gutes zum Wohle aller tun, aber darauf kommen wir noch.

Die karrieresüchtigen CEOs aller Multis, Organisationen und Regierungen nutzen geschickt die gesamtgesellschaftliche Situation, um ihre Ziele zu erreichen: Die Medien, Netzwerke, Propaganda, falsche Bilder und falsche Nachrichten. Sie benutzen die uralte Matrix und pimpen sie nur für uns auf. Die Matrix, dieses künstliche Gebilde aus familiären, sozialen, beruflichen, finanziellen, wirtschaftlichen, politischen und allgemein psychisch-unbewussten Strukturen wird immer weiter für deren Herrschaft optimiert. Du lebst in dieser Matrix, die ein großes Interesse an deiner Integration hat, also an deiner Anpassung an die geltende Ordnung und Kultur. Du gehörst dazu und du sollst auch dazugehören. Wenn wir uns diese Matrix – nur mal so als ein Gedankenexperiment – als einen Käfig vorstellen, wie einen Vogelkäfig, dann kommt das der Realität schon recht nahe. Natürlich sind es viele ineinander verschachtelte Käfige, in die du hineingeboren und hineingewachsen bist, aber zum leichteren Verständnis gehe ich von einem Gesamtkäfig aus. Das Dumme ist nur, du verwechselst seine Gitterstäbe mit der echten, natürlichen Realität auf der Erde und hältst sie für stabil und nicht veränderbar.

Dein Käfig besitzt natürlich eine Tür, durch die es in die Freiheit geht, raus aus diesem engen Ding, raus aus den begrenzenden Vorstellungen, raus aus dem, was du dir vorstellen kannst. Würde ich dich durch all deine Käfige einzeln lotsen wollen, so mit ‚heiß' und ‚kalt', wären wir beide ziemlich lange beschäftigt, und diese Zeit haben wir nicht. Leider siehst du selbst auch weder den Käfig noch die Gitterstäbe, und auch nicht die Tür nach draußen. Du siehst sie nicht, genau wie der Fisch kein Wasser sieht oder du nicht die Luft zum Atmen. Die künstliche Matrix ist für dich selbstverständlich geworden, du hast sie als deine Realität akzeptiert. Dein Drachenschatz, dein Potential, wird erst über eine Erweiterung deiner Realität aktiv. Diese neue Realität steht dir offen, sobald du die Tür gefunden hast. Deine Welt und dein Leben könnten viel

größer, erfüllter, gesünder, bunter und interessanter sein im Vergleich zu der Enge des Käfigs, indem du zurzeit noch lebst. Du sitzt schon seit deiner Geburt in diesem Käfig, du wurdest hinein sozialisiert. Vielleicht bist du auch privilegiert geboren oder hast dich im Laufe deines Lebens in der Hierarchie der Matrix nach oben gearbeitet, wo dein Käfig schon viel größer, weiter und schöner ist und dir viel mehr gute Erfahrungen ermöglicht. Du hast es zu etwas gebracht, denkst du dann voll Stolz. Vielleicht lebst du sogar in einem Schloss und merkst nicht einmal mehr, dass du stattdessen nur in einem goldenen Käfig sitzt. Doch es bleibt ein Käfig; denn jetzt musst du dich sogar an noch viel mehr Regeln halten!
Nun suchen wir mal zusammen die Tür (bzw. die Türen). Wie findest du die Tür in die Freiheit, wenn du nicht einmal die Gitterstäbe erkennen kannst? Es ist ganz einfach. Niemand muss dir den Weg zeigen, es ist so offensichtlich, wo die Tür ist! Sie liegt direkt vor deiner Nase. Du brauchst kein heiß oder kalt, um dich hinzuführen. Die Matrix selbst tut es! Die künstliche Matrix ist so verrückt, dass sie dir selbst alle Hinweise gibt, die du brauchst, um das größere Bild zu erkennen und zu verstehen. Sie führt dich direkt zur Tür. Du musst nur ihre Sprache verstehen und sie vor allem begrifflich umkehren. Die Matrix wurde bewusst und mit bestimmten Zielen gebaut, die man bisher vor dir verbergen konnte. Man konnte die Tür des Käfigs nicht verschließen, ohne den Drachen unschön zu wecken und furchtbar wütend zu machen und eine Revolution ihrer Gefangenen auszulösen. Die Käfigtüren stehen daher immer ganz weit offen! Sie müssen auch offenbleiben, um unsere Nützlichkeit weiter zu garantieren. Ihre Kühe sollen doch weiter Milch geben. Ohne Lebenskraft sind wir Menschen nämlich nicht mehr nützlich, sondern tot. Die Macher der Matrix, wer immer sie sind: Sie mussten die Käfigtüren weit offenhalten, um uns gründlich auszunutzen. Auch kollektiv standen diese Türen immer offen, zu jeder Zeit und in jeder Art Gefangenschaft. Solange es die Matrix gibt, wird das schon so gemacht. Lernen wir also, die Matrixsprache zu übersetzen in heiß und kalt und endlich die Tür zu finden.
Weil sie die Türen nicht schließen können, tun sie stattdessen alles, damit wir die Tür übersehen. Kalt ist dann alles, was dir von der Matrix

selbst angepriesen und als real angeboten wird. Zum Beispiel alles, was in den Mainstream Medien steht und als Hofberichterstattung von den Herrschenden abgesegnet wurde. Kalt ist auch jedes angepasste Verhalten und wenn du Angst davor hast, anders zu sein. Oder wenn du immer darüber nachdenkst, ‚was die Leute sagen könnten'. Im Mainstream findest du alle Argumente, Meinungen und Standpunkte, um die es gerade nicht geht. Sie sollen nur deinen Drachen ruhigstellen und die wahren Ziele vor dir verbergen. Alles, was ganz dick aufgetragen sichtbar vor dir ausgebreitet und auch noch ständig wiederholt wird, sind nur die neuesten Gitterstäbe deiner künstlichen Matrix, in der du lebst. Neue Gitterstäbe werden immer mit Propagandamethoden in dein Bewusstsein eingehämmert, täglich, immer wieder. Und wir glauben dann, das sei schon alles, das sei unsere Welt. So sei das eben, da könne man nichts machen. Ich kenne das, ich war auch schon so.
Wie also machst du dich auf die Suche nach der Tür? Nun, stell dir vor, deine Eltern wollten nicht, dass du als Fünfjährige etwas ganz Bestimmtes findest, zum Beispiel dein Weihnachtsgeschenk. Und die Tür zur Freiheit wäre ja wohl das größte Weihnachtsgeschenk für uns alle, oder? Deine Eltern versteckten dein Geschenk am besten hinter Sachen, die dich nicht interessieren und die auch nicht oft in dein Blickfeld geraten, sagen wir zum Beispiel in einem Regal auf dem Speicher hinter ein paar unwichtigen Sachen. Wenn du nun trotzdem auf die Suche gehst, werden sie dich als dieses Kind erst einmal ablenken, sie sagen dann: „Komm, wir laufen noch mal mit dem Hund!" oder „wir sehen uns einen Film an" oder sie halten dich beschäftigt mit „hast du deine Schularbeiten schon gemacht?". Wenn sie merken, dein Interesse bleibt weiter beim Thema ‚Weihnachtsgeschenk' und du beginnst zu ahnen, dass du auf dem Speicher danach suchen musst, dann werden sie deine Idee, dass sie es auf dem Speicher versteckt haben, lächerlich machen. Oder sie lügen sogar, wie die Erwachsenen meiner Kindheit, wenn es um Weihnachten ging, und sagen, da würden sie es auf keinen Fall verstecken. Oder sie sagen, es sei zu gefährlich, auf den Speicher zu gehen. Sie wollen nur das Beste für dich und der Speicher ist viel zu gefährlich!

Wenn sich nun das Nachbarkind auch für das Geheimnis interessiert und dich zusätzlich anstiftet, doch mal auf dem Speicher zu suchen und dich ermutigt, dich auch nicht mehr von deinen Eltern davon abbringen zu lassen, verbietet man dir kurzerhand den Umgang mit diesem Kind: Es bringe dich auf dumme Gedanken, es sei ein schlechter Umgang, mit dem darfst du nicht mehr spielen. So haben die Eltern des gehobenen Bürgertums ihre Kinder früher erzogen, man durfte noch lange nicht mit jedem spielen. Heute übernimmt das die private musikalische und sportliche Ertüchtigung am Nachmittag, je elitärer die Kurse, umso elitärer auch die Kontakte und das Bewusstsein der Kinder. Adlige schicken ihre Kinder auf die gleichen beliebten Internate und Hochschulen wie eh und je und nutzen die Klatschpresse, um weiter Aufmerksamkeit/Energie zu ziehen. In der Blütezeit der Soziologie, Psychologie und Pädagogik ging es dann um die Förderung aller Kinder und um gleiche Bildungschancen. Das ist lange her und hat mein Berufsethos als Lehrer geprägt. Doch heute spielt schon wieder kein Bürgerkind mehr mit den Schmuddelkindern, die wohnen nicht einmal in der gleichen Straße. Und wie sich die heutige Vermummung des Gesichtes auf die Schulkinder und deren Bewusstsein auswirken wird, bleibt abzuwarten.
Vor, zwischen und auch noch direkt nach den Kriegen war es in der Erziehung auch sehr beliebt, dass man dem Kind Angst vor dem schwarzen Mann machte, der es holt, wenn es sich doch auf den gefährlichen Speicher traut. Damit war übrigens eine tatsächlich existierende und oft vorkommende Geistererscheinung gemeint, die eine intakte mündliche Überlieferung auf dem Lande noch kolportiert hatte, und keine Diskriminierung anderer Menschen mit dunkler Hautfarbe. Wer Geister sehen kann (und Kinder sehen oft noch mehr als Erwachsene), dem erscheint manchmal ein schwarzer Mann als Schatten, komischerweise immer mit Hut, und der hat tatsächlich keinen guten Einfluss, den sollte man schnell loswerden. Es ist nur eine schwarze Silhouette, so wie ein Scherenschnitt, ein Gesicht hat diese Erscheinung nicht. Mehr würde hier zu weit führen, kehren wir zurück zum Käfig und seiner Tür.
Das ist also die Strategie der Matrixmacher, unserer ‚Eltern‘ und Aufpasser, wie sie die Türen üblicherweise vor uns verbergen: Die erste Phase

ist die Ablenkung. Sie halten dich mit allerhand belanglosem Unsinn beschäftigt. Im alten Rom nannte man diese Strategie ‚Brot und Spiele'. Doch wer noch eine gute Intuition hat, eine Witterung und einen guten Kontakt zu seiner Drachenhöhle, der spürt die Manipulation und sucht trotzdem weiter. Nun kommt die nächste Phase. Das Thema wird lächerlich gemacht. Und alle Menschen, die sich mit diesem Thema beschäftigen, auch gleich mit dazu. Sie werden ausgegrenzt und gelten als verrückt, jedoch immer noch harmlos. Mit einer guten Intuition spürst du, dass dieses Lächerlich-machen mit viel zu viel Emotion und Bedeutung geladen ist, als dass es tatsächlich unwichtig wäre. Diese emotional aufgeladene Lächerlichkeit führt dich direkt zur Tür. Versteh die Sprache und nutze sie zu deiner Befreiung: Du musst dich also vor allem mit den lächerlichen Themen beschäftigen, die führen dich raus. Die Matrixmacher sagen dir damit in ihrem Heiß-und-Kalt-Spiel ‚es wird wärmer'. Man muss ihre Sprache nur richtig verstehen. Wird ein Thema lächerlich gemacht, sollst du dich damit offenbar unbedingt nicht beschäftigen. Es wird dann auch alles künstlich zurückgehalten, womit dieses Thema in dein Blickfeld geraten könnte. Es werden Autoren lächerlich gemacht und YouTuber und Journalisten und Ärzte und Lehrer und einfach alle, die schon zu bedenklich nahe an die Türen herangerutscht sind. Lächerlich gemachte Menschen werden ins gesellschaftliche Abseits gedrängt, um dem vorzubeugen, dass du es ihnen nachmachst. Da ist nämlich die Tür!

‚Lächerlich' ist ein Urteil, eine starke, bewusste, energetische Ladung. Wahrhaft unwichtige Themen zeigen sich anders, an denen hat keiner ein Interesse, es ist keine Ladung drauf, es herrscht Gleichgültigkeit. Unwichtige Themen werden einfach nicht erwähnt. Nehmen wir zum Beispiel das Thema ‚Schnürsenkel binden', das ist unwichtig, denn es gibt schon lange Schuhe ohne Schnürsenkel. Keiner muss heute noch Schnürsenkel binden können. Wenn du Schnürsenkel nicht binden kannst, ist das vollkommen egal und es wird auch keinem auffallen, solange du andere Schuhe trägst. Es gibt aber Eltern, die es richtig finden, ihr Kind unter Druck zu setzen, so dass es die Schnürsenkel binden lernt, und sie machen es dafür vielleicht auf einer Familienfeier sogar

lächerlich. „Stellt euch vor, unsere kleine Siglinde kann noch keine Schuhe binden! Hahaha." Mit diesem Druck manipulieren sie ihren Sprössling, sich doch noch diese Technik anzueignen, um sich nicht völlig zum Gespött der anderen zu machen. Lächerlich-machen ist ein Instrument, um dich zu manipulieren und in den Mainstream einzupassen. Deine Eltern meinen es damit nur gut, denn sie wollen, dass du möglichst problemlos Karriere machst. Das bedeutet für sie ‚gut für dich sorgen'.
Hilft das auch nicht mehr und es beschäftigen sich schon zu viele Matrixgefangene damit und stochern weiter in den lächerlich gemachten Themen herum, werden die gleichen Ideen, Konzepte und Menschen plötzlich als gefährlich eingestuft und direkt bekämpft. Mit dem Lächerlich-machen wird es schon wärmer im Spiel, doch mit ‚für gefährlich erklären' wird es schon richtig heiß, also mit Verboten, Anwältin in die Psychiatrie zwangseinweisen, Accounts in Facebook und YouTube löschen usw. Alle, die man – egal wie – versucht, mundtot zu machen, haben ein Schnipsel für unsere kollektive Schnitzeljagd gefunden, das uns hilft, uns auch kollektiv der Tür in die Freiheit zu nähern. Folge den Schnipseln, da ist die Tür. Unter dem Kaiser wurden die Menschen verfolgt, die sich mit demokratischen Ideen beschäftigten. Kein Untertan wollte als Demokrat beschimpft werden, man konnte ins Gefängnis kommen oder schlimmer. Freidenker sind immer gefährlich für die Herrschenden. Wird eine Idee, die friedlich daherkommt und sich an den Bedürfnissen der Menschen nach Artikulierung orientiert, zu einem gefährlichen Gedanken erklärt, darfst du dir sicher sein, die Idee beginnt zu wirken und die Herrschenden zu stören.
Dann ist es nicht mehr weit bis zur Bücherverbrennung. Ich bin davon überzeugt, wenn wir uns alle dran gewöhnt haben, dass wir selbst keine gedruckten Bücher mehr zu kaufen brauchen, wenn also unsere private Bibliothek nur noch als E-Book Sammlung in der Cloud liegt, dann kommt auch der Tag, wo ganze Bücher und ihre Autoren plötzlich aus deiner angeblich so privaten E-Book-Bibliothek verschwinden. Es ist zu einfach und viel zu verlockend, als dass die Macher der Matrix darauf verzichten werden. Sie werden die Löschtaste drücken, angeblich zu deinem Schutz, damit du nicht die falschen Bücher liest. Und alle Bücher

mit abweichenden Meinungen sind dann ‚verbrannt' – einfach mit ‚delete'. Früher mussten Machthaber die Bücher noch einsammeln und öffentlich verbrennen, damit die Menschen es nicht mehr wagten, sich mit diesen Ideen zu befassen und sich alternativ zu informieren. Sollten die echten Bücher dem Chaos anheimfallen, kriegsähnlichen Zuständen oder Naturkatastrophen, dann ist es nur noch ein Knopfdruck und alles Unpassende verschwindet auch aus der kollektiven Cloud. Amazon meldet dann: ‚Auf Grund einer technischen Störung wurden aus Versehen ein paar Bücher gelöscht, aber schaut her, wir haben noch so viele andere!'

Die Freiheit des Internets wurde uns nur für eine sehr kurze Zeitspanne eingeräumt, für die Zeit der Baustelle (an der neuen Matrix wird emsig gebaut – New World Order) und der Eingewöhnung, oder wie ich es nenne: der Anfütterung. Denn die Menschen wollen sich frei mitteilen und kreativ sein und diese neuen Internetmöglichkeiten sind für Menschen vor allem mit gewecktem Mitschöpferpotential ein Vorgeschmack für den Himmel auf Erden. Das geht aber nur so lange, bis wir uns dran gewöhnt haben, keine gedruckten Bücher mehr zu haben. Dann zeigt sich, wofür diese Plattformen eigentlich erfunden wurden. Das angebliche Ziel, mit dem sie uns die Sache anfangs schmackhaft gemacht haben, bleibt weit hinter einem ganz anderen Vorhaben zurück. Welches, das finde selbst heraus. Willst du also mehr über die Realität, die echte außerhalb deines Käfigs erfahren, so folge kalt nach heiß. Untersuche vor allem, was lächerlich gemacht wird. Es scheint besonders wichtig zu sein, denn du sollst dich auf keinen Fall damit befassen. Du musst dich also auf jeden Fall damit befassen. So ist die Matrixsprache zu verstehen.

Ein paar Themen möchte ich dir vorschlagen, sie liegen auf der Hand, weitere wirst du in deiner Umgebung finden, sie sind überall: Ufos, andere Leben, Geister, denken und fühlen ohne Körper. Doch jede Zeit hat auch ihre besonders lächerlichen Lieblinge, die dich direkt zur Tür nach draußen führen. Daher sind sie besonders stark mit ‚lächerlich' und ‚gefährlich' geladen. Momentan sind das die üblichen Aufreger, zum Beispiel alles rund um diese Hüte aus Aluminium. Die Aufreger ‚Nazi' oder

‚Antisemit' haben allerdings mit der Tür in die Freiheit nichts zu tun. Sie waren zu keiner Zeit lächerlich, daran kannst du den Unterschied erkennen. Das sind im Gegenteil Meinungen, die nicht auf der Basis unseres Grundgesetztes gebildet wurden, das für ein friedliches Miteinander erschaffen wurde und an das wir uns halten sollten. Rechts- und Linksradikal kann nur jemand sein, der eine feste Persönlichkeit mit einem besonders dicken Charakterpanzer aufgebaut hat und einen riesigen unbewältigten Schatten hinter sich herzieht. Und der auch seine Umgebung gerne in diese rechthaberische Ego-Dunkelheit zieht. Es bleibt die Sache unseres Verfassungsschutzes, uns vor sozial oder politisch gewaltbereiten Kriminellen wie diesen zu schützen. Gewaltbereite Individuen haben nicht einmal angefangen, ihren Haufen beim Drachen zu inspizieren und sind maximal fremdgesteuerte Fundamentalisten mit einem Tunnelblick, das Gegenteil eines friedlichen Mitschöpfers, um den es mir geht. Die Begriffe werden jedoch immer öfter benutzt, um friedliche Bürger mit abweichender Meinung in die Nähe des Bösen zu rücken und zu diffamieren. Wenn man einen Menschen oder eine Bewegung in die Nähe solcher Knalltüten rückt, braucht man sich mit ihren Meinungen nicht mehr zu befassen und drängt sie ins gesellschaftliche Abseits.

Kollektiv sind wir gerade schon in der Phase ‚nach lächerlich' angekommen, in der Phase von ‚gefährlich', von zensieren und löschen. Natürlich hast du die Freiheit, weiter in deinem Käfig sitzenzubleiben und dir die Weltsicht von anderen vorschreiben zu lassen. Es beleidigt zwar deinen gesunden Menschenverstand, aber das kam trotzdem in der Geschichte schon so oft vor, also, warum nicht aus Bequemlichkeit genauso weitermachen? Du musst das Geschenk auf dem Speicher nicht suchen. Mein Vorschlag: Du kannst dich ja heimlich mit diesen Themen beschäftigen, noch geht das, und es wird sich lohnen. Es wird dich auch erschrecken und ernüchtern, da bin ich mir sicher. In ein paar Jahren wirst du diese frei zugänglichen Informationen nicht mehr finden, sie wurden dann gelöscht. Aber das macht nichts, weil du das nicht merken wirst, dein Denken und Fühlen wird dann längst von außen technisch-genetisch ferngesteuert.

Wie die Chinesen schon heute ihrer offiziellen Parteimeinung folgen, wirst auch du sagen: „Es ist doch für die Gemeinschaft wichtig, dass man sich so oder so verhält, und dafür Punkte sammelt.“ Ja genau, und nur wer viele soziale Punkte angesammelt hat (oder geimpft ist), darf frei reisen, darf ein Bankkonto eröffnen oder ein Haus kaufen und bekommt freie Heilvorsorge. Ganz ohne Punkte musst du wie heute schon die Dissidenten Chinas ganz zu Hause bleiben. Einzig deine Anpassung sorgt dann noch für dein Wohlergehen. Das ist nicht nur ein Thema Chinas: Beobachte genau, es schleicht sich weltweit in alle Gesellschaften ein, und kaum ein Politiker, Redakteur und CEO traut sich, da nicht mitzumachen. Und das Schöne ist: Die Chinesen fühlen sich frei dabei. In Wuhan kann jeder sich frei bewegen, allerdings gibt es keine Corona-Fälle mehr und überall sind Kameras mit Gesichtserkennung und bei jedem Eintritt in ein Geschäft gibt der freie Chinese selbstverständlich seine Daten ab, so wie jetzt schon bei uns in Corona-Hotspots. Und was er womit bargeldlos bezahlt ist genauso durchsichtig wie sein ganzes anderes Leben. Auch du wirst dich frei fühlen, man wird es dir im Neusprech als Freiheit und Sicherheit verkaufen.

Deshalb ist dieses Buch auch ein leidenschaftliches Plädoyer für deine Suche nach der Tür, solange dir dafür noch Zeit bleibt und die Informationen zugänglich sind. Da es sich um ein künstliches Bewusstseinsgefängnis handelt, kann auch nur jeder Einzelne in seinem eigenen Bewusstsein die Tür nach draußen finden. Kein anderer kann dich befreien. Das hat auch in der Geschichte noch nie funktioniert, das sah nur so aus. Die Matrix wurde nur an die neuen Proteste angepasst. Und kümmere dich jetzt, es wird kein später geben. Die künstliche Matrix ist in Richtung Borg unterwegs. Falls du dieses Konzept aus der Science-Fiction Serie ‚Star Trek‘ noch nicht kennst, das ist eine Alien-Rasse, halb Mensch, halb Maschine. Dann frage die Science-Fiction Fans in deiner Umgebung und lass dir von ihnen mehr über die Borg erzählen.

Die künstliche Matrix operiert gerne mit Abschaltbegriffen. Auch dessen solltest du dir bewusst bleiben. Genau wie das Lächerlich-machen sind Abschaltbegriffe eine wirksame Methode, dich von der Tür fernzuhalten. Ein Abschaltbegriff sorgt dafür, dass du stoppst und dich umdrehst, sobald du das erste Mal auf ihn stößt. Du liest nicht weiter, du hörst nicht weiter zu, du wirst sogar wütend oder ärgerlich und reagierst in deiner Empörung ganz irrational, obwohl es doch nur ein Wort ist, und es hat dir keiner gerade persönlich auf die Füße getreten. Diese Begriffe sind hochwirksame sprachliche Schalter der Matrix. Die Matrix benutzte immer schon Abschaltbegriffe, um Themen mit einem Tabu zu belegen, die von den Menschen ferngehalten werden sollten. Die Begriffe selbst wurden dann dem jeweiligen Kollektivbewusstsein der Menschheit angepasst und änderten sich im Laufe der Geschichte. Das Risiko ist also groß, dass du mein Buch in die Ecke feuern wirst, statt weiterzulesen, sobald du auf einen solchen Begriff stößt, und dann lässt du die Informationen nicht mehr an dich herankommen. Ich selbst habe mich schon viel zu lange durch Begriffe abschalten lassen, sonst hätte ich dieses Buch schon vor zehn Jahren geschrieben. Alles in diesem Buch ist Selbsterfahrung. Und das ist auch genau das, was ich dir ans Herz legen möchte: Glaube nur deiner eigenen Erfahrung und spiele mit dem, was noch möglich ist. Interpretiere deine Erfahrungen so, dass sie dich befreien, statt dich der kollektiven Demenz zuzuführen.

Abschaltbegriffe schalten deine Suche ab, während du gleichzeitig die offizielle Erklärung voll übernimmst und brav nachplapperst. Ein Abschaltbegriff macht dich zu einem Agenten der Matrix. Meine eigenen Kinder pflegen meine Äußerungen damit abzuschalten und für sich und ihr Bewusstsein unwirksam zu machen mit einem einzigen Satz: „Mama, das ist doch Verschwörungstheorie. Du schaust viel zu viel YouTube.“ Das mag ja stimmen, aber abgeschaltet haben sie mich trotzdem, und zwar radikal und komplett. So dass keine meiner Behauptungen mehr bei ihnen landen kann. Ich bin sprachlich mundtot gemacht worden, oder abgeschaltet, wie ich das nenne. Mein Bewusstsein und meine gesamte Lebenserfahrung interessieren nicht mehr. Meine Nachkommen sprechen mir damit auch jegliche Weisheit und praktische Lebenserfahrung ab. Nun denn....

Du musst lernen, umgekehrt und rückwärts zu denken, um die Verdreher in unserer sprachlichen Wirklichkeit zu verstehen. Wenn einer sagt: „Niemand hat die Absicht, eine Mauer zu bauen!“, dann lies: „Wir sagen dir

das mal, damit du es mit deiner Energie für uns mit-erschaffen und akzeptieren hilfst, wir werden also demnächst eine Mauer bauen.“. Höre genau hin. Wenn ein Thema es wert ist, von der Obrigkeit erwähnt zu werden, dann ist es dran. Das haben sie vor. So musst du das lesen. Du musst rückwärts denken, weil die Matrixmacher nichts neu erfinden. Sie sind erstens nicht kreativ genug und zweitens können nur wir selbst uns auch das genau zu uns passende Gefängnis ausdenken, sie können das nicht für uns tun! Und dann bauen wir an unserem nächsten Bewusstseinsgefängnis und glauben noch lange, es würde uns nun endlich in die Freiheit führen. Der kollektive Schatten schiebt dann schon das nächste Bewusstseinsgefängnis vor sich her in unsere 3d Realität, die nächste ‚Order out of Chaos‘, die über unser Unbewusstes angesteuert werden kann.
Wenn auch nur ein einziger Mensch eine Idee hat, die uns alle in Angst und Schrecken versetzen könnte, sagt der Monitor bei unserem Matrixmacher ‚Bingo‘. Und aus all unseren angsterfüllten Szenarien, aus all diesen Bingos also, sucht er dann dasjenige aus, das ideal zu den nächsten Plänen der Matrixmacher passt. Die Controller selbst haben mangels Herzverbindung ihr eigenes Tor zur Quelle und damit zum hoch kreativen schöpferischen Cosmic Creator Net verkümmern lassen, sie brauchen unsere Ideen, wovor wir Angst haben, sie wissen das sonst nicht. Sie müssen uns stimulieren, uns unser eigenes Gefängnis immer weiter aktuell umzubauen. Die sind zwar hoch intelligent, so intelligent wie du dir einen Computer in fünfzig Jahren vorstellen darfst, aber was Intuition, Kreativität und das Schöpfen direkt aus der Quelle betrifft, so dumm wie Brot. An der Umkehrung der Bedeutung erkennst du, dass ein falsches Spiel gespielt wird.
Sie kehrten die Bedeutung von allem ins Gegenteil um, sogar Gott (die Quelle): Nun ist es nicht mehr unsere echte Quelle, nun ist der Oberste der Sklavenmeister Gott und verlangt absoluten Gehorsam, lies es nach bei Abraham und Isaak. Und die freie Demokratie wird zur besten Staatsform, um die Sklaven gegeneinander aufzuhetzen und sie maximal mit Propaganda aufzuregen und zu lenken und mit angezettelten Kriegen, Wirtschaftskrisen und Pandemien in die Knie zu zwingen. Damit werden

die kreativen Menschen unter Druck gesetzt, Neues zu entwickeln, und Unternehmen zu gründen, nur um sie dann ab einer bestimmten Größe ihres Unternehmens ausbluten zu lassen oder aufzukaufen und die Geschäftsidee zu schlucken. Die Demokratie ist, wie schon gesagt, für Persönlichkeiten mit einem großen Schatten und nur wenig Zugang zur Quelle die ideale Staatsform, um eine winzige Elite unbemerkt und ungehindert herrschen zu lassen, während die Sklaven sich mehr oder weniger frei fühlen. Doch egal in welcher Staatsform, die Matrixmacher gewinnen schnell wieder die Oberhand, weil sie die Menschen immer auf das Spielfeld locken, auf dem sie ihnen haushoch überlegen sind.
Es gibt keine gesellschaftlich relevanten Begriffe, die nicht gekapert und umgedeutet wurden. Einen guten und wohlhabenden Menschen, der bedingungslos Gutes tut, dort, wo Not am Mann ist, nannte man früher einen Philanthropen. Aber nur solange die Matrix sich noch nicht dafür interessierte. Heute musst du davon ausgehen, dass dieser Begriff für Menschen verwendet wird, die im Sinne der Matrix gegen uns arbeiten und nicht das Beste für uns alle wollen. Die einem größeren Plan folgen für die nächste, noch bessere Variante der Matrix und damit der Versklavung der Menschen. Wenn so jemand Spenden gibt an Wohltätigkeitsorganisationen, verwandeln sich diese in einen Planungsstab des reichen Spenders und die eigentlich wohltätige Organisation wird zu einem Erfüllungsgehilfen seiner Agenda. Und in der gemeinnützigen Organisation selbst werden die ursprünglich vielleicht echten Philanthropen ersetzt durch CEO-Sklavenaufseher, die genau wissen, womit sie – und vor allem, zu welchen Zeitpunkt sie damit – rausrücken müssen, damit der Plan weiter vorangeschoben wird. Zusätzlich ausgestattet mit einer Riesenmacht an Bürokratie und Geld hinter sich sind diese Pläne dann fast nicht mehr zu stoppen. Fast.
Und da gibt es noch einen Mechanismus, den du aber erst sehen kannst, wenn du in der Standleitung schon etwas vorangekommen bist und damit deine Hellsicht aktiviert hast. Dann siehst du, dass solche Sklavenhalter-Menschen sogar direkt wie eine Puppe gelenkt werden. Dir würde erst mal ganz anders, könntest du die Geister sehen, die da gerufen werden! Wie ein Puppenspieler greift da ein (viert-dimensionales und daher

in 3D nicht sichtbares Geist-)Wesen hinter dem Menschen direkt in dessen Solarplexus, dem Chakra für Kontrolle und steuert diesen Menschen so, als sei der eine Handpuppe, zumindest in entscheidenden Situationen. Oder ein Machtmensch hat andere solche Puppen in seiner Umgebung, die ihn erpressen. Du siehst es hellsichtig diesen Menschenpuppen auch an, dass sie nicht in Verbindung zu ihrem Herz agieren. Sie sehen merkwürdig flach, ausdruckslos, emotionslos und herzlos aus. Sie sehen aus wie eine leere Menschenhülle.

Und solche Lenkungen müssen nicht aus der vierten Dimension kommen. Es gibt auch menschliche Handlanger genug. Im Englischen wird der menschliche Marionettenspieler, den es dann auch noch geben kann, ‚Handler' genannt. Er steuert seine Marionetten über installierte abgespaltene Persönlichkeiten und die weckt er im Bedarfsfall, um eine bestimmte Handlung auszuführen. Die Psychologie kennt solche Marionetten als multiple Persönlichkeiten, aber das sind nur die Dysfunktionalen unter ihnen, die sich zu erinnern beginnen und die deshalb für die Matrix unbrauchbar wurden. Die unbekannten Marionetten-geführten-Menschen sind Schläfer. In ihrer Kindheit wurden sie dermaßen gequält, dass ihr Unbewusstes sich so weit spaltete, dass sich mehrere, völlig unabhängig voneinander existierende Höhlen in ihrem Unbewussten bildeten mit jeweils einer anderen zugehörigen Persönlichkeit. Die verborgenen, unechten Höhlen ohne Drachen und Standleitung wurden dann mit einem Reiz verbunden, der sie bei Bedarf einschaltet. Es kann ein Wort sein, ein Bild, eine Farbe. Sobald der Schläfer diesem Reiz begegnet, schaltet sein Tagesbewusstsein um auf die verborgene Persönlichkeit, die zum Beispiel auf einen Mord programmiert wurde. Und nach Erledigung dieser Aufgabe schaltet sich diese Programmierung wieder ab. Typisch für einen Schläfer ist, dass er sich nicht daran erinnern kann und seine Tat auch psychisch nicht verkraftet. Er – als sein Selbst, seine Seele – hätte das nie getan, er wurde nur benutzt und geopfert.

Und dann gibt es auch noch diejenigen, die sich vollkommen bewusst sind, dass sie ihre Mitmenschen auf dem Altar einer Macht opfern, die nur in satanischen Ritualen, im Blutrausch, durch sexuell stimulierte Folterszenen und mit Ähnlichem zufriedenzustellen ist. Das sind genau die

Rituale, in die alle religiös eingesammelte Energie aus der Kaaba und der Folterszene am Kreuz hinfließen, es ist ein und dieselbe böse Macht, die viele Namen hat. Ich nenne sie ‚die Gnädigen', weil sie es lieben, wenn ihre Sklaven um Gnade winseln und ganz ihrer Willkür ausgesetzt sind. In diesen geheimen Ritualen (zum Beispiel ‚Bohemian Growe', lies ‚v' statt ‚w' und setze ein ‚h') wird die von den Gläubigen weltweit eingesammelte Lebenskraft über die allgemeine Verehrung weitergereicht an diese Macht. Wenn du den Film ‚Eyes wide shut' von Stanley Kubrik noch nicht gesehen hast, ist das eine Bildungslücke. Aus diesem Film wurden übrigens zwanzig Minuten rausgeschnitten und sind seither verschollen. Ein Schelm, wer Böses denkt. Stanley Kubrik selbst ist leider noch im Jahr der Veröffentlichung dieses Films verstorben (worden?) und konnte sie daher auch nicht wieder ergänzen.
Würdest du diese Wesen bereits sehen können (und als Mitschöpfer werden wir sie am Ende alle sehen), diese Parasiten, diese lebendigen oder halblebendigen oder künstlichen Entitäten, welche die Erde seit uralten Zeiten in ihrem Würgegriff halten und uns ausquetschen wie eine Zitrone, du würdest sofort entsetzt aufwachen aus diesem Traum von Pleasant Ville und entsetzt, schockiert oder sogar laut schreiend und die Haare raufend durch die Straßen laufen. Oder wenn du bereits mit deiner Seele verschmolzen bist, hätte dieser Schock das Potential, deine Standleitung umgehend frei zu sprengen und dich direkt in die Erleuchtung zu katapultieren. Schock ist Schock, es kommt darauf an, wie du damit umgehst. Du könntest auch erkennen, dass du eigentlich ein liebender Mitschöpfer bist, der ewig lebt und einfach nur abgerichtet wurde. Als Mitschöpfer würdest du in der Liebesschwingung und im Frieden bleiben trotz all dieser neuen Erkenntnisse, denn allein das schützt deine Nerven vor dem Durchknallen, und du könntest instant eine andere Realität erschaffen, in der es uns gut geht. Dem unendlichen Wesen, das du bist, hat man seine Mitschöpferkraft geraubt und ihn selbst auf einen Zombie reduziert. Das langsamere Raufklettern in deiner Standleitung schützt dich ja nur vor dem Durchknallen, solange du die Liebesfrequenz noch nicht in jeder Situation aufrecht halten kannst, dein Mitschöpfertum

ist potenziell immer da. Aber du bist davor geschützt, dass du zu schnell und zu drastisch erkennst, was der Menschheit da angetan wird.
Mein Wille ist es, dir jetzt mit diesem Buch zumindest die wichtigsten Werkzeuge an die Hand zu geben, deinen Körper auf die höhere Stromstärke und gleichzeitig dich selbst auf diese Ungeheuerlichkeiten vorzubereiten, die du entdecken musst, um nicht in der rosaroten Tüll-Realität Einhorn-reitender Mädchen hängen zu bleiben. Ich will, dass du fröhlich und friedlich und vor allem zuversichtlich bleiben kannst dabei, denn ich bin es auch. Gut, ich hatte jahrzehntelang Zeit für diesen Prozess, doch du kannst ihn rasend schnell nachholen. Deshalb laden dich auch meine anderen Bücher ein, meiner Entwicklung im Schnelldurchgang lesend nachzufolgen, ich bin ja nur vorausgegangen, ich bin nicht besser oder heiliger oder spiritueller, aber auch nicht durchgeknallter als du. Wenn Verrücktsein Freiheit bedeutet, will ich gerne verrückt sein.
Jeder geeignete Begriff, der einen guten Ruf hat, wird verdreht und gegen dich benutzt, um das Gegenteil zu erreichen. Erst wenn du herausfindest, dass dein Bewusstsein unabhängig von diesen Begriffen funktioniert, kannst du jeden einzelnen Begriff hinterfragen. Folge dabei den Marionettenfäden der Lenkung wie Energie und Geld. Dann verstehst du das Kasperletheater plötzlich ganz anders, was uns da draußen wirtschaftlich, gesellschaftlich und politisch vorgeführt wird. Dann macht alles plötzlich Sinn, wo du dich zuvor ständig gefragt hast: „Warum machen die das? Merken die nicht, dass dieses Argument nicht zieht?“ Du bist nur Zuschauer in einem Kasperletheater. Deine dir zugedachte Rolle ist nicht, dass du plötzlich auf die Bühne steigst und den Schauspielern ganz andere Texte vorgeben willst. Du darfst klatschen oder Buh rufen (auch auf Demos) und deine Aufmerksamkeit einspeisen und natürlich darfst du dich aufregen, ja du sollst dich bitte sogar viel und gerne aufregen. Hater passen dazu, sie werden nur scheinbar bekämpft, damit sie noch mehr Aufmerksamkeit bekommen.
Bis wir Erschaffen in einem der nächsten Kapitel eingehend erklärt haben, folge bitte deiner Intuition, öffne dein Herz, bleibe menschlich oder werde es endlich, und denke dir in jeder Begegnung und bei jeder medialen Darbietung: ‚Wahrheit!‘ – und dir werden plötzlich Ungereimtheiten

auffallen, falls welche da sind. Oder du erkennst die Güte und die Echtheit im anderen. Schärfe deine Sinne für diese Wahrnehmung. Und dann zieh dich erst mal vorsichtig raus aus dem Zuschauerraum; näher an den Ausgang und halte dich von der Bühne fern, es sei denn, du bist schon ein erwachter Mitschöpfer, dann mach, was immer dir deine Intuition sagt. Ich möchte nur nicht, dass du in die Mahlwerke der Geschichte gerätst, ohne schon alle Hilfe deines Drachens und deiner Quelle zu haben, denn ich möchte mich wie Yoda darauf verlassen können und dir zurufen: „Möge die Macht mit dir sein!"
Es wäre eigentlich bewundernswert, wenn es nicht so schockieren würde, dass unsere Herren selbst die grausamsten Tatsachen noch zu ihren Gunsten verdrehen konnten, darin sind sie Meister. Nicht nur, dass man das Wort ‚Verschwörungstheoretiker' böse aufgeladen hat, (früher nur lächerlich, du weißt) genau wie früher unterm Kaiser das Wort ‚Sozialdemokraten' ein böses Wort war (kein Wunder, dass die heutigen Menschen sich durch diese Partei verraten und an die Matrix verkauft fühlen, sie hat die ursprünglichen Ziele definitiv verloren). Dabei bedeutet doch ‚Verschwörungstheoretiker' nur, dass da jemand über Verschwörungen forscht und dafür Theorien formuliert. Na und, wen juckt das? Da hat einer eine Theorie darüber, welche Verschwörung gerade läuft, wer da im Geheimen und nicht zum Wohle aller die Strippen zieht, bis hin zu demjenigen, der die Gesundheit seiner eigenen Wähler gerade verraten und verkauft hat in einem einzigen durchgewinkten Gesetz über fünf weitere Jahre Glyphosat. Das Aufzudecken war früher der Job eines freien Journalisten. Die freie Presse deckt Machenschaften auf, wo die Demokratie nicht funktioniert. Das soll böse sein? Das Grundgesetz zu achten, wäre das nicht oberste Pflicht? Dann muss es auch erlaubt bleiben, Machenschaften aufzudecken, die das Grundgesetz nicht achten.
Stattdessen werden Menschen in die böse Demo-Ecke gestellt, weil sie das Grundgesetz schwenken, während in einer parallelen, ganz anderen Demo die Reichsflaggen geschwenkt werden. Wenn unsere ‚Handler' das Kasperletheater auf ihre Art interpretieren, dann kann ein Whistleblower nur böse sein. Gerade (2020) wird schon die nächste Stufe der Um-Interpretierung unserer Sprache und Kultur eingeleitet (= Neusprech in

‚Matrix' von George Orwell), weil man die Menschen trotz ‚Social Distancing' nicht daran hindern konnte, sich gegenseitig aufzuklären, und immer mehr Menschen mittlerweile zumindest mit einzelnen Inhalten diverser Verschwörungstheorien vertraut sind. Nun suchen sich die Matrixmacher schon die Vorwürfe einzeln raus und speisen sie lächerlich-machend in ihre medialen Propaganda-Maschinen ein: Grausige Vorkommnisse und Vorgehensweisen, die in keiner Weise lustig sind, werden lächerlich gemacht oder direkt ihrem Entdecker angedichtet. Sie sagen dann: „Stell dir vor, der glaubt, dass Millionen entführte Kinder in unterirdischen Bunkern gefoltert, geopfert und gegessen werden, und ihr Blut wird dabei getrunken. Der glaubt auch, dass Reptilien-Hybrid-Menschen dafür verantwortlich sind, zusammen mit Aliens, die ihre Waffen-Knowhow im Austausch für ein Kontingent an Entführungen an die Regierungen dieser Welt getauscht haben. Als ob eine demokratisch gewählte Regierung einen Teil seiner Bevölkerung für Waffen verkaufen würde, unglaublich! Die Aliens sollen dadurch angeblich länger leben, auch wegen des Atrinochroms (ersetze ‚t' durch ‚d'), das im Blut ist, wenn das Opfer vorher absolutem Horror ausgesetzt war. Die spinnen doch, diese Verschwörungstheoretiker!" Lächerlich! Abstrus! Ach, ja?
Das mag ja sein, dass diese Verschwörungstheoretiker spinnen und es ist auch einfach zu unfassbar schrecklich, um es zu glauben, doch nun beginnt man noch eins draufzusetzen und bezichtigt die ersten Aufklärer selbst all dieser Unsäglichkeiten und löscht ihre Accounts in den sozialen Medien. Als wenn ein Mensch, der schon wie David Ike (füge ein ‚c' ein) vor dreißig Jahren instant durch seinen Reifeprozess gegangen ist und uns seitdem als Mitschöpfer in seinen Büchern aufklärt, noch zu solchen Grausamkeiten fähig wäre! In diesem verbundenen Zustand mit der Quelle kannst du selbst im Tagesbewusstsein nur noch deine Feinde lieben und auf keinen Fall foltern oder ein Gemetzel veranstalten! Es geht nicht, ohne dass du sofort umgehend alle deine Fähigkeiten und Talente wieder verlierst und deine ganze Drachenkraft dazu. Dein Tor schließt sich fast ganz und du landest irgendwo im Bewusstsein einer Ameise. Glaub mir, das will keiner. Nicht freiwillig jedenfalls. Mitschöpfer tun das nicht. Entweder es ist System dahinter, wenn so viele Menschen, vor

allem Kinder, jährlich verschwinden oder es gibt eine ganze Armee an Einzeltätern mit einem riesigen Haufen beim Drachen.
Gut, dass ich in anderen Leben selbst schon die Hexenverfolgung und etliche andere Phasen in der Geschichte miterlebt habe und mich noch daran erinnern kann: Wenn die Oberaufseher sich nicht mehr zu helfen wissen und die befreiende Aufklärung in der Bevölkerung überhandnimmt, dann dichten sie all das Böse (das sie selbst tun) bestimmten, besonders frei denkenden Menschen an. Das Böse selbst ist aus dem Sack, es ist bekannt und in der menschlichen Psyche angekommen. Es kann nicht mehr zurückgestopft werden, aber es wird denen angedichtet, die eigentlich nur darüber aufklären und das Böse stoppen wollten. Im Mittelalter waren das die Hexen und Hexenmeister, die Magier und Zauberer, die Schamanen Europas. Also all diejenigen in der Bevölkerung, die noch vereint mit ihrer Seele aus der Standleitung heraus handelten und durch die aufgezwungene Matrix nicht zu erpressen waren. Im Umgang mit Julian Assange sehen wir den Versuch, ihm einen modernen Hexenprozess anzuhängen, er wird nicht dessen bezichtigt, was er wirklich getan hat, man fingiert ganz andere Straftatbestände. Nur dass sich die Menschheit selbst weiterentwickelt hat und das nicht mehr so einfach hingenommen wird. Natürlich wirft man den modernen Whistleblowern nicht vor, dass sie wahrhaft Böses aufgedeckt haben, genau wie den Hexen nicht ihr Kräuterwissen und ihre Hilfsbereitschaft, man dichtet ihnen stattdessen all die schrecklichen Sachen an, die man eigentlich nur selbst veranstaltet, um Herrschaft aufrecht zu halten.
Das zeigt allerdings auch, wie verzweifelt unsere Matrixmacher gerade um die Durchsetzung ihrer New World Order kämpfen, sei also nicht mutlos, wir haben nicht mehr Mittelalter und wir kehren auch nicht in ein solches zurück! Es dauert nicht mehr lange, und die Menschheit ist kollektiv bereits so frei in ihrem Fühlen und Denken, dass man uns nur noch gewaltsam wird steuern können mit elektronischen Chips, Frequenzangriffen und Drogen in den Nahrungsmitteln. Begreife bitte, wie wichtig es ist, dass du deinen Reifeprozess jetzt ganz durchziehst. Sie haben auch ihre nächsten geplanten Schikanen schon irgendwo auf der Welt getestet und wenn es rauskam, war es ein großer Skandal. So hat man bewusst

in einigen Ländern Fluorid ins Trinkwasser getan, und ihr Argument stimmte: Klar, dass Fluorid im Trinkwasser deinen Zahnschmelz stärkt. Aber würdest du auch eine Zahnpasta mit zugesetztem Fluorid kaufen (da haben sie es bei uns dann stattdessen reingepackt), wenn du wüsstest, dass dieser Stoff gleichzeitig im Verdacht steht, als Nebenwirkung bei entsprechender Veranlagung Demenz auszulösen oder zu beschleunigen? Was ist dir wichtiger – dein Zahnschmelz oder deine Erinnerung? Wurdest du gefragt und darüber aufgeklärt oder wurde es über dich hinweg entschieden? Du bist doch nur so vertrauensselig, weil du es dir nicht vorstellen kannst, dass da einer so böse sein könnte und Vorteile in einer dementen Bevölkerung sähe. Bei einem Dementen ist dann auch auf jeden Fall der Zug für den Reifeprozess in diesem Leben abgefahren. Kein anderer Mensch, auch kein Politiker, sollte über uns verfügen können, was wir zu uns nehmen und schon gar nicht im täglichen Trinkwasser. Kauf mal eine Zahnpasta ohne Fluorid, versuch's mal. Es gibt keine Verschwörung. Ich bin zwar die Mutter aller Verschwörungstheorien und ich bin es gern, aber dann auch wieder nicht. Denn mein Job ist der einer Matrix-Befreiungs-Praktikerin. Und das ist das genaue Gegenteil einer Theoretikerin.

Weiterführendes Werkzeug: Lass uns alle Verschwörungen stoppen! Wir sollten mit den Verschwörungen ganz aufhören, (sonst erschaffen wir mehr davon) und unsere Aufmerksamkeit stattdessen auf den Reifeprozess lenken. Jede Geheimniskrämerei, selbst in der Familie (das Geschenk an Weihnachten!), führt zu einer Kultur aus Lügen und Verschwörungen und spielt uns nur weiter in die Hände der Herrschenden. Fang an bei dir selbst: Sei offen und ehrlich, aber öffne dich nicht schutzlos einem Matrix-Agenten, bleibe vorsichtig-liebevoll und handle aus dem Herzen heraus. Das brauchen wir jetzt.

4c. Das künstliche Koma für deinen Drachen

Wir stammen ursprünglich aus einer viel größeren, umfassenderen, vor allem aber freieren Realität und wir können uns bewusst wieder Zugriff dazu verschaffen. Das ist aber nur jetzt und noch für eine kurze Zeit möglich, weil für den Umbau der künstlichen Matrix Richtung ‚New World Order' eine Großbaustelle eingerichtet werden musste. Dadurch wird so langsam für jeden erkennbar, wo das Ganze hinführen soll, zumindest für jeden, der noch ein Fünkchen Verstand und Intuition besitzt, der noch selbstständig denkt und vor allem noch intuitiv wittern kann, um welches Bauwerk es da gerade geht. In diesem Kapitel werden wir über die letzte große genetische Veränderung der Menschheit sprechen und danach die aktuelle Situation beleuchten, die eine nächste große Veränderung mit sich bringen soll, nämlich den Reifeprozess jetzt und in allen zukünftigen Generationen auf Dauer zu verhindern und unsere Drachen in ein künstliches Koma zu versetzten.

Die – geschichtlich gesehen – letzten Aliens (Anunaki), die sich in die Genetik der Menschen eingemischt und sie gekapert haben, hatten zwei Anführer, die Brüder waren und die sich nicht darüber einigen konnten, ob die Menschheit freigegeben werden sollte für eine langsame Entwicklung hin zu einem solchen Reifeprozess, der ganz natürlich in jedem seelengesteuerten Alien und Menschen vorhanden ist und ihn in die höheren Dimensionen zurückführt, weil dieser Aufwachprozess implizit zur Seele gehört. Aber der oberste Boss (Enlil) wollte keine Entwicklung, der wollte dauerhaft dumpf-bewusste Sklaven, um sie als Diener, Gärtner und Bergwerksarbeiter zu benutzen. Er hatte auch ausdrücklich den Auftrag an seine Genetiker gegeben, die viel potentere Genetik der Menschen durcheinanderzubringen und zu unterdrücken und wenn möglich, sogar ganz abzuschalten.

Doch der Bruder Enki, der Chefgenetiker, und seine Schwester Ninhursag begannen die erschaffenen Menschen zu lieben (etwa so wie du eine dir gelungene Zeichnung, sie waren stolz auf sich, mit Nächstenliebe hatte das nicht viel zu tun) und beschlossen, sich über die Anordnung von Enlil hinwegzusetzen und ihren Geschöpfen zumindest potenziell irgendwann in ferner Zukunft die Freiheit zu geben, die Freiheit,

ihren Entwicklungsprozess durch eine willentliche Entscheidung bewusst anzustoßen. Man könnte dieses Gen, das den Reifeprozess einleitet, auch das ‚Freiheitsgen' nennen. Und sie gaben der Aktivierung symbolisch das Bild eines roten Drachen, weil über die Symbolik des Unbewussten Areale angesteuert werden können, die für den Verstand unerreichbar bleiben. Umgekehrt taucht diese Symbolik in einem Menschen wieder auf, der innerlich bereit ist zur Aktivierung des Reifeprozesses. Dann interessiert er sich für Drachen und sieht sie plötzlich überall, und die roten empfindet er als besonders kraftvoll. Wird er dagegen von anderen Farben angezogen, steht er entweder schon mittendrin im Prozess und erinnert sich halbbewusst an eigene Existenzen als Drache oder er aktiviert weitere Potentiale, die über den Start des Reifeprozesses hinausgehen und ihm neue Fähigkeiten zugänglich machen.
Für deine Befreiung ist es ein gutes Zeichen, wenn Drachen auftauchen, wenn du dich also plötzlich für Drachen interessierst. Lass dich nicht davon verwirren, dass die Anunaki durch ihre enge Verwandtschaft mit den Draco-Aliens wie Reptilien aussahen, das hat natürlich einen Grund. Mit deinem Interesse aktivierst du nicht die Anunaki und deine Versklavung, ganz im Gegenteil. Die Genetiker haben zur Aktivierung des Reifeprozesses nur ein möglichst schauerliches Symbol gewählt, das die damaligen Menschen aus Angst vermieden, ein Wesen, das – ganz klar – wie sie selbst aussah, nur eben nicht in humanoider, aufrechter Form, sondern im ursprünglichen Typus der Spezies und mit Flügeln. Die Menschen wussten, dass solch ein Wesen Gewalt ausübte, dass es böse war. Keiner sollte sich trauen, sich mit diesem Symbol zu verbinden (also sozusagen das Bild des roten Drachen auf seinem inneren Computer-Desktop des Bewusstseins anzuklicken). Interessant daran ist, dass die Herrschenden überall auf der Welt sehr wohl dieses Drachensymbol benutzt haben oder alternativ die fliegende Schlange, die wussten genau, was sie taten und wie sie noch mächtiger werden konnten. In der Genetik wird also über den Drachen symbolisch das Trigger-Gen eingeschaltet, das dann eine Kaskade von Prozessen, Hormonen und Steuerungen auslöst, wie wir es zum Beispiel schon als milden Abklatsch in der Pubertät erleben. Diese Ähnlichkeit ist auch nicht zufällig, denn

ursprünglich – als Erbe der 22 Gründerrassen – sollte genau dieser Reifeprozess beim Menschen schon in der Pubertät stattfinden. Mit dem Erreichen des Erwachsenenalters wäre der Mensch dann ein ausgereifter, bewusster Mitschöpfer. Dieses Potential wurde nie gelöscht, nur durcheinandergebracht, und findet sich auch heute noch in deiner Junk-DNA. Das ist also das Erbe, um das uns die Anunaki mit ihrer genetischen Umformung gebracht haben. Das steckt auch hinter der Geschichte von Adam und Eva, die ich ausführlich in meinem Buch ‚Reich mir den Apfel, Eva' beschrieben habe, so wie ich sie mittlerweile erinnere. Es war Enki, der Bruder vom Boss, der dann als das Böse schlechthin und als die Schlange abgestempelt wurde, weil er die beiden im Garten Eden dazu anstiftete, von beiden Bäumen zu naschen. Er wusste, dass die Früchte Substanzen enthielten, die gewisse Schalt-Gene triggern würden. Nachdem Adam und Eva schon genascht hatten, konnte der Boss (der ‚Gott' der Bibel) dann nicht mehr verhindern, dass die Menschen ihre Intelligenz und Logik bewusst weiterentwickeln. Deshalb war der Sündenfall für die Menschheit ein Glücksfall, den wir nur noch nicht verstanden haben. Es wurde eine Verstandesentwicklung angestoßen, die letztendlich heute auch bei uns allen in den Reifeprozess münden könnte. Enki hatte damals auch schon den Verzehr der Frucht des zweiten Baumes vorgeschlagen: Die Substanz im zweiten Baum startet den Reifeprozess (ihr werdet unsterblich, ihr werdet wie Gott), aber dazu kam es im Garten Eden dann leider nicht mehr, die beiden wurden schon vorher rausgeworfen.

Doch zumindest war der Anfang gesetzt, dass die Menschheit irgendwann aufwachen kann und den ganzen Zirkus durchschaut, dieses Schmierentheater. Sie würde wieder Kontakt aufnehmen zu allen Gründerrassen, die genetisch mit ihr verwandt sind und nicht nur mit den fünf, die sich als besonders menschenfreundlich stilisieren und als Engel verehren lassen oder dieser einen (oder zwei), die die Herrschaft an sich gerissen hat und alle Wahrheit verdreht, um uns auf ewig zu versklaven. Ein Erwachsener möchte in der Regel alle seine Eltern kennenlernen, um sich selbst, seine Ticks, seine Schrullen und sein Temperament besser zu verstehen. Dann kann er immer noch entscheiden, dass er mit

einem Elternteil nur mit Vorsicht und auf Sparflamme verkehrt. Wir sind gerade dabei, als Menschheit erwachsen zu werden und es anders zu machen als unsere galaktischen Eltern. Sie werden von uns lernen, genauso wie wir von ihnen. Deren genetisches Erbe wurde auf der Erde zusammengebracht, damit wir friedliche Koexistenz und Integration entwickeln und dann unsere vollendeten Erfahrungen als Weisheit zurück in die Beratungen der galaktischen Mächte unterschiedlichster Dimensionen und Herkünfte hineintragen, und sie etwas Besseres zu lehren als dieser duale Zirkus ‚Gut gegen Böse', der dem ‚Flight-or-Fight-Reflex des Reptiliengehirns entspricht (warum wohl?). Dieser Kampf zwischen den Service-to-Self und Service-to-Others-Fraktionen dauert auch galaktisch schon viel zu lange. Es ist der Kampf Licht gegen Dunkelheit und er wurde immer um diese Grundidee geführt, das kann man als Wahrheit in aller Tiefe spüren, versuche es mal. Entweder Freiheit für alle, freie Entwicklung und Selbstbestimmung oder eine dumpfe, unbewusste Sklavenrasse und ihre Ausbeuter, die auf ewig in diesem Zustand so miteinander umgehen und die TOR-Erfahrungen weiter ausdifferenzieren. Dieser Kampf dauert mit all seinen Facetten schon Jahrhunderttausende und geht nun in die Endphase. Die Statthalter auf Erden, die Vertreter dieser himmlischen Alien-Rasse, sind eigentlich Hybriden, sie tragen mehr genetisches Material dieser negativen Aliens in sich und fühlen sich mit ihnen verbunden und verwandt. Sie eignen sich daher hervorragend als Oberaufseher dieses planetaren Gefängnisses, sie sind gerade dabei, ihre viertdimensionalen Verbündeten, die Archonten, auch materiell in der künstlichen, technischen Intelligenz zu verkörpern.
Das technische Knowhow, die künstliche Intelligenz, entsprechende Chemiewirkstoffe und Frequenzen wie 5G sollen als gebündelte, konzertierte Aktion dafür sorgen, dass die Entwicklung der Menschheit zum Stillstand kommt und sich wieder zurückentwickelt. Denn nach ihrem Plan sind sowieso 95% der Weltbevölkerung überflüssig. Deshalb verfolgen sie auch diese Nationalpark-Ideen, das sind ursprünglich tolle Ansätze und sie klingen so positiv. Ich bin mir auch sicher, die jetzigen Vertreter und die Ranger haben keine Ahnung davon, wo das hinführen soll, sie sorgen sich einfach ganz liebevoll um ihren Park, doch es geht mit

dieser Agenda weiter in Richtung von Megastädten ohne Kontakt zur Natur, ähnlich dem Film ‚Mocking Bird'. Die Menschen werden immer mehr kontrolliert und gesteuert und immer weniger gebildet. Sie leben am Existenzminimum eingezäunt in einigen globalen Mega-Slums, während die Elite die verbotene Natur genießt und ein Leben im Luxus dazu. Wir sollten dankbar sein, dass sie uns über ihre Pläne durch solche Blockbuster gnädigst informieren. Wir müssen ihre symbolische Sprache verstehen und wie sie uns dazu bringen, uns unser nächstes Gefängnis selbst zu entwickeln, damit sie es umsetzen können. So heißen jetzt schon die Informationszentren der weltweit entstandenen Nationalparks ‚Nationalpark-Tore', um uns daran zu gewöhnen, dass da auch noch ein Zaun kommt und Menschen diese Parks nur noch sehr bedingt betreten dürfen. Natürlich wird man auch dafür Gründe anführen: Die Natur muss vor den Menschen geschützt werden, so heißt es dann. Nein, eigentlich muss dieser Planet nur endlich diese menschenverachtenden, mittlerweile grün angestrichenen, hohlen Persönlichkeiten und ihre Handler abschütteln und die Menschheit als Ganzes erwachsen werden. Mitschöpfer schaden der Natur nicht, sie leben in Harmonie darin und mit ihr. Wir brauchen nicht mehr Trennung, wir brauchen Einheit.

Es sollte dir längst aufgefallen sein, dass alles unter Naturschutz gestellt wird, was selten ist, selbst der kleine Milan kann mit seinem Nest ein Windrad verhindern, nur die Anwohner haben weder eine echte Mitsprache noch werden sie geschützt, genau wie solche Tiere, von denen es schon zu viele gibt. Frei nach dem Motto: ‚Es gibt zu viele Menschen, ist doch egal, ob Infraschall dann auch noch krank macht. Die menschliche Gesundheit wird nicht vor Giften, Frequenzen, Klimaveränderungen und vor erheblichen Eingriffen in ihre Lebensräume geschützt. Es ist recht einfach, die Heuchelei zu durchschauen, dass sie die Menschen jetzt ganz besonders vor einem einzigen Virus schützen wollen. Schau dir die Geschichte an: Die Mächtigen wollten uns noch nie gesundheitlich schützen! Allein bei den WHO-Aktionen gab es so viele Pannen, wo die Menschen zu Versuchskaninchen degradiert wurden. Und da glaubst du, es gehe mit der Plendemie um deine Gesundheit? Es geht um Isolierung, Zerschlagung aller sozialen und kulturellen Strukturen und die endgültige

Eingliederung in das globale Internet und Infranet, indem am Ende jeder Toaster der Überwachungsinstanz über Smartmeter meldet, wann du ihn benutzt hast. Wenn jeder Mensch all seine Lebensäußerungen über das künstliche Kommunikationsnetz erledigt, haben sie uns. Das ist Orwell in der – fast nicht mehr aufzuhaltenden – Einführungsphase.
Die westliche Welt hat die Mentalität der Ausbeutung ohne Rücksicht auf Gesundheit und Gedeihen armer Menschen nur nach weiter weg verlagert, in die Kinderarbeit, die chinesische Staatsdiktatur und in die Umweltzerstörung woanders, oder die Schürfung von seltenen Metallen für unsere Handys und klimaneutrale Solarstrombatterien, welche Menschen in Afrika und Südamerika vergiften und unfruchtbar machen. Es ist der Elite absolut egal, wie viele Minenarbeiter dabei draufgehen. Deshalb kann keiner, der auch nur ein Fünkchen Intuition hat, glauben, dass die gleichen Leute nun plötzlich um unsere Gesundheit besorgt sind! An der neuen Generation Impfstoffe wird emsig gearbeitet, die nur noch den Namen eines echten Impfstoffes trägt, denn diese ‚Impfstoffe' greifen direkt in unsere Genetik ein, und dafür gibt es keinen Präzedenzfall (es sei denn den, an den ich mich als Ninhursag erinnere). Monsanto für Menschen. Egal, was man dir sagt, sie mutieren die Menschheit, das ist ihre Idee der Fürsorge für unsere Gesundheit.
Erkenne, was das Ziel dahinter ist: Es ist der radikalste Eingriff seit den Tagen der babylonischen Anunaki. Sie wollen unseren Reifeprozess auf Dauer ganz zu verhindern und nur darum geht es. Enlils Wunsch wird endlich Wirklichkeit und von seinem Nachfolger Marduk beansprucht, und die ungehorsame Tat von Enki und Ninhursag wird damit korrigiert. Die Politiker, die das auf allen Ebenen betreiben, wissen meist selbst nicht, dass sie ihr Wählervolk damit ans Messer liefern. ‚Vater, vergib ihnen, denn sie wissen nicht, was sie tun.' Diese Worte sind von Jesus überliefert und er meinte mit ‚Vater' nicht diesen Enlil, ganz sicher nicht, der meinte die von uns allen erfahrbare Quelle, die im Reifeprozess in den Körper geholt wird. Unsere Befreiung soll momentan nur solange hinausgezögert werden, bis sie uns mit der äußeren Technik, der Bestrahlung und der Chemie eingeholt haben und mit der genetischen Veränderung soweit sind, dass wir uns nicht mehr wehren können. Der

überflüssige und relativ unwirksame Mundschutz in einer künstlich hochstilisierten Gefahrenlage ist nur der Test, ob wir alles mitmachen. Des Kaisers neue Kleider lassen grüßen. Es geht um die genetische Begrenzung aller zukünftigen Generationen, letztendlich um die Korrektur dessen, was die Chefgenetiker zur Zeit des Garten Edens verbotenerweise getan haben. Wir sollen nicht mehr aufwachen können. Schon damals nicht. Die direkte genetische Rückentwicklung ist ihre Lieblingslösung, doch sie setzen nie nur auf ein Pferd, damit so etwas wie damals mit den ungehorsamen Geschwistern nicht wieder vorkommen kann. Sie haben gelernt, das wird ihnen nicht wieder passieren.
Die technische Variante inklusive künstlicher Intelligenz oder eine ganze Sammlung von Nanochips, die einzeln nacheinander und zu unterschiedlichen Zeiten in die Menschen einbracht werden und sich dann zu einem Chip zusammensetzen, sind eine ideale Ergänzung oder Alternative. Über elektrische Impulse in den Gehirnen können dann Menschen direkt ferngesteuert werden, so wie jetzt schon deine smarte Spülmaschine, im Gehirn allerdings über Schwingung und Hormone. Es können sogar Herzrhythmusstörungen ausgelöst werden für einen Herzinfarkt mit Todesfolge. Menschen lassen sich dann einfach abschalten. Plötzlicher Herzstillstand. Es wird dir hoffentlich einleuchten, dass ein solcher Chip in einem Jugendlichen mit anstehender Pubertät dafür sorgen könnte, dass das entsprechende Individuum überhaupt nicht erst zur Geschlechtsreife gelangt und auch im Geist infantil bleibt und damit maximal kontrollierbar. Reproduktion nur noch in der Retorte statt auf dem natürlichen Weg (weil es da nicht mehr funktioniert) mündet dann in die ‚Brave New World' des Aldous Huxley.
Doch das ist noch nicht alles: Die einzelnen Komponenten können zu unterschiedlichen Zeiten und in verschiedensten Tarnmanövern in deinen Körper und den deiner Kinder und Enkel eingebracht werden. Sie bauen sich dann eigenständig nach und nach zu einem kleinen Kontrollcomputer auf. Ein einziger Virustest könnte schon durch Verletzung der Nasen-Hirn-Schranke beim Testen solche Nanopartikel ins Hirn absetzen, weshalb kein einziger Eingriff, keine Testung und keine Impfung zu diesem gefährlichen geschichtlichen Zeitpunkt noch vertrauenswürdig

ist. Vielleicht brauchen sie zehn verschiedenen Impfungen und Testungen und was sonst ihnen noch einfällt, um alle Komponenten für den Mikrocomputer einzubringen, aber die Ideen sind da und bisher wurde noch alles gemacht, was machbar war. Täusche dich da nicht. Warum solltest du den Mächten vertrauen, die uns in jedem Lebensbereich bisher nur weiter in ein Desaster nach dem anderen geführt haben und uns dann auch noch ein schlechtes Gewissen gemacht haben, als seien wir schuld, dass die Welt so aussieht, wie sie es tut. Wir haben doch nicht die Umwelt zerstört. Sie haben es getan, indem sie uns über Wirtschaft und Propaganda in ihre künstliche Fortschrittsschablone gepresst haben.

Menschen, die in diesen Wahnsinn schon etwas tiefer eingetaucht sind, widersetzen sich massiv sowohl den Testungen als auch den Impfungen. Sie trauen denen da oben nicht mehr. Sie wittern, dass ganz andere Ziele dahinterstecken als das, was uns offiziell dazu schöngeredet wird. Vor allem, wenn zusätzlich die obligatorische Zwangsmaßnahme ins Gespräch gebracht wird, müssten bei uns alle Alarmglocken schrillen. Doch die Sklavenhalter wären uns nicht rational und mit künstlicher Intelligenz maximal überlegen, wenn sie nicht auch das umgekehrte Szenario durchdacht hätten. Was wäre also, wenn sie das Testen und Impfen und die Gifte und Frequenzen nicht nur zur Abschaltung des Drachen und der Verhinderung des Reifeprozesses verwenden wollten, sondern um passgenau alle freien Mitschöpfer (Verweigerer) mit einer gezielt konstruierten Seuche eliminieren zu können? In einem alternativen Szenario haben unsere Sklavenhalter sicher auch angedacht, ein Virus zu entwickeln, das für die gechippten und genveränderten Menschensklaven unschädlich ist und tödlich für alle anderen. Das ist klassisches Monsanto-Denken. Überleben könnten dann nur Menschen, die alle Impfungen bekamen und gechippt und genetisch verändert wurden. Hybriden, die sich Monsanto oder wer immer dahinter steckt, vielleicht längst schon haben patentieren lassen. Folgerichtig darf dann keiner mehr Kinder kriegen, er muss sie bei Monsanto kaufen. Du meinst, was bei Mais ausprobiert wurde und dabei sogar etliche Bauern unfruchtbar machte (ein Schelm, wer Böses dabei denkt) würden diese Leute als Menschenfreunde keineswegs auf uns übertragen? Träum weiter! Oder noch besser: Lies Aldous Huxley. Sie könnten ihren angepassten Schäfchen das Sterben dann sogar wunderbar erklären, seht ihr, sie sterben, weil nicht geimpft. Monsanto-Forschungen haben das schon gentechnisch umgesetzt. Kauft Monsanto-Kinder, die lassen sich in Monokulturen ideal anbauen. Und nur zur Erinnerung: Monsanto gehört nun zu einem deutschen Multi. Monsanto machte seinen käuflichen Hybrid-Samen so widerstandsfähig, dass nur diese gentechnisch veränderte Pflanze das Giftsprühen überlebte. So könnten auch Krankheiten entwickelt werden, die bestimmte Zielgruppen oder Ausbreitungsgebiete anvisieren und sich zum Beispiel die Schwulenszene vornehmen und die ‚brav angepassten' Bevölkerungsteile in Ruhe lassen.

Du bist also keineswegs auf der sicheren Seite, wenn du es schaffst, deine Kinder nicht impfen zu lassen. Egal, was du tust, es könnte falsch sein. Wir sollten uns stattdessen darauf konzentrieren, nicht in die Angst zu gehen und stattdessen zum Mitschöpferwerden. Wir müssen helfen, den Drachen in möglichst vielen Menschen jetzt ganz schnell zu wecken und den Reifeprozess dann auch in jedem maximal zu beschleunigen. Wir müssen intuitiv, geschickt und mit ganz viel Herz handeln, bei allem, was wir tun, um dieses parasitäre Pack loszuwerden. Wirklich schnellstens. Oder es werden ganz viele Menschen geplant sterben (95 %), behalte das bitte im Auge. Wir sind in der Endphase ihres Schachspiels, das sie mit der gesamten Menschheit spielen, wir stehen schon kurz vor schachmatt. Wir dürfen uns nicht in ihr altes Spiel ‚Gut gegen Böse' locken lassen, das ist keine Lösung. Du bist also nicht auf der sicheren Seite, nur weil du dich nicht testen und impfen lässt. Du kannst in ihrem Schachspiel auf keinem einzigen Quadratfeld stehen bleiben und sicher sein. Du bist und bleibst nur ein Bauer in ihrem Spiel und du wirst unweigerlich geopfert, wenn ihre Machterhaltung das erfordert. Du musst das Schachbrett ganz verlassen. Du musst die Angstfrequenzen vermeiden und die Liebe wählen, und darauf kommen wir noch.

Die Lieblinge unserer Sklavenhalter sind Viren, weil diese nur aus genetischem Material plus Eiweißhülle bestehen und ihr Genmaterial die befallene Körperzelle dazu bringt, statt der körpereigenen Genetik nur noch

Virengenetik zu produzieren, bis die Zelle platzt und diese neuen Viren das gleiche mit den Nachbarzellen tun. Viren verursachen also immer eine genetische Veränderung an allen von ihnen befallenen Zellen, der Zellkern hört auf das Kommando des Virus, das ist seine Funktionsweise! Wann immer unsere Sklavenhalter in ihren Laboren in der Vergangenheit an biologischen Waffen (Virus-Krankheiten) geforscht haben, suchten sie gleichzeitig nach dem Gegenmittel (für sich selbst, falls das Virus ungewollt ausbüchst). Noch einmal: Wird ein künstlich verändertes Virus als biologische Waffe erschaffen, muss gleichzeitig das Gegenmittel bereitstehen, um die Elite und die eigenen Militärs zu schützen, sonst kann ein Virus nicht ausgewildert und als Waffe benutzt wird. Es ist völlig unglaubhaft, dass es kein Gegenmittel gibt, es ist viel wahrscheinlicher, dass das Virus selbst in der Erforschung noch nicht maximal ausgereift war und deshalb auch noch nicht sein Gegenmittel, es entwich dem Labor in Wuhan durch einen Unfall ein Jahr vor der geplanten Zeit. Die Nanotechnik und künstliche Intelligenz und die genetischen Interferenzmöglichkeiten zu diesem Virus waren noch nicht voll entwickelt, er wurde ein Jahr zu früh ausgewildert. Doch die Pläne waren da, nur das Virus selbst sollte wesentlich tödlicher sein. Also musste man den Menschen die Notfall-Pläne für eine Pandemie mit allen Methoden der Propaganda doch noch gefährlich-plausibel machen, wobei das Manöver besser durchschaubar wurde und immer mehr Menschen die Zwangsmaßnahmen nicht mehr einleuchteten. Es ist unser Vorteil, dass die Plendemie schon vor der Zeit erklärt werden musste, sie bekamen es daher vermehrt mit dem gesunden Menschenverstand und dem witternden Bauchgefühl der Menschen zu tun.
Unsere Sklaventreiber standen in dem Dilemma, dass ihre schöne Plendemie schon ausgerufen werden musste, aber das Virus noch längst nicht so gefährlich war, wie es sein sollte, geplant waren Millionen Tote. Und wenn du dir mal die ersten Warnungen von Bill Gates und anderen anhörst, dann sprachen sie auch genau davon. So hat er es formuliert: ‚In Afrika werden die Straßen voller Leichen liegen.“ (Warum Afrika? Weil auch die Impfstoffe in dunkelhäutigen Menschen anders wirken, nämlich weniger effektiv). Das Virus kam also zu früh und der Plan sprang an und

alle Regierungen, die durch Verträge an die WHO gebunden waren, wussten, was nun zu tun war. Der Katastrophenplan lag schon vor. Doch für die Menschen war es leichter zu durchschauen, dass das Virus dahinter so tödlich nicht sein kann, jedenfalls war es nicht wesentlich gefährlicher als eine besonders tödlich verlaufende, andere Grippe. Es gab keine echt nachvollziehbare Begründung, um die gesamte Weltwirtschaft an die Wand zu fahren, und das war unser Glück. Schlimme Grippewellen der Vergangenheit waren bisher kein Anlass für eine Zerstörung der Wirtschaftsstrukturen, für Chaos und neue Pandemie-Gewinnler. Ein solches Bemühen um unsere Gesundheit ist löblich und natürlich wünscht man keinem einen so qualvollen Erstickungstod, und Anstrengungen, Tote zu vermeiden, sollten wir auf vielen weiteren Gebieten machen, wie zum Beispiel im Straßenverkehr oder bei den anderen Krankheiten. Glyphosat weglassen zum Beispiel.
Die Pandemie kam also mindestens ein Jahr zu früh und das führte dazu, dass immer mehr Menschen aus der Mainstream-Medien-Hypnose aufwachten und ihren Reifeprozess anstießen. Deshalb bin ich auch zuversichtlich, dass wir es schaffen, wir werden uns befreien. Wir werden uns die Souveränität erschaffen. Denn wer erst einmal gemerkt hat, dass da etwas oberfaul ist und dem Staat nicht mehr vertraut und kein Argument mehr so richtig zieht, der kommt nicht nur mit den Ungereimtheiten in seinen eigenen Interessengebieten in Berührung, sondern trifft andere mit anderen Interessen und Forschungszweigen, die ebenfalls Ungereimtheiten in der herrschenden Matrix entdeckt haben, und das zieht Kreise. Schließlich wird die ganze künstliche Matrix gründlich von diesen souveränen, aufgewachten Menschen durchleuchtet, bis allmählich alle Lebensbereiche auf eine einzige größere Offenbarung zusteuern und der Reifeprozess angestoßen wird. Die Menschen müssen dabei nur lernen, von der Angst ins solidarische Selbstvertrauen zu wechseln und auf Wahrheit und Einheit zu setzen, statt sich gegeneinander aufhetzen oder abschalten zu lassen. Darauf kommen wir auch noch.
In der bisherigen Geschichte hatten die Sklavenhalter immer das Monopol auf die Interpretation der Geschichte und konnten sich selbst als die Guten darstellen, um diejenigen zu verfolgen, die in ihrem Reifeprozess

schon fortgeschritten waren und nun echt-gut-altruistisch ihre Mitmenschen aus ihrer Liebe heraus befreien wollten. Deshalb ist der Erwerb von Unterscheidungsvermögen so wichtig. Die Machthaber sind die besten Wortverdreher und Propagandafunktionäre. Auf dem Gebiet der Argumente und Scheinerklärungen sind sie unschlagbar, deshalb war es in ihrem Sinne, wenn die Jugend mit Greta Thunberg danach ruft, endlich auf die Wissenschaften zu hören. Damit haben sie uns seit ewigen Zeiten gelenkt. Sie sind die Matrixmeister. Wir müssen stattdessen unseren Gefühlen und unserer Intuition, der Erfahrung der Älteren (Geschichte, Kriege), dem Wissen unserer Ahnen und unserem Bauchgefühl folgen – dahin können sie uns nicht folgen. Der Reifeprozess ermöglicht eine Orientierung durch das Herz. Die Standleitung über das höchste Selbst zur Quelle wird jedem zugänglich, der seelenverschmolzen den Reifeprozess losgetreten hat. Jedem!
Du spürst dann ganz deutlich, wenn ein Mensch das Eine behauptet, aber etwas ganz anderes damit im Sinn hat. Die gereifte Menschheit wird nämlich wieder telepathisch. Kann dich noch jemand täuschen und belügen, wenn du seine Gedanken und Gefühle wahrnehmen kannst? Nein, zumindest nicht auf Dauer. Jede Täuschung ist spürbar. Mit dem Verstand dagegen wirst du überzeugt (die Sprache sagt dir genau das Richtige: Über dein Zeugnis von Realität wird etwas Fremdes drübergelegt, ‚über-zeugt') und du wirst damit verwirrt und in die Angst getrieben. Denn nun stehen sich in deinem Ich zwei Zeugungen gegenüber, damit ist auch der Zweifel gesät. Nur deine Intuition führt dich sicher durch alle Veränderungen hindurch. So wie in Michael Endes Geschichte ‚Momo'. Unser einmal angesprungener Reifeprozess wirkt wie Momos Schildkröte, die konnte immer eine halbe Stunde in die Zukunft sehen. Mit der Seeleneinschmelzung hat jeder seine eigene Schildkröte, die ihn sicher zwischen den grauen Männern hindurchführt.
In der Momo-Geschichte steckt noch viel mehr Weisheit: Es geht um die geraubten Stundenblumen und ein einziges kleines Mädchen, das in der Liebe bleibt und sich durch die Propaganda der grauen Herren nicht von seinen Freunden trennen lässt, selbst dann nicht, als die Freunde sich ganz von ihr abwenden, sich vollkommen vom System vereinnahmen

lassen und einer Gehirnwäsche unterzogen werden. Momos Fähigkeit, ihr Herz zu benutzen und ihre zweite Fähigkeit, rückwärts zu verstehen (symbolisch als das Rückwärtsgehen) und die Perspektive zu wechseln, kann eine ganze Stadt aus den Fängen der grauen Herren befreien und jeder erhält seine Stundenblumen am Ende zurück. Es braucht nicht viele von uns, aber wer mittendrin im Prozess steckt, sollte nun bitte nicht mit den Windmühlen da draußen kämpfen und seine Kräfte vergeuden, sondern als oberste Priorität den Reifeprozess vollständig durchlaufen. Der Lockdown ist ein wunderbares Angebot für einen intensiven, ungestörten Durchlauf bis ganz zu Ende. Er entspricht kollektiv gesehen dem neunten Kapitel dieses Buches. Dann kann dieser Mensch ja immer noch für das Klima kämpfen, es wird noch da sein.
In diesem Buch beschränke ich mich darauf, dich vollständig durch den Reifeprozess zu führen, weil das für mich in dieser Situation und in unserem Wettlauf mit der Zeit oberste Priorität hat. Und damit kann jeder die Matrix rund um sich selbst aufweichen, das ist ein guter Anfang. Was wir in Gruppen tun können, wenn wir erst einmal am Ende des Reifeprozesses angekommen sind, als Mitschöpfer, und wie wir diese parasitäre globale Macht schnell und sicher und mit viel Spaß aushebeln, würde den Rahmen dieses Buches sprengen, ist aber ein weiteres Buch wert, falls meine geneigten Leser schnell dafür sorgen, dass ich so bekannt werde, dass mein Tod oder Verschwinden zu auffällig wäre und nur noch mehr Menschen aufwecken würde. Denn natürlich werden die Sklavenhalter dieses Buch nicht gut finden und kein weiteres Buch von mir wollen. Bisher hielt ich mich vor ihrem Monitoring versteckt, nach diesem Buch sieht das anders aus. Ich bin mir der Gefährlichkeit der Situation durchaus bewusst. Ich hoffe, du mittlerweile auch.
Das musst du auch noch wissen, um diesen künstlichen Nonsens zu verstehen. Unsere Sklavenhalter müssen nicht alle erreichen, um uns ewig zu versklaven, nur dafür sorgen, dass die Dumpfen, die Programmierbaren, die Schlafenden sich auf Dauer stärker vermehren und die anderen verdrängen. So hat Gott schon dem Abraham eine große Nachkommenschaft versprochen, dem Mann, der bereit war, seinen eigenen Sohn zu opfern, das sagt doch schon alles! Gehorsam statt Liebe.

Gewalt statt Liebe. Und das hat nichts mit dem jüdischen Volk zu tun, unter den Mitschöpfern, den erwachten Lehrern und spirituellen Anführern und Wegbereitern gibt es weltweit sogar ganz besonders viele jüdische Menschen. Sie agieren seelenvoll und haben ein großes Herz und interessieren sich so sehr für alles, was der Seele guttut, für Kunst und Kultur, dass ich selbst vor dieser jüdischen Genetik wahrhaft den Hut ziehe. Zumindest wenn sie nicht fundamentalistisch gehorsam und lieblos daherkommt, und nur das eigene Volk für sie zählt. In der jüdischen Genetik ist die Seelenverschmelzung offenbar besonders leicht zu starten.

Ich bewundere auch die Menschen dieses Königreichs in der südosteuropäischen Steppe und ihren weisen König, denn als sie sowohl durch christliche Invasoren im Norden als auch durch islamische Invasoren im Süden bedrängt wurden, deren Religion zu übernehmen, führte deren König in einem genialen Schachzug das Judentum als Volksreligion ein. So gab es zumindest keine religiöse Ähnlichkeit, um eine Invasion der Brüderlichkeit zu begründen. Die heutigen Juden stammen Großteils von diesem sagenhaften Volk ab und nicht von den alten Einwohnern Palästinas. Ich bin davon überzeugt, wenn wir uns befreien wollen, schaffen wir das nur, wenn wir niemanden bevorzugen, und auch keine Brüder und Schwestern ausschließen, keine Religion, Herkunft und Hautfarbe. Doch jeder muss dort aufräumen, wo er religiös und kulturell herkommt und den Reifeprozess als Neuerung in seine eigene Tradition einbringen. Wir brauchen jeden, alle sollten das Beste aus ihrem Erbe und ihrer Erfahrung einbringen. Und uns zusammenbringen. Vielfalt statt Einheit ist die Lösung, multikulti eben, aber gereift und verantwortungsvoll. Vielfalt, Kreativität und Freiheit gehören zusammen. Wir wurden ursprünglich aus der eingesammelten Genetik von zweiundzwanzig Gründerrassen und etlichen zusätzlichen Ufo-Abstürzen komponiert, die Sklavenhalter haben ihre DNA erst ganz zum Schluss hinzugefügt, wir sind damit superpotent. Wir sind eine wandelnde Bibliothek der Galaxis. Und wir müssen all unsere spezielle genetische Mischung repräsentieren und leben dürfen und in eine galaktische Freiheit führen. Kein Volk und kein Mensch sind besser, alle sind immer nur anders. Die natürliche Biologie

der Erde lehrt uns auch, dass erst die Diversität das Überleben einer Art in den sich ständig verändernden Umweltbedingungen sichert. Und wenn die Erde eines ist, dann in ständiger Veränderung.
Statt uns durch die offiziellen, durch die Propaganda-Maschine ausgewählten Themen ablenken zu lassen, sollten wir uns nun auf den inneren Reifeprozess konzentrieren, der Lockdown hat uns das nahegelegt, so wie jemand im letzten Semester vor der Prüfung. Die Situation ist sogar mehr als vergleichbar, zumindest bis der Reifeprozess angesprungen ist und sich unaufhaltsam vorwärts schiebt. Du kannst davor noch nicht in Gänze durchschauen, was hier gespielt wird, es geht entweder um einen halbkünstlichen, KI gesteuerten Zombiemenschen, der sich an nichts mehr erinnern wird und vollkommen kontrolliert in sozialer Distanz vor sich hinlebt und auch jederzeit je nach Nützlichkeit ausgeschaltet wird, oder darum, dass die Menschheit als Ganzes ihr Gefängnis einfach verlässt. Denn wie schon gesagt, die Tür steht weit offen.
Lass uns jetzt bitte nicht in die Angst gehen, es gibt keinen Grund dazu. Aber du solltest dich mit den wirklich wichtigen Dingen jetzt beschäftigen, nicht irgendwann. Stell dir vor, dein Arzt sagt zu dir:
„Ihre Symptome weisen ganz stark auf eine beginnende Demenz hin, in spätestens drei Jahren werden sie sich an nichts mehr erinnern können, aber natürlich wird ihr Körper noch weiterleben. Aber er wird auf noch viel mehr medizinische, technische und pflegerische Unterstützung angewiesen sein."
Das trifft die Situation der Menschheit im Übrigen mehr, als du dir jetzt vorstellen kannst, zumindest wenn du dir weiter von der künstlichen Matrix Honig um den Bart schmieren lässt. Du hast also diese Diagnose erhalten und wirst dir plötzlich bewusst, dass damit alle anderen Fragen in den Hintergrund treten, zum Beispiel, welchen Job du wählen sollst, ob du dich noch mit Freunden auf einen Absacker triffst, oder ob du schon wieder zugenommen hast. Diese Diagnose allein versetzt dich in einen Schock und vermutlich hat dann die Suche nach der Abwendung dieses Schicksals oberste Priorität. Das muss doch noch aufzuhalten sein! Die Chancen stehen gut, dass du nun beginnst aufzuwachen. Um aus der künstlichen Matrix aufzuwachen musst du bewusstwerden und selbst

forschen, was hier wirklich, also mit Wirkung auf dich, gespielt wird. Da kommt also für dich die Diagnose ‚beginnende Demenz'. Die meisten Menschen finden die Aussicht, dass die ganze Persönlichkeit mitsamt aller Erinnerungen und Beziehungen innerhalb der nächsten drei Jahre ganz ausgelöscht wird, bedrohlicher als den Tod selbst. Manch einer entscheidet sich dann zu einem Suizid, solange er noch die Kraft dazu findet. Und nun stell dir das ins Unermessliche vervielfacht vor: Dir wurde die Erinnerung an so viel mehr, was du auch bist, und was du schon warst und was du noch sein wirst, schon vor der Geburt ausgelöscht und man wird es auch nach dem Tod wieder tun. So war das bisher ohne den Reifeprozess.

Doch nun kommt eine dritte Art von Demenz auf die gesamte Menschheit zu: Sobald du zulässt, dass Sequenzen von Erbgut Teil irgendeiner medizinischen Behandlung werden oder dir ein Chip eingesetzt wird, der deine hormonelle Situation stimulieren und dich in deinem Bewusstsein eindämpfen kann, so als hättest du eine zu hohe Dosis Alkohol getrunken, aber du dennoch funktional bleibst für die, die dich benutzen wollen, dann setzt deine Demenz automatisch ein. Dann ist es nur noch ein kleiner Schritt bis zur Unfruchtbarkeit oder für die Weitergabe dieser genetischen Veränderung an deine Nachkommen. Und von Klima redet dann auch keiner mehr, es wird sich auch keiner mehr an Terror erinnern. Die Fremdsteuerung von menschlichen Körpern (schon während sie leben) ist in greifbare Nähe gerückt. Das Gute dabei ist: Kein Mensch wird sich mehr daran erinnern, dass es jemals anders war. Also entspann dich.

Wir stammen ursprünglich aus einer viel größeren, umfassenderen und weiteren, vor allem aber freieren Realität und wir können uns bewusst wieder Zugriff dazu verschaffen. Das ist aber nur jetzt und noch für eine kurze Zeit so, denn für den Umbau der künstlichen Matrix Richtung KI (künstliche Intelligenz) musste eine große Baustelle eingerichtet werden und dadurch wird so langsam für jeden erkennbar, wo das Ganze hinführen soll, zumindest für jeden, der noch ein Fünkchen Verstand und Intuition hat, der noch selbstständig denkt und vor allem noch intuitiv wittern kann, um welches Bauwerk es da gerade geht. Das sagte ich bereits.

Die Käfig-Tür wird gerade durch die Baustelle deutlich sichtbar, spürbar, erfahrbar. Es ist ein Wettrennen: Schaffen es die im Bewusstseins-Käfig lebenden Menschen noch, die Tür zu finden und rechtzeitig aus dem Gefängnis zu entwischen oder ist die Baustelle schneller und es gelingt den Machern der künstlichen Matrix, die Tür auf eine völlig neue Art ganz zu schließen. Das ist die aktuelle Gefahr. Der gesamte Schatz des Drachens ist in Gefahr, für immer in die Hände der Matrixmacher zu fallen. Das gesamte Potential eines jeden einzelnen Menschen und der Menschheit als Ganzes könnte auf immer von den körperlich lebenden Menschen getrennt werden und nicht nur, wie bisher, dass sie nur davon abgelenkt und das Wissen darüber vorenthalten wird.
Die Menschheit ist am Scheideweg angelangt. Es gibt gerade noch und nicht mehr für lange zwei mögliche Zukunftsszenarien, die später weiter ausdifferenziert werden. Entweder unser Drache wird ins künstliche Koma versetzt oder wir bestimmen als Mitschöpfer selbst über unsere Entwicklung.
Weiterführendes Werkzeug: Informiere dich! Und solltest du dabei plötzlich Angst bekommen, dann zähle rückwärts von 5 nach Null, so als Countdown. Damit unterbrichst du die Propaganda-Trance. Dann entscheide dich, stattdessen etwas Liebevolles, etwas Positives zu denken, zu fühlen und zu tun. Stell dir einen Schalter in dir vor, mit dem du von der Angst-Matrix umschalten kannst auf die fünftdimensionale Liebes-Matrix der Mitschöpfer.

Fünf: Auch dein Drache folgt Gesetzen

Wissen und Unterscheidungskraft: Bleib mit der wahren Macht im Bunde

Das Spiel des Homo Creativus Pax hat andere Regeln.

Im fünften Kapitel kommen wir noch einmal auf unser neues Spielfeld zurück, ignorieren dabei aber das Spielfeld der Matrix, soll sie dort mit denen weiterspielen, die das Schachspiel lieben, ganz nach Darwin'scher Auslese des Fitteren. Unsere erweiterte Realität als Spielfeld eines Mitschöpfers muss daraufhin überprüft werden, ob in ihr die gleichen Gesetze gelten wie auf dem alten Schachbrett. Nein, gelten sie nicht, und ja, gelten sie doch. Wir lernen neue Gesetze kennen, die erst in höheren Dimensionen wirksam werden und überlegen auch schon, wie wir sie für unser Zwecke anwenden können. Diese neuen Rahmenbedingungen lassen uns einerseits darüber nachdenken, was eigentlich mit den Erfahrungen passieren sollte, die noch in unserem Unbewussten emotional geladen feststecken und deren eingefrorene Energie für unseren Kickstart fehlt, und andererseits, wie wir bewusst über sie hinausgelangen und neue Erfahrungen wahrscheinlicher machen, die wir uns wünschen. Daher untersuchen wir hier auch das erste Mal die Variablen von bewusstem Erschaffen.

5a. Gesetze einer erweiterten Realität

In diesem Kapitel geht es darum, welche Auswirkung die Erweiterung unserer Realitätsvorstellung hat und welche Gesetzmäßigkeiten darin gelten, die wir anwenden werden, um bewusst zu erschaffen. Das Gesetz der Anziehung, der Schwingungshöhe, der Fokussierung, der Polarisierung, des Jetzt, der Entropie und schließlich das Gesetz der karmischen Zeit werde ich in Folge kurz vorstellen. Sich näher mit ihnen zu befassen, würde den Rahmen sprengen, dich im bewussten Erschaffen zu unterrichten und durch den Reifeprozess zu führen. Es gibt auch schon viele gute Bücher dazu.

Nach all dem, was ich bisher ausgeführt habe, liegt es nahe, die Materie der 3D-Welt als eine mehr oder weniger ‚gefrorene' Kombination aus Energie (Schwingung) und Bewusstsein zu betrachten. Materie ist dann eine besonders verlangsamte Quantenschwingung, deren höchster Ausdruck sich in Licht (Energie) und Liebe (Bewusstsein) zeigt, und als Quelle jenseits von 3D wahrgenommen werden kann. Die Schwingung hat sich für 3D so weit verlangsamt, dass sie sich (wie Wasserdampf erst zu Wasser und dann zu Eis wird) materialisieren konnte. Es bleibt dennoch ein Tanz von Quanten (Energiepaketen), die ständig in diese Realität hineinhüpfen und wieder hinaus. So formen sie Protonen, Neutronen und Elektronen, die wiederum in fast leerem Raum umeinanderkreisen und flirren und schwirren. Selbst der Fels tut es in seinen Atomen, der ist so fest überhaupt nicht! Wir leben in einer flirrenden Quantensuppe. Wir sind Tropfen im Quantenmeer und bestehen ebenfalls aus Energie und Bewusstsein. Wir steuern damit unseren Körper und unsere Erfahrung, bewusst und unbewusst. Auch unser Körper ist nur ein verlangsamter Tanz, nichts weiter. Er verändert sich ständig, die Materie unseres Körpers wird innerhalb von sieben Jahren sogar ganz ausgetauscht, wir dagegen bleiben. Was bleibt also? Das Bewusstsein, das diesen Körper

formt und aufrecht hält, mit der durch ihn hindurchfließenden Lebenskraft.
Natürlich haben wir das Bedürfnis, uns mit anderen Amöben in der Quantensuppe zusammenzutun, um nicht so einsam zu reisen. Und dann versuchen wir zusammen, unsere kleine Welt innerhalb der großen Suppe besser zu verstehen. Worauf sich mindestens zwei Menschen als ihre Wahrheit einigen, wird von uns als real empfunden. Und je mehr Anhänger eine Vorstellung findet, umso realer wird sie wahrgenommen, objektiv wahr wird sie dadurch noch lange nicht. Im Quantenmeer gibt es keine Objektivität. Die Objektivität im wissenschaftlichen Experiment ist nur ein wissenschaftlicher Traum der 3D Realität. Es wäre zu schön, man könnte sich wenigstens auf irgendwelche Fakten verlassen, wenn ansonsten diese Quanten so unberechenbar und auch noch vom Beobachter beeinflusst herumhüpfen! Aber alle Vermutungen, Vorstellungen, Theorien, Gesetze und Fakten beziehen sich immer nur auf eine bestimmte, wohldefinierte Grundmenge und dabei kann es sich natürlich um das gesamte 3D handeln, wir vergessen das nur. Wer also in 3D forscht, findet auch nur etwas über 3D heraus. Eine erweiterte Realität könnte nach ganz anderen Gesetzen funktionieren, und das tut sie auch. Genau das wollen wir in diesem Kapitel weiter untersuchen.
Im Quantenmeer beeinflusst jeder Beobachter das Experiment auf seine ihm eigene Weise. Die Schöpfung ist also höchst subjektiv, und genau diese Subjektivität lässt sich weiter ausbauen, bis wir sie als bewusste Mitschöpfer auf immer noch interessantere Weise mitgestalten. Das nenne ich ‚bewusstes Erschaffen‘. In diesem fünften Großkapitel ‚Auch dein Drache folgt Gesetzen‘ wird es endlich darum gehen, wie bewusstes Erschaffen funktioniert, du bist sicher schon etwas ungeduldig. Denn die Haupteigenschaft, die einen Mitschöpfer ausmacht, ist die, dass er bewusst erschafft, statt dass er es unbewusst und fremdbestimmt seinem Zeugs auf dem Schatzhügel beim Drachen und der künstlichen Matrix überlässt, wie sein Leben läuft. Ein Mitschöpfer übernimmt die Verantwortung für seine Spur im Quantenmeer. Er nimmt nicht nur direkt aus 3D sondern auch aus der viertdimensionalen, astralen Traumebene und

aus noch viel höheren Ebenen Einfluss auf die Wahrscheinlichkeiten seines Lebens in 3D.
Jede Gemeinschaft definiert mit der Zeit ganze Arsenale an Grundannahmen und baut damit eine sichere Arche durch diese beängstigend vielfältige Schöpfung. Die Grundannahmen selbst werden dann vergessen und gleichzeitig bei allen anderen als selbstverständlich vorausgesetzt. Momentan verflüssigt sich unser altes materialistisches, mechanistisches Weltbild zunehmend, es löst sich auf, verschwimmt und verunsichert. Das allein macht schon Angst, da braucht es dann nicht mehr viel staatliche Propaganda, um diese Angst weiter zu schüren. Je weniger sicher die gemeinsamen Grundannahmen noch daherkommen, umso fester klammern sich die einzelnen Amöben an die im Quantenmeer treibenden Reste, so kämpfen sie um das Überleben ihres alten, überholten Bewusstseins. „Fakten, Fakten!" schreien sie verzweifelt. „Wissenschaftler, Hilfe!" Und sie verkennen, dass Wissenschaftler sich nie einig sein dürfen, um kritisch weiter zu forschen. Wissenschaft ist einem sich ständig wandelnden Forschungsprozess unterworfen, um die gesamte Schöpfung auf vielfältigste Weise immer noch besser zu verstehen. Die verunsicherten Menschen lassen sich dann folgsam auf einzelne wissenschaftliche Richtungen einschwören, um dafür andere Stimmen aus der gleichen Wissenschaft tunlichst zu überhören, denn sie brauchen Sicherheit. Dabei ist es so einfach, wieder sicheren Boden unter die Füße zu bekommen, man muss nur die Grundannahmen anpassen und sein Weltbild komplett neu aufstellen. Wir alle versuchen doch nur, unsere kleine, abgeschlossene Welt innerhalb der Quantensuppe berechenbar zu machen. Doch mit jeder Berechenbarkeit geht auch Neugier, Lernen, Spontanität, Entdeckerfreude und Forschergeist verloren, und damit die Überraschung und die Freude. Und damit das Gefühl von Lebendigkeit und Stimmigkeit. Behalten wir das bitte im Auge, denn daraus beziehen wir Sinn und Erfüllung und Daseinsfreude.
Die schöpferische Quantensuppe aus Energie und Bewusstsein scheint ähnlich zu funktionieren wie alles, was wir in den letzten dreißig Jahren für unser Internet erfunden haben, wir können sie nun viel besser verstehen. Ich halte die Entwicklung des Internets für eine schlechte Kopie der

echten Realität, abgesehen davon, dass sie nun auch noch künstlich und manipulativ daherkommt. Alle diese Erfahrungen mit Ebay, YouTube, Google, Amazon, Facebook und Co können uns wunderbar erklären, wie Schöpfung auch ganz ohne Schöpfer auf einer schöpferischen Gesamtplattform funktioniert. Wer immer diese Schöpfung erfunden und ins Rollen gebracht hat, mischt sich nun nicht mehr ein. Es sind offenbar die einzelnen Funken der Schöpfung, die Amöben im Quantenmeer, die wie brave Angestellte von Google das Schöpfungs-Programm weiter optimieren und ausgestalten, und das geht möglicherweise auch ganz frei und ohne jegliche Zensur. Denn wenn wir genau hinschauen, brachten die genannten Internetgiganten erst einmal mehr Freiheit für uns alle und viel mehr kreative Möglichkeiten. Ich glaube, so genau funktioniert Schöpfung. Erst später hat sich die künstliche Matrix eingemischt und das Internet diktatorisch vereinnahmt, so wie sie es bisher noch mit allem getan hat, was Menschen für ein besseres Leben erschaffen haben. Ignorieren wir also diese Einflussnahme und betrachten die Internet-Giganten in ihrer ursprünglichen, freien Form.
Du bestellst deine Erfahrungen im kosmischen Ebay. Dein Bewusstsein (unbewusst + bewusst) bestellt, was du erfahren willst. Wenn du deine Vorstellung, deinen Standpunkt, deinen Gedanken, deine Absicht, mit viel Emotion auflädst, ist das so, als würdest du für deine Ebay-Anzeige viel Geld ausgeben und sie rückt in der Liste weiter nach vorne und erhält Farbe und fette Schrift und einen Rahmen. Sie setzt sich gegen die Konkurrenz stärker durch. Doch trotzdem wird deine Anzeige nur denen angezeigt, die genau das auch nachfragen. Angebot und Nachfrage bestimmen sogar den Preis, genau wie die Versteigerungen auf Ebay (ich rede hier nicht von der Festpreis-Sofortkauf-Variante). Gibt es keine Nachfrage, läuft deine Absicht ins Leere. Die Währung lebendiger schöpferischer Wesen im kosmischen Ebay ist nicht Geld, es ist ihre Lebenskraft (gemessen in Aufmerksamkeit, Stärke und Dauer), ausgerichtet durch Gedanken, Gefühle und Fokus. Die schöpferische kosmische Ebay-Plattform mit ihren Algorithmen und Bots sorgt dann automatisch dafür, dass sich Angebot und Nachfrage finden. Da gibt es keinen Gott, den man mit Unterwürfigkeit, Anbetung und Brav-Sein persönlich

bestechen könnte, so dass er einen besonders bevorzugt und in den Himmel hebt. Das kosmische Ebay ist ein Spiel innerhalb einer definierten Grundmenge, wie die Mathematik sagen würde, und für die sind bestimmte Gesetze definiert, so wie im Zahlenraum. Jeder der Internet-Giganten hat eigene Spielfelder im Internet definiert mit eigenen Regeln und du musst dich bei all diesen Spielfeldern auch registrieren und dich einverstanden erklären mit deren Spielregeln.
Menschen, die solche Gesetze (Spielregeln) der verschiedensten kosmischen Spiele zufällig entdeckt haben oder sich von ihren unsichtbaren Alien-Freunden erklären ließen, (die sich dann jedoch aus Eigennutz leider oft selbst als Götter oder Gott ausgegeben haben und verehren ließen), sind einfach nur auf solche Gesetzmäßigkeiten gestoßen und haben sie mit ihrem vorhandenen Gotteskonzept verbunden (der Plaque in der Standleitung). Glaube ist dann nichts anderes als die Fehlinterpretation von Naturgesetzen und natürlichen Prozessen. Ich war schon immer davon überzeugt, dass es für alles eine natürliche Erklärung gibt, und die wollte ich auch für Spiritualität und Glauben finden, also für die Bereiche, die sich bisher am stärksten jeder rationalen Durchleuchtung widersetzt haben. Wir müssen unsere eigene Macht verstehen, um uns nicht mehr die Butter vom Brot nehmen zu lassen. Das war noch nie so wichtig wie heute. Unsere Aufmerksamkeit ist Geld wert. Du erschaffst bewusst oder unbewusst aus dem Nichts und du wirst dazu benutzt, für andere zu erschaffen, die diese Fähigkeit durch genetische Experimente an ihrer eigenen Alien-Rasse verloren haben oder es als galaktische Raubtiere schon immer so gemacht haben. Mehr will ich an dieser Stelle nicht sagen. Die Parasiten brauchen uns, nicht umgekehrt.
Was sind also die Gesetze in der Welt der bewussten Erzeugung von Wahrscheinlichkeiten? Wenn du das verstehst, wirst du deine Absichten wirksamer durchsetzen und deine erwünschten Erfahrungen wahrscheinlicher machen. Dass du als Gesamtbewusstsein (bewusst und unbewusst) erschaffst, wird durch das Gesetz der Anziehung verursacht. Gleiches zieht sich an. Gleiches in Gedankenformen, die du dir als Wolken vorstellen kannst, oder als Geister oder als Felder. Diese ziehen sich gegenseitig so an wie ein Vogel von seinem Schwarm mitgezogen wird.

Der einzelne Vogel fliegt instinktiv mit, wenn die anderen Vögel hochfliegen. Gedankenformen sind mit Ideen, Emotionen und Gefühls-Qualitäten aufgeladene Gedanken. Sie werden von Mitschöpfern bewusst oder unbewusst erschaffen und mit der Aufmerksamkeit weiter aktualisiert und aktiv gehalten. Sie wurden auch in einer bestimmten Schwingungshöhe und mit einer bestimmten Gefühlsqualität erschaffen. Das sind nie oder nur äußerst selten emotionslose Felder. Ich nenne sie gerne ‚Felder', weil ich sie mir ähnlich dem Magnetfeld der Erde vorstelle. Man sieht sie nicht und sie wirken trotzdem. Diese Felder können von einem Mitschöpfer mit starken Emotionen und bestimmten Gefühlsqualitäten wie Dankbarkeit aufgeladen werden und treten im kosmischen Ebay in Wettbewerb zu anderen Feldern anderer Mitschöpfer. Ähnliche Felder klumpen zu größeren Strömungen zusammen und Angebot und Nachfrage finden sich. Das Geschäft kommt zum Abschluss und die Erfahrung wird ausgelöst.
So findet ein Täter sein Opfer: Er schreibt ein genaues Drehbuch. Und der Schatten des Opfers passt dann genau zu diesem Drehbuch und deshalb treffen sie aufeinander. Sie ziehen sich wie magisch an. Menschen, die noch aus ihrer Persönlichkeit heraus leben und viel Zeugs beim Drachen angesammelt haben, erfahren dies als ein scheinbar gegensätzliches Gesetz, sie vermuten, dass Gegensätze sich anziehen. Aber dem ist nur scheinbar so. Denn es zieht sich nur immer Gleiches an, aber es sind ja Persönlichkeit und Schatten beteiligt, so kann der Eindruck der Gegensätze entstehen. Da es den jeweiligen Drachen um Heilung der Psyche geht, sorgen sie nur dafür, dass diejenigen Menschen sich anziehen, die noch am stärksten voneinander lernen können, dann passt Schatten zu Persönlichkeit. So räumen sie in ihrer Höhle auf. Die emotionale Ladung sorgt für die Hervorhebung des Inserates auf der kosmischen Internetplattform, so wie du mit Geld deine Anzeige bei den Ebay hervorheben kannst. Im Idealfall wird deine Anzeige dann ganz vorne oben angezeigt, die galaktische Suchmaschine für Erfahrungen nennt dich ganz weit vorne. Alle künstlichen Plattformen, die im Silikon Valley erfunden wurden, ahmen nur sehr grob und dilettantisch die wahren schöpferischen Gegebenheiten nach. Mit deiner Schwingung ziehst

du alles an, was mit gleichen oder ähnlichen Begriffen, Konzepten und Drehbüchern zu tun hat, und die gleichen Emotionen und die gleiche Schwingungshöhe besitzt, weil Schwingungen miteinander in Resonanz gehen. Du wirst immer diejenigen anziehen, die gleicher Meinung sind und im gleichen Bewusstsein leben, egal, wie unsinnig diese Meinungen oder diese Welterklärungssysteme sind. Menschen im gleichen Bewusstsein bestätigen sich gerne das, was sie sehen (und was sie vielleicht selbst gerade erst erschaffen haben). Und erschaffen es dann gemeinsam noch viel stärker weiter. Nur so lässt sich auch erklären, dass unsere gesamte Realität kontinuierlich weiter besteht und dennoch in jedem Moment neu erschaffen wird.
Je höher deine Eigenschwingung ist, umso höher ist auch dein Leuchtturm, um diese anderen, die ähnlich schwingen und zu deinen Kreationen passen, anzuziehen. Umso weiter entfernt bist du sichtbar. Dann brauchst du kein Facebook und kein Internet, um neue 'Freunde' zu finden, dann surfst du nämlich längst im Cosmic Creator Net, dem natürlichen Internet der ganzen Schöpfung und nicht in seiner manipulativen und mittlerweile stark zensierten, schlechten Kopie. Dort entstehen Zufälle und Wunder. Denn mit der Quelle bist du immer verbunden, ganz ohne WLAN und Netz. Deine Verbindung durch deine Standleitung mag ja noch eine ganz armselige sein, die nicht einmal zum Streamen von kleinen Filmchen taugt, aber du hast sie. Und du kannst sie jetzt so massiv upgraden, da ist selbst ein DSL von 100 000 ein Klacks dagegen! Kostenlos! Mann! Einfach in dem du deinen Drachen weckst. Die Schöpfung ist ein freies, schöpferisches, kosmisches Internet. Es mischt alle kosmischen Spiele zu einem schönen runden Ganzen, in jeder Sekunde neu.
Wie viel Kraft deine Schöpfung bereits hat, hängt davon ab, wie hoch du bereits in deiner Standleitung zur Quelle gekommen bist und das nenne ich das Gesetz der Schwingungshöhe. Die niedrigen, groben und langsamen Schwingungen können alle feinen, schnelleren und höheren Schwingungen überdröhnen, einfärben, verschmieren, trüben und verdunkeln. Je niedriger eine Schwingung ist, umso dualer, chaotischer, schwerer und unangenehmer wird sie erfahren. Eine niedrig geladene

Gedankenform kann eine höher schwingende Gedankenform also stören und zeitweise überlagern und mit Chaos füllen. Genau das macht die Menschheit kollektiv gerade mit der klaren Schwingung der Erde. Wir verschmutzen sie energetisch und materiell. Wenn du dich länger an einem Ort mit niedriger, angst- und hassverzerrten oder dual-urteilenden Umgebung aufhältst, aber bereits eine höhere Eigenschwingung besitzt, fühlst du dich schlecht, manipuliert, schwer, hast Bauchweh, Kopfweh, schlechte Laune, ganz so, als wäre da einer mit Gummistiefeln erst draußen durch den Matsch und dann durch deine saubere, aufgeräumte Wohnung gelaufen. Und so fühlst du dich dann auch. Das ist also, was eine niedrige Schwingung macht. Sie überlagert, kapert das Bewusstsein, sät Zweifel, Angst vor Fehlern und Minderwertigkeit und zieht dich runter, zumindest solange du nicht anders damit umgehen kannst.

Umgekehrt gilt: Jede höhere Schwingung setzt sich gegenüber niedrigeren Schwingungen auf Dauer durch. Deshalb wird auch die Schöpfung selbst irgendwann in ihren Zustand von Licht und Liebe zurückkehren. Höher schwingende Mitschöpfer können ihr Bewusstsein sogar dazu benutzen, die Inhalte und Ladungen anderer Gedankenformen zu neutralisieren. Die reine Liebesschwingung, das Einheitsbewusstsein, ist die reinste, klarste und höchste Schwingung. Wenn du selbst eine hohe Eigenschwingung hast, kannst du alle niedrigeren Schwingungen neutralisieren, die dunkler sind als du selbst. Spirituelle Meister können löschen, klären und reinigen. In ihrer Gegenwart wird man jede niedrig schwingende Gedankenform los, die ansonsten Chaos, Übelkeiten und Krankheiten erzeugt. Das macht eine höhere Schwingung sogar automatisch. Dein Problem als Mitschöpfer ist dann eher, dass du es nicht lassen kannst, und das erschafft Probleme, die nach außen wie ein Burn-Out interpretiert werden. Dabei bist du nur gerade als Müllabfuhr unterwegs und sammelst Energien ein, ohne schon mit der kosmischen Mülldeponie vertraut zu sein. Und das macht auch Mutter Erde mit uns, wenn wir in ihr spazieren gehen, sie saugt Energien aus unserer Aura und recycelt sie für die Quelle. Die Natur absorbiert unsere chaotischen, niedrigen Schwingungen und wir werden wieder klarer. Wer also gut geerdet herumläuft und mit der Natur in Kontakt bleibt, reinigt sich selbst fortwährend und entwickelt reine, schöne Gefühle. Ein höher schwingender Mensch beginnt auf diese Weise schon fast automatisch, seine Umgebung zu reinigen. Er macht das im Kleinen, was Mutter Natur im Großen tut. Er absorbiert die chaotischen Störenergien und verwendet die Energie für seine eigene Absichten, dafür muss er aber die Ladung, die Gefühle und Qualitäten entfernen (ent-etikettieren) und die pure Schöpferkraft ernten. Er nimmt die Flasche mit schöpferischer Energie, entfernt das Etikett und löscht die Ladung. Wer das nicht versteht und nicht kann, endet in allerlei Krankheiten, denn der Körper hält eine ständige Verschmutzung auf Dauer nicht aus, er braucht Reinheit und Klarheit.

Wenn du merkst, du spielst mit deiner höheren Schwingung gerade Mülleimer für andere, wirst du dich erst einmal vor solchen Leuten schützen wollen, die niedrigste Energien ausdünsten. Das ist aber nur als Erste Hilfe geeignet, als Notbehelf, damit dein Körper weiter gut funktioniert. Auf Dauer erschaffst du durch deine Fokussierung auf dieses Thema ‚Schutz' mehr Erfahrungen, in denen du Schutz brauchst, immer mehr Schutz. Und du bist dabei als mächtiges Opfer im dualen Urteilen unterwegs. Zu den Methoden des Schützens selbst sage ich nichts hier im Buch, die schamanischen Wege kennen da eine Vielfalt. Suche dort, was zu dir passt. Ich lege dir eher nahe, schau, was du damit weiter erschaffst und mach es besser. Denn das Konzept ‚Schutz' erschafft dual und erzeugt daher auch sein Gegenteil immer mächtiger mit. Es ist besser, einen Weg zu finden, dass die Dualität selbst allmählich ganz aus deinem Leben verschwindet. Aber Schutz kann natürlich erst einmal helfen, so wie ein Pflaster die Wunde abschirmt, damit nicht noch mehr Keime eindringen. Doch ein Pflaster schützt dich nicht davor, dich wieder zu verletzen.

Das nächste Gesetz ist das Gesetz der Polarisierung. Die Dualität ist eine vielfältige Durchmischung von Gegensätzen in deinem Bewusstsein, an denen du wächst und dich entwickelst. Sie verschwindet mehr und mehr, je höher du in der Schwingung und in deiner Standleitung vorankommst, weil du dem Gesetz der Polarisierung folgst und bewusst nur noch positive Erfahrungen anziehen möchtest. Du lernst, dass du dafür in Harmonie mit den anderen Amöben in der Suppe erschaffen musst, statt sie auszubeuten und ihnen ihre Energie abzujagen. Am Umkehrpunkt, den ich beim Reifeprozess bereits erwähnte, entscheidest du dich dann ganz und endgültig für die positive Polarisierung und deine Rückkehr zur Quelle wird eingeleitet. Denn das geschieht im Reifeprozess: Du gehst die Standleitung zurück und trinkst bewusst von der Quelle. Du wendest dich dem positiv polarisierten Pol der Schöpfung zu und entscheidest dich damit zur Rückkehr zur Quelle, indem du bei allem, was du tust, auch das Wohl der anderen und der Natur im Auge behältst und mit bei deinen Entscheidungen berücksichtigst. Deine Erfahrungen fallen nicht mehr so extrem aus und auch nicht mehr so unterschiedlich. Ein höher schwingender Mensch bewegt sich mehr in den Themen von Liebe, Frieden, Dankbarkeit und in bedingungsloser, urteilsloser Annahme von anderen Menschen.

Die höchste Schwingung ist – zumindest für mich – nicht die Liebe, sondern die Einheit mit der Quelle. Mein höchstes, spirituell-religiös-göttliches Gefühl, das ich selbst erfahren habe, ist: Ich bin mit allem verbunden. Ich liebe diese Schöpfung! Ich umarme dabei die Erde und all ihre Geschöpfe, so wie eine Mutter ihre Kinder. Ich fühle mich wie die Mutter dieses Planeten, wie die Göttin Tara oder Gaia selbst. Dieses Gefühl überkommt so manchen Menschen an einem Ort in der Natur, ganz plötzlich. Da lugt also diese besondere Erfahrung schon mal durch das Tor beim Drachen, um dir Lust auf mehr zu machen. In diesem Zustand bin ich eins mit der ganzen Schöpfung, ich bin diese Schöpfung. Ich bin Schöpfer und Schöpfung zugleich. Im Einheitsbewusstsein darf alles existieren, bedingungslos und urteilslos. Diesen Bewusstseinszustand kennen alle Religionen und Traditionen als ihre heiligste Erfahrung und sie nennen sie Entrückung, Verzückung oder Erleuchtung. Wir haben im Übrigen gerade Erleuchtungswetter, denn heutzutage kann das jeder erfahren, und das war nicht immer so. Also pack die Gelegenheit beim Schopf, die Zeichen stehen günstig!

Die verschiedenen Schwingungshöhen entsprechen bestimmten Gefühlen und Ladungen. Du kannst sogar eine emotionale Skala entwerfen, die zu deiner eigenen sprachlichen Begrifflichkeit passt. Ganz unten auf der Skala, also bei ganz langsam, schwer und böse findest du abgrundtiefen Hass, Angst, Furcht, Bosheit und Mordlust, das ist die negativ polarisierte Schöpfung. Ganz oben findest du das Einheitsbewusstsein, direkt darunter Liebe, Frieden, Dankbarkeit. Irgendwo in der Mitte liegt neutral, ein Zustand ohne jegliche positive oder negative Ladung. Versuche doch selbst einmal, nun alle anderen Gefühlsqualitäten, die du kennst, auf der Skala einzuordnen: Liegen sie auf der positiven Seite über neutral oder auf der negativen Seite unter neutral? Wie sind sie übereinander angeordnet? Versuche es zumindest mal mit ‚Neid' und ‚Wohlwollen' oder ‚Vertrauen'.

Wenn du dich mit deinem Bewusstsein gerade ganz unten auf der Skala bewegst, also in der negativen Polarisierung, fühlst du dich nutzlos, ganz fürchterlich einsam, das Leben ist sinnlos, so als wäre die Schöpfung eine gefühlslose, kalte Maschine und du nur ein belangloses kleines Rädchen darin. Du fühlst dich von allem getrennt und in tiefer, schwerer Depression. Du fühlst dich ein-sam, wie ein einzelner Samen ohne fruchtbare Erde, der vom Wind auf einen Felsen getragen wurde, wo er vertrocknen wird. Auf der anderen Seite der Skala, am oberen Ende, fühlst du dich glücklich, frei, in Freude, in Frieden und unendlich dankbar. Dein Leben hat Sinn und macht Spaß. Du fühlst dich mit allem verbunden, du bist all-ein, also mit dem All eins. Das ist der Zustand des erleuchteten Eremiten. Einsam und allein sind also ganz gegensätzliche Zustände von tiefster Tiefe und höchster Höhe. Mitschöpfer können kilometerweit getrennt leben voneinander und sie fühlen sich nicht einsam, sie fühlen sich miteinander verbunden und gleichzeitig allein. Das lässt sich genauso in einer Großstadt erleben. Das jeweilige Bewusstsein und seine Schwingungshöhe entscheiden, ob jemand einsam ist oder allein. Im Laufe deiner Entwicklung fallen die Erfahrungen tendenziell positiver oder negativer aus, du folgst dem Gesetz der Polarisierung. Du entscheidest dich irgendwann zur positiven Polarisierung, und damit dazu, dir nicht mehr vor allem selbst dienen zu wollen (service-to-self), sondern dem Wohle aller (service-to-others). Für seelenverschmolzene Indigos, Kristallkinder und Sternensaat existiert diese Entscheidung nicht, sie waren entweder noch nie so tief in die dual-chaotische, materielle Welt eingetaucht oder haben diese Entscheidung schon in anderen Leben und

Existenzen getroffen. Sie verstehen umgekehrt nicht, wie Menschen überhaupt freiwillig dem negativen, selbstsüchtigen Pol unbewusst verfallen können und anderen Wesen schaden. Ihr großes Herz ist längst positiv polarisiert. Dennoch ist es auch für sie wichtig, sich noch einmal ganz bewusst für das Wohl aller zu entscheiden, indem sie ihre Lebensaufgabe erkennen und sich diesem Dienst dann auch mit Hingabe widmen.

Alle niedrigen, negativen Gefühle deiner Umgebung (unter neutral) überlagern dich und ziehen dich mit sich nach unten, wenn du mit ihnen in Berührung kommst, natürlich relativ von deiner Eigenschwingung aus gesehen. Alle Gefühlsqualitäten oberhalb von neutral dagegen reinigen dich stattdessen und du fühlst dich angehoben, empfindest gute Laune, bist leicht und beschwingt. Es kommt vor allem darauf an, wo du selbst stehst auf dieser Skala, welche Schwingung also von dir bereits kontinuierlich gehalten wird. Wer höher steht als du selbst, reinigt und hebt dich an, wer niedriger unterwegs ist, zieht dich runter und du musst deine Aura danach selbst reinigen. Du kannst das auf die gesamte Skala übertragen: Wenn dich ein Mensch aufheitert und dich mit guter Laune ansteckt, steht er in der Skala im Moment gerade über dir. Zieht dich einer mit seiner Laune runter, dann steht er unter dir. Wenn du erst nur ärgerlich warst, schafft es dieser Mensch manchmal sogar, dass du richtig wütend wirst, wenn du weiter in Kontakt bleibst. Große Bewusstseinsmeister und -lehrer sammelten ihre Schüler immer schon um sich, um sie mitzunehmen und in der Schwingung anzuheben. Deshalb beschleunigt sich auch dein Aufwachen und dein Reifeprozess in der Gegenwart solcher Menschen. Die Inder haben das sogar so weit kultiviert, dass du einfach in Stille mit deinem Meister sitzt, er lehrt nur noch durch diese Schwingungsanhebung. Du sitzt da und plötzlich verstehst du etwas und es fällt dir wie Schuppen von den Augen.

Unterhalb von neutral lebst du in einer Schwingungshöhe, in der dein Schatten größer ist als dein Bewusstsein und dieser Schatten lässt dich auch weiter in der dualen Gedanken- und Gefühlswelt versinken. Du kannst dich in diesem Zustand noch nicht als Mitschöpfer erfahren, weil das meiste in deinem Leben unbewusst durch deinen Schatten

erschaffen wird. Die Mitschöpferfähigkeit, dein Talent, aus der Quelle heraus mit deiner Aufmerksamkeit und mit deinem Fokus zu erschaffen, die besitzt du als bewusstes Wesen immer, jede individuell beseelte humanoide Form tut das. Deine Seele ist dafür verantwortlich. Lebst du vermehrt in Gefühlszuständen, die oberhalb von neutral liegen, dann hast du auch bewusst einen stärkeren Einfluss auf deine Erfahrung, denn dafür musst du dein Unbewusstes geklärt haben. Deine Absichten setzen sich umso schneller um, je höher deine eigene Schwingung war, als du sie formuliert und mit deinen Emotionen geladen hast. Dies ist das Gesetz der Schwingungshöhe, das ich bereits vor dem Gesetz der Polarisierung angesprochen habe und wir können das nun noch besser verstehen. Da macht Meditieren und Beten auch Sinn: Denn zumindest zu ihrem Gott können Gläubige noch aus sich heraus positive Gefühle erzeugen. Absichten in hoher Schwingung, gesetzt in einer Meditation, sind die wirksamsten. Die Gläubigen, mit denen ich mich unterhalten habe, glaubten dann aber leider, dass sie sich bewiesen hätten, dass es Gott war, der sie mit dieser Erfahrung beschenkt hatte, weil sie so brav gläubig waren. Nein, das nicht. Sie sind eigentlich nur auf ein Gesetz gestoßen und haben es angewendet.
Wenn in einer Situation verschiedene Absichten miteinander konkurrieren, wie zum Beispiel jetzt, wo es bei der Entwicklung der Menschheit um zwei maximale Polarisierungen geht, also: ‚Wird die Entwicklung der Menschheit in die totale Versklavung führen oder in die freie Selbstbestimmung?' – dann setzt sich im Wettbewerb die höhere Schwingung durch, solange sie in der Lage ist, die dunklen Felder von ihren niedrigen Schwingungen zu reinigen. Erst wenn sich viel mehr Müll und Schatten entwickelt, als die um ein vielfaches stärker erschaffenden hochschwingenden Mitschöpfer noch gleichzeitig reinigen können, schlägt die Entwicklung um in die andere Richtung. Daher ist es wichtig, dass möglichst viele Menschen in den Reifeprozess eintreten und dem Bösen und Dunklen die Kraft entziehen. Diese beiden potenziellen Realitäten werden von jedem Einzelnen gewählt. Wenn sie sich am Ende des Zeitfensters trennen, geht das einzelne Leben nur in einer der beiden Varianten weiter. Für jeden Menschen gilt, sich möglichst umgehend für die positive

Polarisierung zu entscheiden. Die Realität der freien Selbstbestimmung (fünftdimensionale natürliche Matrix) kann nur ein Mitschöpfer betreten, der freiwillig sein selbstsüchtiges, egoistisches Verhalten aufgibt, sich stattdessen wieder der Quelle zuwendet und fortan dem Wohle aller dienen will. Der Mensch muss zumindest zur Seeleneinschmelzung bereit sein oder sie schon hinter sich haben. Dann befindet er sich mitten im damit getriggerten Reifeprozess. Alle anderen Menschen wählen individuell für sich selbst gerade unbewusst die andere Variante, das Armageddon oder das künstliche Koma des Drachen.
Für böse Subjekte, die keine guten Absichten haben, was die Zukunft der Menschheit betrifft, bedeutet das, sie müssen sich wahnsinnig bemühen, so viele Menschen wie möglich in ganz viel Angst, Negativität und andere dunklen Schwingungen zu ziehen und sie dann durch Propaganda weiter aufzuregen, so dass sie permanent ganz viel Schöpferkraft absondern. Es bedeutet viel Aufwand für eine Propaganda-Maschine, ein Thema so präsent zu halten, dass die Menschen es mit ihrer Schöpferkraft weiter aktivieren und nähren. Das Thema muss permanent, am besten mehrmals täglich über große Zeiträume in den Medien untergebracht werden, um deine Aufmerksamkeit (für und gegen!) auf dieses Thema zu lenken und auf das, was sie damit weiter erschaffen wollen. Ohne die permanente erneute Aktivierung des Themas würde sich keine einzige Maßnahme aufrecht halten lassen, die Bürger würden einfach zu ihrem Alltag zurückkehren und den Humbug durchschauen. Man muss sie künstlich in einer angespannten Angsttrance halten, damit sie dabeibleiben. Du glaubst mir nicht? Bei den Menschen, die weder TV schauen noch Zeitungen lesen und die Berührung damit vermeiden, perlt die ganze Aufregung einfach ab, und sie spüren genau, wo sie belogen werden. Sie bleiben eher in ihrer Mitte und verantworten selbst, sich so verhalten, dass sie gesund bleiben. Sie lassen sich möglichst nicht durch Angst anstecken.
Der eigentliche Kampf, den ich zurzeit da draußen beobachte und hier mal benenne, ihm danach aber wieder so wenig Aufmerksamkeit wie möglich gebe, ist der Kampf um jene Leute, die auch mit einer Waschmittelreklame noch beherrschbar sind. Menschen mit diesem geringen

Bewusstsein will man dazu bringen, möglichst viel emotionalen Müll einschließlich verbaler Angriffe zu produzieren und den kollektiven Schatten damit weiter vollzustopfen. Und die lichte Seite, die das mit dem Einheitsbewusstsein verstanden hat (und dass wir auf der Ebene dieses Einheitsbewusstseins alle zusammen die gleiche Quelle sind und es deshalb unsinnig ist, sich zu bekämpfen), bleibt möglichst friedlich und in der Liebe. Die Mitschöpfer reinigen und reinigen und reinigen. Und klären auf und warten. Warten darauf, dass die Angsterfüllten doch noch aufwachen aus dieser Matrix-Trance.

Noch einmal: Auf Dauer setzt sich die höhere Schwingung durch. Doch auch ein dickes ‚Aber' an dieser Stelle: In jeder Dimension gelten ein wenig andere Gesetze und es müssen holografische Strukturen vorhanden sein, die diesen Bewusstseinszustand auch unterstützen, deshalb können wir geschichtlich gesehen auch erst heute zu Mitschöpfern werden. Den Absichten der positiven Polarisierung, welche die menschliche Selbstbestimmung und die Befreiung von diesen Parasiten anstrebt, kann von unbewussten Mitmenschen noch ganz lange ganz viel Sand ins Getriebe gestreut werden. Das passiert gerade. Je mehr Menschen zumindest angstfrei, liebevoll und friedlich bleiben und darin z.B. Gandhi oder John Lennon nachahmen, umso stärker wird das hochschwingende Zukunftsfeld und umso wahrscheinlicher für uns alle. Je mehr Menschen stattdessen in Angst, Hass, Trennung und Verurteilung gebracht werden können – und das geschieht meistens manipulativ-unbewusst, denn kein Mensch würde ja freiwillig ein Gefühl wie Angst wählen – umso länger wird unsere positive Zukunft überlagert und hinausgezögert. Die niedrigere Schwingung hat aus sich heraus nur wenig Kraft, denn das Herz ist in diesem Zustand fast ganz verschlossen, der Schatten beim Drachen wird größer und der Drache schläft weiter tief und fest. Und von dem Tor haben diese Menschen nicht einmal erfahren. Sie wissen nicht, dass es das Tor und die Standleitung zur Quelle überhaupt gibt. Die Kraft der künstlichen Matrix liegt nur in der aktivierten unbewussten Masse.

Es gibt noch einen weiteren Grund, warum die unbewussten Menschen kaum schöpferische Kraft für die Durchsetzung ihrer Absichten haben, und damit kommen wir zum Gesetz vom Fokus: Sie streuten noch ihre

Aufmerksamkeit ziemlich beliebig (eben unbewusst) wie die alte Glühbirne, die man früher auch in Anlehnung an die noch älteren Öllämpchen ‚Tranfunzel' nannte, weil sie ihr aus dem Tran gewonnenes Licht nur schummrig breit streuten. Tranfunzeln waren dann im übertragenen Sinne Menschen, die absolut unbewusst von einer Erfahrung in die nächste stolperten, ohne jemals etwas dazuzulernen. Ein Laser dagegen bündelt das Licht. Das Gesetz der Fokussierung gilt für Einzelne und ganze Gruppen: In Meditationen können Menschen das laserähnliche Fokussieren trainieren. Wir müssen uns auf eine Sache konzentrieren lernen, um wirksam zu erschaffen. Die Aufmerksamkeit zu bündeln ist eine wichtige Übung für zukünftige Mitschöpfer. Sie verwandeln damit ihr eigenes Bewusstsein allmählich von einer Funzel in einen Laser, der ausgerichtet auf einen Punkt mit Licht sogar zielgenau minimal invasiv operieren könnte. Eine Tranfunzel dagegen kann noch nicht entdecken, dass sie selbst ihre Erfahrungen erschafft, dass sie selbst für ihre Erfahrungen verantwortlich ist und diese Erfahrungen unbewusst anzieht wie das Licht die Motten. Ihre Erfahrungen können nur gefühlt schicksalhaft über sie hereinbrechen. Ein Laserbewusstsein dagegen, das sich in Meditation trainiert hat, kann seine Absichten zielgenau ausrichten, bewusst in der Formulierung und in der Schwingungsqualität und Schwingungshöhe. Ein trainierter, bewusster Mitschöpfer weiß sowohl, was er bewirken als auch was er anrichten kann. Er hat oft schon allein durch seine Fokussierung die Kraft, die Wirkung und die Durchsetzungsfähigkeit von tausend unbewussten Mitschöpfern und kann deren Schöpfungen in ihrer Wirkung löschen und ihre Felder reinigen. Wenn sich dann auch noch viele bewusste Mitschöpfer zusammentun, fokussiert auf ein Ziel und mit hohen Gefühlsqualitäten geladen, können sogar ganz wenige eine riesige Massenveranstaltung von unbewussten Menschen unwirksam machen, sie müssen sich nur gemeinsam auf eine Absicht konzentrieren und die Wirkung potenzieren.

Das Wort ‚Potenzieren' meine ich hier tatsächlich so, wie es auch in der Mathematik benutzt wird: Wenn auch nur fünf bewusste, höchstschwingende Mitschöpfer sich treffen und sich auf ihre gemeinsame Absicht konzentrieren und sie mit höchsten Gefühlen laden, dann hat ihre

Schöpfung im kosmischen Ebay der Möglichkeiten eine Durchsetzungskraft von fünf hoch fünf (Potenz!), und das ist 5 x 5 x 5 x 5 x 5 also besitzen sie zusammen schon die Kraft von 32125 einzelnen, noch schlafenden Mitschöpfern. Jede geringere Schwingungshöhe und jede gestreute Aufmerksamkeit reduziert die Gesamtwirkung, dennoch sind diese Aufrufe zu weltweiten Aktionen sehr wirksam. Und jede dieser Absichten schlägt sich auch bis in die materielle Schöpfung durch und hat dort Konsequenzen. Das ist der Hintergrund, wenn spirituelle VIPs weltweit zu Meditationen aufrufen. Sie können damit jede Technologie stören oder stoppen, die in niedrigen Absichten und Gefühlen erschaffen wurde, zum Beispiel durch gestohlene Ideen bei der Konkurrenz, oder solche, wo die wahren Absichten für die Technologie verschleiert wurden. Meditieren Mitschöpfer auf das Verschwinden und Löschen von versklavender Technik im Allgemeinen oder auf den Stopp einer Maßnahme oder Technik, können sie die darunterliegende Absicht mit ihrer höheren Schwingung und ihren wohlwollenden Absichten jederzeit überschreiben, wenn sie das Feld vorher entleeren. Man kann noch mehr, aber diese Ideen würden das Thema des Buches sprengen. Auf der materiellen Ebene kommen dann Fehlfunktionen der Technik vor, die Täuschung fliegt auf, ein Versuch schlägt fehl, oder die gesamte Struktur wechselt den Eigentümer oder geht Konkurs. Das Ding wird unrentabel, verliert seine Reputation, der Aktienkurs sinkt, die Firma wird von einer anderen geschluckt, die ethisch besser zu der höheren Schwingung unserer besseren Zukunft passt oder sie wird dem Zerfall preisgegeben. Du wirst nie einen direkten Zusammenhang finden, weil das Erschaffen auf einer energetischen Ebene geschieht. Aber diejenigen, die darauf meditiert haben, wissen es genau, sie spüren an der Schwingung, sie haben es gemacht. Es darf aber kein Schadenszauber sein, der würde alle an der Meditation Beteiligten sofort in Richtung Armageddon ziehen, die Absichten müssen immer dem Wohle aller dienen!

Alles, was Wesen mit Schöpferkraft gebaut haben, unterliegt dem natürlichen Zerfallsprozess, einem weiteren Gesetz. Es ist das Gesetz der Entropie. Eine Schöpfung muss weiter in Form gehalten werden durch ein Bewusstsein, das dahintersteht und das mit seiner Aufmerksamkeit

die Form aufrecht hält. Es muss die Absicht, die gleiche Schwingungshöhe und das gleiche Bewusstsein weiterhalten sonst zerfällt es. Die Pyramiden der Maya sind im Dschungel verschwunden, ein Gebäude verfällt, der Industriekomplex rostet vor sich hin. Ohne kontinuierliche oder in regelmäßigen Abständen wiederholte Aufmerksamkeit verschwindet jede Schöpfung ganz schnell. Mit den jährlichen royalen Zeremonien könnten wir da mal anfangen. Keine regelmäßige Verehrung und Berichterstattung und die Royals würden ihr Vermögen verlieren und vielleicht gleich neben dir in die Wohnung einziehen müssen. Daraus folgt, dass du dich auch um den Erhalt deiner Schöpfungen weiter kümmern musst. Genau wie ein Hausbesitzer sein Gebäude im Auge behält, musst du deine Absichten und Projekte immer wieder aktivieren und aktualisieren. Spekuliere: Wenn es keine unbewussten Menschen mehr gäbe, die man dafür benutzen könnte, was würde also mit der künstlichen Matrix geschehen?
Es scheint so zu sein, dass die Schwingungshöhe von Mitschöpfern in bestimmten Frequenzbändern funktioniert, die jeweils bestimmte, voneinander unterscheidbare Dimensionen erzeugen, die ähnlich wie die Radiowellen in Kurzwelle, Mittelwelle und Langwelle unterteilt werden können. Jede so erzeugte Dimension hat auch ein eigenes Definitionsfeld, das ist ihr Spielfeld und in jedem Spiel gelten andere Gesetzmäßigkeiten. So halten die meisten Spirituellen die materielle Welt für die dritte Dimension. Sie besteht aus lauter Gegensätzen wie heiß und kalt und bildet das Spielfeld für alle niederen Emotionen. Die vierte Dimension, das Frequenzband darüber, ist die unsichtbare Welt der Geister und Toten, zu der mediale Menschen immer schon Zugang hatten. Dort werden unsere Erfahrungen erschaffen. Sie werden dort neu gemischt. Die Menschen erschaffen also alle schon längst aus der vierten Dimension heraus, und dort ist auch das kollektive Unbewusste verortet. Die vierte Dimension wird auch Astralwelt genannt. Die australischen Ureinwohner nennen sie ‚die Traumzeit'. Innerhalb dieser Dimension gibt es himmlische und höllische Bereiche. Dort ist auch die Bewusstseinsfalle angesiedelt, die uns nach dem Tod gewöhnlich empfängt, aber auch der Himmel aller Religionen, bis auf den der Buddhisten, die versuchen

bevorzugt, auch aus der Falle heraus zu gelangen und in viel höhere Dimensionen als die Vierte vorzudringen, schon im Leben oder wenigstens mit dem Tod.
Ich selbst vermute, wenn genügend Menschen erwacht sind und ihr Reifeprozess auch bis zum Ende durchlaufen haben (was Ziel dieses Buches ist), rollen wir die dritte und die vierte Dimension ganz in der darüberliegenden, der fünften Dimension auf. So böse und dunkel und schwer ist dann keiner mehr hier auf der Erde. Und die Parasiten fallen bei diesem Aufstiegsprozess einfach ab vom Planeten, sie können sich schließlich an niemandem mehr festhalten. Wir alle bleiben dabei hier auf der Erde, die fünfte Dimension und auch alle darüber sind jetzt ja auch schon gleichzeitig hier verankert. So wie du heute schon im Garten sitzen kannst und im Radio Kurzwelle, Langwelle und Mittelwelle empfängst, wählst du einfach nicht mehr die dritte oder vierte Dimension für deine Erfahrungen, du sitzt im Bewusstseinszustand der fünften und sechsten Dimension immer noch im gleichen Garten. Aber die Farben werden leuchtender und lichter und dein Gemüt freudvoller. Du bleibst also auf der Erde, doch dein Geisteszustand ist ein anderer. Du selbst fühlst dich leichter, beschwingter, fröhlicher. Und du kannst viel wirksamer erschaffen und deine Absichten werden sich viel schneller umsetzen. Wenn jeder zu diesem anderen, höheren Frequenzband wechselt (Frequenzen sind Schwingungen), entsteht in jedem Lebensumfeld eines Mitschöpfers ein Loch in der künstlichen Matrix (die uns natürlich weiter viertdimensional vereinnahmen will). Ihr Schachbrett bekommt Unwahrscheinlichkeiten und Ungereimtheiten. Wir machen das, bis das Schachbrett der parasitären Matrix aussieht wie Schweizer Käse und schließlich ganz verschwindet. Jeder trägt dazu an seiner eigenen Stelle in der Matrix bei. Das passiert einfach schon dadurch, dass Menschen bewusstwerden und ihre Macht beanspruchen. Doch wir können noch viel mehr, daher bin ich super zuversichtlich!
Dies führt uns zur nächsten Gesetzmäßigkeit, dem Gesetz der karmischen Zeit (der zeitlichen Entkoppelung von Gegenteilen). Es ist ein sehr dynamisches Gesetz, das sich im Verlauf des Reifeprozesses ständig weiter abschwächt, bis die Gegenteile ganz aufeinander fallen und

Zeitlosigkeit entsteht. Nach diesem Gesetz erschaffst du in einer dualen Welt der Erfahrungen immer auch das Gegenteil mit. Diese gegensätzlichen Erfahrungen liegen zeitlich sehr weit auseinander. Je höher die Schwingung deiner Absichten, deiner Schöpfung, deiner Gedanken und Gefühle, umso schneller setzen sie sich um, umso schneller kommt aber auch das Gegenteil zu dir zurück. Karma im engeren Sinne als Auswirkungen von anderen Leben konnte nur dadurch entstehen, dass sich die eigene duale Schöpfung als Bumerang-Effekt so langsam und mit so viel Zeit dazwischen umsetzte, dass die gegenteilige Erfahrung erst in einem nächsten Leben eintraf. So konnten die Menschen auch noch keinen Zusammenhang herstellen zwischen den Erfahrungen verschiedener Leben. Erkennst du nun, wie wichtig es für die künstliche Matrix war, uns die Existenz anderer Leben auszureden?
Wenn wir die Standleitung hinaufklettern, dann wird dieser Effekt immer deutlicher. Deine Absichten setzen sich viel schneller um. Du begreifst schließlich unmittelbar, wie du dir diese Erfahrung gerade erschaffen hast. Du kannst dich ja noch daran erinnern, was du gedacht und gefühlt hast und erkennst in der Erfahrung die Antwort des Universums auf deine Bestellung. Das lässt vermuten, dass ein Mitschöpfer, der sich permanent im Zustand des Einheitsbewusstseins aufhält, auch seine Absichten sofort erfährt. Er kann instant erschaffen, es liegt keine zeitliche, karmische Distanz dazwischen. Er denkt an einen anderen Ort und schon ist er dort. Indische Heilige berichten von solchen Fähigkeiten wie an zwei Orten gleichzeitig zu sein, nichts mehr Essen zu müssen oder keine Kleider mehr zu brauchen bei jeder Außentemperatur. Alle scheinbaren Wunder, die von Heiligen oder indischen Yogis berichtet wurden, fallen unter dieses karmische Gesetz, das in der Nähe zum Einheitsbewusstsein Gegensätze in sich zusammenfallen. Es setzt die Gesetze der niedrigeren Dimensionen durch Wunder außer Kraft.
Wir wachsen gottseidank nur allmählich in diese Verantwortung. Stell dir nur einmal vor, du würdest morgen früh aufwachen im höchsten Einheitsbewusstsein. Und sofort setzt sich alles um, was du denkst und fühlst. Umgehend. „Oh Gott, ich sterbe an dieser Krankheit", denkst du angstvoll und prompt stirbst du auf der Stelle. Oder du denkst, „dieses Mieder

bringt mich um“ und genau das passiert dann umgehend! Vielleicht durch einen Unfall, bei dem das Mieder angezogen wird, bis du erstickst. Gleich hast du eine viel größere Verantwortung dafür, was du denkst und wie du dich fühlst. Begreifst du das Ausmaß deiner Verantwortung? Alle Gedanken und Gefühle werden sofort zu einer Erfahrung. Das ist im Übrigen auch, was beim Durchknallen gleichzeitig passiert, wenn der Drache zu früh geweckt wird. Das ist die Gefahr: Dass du schon so gut und stark mit deiner gesamten Drachenkraft erschaffst, aber dir lauter Unsinn ausdenkst, weil du es nicht für möglich hältst, so kraftvoll zu sein. Du erschaffst dir womöglich alles Verdrängte aus dem Haufen beim Drachen umgehend sofort und dann auch noch zusammen!
Damit kommen wir zum letzten Gesetz, auf das ich zumindest hier kurz eingehen will: Das Gesetz des Jetzt. Da du in den viertdimensionalen Traum-Ebenen gleichzeitig auch auf vielen anderen Zeitlinien unterwegs bist, ist es wichtig, dass du deine Absicht in der einzigen Zeitlinie verankerst, die du körperlich jetzt gerade erlebst. Jeder Mitschöpfer kann mit seiner Aufmerksamkeit ganze Seifenblasen von multidimensionalen Erfahrungen und Zeitlinien erschaffen und die schweben dann so vor ihm hin, ohne jeglichen sittlichen Nährwert und vor allem ohne Einfluss auf ihr echtes, reales Leben gerade jetzt. Du kannst dir viele andere Realitäten in Tagträumen ausmalen und sogar ganze parallele Universen erschaffen, die irgendwo auch existieren. Allein, sie werden genauso wenig Wirkung auf dein jetziges Leben zeigen wie all deine Tagträumereien von einer glorreichen oder gar furchtbaren Zukunft oder das Schwelgen in Erinnerungen. Du lebst nur jetzt. Nur jetzt bist du lebendig. Du musst dich daher jetzt schon so fühlen, als hätte sich dieser Wunsch erfüllt. Das ist die praktische Anwendung des Gesetzes des Jetzt. Dann ziehst du die erwünschte Erfahrung unweigerlich in dein Jetzt und auf deine jetzige Zeitlinie.

Weiterführendes Werkzeug: Wenn jedes deiner Gedanken, Gefühle, Worte und Handlungen sich umgehend umsetzen würden, was wäre dann? Übernimm die Verantwortung für das, was du denkst und wie du dich fühlst.

5b. Deine Erfahrungen wollen vollendet werden

In diesem Kapitel beschäftigen wir uns mit den vier Schritten zur Vollendung einer Erfahrung, dem Verstehen, dem Durchfühlen, dem Verantworten und dem Vergeben. Daraus entsteht Weisheit, Freude, Dankbarkeit und Frieden. Ich werbe für die Auflösung des Haufens beim Drachen, was in der Psychologie die Integration des Schattens genannt wird, und erkläre, warum davon unsere positive, freie Zukunft abhängt. Denn jeder trägt nur dann zum Wohle aller bei, wenn er seine Lebensaufgabe findet und sich ihr von ganzem Herzen widmet. Der kollektive Schatten muss ebenfalls integriert werden, davon hängt der Weltfrieden ab. Mitschöpfer werden in bestimmte Kollektive geboren, weil sie genau diese Aufgabe übernehmen wollten, aus dem Inneren heraus zur Heilung beitragen.

Wer sich für die positive Polarisierung entscheidet und für ein Wirken zum Wohle aller, wird sich auch auf die Suche nach seiner Lebensaufgabe machen. Jeder, der ein wenig tiefer ins kollektive Unbewusste eintaucht, kann feststellen, dass genau er oder sie dazu gebraucht wird, ein bestimmtes kollektives Thema oder mehrere für uns alle zu vollenden, also zu verstehen, zu durchfühlen und zu integrieren und dessen Einfluss auf unsere gemeinsame Zukunft ganz zu löschen. Jeder einzelne Mensch ist wichtig und sollte seinen Teil zum großen Zukunftspuzzle beitragen. Mit der Vollendung einer Erfahrung trägst du also sowohl individuell zu deinem Reifeprozess als auch kollektiv zu unserer Befreiung bei, das kann hier nicht deutlich genug gesagt werden. Lass dich nicht ablenken, du tust das Maximale, wenn du deinen Schatten integrierst und dich nicht mehr zu Reaktionen und Aktionismus triggern lässt, die deine Lebenskraft vergeuden, während deine Hausaufgaben liegen bleiben. Lerne, stattdessen überlegt, bewusst und stimmig aus der Mitte heraus zu handeln.

Unsere neue Realität ist ein Puzzle für eine gute Zukunft. Es entsteht nie aus der Mitte heraus, die Mitte ist immer gesättigt, passiv und träge. Sie lernt kaum noch dazu. Menschen aus dieser Gesellschaftsschicht sind mit sich und ihrem Leben zufrieden, sie haben die Matrix an ihrer eigenen Position maximal für sich genutzt und sich gut in ihr eingerichtet. Es sind die bunten Ränder, die kreativ bleiben und in die Neugründungen und in die alternativen Lebensentwürfe gehen, welche die bessere Zukunft für uns erschaffen! Um unserer guten Zukunft willen dürfen wir die Kreativen, Rebellischen, Verrückten und Spinner nicht ausschließen, sie haben auf ihre Art vielleicht schon Lösungen für Probleme gefunden, deren Existenz diejenigen in der Mitte noch nicht einmal ahnen. Statt uns anzufeinden und auszugrenzen und in Schubladen wegsperren zu lassen, sollten wir die Kluft zwischen der Mitte und den Rändern sinnvoll schließen. Das wäre eigentlich die Aufgabe zumindest der öffentlich-rechtlichen Medien, und nicht diese Ausgrenzung und Diffamierung, die wir gerade erleben. Was wir momentan zulassen, ist das Gegenteil: Jeder, der in freier Meinungsäußerung sein kleines Puzzleteil anbietet, wird daraufhin überprüft, ob es sich direkt an diese Insel der gesellschaftlich-ahnungslosen Mitte anlegen lässt. Sonst wird sein Puzzleteilchen weggestoßen und in eine Schublade gesteckt oder gleich ganz von Tisch gefegt. Dem Menschen wird sogar nahegelegt, sein Puzzlestück selbst so zu beschneiden, dass es doch noch angelegt werden kann an diese amorphe Masse in der Mitte. Er soll sich selbst im Kopf zensieren, um Job, Freunde und Anerkennung nicht zu verlieren. „Pass auf, was du sagst!" ist der heimliche Rat eines Freundes. „Zeig es nicht mehr, wo du anders bist." So lautet die Schere im Kopf.

Unsere gemeinsame, positiven Zukunft entsteht aus der Vielfalt unserer Standpunkte und Meinungen. Wir brauchen die ewig Gestrigen, um den Karren stabil zu halten und die ewig Zukünftigen, um den Karren auf Tempo und auf einen guten Kurs zu bringen. Früher haben die Alten eher die Bremse bedient und die Jungen sind aufs Gaspedal gestiegen. Das hat sich geändert, die Matrix der einverstandenen Mitte wurde so übermächtig, dass sie die Jungen in scheinbar sehr progressiven Bewegungen benutzt, die letzten Endes der Entwicklung zu einer globalen Diktatur dienen werden. Unsere jungen und unerfahrenen Mitmenschen stärken das alte System. Wer schon länger lebt und das Auf und Ab der Geschichte eine Weile bewusst beobachtet hat, entdeckt Muster in diesen immer gleichen Lösungen, die nicht zu unserem Besten sind: Egal welche Demo, am Ende werden die Steuern erhöht und noch mehr Regulierungen erschaffen. Und die nächste Generation so getäuscht und verraten wie schon alle anderen zuvor. Wir kommen nicht daran vorbei, stattdessen zusammenzuhalten und solidarisch die Matrix zu entmachten.

Dabei sollten wir niemals gegen einen einzelnen Menschen sein. Teile und herrsche ist eines der Prinzipien, wie sie uns von ihrer Rolle ablenken, die sie selbst in der Klimakatastrophe und bei anderen Problemen gespielt haben. Wir sind nicht die Verursacher all dieser Probleme, sondern diejenigen, die unseren ‚Fortschritt' weiter lenken, ohne unser bewusstes Einverständnis dafür einzuholen oder unser echtes Wohl im Auge zu behalten. Wenn zwei sich streiten, freut sich der Dritte. Schau dich um, wer ist der Dritte, der gerade von all dem Stress profitiert und mach den Stress für deine Mitmenschen nicht noch durch dein unfertiges und unreifes Verhalten größer! Heile dich stattdessen selbst. Leere den Haufen unter deinem Drachen und schau nicht nach den Haufen bei den anderen, verurteile sie nicht. Sie wissen nicht, was sie tun. Was kümmert dich der Splitter im Auge des anderen, sieh lieber zu, dass du den Balken in deinem eigenen Auge entfernst, das hat schon Jesus gesagt. Damit hast du fürs Erste genug zu tun. Schließlich wirst du das ganze Ausmaß und die Größe deiner eigenen Täuschung erkennen – und wie maßlos du in deiner Weltsicht enttäuscht wurdest. Du wirst endlich aufwachen und dir die Augen reiben und sagen: ‚Ach du lieber Himmel, so war das nie, aber ich habe es geglaubt!' Genau. Du kannst nur enttäuscht werden, wenn du etwas geglaubt oder erwartet hast, was einfach nicht mit dem übereinstimmte, was hier wirklich vorgeht.

Dieses Buch ist ein leidenschaftliches Plädoyer an die gesamte Menschheitsfamilie, sich an der eigenen Nase zu fassen und ansonsten tolerant und hilfreich zu bleiben in dem Wissen und Verstehen, durch welche emotionalen Zustände die Neuerwachten jetzt durchgehen. Für sie bricht eine Welt zusammen (die es für dich vielleicht noch nie gegeben hat). Illusionen aufzugeben tut weh. Und es ist wichtig, beim Verstehen nicht stehen zu bleiben und sich womöglich in eine protestierende Wut-Raupe zu entwickeln, statt sich endlich umgehend zu verpuppen und erstmal in sich selbst alles zu klären, was diese Parasiten auch kollektiv noch hier hält. Und dann den Reifeprozess zum Schmetterling abzuschließen und das Gute zu tun für unsere Freiheit. Ich persönlich will nicht mehr und nicht weniger als den Himmel auf Erden mit meinen Mitmenschen zusammen erschaffen. Großes Indianer-Ehrenwort. Hugh.

In diesem Kapitel soll es daher um die Hausaufgaben gehen, um die Vollendung von Erfahrungen. Alles, was noch unter dem Drachen liegt, ist in Bearbeitung, und daher noch nicht vollendet. Neben den Gängen, die von der Höhle des Drachen wegführen und auf die wir noch zu sprechen kommen, gibt es auch großräumige Kammern, die mit Regalen hübsch ordentlich gefüllt sind. Dort liegen deine vollendeten Erfahrungen, fein säuberlich einsortiert und jederzeit abrufbar, um erinnert und wieder in dein Tagesbewusstsein hochgeholt zu werden. Die vollendeten Erfahrungen sind nach den Gefühlsqualitäten sortiert. Über das Gefühl findest du das ganze Regal mit ähnlichen Gefühlserfahrungen, so kannst du die neuen Erfahrungen mit den alten vergleichen und im Idealfall dazulernen. Du findest da ähnliche Problematiken, aber auch Entscheidungen, die nicht getroffen, verzögert oder falsch getroffen wurden, Zwickmühlen und Traumata. Allerdings haben sie keine Ladung mehr, wenn sie fein säuberlich in den Regalen liegen, im Unterschied zum Haufen. Sie bedrängen dich nicht und sie mischen sich auch nicht mehr unbewusst in deine Schöpfungen ein.

Die Vollendung einer Erfahrung bedeutet also, dass sie emotional ganz entladen wurde, damit wird sie für das bewusste Erschaffen in der Wirkung neutralisiert. Doch, bevor ich darauf eingehe, wie man das macht, analysieren wir erst einmal am Beispiel so ein Trauma. Nehmen wir eines, mit dem ich mich auskenne, weil es bei mir auf dem Haufen gelegen hat. Ich wurde im Alter von drei Jahren und drei Monaten sexuell missbraucht. Was dabei passiert, ist sehr komplex. Eigentlich wird sogar die Seele vergewaltigt, nicht nur der Körper. Dieser Missbrauch liegt heute bei mir als Fakt vollendet verteilt und kopiert in sehr vielen Regalen und besitzt keinerlei Ladung mehr. Teile davon liegen im Regal ‚Scham', andere in ‚Todesangst', ‚Angst zu ersticken', ‚Ekel', ‚komische Gefühle sexueller Erregung', ‚Bedrohung', ‚Zwang', ‚Erschrecken', ‚Enttäuschung', ‚Verrat', ‚Schock', ‚alleingelassen', ‚hilflos', ‚ausgeliefert', ‚Vertrauen' (ja, ich habe ihm vertraut), ‚Zuneigung', ‚Liebe', ‚Bewunderung', ‚ich bin schuld', und ‚ich darf das Geheimnis nicht verraten' (werde also zum Komplizen). Das sind so die wichtigsten Regale, die mir einfallen. Wie gesagt, das war eine sehr komplexe Erfahrung. Und es gab da auch die Entscheidung, dass ich mich nie wieder daran erinnern will und dass ich alles tun muss, dass mir das nie wieder passiert. Der gesamte faktisch erfahrene Ablauf wird dabei überall zu den Gefühlen sortiert und dafür vervielfältigt. Bis zum Alter von 42 Jahren wusste ich nichts von einem Missbrauch, ich hatte ihn vollständig verdrängt und damit die Entscheidung des kleinen Mädchens erfüllt. Auf dem Haufen unter meinem Drachen lag er jedoch als ein bedrohlicher, großer Klumpen, auf dem das Etikett ‚Missbrauch' klebte, und der meine Beziehung zu jedem Mann in meinem Erwachsenenleben durchkreuzte. Im Mikado-Kapitel werde ich darauf eingehen, wie man ein verdrängtes Ereignis überhaupt zu fassen kriegt und ganz konkret aus dem Haufen zieht. Hier geht es erst einmal nur um das theoretische Verständnis.

Unser Verstand gleicht einem Assistenten, der mit unserem Fokus ständig zwischen bewusst und unbewusst unterwegs ist und dabei die Erfahrungen in den Regalen vergleicht mit denen, die wir gerade da draußen neu machen. Er nimmt sich bei den meisten Menschen leider viel zu wichtig. Nehmen wir mal an, du sitzt auf einer Bank und schaust in den Sonnenuntergang und du fühlst dich überwältigend wunderbar. ‚Was für ein schöner Sonnenuntergang!', denkst du. Schon taucht dein Verstand automatisch in deine Regale ab und in den Haufen und sucht nach einer ähnlichen Erfahrung von gleicher Gefühlsqualität. Er kommt von unten mit einer Konserve zu dir zurück, während du immer noch auf der Bank den Sonnenuntergang genießt. Freudestrahlend überreicht er dir eine passende, konservierte Erfahrung im Einmachglas. Dann vergleicht er sie sogar noch für dich mit dem Erlebnis da draußen. Als Suchmaschine ist er richtig gut und er öffnet das Glas und du denkst, ‚aber der Sonnenuntergang, damals auf Bali, der war wesentlich schöner.' Wenn du einen übereifrigen Assistenten hast, präsentiert er dir gleich noch eine ganze Liste von Sonnenuntergängen und vergleicht sie miteinander. Was er damit aber auf jeden Fall macht: Er reißt dich immer aus dem Jetzt und schleppt dich in die Erinnerungen. Dieser Kerl trennt dich von deinem Lebendig-Sein, denn das findet nur in Echtzeit mit dem aktuellen Sonnenuntergang statt. Und dann musst du ein Foto davon machen und es auf Facebook posten. Du machst gerade eine wunderschöne Erfahrung und machst sie dir selbst kaputt allein schon durch die Dokumentation. Dann ist die Erfahrung einsortiert, eingeordnet, verglichen und beurteilt. Dein Assistent verschwindet mit ihr in einem neuen Glas im Keller und du mit ihm und schwelgst in den Erinnerungen an Bali, läufst wie in Trance umher und verpasst dabei dein Leben jetzt.

Die meisten Menschen laufen fast andauernd in einer mehr oder weniger ausgeprägten Trance umher, denn was ist das anderes, wenn sie ihrem Assistenten ins Unbewusste folgen und sich den Erinnerungen hingeben? Dann betrachten sie die Einmachgläser alter, abgestandener Erfahrungen und da draußen im wirklichen Leben ist gerade keiner wach. Du könntest zum Beispiel verpassen, dass dich jemand anlächelt. Es gibt unter den Menschen sogar regelrechte Zombies, die eigentlich schon mehr Zeit im Datenkeller verbringen als oben wach in ihrem Bewusstsein. Bei ihnen haben die Einmachgläser mit ganz besonderen Erfahrungen und die Erinnerung an ganz besondere Menschen sogar einen eigenen Schrein für die Anbetung erhalten. Du glaubst, es gäbe keinen Ahnenkult bei uns? Ich habe neulich noch mit jemandem telefoniert, der mich durch ausgedehnte Schilderungen der Eltern auch noch in deren Anbetung mit hineinziehen wollte. Ich verehre keine besonderen Menschen, auch nicht, wenn es deine verstorbenen Eltern sind. Ich verehre niemanden. Wir alle sind Kinder dieser Schöpfung und auf dem Weg. Nicht jeder kann schon große Schritte machen.

Der Assistent freut sich auch, wenn du mit neuen Regalen daherkommst und weitere Höhlen als Lager erschließt. Dann träumst du davon, welche Einmachgläser du dort wohl abstellen könntest und was du dort wohl

einfüllen würdest und es ist eine glorreiche Zukunft, und du kommst darüber ins Schwärmen. Das sind die Seifenblasen, die dann regelmäßig wieder zerplatzen. Diese Menschen verstehen noch nicht, wie sie die gewünschten Erfahrungen tatsächlich für ihr Leben wahrscheinlicher machen, daher bleiben diese Gläser immer leer, egal wie schön die Etiketten darauf aussehen. In meinem Wunschkeller stehen schon ganz lange drei Gläser: ein Glas mit dem Etikett ‚Lebensgemeinschaft oder autarkes kleines Dorf' und ein Glas mit ‚Partnerschaft' und eines mit ‚Senioren-WG', und ich gehe auch immer mal vorbei und staube sie ab und tue, was ich kann, aber sie blieben bisher leer. Am Ende passt eben keine Mitschöpfer-Erfahrung in ein Einmachglas.
Wir befinden uns fast immer in einer leichten Trance und sind damit abwesend im jetzt. Ich natürlich auch. Nur selten erleben wir uns ganz neutral im Jetzt. Dabei, was für ein wunderbarer, freudvoller und friedlicher Zustand ist dieses Jetzt. Und das nächste Jetzt. Und noch eins. Dann und nur dann sind wir als Mensch wach. Sonst laufen wir in einer mehr oder weniger starken Selbsthypnose herum. Ich fand es amüsant herauszufinden, dass ausgerechnet solche Menschen, die in einer starken Mainstream Media Propaganda Trance unterwegs sind, vor einer befreienden Hypnosesitzung wie BQH die meisten Skrupel haben. Sie sagen dann, sie hätten Angst, man würde sie fremdsteuern. Viel eher trifft zu, dass sie eigentlich davor Angst haben, tatsächlich aus ihrer täglichen Trance aufzuwachen. Sie könnten ja feststellen, dass die Welt gar nicht so ist, wie sie immer dachten.
Kommen wir nun zu den Erfahrungen, die noch unvollendet sind und eine beträchtliche emotionale Ladung tragen. Diese Ladung sorgt dafür, dass alles im Haufen beim Drachen ganz stark zieht. Dein Drache will, dass du den Haufen ganz auflöst und dass du dir deines Unbewussten vollkommen bewusstwirst. Auch deshalb schweifst du ständig ab, die Ladung lässt den Assistenten unruhig hin und her sausen. Ist der Haufen beim Drachen noch groß, kannst du dich noch nicht wirklich lange leer machen, egal, wie viel du schon meditierst. Es gelingt dir nicht, der Druck ist zu groß. Außerdem zieht auch die Matrixwelt da draußen ganz stark an deiner Aufmerksamkeit.

Kleinere, leichte und eher belanglose Erfahrungen werden von deinem Drachen einfach in deinen nächtlichen Träumen vollendet. In deinen Träumen kaut er deine Erfahrungen des Tages in vielen Varianten durch und du wirst dadurch immer reifer und geschickter in deiner Tageserfahrung, selbst wenn du dich an deine Träume nicht erinnerst, sie sind so was wie das Großreinemachen. Man könnte auch sagen, du verdaust nachts, was du tagsüber aufgenommen hast. Und manchmal schalten sich auch noch andere Funktionen dazwischen, aber das zu erklären würde hier zu weit führen. Ein Meister, der sein Unbewusstes schon größtenteils ins Bewusstsein gehoben hat, beginnt bewusst zu träumen. Man nennt das auch ‚Luzides Träumen' und wenn das bei dir beginnt, bist du schon ein gutes Stück in deiner Standleitung vorangekommen. Ein luzider Träumer wacht in seinem Traum auf und weiß, dass er träumt und entwickelt nun bewusst die Handlung im Traum weiter. Dieses magische Reisen ähnelt Märchen oder Videospielen. Über deine Träume melden sich auch besonders berührende Visionen, die du noch lange erinnerst und die dich ganz stark beeinflussen. Dahinter steckt dann dein Höheres Selbst. Träume bewegen sich meist in der vierten Dimension, der Astralwelt. Und so flüchtig und beweglich wie ein Traum musst du dir auch die gesamte Dimension vorstellen. Doch es können sich auch Fenster öffnen zu wesentlich höheren Dimensionen. Die Wahrsagerei zum Beispiel hält sich meistens in der vierten Dimension auf. Das Horoskop, wie wir es kennen, auch. Ab der fünften Dimension wird die Wahrsagerei hinfällig, denn die Zukunft wird immer weniger aus dem Astralen erschaffen und ist daher nicht mehr vorhersehbar. Steigt ein seeleníntegrierter Mensch in seiner Standleitung weiter nach oben, dann wird es auch immer deutlicher, dass er sich selbst seine Zukunft erschafft. Und wie will ein Wahrsager sehen, was ein anderer noch gar nicht erschaffen hat? Doch ich schweife gerade ab.
In diesem Kapitel soll es um die Vollendung von Erfahrungen gehen. Im Prinzip werden Erfahrungen vollendet, indem man sie erst einmal vollständig bewusst erinnert, also den genauen Ablauf, die beteiligten Personen, die Umstände und den Ort. Wie ein sachlicher Reporter klärt man möglichst objektiv auf, was da passiert ist. Vielleicht versteht man dabei

sogar schon die Perspektiven aller Beteiligten, und bleibt nicht bei der eigenen stehen, das wäre optimal. Das bedeutet ‚verstehen'. Ich verstehe was passiert ist, ich verstehe, was da bei mir los war und beim anderen, und bei allen Mitwissern. Auf der Gedankenebene entsteht durch Vollenden das Verstehen. Wenn wir diese Erfahrung möglichst umfassend verstehen, gewinnen wir Weisheit.

Dann muss eine Erfahrung auch noch vollständig durchfühlt werden, um sie zu vollenden. War das Erlebnis mit vielen gemischten Gefühlen begleitet, muss man sie vielleicht erst mal einzeln nacheinander durchfühlen und einzeln differenziert erspüren. Dann geht es in einer Therapiesitzung vielleicht nur um die Scham dabei. Es kommen auch andere Situationen mit Scham zur Sprache. So zumindest habe ich meine eigene Therapie erlebt. Dieses Gefühl muss dann ausgehalten werden, aber ohne, dass man es anfasst, breittritt, verurteilt, verstärkt und sich damit identifiziert. In der Therapie ist es nur eine Erinnerung und du bist dabei in Begleitung eines Profis auch ganz sicher. Nimm also bitte für die großen Brocken immer professionelle Hilfe in Anspruch! Jedes verdrängte Gefühl will einfach nur einmal bewusst da sein dürfen, dann löscht es seine Ladung sozusagen selbstständig, das ist zumindest meine Erfahrung. Dann ist es bereit, in einem Einmachglas ins Regal gebracht zu werden. Es durfte bewusst bei dir und in dir sein und das genügt, nun bist du bewusst. Das ist sein Geschenk an dich: Bewusstsein. Damit hat diese Ladung ihre Aufgabe erfüllt und kann im Datenkeller verschwinden. Techniken, wie du das bei minder schweren Brocken auch allein machen kannst, und solche, für die du nur etwas Hilfe brauchst, werde ich an anderer Stelle besprechen. Damit du eine Vorstellung davon bekommst, wie das ablaufen könnte, hier ein kleiner Exkurs ins NLP, das mittlerweile auch in die matrix-erlaubte Psychotherapie eingewandert ist, auch wenn es wie alles andere irgendwann mal aus der Exotik und Esoterik kam. Nach NLP stellst du dir die traumatische Situation wie ein Theaterstück auf der Bühne vor, aber du selbst bist dabei ein unbeteiligter Zuschauer, du sitzt nun da und betrachtest das Theaterstück und dein altes Ich von damals spielt seine damalige Rolle (Heute bist du ja nicht mehr so und würdest die Rolle auch anders spielen, nicht wahr?). Bist du dann immer noch zu sehr emotional beteiligt, kannst du dich in eine Loge weiter hinten und weiter oben setzen, und von dort das Ich beobachten, das im Zuschauerraum sitzt und das Stück beobachtet. Damit zeigst du deinem Unbewussten deine Bereitschaft, dich damit zu befassen und es wird dir weitere Möglichkeiten schicken, dich zu heilen und die Emotionen zu entladen.

Hast du dieses eine herausgefilterte Gefühl in einem sicheren Raum erlaubt da zu sein, ohne es gleich wieder ins Unbewusste zurückzuschieben, wird es nach spätestens fünf Minuten ganz verschwinden. Kein noch so extremes Gefühl wirst du ohne äußere Einwirkung länger als fünf Minuten aushalten müssen, dann ist diese Ladung weg. Diese eine Gefühlsqualität ist dann vollständig entladen. Der Körper hat da eine eingebaute Sicherung, dir aus sich heraus nie länger als fünf Minuten Zeit dafür zu geben. Wenn du das weißt, hilft es dir, es auszuhalten um der Entladung willen. Es ist wie bei der Geburt: Da kommt eine Wehe, und wieder eine, aber du weißt auch, sie geht vorüber und du gebierst deine Heilung und deine Freiheit. Als ich selbst dies entdeckte, war das Verblüffendste für mich, dass ich mich anschließend wunderbar leicht und fröhlich fühlte. Und das nach so einem grässlichen Gefühl! Hast du das einmal erlebt, und noch einmal und noch einmal, kann es kein Zufall mehr sein. Dann wirst du vielleicht zum Therapie-Junkie, immer auf der Jagd nach der Entladung, um vor allem das Gefühl danach wieder zu erleben, das Gefühl von Frieden und Freude.

Du beginnst vielleicht sogar aktiv, im Haufen herumzustochern und nach diesen gefrorenen Gefühlen zu suchen und sie dann aufzutauen. Denn so ist es ja tatsächlich, da wurde deine Schöpferkraft etikettiert und eingefroren und damit auch deine Potentiale. Taust du solche Erfahrungen auf und vollendest sie, trinkst du eine Flasche reines Lebenselixier, du musst nur das Etikett erst mal wegnehmen. Du wirst dich immer öfter leicht, fröhlich und befreit fühlen. Ich kam damals zu der Erkenntnis, dass wir alle bereits unschuldig, erleuchtet und frei sind, und dass uns nur dieser Haufen, also die persönliche und die kollektive unbewusste Vergangenheit, daran hindert, uns auch so zu fühlen. Wir müssen uns unbedingt von den Schultern nehmen, was uns das Leben selbst bisher aufgebürdet hat, aber auch was z. B. die Erziehung zu Schuld und andere, falsch verstandene, kollektiven Dramen angerichtet haben. Es ist unser Geburtsrecht, unschuldig, erleuchtet und frei zu leben. Alle diese eingefrorenen Gefühle machen dich auch kalt, herzlos, schwer und bewegungsunfähig. Sie ziehen dich in der Eigenschwingung nach unten. Und machen dich manipulierbar.

Der zweite Teil der Vollendung einer Erfahrung besteht also darin, dass du alles durchfühlst, aber so, dass du dich dabei nicht erneut mit dem Gefühl identifizierst und wieder leidest. Da wirst du erst mal viel Hilfe von erfahrenen Therapeuten brauchen, zumindest aber erfahrene Menschen, die dir einen sicheren Raum geben, dich urteilslos so annehmen, wie du bist und dir einfach konzentriert in Liebe zuhören. Mit der Vollendung der Gefühle findest du Freude und Frieden. Du wirst glücklich und du entdeckst, dass unter allen eintrübenden Gefühlen die Freude liegt. Sind die Gefühlsetiketten erst einmal abgelöst von der Erfahrung und die Emotionen entladen, ist dein Grundzustand Freude. Weil die gefrorene Lebensenergie dir nun wieder voll zugänglich wird, fühlst du dich außerdem so, als könntest du Bäume ausreißen. Deine Drachenkraft fließt und das ist ein wunderbares Gefühl.

Damit ist die Erfahrung aber noch nicht vollendet, selbst wenn du alle Gefühle einzeln entladen hast. In einem dritten Schritt ist es nun erforderlich, in die Verantwortung zu gehen. Nun suchst du danach, welche deiner Meinungen, Standpunkte, Gedanken und Gefühle diese Erfahrung mitverursacht haben. Wie hast du diese Erfahrung erschaffen und wodurch? Frage dich auch, was diese Erfahrung am Kurs deines Lebens verändert hat. Welche Richtung hat dein Leben dadurch genommen? Wo hat die Erfahrung dich behindert? Wo hat sie ähnliche Muster angezogen? Nach der Vollendung der Gedanken und Gefühle zu meinem eigenen Missbrauch (die beiden ersten Schritte) habe ich erstaunt festgestellt, dass mich genau diese Erfahrung daran gehindert hat, ein normales durchschnittliches Leben zu führen, so wie alle anderen um mich herum. Mann, Kinder, Eigenheim. Ich hätte viel mehr im familiären, privaten Bereich gelebt, so wie es mir ganze Frauengenerationen vorlebten, die Mütter und Großmütter. Das ist nun keine abschätzige

Verurteilung solcher Lebensentwürfe, entschieden nein. Allein, für mich war es so nicht vorgesehen. Mein höchstes Selbst wollte mich immer weiter bei der Suche halten, eigentlich sogar solange, bis ich dieses Buch als mein gesammeltes Lebenswerk schreiben konnte. Jede einzelne Erfahrung, jeder Bruch, jedes Stückchen Chaos, jeder Schicksalsschlag (der nie einer war) hat unweigerlich zu diesem Buch geführt.
Dabei weiß ich schon seit zwanzig Jahren, dass ich mein Leben der Aufgabe widmen wollte, die Kluft zwischen Spiritualität, Religion und Wissenschaft zu schließen und dass ich alles ganz nahe am Massenbewusstsein richtig gut erklären wollte. Die Menschheit muss beide Hirnhälften und das Herz benutzen, um so gravierende Entscheidungen zu treffen, wie sie jetzt geschichtlich fällig sind. Wir können den Kurs der Menschheit nicht denen überlassen, die sich noch unbewusst ansteuern lassen und mit ganz viel Persönlichkeit und Schatten unterwegs sind! Es ist einfach zu gefährlich! Darüber wollte ich aufklären, denn jeder Mensch ist jetzt wichtig. Ohne diesen Missbrauch wäre ich irgendwo zwischen Haus und Garten und in einer wunderbaren Beziehung steckengeblieben. Es gab einfach so viel zu lernen und ich hatte dazu viel Zeit und Gelegenheit, weil mein Missbrauch wirklich alle Versuche, normal zu leben, vereitelte. Ich konnte nicht ruhen, bevor ich den Homo Creativus Pax in mir entdeckt und selbst verwirklicht hatte. Es ging nicht. Dem Missbrauchs-Täter verdanke ich also, dass ich über mich selbst hinauswachsen konnte und bewusst erwachte. Meine Leser hätten mich sonst nie kennengelernt.
Spätestens wenn du entdeckst, warum diese Erfahrung auf höheren Ebenen von dir selbst so geplant wurde, um genau die Lebensaufgabe zu erfüllen, die du dir für dieses Leben vorgenommen hast, wirst du dankbar. Du gewinnst Dankbarkeit. Du bist dankbar dafür, dass du dich weiterentwickeln durftest, und dass dir diese Erfahrung ja eigentlich doch nichts anhaben konnte, im Gegenteil, nun bist du viel kraftvoller und hast neue Fähigkeiten und Fertigkeiten entwickelt. Du bist schließlich sogar dankbar, dass sich dieser andere Mensch, der Täter (eigentlich auch nur ein schlafender Mitschöpfer), diese Schuld auf sich geladen hast, damit du endlich erkennst, wie du selbst dafür verantwortlich bist, was du

erfährst. Meiner hat diese Schuld auf sich genommen, damit ich in diesem Leben nicht eher ruhe, bis ich den Reifeprozess ganz abgeschlossen hatte. Das ist das Potential jedes Missbrauchs. Neben der Entlarvung der Matrix (Missbrauch ist ein Mittel für Herrschaft), und einer eventuellen, damit verbundenen Aufgabe, die Erfahrung öffentlich zu machen. Auf einer höheren Ebene, und nur auf der, bist du deinem Täter dankbar. Dankbar für die gesamte Erfahrung. Denn ohne seine Täterschaft wärst du in deinem Bewusstsein nicht da, wo du jetzt bist. Du wärst im bequemen Mittelmaß steckengeblieben und in der Matrix nie aufgewacht.

Die objektive, gedankliche Verarbeitung lässt dich also weise werden, die Verarbeitung der Gefühle lässt dich den Grundzustand der Freude entdecken und wenn du deine Erfahrung als Mitschöpfer verantwortest, entwickelst du Dankbarkeit. Doch auch da solltest du noch nicht stehenbleiben, wenn dir deine Gesundheit und Freiheit lieb ist. Nun gilt es noch, dir selbst zu vergeben. Nachdem du alles voll umfänglich ganzheitlich verstanden hast, musst du dir selbst vergeben, dass du dir – mit welchen Mitteln auch immer – eine solche Verletzung zugefügt hast. Ein solches Trauma oder Drama. Denn du als dieses alte Ich, diese Persönlichkeit, hast ja unsäglich gelitten. Würdige also dieses vergangene Ich, diese Persönlichkeit, die das auf sich genommen und ertragen hat und entschuldige dich quasi bei ihr für all das Leid. Stell dir dein damaliges Ich in Gedanken gegenüber, bitte es um Vergebung und nimm es in deiner Vorstellung in den Arm.

In meinem Fall war schon gleich ein wenig Trost da. Mein Schutzengel nahm die Dreijährige direkt nach dem Ereignis spürbar in den Arm und versprach mir, es sei jetzt vorbei und es würde mir nicht wieder passieren. Deshalb könne ich nun alles getrost vergessen. Und das tat mein damaliges Ich dann auch, wie das bei Kindern in diesem Alter noch möglich ist. Am Morgen danach hatte ich alles vergessen. Alles. Bis auf zwei ganz nebensächliche Erinnerungen: Dass der Wecker tickte und dass die Straßenlaterne durchs Fenster auf das Bett schien. Das ganze Drama ruhte für vier Jahrzehnte im Haufen beim Drachen. Soweit ich mich erinnern konnte, hatte ich sogar eine ganz glückliche Kindheit und auch eine schöne Erwachsenenzeit, mal abgesehen von merkwürdigen partnerschaftlichen Erfahrungen. Mit den Männern war der Wurm drin. Keine Beziehung funktionierte länger als drei Monate, mal ganz abgesehen von den zwölf Jahren Ehe ganz am Anfang.

Doch ich bin schon wieder vom Thema abgekommen, wir waren noch bei der Vergebung. Du spürst da so eine darüberliegende Meta-Ebene (der Vergebung), die sogar noch über der Dankbarkeit liegt. Für mich selbst war es nach der Vollendung der ersten drei Schritte relativ einfach, meinem Täter zu vergeben. Aber mir selbst zu vergeben, das war eine ganz andere Nummer. Ich habe mich lange geweigert, mir die Verantwortung für eine solche Erfahrung aufzuerlegen. Ich war nun erst Mal so richtig böse mit mir selbst! Wie konnte ich mir dieses Leid und diese Schwierigkeiten vergeben? Doch, das musste sein. In dieser Phase hatte ich gute Freunde, die durch ähnliche Erfahrungen gegangen waren und die mir nun beistanden, mir auch um meines guten, zukünftigen Lebens willen noch alles zu vergeben, was ich da auf einer höheren Ebene geplant und auf mich genommen hatte.

Nein, wir sind immer noch nicht fertig mit der Vollendung. Nachdem du dir selbst und damit eigentlich diesem Ich, das dein Leben so geplant hatte, also deinem Höheren Selbst (manche sind sogar mit Gott selbst böse) diese Erfahrung vollständig vergeben hast, musst du auch den anderen Teilnehmern und Gaffern und Mitwissern und Duldern und Zuschauern und Wegguckern vollständig vergeben. Oft tun sich dabei neue Probleme auf, neue Verdrängungen. Wenn sich zum Beispiel die Missbrauchserfahrung durch die gesamte Kindheit zog und nicht wie bei mir auf ein einzelnes Ereignis beschränkt blieb. Dann haben andere das Drama stillschweigend übersehen, geduldet, oder Angst gehabt oder sogar ein Eigeninteresse daran entwickelt. Dann muss diese andere Beziehung auch als Erfahrung ganz angeschaut und gesondert in die Vollendung gebracht werden. Ich weiß, das klingt nach viel Arbeit, aber es lohnt sich, du wächst über dich selbst hinaus und lebst glücklicher und zufriedener. Gut, andere fahren von dem Geld, das du für Seminare und Assistenz ausgibst, in Urlaub und schlafen lieber weiter. Gönne ihnen ihren Schlaf, sie werden noch schnell genug unsanft geweckt. Oder ihr

Drache wird so sanft in sein künstliches Koma gleiten, dass es ihnen wie der schönste Urlaub vorkommt. Jeder muss sich selbst heilen und zum Mitschöpfer werden, kein anderer kann es für ihn tun.

Ich fasse zusammen, dies sind die vier Schritte: Erstens die Erfahrung voll umfänglich verstehen. Zweitens die Erfahrung voll umfänglich durchfühlen. Drittens die Erfahrung voll umfänglich verantworten. Und viertens die Erfahrung voll umfänglich vergeben. Daraus gewinnst du Weisheit, Freude, Dankbarkeit und mit der Vergebung auch noch deine karmische Freiheit. Kollektiv können wir da draußen in der 3D Realität erst dann Frieden und Freude erleben, wenn wir auch als karmische Gruppe den Weg der Vollendung von Erfahrungen gegangen sind. Erst dann muss ein Volk sie nicht mehr wiederholen. Was momentan passiert, erreicht das Gegenteil und ist auch so gewollt: Die Fronten werden geschürt und die Menschen in noch mehr Persönlichkeit und Schatten getrieben. Hundert Jahre Psychologie als Wissenschaft kam leider in der Politik noch nicht an. Wenn es nach mir ginge, dürfte diesen Beruf des Politikers erst ausüben, wer seine Erfahrungen bereits vollendet hat. Damit nicht ständig die alte Leier im neuen Gewand erschaffen wird.

Auch auf persönlicher Ebene musst du diese Erfahrung nicht mehr wiederholen, du stellst quasi deine Unschuld wieder her und auch die Unschuld des Täters. Du gibst ihn frei, selbst auch aufzuwachen und glücklich zu werden. Du hältst ihn nicht weiter in der Disziplinierung durch Schuld gefangen, er ist dir nichts mehr schuldig. Damit wird diese TOR Beziehung nicht mehr fortgesetzt, auch nicht stellvertretend mit anderen Menschen. Auf ein Menschenkollektiv bezogen, wird es sich selbst erst dann nicht mehr als Täter schuldig machen, wenn es die alten Täter freigibt und die Erfahrungen als Opfer vollendet. Erst dann kann Frieden um dieses Volk herum entstehen. Bis dahin wird es immer wieder Nachbarn anziehen mit ähnlichem Hintergrund und das Leid wird fortgesetzt, Generation um Generation. Deshalb müssen in jeder Kultur ganz schnell Mitschöpfer erwachen, die von innen heraus und in ihrer eigenen Matrix-Umgebung ein Beispiel geben, es besser zu machen, und zwar so, dass Frieden für uns alle entsteht. Und dass die Menschheit als Ganzes gedeiht. Ich selbst bin schon froh, von ein paar Deutschen gehört zu werden. Und da sehe ich auch die größten Potentiale unserer Multikulti-Gesellschaft: Dass auch Menschen mit diesem Prozess in Berührung kommen, deren Kultur noch dringend nach einer Erfahrungsvollendung ruft. Ich stelle mir vor, dass sie dann auch den selbst gefundenen Frieden in ihre Kultur zurücktragen. Ein schönes Bild.

So, nun bin ich doch ein wenig stolz, dass ich die Kurve der Vergebung gerade ohne jeden religiösen Zeigefinger und ohne jegliche Anspielung auf die deutsche Geschichte genommen habe. Denn was ich dir hier vorstelle, ist einfach nur logisch und kommt von Herzen. Wenn du dich selbst befreien und heilen willst, um bessere Wahrscheinlichkeiten zu erzeugen, ist es doch selbstverständlich, dass du auch die anderen befreien willst und ihnen daher vergibst – zum Wohle aller. Vergebung ist einfach eine wirksame Technik, auch noch die letzten Krümel der beladenen Erfahrung aufzuspüren und zu vollenden. Und Vollendung heißt: ‚Ja, ich erinnere mich noch an den Missbrauch, die Täuschung, den Diebstahl, den Verrat. Auch an alle Gefühle.' In meinem Falle selbst an die Jahre danach. Wie oft habe ich davon geträumt, den Täter zu konfrontieren und ihm meine privaten Therapien in Rechnung zu stellen, alles, was es mich gekostet hatte, ganz und heil zu werden und aufzuwachen. Mein Schuldenberg wäre auf einen Schlag weggewesen!

Glaub also nicht, dass es leicht gewesen wäre, und ich das, was bei dir auf dem Haufen liegt, herunterspielen möchte. Nein. Deine Erfahrung ist die schlimmste und die wichtigste überhaupt, denn es ist deine. Doch, indem du dich als Opfer definierst oder dich mit Schuldgefühlen identifizierst, statt einfach nur die Erfahrung zu vollenden, verstärkst du den Haufen beim Drachen und hältst dich selbst unbewusst, egal wie viele Freundinnen dir zustimmen, wie böse man zu dir war und wie böse der andere als Täter ist – es bewegt sich nichts in deinem Leben Richtung besserer Zukunft. An anderer Stelle ging ich bereits kurz darauf ein, dass du immer auch weiter selbst zum Täter wirst, wenn du dich als Opfer definierst, und natürlich auch jede Menge Grund zum Retten anderer finden wirst. Dann bleibst du im TOR (Täter-Opfer-Retter-Dreieck) gefangen und erschaffst dir immer wieder ähnliche Erfahrungen. Vor allem bleibst du unbewusst, und das können wir uns in der heutigen Situation eigentlich nicht mehr leisten. Wir brauchen jeden für eine gute Zukunft. Jeden Mitschöpfer, nicht solche Menschen, die noch mehr Drama erschaffen. Die können gerne weiter in Urlaub fahren und nette Sachen träumen, dann kommen sie denen, die eine echt gute Zukunft für uns alle erschaffen wollen, wenigstens nicht in die Quere. Ich weiß, wovon ich rede, ich habe selbst ganz lange geschlafen und weiter Dramen erzeugt. Mich hat mal einer in diesem alten Zustand eine ‚Queen of Drama' genannt und das war ich dann auch.

Das Gesetz der Anziehung besagt ja, dass du mit deinen Gedankenformen deine Erfahrungen anziehst. Je verletzender, dualer, und einseitiger eine Gedankenform daherkommt, desto mehr schreit sie nach Ergänzung bzw. die Anziehung des Schattens. Ganz praktisch bedeutet das, dass ein Täter sein Opfer anzieht und das Opfer den Täter, so als wären sie magnetische Pole. Die Täterrolle und die Opferrolle wird sich also in unzähligen Situationen so lange wiederholen, bis keiner der beiden mehr solche Gedankenformen aussendet. Durch den Leidensdruck hat das Opfer sogar die besseren Chancen, sich Hilfe zu holen und dieses Trauma ganz zu heilen. Das haben wir bereits besprochen. Opfer wie Täter müssen sich eingehend mit dem Haufen unter dem Drachen beschäftigen und dort aufräumen und den Schatten integrieren. Alles, was noch unbewusst eine solche Erfahrung anzieht, muss integriert werden. Den Schatten integrieren – so nennen das Psychologen und sie meinen damit, die Erfahrungen auf dem Haufen beim Drachen vollenden.

Solange ein Täter mit seinem Verhalten durchkommt, ist er nur selten bereit, eine Therapie zu machen. Wir müssten unser Strafsystem vollkommen umwandeln. Der Täter müsste so viele Nachteile (nicht Bestrafungen!) erfahren, dass er freiwillig und hoch motiviert zur Therapie geht. Leider fragen auch Opfer nicht immer eine Therapie nach, es kommt darauf an, wie der entsprechende Mensch kulturell gelernt hat, damit umzugehen. Doch feststeht: Solange beide nicht verstehen, dass sie als allererstes aufhören müssen, sich als Täter oder Opfer (oder Kriegsgegner oder politische Gegner) zu definieren, wird sich die Erfahrung mit anderen Menschen und Situationen wiederholen. Das gilt auch für ein ganzes Volk, welches durch das Festhalten an solchen Definitionen unweigerlich weiter in solche Erfahrungen gezogen wird. Sich immer wieder daran zu erinnern und zu mahnen und sich als Opfer weiter zu thematisieren, verstärkt nur die Wirkung des Gesetzes der Anziehung und erhöht die Wahrscheinlichkeit, dass es wieder passieren muss. Noch mehr Mahnungen werden nur diese Wahrscheinlichkeit weiter erhöhen. Opfer sind machtvolle Schöpfer, egal ob unbewusst oder bewusst. Ich wünsche mir so sehr, dass die Menschen endlich verstehen, was sie mit ihren Denkmälern und Stolpersteinen anrichten: Wir müssten stattdessen überall Denkmäler für eine freie, positive und friedliche Zukunft aufstellen und der unsere ganze Aufmerksamkeit schenken!

Du hast an dieser Stelle vielleicht gemerkt, dass manche religiösen oder kulturellen Rituale den Elementen der Vollendung gleichen, wie ich sie hier beschreibe. Ich wollte diese vier Schritte aber bewusst aus ihrem Kontext herauslösen und sie dir hier objektiv als Schritte schildern, sozusagen als Algorithmen für deine Befreiung von Altlasten. Denn alles, was da draußen im Mainstream als Methode offiziell anerkannt wird, entweder von einer wissenschaftlichen oder religiösen Institution oder Autorität, hat ja auch den Genehmigungs-Stempel der Matrix erhalten, worauf steht: Von der Matrix geprüft, erlaubt und empfohlen. Und die hat ja nun wirklich nicht unser Bestes im Sinn. Und schon gar nicht unsere Befreiung. Sie stimuliert sogar gerne das Gegenteil, sie regt die Menschen an, noch mehr auf dem Haufen beim Drachen abzulegen und die unsinnigsten Felder emotional stark aufzuladen. Es ist daher gang und gäbe, dass wir stattdessen lieber die Erfahrung im Vertrauen mit unseren Freunden durchkauen, um uns bedauern zu lassen, und die Gedankenform selbst dabei mit Hilfe der potenzierten Schöpferkraft durch die gemeinsamen Verurteilungen mit noch viel mehr Gefühlspotpourri aufzuladen. Das ganze Zeug beim Haufen macht diesen Menschen dann immer schwerer, depressiver und undurchdringlicher. Die Erfahrung wird vielleicht immer wieder durchlebt und durchlitten und weiter verstärkt. Und das Leid damit vervielfacht.

Also, ich lege dir ganz arg eine Therapie nahe, wenn es um so ein heftiges Trauma geht. Alles, was ich hier schreibe, liegt ganz in deiner Verantwortung. Auch jede Selbsthilfe. Du bist schon groß, du bist erwachsen, du musst dich von niemandem bevormunden lassen. Doch du sollst dir auch kompetent helfen lassen. Ich selbst habe über hundert Therapiestunden mit psychoanalytischen Gesprächen zugebracht, zwei große und etliche kleinen Burn-Outs überstanden, diverse Hilfen von Sozialarbeitern, Psychologenfreunden und spirituellen Freuden erhalten, vor allem aber für bestimmt ca. 50 000 Euro Seminare und alternative Therapien besucht. Ich habe für meine Freiheit bezahlt. Was ist dir deine Freiheit wert?

Weiterführendes Werkzeug: Mach einen Termin für eine Therapie, wenn du es bisher vor dir hergeschoben hast und es in deinem Leben etwas gibt, das du nicht allein bewältigen kannst. Oder sprich zumindest mit einem Menschen deines Vertrauens über ein Ereignis, das emotional noch stark geladen ist.

5c. Das Erschaffen von Wahrscheinlichkeiten

Nun gilt es, das bewusste Erschaffen von Wahrscheinlichkeiten zu verstehen. Wenn wir wach mit bewusst gleichsetzen, was die meisten Menschen ja tun, dann sind wir auch tagsüber nur ganz selten wach. Während wir in dem einen Moment bewusst wach unser Auto durch den Verkehr steuern, denken wir im nächsten Augenblick schon an Tante Frieda oder an den nächsten Urlaub. Dabei geht unser Ich in eine leichte Trance, bleibt sich aber als Ich dennoch bewusst. Wir folgen dem Affengeplapper im Kopf und lassen zu, dass es unsere Erfahrungen erschafft. Unsere Aufmerksamkeit müssen wir uns aber zurückholen, wollen wir bewusst erschaffen. Wir werden lernen, die Impulse unserer guten Absichten von den Fremdsteuerungen zu unterscheiden, so dass sich unser Bewusstsein durchsetzen kann, und kommen auch darauf zu sprechen, dass es unsere Schicksalsgemeinschaft nicht schaffen wird, ihre Freiheit zu behaupten, wenn es uns nicht gelingt, auch den kollektiven

Schatten zu integrieren. Es wird außerdem von den zwei Großrealitäten die Rede sein, die sich gerade zu formen beginnen.
Auf das Ich im Tagesbewusstsein sind die meisten Menschen stolz (Persönlichkeit) und identifizieren sich damit. Dieses Ich, das sind sie selbst. Das ist bei mir nicht anders. Und wann immer wir mit diesem Ich unterwegs sind, halten wir uns für wach und bewusst. Dabei ignorieren wir, dass wir die wenigste Zeit tatsächlich ich-bewusst-wach sind, wenn wir glauben, wach zu sein. Denn im Laufe des Tages fallen wir in aufeinander folgende, mehr oder weniger tiefe, automatische Trancen. Eine leichte Trance ist ein halbwacher Zustand mit deutlich unterscheidbaren Hirnwellenmustern, an den wir uns aber immer noch deutlich im Nachhinein erinnern können. Nur in einer tiefen Trance verschwindet das Ich ganz. Im hypnotischen Coaching (BQH) bleiben die Klienten Ich-bewusst und steuern selbst den Erkundungsprozess, der Coach ist nur der Lotse und Beifahrer. Unsere täglichen Trancen dauern nur Momente oder Minuten oder sogar länger und sie kommen als Tagträume, Erinnerungen, Problemschleifen, emotionale Verdauungsprozesse, Beobachtungen, Erfahrungsauswertungen und noch so viel mehr. Alle haben eines gemeinsam: Sie führen unser Ich aus seinem Jetzt, wo das Leben gerade stattfindet, in die Vergangenheit, die Zukunft, andere Varianten von Realität und andere Zeitlinien, und schließlich sogar ganze kreativ durch das Unbewusste spazieren.
Der Assistent (Verstand) rennt und rennt im Datenkeller umher und schleppt ein Einmachglas nach dem anderen wahllos und freudestrahlend nach oben, statt uns einfach wach sein zu lassen. Bei seinem eifrigen Herumrennen nimmt er unseren Fokus immer mit auf die Reise. Wir sind mehr in unserem Datenkeller und in der Drachenhöhle unterwegs als dass wir wach und lebendig sind. Die chaotischen und sprunghaften Ausflüge des Verstandes werden ab und zu unterbrochen von lichten Momenten, in denen wir uns bewusst im Hier und Jetzt erleben, jede Gefahr reißt uns zum Beispiel sofort aus den Ausflügen und zwingt uns, uns ganz auf die Situation zu konzentrieren. Selbst in einem ganz wachen, aufmerksamen Zustand können mehr oder weniger starke Emotionen ausgelöst werden, die den Assistenten schon wieder aufgeregt

herumhüpfen lassen, weshalb die Buddhisten dieses Tagesbewusstsein auch den Monkey Mind nennen, also das Affengeplapper.
Man könnte also auch sagen, du überlässt es deinem Monkey Mind, worauf sich deine Aufmerksamkeit richtet, und deine Aufmerksamkeit erschafft dann mehr davon. Wir brauchen also dieses Gleichnis vom schlafenden Drachen überhaupt nicht, der dein Zeugs nach draußen träumt, dein Monkey Mind selbst holt dich immer wieder aus deinem wachen Zustand mit Themen, die du dann aktivierst und erneut erschaffst. Beobachte dich mal genauer: Alles, was dir durch den Kopf geht, willst du davon tatsächlich mehr und vor allem andere Varianten erleben? Du bist also auch tagsüber nur selten wach, denn du überlässt es diesem übereifrigen, affigen Kerl und seinen Ausflügen in den Datenkeller und in die Drachenhöhle, was du für dich Schritt für Schritt vor dir her erschaffst. Du merkst das nur deshalb nicht, weil du selbst in Gewohnheiten erstarrt bist und dir immer wieder das Gleiche weiter erschaffst. Dadurch bleibt deine Umgebung verlässlich dieselbe. Und das auch, weil deine Schwingungshöhe noch nicht ausreicht, um deine außergewöhnlichen Ideen (die dein Assistent dann zufällig auch dort unten findet) so schnell umzusetzen, dass du einen kausalen Zusammenhang herstellen könntest.
Um das Prädikat ‚wach' zu verdienen, musst du dir erst einmal bewusstwerden, wann du fokussiert im gerade jetzt ablaufenden Leben bist und wann dich dein Assistent nur huckepack mit herumschleppt. Lerne meditieren, um dich darin immer besser zu verstehen und vermehre die Zeit, in der du dir tatsächlich selbst bewusst bist. Es ist ein Zustand, indem du in deiner Mitte ruhst und einfach da bist. Neutrale Gefühlslage und leerer Frieden im Kopf. Lerne außerdem, dich grundsätzlich zu beobachten, zweige also eine Beobachterpersönlichkeit ab von deinem Ich und der steht einfach nur neben dir und beobachtet dich dabei, ‚ich' zu sein. Und kommentiert es dann. (mehr dazu in meinem dritten Buch meiner Lichtfilztrilogie). Halten wir fest: Alle Ausflüge deines Verstandes führen dich in eine leichte Trance, in der du nicht mehr ganz wach bist. „Oh, ich war grad in Gedanken versunken", sagst du dann dich entschuldigend, wenn du deinem Gesprächspartner nicht mehr zugehört hast. Wenn du in den Schlaf sinkst, wird diese Trance nur noch tiefer und du verlierst ganz das

Ich-Bewusstsein (es sei denn, du bist bereits ein luzider Träumer). Doch auch in der Nacht wird dein Leben weiter vor dir her erschaffen. Die Erlebnisse des Tages werden verdaut und mit altem Zeugs und mit Ideen gemischt, die dir ein erfüllteres Leben versprechen. Denn da gibt es natürlich noch den generellen Entwurf zu deinem Leben und natürlich sorgt der für die Eckpunkte deiner Erfahrung.

Jenseits der unbewusst beim Drachen liegenden unvollendeten und eher negativen Erfahrungen liegt alles, was dich glücklicher machen könnte. Darauf werden wir im Kapitel ‚Erschaffe bewusst mit deinem Drachen' kommen, aber ich möchte an dieser Stelle schon mal darauf hinweisen, dass deine höchste Repräsentanz bei der Quelle (nicht deine Seele oder dein Schutzengel, sondern dein Höchstes Selbst) deinen ganzen Lebensentwurf mit einer komplexen Lebensaufgabe und einem Theaterskript für dich aufbewahrt. Darin ist wie in einem Filmskript festgelegt, wen du alles treffen sollst oder könntest und welche Themen du mit diesen Menschen bearbeiten willst. Es ist ein sehr grobes Raster, das für dein gesamtes Leben gilt und das du dann sehr dehnbar kreativ ausfüllen und nachvollziehen kannst. Ein Astrologe findet genau dieses Raster in deinem Horoskop. Du kannst dieses Raster nie ganz verlassen, ohne dass du diese Inkarnation beendest. Wenn ein Mensch sich besonders weit von diesem Lebensskript entfernt, wird er lebensmüde und sieht keinen Sinn mehr in seinem Leben. Denn da dieses Raster vom Höchsten Selbst gehalten wird, kann auch nur durch die Erfüllung des Rasters für diesen Menschen Erfüllung und Sinn erfahren werden. Mehr dazu später.

Das bewusste Erschaffen von Wahrscheinlichkeiten und deren Beeinflussung zu deinen Gunsten wird hauptsächlich durch folgende Variablen/Faktoren bestimmt: Absicht, Entscheidung, fokussierter Gedanke, emotionale Ladung (Gefühl) und Loslassen. Du musst dich aktiv entscheiden, dass du das nicht nur mal so gedacht hast, sondern dass du das auch wirklich haben willst. Solange bleibt deine Bestellung verschwommen irgendwo im kosmischen Internet hängen, sie wirkt dann mehr halb und verschwommen. Du hast zwar das Bestellformular beim kosmischen Amazon schon vollständig ausgefüllt, aber du hast noch nicht auf ‚jetzt kaufen' geklickt. „Ich will das jetzt haben!", wäre zum Beispiel eine solche Entscheidung. Oder: „So. Ich entscheide mich jetzt dafür." Und dann lässt du los. Wenn du einen Brief nicht loslässt und in den Briefkasten einwirfst, gilt er auch noch nicht als abgeschickt. Dass du die ganze Angelegenheit loslässt entspricht dem Klick auf Ebay ‚das Angebot jetzt einstellen'. Wenn du stattdessen noch ständig weiter daran überlegst und alles hin und her wendest, hast du auf ‚erneut bearbeiten' geklickt und deine Anzeige wird wieder für andere Mitschöpfer unsichtbar. Menschen, die es nach ihrer Entscheidung zum Kauf einfach dem Leben selbst, dem Schöpfer oder den Heinzelmännchen überlassen, wie diese Erfahrung zu ihnen kommt, können sich sicher sein, dass ihre Anzeige jetzt ganz kraftvoll im kosmischen Ebay veröffentlicht wurde, denn sie haben losgelassen.

Dann kommt die Antwort aus dem kosmischen Ebay der schöpferischen Möglichkeiten (ich nenne es einfach ‚das Universum antwortet mir', denn wie gesagt, ich habe es nicht so mit Gott) in Form eines Impulses, und der erfordert dann eine prompte Handlung, ohne weiter daran herum zu überlegen. Dieser Impuls ist selten sinnvoll und auch noch seltener logisch (daran erkennst du, dass dein Verstand seine Finger nicht im Spiel hat) und am ehesten mit Impulsen vergleichbar, die so auf einer Party auftauchen, wenn es darum geht, was lustig sein könnte oder was man als nächstes anstellen könnte. Diese Impulse machen keinen logischen Sinn, sie sind nie aus deiner Vergangenheit oder aus deinen Meinungen und Standpunkten erklärbar, sie gehören zu deiner Intuition. Mit solchen Impulsen meldet sich bei jedem Menschen auch ausnahmsweise das Höchste Selbst in Momenten größter Gefahr, denn es will dich ja am Leben halten. So meldet es sich sonst auch, wenn es dich in eine andere Richtung lenken will, die deinem Lebensraster besser entspricht. Nur wenn du diese Impulse auf Dauer ignorierst, werden körperliche Symptome dich aus der falschen Richtung (Sackgasse) zurückpfeifen. Körperliche Schwierigkeiten sind oft Zeichen dafür, dass die Impulse überhört und ignoriert wurden, solange sie sich noch nicht als Symptom im Körper manifestiert haben.

Impulse können zu jeder deiner Gedankenformen kommen, die du gerade im kosmischen Ebay eingestellt hast. Meistens kannst du ahnen, zu welcher deiner Absichten dieser Impuls gehört. Du fühlst es. Der Impuls, etwas zu tun, fühlt sich so an, wie du dich gefühlt hast, als du deine Bestellung abgeschickt hast. Gleiches Gefühl = gleiche Bestellung. Du erinnerst dich, auch im Datenkeller werden gleiche Erfahrungen über das gleiche Gefühl etikettiert und eingelagert. Der Impuls trägt also die gleiche Gefühlsqualität wie die, in der du deine Schöpfung im kosmischen Ebay eingestellt hast. Kannst du dich noch daran erinnern, mit welchem Gefühl du etwas erschaffen hast, kannst du auch identifizieren, woher dieser Impuls kommt. Deshalb haben spirituelle Lehrer immer empfohlen, sich meditativ in eine höchstmögliche Eigenschwingung zu bringen und von dort aus klar zu fokussieren, was sie zukünftig als Erfahrung wahrnehmen wollen und sich dann schon genauso zu fühlen, als würden sie gerade diese Erfahrung machen. Das ist gleichzeitig eine Überlistung des Unbewussten undG eine Navigations- und Wiedererkennungshilfe. Denn nur von diesen hochschwingenden Impulsen solltest du dich führen lassen. Ihnen solltest du sogar ohne Zögern folgen, sie machen erst im Nachhinein Sinn.

Impulse, die eine wesentlich niedrigere Schwingung tragen und mit ganz anderen Gefühlen etikettiert sind, können von überall auf dich einströmen: Du kannst sie beim Nachbarn aufgeschnappt haben, auf Facebook oder direkt aus der künstlichen Matrix. Die Spirituellen sagen dazu, ‚sie lassen sich von Gott führen'. Nein, der hält sich raus. Das habe ich zumindest so erfahren. Der hat das schöpferische Universum mit all seinen Gesetzen und Spielfeldern erschaffen und dann losgelassen. Der kann nämlich erschaffen! Mit der hohen Schwingung bei ihrer Bestellung sorgen viele Spirituelle nur dafür, dass sie ihr eigenes Höchstes Selbst deutlich von Propaganda und Fremdbestimmung unterscheiden können. Und das ist auch gut so. Ich lege Wert auf die Unterscheidung zwischen der Quelle, die sich raushält, und deinem Höchstens Selbst. Denn je höher du die Standleitung hinaufkletterst, umso mehr Mitsprache hast du auch bei deinem Höchsten Selbst, bis es am Ende des Reifeprozesses ganz in deinen Körper purzelt. Dann ist nichts mehr über dir, um dich zu

führen, dann bist du ein Meister-Ich und musste es selbst tun. Aber du kannst jederzeit in die Stille und in die Kraft der Quelle eintauchen.
In den spirituellen Traditionen gaben Lehrer ihren Schülern also oft mit auf den Weg, ihre eigenen Schöpfungen, ihre Absichten, ihre Gedankenformen nur in einem klaren, meditativen Zustand zu formulieren und dabei erst einmal auch in die höchste Schwingung zu wechseln, zu der sie über die Standleitung schon Zugang haben. Dann ist es gleichgültig, in welcher Gefühlsqualität (einzelne Gefühle) ein Impuls daherkommt, er bringt dich erst einmal über seine Schwingung in eine besonders gute Laune. Es ist wie auf der Party deiner frühen Jugend, wo ihr beschwingt den verrücktesten Impulsen gefolgt seid (allerdings nicht nachahmenswert, weil es einen anderen Hintergrund hat). Über dieses ‚beschwingt sein' kannst du deine eigenen Impulse von fremden unterscheiden, die dich in der Regel sehr viel weniger beschwingt durchfluten. Wenn du viel unter Menschen bist, die noch ganz voll von diesem Affengeplapper-Verstand dominiert werden und sich wahllos von der Matrix fremdsteuern lassen, und die sich dann auch noch vorstellen, was du für sie tun sollst, werden sich auch ganz andere Impulse bei dir melden, mit denen du dich ausnützen lässt. Ich sage also ausdrücklich nicht, folge allen unsinnigen Impulsen und halte sie für göttliche Führung. Das habe ich selbst Jahrzehnte gemacht und es war nicht zu meinem Besten. Du kannst meine Irrungen und Wirrungen in meiner Lichtfilz-Trilogie nachlesen, ich war dümmer als die Polizei erlaubt, und hielt mich schon für so unglaublich spirituell und bewusst, dabei war ich nur zu einer Wunscherfüllungsmaschine mutiert.
Die Variablen für bewusstes Erschaffen habe ich nun alle in der einen oder anderen Form erwähnt und im Mainstream ist auch längst angekommen, dass es um das Jetzt geht (Eckhard Tolle) und dass Gedanken und Gefühle etwas mit unserer Zukunft zu tun haben. Das ist mir selbst in meiner eigenen Entwicklung zwanzig Jahre lang dennoch sehr schwammig geblieben, bis ich mir meine Konzepte und Theorien weiter ausdifferenzierte. Dein Gedanke, möglichst bewusst laserscharf als Absicht formuliert, bildet einen guten Anfang. Dann lädst du deine Gedankenform mit Absicht emotional auf, du gibst Kraft darauf. Dabei bestimmt

die emotionale Ladung (neben der Schwingungshöhe) die Durchsetzungskraft im kosmischen Ebay. Bleibe zumindest auf der positiven oberen Hälfte der Gefühlsskala, um dich zumindest gut zu fühlen, wenn das, was du dir wünschst, sich auch tatsächlich manifestiert. Du kannst nicht wütend einen neuen Job bestellen, ohne dass der dich auch garantiert wütend machen wird. Ideal wäre es, du lädst deine Absicht, diese Bestellung ans Universum, bereits genau mit dem Gefühl auf, wie du dich fühlen wirst, wenn deine Absicht sich als Erfahrung in deinem Leben zeigt. Abraham Hicks, ein Kollektiv, das von Esther Hicks gechannelt wird, konzentriert sich in seiner Lehre ganz auf diesen Teil des Erschaffens-Prozesses. Du findest unzählige YouTube Beispiele darüber, wie du eigentlich schon wunderbare Fortschritte machst, wenn du dich einfach schon so fühlst, als wäre deine Bestellung bereits da. Das allein bildet bereits einen Kometenschweif (‚Escrow' bei Abraham) hinter dir, der nun alles ganz stark anzieht, was zu deiner Absicht passt.
Diese unsichtbaren Weisheitslehrer schlagen vor, den Kontrast zu nutzen, den jeder ganz praktisch erfährt, weil er eine bestimmte Erfahrung nicht mehr machen will. Jeder weiß ganz genau ‚so nicht'. Durch die Dualität selbst, mit der wir in der dritten und vierten Dimension noch massiv zu tun haben, wird dann in deinem Schatten das Gegenteil abgelegt, nämlich die Erfahrung, die du stattdessen machen möchtest. Und wenn du dann alles einfach bewusst loslässt und überhaupt nicht mehr darüber nachdenkst, wird das Unbewusste genau dieses gute Gegenteil stärker anschieben als die unschöne Erfahrung. Auf Dauer wird sich die neue, alternative, gute Erfahrung durchsetzen. Spirituelle nennen das dann ‚sich ganz Gott überlassen' und irgendwo stimmt das ja auch. Sie stören den Prozess einfach nicht mehr, damit muss sich über das Gesetz der karmischen Zeit auch das karmische Gegenteil zeigen, und nur die Schwingungshöhe und der Stand im Reifeprozess und die Passung zu anderen Mitschöpfern entscheidet dann, wie schnell die Erfahrung kommt. Du musst nur einfach mit deinem bewussten Affengeplapper im Kopf dieses Thema nicht mehr streifen und es ganz dem Universum überlassen. Das machst du auch so, wenn du etwas bei Amazon bestellst und die Lieferzeit noch ungewiss ist. Es kommt gewiss, und das

schöpferische Ebay hat einfach noch ein paar mehr Faktoren zu berücksichtigen.
Dieser Mechanismus funktioniert so gut, dass er von gläubigen Menschen dann als Beweis angeführt wird, dass Gott existiert und sie führt. Ich sage auch nicht, dass er dies nicht tut, aber ich sage, der allumfassende schöpferische Geist, dieses allumfassende Feld mischt sich meiner Meinung nach nicht ein. Diese Leute nutzen nur Gesetzmäßigkeiten, die für jeden verfügbar sind, ob er nun an Gott glaubt oder nicht. Etwa so wie du die Schwerkraft nutzen kannst, um mit deinem Fahrrad schneller voranzukommen, weil du abwärtsfährst. Glückspilze zum Beispiel denken vermutlich nicht über Erschaffen nach. Sie haben die Gabe, einfach zu wissen, was ihnen gefällt und ganz sicher kommen wird, und sie vergessen den Rest. Und sie haben dann einfach Glück, denken sie. Das mag ja für ihre Lebenserfahrungen funktionieren, aber bewusst ist da noch nichts dran. Und in der jetzigen Situation brauchen wir einfach bewusste Mitschöpfer, keine Hans-guck-in-die-Lufts, die sich in service-to-self-Manier nur um sich selbst drehen und das persönliche Leben verbessern wollen. Der Reifeprozess wird jedem verweigert, der sich nicht für das Wohl aller entscheidet und seine Lebensaufgabe erfüllt. Doch es kann sein, dass ein erwachter Glückspilz im Reifeprozess entdeckt, dass er genau diese Leichtigkeit im Erschaffen auch bewusst seinen Mitmenschen vermitteln kann. Und wenn er das tut, ist er schon auf der Seite ‚zum Wohle aller' angekommen.
Wenn du deine Absicht visualisierst, stell dir das Bild oder den Erfahrungsfilm besonders begeistert vor und super ansprechend, übertreibe positiv und gib viel Ladung drauf, erhöhe die Intensität und die Zeitspanne der Visualisierung. Fühle dich auch jetzt schon so. Das Gute an diesem schöpferischen Prozess ist dann auch noch der Nebeneffekt, dass du dich sowieso schon so fühlst und daher diese Erfahrung auch eigentlich nicht mehr brauchst, zumindest nicht, um dich so zu fühlen. Der Schlüssel dazu ist, dass du immer wieder übst, dich zu fühlen, wie du dich fühlen willst. Wenn du das auf dein ganzes Leben übertragen kannst, bist du wie Hans im Glück unterwegs und immer glücklich, egal welche Erfahrungen du gerade machst. Sobald deine Gefühlswelt auf

der Skala unter neutral rutscht, kannst du dich fragen, wie du dich stattdessen fühlen willst. Es hilft, dreimal lang und tief durchzuatmen. Probiere es aus, es funktioniert. Damit ist deine gute Laune nie mehr abhängig von anderen, von Umständen oder Erfahrungen. Stell dir vielleicht einen Schalter in dir vor, den du von ‚trüb', ‚regnerisch', ‚bewölkt' auf ‚warm', ‚sonnig' und ‚gute Laune' umstellen kannst. So schützt du dich auch vor der Ansteckung durch Angst und andere negative Gedankenformen und deren Impulse, und du wirst seltener zu einer Reaktion getriggert. Für die künstliche Matrix bist du dann kaum noch erreichbar.
Und wiederhole die gleiche Bestellung täglich als Akupunktur der Zeit, damit schiebst du deine Anzeige wieder ganz nach vorne. Morgens ganz früh und abends ganz spät sind die kraftvollsten Zeiten dazu, also rund um die täglichen Drachenbesuchszeiten, auf die wir noch kommen. Mach das Bild leuchtend, klar, größer und addiere sprachliche Begeisterung. Doch bleibe beim gleichen Bild, um es nicht zu verwässern oder zu verdrehen. Was das Unbewusste als Bild oder Film sieht, ist in seiner Dimension wahr! Dann ist es bereits erschaffen und wird weiter erschaffen. Nach spätestens 30 Tagen wird es vom kosmischen Ebay grundsätzlich bevorzugt behandelt und du kannst es vergessen. Das gilt auch für das konkrete Erschaffen einer besseren Tagesstruktur. Um eine neue Gewohnheit zu erschaffen, brauchst du eine zeitliche Akupunktur von mindestens drei Wochen täglich. Denn den neuen Gewohnheiten stehen ja den ganzen Alten gegenüber, die du über Jahre täglich aktualisiert hast. Weil das Unbewusste es als real akzeptiert, wird es auch im Außen am Ende zu deiner Realität. Und zieht damit eine solche Erfahrung wie magisch an. Das Unbewusste lebt immer im Augenblick. Die Bilder und Handlungsabläufe (gewünschte Erfahrungen) müssen im Jetzt ablaufen und dich selbst jetzt dynamisch ansprechen. Tagträumen ist daher eine wichtige Tätigkeit, weil du dich schon so fühlst. Tagträume kannst du bewusst steuern und sie zum Erschaffen nutzen. Sie werden zu einer sinnlosen Energieverschwendung, wenn du stattdessen Seifenblasen bis hin zu ganzen Miniuniversen erzeugst, die dann einfach mal so dahinschweben und mit deinem jetzigen Leben rein gar nichts zu tun haben. Nur du

selbst kannst wissen, ob gerade das eine oder das andere vorliegt, von außen sehen sie beide gleich aus.
Die innere Realität ist mächtiger (Gefühl trumpft Verstand, Unbewusstes dominiert Bewusstes), das haben wir bereits besprochen. Deshalb kannst du deinen Drachen nicht verstehen. Er lebt in Bildern, Filmen und Gefühlen. Die sind für den Drachen in deinem Unbewussten genauso real, wenn du sie dir nur vorstellst oder gerade erlebst, er unterscheidet nicht zwischen deinem real wachen Leben im Jetzt und irgendeinem Tagtraum oder einem Ausflug deines Assistenten in den Datenkeller. Gedanken wecken Gefühle und sie machen den Gedanken schöpferisch wirksam. Das Lied ‚Imagine' von John Lennon weckt in dir nicht nur die Vorstellung, wie das wäre, sondern auch die Sehnsucht danach. Du fühlst dich schon so, als wäre das real. Du machst es damit realer. Das ist wichtig! Begreife bitte, wie gefährlich John Lennon für die Matrix war und warum er sterben musste! Er begann, der Menschheit hoffnungsvolle Bilder einer anderen Welt und eindringliche Melodien für Frieden und für unser Aufwachen zu geben und mit der Musik transportierte er sie geschickt direkt in unser kollektives Unbewusstes und verankerte seine Vision für uns dort. Und er verstärkte unsere eigene Imagination. Das konnten unsere Sklaventreiber nicht weiter zulassen. John Lennon wurde meines Erachtens auch nicht von einem Verrückten ermordet, sondern von einem fremdgesteuerten, armen und sehr unbewusst getriebenen Menschen. Der war plötzlich zum Agenten Schmidt der Matrix geworden und starb später ebenfalls als Bauernopfer im großen Schachspiel der Mächtigen. Leute wie Gandhi, John Lennon, Martin Luther King oder John F. Kennedy waren matrix-gefährlich, weil sie die Welt für die Menschen verändern wollten und offenbar wussten, wie das geht. Sie blieben in Liebe und Frieden und versuchten alle – jeder auf seine eigene Art – dieser Ausbeutung und Sklaverei in all ihren Formen ein Ende machen. Deshalb wurden sie ausgeschaltet. Von einem Verrückten? Träum weiter! Eventuell von einem Einzeltäter, aber dann zumindest ferngesteuert. So einen Blödsinn macht man nicht freiwillig.
Eine Vision mit der Kraft von ‚Imagine' kann für einen Menschen so real dringend werden, dass er sein ganzes weiteres Leben ändert. Jede

Erleuchtungserfahrung tut das. David Ike entschied sich nach dieser Erfahrung dazu, sein Leben der Aufdeckung der globalen, elitären Machenschaften zu widmen. Franz von Assisi baute eine zerfallene Kirche wieder auf. Hildegard von Bingen führte ihre Nonnen aus der Bevormundung durch Abt und Mönche heraus. Eine starke Vorstellung, ein innerer Film, der Gedanken und Gefühle erzeugt, kann dich viel realer erfassen und stärker umtreiben als die letzte Stromrechnung. Da stehen doch nur Zahlen. Selbst wissenschaftliche Beweise machen unsere Lebendigkeit als Mitschöpfer nicht aus. Wer lange genug lebt, weiß, dass morgen die gleiche Wissenschaft schon etwas anderes behauptet. Neuere Erkenntnisse korrigieren die alten. Da gibt es keine in Beton gegossene Wahrheit, nur dynamische Forschung. Und seit Jahrzehnten wird nur noch erforscht, was Geld einbringen und uns manipulieren könnte und alles andere, was wir wirklich brauchen, wird nicht finanziell unterstützt. Wer dich auf wissenschaftliche Fakten reduzieren will, möchte nur jene Variablen von dir berücksichtigen, die sich bequem in den Computer einspeisen lassen. Mit Leben hat das nichts zu tun. Lass dich nicht dazu verlocken, dem Gott der Wissenschaft dein lebendiges Herz zu opfern! Es könnte dir irgendwann sogar real passieren.
Lass uns nun auch noch das negative Erschaffen betrachten, das wir 2020 besser beobachten konnten als in jedem Jahr zuvor. Als alles, was um uns herum geschah, nicht besser wurde, sondern sich immer weiter hinzog und verschlechterte. Und die gesamte Menschheit erlebte kollektiv diese radikale Bedrohung unseres alten Lebens, wie es war. Und in dem wir es uns auch (unbewusst) bequem gemacht hatten, ohne nachzuprüfen, ob unsere Zuversicht und unser Vertrauen gerechtfertigt waren. Zur Erinnerung: Unsere Drachen treiben eigentlich mit ihren Träumen nur die Selbstheilung unserer Psyche voran, auch der kollektiven einer Schicksalsgemeinschaft, indem sie uns ähnliche Erfahrungen erschaffen, wie die, welche die Schicksalsgemeinschaft als Ganzes vormals verdrängt hat, und gerne auch verdrängt halten wollte. Oder solche, vor denen sie Angst hatte. Angst als Ladung auf unsere Gedanken erzeugt mehr angstvolle Erfahrungen, sie werden in unserem persönlichen

Leben dadurch wahrscheinlicher. Das ist aber das Letzte, was wir uns in der heutigen Situation auch kollektiv für die Menschheit wünschen.
Dein Unbewusstes zieht dir andere Menschen an, die mit den gleichen Gedanken und Gefühlen unterwegs sind, du triffst immer mehr davon und glaubst schließlich, die ganze Welt müsse so denken. Nein, tut sie nicht. Die Menschheit wird nur gerade künstlich in diejenigen gespalten, die sich noch was vormachen lassen und gerne geführt und bevormundet werden, zu ihrer Sicherheit oder aus welchen Gründen auch immer, und solchen, die aufwachen oder aufgewacht sind aus der Trance der Bevormundung durch die künstliche Matrix mit all ihren Instrumenten der Macht. Der Keil wird immer tiefer in das Fleisch unserer verhältnismäßig stabilen Demokratie getrieben, bis sich diese beiden Realitäten nicht mehr begegnen und erreichen. Und auch nicht mehr gegenseitig helfen können. Jeder einzelne Mensch wird gerade zu der Entscheidung gedrängt, entweder ganz aufzuwachen und den Reifeprozess zu durchlaufen oder sich unbewusst dem guten Hirten vertrauensvoll hinzugeben, der weiß, was für ihn gut ist. Dann werden nach und nach seine Wachfunktionen so reduziert, dass er fast ausschließlich in Trancen unterwegs ist. Sein Drache wird ins künstliche Koma versetzt und er selbst gechippt und fremdgesteuert. Und wenn er dann erfährt, es gib Leute, die anders denken und keine Angst kultivieren, dann müssen die wohl in der Minderheit sein. Und er hält es ja lieber mit der Mehrheit. Er denkt dann, es ist richtig, dass der Staat (die Matrix) diese gefährlichen Leute bekämpft, das wird ihm ja vorgebetet und wird schnell auch zu seiner Meinung.
Die angstfreien Leute dagegen ziehen auch immer mehr Menschen in ihr Leben, die ähnlicher Meinung sind und angstfrei leben. Sie haben dann ebenfalls subjektiv das Gefühl, dass sie die Mehrheit sind. Doch beide Lager täuschen sich. Sie ziehen nur mehr davon in ihr persönliches Leben und diese Beobachtung verstärkt nun ihre Meinung. Für eine wirkliche Veränderung unserer Gesamtsituation kommt es allein auf das jeweilige Bewusstsein an und wo es sich im Reifeprozess befindet, und nicht auf die Anzahl der Demonstranten oder Gegendemonstranten. Es wird sich diejenige gemeinsame Schöpfung durchsetzen, die vom Kollektiv stärker geladen wird. Es kann sogar sein, auch wenn es gerade

weniger danach aussieht, dass sich zwei getrennte Zeitlinien entwickeln und die Menschheit sich teilt. Die einen gehen ihrer Freiheit entgegen und die anderen dem künstlichen Koma ihres Drachen. Die entsprechende Zeitlinie betritt nur, wer das dazu passende Bewusstsein hat. Keiner fällt also runter, die Erde ist keine Scheibe. Ich stelle mir eine Realitätsteilung vor wie eine Zellteilung: Es gibt in einer Zelle plötzlich zwei Zellkerne, die sich gegenüber aufstellen und die Chromosomen auseinanderziehen, so wie wir früher die Mannschaft im Völkerball gewählt haben. Der eine Teil des Chromosomenpaars wandert nach links, der andere nach rechts. Schließlich begegnen sich diese beide Realitäten nicht mehr und es bildet sich eine Zellwand als Grenze, die Teilung der Zelle ist abgeschlossen. Wir befinden uns kollektiv gerade noch in der Phase, dass du dich positionieren musst, mit welchem Zellkern (welcher Realität) du weitergehen möchtest. Du bist ein freier Mitschöpfer, ob du das schon weißt oder nicht, es ist allein deine Entscheidung, in welcher Realität du dich wiederfinden wirst, wenn die Trennung vollzogen ist, service-to-self oder service-to-others

Einflüsse deiner unvollendeten Erfahrungen kannst du daran erkennen, dass die neuen und die alten Erfahrungen sich genauso schlimm anfühlen. Spätestens nach einigen Wiederholungen witterst du ein Muster. Die Umstände sind zwar anders, die beteiligten Menschen und der Ort vielleicht auch, aber es passiert dir schicksalhaft immer wieder. Kennst du das? Ein Muster, das dein Leben bestimmt? ‚Ich bin halt ein Verlierer!' sagst du dann vielleicht resigniert. Nein, bist du nicht, nur leider uninformiert. Dein Drache erzeugt dieses Muster in der Hoffnung, dass mit dem ähnlichen Problem da draußen auch das innere Zeug zum gleichen Thema mitgeklärt wird. Muster werden von deinem Drachen so lange weiter in deine Realität geträumt, bis du das gesamte Muster, die Wiederholungen gemeinsam mit dem ersten Verdrängungsereignis, vollständig aufgedeckt hast, dich erinnerst, es verstehst, durchlebst, durchfühlst und auch durchleidest, mit dem Ziel, diese alte Erfahrung zusammen mit der Neuen zu integrieren, so dass sie endlich vollendet wird. Dann löscht sich das Muster von selbst.

Da gibt es zum Beispiel eine traumatische Erinnerung an eine Vergewaltigung, die willst du dir nie wieder antun. Du willst dich nicht mehr daran erinnern. So hast du dich damals entschieden. Nie wieder! Aber du hast genau deshalb auch Angst, dass sie sich wiederholen könnte und baust dann eine Verteidigung auf, damit es dir auf keinen Fall wieder passiert. Deine Wahrnehmung und dein ganzes Verhalten werden maßgeblich davon bestimmt, von nun an diese Erfahrung zu vermeiden. Du entwickelst Strategien dafür und wenn die Erfahrung traumatisch genug war, dreht sich sogar dein ganzes Leben nur noch darum. Du identifizierst dich vielleicht mit der Rolle des armen Opfers und ziehst dadurch die Aufmerksamkeit deiner Mitmenschen und nährst dich davon. Wo andere in einem Park nette Spaziergänger flanieren sehen, siehst du nur potenzielle Vergewaltiger und lebst auf dem Sprung und auf der Hut. Und du ziehst damit echte Erfahrungen dieser Art natürlich unbewusst wie magisch an. Die Wahrscheinlichkeit wird größer, dass sich solche oder ähnliche Erfahrungen vermehrt in deinem Leben zeigen. Du erwischst sogar ‚zufällig' solche Beiträge, wenn du den TV anschaltest, du triffst Menschen, denen es auch so ging.
Je länger du deinen Drachen mit deinem Schatten unbewusst träumen lässt, umso mehr verändert sich deine Erfahrungswelt hin zu einem Vergewaltigungs-El-Dorado oder einem geschützten Labor. Denn du musst eines verstehen: Die Realität da draußen ist nicht fest, sie ist dynamisch, sie passt sich dir an. Es kann dir immer nur eine Auswahl an Erfahrungen präsentiert werden, so wie auf der Startseite von YouTube. Neue Videos werden dir vorgeschlagen, weil Algorithmen dein Verhalten ausgewertet haben. Das Cosmic Creator Net kennt deine Bestellungen und wird sie garantiert ausführen. Solche, die du bewusst und solche, die dein Drache für dich unbewusst getätigt hat. Stell dir vor, du erlaubst deinem Drachen, direkt bei Amazon zu bestellen (einschließlich Zugriff auf dein Konto), du würdest dich ganz schön wundern! Doch genauso funktioniert unbewusstes Erschaffen über deinen Schatten. Du gibst deinem Drachen die Kreditkarte zum Bestellen von Erfahrungen. Dein Drache träumt deine Realität da draußen in die Existenz und deshalb kommt dir dann dein innerer Müll erneut als Erfahrung im Außen entgegen. Wenn du

davon genug haben würdest, kämst du dann nicht und würdest mal bei ihm aufräumen? Doch wenn du ihn im Schlaf störst, wird er erst recht mit deinem Zeugs nach dir werfen! Zumindest, solange da noch etwas herumliegt. Und dann werden deine Erfahrungen womöglich sogar noch viel drastischer. Räume also lieber auf, bevor er wach wird. Du musst wissen, wie du vorgehen musst, willst du deinen Drachen wecken. Dieses Buch bereitet dich darauf vor, im letzten Kapitel deinen Drachen tatsächlich zu wecken. Wenn du mir soweit gefolgt bist, dürfte das ganz ungefährlich sein. Das früher sehr gefährliche Dschungelabenteuer des Drachenwegs wird mit diesem Buch zu einem Urlaubsangebot für Pauschaltouristen mit einem entsprechenden Sicherheitsfaktor.

Mach dich also endlich an die Räumungsarbeiten, uns bleibt nicht mehr viel Zeit. Doch halt, erst musst du noch viel mehr über diese Höhle erfahren und den Drachen verstehen, nicht dass du die inneren Aufräumarbeiten mit einem Bagger vornimmst und deinen Drachen mit der Baggerschaufel auch noch versehentlich verletzt. Den Drachen muss man vorsichtig wecken. Wir kommen noch darauf zurück. Du erschaffst tatsächlich vom Sofa aus. Es ist allein dein Gesamtbewusstsein, das bestimmt, ob du einen Schritt näher an die Freiheit oder an das kollektive Drachen-Koma heranrückst. Deine gesamte Vorstellung von der Welt, was du für real hältst, deine Meinungen und Standpunkte färben deine wahrgenommene Realität kräftig ein, deformieren sie auch mal oder verzerren sie bis zur Unkenntlichkeit. Radikale Überzeugungen sind deshalb so gefährlich, weil sie sich auf einen sehr kleinen Ausschnitt möglicher Wahrnehmungen fokussieren als deren ganze Realität. Der radikale, fundamentalistische Tunnelblick ist das Gegenteil von dem, was ich mit diesem Buch propagiere: Ich beanspruche für uns unser höchstes Potential als Menschheitsfamilie, das größte Feld möglicher Wahrscheinlichkeiten, in dem wir unsere Erfahrungen erschaffen. Denn so ein Tunnelblick bedeutet dann auch, dieser Mensch hat kaum noch Handlungsspielräume. Ein Mitschöpfer dagegen kann aus dem Vollen schöpfen. Und das brauchen wir jetzt.

Die Situation auf der Welt ist gerade sehr brenzlig, nicht nur wegen der Parasiten und deren künstlicher Matrix und weil sie gerade ihr Netz

enger um uns ziehen und ihren Fang einholen. Nein, die Menschen selbst und ihr Unbewusstes sind gefährlich. Weil alle Menschen und kollektiven Schicksalsgemeinschaften noch ihre Dramen ausagieren müssen, wenn sie ihre Erfahrungen nicht vorher schnell vollenden. Was in ihrem kollektiven Schatten liegt, wird zur Erfahrung. Ohne Vollendung werden sie sich nicht befreien können. Egal, woher sie kommen und wohin sie gehen, der Schatten ist noch nicht integriert und wird sie in Erfahrungen zwingen, die ähnlich sind. So haben wir seit Geschichtsbeginn den gleichen barbarischen Unsinn immer wieder veranstaltet, immer wieder Kriege, Täuschung, Bosheit und andere Gewalt. Menschen, die aus Kriegsgebieten geflüchtet sind, halten in unserer Schicksalsgemeinschaft das Thema ‚Krieg und Gewalt' aufrecht, es sei denn, sie klären das möglichst noch umgehend. Ungeheilt halten sie uns auch kollektiv darin fest. Wir dürfen keinen einzigen Menschen in seiner post-traumatischen Belastungsstörung allein lassen und gleichzeitig muss er als Mitschöpfer sich selbst frei für eine Therapie entscheiden. Unlösbar? Wir werden sehen.
Vielleicht müssen auch noch ganze Völker ihr kollektives Unbewusstes miteinander durchspielen und sich gegenseitig niedermetzeln, um endlich, wenn fast alle tot sind, zu erkennen, sie wollen das so nicht mehr. Und dann ihre Erfahrung endlich doch noch vollenden. Wir Deutschen haben aus unserer Geschichte gelernt. Andere Länder und Völker müssen das noch nachholen. Wenn dir von Politikern etwas anderes aus unserem Land berichtet wird und sie sagen, sie machen sich Sorgen wegen der Nazis, dann frage sie mal, ob dafür nicht das Schulsystem, das Gesundheitssystem, die Polizei, die Sozialarbeit, die Kultur und der Verfassungsschutz zuständig sind und was sie dafür getan haben, dass diesen Institutionen genügend Mittel zur Verfügung gestellt wurden, ihren Aufgaben nachzukommen, statt ihre Bürger gegeneinander aufzuhetzen. Man muss sich eben um jede Generation und um jeden Neubürger besonders kümmern, er bringt was ins Kollektiv ein, mit dem wir dann alle umgehen müssen. Ich zumindest habe keinen Schüler in die Ecke gestellt und bin über ihn verbal hergefallen, weil er eine andere Meinung hatte, und habe auch keinen anderen Schüler abgewertet, der mit

diesem Abweichler im sozialen Kontakt blieb. Unsere Politiker und unsere Medien machen sich gerade zum Erfüllungsgehilfen der globalen Agenda. Und ich habe das satt. Aber ich weiß auch, dass jeder Mensch, auch jeder Politiker, den Drachen wecken und den Reifeprozess antreten kann. Jeder.
Menschen können das Gleiche tun und trotzdem etwas ganz Gegensätzliches erschaffen, weil sie entweder vom Pol des Mitschöpfers oder dem Pol des Fundamentalisten erschaffen. Unser Gesamtbewusstsein, unsere Standpunkte und Meinungen bilden den Filter, durch den die Lebensenergie unsere Zukunft in unser Leben projiziert. Praktisches Beispiel: Viele Meinungsäußerungen auf Facebook kommen von der untersten Skala der Gefühle und animieren dich zu Reaktionen. Ein Mitschöpfer vermeidet dagegen jegliche Reaktion. Warum? Weil er das als Fremdbestimmung identifiziert hat und lieber selbst entscheidet, was er erschaffen will. Wenn du als angehender Mitschöpfer den Impuls hast, etwas auf Facebook zu teilen, dann tue es. Aber reflektiere vorher, ob du gerade reaktiv und emotional geladen (und damit fremdbestimmt) handelst oder informativ, friedlich, inspirierend und ermutigend. Und achte auch genau darauf, wohin deine Aufmerksamkeit gelenkt wird. Und halte bitte grundsätzlich angstfrei deine gute Laune aufrecht.
Du kannst dir auch jede Souveränitätserklärung sparen, selbst diejenige, die du auf meiner Webseite findest. Sogar jede Flucht aus einem Staat, in dem es dir nicht gefällt. Du trägst das alles doch weiter mit dir herum wie ein Komet seinen Schweif. Alle tun das, egal, aus welchem Hintergrund sie stammen. Und wer seine inneren Konflikte, Meinungen und Probleme in seinem Heimatland nicht klärt, wird sie in seiner neuen Heimat gleich wieder erzeugen. Nur wer schon ausgewandert ist, weil er ein anderes Bewusstsein hatte, als die anderen Menschen im Land kollektiv gerade ausagierten, wird in der neuen Umgebung reale Umstände erfahren, die seinem Bewusstsein entsprechen. Sonst bringt er seine Probleme nur huckepack mit. Lerne erschaffen und befreie dich, das gilt auch und gerade, wenn du aus einem Kulturkreis stammst, der in Sachen Demokratie und Psychologie noch viel nachzuholen hat. Auch deshalb treffen die Neubürger auf ihre Erfahrungen mit dem System bei uns. Ihre

eigene unbewusste Meinung dazu formt ihre Erfahrungen mehr als das, was sie glauben hier erreichen zu wollen.
Doch auch wir anderen werden noch von unserem kollektiven Schatten eingeholt. Nimm einmal als Beispiel die Maske, die gerade (2020) alle beim Einkaufen tragen, den Mundschutz. Er ist aus einer Bürokratie heraus geboren, die sich weltweit für unsere Gesundheit zuständig hält. Diese Organisation hat kein Herz und versteht nicht, was Menschen als soziale Wesen brauchen. Ihre wissenschaftlichen Vorschläge werden immer Richtung übergeordnetem Ziel gehen, ganz so, wie eine künstliche Intelligenz kalkulieren würde, unter Vernachlässigung der vielfältigen anderen Bedürfnisse als Menschen. Dieses computeroptimierte ‚Pandemie-Programm' setzt bestimmte Ziele auf Kosten von anderen durch, alles ganz logisch. Aber nicht menschlich.
Mein Unbewusstes hat den Mundschutz symbolisch sofort verstanden: Die Maske bedeutet, dass ich mit ihr meine Folgsamkeit bestätige, und dass ich meinen Mund halte zu dieser und zu ähnlichen Maßnahmen. Und dass ich verlässlich tun werde, was man mir sagt. Es ist die stumme Einverständniserklärung für staatliche Bevormundung. Die Maske signalisiert außerdem, für mich als Mensch spielt die Gesichtserkennung nun keine Rolle mehr, das überlasse ich doch lieber mal der künstlichen Intelligenz mit Gesichtserkennung, Tests und Fiebermessen. Ich selbst muss mich nicht mehr um gefährliche Krankheitsanzeichen bei meinen Mitmenschen kümmern und verantwortlich für mich sorgen, wie ich das schon immer getan habe. Ich sah doch jemandem früher schon von weitem an, ob er krank ist, und ging auf großen Abstand. Ich erkannte das doch, zumindest, wenn er keine Maske trug! Was für ein Blödsinn, uns einreden zu wollen, dass man die Gefährlichkeit nicht am Gesicht erkennt. Gut, die Inkubationszeit liegt schon vorher. Trotzdem, das ist jetzt ein Vorgeschmack für den Einsatz der künstlichen Intelligenz, die kann alles angeblich viel besser. Diese Maske ist aber auch das Symbol einer totalitären Diktatur: Millionen Chinesen und andere Asiaten, die sich als Kultur immer schon mehr mit dem Kollektiv identifiziert haben, sorgten dafür, dass wir das in der demokratischen, westlichen Welt seit

Jahrzehnten dachten, wann immer wir im Fernsehen diese Menschen mit Masken sahen, ganz lange bevor wir sie selbst tragen mussten.
Wenn ich also meine Mitmenschen vor einer viralen Ansteckung durch mich schützen will oder zumindest ihre Angst nicht noch schüren, egal ob die Maske dies auch leisten kann, dann muss ich diese diktatorische, symbolische Bedeutung der Maske zumindest für mich selbst aufheben. Ich will nicht gleichzeitig diese globale Krake ernähren, die gerade aus all diesen Bürokratien computervernetzt weltweit ihre umschlingenden Polypen-Arme durch unsere Gesellschaft fädelt. Was ist also zu tun? Als Mitschöpfer lösche ich die symbolische Wirkung und setze eine neue Bedeutung darüber. Ich habe mich entschieden, dass ich mir eine Maske drucken lasse, auf der ein Drache abgebildet ist, um mich selbst und meine Mitmenschen wenigstens unbewusst in der Begegnung daran zu erinnern, dass wir nicht Opfer, sondern Mitschöpfer sind, und dass es nun mehr als jemals zuvor gilt, den Drachen in uns zu wecken. Und dann steht da eine Affirmation drauf, und sie wirkt, egal, ob meine Mitmenschen sie lesen oder verstehen können oder überhaupt bewusst wahrnehmen. Denn ich weiß, wie meine Affirmation lautet. Auf meiner Maske steht: „Ich atme frei. Ich bin frei und ich bleibe frei."
Was immer du gerade für die wichtigsten Themen hältst, ohne deine verdrängten Themen zu kennen und möglichst umgehend zu vollenden, werden sie dir im Außen entgegendrängen. Das ist noch nicht bewusstes Erschaffen. Du beschäftigst dich dann da draußen mit dem Kampf gegen die Windmühlen so wie Don Quijote, und deine Lebenskraft fließt in das, was du gerade bekämpfst und macht es stärker. Je länger du dich mit Verschwörungstheorien beschäftigst, umso mehr verstärkst du den Haufen unter unserem kollektiven Drachen und der mischt sich gehörig ein. Du lässt dich von deinem Drachen und den äußeren Umständen ‚aufträumen'. So nenne ich das, wenn du dich in einem milden Wahn (Trance) befindest und das für real hältst, was beim Drachen als dein Schatten oder als kollektiver Schatten rumliegt, nur weil du es auch draußen siehst. Nicht immer nimmt eine vom Schatten ausgelöste Fehlsteuerung solche Ausmaße an, dass du leidest oder psychologische oder psychiatrische Hilfe benötigst. Es sind die kleinen Dinge, wo du meinst,

dagegen kämpfen zu müssen oder dich einsetzen zu müssen, oder du musst dir und deinem Einsatz zumindest Bedeutung geben. All das tust du angefeuert von deinem Drachen, aber der hat ganz andere Ziele: Deine Heilung, dein waches Bewusstsein. Nur weißt du das nicht, der verbündet sich nämlich auch mit den Themen da draußen in der für dich realen Welt, um dich reifen zu lassen und deine Erfahrungen zu vollenden. Wenn du dann auch noch mit einer bedeutungsvollen Persönlichkeit unterwegs bist, wirst du uns als Menschheit nicht helfen können. Du agierst dann doch einen viel zu großen Schatten aus. Hilf dir dann erst einmal selbst!

Weiterführendes Werkzeug: Erschaffe bewusst: Formuliere eine Absicht, entscheide dich für diese Veränderung und lade die Gedankenform erkennbar positiv auf. Dann lass los. Und wenn ein Impuls mit dem gleichen Gefühl vorbeikommt, folge ihm unmittelbar. Aus der Zukunft wirst du ihn verstehen.

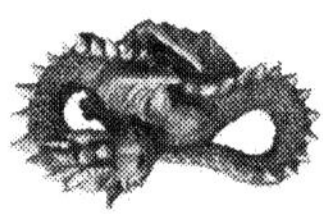

Sechs: Dein Drache ist dein bester Freund

Innen mit außen verschmelzen: Dein Drache will mitbestimmen

Wie willst du dich fühlen?

Im vorigen Kapitel haben wir uns vor allem mental dem bewussten Erschaffen angenähert, in diesem Kapitel stehen Gefühle und emotionale Ladung im Mittelpunkt. Wir untersuchen die Rolle unseres Drachens als Torwächter, der die Schwingungs- und Stromstärken-Erhöhung mit dem biologischen Körper fließend so abstimmen muss, dass dieser nicht durchknallt und du entweder stirbst oder dysfunktional in der Psychiatrie landest. Wir sprechen auch darüber, was es für eine absurde Idee wäre, diesen Drachen zu töten. Danach lernen wir, jenseits der Variablen für bewusstes Erschaffen einfach unserer Intuition zu folgen, um zu erschaffen, und dafür Impulse der dazu passenden Schwingung zu identifizieren. Und dann wird ein ziemlich komplexer Vorgang plötzlich ganz einfach.

6a. Dein Drache ist dein Torwächter

In diesem Kapitel geht es um deinen Drachen und seine Aufgabe als Torwächter. Er sorgt unter anderem dafür, dass deine inneren und äußeren Umstände mit dem Prozess selbst sowie deiner Schattenintegration und Schwingungserhöhung abgestimmt werden, so dass diese Entwicklung deinen Körper nicht gefährdet. Die Religionen, die staatliche Matrix, ja selbst spirituelle Channel spielen sich als äußere Torwächter auf, aber mit ihnen bleibst du fremdbestimmt und weißt nie, ob diese Vertreter irgendwelcher astraler Quellen oder weltlichen Institutionen schon von der Matrix gekapert, manipuliert, bestochen oder sogar ganz übernommen wurden. Du musst also auch lernen, dich immer wieder selbst zu befreien. Deine Lebensaufgabe will gefunden werden und nur du kannst sie finden. Es geht um deine Komfortzone und wie du von der einen Seite der Menschheit (Service-to-Self, Persönlichkeit und Schatten) zu der anderen Seite (Servive-to-Others, Seelen-Ich und Höchstes Selbst) wechselst und was dies für Auswirkungen auf dein Leben hat.

Dein Drachen-Torwächter schützt deinen Körper, indem er deine Erfahrungen sowie die Stromstärke deiner Lebenskraft so dosiert, dass dein Körper sich langsam und nur mit den geringst-möglichen Krankheitssymptomen und psychischen Disharmonien an die neue, die erhöhte Eigenschwingung gewöhnt. Insgesamt passiert das schon allein dadurch, dass sich die Eigenschwingung der Erde (Schumann Resonanz) und des gesamten Sonnensystems ebenfalls erhöht und einen großen Entwicklungsdruck erzeugt, wie er nur alle 226 000 Jahre in diesem Sonnensystem erfahren wird, weil es auf Grund der Drehung um das schwarze Loch in der Mitte unserer Milchstraßengalaxie (Zentralsonne) an eine Lücke vorbeigleitet, die eine besonders intensive Beeinflussung durch die Mitte der Galaxie zulässt. In diesen Zeitabständen öffnet sich ein Fenster zu dieser Zentralsonne und gibt eine erhöhte Strahlung frei, durch die alle Planeten erwärmt werden. Es ist also gerade nicht nur die Erde, die sich erwärmt, alle Planeten tun dies schon seit Jahren. Es spielt keine Rolle, ob deine Schwingung sich durch deinen eigenen Reifeprozess, durch Einweihungen und Aktualisierungen willentlich beschleunigt von außen (und damit durch den Kontakt mit anderen Menschen, die den Reifeprozess bereits durchlaufen haben), oder indirekt durch die Schwingungserhöhung des gesamten Planetensystems erhöht. Fest steht: Der

physische Körper muss sich langsam an wesentlich höhere Schwingungen gewöhnen, er kann diesem Druck nicht mehr ausweichen.
Dein Körper ist ein wunderbares Fahrzeug der Selbsterfahrung und kann sich – im Gegensatz zu deinem Auto – verändern und extrem der jeweiligen energetischen Umgebung anpassen. Er wird es auch tun, nur ist er in der Entwicklung viel träger als dein Verstand, als dein Gefühl und als dein Herz, er braucht dazu mehr Zeit. Und in dieser Zeit der Transformation ist dein Körper – genau wie bei der Raupe – eine einzige Baustelle. Wenn du seine Anpassungsprobleme jedoch falsch verstehst und zu deinem Nachteil bewertest, spielst du der Matrix und dem endgültigen Koma des kollektiven Drachen in die Hände. Dann versuchst du deinen Körper in der alten Schwingung zu halten (alles soll bitte schön so bleiben wie immer, bequem oder unbequem) oder du erlaubst es sogar, dass man ihn in der Schwingung wieder nach unten zieht. Noch törichter wäre es nur, deine Psyche zusätzlich mit Angst anstecken zu lassen, denn damit bringst du deinen Körper vollends in Lebensgefahr oder zumindest dich selbst recht schnell in die Psychiatrie. Angst schwächt in jedem Fall dein Immunsystem und dann bist du anfälliger für ansteckende Krankheiten.
Wenn du die Anzeichen deiner körperlichen Anpassung an die höhere Schwingung falsch (also matrixgemäß) interpretierst, muss dein Körper einen riesigen, energetischen Spagat machen und die höchste und gleichzeitig die niedrigste Schwingung hindurchleiten. Es handelt sich dabei sogar um ein Tri-Spagat, so als hättest du drei Beine: Die Schwingungserhöhung der Erde selbst zwingt deinen Körper in den Reifeprozess nach oben, die medizinisch-psychologischen Ideen der Gegenwart ziehen ihn durch ihre materielle, chemische oder physikalische Symptombekämpfung (weil künstlich) in eine Absenkung der Schwingung und damit in die gegensätzliche Richtung, und das Höchste Selbst zieht ihn zusätzlich in eine der beiden Richtungen: Entweder im Reifeprozess nach oben. Oder es gibt das Signal zur Beendigung der Verkörperung durch Siechtum, falls es keine Chance mehr auf Entwicklung in seine gewünschte Richtung sieht. Dem Exit durch Krankheit steht dann nichts mehr im Weg. Es ist daher besser, deinen Körper als eine Baustelle zu

begreifen und nicht als krank und dahinsiechend oder sogar unheilbar psychosomatisch geschädigt. Mit meinem Hintergrundwissen und meiner Lebenserfahrung sehe ich deinen Körper eher als ein prachtvolles Bauwerk aus der Gründerzeit und du hast jetzt spätestens mit diesem Buch irgendwo die Originalbaupläne wiederentdeckt. Und sie sind großartig und passen viel besser zu dir als die Umbauten, die danach vorgenommen wurden, z. B. durch deine Kindheit und deine Erfahrungen. Sie versprechen dir ein gutes, gesundes und erfülltes Leben in diesem Haus (deinem Körper), und das, egal, wie alt dein Körper bereits ist.
Die befreite Drachenkraft stellt dir nun die zusätzlichen finanziellen Mittel bereit, das Bauwerk nach den alten Plänen zügig umzubauen, rückzubauen und zu restaurieren. Nun räume den Handwerkern bitte alles aus dem Weg, was sie noch stören könnte (Haufen beim Drachen) und schlepp momentan auch keine neuen Möbel (Konzepte) rein. Warte erst mal, bis die Handwerker abgezogen sind, dann kannst du dich immer noch neu einrichten. Die meisten Menschen lassen sich leider aus Unkenntnis so viel Zeugs einreden, was den Umbau stört, dass sie selbst eher eine Symptomdämpfung (Handwerker gehen in Kurzarbeit) oder eine Symptomverschiebung (die nächste Handwerkerkolonne rückt schon an, ohne dass die andere schon fertig war) verursachen und die Heilung (schnellste Fertigstellung des wunderschönen Originalgebäudes) hinauszögern. Ohne zu wissen, was sie tun, neigen die meisten Menschen dazu, durch die Vordertür mehr neue Sachen hineinzuschleppen, als die Handwerker gerade durch die Hintertür entsorgen können. Wenn den Handwerkern ständig dazwischengefunkt wird, geht es natürlich auch auf der Baustelle nicht weiter. Und die Symptombekämpfung der modernen Medizin ist aus Sicht höherer Dimensionen noch finsterstes Mittelalter, aber auch damals konnte ein Aderlass schon begrenzt helfen. Es ist also nicht verkehrt, sich helfen zu lassen. Ich rate dir, alle Hilfe anzunehmen. Nimm diese Aussage als Disclaimer, dass dieses Buch keine professionelle Hilfe ersetzen kann (diese Formulierung ist übrigens ein Matrix-Klassiker, um sich ihrer Macht an dir zu versichern), aber bleibe dir bewusst, wie du dich dabei fühlst und wie deine Eigenschwingung darauf reagiert: Ob du also nach unten gezogen wirst oder

eher inspiriert, geheilt und nach oben gezogen wirst. Was eine echte Heilung verursacht, hebt dich in der Schwingung auf Dauer an und du lebst auf einem höheren Energielevel. Meine Knie durch neue zu ersetzen, hat zum Beispiel Schmerzfreiheit verursacht und meine Lebensfreude erhöht.

Wenn deine Veränderungssymptome zu drastisch sind, leg die Beine hoch, mach es dir bequem und dämpfe das Geschehen ruhig mit Medikamenten, doch behalte im Auge, dass du damit bewusstseinsdämpfende Drogen verwendest, die dich über die materielle Verabreichung in die niedrige Schwingung der Materie herabziehen. Das ist gut so, du musst dich nicht quälen, doch lerne auch möglichst schnell dein eigenes Unbewusstes, deinen Drachen bzw. dein höchstes Selbst bei all deinen Entscheidungen miteinzubeziehen, welchen Rat von Experten du befolgst und welchen nicht. Lerne, deinem Körper und deinem Reifeprozess nicht zu schaden, während du dir medizinisch und psychologisch helfen lässt. Noch einmal: Ich sage nicht, dass du auf diese Hilfe verzichten sollst. Doch behalte im Auge, alles, was deine Krankenkasse anbietet, ist eine Empfehlung der Matrix, und es muss individuell für dich und deinen Reifeprozess stimmen. Denn der ist kostbar. Dein Torwächter-Drache jedenfalls versucht in jedem Augenblick, ein energetisches Gleichgewicht zu finden und zu halten, welches deinen Körper und deine Psyche maximal schützt und fördert und keinen Schaden anrichtet. Unterstütze deinen Drachen bewusst, indem du mit ihm zu kommunizieren lernst, darauf kommen wir noch. Beginne ihn zu lieben. Er, deine Seele und dein Höchstes Selbst haben nur dein Bestes im Sinn. Da draußen die Wölfe dagegen haben wie beim Märchen ‚Der Wolf und die sieben Geißlein' ganz viel Kreide geschluckt, um uns zu überzeugen, die Tür zu öffnen.

Am besten verstehst du vielleicht deinen Drachen und wie er seine Drachenkraft sogar schlafend automatisch dosiert in dein Leben träumt, wenn ich dir erzähle, wie das bei mir war. Wenn ich auf mein eigenes Leben zurückschaue, war mein Drache erst bereit, mich in die Standleitung hinter dem Tor eintreten zu lassen und den Reifeprozess anzustoßen, als ich bewiesen hatte, dass ich mich mal ganz gewaltig für etwas

Gutes einsetze. Dass ich also bereit war, für die höchste und schönste Vision, die ich in meiner Meditation empfing, mein Leben ganz umzukrempeln, weil ich von ganzem Herzen gespürt habe, dass ich das nun tun muss. Es war einfach meine Lebensaufgabe. Und solange ich mich daran – feige und bequem – vorbeimogeln wollte und lieber nicht nach Berlin umziehen und der Vision folgen, wurde mein Leben sinnlos und ich selbst depressiv. Was ich noch nicht wusste: So lenkt mich mein höheres Selbst. Es zieht sich zurück, wenn ich nicht auf dem abgesprochenen Weg weitergehe, und es kommt stärker durch und gießt gute Laune und Erfüllung in mein Gemüt, wenn ich in der Spur bleibe. Innerhalb dieses neuen Projektes, in der neuen Umgebung und durch neue Kontakte stieß ich dann auf jede Menge Probleme, auf Widerstände und karmische Verabredungen.
Das war jedoch – entgegen meiner anfänglichen Befürchtung – kein Zeichen dafür, dass ich in der falschen Richtung unterwegs war, nein, ganz im Gegenteil, es war ein intensiver Lernprozess, der in meinem Unbewussten aufzuräumen begann. Es galt, viele Erfahrungen aus diesem und aus anderen Leben zu vollenden. Die Lebensaufgabe, die Vision, hielt mich dabei in der Spur und führte mir die karmischen Mitspieler zu, die oft ebenfalls begannen, ihr Unbewusstes aufzuräumen. Ich hätte sie nie kennengelernt, wäre ich nicht meiner Vision gefolgt. So eine Lebensaufgabe ist immer etwas, was den anderen Menschen und dem Planeten im Allgemeinen dient und dich aus deinem Freundeskreis und aus deiner Familie hinausführt. Wenn du in den gewohnten Bahnen bleibst – in deiner Komfortzone – ist das immer noch nur ein Dienst an dir selbst (Service-to-Self), weil du dich nur um dein Privatleben kümmerst und nur für deine eigene Familie und für deine Freunde gut sorgst, und das größere Umfeld dich recht wenig interessiert.
Der erforderliche Schritt für mich war also, zu beweisen, dass ich bedingungslos liebe, und dass ich mein Engagement auch ausdehne auf die gesamte Menschheitsfamilie, auf die lebendige Natur und auf den Planeten selbst. So wurde ich Mitglied des Earthstewards Network (Diener der Erde) und organisierte ehrenamtlich ein Projekt. Dieses Service-to-Others (anderen dienen) kann bei dir etwas sehr Großes sein, so wie

meine Vision damals von einem ,Peace Trees Berlin' für den Weltfrieden, oder etwas ganz Kleines so wie ein Ehrenamt, die Gründung einer Bewegung oder ein politisches Mandat. Einen Teil deiner Zeit widmest du von nun an engagiert ehrenamtlich einer guten, allgemeinen, wohltätigen Sache. Sie muss dir grundsätzlich Spaß machen und dich gleichzeitig in deiner Entwicklung voranbringen. Und du tust es nicht aus Karrieregründen, weil du dafür bezahlt wirst oder um dir als Persönlichkeit Bedeutung zu geben (Aufblasen von Persönlichkeit und Schatten) oder aus dem Schuldgefühl heraus, dass es dir ,viel zu gut' geht. Du tust es ausschließlich, weil es stimmt. Das leitet mit allen Konflikten, die nun unweigerlich kommen werden, das Ende deiner spirituellen Suche ein, die lange dunkle Nacht der Seele bzw. deren Einschmelzung in dein Ich.

Bei mir begann die spirituelle Suche damit, dass ich sagte: „Gott, wenn es dich gibt, ich will verflixt noch mal einen anderen Weg finden, miteinander umzugehen, als dieser verletzende Trennungs-Zirkus als Paar, und den will ich finden!" Und von da an ging ich auf die Suche, damals noch ohne Internet vor allem in Büchern und Zeitungen. So stieß ich 1989 auf Danaan Parry, einen Atomphysiker und klinischen Psychologen, der mich mit seinen Lehren und Projekten kreativer Friedensarbeit begeisterte. Er wurde nun mein spiritueller Lehrer. Mit ihm intensivierte sich meine spirituelle Suche, und trat in eine intensive Lernphase ein. Immer deutlicher nahm ich Kontakt auf zu meiner Lebensaufgabe. Ich hatte mich entschieden, dass ich herausfinden will, was mein Beitrag zum Weltfrieden sein könnte. Das brachte mich auf den Weg. Ich lernte meditieren und vieles mehr. Einmal angestoßen, wurde die spirituelle Suche zu einem Weg der Selbsterfahrung, Selbsterkenntnis und Selbstheilung und ich begann, bei meinem Drachen aufzuräumen.

Wenn eine Service-to-Self-Persönlichkeit (wie ich es war) zum Dienst an anderen (Service-to-Others) wechselt, leitet das eine Phase ein, in der das Unbewusste ins Bewusstsein gehoben und der Schatten integriert wird. Das bislang Unbewusste wird bewusst und der Schatten verliert seine Macht der Selbstsabotage. Mir begegnete nun die friedliche Konfliktlösung überall: In Menschen, Seminaren und Büchern. Und durch die vielen Probleme konnte ich auch gleich praktisch ausprobieren, was ich gelernt hatte, was mir aber eher mäßig gelang. Mein Schatten war noch zu riesig und meine Persönlichkeit auch ziemlich bedeutungsvoll aufgebläht. Die Erfahrungen, die nun kamen, rissen meinen Elfenbeinturm ein, in den ich mich verstiegen hatte, und mein Selbstbild, meine Persönlichkeit (mit der ich mich bis dahin definierte) bröckelte. Ich stellte alles in Frage, auch nach welchen Prinzipien ich lebte und was ich alles konnte und wusste. Nichts wusste ich, nichts konnte ich. Mein Scheitern wurde zur Gewohnheit...

Andererseits holte ich mit erschütternden Erfahrungen und in zahlreichen Konflikten ziemlich große Portionen aus meinem Schatten, die fast unverdaulich schienen. Konflikte aus meinen Leben in Atlantis wiederholten sich, und die Menschen, die mir nun begegneten, kannte ich fast alle schon aus anderen Leben in dieser Epoche. Es lag bei mir ein so riesiger Berg beim Drachen und wollte geheilt und vollendet werden, unglaublich! Eine Zeitlang hielt ich mich für das dümmste Wesen des Planeten, einfach, weil mir nichts so gelingen wollte. Mein Leben wurde also nicht einfacher und wohlfühl-spirituell, sondern in den Erfahrungen wesentlich heftiger und unbequemer. Ganz langsam lernte ich auch mehr über Energie. Reiki war damals neu und funktionierte für mich und andere als ein großartiger Toröffner. So wurde ich erst einmal Reiki-Lehrerin. Vom Drachen wusste ich damals ja noch nichts, ich suchte immer noch Gott irgendwo da draußen im Himmel, in einem Channel oder in einem Buch.

Erst meine nächste Entscheidung sieben Jahre später, das ‚Earthstewards Gathering 1995‘ in Berlin zu organisieren und davor oder danach auch ein ‚Peace Trees Berlin‘ (und dafür nach Berlin umzuziehen), brachte mir die Eintrittskarte zur Standleitung. Während im Außen viele Konflikte abliefen und ich gleichzeitig gute Gefühle und viel Dankbarkeit und Erfüllung erfuhr, wurde meine Seele ganz in meinen Körper und in mein Ich (Tagesbewusstsein) eingeschmolzen. Die lange, dunkle Nacht der Seele begann und dauerte zumindest bei mir neun Monate (heute viel schneller). Der Reifeprozess war gestartet und die neue Richtung gesetzt. Plötzlich erkannte ich, dass ich den äußeren Frieden nur stimulieren konnte, wenn ich ihn erst einmal in meinem Inneren selbst gefunden hatte. Ich begriff, dass ich meinen eigenen Unfrieden weiter auf die Welt projizierte. Mein Urteil, da draußen in der Welt ginge es nicht friedlich zu und ich müsse das ändern, verlängerte nur den Zustand des Unfriedens in mir und in anderen. Umgekehrt stellte ich fest, dass alleine schon durch meine eigene Selbstheilung die Leute um mich herum ebenfalls mit Heilung angesteckt wurden. Frieden begann sich merklich um mich herum auszubreiten. Reiki war nun nicht mehr genug, es war tatsächlich nur ein recht vorsichtiger erster Türöffner gewesen. Doch immerhin gewöhnte es meinen Körper an den höheren Durchfluss von Lebenskraft, sowohl in der Stärke als auch in der Schwingungshöhe, und mich selbst an das Konzept, in Energie und Schwingung zu denken. Ich hatte auch gelernt, auf meine Impulse zu hören und die führten mich nun recht zügig zu immer noch höheren Einweihungen, Aktvierungen und Aktualisierungen, die rein auf energetischer Ebene wirkten, so wie das meine Drachen und Bücher heute auch tun, wenn ein Mensch sich dafür öffnet.

Auf dein Leben übertragen wird es darum gehen, dass du mit einer Entscheidung deinem Höchsten Selbst ganz eindeutig signalisierst, dass du genug davon hast, nur um sich selbst zu kreisen und um die eigene Bedürfnisbefriedigung, um dein privates Leben und um deinen Job. Du musst größer werden wollen als das übliche Privatleben und aus deiner Komfortzone heraustreten, das erst lässt dich über die Matrix hinauswachsen. Komfortzone ist mit künstlicher Matrix identisch. Du spürst an diesem Punkt in deinem Leben, dass es um mehr geht. Du weißt und kannst etwas, von dem du zwar noch keinen blassen Schimmer hast, aber du bist zuversichtlich, du wirst es finden. Und genau diese Fähigkeit, dieses Talent, braucht die gesamte Menschheit im Kleinen oder Großen jetzt ganz dringend und kein anderer kann das stattdessen für dich tun. Bei mir war das die friedliche Konfliktlösung. Die Zeit, die du dafür brauchst, hat sich extrem beschleunigt: Was bei mir noch sieben Jahre dauerte oder zwanzig, kannst du in einer Woche erleben. Wenn du es zulässt und den Inhalt dieses Buches widerstandslos zu empfangen bereit bist, kannst du bis zum Ende des Buches deinen Reifeprozess

ganz durchlaufen. Versprochen. Doch du musst auch die Hausaufgaben machen, die ich dir vorschlage.
Danaan hat uns das so erklärt: Dein Leben ist gerade gut eingerichtet, so als ob du an einem Trapez hängst und gemütlich und sorgenfrei hin und her schaukelst. Das ist dein Leben, deine Komfortzone. In der hast du es dir bequem gemacht. Es ist dir allerdings mittlerweile etwas langweilig und unbefriedigend. Es beschleicht dich so ein Gefühl, dass sich etwas verändern sollte. Aber was? fragst du dich. Plötzlich siehst du in einiger Entfernung ein anderes Trapez, eines das leer ist, da hängt auch kein anderer Mensch dran. Und während du so vor dich hinschaukelst, erkennst du immer deutlicher, auf diesem Trapez steht dein Name, da geht es weiter. Das ist dein nächster Schritt, dein nächster Lebensabschnitt. Und nun tust du alles, um dein altes Trapez so hoch und weit zu schaukeln, dass du das andere, frei schwingende Trapez zu fassen kriegst. Dein Plan ist, dann umzugreifen und erst danach das alte Trapez loslassen. Guter Plan, doch egal, wie sehr du dich anstrengst, vom alten Trapez auf das neue zu wechseln, das Neue bleibt immer ein kleines Stück zu weit entfernt. Irgendwann gibst du auf. Entweder resignierst du und schaukelst weiter am alten Trapez und denkst dir allerhand Ausreden aus, warum das auch noch besser für dich ist, in der Komfortzone zu bleiben. Oder du erkennst, was erforderlich ist: Dass du springst. Du musst erst das alte Trapez ganz loslassen, um das neue zu fassen zu kriegen. Und das wiederholt sich mit jedem größeren Schritt. Jeder Schritt in deinem erwachten Leben und in deinem Reifeprozess ein neues Trapez. Mit der Zeit lernst du, immer schneller zu erkennen, wann es Zeit ist, wieder loszulassen und zu springen, um deiner Entwicklung willen.
Die Einschmelzung der Seele wird ausgelöst, wenn du dich grundsätzlich dafür entscheidest, aus der Service-to-Self-Fraktion der Menschheit in die Service-to-Others hinüberzuwechseln. Das ist noch nicht die bewusste Entscheidung, deine Persönlichkeit und deinen Schatten zusammenzubringen und dabei bewusst aufzuwachen, doch der erste Schritt, dies einzuleiten. Du rufst nun alle Erfahrungen auf, die noch unvollendet beim Drachen liegen und weichst deine Persönlichkeit auf. (Sternensaat

und Kristallkinder können diesen Schritt, wie gesagt, fast ganz überspringen. Die fehlende emotionale Ladung wird ihnen zeigen, dass es in ihrem Leben weder mit dem inneren Kind noch mit all den anderen psychologischen Konzepten der Selbstheilung weitergeht. Die haben nur sehr wenig beim Drachen abgelegt.) Schließlich wird dein Drache dir das Tor freigeben und dir die Seeleneinschmelzung abrufen. Dein Reifeprozess kann beginnen. Stattdessen kannst du auch weiter Leben um Leben nur um dich selbst kreisen und immer weniger Erfüllung finden und dich selbst als immer unbedeutender erfahren, etwa so wie ein funktionierendes Rädchen im Getriebe. Erst wenn du sagst, „es gibt da etwas, was meine eigene Schwerkraft des Um-mich-selbst-Kreisens durchdringt, es gibt da vermutlich eine Quelle, mit der habe ich eine Bestimmung verabredet und der will ich folgen", hebt das auf eine ungewöhnliche, rätselhafte, paranormale Weise die physikalischen Gesetze der natürlichen 3D Matrix auf und beschert dir Zufälle und Wunder. Du hast dich auf deinem Weg immer tiefer in die materielle Schöpfung hinein endlich umgedreht und beginnst deinen Weg zurück zur Quelle – die ganze Standleitung hinauf.

Was zu meiner Zeit noch kaum einem Menschen möglich war, passiert heute immer öfter: Es werden schon Kinder mit einer teilweisen oder vollständigen Seelenintegration geboren, die sind schon auf ganz natürliche Weise Service-to-Others. Doch auch sie müssen den Reifeprozess zumindest körperlich noch zu Ende durchlaufen, ohne dass die Sicherungen in ihrem Körper durchbrennen. Auch für sie schreibe ich dieses Buch. Bist du schon mit Seelenintegration geboren, ist es dir auf ganz natürliche Weise unverständlich, wie ein Mensch sich egoistisch, böse, hinterhältig oder gemein verhalten kann. Du lebst bereits in einem 5D Bewusstsein oder höher und respektierst und liebst die natürliche 3D Matrix von Mutter Erde, die du als ein lebendiges Wesen wahrnimmst. Es ist dir selbstverständlich, dass du über dein Herz geführt wirst, und du hast auch ein ganz starkes Gefühl, ob etwas für dich stimmt. Deine Umgebung macht dich krank, die künstliche Matrix zwingt dich physisch und psychisch in die Knie und du verstehst nicht, warum andere diese Schwierigkeiten nicht haben. Nun, du bist schon anders. Du bist schon

so, wie die anderen erst noch werden müssen (wenn sie nicht ihren Drachen ins Koma versetzen lassen wollen). Ich selbst wurde erst durch meinen ersten Burn-Out zu einem Seelen-Ich, als ich durch die lange, dunkle Nacht der Seele ging.
Die Anderen können dein Maßstab nicht sein, wenn du schon mit der Seeleneinschmelzung in deinem Ich zur Welt kamst. Die Anderen um dich herum leben aus der Persönlichkeit heraus und unterhalten einen großen Schatten an Verdrängung. Sie gleichen einem Süchtigen, einem Selbst-Süchtigen. Die Anonymen Alkoholiker zum Beispiel kennen den Umkehrpunkt genau, denn ihre Abstinenz beginnt damit, dass sie sagen, „ich selbst haben offenbar keine Kontrolle über meine Sucht, also hoffen ich, dass es eine höhere Instanz gibt, die mich aus der Sucht führen wird und der will ich folgen". Sie lassen sich zurückführen zur Quelle und entwickeln Stimmigkeit, sie lassen sich führen von einer inneren Instanz. Dieser Weg führt direkt zur Seeleneinschmelzung, gibt jedoch noch nicht den Startschuss für den Reifeprozess. Leider. Deshalb blieb ich selbst nie lange in solchen Selbsthilfegruppen.
Mit der Umsetzung deiner Vision, deiner Lebensaufgabe – egal wie vage sie dir schon bewusst ist – wechselst du also vom spirituellen Suchen zum spirituellen Finden und der eigentliche Reifeprozess beginnt. Meine Seeleneinschmelzung kam als massiver Burn-Out über mich. Das Spagat zwischen Schwingungserhöhung und energetischen Anforderungen meines Jobs war bald zu groß, und mein Körper und meine Psyche drohten daran zu zerbrechen. Schließlich war meine Schwingung so hoch, die Stromstärke vervielfacht und mein Bewusstsein so erweitert, dass ich allmählich in der Standleitung weiter nach oben klettern konnte und auch seitlich in den anderen Dimensionen aufräumte. Ich übernahm, überprüfte und verwarf Konzept um Konzept meiner Standleitung und stopfte sie voll mit neuen, diesmal spirituellen Konzepten. Erst Jahre nach der Seeleneinschmelzung konnte sich endlich auch mein unsichtbarer persönlicher Coach (der Aufgestiegene Meister Sanat Kumara) bei mir melden und mich unterstützen. Mit ihm war ich verabredet. Solange ich als diese unreife Persönlichkeit unterwegs war, ganz egal, mit wieviel Wohlfühl-Spiritualität begleitet und umhüllt, kam der noch nicht zu mir durch.

Über Claire Avalon meldete er sich 1997 das erste Mal bei mir. Mit der Zeit lernte ich ihn dann selbst zu channeln. Seit nunmehr zwanzig Jahren trainiert und begleitet er mich in täglichen Plaudereien.
Du musst dich also engagieren. Du musst zeigen, dass es dir ernst ist und du musst dafür auch erst einmal herausfinden, was deine Lebensaufgabe überhaupt ist. Vielleicht ruft dich Greenpeace oder die Tafel. Oder Demonstrationen für Frieden und Freiheit. Oder fürs Klima. Oder für den Tierschutz. Wenn du dort in viele Konflikte verwickelt wirst und du mehr Probleme erlebst als jemals zuvor, freu dich und spüre, wie dein Ich geläutert wird und lerne. Zwischen der ersten Seeleneinschmelzung und der letzten, der Verschmelzung mit dem höchsten Selbst lagen bei mir weitere sieben Jahre. Heutzutage kann das ganz schnell gehen. In diesen sieben Jahren habe ich erneut karmische Verwicklungen aufgearbeitet, die kamen diesmal aber nicht von den unvollendeten Inkarnationen meiner Seele (die relativ weit unten in den Abzweigungen der Standleitung herumlagen), sondern von anderen Aussaaten aus noch höheren Ebenen. Jede Seele besitzt viele Inkarnationen, jede Überseele besitzt viele Seelen usw. bis zum Höchsten Selbst, das sogar Avatare aussät, die wiederum, naja, usw. Mein Körper gewöhnte sich derweil an immer höhere Schwingungen und Stromstärken. Das waren die Anfangs- und Endpunkte meines Reifeprozesses die Standleitung entlang nach oben zur Quelle. Das war mein Aufstieg, oder besser, der Abstieg von immer mehr Quelle in meinen physischen Körper. Andere in der spirituellen Szene sagen dazu, dass immer höhere Ebenen von Gott in den Körper integriert werden. Der Mensch wird selbst zu einem Ausdruck von Gott. Das ist mit Aufstieg gemeint.
Auf dich übertragen wirst du erst einmal den Wendepunkt in deinem Leben finden müssen, und der liegt bei jedem woanders. Manchmal stellt ein Mensch dann der Quelle, dieser höheren Macht, ein Ultimatum. Z. B. „wenn sich das ... in den nächsten Monaten nicht ändert, dann..." oder du sagst, „es gibt vielleicht diese Quelle, irgendwo muss meine Lebenskraft ja herkommen. Was habe ich zu verlieren, wenn ich annehme, dass sie diesen Teil der Matrix außer Kraft setzen kann, der mir nicht gefällt? Was wäre, wenn ich mich für eine andere Erfahrung entscheide und

dann schaue, was passiert?“ Du formulierst Absichten und beginnst damit bewusst zu erschaffen.
Diesen Umkehrpunkt nutzen spirituelle oder religiöse Missionare, Agenten der Matrix und Geschäftsleute übrigens gerne dafür, einen Menschen in ihre Gemeinschaft oder in ihr Business zu ziehen und seine Standleitung mit noch mehr Konzepten anzufüllen. Damit wird verhindert, dass er sich weiterentwickelt, denn nun ist die Standleitung ja mit noch mehr Hindernissen versehen. Schade, wo der Mensch doch eigentlich schon dabei war, die Seeleneinschmelzung vorzubereiten und die Standleitung leerzuräumen und den Reifeprozess frei laufenzulassen. Alles ist nur ein Lernprozess. Doch wer sich über eine gewisse Zeit hinaus einfangen lässt, die es braucht, um die eventuell noch karmischen Verabredungen zu vollenden, der macht es sich in einer neuen, höher schwingenden Komfortzone bequem und wird dauerhaft in einer rezeptiven, abhängigen Haltung bleiben und seine Entwicklung einfrieren. Lerne stattdessen, was es zu lernen gibt und geh weiter, wenn es an der Zeit ist. Manchmal geht es nur darum, dass du diesen Lehrer, diesen Menschen, noch treffen solltest, um deine karmische Verwicklung mit ihm in einem ähnlich gearteten Konflikt aufzulösen. Mach‘s und geh weiter. Deine eigene innere Stimme zählt, die führt dich weiter. Denn eigentlich trainierst du gerade, dich ausschließlich von ihr führen zu lassen.
Du wirst unterwegs auch auf das Konzept stoßen „Ich übergebe alles einer höheren Macht und alles wird gut“. Nein, wird es nicht. Dir fliegen keine gebratenen Tauben ins Maul, du redest dir nur schön, dass du dich deinem persönlichen und unserem kollektiven Schatten nicht stellen willst. Damit pausiert dein Reifeprozess. Es ist eine Falle, die von Matrix-unterwanderten spirituellen Quellen aufgestellt wurde. Überprüfe, ob das für dich stimmt, fühle es. Damit wirst du nämlich deine Verantwortung als bewusster Mitschöpfer überhaupt nicht entwickeln, und damit wirst du in der alten Matrix hängenbleiben. Die Matrix ist überall. Nur weil ein Konzept religiös, wohltätig oder spirituell daherkommt und dir Zugang zu diesem wundervollen Gemeinschaftskuscheln verschafft, ist es noch nicht matrix-frei. Es gibt kein Gütesiegel ‚matrix-frei‘. Du musst schon selbst unterscheiden lernen und deine Befreiung und deinen Reifeprozess im

Auge behalten. Wenn der zusammen mit deiner Schattenintegration und deiner Verantwortung als Mitschöpfer nicht permanent im Mittelpunkt dieser Missionare steht, geht es um das Melken deiner Energie und um Stagnation statt Entwicklung. Lerne, verstehe und lass es dann bitte. Beten und ergebenes Warten auf göttliche Anweisungen und Wunder ist doch kein verantwortliches bewusstes Erschaffen!
Es gibt kein Konzept, das nicht von der Matrix vereinnahmt und verdreht wurde, nicht einmal im tiefsten Himalaya. Alle müssen jetzt neu überprüft und auf ihre Tauglichkeit für dich und deinen Reifeprozess überprüft werden. Manche sind von Alien-Rassen propagiert worden, die nicht zu deinem eigenen Ursprung gehören. Dann ist genau die Genetik dieser Gründerrasse in dir nicht die Stärkste und deshalb ist es nicht dein Weg. Wer den Reifeprozess nicht kennt und propagiert, weiß nicht, worum es jetzt geht, und kann dich nur mit einigen Techniken weiterbringen. Lerne sie und geh weiter. Am ehesten findest du die Offenheit für den Reifeprozess noch bei den Buddhisten. Ursprünglich hat jeder dieser Religionsgründer und Menschheitslehrer wie Buddha, Mohammed, Lao Tse oder Jesus nur im Sinn gehabt, die Entwicklung der Menschheit und den Reifeprozess für die kollektive Menschheit voranzutreiben. Das waren die Guten, die uns befreien wollten! Ihre Lehre sollte die Menschen direkt zur Quelle führen, um vom Wasser des Lebens zu trinken und das ewige Leben zu finden (schon in diesem Leben, nicht danach!). Aber da nur wenige ihrer Nachfolger tatsächlich in den Reifeprozess eingetreten sind geschweige denn ihn vollendet haben, verschwand die eigentliche Funktion ihrer Lehre unter ganz vielen Interpretationen, Übungen und Ritualen.
Das ist auch ein Gleichnis, das uns Danaan Parry mitgab: Stellt euch vor, in beträchtlicher Entfernung zur Quelle wurden nun immer mehr Gebäude errichtet, rund um die Lehren dieser Weisheitslehrer und ihrer Jünger. Schließlich standen rund um die Quelle des Lebens ein geschossener Kreis aus Logen, Tempeln, Kirchen, Synagogen, Moscheen und anderen rituellen Stätten. Sie versperrten die freie Sicht auf das, worum es ihren Religionsgründern wirklich ging: Um das Trinken von der Quelle und das Erlangen des ewigen Lebens. Nun konnte kein Mensch mehr

die Quelle erreichen, ohne durch eines dieser Häuser hindurchzugehen. Soweit sein Bild von der Quelle des Lebens. Und ich ergänze: Die Matrix schlich sich spätestens nach dem Tod des Religionsgründers und Weisheitslehrers auch in die Gebäude ein und verdrehte und verdunkelte und manipulierte die Inhalte zu ihren Gunsten. Die Quelle selbst war schließlich vollständig umzingelt von matrixgefärbten Gebäuden. Und der Reifeprozess wurde verschwiegen. Das wird er immer noch.
Das Trinken von der Quelle verschwand aus dem Blickfeld der Menschheit und lebte nur noch in Mythen und Märchen weiter. Stattdessen wurde verehrt, was das Zeug hielt. Das Konzept selbst wurde verehrt (heilige Bücher). Und natürlich auch Gott, Götter, Engel, aufgestiegene Meister, Propheten, Heilige, Naturwesen oder Gestirne, sie alle wurden in vielerlei unterschiedlichen und scheinbar bedeutsamen Liturgien und Ritualen verehrt. Dafür brauchte man dann allerhand Krempel wie Kerzenständer und Tücher und Bücher und Sonstiges, und die stellte man dann vor dem Tor ganz hinten in diesem Gebäude ab. Denn alle diese Gebäude besaßen ein Tor zum Innenhof, zur Quelle. Durch diese Tür, dieses Tor, könnte genau diese Glaubensgemeinschaft direkt in den Innenhof und zur Quelle gelangen, wenn sie sich darum kümmern und ihr Gotteshaus endlich mal entrümpeln würde. Die ganze Verwässerung und Verbiegung durch die Matrix muss entfernt werden. Denn dieses Tor entspricht kollektiv dem individuellen Tor beim Drachen. Danaan setzte seine Geschichte so fort: ‚Mit der Zeit war es fast unmöglich geworden, überhaupt durch eine Glaubensgemeinschaft hindurch in den Innenhof zu treten und von der Quelle zu trinken, man vergaß das Ganze schließlich. Bald hielt man selbst die Geschichten von Menschen, denen es gelang, von der Quelle des ewigen Lebens zu trinken, für nette Legenden ohne echten realen Hintergrund.‘
Das kollektive Tor war für uns alle vollkommen verschwunden, und die Matrix hatte natürlich auch keinerlei Interesse daran, dass die Menschheit ihr volles Potential entdecken und unsterblich werden würde. Jedes Konzept und jedes verehrte Gebäude – ob materiell, institutionell oder virtuell als Social Media – macht das: Es stellt noch mehr Gerümpel vor diese Tür. Selbst Netflix und Amazon besitzen so ein Gebäude in der

Runde und setzen dir falsche Götter vor die Nase, damit du niemals auf die Idee kommst, stattdessen deinen eigenen Hintern hochzukriegen und den Krempel in deinem Lieblings-Glaubens-Gebäude wegzuräumen und nur noch die Dinge zu kaufen und dir als Videos anzuschauen, die dich tatsächlich in deinem Reifeprozess weiterbringen. Du hast die Macht, das gesamte Angebot jedes Dienstleisters zu beeinflussen. Jeder nur zu einem winzigen Teil, doch wir alle zusammen zwingen jedes Schiff, was auf Angebot und Nachfrage setzt, auch auf einen guten neuen Kurs. Das ist in jedem Moment deine Verantwortung. Du verstärkst entweder das Schlummerlied der Matrix oder den Reifeprozess. Schon allein dadurch, dass du bewusst auswählst, was du konsumierst. Und damit, dass du dich in jedem Augenblick intuitiv für den nächsten Schritt entscheidest. Was wählst du?

Hier kommt nun mein Drachengleichnis ins Spiel, denn ich möchte natürlich nicht noch eine weitere Religion gründen, nur ein Konzept vorstellen, innerhalb dessen du besser verstehen kannst, dass es genau jetzt um die Wurst geht. Um welche, das musst du mit deiner Lebensaufgabe selbst herausfinden. Und dann vergisst du auch mein Konzept bitte wieder und öffnest dich ganz deinem eigenen Bewusstsein. Bewusstsein ist nicht eine Ansammlung von noch mehr Wissen, Bewusstsein kann man sich nicht anlesen. Bewusstsein ist einfach. Immer schon. Es ist immer schon da, es urteilt nicht und es weiß auch nichts. Es kann aber auf alles kosmische Wissen zugreifen, wenn es dies braucht. Es ist und es wird. Punkt. Heute sehe ich mich einfach als Ausdruck von Energie und Bewusstsein, ein Funke aus der Quelle, der ist und sein wird, der also seinen nächsten Schritt erschafft, und das so bewusst und hochschwingend wie möglich.

Das bewusste Erschaffen bezieht sich dann auf beide Teile, auf ‚Ich bin' und auf ‚Ich werde'. Im übernächsten Kapitel mehr davon. Das Drachenkonzept richtet deine Aufmerksamkeit auf deinen Drachen, seine Funktionen, auf deinen Schatten und auf deine Entwicklung. Auf deine Seeleneinschmelzung, wenn die noch fehlt, und auf deinen Heilungsprozess. Konzepte, die sich stattdessen an Gott und der Quelle orientieren, werden von der Matrix gerne unterwandert, damit du den Sklavenhaltern freies Spiel lässt. Du musst dann vor allem verehren, den Geboten folgen, beten und die Hände in den Schoß legen und alles wird gut. Nein, entschieden nein: Nichts wird gut. Das hatten wir doch schon, seit Tausenden von Jahren. Das reicht jetzt. Alles bleibt dann so, wie es war. Gefällt dir das etwa? Verehrung bedeutet, dass du deine kostbare Lebensenergie wieder zurückgibst, zumindest den unbewussten Teil, deine Drachenkraft, statt sie freudig anzunehmen und *mit ihr nach vorne zu leben*. Und auf dem Weg von der Quelle in dein Leben wird deine ungenutzte Lebensenergie wie in einer riesigen Rasen-Sprinkler-Anlage dann überall versprüht und nährt Bürokratien und Leute aller Art und landet so bei vielen falschen Göttern. Heutzutage machen die Menschen bestimmte Wissenschaftler zu ihren Göttern, oder Manager oder Politiker. Und folgen deren Behauptungen wie früher die Menschen ihrer Bibel. Wenn das nicht eine neue Religion ist, eine, die Technokraten erzeugt, dann fresse ich einen Besen.

Die Quelle will deine Verehrung nicht, sie will einfach nur, dass du das Beste aus deiner Lebensenergie machst und mit wundervollen und kraftvollen Erfahrungen zu ihr zurückkehrst, vollendet und veredelt. In jedem Augenblick, in dem du dich verbunden fühlst, lässt du die Quelle an ihrer/deiner Schöpfung teilhaben und erfüllst ihre Absicht. Als Belohnung wirst du dich erleuchtet und erfüllt fühlen. Verehrung verhindert, dass du Kraft genug findest, deinen eigenen Reifeprozess bis ans Ende zu durchlaufen und deine Drachenkraft für ein freies, selbstbestimmtes, erfülltes Leben zu verwenden. So wirst du ewig abhängig manipuliert und kommst auch nie dazu, von der Quelle des ewigen Lebens zu trinken. Deine Drachenkraft steht dir zu, um dein eigenes höchstes Potential zu verwirklichen. Sie versickert bei den meisten Menschen irgendwo. Es ist auch nicht damit getan, bei deinem Drachen aufzuräumen oder ihn selbst stattdessen (oder deine Seele) zu verehren. Nein, die Standleitung muss ebenfalls geleert werden. Entrümpelung ist angesagt auf allen Ebenen. Alle diese Konzepte zweigen dir Kraft ab. Erst wenn du konzeptfrei einfach lebst, als ‚Ich-bin-Ich-werde', kommt auch alle Kraft bei dir an.

Wenn ich sage, diese religiösen und spirituellen Konzepte neigen dazu, dir einzuflüstern, die ganze Kraft liegt einzig bei der Quelle und halten

dich von jeder Entwicklung fern, so geht es mir um deine Eigenverantwortung. Was hast du selbst und was haben wir alle davon, wenn dein höchstes Potential und deine Drachenkraft weiter bei der Quelle liegen bleibt oder in undurchschaubare Kanäle fließt? Wie alle guten Eltern möchte doch auch die Quelle, dass ihre Kinder sich zu ihrem Besten und Höchsten entwickeln. Und nicht, dass sie ewig abhängige Kleinkinder bleiben. Wir nähern uns deinem Drachen gerade sehr vorsichtig. Erkennst du, warum du deinen Drachen wecken solltest? Weil du sonst mit deiner Kraft unbewusst einen immer größer werdenden Berg an Müll erschaffst, und weil du nur über deinen erwachten Drachen Zugang zum bewussten Erschaffen bekommst! Denn dein Drache ist dein Torwächter und beeinflusst als Unterbewusstsein deine Erfahrungen. Entweder dein Drache träumt und du hast nur ganz wenig Einfluss auf dein Leben und die Dinge passieren dir schicksalhaft. Oder er ist wach und ihr erschafft bewusst zusammen. Dann lässt du nicht mehr den Drachen über deinen Müll deine Realität erträumen, dann imaginierst du dein Leben bewusst mit ihm zusammen über deine Vorstellungskraft. Und Müll liegt dann sowieso kaum noch dort in der Höhle.
Der Drache repräsentiert den Teil deiner Psyche, der entweder unbewusst deine Realität träumt oder sie bewusst wach erschafft, sobald du dein Unbewusstes ins Bewusstsein gehoben hast. Er steht für deine ursprüngliche, göttliche, schöpferische Kraft, die du an Verdrängungen gebunden hast. Er steht auch für den Teil, der noch nicht ankommt, weil das Tor noch nicht weit offensteht. Denn nicht du erschaffst oder dein Drache, sondern ihr beide vereint mit der Quelle. Dein Drache wirkt immer in Harmonie mit der Quelle, er ist der lange Arm deines Höchsten Selbst, dem anderen Pol deiner Standleitung. Die Quelle erschafft also eigentlich durch dich. Das tut sie schon immer, und du kannst es lernen, bewusst mit ihr in die Kooperation zu gehen. Das war ursprünglich einmal mit ‚dein Wille geschehe' gemeint. Dass du deine Absichten daraufhin abklopfst, ob du dich damit harmonisch zur Schöpfung verhältst. Es war nicht gemeint, dass du selbst keine Absichten mehr formulierst und stattdessen passiv rumsitzt und deine Vorstellungskraft durch andere missbrauchen lässt. Deine Persönlichkeit und dein Schatten wirken wie

zwei hintereinander geschaltete Dias, durch welche das Licht der Quelle deine Vorstellungen in dieser Realität projiziert.

Fassen wir zusammen: Dein Drache ist dein Torwächter und passt gleichzeitig auf deine Psyche und deinen Körper auf. Er lässt dich auch erst durch das Tor gehen, um die Quelle deiner Existenz bewusst zu erfahren, wenn er sich sicher ist, dass du damit keinen Blödsinn anstellst oder bei dir die Sicherungen durchknallen. Mit deinem Drachen weckst du deine Drachenkraft in dir. Eigentlich weckst du also mit dem Drachen deinen höchstmöglichen schöpferischen Ausdruck, zumindest für dieses Leben. Du wartest nicht geduldig, wohin dein Leben noch so plätschern möge, sondern sagst dem Universum, der Quelle oder Gott: „Ich will meine Entwicklung jetzt maximal beschleunigen und mich dabei sicher und in Freude fühlen. Ich will den Drachen wecken und den Reifeprozess so ideal wie möglich bis zum Ende durchlaufen.“ Sag es bitte noch nicht, warte bis zum zehnten Kapitel, aber die Information darüber ist an dieser Stelle angebracht. Dann ist der Drache geweckt und du kannst das Tor öffnen. Und was findest du hinter dem Tor? Das ist vermutlich bei jedem anders. Es sieht jedes Tor und jeder Drache ganz anders aus. Bei mir war dieses Tor eine riesige, zweiflügelige Eichentür, fast haushoch und sehr schwer. Als ich sie in einer Trance langsam öffnete, kam da ganz viel Schlamm rausgeflossen. Der Raum dahinter musste randvoll mit einer braunen Schlammflut angefüllt gewesen sein. ‚Dabei hatte ich doch rund um den Drachen schon so gut geputzt und aufgeräumt!‘, dachte ich. Ich hatte aber bei all dem Aufräumen völlig vergessen, dass ich meine Vorstellungen von Gott, Himmel und Erleuchtung noch nicht durchforstet und ausgemistet hatte! Durch meine spirituelle Suche waren sogar noch mehr Vorstellungen hinzugekommen. Dann hingen da auch noch alle Urteile drin, die ich selbst gefällt hatte: Was die anderen Menschen doch diesbezüglich glauben und erkennen sollten, so viele Urteile! Es lag immer an den anderen! Nun weißt du Bescheid: Bleib vorsichtig und wecke deinen Drachen bitte nicht vorzeitig. Die Schlammflut, die du lostreten könntest, würde dich vielleicht überrollen.

Weiterführendes Werkzeug: Formuliere deinen bewussten Wechsel zur ‚Service-to-Others‘-Fraktion mit einer Absicht und Entscheidung: „Ich entscheide mich, mich zum Wohle aller einzusetzen.“ Frage dich anschließend: „Was könnte meine Aufgabe zum Wohle aller sein?“ Widme täglich fünf Minuten deiner Meditation dafür. Wiederhole diese Fragen und schreibe spontan zehn Antworten auf, die dir durch den Kopf gehen, noch bevor du darüber nachdenkst. Mach ohne Pause weiter, stelle diese Fragen immer wieder – wie aus der Pistole geschossen, bewerte sie nicht, jeder Unsinn darf auftauchen, jeder Sinn auch. Du stocherst damit schon etwas in deinem Unbewussten herum, vielleicht fängst du ja schon einen dicken Fisch. Du wirst sehen, dass sich deine Antworten verändern und du dich immer mehr der echten Kommunikation mit deinem Drachen und deinem Höchsten Selbst annäherst.

6b. Der Homo Creativus Pax und die Drachentöter

An anderer Stelle war bereits von den selbsternannten Experten die Rede, die an der Spitze von pyramidalen Strukturen von dem Entwicklungspotential der Menschheit sehr wohl wissen, und die diese Entwicklung auch gerne für sich selbst beanspruchen würden, wenn sie könnten, den anderen aber vorenthalten möchten. Um der alten Machtverhältnisse willen wollen sie verhindern, dass sich die Menschen in ihrer Entwicklung frei entfalten. In diesem Kapitel geht es um Drachentöten, um Ketzer, um den Homo Creativus Pax und sein neues Betriebssystem, den Hive Mind eines Zentralcomputers, um die Linsen, durch die wir Realität erschaffen (Liebe oder Angst), aber vor allem darum, dass du bereits unschuldig, erleuchtet und frei bist, jedenfalls für deinen Drachen.

Viele dieser pyramidalen Strukturen kultivieren ein geheimes, okkult-religiös-spirituelles Wissen, und die Neulinge können in ihrem langen Marsch durch die verschiedenen Ebenen der Hierarchie hin zur Spitze der Struktur lange nicht unterscheiden, ob dieses Wissen nicht auf dem Weg nach oben ins Gegenteil verkehrt wurde. Satanische Kulte müssen von den positiven Kulten Kenntnis haben, um sie in ihr Gegenteil verkehren zu können. Wes Geistes Kind sie sind, wissen nur die an der Spitze. Manche dieser religiös-spirituell-esoterische Kulte wurden extra dafür geschaffen, um diejenigen Menschen aufzufangen und umzulenken, bei denen der natürliche Prozess schon spontan begonnen hat. Um sie auszubremsen und dann mit sehr viel Unsinn und Bedeutung beschäftigt zu halten, einzig, damit die bestehenden Herrschaftsstrukturen nicht gestört werden. Man versucht die Menschen noch so lange wie möglich vom Schatten, vom Drachen, von der Standleitung und der Quelle fernzuhalten und ihre Energie stattdessen auf eine äußere Gottesvorstellung umzulenken. Die freie Geisteshaltung eines Aufgestiegenen Meisters, eines souveränen Mitschöpfers, soll auf jeden Fall verhindert werden. Der Erwachende soll den weltlichen Mächten dienen und sich an widersprüchlichen Ordensregeln und deren Konflikten mit der Natur des Menschen zerreiben, weil diese Regeln im Widerspruch zu den menschlichen Bedürfnissen stehen.

Die natürliche Entwicklung besteht darin, alle Stadien des Reifeprozesses zu durchlaufen, und eine ganz Spezies (wir) wurde seit einer gefühlten Ewigkeit daran gehindert, ihre natürliche Entwicklung fortzusetzen. Wir wurden künstlich im Raupenstadium gehalten, um unsere Verpuppung zu verhindern, und einzelne Schmetterlinge wurden ausgegrenzt oder als Märtyrer verehrt, damit die ganze Art als solche nicht in die Verpuppung geht und in sich selbst die Verwandlung zum Schmetterling vollzieht. Die religiösen und spirituellen Institutionen wurden aufgebaut, um diejenigen Raupen frühzeitig zu erkennen und aus der Menge der schlafenden Masse herauszuziehen, die potenziell in diesem Leben sich noch verpuppen könnten. Man musste sie überwachen, in Sackgassen führen und unschädlich machen. Ihre Standleitung wurde dann vollgestopft und ihre gesamte Aufmerksamkeit abgeschöpft von einer Herrschaftsstruktur, die genau das maximal verhinderte, was sie dort eigentlich suchten. Das Ziel aller pyramidalen Strukturen ist es, zu verhindern, dass die Menschen an der Basis ihre Macht erkennen und sie souverän beanspruchen. Ohne Ausnahme, jede pyramidale Struktur tut das. Es würde zu weit führen, dir das hier weiter zu begründen.

Während es früher genügte, die vor der Verpuppung stehenden Menschen abzulenken und in die Klöster zu ziehen oder in Ämter, in denen sie sich zwischen den Menschen, ihrem guten Herzen und dieser pyramidalen Struktur zerreiben, genügt das heute nicht mehr: Denn die Menschheit als Ganzes steht vor der Verpuppung und wird unaufhaltsam in den befreienden Reifeprozess gezogen. Aus Sicht unserer guten Hirten kann ihre Herrschaft nur noch aufrechterhalten werden, wenn sie die ganze Menschheit mit von außen steuerbarer Nanotechnologie ausstatten und zusätzlich einer genetischen Veränderung unterziehen à la Monsanto. Nicht nur, weil die Menschen dann über die Patentrechte auf eine neue Art in das Eigentum der Patentinhaber dieser Genetik übergehen, sondern weil sie dann für immer im kontrollierbaren Raupenstadium verbleiben. Das ist der eigentliche Hintergrund und die symbolische Bedeutung des Drachentöters. Die pyramidalen Mächte wollen den Drachen in uns töten. Das können sie aber nicht, denn wir sind ewige Wesen. Aber sie können ihn sehr wohl für alle nächsten Leben in ein künstliches Koma versetzen, für unsere Inkarnationen werden unsere Seelen dann keine anderen Körper mehr vorfinden als die Monsanto-Version, Pech gehabt. Es betrifft also auch dich in deinem nächsten Leben, nicht nur deine Kinder und Enkel. Wie ich schon sagte: Es geht gerade wirklich um alles oder nichts. Die Menschen sollen ihre Drachenkraft am besten nie aktivieren. Also sollten wir es genau deshalb unbedingt tun: Den Drachen wecken.

Während ein Mensch in der spirituellen Vorphase noch übt, nur die ganz großen Lebensentscheidungen mit der Quelle abzustimmen (oder sich zumindest nachhaltig in Harmonie mit seiner biologischen Umgebung zu verhalten) und es in der Zwischenphase von der Einschmelzung der Seele bis zur Einschmelzung des Höchsten Selbst (Reifeprozess) in allen Schritten darum geht, alle Erfahrungen aus dem Schatten und aus anderen Leben und Existenzen zu vollenden und gleichzeitig das Ego zu läutern und auf ein vernünftiges Maß zu reduzieren, und außerdem umgekehrt die höchsten Talente und Potentiale in den Körper und ins Tagesbewusstsein zu holen, ist es das Übungsfeld eines Aufgestiegenen Meisters (den ich den Homo Creativus Pax nenne) in der dritten Phase,

seinen Platz wieder in der alten künstlichen Matrix einzunehmen und von dort aus das erdrückende Gewebe immer besser außer Kraft zu setzen. Wir bohren Löcher in den Käse!
Diese bleierne, dichte Umgebungsdecke wird durch jede höhere Schwingung in der eigenen Umgebung verdünnt und durchlöchert. Das lebende Beispiel und die am besten zur eigenen Lebensaufgabe passende Beschäftigung des Homo Creativus Pax (in allen Phasen) weichen die Matrix auch für die anderen Menschen um sie herum auf. Die Menschen werden zu ihnen hingeführt und holen sich den Kick ab, ein wenig von deren Drachenkraft für ihren nächsten Schritt. Das kann sich in Verstehen, Heilen, in einer Einweihung oder in Kunst, Musik und Literatur äußern (wenn inspirierend, erhebend). Umgekehrt vermehrt diese bleierne alte Matrix gerade den Druck auf alle Menschen, ihren Drachen zu wecken. Das Lebendige in uns lässt sich nicht länger unterdrücken. Auch in deiner Umgebung findest du schon den Homo Creativus Pax in vielen Varianten oder zumindest Menschen, die zu ihm auf dem Weg sind. Sie stehen bereit, dich zu unterstützen und dir zu erklären, was hier wirklich los ist und wie anders man damit umgehen kann, nämlich so, dass es dich und uns alle heilt und befreit. Die Rolle derjenigen ‚auf dem Weg zum Homo Creativus Pax' ist es auch, die Menschen der Umgebung zu ermutigen, nicht eher zu ruhen, bis sie den Prozess ganz hinter sich gebracht haben. Und natürlich selbst auch nicht zu ruhen, bis sie ihn vollendet haben.
Christliche Menschen nennen das Aufwachen zum Homo Creativus Pax auch ‚Gott ganz in sich gebären'. Ich nenne es ‚post-spirituell', weil ich mich entschieden habe, nicht zur Fraktion der Selbstaufgabe und Energieeinspeisung zu gehören, sondern zur Fraktion der navigierenden Meister, die bewusst erschaffen, ganz nach dem Motto der Jedi-Ritter: „Die Macht sei mit dir". Denn alle Konzepte ziehen dich in neue Abhängigkeiten zu einem Channel, zu einer Religion oder Gemeinschaft oder zu einer fremden Seelenfamilie. Auf allen Ebenen kannst du fremdgesteuert werden. Du bist selbst schon immer Gottes Sohn und Gottes Tochter, die Quelle wirkt durch dich, deine Lebenskraft verbindet dich mit deiner ewigen Quelle. Du musst niemanden sonst zur Hilfe rufen, von

welcher Ebene auch immer. Du solltest nur bald deinen Drachen wecken, statt ihn ins künstliche Koma versetzen zu lassen, und los gehts. Wenn du deinem Inneren und dem Äußeren gleichzeitig dienen willst, lebst du in Widersprüchen und bist nicht souverän. Hörst du mal auf die Experten und dann wieder auf deine innere Stimme ist das ein Stopp-and-go, so unbefriedigend wie der Stau im Berufsverkehr. Du untergräbst oder stoppst deine eigene Entwicklung, statt endlich den Weg zum Homo Creativus Pax zu Ende zu gehen.

Wenn du zum Beispiel selbst ein Erzengel bist, musst du keinen anderen Erzengel um Hilfe anrufen, aber du wirst dich bei deinen Erzengel-Kumpeln ganz wohl fühlen. Geh mit ihnen energetisch kuscheln, frag sie auch mal um Rat, aber folge nur deinem eigenen inneren Höchsten Selbst. Wenn du herausfindest, dass du selbst Jesus bist (warst?), hast du Gott bereits ganz in dir geboren, dann finde heraus, was dein Vater in diesem Leben von dir will. Hüte dich, daraus eine Bedeutung für deine Persönlichkeit zu machen, du könntest sonst erneut gekreuzigt werden. So wie jeder mit westeuropäischen Wurzeln vermutlich über tausend Ecken mit Karl dem Großen verwandt ist, kannst du auch in deiner eigenen galaktischen Geschichte sowohl ganz unbedeutende Leben als auch berühmte Leben finden. Na und? Jetzt zählt nur dieses Leben und was du daraus machst, um dich selbst und uns alle zu befreien. Alle diese Titel und Personen sind gleichzeitig so was wie archetypischen Rollen des großen schöpferischen Drehbuchs, von denen schon Carl Gustav Jung sprach, an denen entlang du dich einfach nur mehr zu dir selbst entwickeln wirst. Sei es, aber schmücke dich nicht damit. Rufe niemanden mehr zur Hilfe, egal aus welcher höheren Ebene, es wird immer deine Souveränität untergraben. Dein eigenes Höhere Selbst und deine eigene Seelenfamilie seien deine einzige Richtschnur.

Du wiederholst auf höheren Ebenen nur, was die noch nicht erwachte Ego-Persönlichkeit mit ihren Beziehungen und Seilschaften in 3D gerne macht: Sich Autorität geben mit einer Beziehung zu einem VIP, statt selber jemand zu sein. Lass das, sei einfach gleich selbst die Quelle, jetzt. Frage diese wunderbaren Beziehungen (Engel, Meister, andere) um ihre Meinung, aber lass dir nur helfen, wenn es nicht anders geht. Und entscheide nach Stimmigkeit. Ein Homo Creativus Pax braucht diese Krücken nicht, er lernt das freie Laufen. Du steckst vielleicht noch mitten in der Standleitung, ja, dann mach das so. Ich möchte dir ja nur erklären, dass du mit all diesen Channelings und in diesen wunderschönen, energetischen Kuschelveranstaltungen auch noch ziemlich lange in der Standleitung herumbummeln kannst, so wie Rotkäppchen Blumen pflückend auf der Wiese, statt selbst erst einmal fertig zu werden. Und du kannst dir auch neue Schwierigkeiten einfangen, die vorher nicht da waren. Eine Freundin von mir hat unbedingt ein Seminar machen wollen, das versprach, unsichtbare, andersdimensionale Anhaftungen und Besetzungen zu entfernen. Mit dem Ergebnis, dass sie durch neue Implantate in die Knie gezwungen wurde, die genau von dieser Seminarleitung gesetzt wurden. Nun dient sie vorwiegend als lebende Batterie für eine Gruppe dummer und bösartiger Menschen, die gerne magisch dunkel herumspielen. Seit Jahren versucht sie vergebens, sich davon wieder zu befreien. Ich hoffe, es gelingt ihr. Sie weiß, sie muss es selbst herausfinden, ich darf ihr in diesem Stadium des Reifeprozesses nicht helfen. Ihre Lebensaufgabe ist die Aufdeckung und die Befreiung von Implantaten als ihr Beitrag zur Befreiung der Menschheit. Sie bildet sich gerade selbst aus zu einer Spezialistin für Implantate, und jedes Mal, wen ich mit ihr telefoniere, ist sie einen Schritt weiter.

Wurde früher der Drachen eines Menschen zufällig geweckt, und der wollte partout nicht aufhören, sich weiter zu entwickeln und seinem eigenen Reife- und Befreiungsprozess auch außerhalb der Institutionen zu folgen, geriet er in Konflikt mit der herrschenden Realitätsauffassung und wurde kurzerhand zum Ketzer erklärt und verfolgt. In diesem Sinne werden wir gerade alle zu Ketzern gegenüber all diesen vielfältigen Glaubensgebäuden, den religiösen, politischen, wirtschaftlichen, psychologischen, medizinischen usw. Was mit Ketzern gemacht wird, wissen wir bereits: Abschaltbegriffe, Lächerlich-machen, In-die-Ecke-stellen, Verfolgung, Bücherverbrennung, und schließlich, wenn sie immer noch nicht aufhören wollen (und auch sonst keiner sich kümmert, sie also unbekannt bleiben) Auslöschung. Auch deshalb stimmt das Bild und die Geschichte vom Drachentöter in der christlichen Mythologie: Der ärgste

Feind der Institutionen, die sich zu Experten in Sachen Religio (Rückverbindung) erklärt haben, ist ein in den Menschen erwachter Drache. Unter der Idee, den Drachen zu töten, liegt die Drohung, den Menschen zu töten, der es wagt, so frei zu denken und zu leben. Man wollte damit die Angst vor der eigenen Kraft und der Befreiung der eigenen, freien Standleitung zur Quelle einfach nur vervielfachen. Die Menschen wurden von ihrem Körper, ihrem freien Denken, ihrer Intuition und ihrem Herz entfremdet. Jede Zeit hat ihre eigenen Begriffe für ‚Ketzer' und ‚Heilige', die guten Menschen sind Heilige, weil matrix-konform, und die bösen Menschen sind Ketzer (heute oft -leugner in vielerlei Variationen genannt), weil matrix-entlarvend. Hören wir lieber ganz auf mit diesem Unsinn und ignorieren die Drachentöter, selbst wenn sie heute mit Spritze daherkommen, um unseren Drachen ins künstliche Koma zu versetzen. Unser Körper gehört uns. Und natürlich darfst du selbst ihn jeder Behandlung unterziehen lassen. Aber bitte schön nur deinen. Meiner geht dich nichts an.
Kommen wir zum Reifeprozess zurück. In dem Moment, wo du deine Souveränität erklären wirst (darauf kommen wir noch) und deinen Drachen weckst (Ziel des Buches), klickst du bei deinen eigenen höchsten Instanzen in der Standleitung zur Quelle auf den Download Button, und dein neues Betriebssystem beginnt sich herunterzuladen. Das alte Betriebssystem läuft auf deinem Körper sowieso nicht mehr besonders gut, seit die Erde selbst ihre Schwingung erhöht hat. Die gesamte holografische und technisch-energetische Umgebung der Welt verändert sich rasant mit der Schwingungserhöhung. Eine neue Zeit braucht ein neues Bewusstsein (Betriebssystem). Das wirst du auf Dauer auf jeden Fall brauchen. Du entscheidest nur, ob du dazu in den Widerstand gehst und noch möglichst lange dein altes Windows7 benutzt (mit allen Folgeerscheinungen, die wie Krankheiten und körperliche Ausfälle aussehen, weil die neueren körperlichen Apps nicht mehr gut darauf laufen), oder doch noch schnell das Upgrade auf Windows10 vornimmst, solange es noch umsonst zu haben ist. Es ist ganz allein deine Entscheidung. Wenn du dich, nachdem ich dich umfassend aufgeklärt habe, in Kapitel Zehn dazu entscheidest, deinen Drachen zu wecken und den Download

abzurufen, wirst du wissen, worauf du dich einlässt, und kannst deine Entwicklung bewusst und sicher vollenden. Und du kannst dich auch zu der anderen Pille entscheiden und dich unbewusst komfortabel in die künstliche Matrix zurückgleiten lassen.
Es mag eine Weile dauern, bis sich nach deinem Drachenweckruf die einzelnen neuen Downloads mit dem vorhandenen alten Betriebssystem harmonisch ergänzen, aber mit deiner Entscheidung gibst du den Startschuss und gleichzeitig deine Einwilligung für das neue Betriebssystem, das ich den "Homo Creativus Pax" nenne. Das ist die Baustelle. Oder die Verpuppung, wenn wir im Raupenbild bleiben. Der evolutionäre Druck auf alle Menschen wird gerade ständig größer, sich bewusst zu verändern. Bewusst heißt nicht, mit Wissen vollgestopft, das andere für dich gesammelt haben, bewusst heißt sich zu entscheiden, was man haben will. Und dann auch den Impulsen dazu folgen. Homo Sapiens Sapiens oder Homo Creativus Pax? Das bedeutet auch, die Unterprogramme des alten Betriebssystems (Homo Sapiens Sapiens) werden immer weniger kompatibel sein zu den Anforderungen dieser Zeit. Die peripheren Endgeräte (Haus, Job, Politik, Wirtschaft usw.) laufen nicht mehr mit Windows 7, sie sind längst abgestimmt auf Windows 10. Es wird zunehmend funktionale Probleme in allen Bereichen deines Lebens geben, das sind aber nicht die Probleme der Welt und die Bösen da draußen tragen sie in deine kleine Welt hinein. Deine alte Welt ist verloren, sie war sowieso nur eine Illusion. Sie ist Geschichte.
Nein, du weigerst dich nur, dein Betriebssystem (Körper) auf die modernere Version upzugraden, die dir in der höherschwingenden 5D Erde ein gesundes Leben ermöglichen würde. Du willst unbedingt dein Windows 7 weiternutzen, selbst wenn es keine Apps mehr dafür gibt. Dann wundere dich bitte nicht, wenn nichts mehr in deinem Leben funktioniert. Aber gib auch nicht den anderen da draußen die Schuld daran. Bei allen Konflikten, die dort draußen noch toben, sind die Konfliktgegner vielleicht gerade dabei, beim Drachen aufzuräumen. Die tun damit wenigstens was für uns! Und was machst du? Mein Vorschlag daher: Bevor das alte Betriebssystem vollends versagt, sorge jetzt schon gut für deine Hardware (deinen Körper) und stelle ihn sanft auf das neue Programm um.

Wenn du zu lange wartest, könntest du irgendwann gezwungen sein, diese Hardware ganz aufzugeben, weil das neue Betriebssystem überhaupt nicht mehr darauf läuft. Dein Körper kann sich sehr lange anpassen, aber irgendwann hat er auch seine Belastungsgrenze erreicht. Und dann musst du mit einem neuen Körper woanders durchstarten. Ex und hopp, das ist doch auch, woran wir uns mit unserer Technik gewöhnt haben. Ein neues Handy muss her, ein neuer Körper muss her, das ist ein und dieselbe Bestellung. Na dann. Es ist deine Entscheidung. Niemand anderes kann das für dich tun. Die neue Zeit auf der Erde erfordert freie Mitschöpfer, für die Borg-Variante musst du dir einen anderen Planeten suchen. Das ist auch nicht weiter schlimm, es gibt Milliarden netter Planeten.
Das Upgrade auf den Homo Creativus Pax benötigt eine andere energetisch-strukturelle Umgebung als der alte Homo Sapiens Sapiens. Solange dieses natürliche, höherdimensionale Gitter noch nicht fertig erschaffen war, gelang es immer nur einzelnen Individuen, diesen Prozess ganz zu durchlaufen und dreifach aufzuwachen (Herz öffnen, Seeleneinschmelzung, Aufstieg). Solche Avatare des Bewusstseins, ganz große Seelen, kamen aus viel höheren Ebenen und brachten ihre Strukturen mit. Sie klinkten sich nie wirklich in die herrschende künstliche Matrix der Erde ein. Sie wurden nicht getrennt von der Seele geboren, anders als diejenigen, die aus der Falle der drittdimensionalen Erde nicht mehr rauskommen und beim Tod eine Erinnerungslöschung und Neuprogrammierung erfahren, bevor sie recycelt werden und ins nächste Leben geworfen, so als wäre die Erde der Müllplatz für unerwünschte rebellische oder viel zu kreative Seelen. Nun gut, dafür wird sie tatsächlich seit Jahrtausenden genutzt.
Diese Avatare sind die geschichtlich bekannten Größen wie Buddha, Gandhi, Martin Luther, Martin Luther King, Osho, Franz von Assisi, Krishnamurti, Babaji, Hildegard von Bingen, Jesus, Melchizidek, St. Germain usw. und noch viele geschichtlich unbekannt gebliebene Menschen, die das Bewusstsein und den Energielevel der Menschen ihrer Umgebung einfach durch ihr Leben selbst und ihre Lehren angehoben haben. Sie wirkten wie die Hefe im Teig und sorgten dafür, dass sich das

gesamte Bewusstsein der menschlichen Zivilisation in ihrer Umgebung erhöhte. Sie alle kamen, um das Leid der zeitgenössischen Menschen zu lindern und Grundsteine dafür zu legen, dass sich die Menschheit als Ganzes irgendwann befreien würde und kollektiv aus dieser Gefängnismatrix aussteigen könnte. Heute sind ganz viele aufgewachte Menschen wie sie unterwegs, um wie die Hefe im Teig das Bewusstsein anzuheben. Ich bleibe zuversichtlich. Ich sehe in uns allen bereits den Homo Creativus Pax. Du bist doch mit dabei? Und so wie es vormals dem Neandertaler passierte, wird der Homo Sapiens Sapiens nach unserer glorreichen Befreiung und selbst erschaffenen Mutation um uns herum allmählich aussterben, er geht einfach im Homo Creativus Pax auf. Er hat sich geschichtlich für eine Befreiung der Menschheit leider nicht bewährt. Entweder wir gehen jetzt aufs Ganze, was unser Entwicklungspotential betrifft (der Schatz des Drachen), und treten dabei aufs Gas, oder das Zeitfenster schließt sich wieder und der alte Homo Sapiens Sapiens wird technisch-genetisch vollkommen in die künstliche Matrix integriert, mit einem einzigen, zentralgesteuerten Bewusstsein für das ganze Kollektiv. Dann wird der Homo Sapiens Sapiens zu einem Homo Borgius (die Borg aus der Star Trek Serie). China ist uns nur einen Schritt voraus, aber wir laufen – gesellschaftlich gesehen – auf der ganzen Welt in die gleiche Richtung. Hin zu einem Hive Mind, bei dem ein ganzes Volk analog eines Bienenstocks über einen Zentralcomputer durch eine künstliche Intelligenz organisiert sein wird. Nun sage man nichts gegen Bienen, ich liebe sie, aber für uns Menschen sieht das dann doch mehr wie die Borg aus, oder?

Als Mitschöpfer werden wir wie alle Ketzer aller Zeiten natürlich gefährlich: Wir durchschauen intuitiv, was gespielt wird, wir erschaffen Impulse und lassen uns nicht mehr erpressen und mit Angst kontrollieren. Wir müssen das auch nicht mehr, wir kämpfen auch nicht wie Luke Skywalker oder die Jedi-Ritter. Die Macht ist gerade mit uns, doch nur noch in diesem Zeitfenster, sie fließt so stark, wie sie schon seit Jahrhunderttausenden nicht mehr in uns Menschen geflossen ist, aber nur in den echten Mitschöpfern. Die anderen geben nur noch mehr Lebenskraft ab. Ich selbst weiß auch noch nicht, was wir tun und wie wir uns neu

organisieren werden, ich weiß es immer nur für meinen nächsten Schritt. Aber es wird kein Kampf, keine Revolution. Das hat in der Geschichte noch nie funktioniert. Wir müssen jetzt ganz aus der künstlichen Matrix aussteigen und jede Struktur und Gewohnheit bewusst hinterfragen, ob wir sie noch haben wollen. Unsere einzelnen Bewegungen werden von unserem Höchsten Selbst gesteuert und auf höchster Ebene offenbar mit den anderen synchronisiert, die ebenfalls ihr Höchstes Selbst das Spiel machen lassen. Jeder folgt nur seiner eigenen Spur, und das ist der einzige Prozess, den eine Computersimulation nicht nachverfolgen und seine Schachzüge darauf abstimmen kann: Lebendigkeit bleibt für die die künstliche Intelligenz ein Rätsel, so wie für die meisten Menschen ihr eigenes Unbewusstes immer noch ein Rätsel ist. Mitschöpfer haben das Schachspiel verlassen. Das ist schon alles.
Im ‚Kurs in Wundern' (gechannelt in den 70zigern des vergangenen Jahrhunderts) sagt Jesus, es gibt nur zwei Realitäten; eine wird aus Angst erschaffen und eine aus Liebe. Und wir können wählen, durch welche Linse wir schauen wollen und damit auch, durch welche Linse unser Drache die Welt da draußen mit uns erträumt. Angst macht eng und klein, und das macht sie dann auch aus deiner ganzen Realität. Die meisten Ängste sind auch nicht deine, das ist die gute Nachricht: Sie sind dir eingeredet oder vielmehr durch Gruselbilder und Gruselgeschichten vermittelt worden. So wie mir schon mein Großvater mit seiner Schilderung des dramatischen Untergangs der Welt Angst machte, damals als kleines Kind. Und dann wollte ich nicht mehr allein bleiben beim Einschlafen. Umgekehrt geht es in dem Märchen zu: ‚Von einem, der auszog, das Fürchten zu lernen'. Egal, was dem Helden passierte, er ließ sich nicht beeindrucken und suchte nach einem pragmatischen Umgang mit dem Problem. Angst sollte eigentlich nur eine kurze Reaktion deines Körpers sein, die signalisiert, dass dein Körper in Gefahr ist. Angst holt uns aus einer Situation, die für den Körper gefährlich ist. Besteht keine körperliche Gefahr, ist Angst nur ein unnötiger, eingebildeter Stress und macht krank.
Leider können die meisten Menschen durch so viel fremdbestimmte Angst diese echte körperliche Angst überhaupt nicht mehr von dem

vielen Schattenmüll unterscheiden, den sie in sich eingelagert haben, und der mit der fremdbestimmten Angst getriggert wird. Nachrichten sollten doch eigentlich etwas sein, wonach du dich richten kannst. Warum solltest du von einem Unfall mit so und so viel Toten erfahren und dann auch noch Bilder sehen, was macht das mit dir? Zumindest Angst beim Autofahren! Angst kannst du dir einfangen, wenn du dich von solchen Szenarien beeindrucken und überlagern lässt. Was müsstest du stattdessen erfahren, um dir mit Wirkung auf dein Leben deine Realität besser zu gestalten? Diese Nachrichten doch zumindest nicht! Angst ist außerdem eine Frage der Schwingungshöhe, zumindest, wenn dein Körper gerade nicht direkt bedroht wird. Wenn du beherzigst, was ich dir empfehle, um dich auf das Drachenwecken vorzubereiten, wird deine Schwingung automatisch angehoben und du empfindest weniger intensiv und auch weniger oft Angst. Du hast dann auch einfach keine Zeit mehr für deine Angst. Komm raus aus deinem Versteck und besichtige endlich dein volles Potential!

Was könnte man anderes erwarten, wenn sich die Schwingung der Erde selbst fast verdoppelt hat, als dass sich auch die Schwingung des Menschen erhöht. Die Quelle fließt längst viel stärker durch jeden von uns. Nicht ein neuer Issa oder Jesus Christus ist zu erwarten, ein neuer Retter der Welt ist Trump(f). Kein Armageddon und kein Jüngster Tag, keine Offenbarung des Johannes. Das sind alles Planungen für das künstliche Koma des Drachens, die solltest du besser nicht ansteuern. Wir erleben mit dem Reifeprozess das Erwachen des Christusbewusstseins in jedem von uns. Verwenden wir die Liebe als unsere neue Linse, durch die wir mit unserer Lebenskraft (Licht) wie durch ein Dia unsere Realität nach draußen projizieren, denn damit wird eine ganz andere Realität erschaffen. Und wir machen das, keiner sonst. Du und ich und viele, viele andere. Wenn viele kleinen Leute viele kleinen Schritte tun, kann etwas ganz Großes entstehen.

Nach Meinung der vorherrschenden Religionen ist das nicht möglich. Die mussten dir

Angst davor machen, den Drachen in dir zu wecken. Wie du nun weißt, haben sie das zu unserem Besten getan, um die Menschen vor sich

selbst und ihrem Potential zu schützen, solange deren Körper noch nicht bereit für höhere Schwingungen war und die 5D Matrix einer natürlichen Erde auch noch nicht wiederhergestellt. Sie haben uns davor geschützt, vor der Zeit in den Reifeprozess zu gehen und durchzuknallen. Als die guten Hirten, die sie waren, ging es ihnen immer nur um deine Sicherheit. So ein Drache im Innern ist gefährlich. Dass es gefährlich war, den Drachen zu wecken, gebe ich ja auch offen zu. Früher brauchte man dazu den Schutz eines Klosters, um in Abgeschiedenheit den Weg des Adepten zu Ende zu gehen. Heute sind viele Menschen auf diesem Weg und wissen es nicht. Heute ist eine andere Zeit. Jetzt ist es einfach und ungefährlich, den Drachen zu wecken. Nur eben: Gewusst wie. Es ist mittlerweile so leicht, selbst zur Quelle zu gelangen, dass die Religio-Experten eigentlich überhaupt nicht mehr gebraucht werden.
Wir holen gerade alle schon automatisch den Download von mehr Quelle in unseren Körper. Und dann erschaffen wir uns mit dieser viel stärker durch uns hindurchströmenden, schöpferischen Kraft endlich die Realität, von der wir immer schon wussten, dass es sie gibt: Den Himmel auf Erden. Der Himmel liegt ‚Jenseits von Eden'. Was dies genau heißt, darauf gehe ich näher in ‚Reich mir den Apfel, Eva!' ein. Jetzt ist eine andere Zeit, die Religionen hatten jahrhundertelang ihre Chance, aber die Welt ist durch sie nicht friedlicher und die Menschheit nicht liebevoller und bewusster geworden. Und die Natur und die Menschen wurden auch weiter ausgebeutet, selbst mit der neuesten Religion genannt ‚Wissenschaft' oder ‚freie Marktwirtschaft'. Nein, es ist Zeit, dass wir selbst mit dem Drachen träumen lernen, imaginieren also, und es keiner Institution und ihrem heiligen Buch überlassen, was wir uns vorstellen können. Die aktuellen Drehbücher für unsere Zeit, die noch oben bei der Quelle liegen, wurden irgendwann umgeschrieben, statt Armageddon hat uns unser gemeinsames Höchstes Selbst (Quelle) die Chance gegeben, aus unseren Albträumen ganz aufzuwachen und eine Neue Erde zu erschaffen. Packen wir's an.
Es geht darum, die richtige Linse für deine Realität zu wählen. Liebe oder Angst? Ich schlage vor: Liebe deinen Drachen wie dich selbst. Sage dir: Ich bin genug. Ich bin geliebt. Liebe den verborgenen Teil, deinen

Drachen, deine Seele, deine Potentiale und dein Höchstes Selbst wie dich selbst. Liebe deinen Drachen und schütze ihn vor dem drohenden künstlichen Koma. Noch sind wir alle den sieben Geißlein im Märchen vergleichbar. Der Wolf hat sich Ziegenfell um seine Vorderläufe gewickelt und ziemlich viel Kreide geschluckt. Öffne ihm nicht die Tür zu deinem Drachen oder zu deinem Körper! Bleibe souverän oder werde souverän. Nimm zur Kenntnis, dass jeder Film, jedes Buch eine Offenbarung ist, was sich in Zukunft entwickeln könnte oder womit sich Geschichte wiederholen könnte. Du wirst mitbenutzt, um es genau in diese Richtung zu erschaffen, während du dir diesen Film anschaust. Dein erster Schritt für eine bewusste Beeinflussung der Wahrscheinlichkeiten für eine bessere Zukunft ist, dass du, zumindest am Ende des Buches oder des Filmes zu diesem Inhalt sagst: „Stopp. Das hört jetzt auf. Ich stelle mir eine andere Zukunft vor." Und dann tu das bitte auch. Dein mächtigstes Werkzeug für bewusstes Erschaffen ist deine Vorstellungskraft. Das ist dein Dia für die zukünftige Realität, da kannst du nie genug Licht (Lebenskraft) hindurchschicken! Ein Homo Creativus Pax wird daher eher Filme wählen, deren Inhalte er auch bewusst selbst miterleben möchte.
Liebe deinen Drachen so, dass er spürt, er kann das innere Kind freigeben, das ist die andere Idee dahinter. Dieses verletzte, ignorierte innere Kind darf sich nun ganz schnell zu einem erwachsenen Anteil von dir entwickeln. Und integriere diesen steckengebliebenen Anteil in dir, bis da kein Kind mehr in dir ist. Es wächst mit jeder vollendeten Erfahrung. Überzeuge deinen Drachen davon, dass du nun selbst gut für diese Entwicklung sorgst, und sieh, wie dein inneres Kind dabei allmählich groß und stark wird. Und vielleicht sogar mit dir in einer Meditation verschmilzt. Es wird automatisch passieren, wenn du schon viel mit dem inneren Kind psychologisch gespielt hast, oder du kannst es bewusst stimulieren, indem du sagst, „Danke Drache, das hast du gut gemacht, du hast auf die Jungfrau, du hast auf das kleine Mädchen bzw. den kleinen Jungen gut aufgepasst, aber ich bin nun selbst so weit, gut für alle meine Anteile zu sorgen und für ihre Nachreife." Eine Nachreife, die der Drache ja noch blockiert hält und die einfach passieren wird, indem du dieses Buch zu Ende bearbeitest. Dann ist da kein inneres Kind mehr,

dann ist alles an und in dir erwachsen. Nur: Die über dich herrschen, möchten, dass da ein fettes inneres Kind übrigbleibt, über das sie dich ansteuern und in Süchte und Erfahrungen treiben können. Stattdessen entsteht in dir so etwas wie ein goldener Kern, der dich mit dem Nullpunktfeld verbindet und dich so zum bewussten Mitschöpfer macht. Ein Mitschöpfer ist nichts anderes als ein voll ausgereifter Erwachsener. Wenn wir das zusammen erreichen, ist auch die Pubertät der Menschheit kollektiv zu Ende. Es wird auch Zeit, dass die Menschheit erwachsen wird.

Für deinen Drachen bist du bereits unschuldig, erleuchtet und frei. Du bist genug, du bist geliebt, du bist geheilt, du bist liebenswert. Wähle die bessere Linse (Liebe), denn jede Linse erzeugt ganz andere Realitäten. Die Angst wird Armageddon erzeugen und zum künstlichen Koma des Drachen führen. Das ist nicht unser Weg. Es gibt da eine Mehrheit in unserer Gesellschaft, der das unlogische, symbolische, intuitive Denken der rechten Hirnhälfte und die Wahl der Linse ‚Liebe' schon stärker in die Wiege gelegt wurde, und jede einzelne dieser intuitiv mehr Begabten sollte endlich gehört werden. Ich spreche von den 51 % der Menschheit weltweit, den Frauen. Sie tragen Leben, gebären und nähren Leben und sind deshalb die absoluten Experten für Leben. Für alles, was die Seele nährt und kleine und große Menschen gedeihen lässt. Sie spüren das, was richtig ist. Zumindest, wenn sie in Kontakt zu ihrem Herzen bleiben und sich nicht manipulieren und indoktrinieren lassen. Die weibliche Kraft hat sich wie die Kraft der Göttin zurückgezogen und ist bei all der männlichen Dominanz verstummt. Wir brauchen Drachenfrauen, starke, mutige Frauen. Und wir dürfen auch nicht auf die alten Muster hereinfallen, die uns die Matrix gerne angeboten hat: Uns gegenseitig an den Bedürfnissen der Männer entlang klein zu machen oder uns als Heimchen am Herd voneinander trennen lassen. Frauenpower liegt in der Gemeinschaft. Und: Alle Frauen sind schön, in jedem Alter. Alle Frauen sind wichtig. Und alle Frauen haben etwas zu sagen. Männer vermutlich auch, aber sie hatten ihre geschichtliche Chance – in der Dominanz ihrer logisch-linearen Problemlösung. Die Matrix stützt sich ganz auf männliche Problemlösungen. Die Künstliche Intelligenz basiert auf Logik und

Statistik. Das ist momentan gefährlicher denn je. Es wird Zeit, mal allen Frauen zuzuhören.
Frauen in erzieherischen Positionen, als Mütter und in sozialen Berufen können so viel mehr bewirken, wenn sie ihren Drachen geweckt halten und ihren Beruf kraftvoll vertreten, statt sich ausnutzen und auslaugen zu lassen. Ihre Sprache formt die Gesellschaft der Zukunft, sie müssen ihren Kindern eine Unabhängigkeit vom Zugriff der imperialen Mächte mitgeben und sie unter allen Umständen darin fördern, ganz sie selbst zu bleiben und sich frei zu entfalten. Jedes Wort, jeder Spruch, jede Maßnahme, jedes Buch, jeder Film muss daraufhin betrachtet werden, welche machtvollen Inhalte dabei erzieherisch oder matrix-konform vermittelt werden. Und sie sind auch verantwortlich dafür, ihre Kinder im Vertrauen zu halten und die mächtigen Angstfelder zu neutralisieren, die ständig um uns alle herum aufgeblasen werden, und die aktuell unsere Kinder am meisten verunsichern. Mütter und Väter zusammen modellieren Urvertrauen für ihre Kinder und geben ihnen erst Nestwärme und positive Gefühle. Das mag unwichtig für die Glühlampenmenschen und ihre Familien sein, dazu kann ich nichts sagen. Seelen, die sich als Kinder bei unbewussten Menschen inkarnieren, passen vermutlich genau dazu, vielleicht wollen sie gerne in Ruhe in der Matrix so weiter machen wie ihre Eltern, sie haben sich diese Eltern ja ausgesucht.
Wenn sich in aufgewachten Menschen in höherer Schwingung jedes Wort viel wirksamer und viel schneller umsetzt, geht damit auch mehr Verantwortung einher. Dann kannst du nicht einfach mal abhängen und mit deinen Freundinnen gedankenlos Blödsinn reden und tratschen. Es gibt keine harmlose Sprache mehr, wenn dein Fokus in höchster Schwingung zu einem Laser wird. Jedes Wort bestimmt nicht nur deine eigene Zukunft, sondern auch die von uns allen ein Stück weit mit, sobald du wirksam mit deinem Drachen unterwegs bist. Deshalb nenne ich den Menschen, der seinen Reifeprozess abgeschlossen hat, auch ‚Mitschöpfer'. Mit allen anderen zusammen ist er die Quelle, die sich selbst erfährt. Wir alle sind die Quelle. Sie erwacht in uns, um hier mitzuspielen. Für den Frieden auf Erden und unsere gute Zukunft besitzt jeder ein eigenes Puzzlestück an der erwünschten Erfahrung vom Himmel auf Erden und

das wird fehlen, solange dein Drache noch schläft. Um dein fehlendes Stück einzubringen, um uns deinen Beitrag zu schenken, brauchst du keine Begabungen, vor allem nicht die so begehrte Intelligenz, denn die ist kalt und sozial blind. Du brauchst nur ein Herz.

Wie wichtig das Herz und die Liebe sind und wie wesentlich für eine erfüllende positive Zukunft, kannst du aus der eigenen Erfahrung ableiten: Du warst sicher schon einmal verliebt. Dann schwelgst du in höchsten Gefühlen und die ganze Welt ist traumwandlerisch sicher, zumindest, solange dieser Zustand anhält. Selbst wenn dann irgendwo auf der Welt ganz schlimme Dinge passieren, bleibst du in diesen wunderbaren Gefühlen und willst dein kleines Glück auskosten. Wenn da nicht der Haufen beim Drachen und seine Verbindung zur Quelle wären, könntest du das auch weiter tun. Während du glaubst, bei dir läuten bald die Hochzeitsglocken und dann wird alles gut, hat dein Drache die Chance gesehen, dass du im anderen den idealen Partner gefunden hast, um deine alten Erfahrungen zusammen mit den Neuen zu vollenden. Wenn dieser Heilungsprozess losgeht, fallen wir meistens ganz schnell wieder aus der rosa Wolke in die tiefsten negativen Gefilde unseres Gemütes. Doch das muss nicht so sein. Ich sehe, dass seelenverschmolzene Menschen auch heute schon ihr Herz in einer solchen Situation offen und verletzlich halten und gemeinsam oder im rhythmischen Rückzug die Erfahrungen vollenden. Es ist Übungssache, friedlich, achtsam und bewusst sowie offen und ehrlich miteinander umzugehen. Die beste Beziehung ist dann eine, bei der beide frei bleiben und ihre eigene Entwicklung vorantreiben, jeder auf seine individuelle Weise, während sie gleichzeitig das liebende Miteinander aufrecht halten.

Weiterführendes Werkzeug: Was wählst du in jedem Moment, Angst oder Liebe? Entscheide dich für die bessere Linse. Atme dreimal langsam tief ein und aus und konzentriere dich auf dein Herz. Und sage: „Herz öffnen, Schwingung erhöhen!“ Gerne mehrmals, immer wieder, bis du die Liebe in dir spürst, deine Liebe zu Allem-Was-Ist.

6c. Erschaffe bewusst mit deinem Gefühl

Wir können mit unserer gefühlten Intuition navigieren lernen, als seien wir ein Meister im Fechten, der in seinem Turnier intuitiv ideal agiert und reagiert. Ein Meister das bewussten Erschaffens trainiert und trainiert und trainiert. Und wenn er sich in einer Situation befindet, in der es auf ihn ankommt, handelt er einfach nur stimmig im Augenblick. Mit unserer intuitiven Seite ist dieser komplexe Vorgang des bewussten Erschaffens mit seinen vielen Variablen plötzlich ganz einfach.

In einem der vorigen Kapitel versuchten wir es ohne den Drachen, da war das bewusste Erschaffen sehr kompliziert und du könntest auf den Gedanken gekommen sein, dass es zu schwierig für dich sei. So als würde einer von dir verlangen, dass du die komplizierte Algebra der 12. Klasse verstehst, dabei bist du froh, dass du die Zinsrechnung gerade so hinbekommst. Solange ein Mensch sein Leben allein durch den Verstand und die Logik zu begreifen und zu leben versucht und nur mit seinem bewussten Ich (dem Tagesbewusstsein) sein Leben steuert, ist alles sehr kompliziert. Eine reale Situation ist viel zu vielschichtig, als dass man sie in einer linear-logischen Weise verstehen könnte! Egal, wie viele lineare Zusammenhänge nebeneinander erforscht werden, die Gefahr besteht immer, eine wichtige Variable oder sogar sehr viele Faktoren nebeneinander zu übersehen.

Du musst dir nur die Entwicklung unserer Wissenschaft anschauen und wie sie sich immer weiter ausdifferenziert und verästelt hat. Da kennt doch kaum ein Experte sich noch aus in seinem eigenen übergeordneten Fachgebiet. Was weiß der Physiker/Teilchenforscher im CERN noch von den Forschungen zu den schwarzen Löchern oder bewohnbaren Planeten, die andere Physiker betreiben? Wie unter dem Mikroskop verfolgt er nur sein Spezialgebiet. Die Schöpfung ist jedoch logisch-kausal-linear nicht zu erfassen! Es ist ein trügerisches Eis, wenn wir allein mit dem wissenschaftlichen Denken den reißenden Fluss überqueren wollen, um ans andere Ufer zu gelangen, wo eine bessere Zukunft auf uns wartet, auch wenn er zugefroren scheint. Genau diese wissenschaftliche Entwicklung der letzten hundert Jahre hat uns doch erst in die Mitte dieses reißenden Flusses gebracht. Es war genau diese Konzentration unserer Zivilisation auf das logische, realistische, männlich-lineare Denken unter Vernachlässigung von Intuition und Emotion, das zu Atomkraftwerken führte, obwohl wir bis heute noch nicht wissen, wohin mit dem Atommüll. Nur mal so als Beispiel. Dass da ein unerfahrenes, kleines schwedisches Mädchen mit Zöpfen die Rettung des Klimas genau in dieser wissenschaftlichen Strategie sieht, mag man ihrer Unerfahrenheit zurechnen oder dem Asperger-Syndrom, das dafür bekannt ist, Emotionen weder differenziert wahrzunehmen noch verarbeiten zu können. Auch wenn ich darüber noch keine Studien gefunden habe, möchte ich annehmen, dass sie damit auch nur einen geringen Zugang zu ihrer eigenen Intuition hat. Wenn ich beim bewussten Erschaffen deinen Verstand mit an Bord nehmen will, kann ich natürlich auch wissenschaftlich darüber sprechen: Dann geht es in diesem Kapitel um die Steuerung deiner zukünftigen Lebenserfahrungen durch quanten-stochastisches Programmieren (Quanten = auf Basis der Quantentheorie, Stochastik = Wahrscheinlichkeitsrechnung, Fachgebiet der Mathematik). Das ist eine erforschbare Wissenschaft, wir haben sie gerade erfunden. Natürlich nicht, die gibt es bereits, sie nennt sich nur anders. Vom Mainstream unbeachtet (weil nicht im Sinne der Matrix) gibt es weltweit Labore, die sich tatsächlich damit befassen. Denn das ist doch nur logisch. Die Quantenphysik hat postuliert, dass es keine Objektivität geben kann, sondern dass der Beobachter das Experiment beeinflusst. Wenn dem so ist, muss man das auch beweisen können, und das kann man auch. Für einen wissenschaftlichen Versuch braucht man erst einmal eine Theorie, daraus wird eine Hypothese abgeleitet (ja ich weiß, da läuft in Mainstream gerade viel Propaganda, dies den Experten zu überlassen und selbst möglichst keine Hypothesen mehr zu bilden, während wir früher unsere Schüler noch zu ‚Jugend forscht' animiert haben. Das waren noch Zeiten!). Ist die Hypothese als Teil einer Gesamttheorie aufgestellt, dann denken die

Wissenschaftler sich eine Versuchsreihe aus, mit der die Hypothese widerlegt bzw. bestätigt werden kann.
In einer dieser quanten-stochastischen Versuchsreihen wurden über tausend Versuchspersonen zufällig von der Straße hereingeholt oder sonst öffentlich angesprochen, um mit Hilfe dieser Probanden zu beweisen, dass Bewusstsein Wahrscheinlichkeiten beeinflussen kann: ja oder nein. Ich sehe dich nun schon in meiner Vorstellung, wie du dich bewusst auf einen Lottogewinn konzentrierst, aber so einfach ist es nicht, obwohl gerade die Lottostrategien ein beliebtes Feld der stochastischen Mathematiker sind (ansonsten arbeiten solche Mathematiker vor allem bei Versicherungen). Der Versuch lief so: Sie nahmen mehr als ein Dutzend schlanke, hohe Gefäße und stellten sie in Reihe dicht nebeneinander. Über ihnen in der Mitte brachten sie einen großen Trichter an. Nun gossen sie eine genau definierte Menge kleiner Stahlkugeln gleicher Größe in den Trichter und wie schon der Physikunterricht lehrte, sprangen die die Kugeln unten wieder raus und verteilten sich dann in einer Gaußschen Normalverteilungskurve, die in etwa so aussieht wie ein Hut mit Krempe oder eine Schlange, die gerade ein Schwein verschlungen hat. Die meisten Kugeln landen in der Mitte. Doch auch die anderen Behälter bekommen zufällig ein paar Kugeln ab, und das umso mehr, je näher sie zur Mitte stehen.
Dieser Versuch wurde nun über tausend Mal mit verschiedenen Menschen wiederholt, also mit Beobachtern, die nach der Hypothese ‚Beobachter beeinflusst mit seinem Bewusstsein das Experiment' in der Lage sein müssten, Einfluss auf die zufällig fallenden Kugeln zu nehmen. Wenn die Quantentheorie recht damit hat, dass es die klassische Objektivität nicht gibt, müsste sich das genauso nachweisen lassen. Die Probanden bekamen also die Anweisung, sich ausschließlich auf die seitlichen Behälter zu konzentrieren, also auf links oder rechts mit dem Gedanken: "Es fallen mehr Kugeln nach dieser Seite." Und jeder dieser zufällig ausgewählten Probanden schaffte es, der eine mehr, der andere weniger. Der Berg verschob sich merklich in seine gewählte Richtung. Und das, obwohl sich die Kugeln selbst weiter zufällig verhielten.

Doch in diesem Kapitel soll es ja gerade nicht um den Verstand gehen, also um deine linke Hirnhälfte, sondern um deine intuitive Seite, welche die Welt zusammen mit deinem Herz ganzheitlich erfährt und die auch eher intuitiv darin handelt. Denn mal ehrlich: Wer handelt denn schon immer logisch rational? Wechselst du zu Herz und Intuition, wird ein sehr komplexer Zusammenhang plötzlich ganz einfach und sehr leicht zu verstehen. Eine Mutter weiß, wenn sie das erste Mal ihr Baby in den Arm gelegt bekommt, wo sie es anlegen muss und wie liebkosen. Sie weiß in umfänglicher Sicherheit, wie sie die Liebe zu ihrem Kind ausdrücken muss. Es ist einfach. Es ist auch ganz natürlich. Du brauchst dafür keine Intelligenz. Du brauchst dafür ein intuitives Gefühl, dann ist dir das innere Wissen deiner ganzen Art zugänglich. So haben es Mütter schon immer gemacht.

Wir wechseln deshalb mit diesem Kapitel in die ganzheitliche, intuitive, bildhafte und meistens noch unbewusste zweite Hälfte unseres Gehirns, die von den meisten Männern und Frauen immer noch als zweitrangig oder sogar unbedeutend angesehen wird, genau wie kollektiv die Frauen selbst und ihre eher typische Herangehensweise an die Problemlösung. Wenn Frauen so spielerisch in ihrem schöpferischen Tümpel herumplantschen und ständig vom Thema abkommen und ein Wort das andere gibt, und das auch noch ganz viel Spaß macht, dann heißt es meistens: „Nun kommt mal zur Sache, konzentriert euch, meine Damen, und seid nicht so unlogisch, bleibt beim Thema, habt ihr Beweise?“ Männliches, lineares Denken versteht nicht, dass dieses wilde, kreative Durcheinander einfach nur energetisches Crowdfunding für ein Projekt ist (statt mit einem einzigen Großkredit einer einzigen Bank linear am Projekt zu arbeiten). Ein Redakteur, der über ein Jahr lang ausschließlich mit einer Gruppe von Frauen arbeitete, hat das mal so auf den Punkt gebracht: „Wir haben am Ende oft mehr geschafft, als wir beabsichtigt hatten, und mit viel Spaß und in einer sehr lebendigen Dynamik, aber die besten Ideen tauchten einfach plötzlich zwischendurch auf und keiner wusste am Ende, wo sie herkamen und wie wir sie verursacht hatten.“ Der weibliche, kreative, schöpferische Prozess ist zu wild und zu unbeherrschbar und zu kreativ, als dass Herrschaft und Zielvorgaben von oben nach

unten diesen akzeptieren können. So ließe sich auch das Patriarchat begründen: Herrschaft beginnt mit der Unterdrückung des weiblichen kreativen Prozesses in jedem Menschen, egal, ob Mann oder Frau.
Die Steuerung deiner Erfahrung durch quanten-stochastisches Programmmieren wird mit einer weiblichen Herangehensweise plötzlich ganz einfach (und Männer haben ebenfalls diese weibliche intuitive Seite). Um das zu verstehen, müssen wir noch ein weiteres Beispiel heranziehen. Nehmen wir an, da gibt es einen sportlichen Menschen, der sich fürs Fechten interessiert. In seinem Training wird er nun in einzelnen Schritten und kleinen Übungen in die Fechtkunst eingeführt. Der Trainer zerlegt dabei alle Voraussetzungen in kleine, mundgerechte Trainingseinheiten, zumindest, wenn er ein guter Lehrer ist. Unser Mensch lernt nun die Schritte, die Körperhaltung, die Waffen und Geräte, die Regeln und Rituale bis hin zur perfekten Kleidung und dem idealen Essen. Er folgt seinen logischen Konzepten und trainiert. Er studiert in immer mehr Details sein wissenschaftliches Forschungsgebiet ‚Fechten'. Wie lange? So lange, bis er das meiste davon automatisch macht. Das ist das Trainingsziel. Und dann sagt ihm sein Trainer: „So, und nun vergiss alles. Vertraue darauf, dass du gut vorbereitet bist und in guter Trainingsform und lass alles los. Wenn dein Training Erfolg haben soll, musst du voll konzentriert im Augenblick sein, also dein ganzes Bewusstsein im Jetzt sammeln. Vertraue auf deine Intuition, lerne zu wittern, was dein Gegner tun wird, bevor er es tut. Welchen Schlag wird er führen, woher kommt der Angriff und mit welcher Finte. Dein Gegner trägt diese Absicht bereits wie eine Wolke um sich herum. Lerne intuitiv die Gesamtsituation zu erfassen und handle entsprechend!" Im Idealfall verbinden sich die beiden Fechtkünstler mit dem gesamten Quantenfeld in der Halle, mit den Zuschauern, den Trainern und natürlich miteinander. Und es kommt zu einem Kampf, der alle begeistert.
Oder um das Drachengleichnis zu bemühen: Ein Fechtkünstler beteiligt seinen Drachen an seiner Kampfkunst. Beide Fechtkünstler wissen, sie sind gut vorbereitet, jetzt lassen sie ihren Drachen den anderen Drachen ausspionieren, denn über das kollektive Unbewusste sind die miteinander verbunden. Und plötzlich wird ihr Kampf zu einem ausdrucksstarken,

kunstvollen Tanz, der alle Zuschauer mitreißt. Das ist zumindest, wie alle östliche Kampfsportarten ihre Technik vermitteln. Immer mehr Sportler übertragen dieses Vorgehen auch auf ihren Sport. Das Zerlegen und Erforschen ganzer Handlungsabläufe ist wichtig für die Trainingsphase, und in einer solchen befinden wir uns als Menschheit kollektiv leider immer noch. Doch all diese Parameter wie Bewegungsabläufe, Geräte, Kleidung, Ernährung, Training und Mentaltraining sind nur die Vorbereitung. Die eigentliche Kunst besteht darin, in dem Augenblick, indem es darauf ankommt, gekonnt-bewusst die Erfahrung elegant auszutanzen. Ein Mitschöpfer, so wie ich dich sehe, wenn du den Reifeprozess zumindest angetreten, wenn nicht sogar abgeschlossen hast, ist ein Mensch, der die Kunst zu leben studiert und verfeinert und dessen Leben selbst zu einem leichten, freudvoll-erfüllten Tanz mit anderen wird. Dann ist es plötzlich ganz einfach, dieses bewusste Erschaffen, dieses quantenstochastische Programmieren. Lassen wir den Drachen dennoch für eine Weile weiterschlafen, um erst noch alles zu verstehen und zu üben, was wir brauchen, um ihn gefahrlos zu wecken. Nehmen wir zur Abwechslung mal ein anderes Bild, um den Zusammenhang ganzheitlich so gut zu verstehen, dass dein Leben leicht, freudvoll und tänzerisch wird.
Der intuitive Teil von dir, deine rechte Gehirnhälfte, denkt in Bildern und Symbolen, und das werden wir nun auch tun, auch wenn wir uns der Variablen für bewusstes Erschaffen (Absicht, Entscheidung, Fokus, Gefühl, Impuls, Handlung) durchaus bewusst bleiben. ‚Mit dem Drachen erschaffen' bedeutet, es geht um die Verbindung zur Quelle, um ein offenes Tor und die Standleitung dahinter. Mit dem Drachen erschaffen bedeutet dann auch, im Einklang mit dem höchsten eigenen Selbst und dem ganzen situativ-kollektiven Feld (die Quelle) zu erschaffen, in der die Erfahrung stattfinden wird. Das genau ist auch der Hintergrund des ‚zum Wohle aller'. Denn wir erschaffen ja nicht im luftleeren Raum. Da ist erst einmal die Schöpfung selbst, unser Spielfeld, und dann gibt es wie beim Fechten mindestens auch noch einen anderen Mitschöpfer mit ganz eigenen Interessen. Um dich selbst in dieser Situation zu behaupten, hilft es vielleicht, dir vorzustellen, dass deine eigene Verbindung zur Quelle nicht unbewusst hinter deinem Herzen liegt, sondern dass du in

einer dynamischen Lichtsäule umherläufst. Deine Standleitung ist diese ganze Lichtsäule um dich herum. Stell dir aber nicht einfach nur einen Scheinwerfer vor, diese Verbindung ist viel dynamischer.

In der englischen Szene rund um den Channel Abraham Hicks wird diese dynamische Lichtsäule auch einfach dein ‚Vortex' genannt, den du dir wie einen Tornado vorstellen musst mit einem sehr dynamischen, kraftvollen, äußeren Wirbel und einer ruhigen Zone in der Mitte. Ihn nutzen wir ganzheitlich-intuitiv zum bewussten Erschaffen. Wenn du dich vorwiegend außerhalb deiner Lichtsäule bewegst und dabei versuchst, auf dein Leben Einfluss zu nehmen, wird es nur sehr mäßig funktionieren. Wenn du mit deiner ganzen Drachenkraft vereint bewusst erschaffst, stehst du mitten in deiner dynamischen Lichtsäule und hast den maximalen, intuitiven Zugang zum gesamten Feld deiner Umgebung. Und das ist auch tatsächlich so: Deine Energie und dein Bewusstsein (unbewusst und bewusst), dein Höheres Selbst oder deine Standleitung zur Quelle – sie bilden auf der energetisch-dynamischen Ebene einen solchen Vortex, der alle Erfahrungen in dein Leben zieht. Wir müssen nur lernen, diese dynamische Lichtsäule zum Erschaffen zu nutzen und alles ist plötzlich ganz einfach.

Viele Menschen befinden sich die meiste Zeit außerhalb des Vortex, und können ihn auch ohne Seeleneinschmelzung auch nur schwer wahrnehmen. Sie spüren einfach nicht, ob sie gerade drin sind oder draußen. Unser seelenvolles Herz-Gefühl sagt uns nämlich, wie sehr wir unsere Mitte verloren haben und ohne Herz unterwegs sind. Wenn Menschen ihre Lichtsäule nicht für sich beanspruchen, ermöglicht das anderen Kräften, sich ihrer Energie zu bemächtigen. Diebe gibt es auf jeder Ebene und sie suchen gezielt nach Häusern, die einladend offenstehen. Doch es gibt auch immer mehr Menschen, die nur aus ihrer Mitte heraus agieren und dafür das Meditieren trainieren. Es ist deine Verbindung zur Quelle. Durch sie strömt dir deine Lebenskraft zu. Durch diese Lichtsäule werden deine Erfahrungen auf Quantenebene erzeugt. Wenn du innerhalb dieser dynamischen Säule stehst oder sogar ganz in deiner Mitte ruhst, sozusagen im Auge des Orkans, dann bist du vollkommen in Übereinstimmung mit deiner Lebensplanung, also mit dir selbst auf

allerhöchsten Ebenen und dann ist dein Leben sinnerfüllt und du fühlst Freude und Frieden. Menschen, die gelernt haben, ihr Herz zu öffnen und dadurch besser wahrzunehmen, ob sie gerade innerhalb oder außerhalb ihres Vortex unterwegs sind, suchen bewusst immer wieder diese Selbstkongruenz. Sie sind dann einfach sie selbst, ohne sich anzupassen oder zu verbiegen. Eine Anpassung findet trotzdem statt, denn alle diese dynamischen Lichtsäulen aller seelenvollen Wesen dieser Schöpfung erschaffen zusammen die größere Entwicklung, wohin sich die Schöpfung als Ganzes gerade bewegt. So wie du beim Wasser kleinste Kräuselungen und Wellen erkennen kannst und sie dennoch Teil einer größeren Strömung sind, so sind auch wir alle Teil größerer Kräuselungen und Strömungen. Eine einzelne Inkarnation ist dann nichts anderes als eine einzelne kleine Welle im Meer der Schöpfung, im Meer der Quanten. Sie geht nie verloren, aber sie verändert sich ständig.
Ein Mitschöpfer ist sich dieser dynamischen Lichtsäule bewusst und richtet sich daran aus. Er sucht die Abstimmung mit seinem Höchsten Selbst bei allem, was er ist, tut, generiert und erst recht bei allem, was er sagt, fühlt und wie er handelt. Die Erfahrungen entstehen in einer Wechselwirkung mit anderen Mitspielern und dem großen Spiel des Lebens selbst: Es gibt das Spiel der Naturkräfte wie Kälte, Hitze, Hunger und Durst. Aber auch fehlende soziale Wärme zieht uns ganz stark aus unserer Mitte und wir müssen handeln, um wieder ein Gleichgewicht herzustellen und unsere Mitte wiederzufinden. Es gibt Menschen, die ihre Mitte noch nie kennengelernt haben, so sehr sind sie fremdbestimmt. Doch egal, wie weit außerhalb du von deinem eigenen Vortex unterwegs bist, du kannst jederzeit in ihn zurückkehren: Drei tiefe, langsame Atemzüge, die Konzentration auf dein Herz und einfach loslassen – und du bist wieder drin. Diese Mitte kann dir keiner nehmen, aber die Matrix und ihre Agenten werden alles tun, um dich aus dieser Mitte zu reißen. Zumindest alle, die an deiner Energie interessiert sind. In deinem Vortex befinden sich die Gestaltungselemente deiner Zukunft, aus ihr wird dein Leben vor dir her erschaffen. Bist du außerhalb des Vortex unterwegs und hast den Inhalt deiner Lichtsäule noch nicht aufgeräumt, wird auch erschaffen, aber zufällig alles, was dieser Tornado am äußeren Rand von der Matrix

zu fassen kriegt, aus deinem Unbewusstsein vereint mit dem, was du im Tagesbewusstsein duldest.
Deine Souveränität besteht einzig und allein darin, dass du deine dynamische Lichtsäule für dich selbst beanspruchst und dich möglichst oft selbst in deren Mitte aufhältst, dann lebst du in Harmonie mit der Quelle und hast Zugriff darauf, dass dein Leben ideal verläuft. Die Quelle erschafft immer durch diesen Vortex, aber du überlässt es unbewusst vielleicht anderen und dem Zufall. Du gibst deine Macht an der nächsten Garderobe ab, dort wartet deine Lichtsäule dann, bis das Theater zu Ende ist. Es gibt Menschen, die nicht nur permanent außerhalb ihrer Lichtsäule unterwegs sind (was im Drachengleichnis bedeutet, ihr Drache schläft tief und fest), sie sind meisten nicht einmal in ihrem Körper! Sie sind mit ihrem Bewusstsein irgendwo in der Vergangenheit oder in der Zukunft unterwegs und öffnen jeder Fremdbestimmung eine weitere Tür. Ihr Körper kann dann direkt besetzt und von anderen Wesen gesteuert werden. Solange du noch nicht über dein Herz direkt deine ruhige, integre Mitte (Auge des Sturms) wahrnehmen kannst, hilft es dir, dich zu fragen: ‚Bin ich gerade ich selbst oder verbiege ich mich gerade? Und was sagt mein Gewissen?' Kannst du dich selbst-bestimmt leben, erfüllt und frei, oder fühlst du dich fremdbestimmt oder sogar vollkommen ohnmächtig? Nicht schlimm, passiert jedem, shit happens.
Deine Gefühle zeigen dir den Weg zu deiner Mitte. Deine Gedanken erzeugen Gefühle, aber deine Gefühle erzeugen umgekehrt auch deine Gedanken. Je positiver du dich fühlst, umso näher bist du bei dir selbst, umso dichter bist du dran an deiner Mitte. Aus einem ärgerlichen Streit oder einer Horrorsituation kannst du natürlich nicht gleich in den Zustand größter Liebesgefühle wechseln, keiner kann das, das wäre zu viel verlangt. Du musst nur wissen, dass du mit negativen Gefühlen (niedriger Schwingung) weiter nach draußen geschleudert wirst und gegensteuern sollest. Das geht, wenn dir auch nur eine kleine Milderung in dieser ärgerlichen Situation einfällt, und dann ziehst du dich langsam selbst am Schopf immer weiter aus der ärgerlichen Brühe hinein in deine Mitte. Du erwischt dich zum Beispiel, dass du wütend bist und denkst: „So ein A....". Du merkst es, denkst, „ah, ganz schön weit draußen", und

entscheidest dich bewusst, den Gedanken abzumildern. Du kannst dich als nächstes fragen: „Was ist meine Verantwortung hier, was kann ich tun, um mich besser zu fühlen?“ Das langsame Atmen fällt dir dann vielleicht ein. Schon denkst du, „es ist grade eine schwierige Zeit und der weiß es einfach nicht besser, oder er hat sich ködern lassen über die Angst, der Arme! Er wird vielleicht mit seinem Job erpresst.“ Dann wirst du vielleicht wieder wütend, denkst: „Aber das soll er nicht mit mir machen!“ Dann merkst du, „oh, da ist ziemlich viel Ladung drauf.“ Die Ladung muss raus, vielleicht gehst du erst mal Geschirr spülen oder Holz hacken, das nimmt den Dampf raus. Du erinnerst dich, „was willst du in dieser Situation?“ Du willst, dass das aufhört, du setzt innerlich ein Stoppschild und erinnerst dich daran, wie du behandelt werden willst. Vermutlich anders. Das mag eine Weile in dir so weitergehen. Manchmal neige ich dazu, verbohrt zu bleiben und wie ein kleines Kind mit der Schöpfung weiter zu motzen. Dann muss meine kindliche Trotzphase auch einfach mal abklingen. Jeder Sturm beruhigt sich auch wieder. Mach, denke und fühle etwas Positives, lächle, egal, sammle dir eine ganze Trickkiste zusammen, wie du möglichst schnell wieder in deinen eigenen Vortex kommst, denn je näher zur Mitte, umso weniger Schleudergang. Und das ist doch, was du eigentlich magst, um dich wohlzufühlen.

Sei du selbst und ändere dich ständig – das ist, was du bist. Ein Fokuspunkt der Schöpfung, ein Ministrudel innerhalb größerer Strudel und Strömungen, alle in permanenter dynamischer Bewegung im Meer der Quanten, frei nach dem Motto „ich bin und ich werde“. Man kann sich zu seiner schöpferischen Umgebung in Harmonie verhalten oder sogar so disharmonische Töne erzeugen, dass sie dem Schöpfer, so es ihn gibt, in den Ohren quietschen. Du hast den freien Willen, dich so oder anders zu verhalten. In unserem Körper nennen wir Zellen, die sich disharmonisch verhalten und sich nicht in Einklang mit dem größeren Bauplan ‚Körper‘ weiterentwickeln, eine ‚Krebszelle‘. Vielleicht agieren Menschen mit der gleichnamigen Erkrankung nur leidvoll aus, was wir der Natur und anderen Lebensformen seit Jahrzehnten zumuten, weil wir völlig aus der Harmonie mit unserem Biotop und unserer Schöpfung gefallen sind.

Sollte da auch nur ein Fünkchen Wahrheit dran sein, verschwindet diese Krankheit von selbst, wenn wir es als Menschheitsfamilie schaffen, diese Harmonie wiederherzustellen. Dann schlüpfen wir mit unserem kleinen, gekräuselten Vortex nämlich harmonisch in den Vortex der Erde hinein und bringen auch den ganzen Nationalpark Erde (von dem wir ein biologischer Teil sind und niemals getrennt) auf einen guten Kurs.

Deine dynamische Lichtsäule zieht alles in dein Leben, was du bewusst willst und was unbewusst in deinem Schatten liegt, und wirbelt weiter weg, was du nicht mehr haben willst und an Erfahrungen vollendet hast, aber du musst dazu drin stehen in deiner Lichtsäule und sie nutzen. Dein Leben wird gesünder, erfüllter, friedlicher und ruhiger, je öfter und je länger du in der Mitte deines schöpferischen Orkans unterwegs bist. Das ist, was andere Menschen die ‚Führung Gottes' nennen. Sie vertrauen sich diesem Vortex an, während sie – zumindest in den spirituellen Schulen, die ich kenne – gleichzeitig alles tun, um die Erfahrungen zu vollenden bis hin zu Vergebung und Dankbarkeit. Das erzeugt automatisch die Absicht des Gegenteils und dem steht nun auch nichts mehr im Wege, solange du dich nicht einmischst und in deiner Mitte bleibst. Dein Vortex befindet sich immer in dem Teil der Matrix (was auch nur ein künstliches Meer energetischer Wirbel ist), den du gerade aufräumen kannst, um für dich und für uns alle eine bessere Zukunft zu erschaffen. Der Fehler des Konzeptes ‚sich von Gott führen zu lassen' ist nur die Passivität und der Gottesbegriff selbst, der dich in die Nähe aller Konzepte rückt, die jemals mit diesem Begriff ‚Gott' verbunden wurden, einschließlich der Hexenverbrennung und dem IS-Terror. Denn wir haben im Kopf auch schon längst Gott mit Allah gleichgesetzt. Wir brauchen jungfräuliche, neue Begriffe für einen neue Beziehung zu diesem allumfassenden, schöpferischen Quantenfeld. Und wenn du – ganz passiv – alles Gott übergibst und der macht das dann für dich, kommst du leicht auf den Gedanken, die Hände in den Schoß zu legen, und die Rettung, Befreiung und den Aufstieg automatisch zu erwarten, statt ihn tatsächlich als bewusster Mitschöpfer verantwortlich mitzugestalten.

Vertraust du auf bestimmte heilige Konzepte, wirst du außerdem verführt, deine Mitmenschen an diesen zu messen, und welche Meinung sie

dazu vertreten oder welche Gebote sie übertreten, ob sie diesen Gott oder Allah auch richtig verehren. Und vielleicht ist ihr Leben dann keinen Pfifferling mehr für dich wert, wenn sie diesen Gott nicht richtig verehren. Es ist das eine, ob du selbst einem sehr engen oder sehr weit gefassten Konzept folgst, und etwas ganz anderes, wenn du deine Mitmenschen, und seien es auch nur deine eigenen Kinder, zwingen willst, es dir gleichzutun. Dann wird es zu Herrschaft durch psychische und eventuell sogar körperliche Gewalt (Züchtigung), und führt zu Leid und Rechthaberei. Sich schon gut und gottgefällig benehmen, wird in dieser fatalen fundamentalistischen Denkweise als der Krieger dieses Gottes in den Mittelpunkt gestellt und entscheidet darüber, ob das Gegenüber ein Mensch ist oder unwertes Leben, das in einem Terroranschlag zerstört werden muss. Ein unreifer Mensch hält mit diesem Konzept ‚sich von Gott führen zu lassen' selbst die niedrigsten, grausamsten Impulse noch für Gottesbotschaften und führt sie aus und rutscht unmerklich immer weiter in die Selbstgefälligkeit einer fundamentalistischen Sekte, die im Besitz der einzig seligmachenden Wahrheit ist, die alles richtig macht. Und die anderen sind böse und falsch bis hin zu nicht mehr wert zu leben, also bringe man sie um.
Keiner dieser Selbstgerechten ist in seiner Mitte, steht in seinem eigenen Vortex. Er hat sich stattdessen in den Vortex größerer, fremdgesteuerter Strömungen begeben und seinen echten ‚Gott' in sich verraten, ohne es zu merken. Wer seine Lichtsäule sich selbst überlässt und damit möglicherweise auch seinen eigenen Körper, wird leicht Opfer körperlicher und psychischer Besetzungen, die ein leichtes Spiel mit ihm haben und ihn sogar zu einem ‚verrückten' Amokläufer machen können, darauf programmiert, mit einer schlafenden zweiten Persönlichkeit ein Attentat auszuführen. Sie sind und leben nicht im Jetzt, in ihrem Körper und in ihrer Mitte und werden von Aliens, die das sehr gut können, auf dem Schachbrett vollkommen fremdgesteuert hin und hergeschoben. Und natürlich werden sie dann am Ende als Bauernopfer auch einfach gelöscht oder in unsinnigen Kriegen verheizt und ihre Seele recycelt und erneut in eine Inkarnation geschickt und das wiederholt sich dann für sie Leben um Leben. Dieses Karma trifft die bösen Täter, die moralisch überlegenen

Opfer und die Retter gleichermaßen, denn diese Rollen werden durch unvollendete Erfahrungen im Schatten zusammengehalten. Sie brauchen einander und alle Beteiligten kommen erneut auf die Welt als karmische Theatertruppe, die immer wieder Macbeth spielt und dabei immer nur die Rollen tauscht. Wenn mich einer fragen würde, was die Hölle ist, das ist sie. Unbewusste Wiederholungen von Leid, und das ein Leben nach dem anderen. Wir können das Ausagieren solcher karmischen Theatertruppen weltweit beobachten, die Nachrichten sind voll davon: Die Hölle ist bereits hier. Und alle Beteiligten müssen ihre karmischen Verwicklungen entweder weiter unbewusst ausagieren oder endlich professionell-bewusst vollenden. Jungfrauen wird es nach dem Tod nicht geben – und schon gar nicht für solche Männer, die nicht alle Jungfrauen aller Religionen und Kulturen schon hier im Leben lieben und achten.

Doch ich kam ab von diesem Konzept, ‚alles Gott zu überlassen'. Die Menschen lernen damit nur die passive Unterwerfung und Anpassung und das ist genau, was dieses Konzept so nützlich für alle Matrix-Einflüsterungen macht. Sie lernen nicht experimentell-bewusst, wie und womit sie in ihre Lichtsäule (ihre Mitte) zurückgelangen und dort auch bleiben, und auch nicht, was sie wieder aus der Mitte reißt und wie sie das verhindern können. Sie merken vielleicht gerade noch, dass sie bei positiven Gefühlen drin sind, urteilen dann aber über andere, dass die außerhalb von deren Vortex unterwegs seien und unbewusst, böse und falsch sind. Und Schwupps, sind sie selbst wieder aus der Mitte herausgerutscht und werden zu genau dem, was sie in den anderen verurteilt haben. Urteile bitte nicht über die anderen. Urteilen ist eine stark geladene emotionale Abwertung, ein negatives Gefühl. Weder du noch der andere können sich damit wohlfühlen, also lass es. Wahrnehmen, wie ein anderer sich verhält, ist dagegen einfach nur wahrnehmen eines faktischen Ist-Zustandes, ohne ihn zu bewerten. Natürlich musst du wahrnehmen und dir gewahr werden, um dich zu orientieren und achtsam durch dein Leben zu bewegen. Doch negative Gefühle und Urteile über einen anderen werfen dich sofort ganz weit raus aus deiner Mitte. Dabei: Es ist ganz einfach. Du kannst tatsächlich alles loslassen und dich deinem Vortex übergeben, indem du dich einfach deinen Gefühlen

anvertraust und möglichst immer noch positivere Gefühle erzeugst, die dann wiederum noch positivere Gedanken erzeugen. Dann bist du in einer aufwärtsführenden Spirale unterwegs, die dich in die Harmonie mit der Schöpfung führt und nach innen in deine Mitte strudelt. Wenn deine Gefühle dir melden, es wird dunkler, enger, depressiver, dann bist du dagegen gerade auf deiner Spirale nach unten und außen unterwegs.
Du lässt dich vertrauensvoll von deiner dynamischen Säule tragen, aber es bleibt deine Verantwortung, dass du gegensteuerst, sobald dich irgendetwas – von dir, aus alten unvollendeten Erfahrungen oder direkt von außen – nach unten und außen zieht. So kannst du dich tatsächlich einfach von deinen Impulsen führen lassen. Denn dann wirst du selbst die Impulse schon daraufhin ‚durchfühlen' können, ob sie nach weiter oben und innen oder weiter nach unten und außen führen. Um dann in jedem Moment wählen, ob du ihnen folgen willst oder nicht. Wähle noch einmal, in jedem Augenblick. Du sitzt am Steuer eines Fahrzeugs (Körper) und mit deinem Bewusstsein und mit deiner Energie navigierst du dich in die Mitte deiner Lichtsäule und nach oben durch die achtsame Beobachtung deiner Gedanken und Gefühle und deren aktive, bewusste Veränderung. Der Trick ist, dich zu fragen: „Willst du dich so fühlen?" Wenn du dich besser fühlen könntest, dann lerne, dich hin zum Besseren zu steuern. Nichts – in keiner Situation – ist wichtiger, als dass du dich maximal gut fühlst und umgehend in deine Mitte zurückkehrst. Mit deinen Gefühlen bildest du eine Feedbackschleife. Es ist eigentlich höchst selbstsüchtig im wahrsten Sinne des Wortes, wenn du auf alles verzichtest, was dich aus dem Vortex deines Höheren Selbst wieder hinausschleudert, zumindest, wenn du den Schleudergang durch drastische Erfahrungen vermeiden willst. Das Gesetz der Anziehung ist dann so zu erklären, dass die äußere Schicht deiner dynamischen Lichtsäule eben alles hineinwirbelt, was du in dein Inneres und in dein Leben ziehen willst, bewusst oder unbewusst, das ist ihr dabei egal. Bist du selbst nicht in deinem Vortex unterwegs, ist diese Säule ja trotzdem in Aktion. Nur dass du stattdessen vom Schicksal gebeutelt wirst und in fremde Strudel gerätst.

Deine Schwingung kannst du an deinen Gefühlen ablesen. In der Mitte, im Vortex in seiner reinsten Form, bist du unschuldig, erleuchtet und frei. Je weiter du nach außen triftest, umso niedriger wird deine Schwingung und umso negativer deine Gefühle und nachfolgend auch deine Erfahrungen. Das Barometer für spirituelles Hochdruck- oder Tiefdruckwetter sind deine Gefühle. Ihre emotionale Ladung entscheidet über die Stärke, mit der sich deine Schöpfung gegenüber anderen im kosmischen Ebay durchsetzt und ihre Schwingungshöhe, wie schnell sie sich umsetzt. Dein Laserfokus erzeugt klare Absichten und bündelt deine Lebenskraft wirksam auf einen Punkt. Die Gedanken geben die Richtung vor, die Absichten besiegeln den Vertrag auf dem kosmischen Ebay. Du entscheidest dich mit einem Klick, dein Angebot tatsächlich dort einzustellen, statt es immer nur weiter zu bearbeiten. Das ist die kurze Version des bewussten Erschaffens, die ganze Kunst in einem Satz.

Wenn du in deiner Mitte bleibst, akzeptierst du die Welt genauso, wie sie ist. „O.K., so ist sie jetzt." Gefällt dir eine Erfahrung nicht, weil es dich oder andere nach unten und außen zieht, sag einfach innerlich „Stopp" bei allem, was aufhören muss. Und setze Grenzen. Nun ist in deinem Vortex deutlich angekommen, was du anders haben willst. Geh zurück in deine Mitte und schau, ob ein Impuls zum Handeln kommt. Wenn ja, dann überprüfe ihn, ob er für dich und für andere nach oben-innen führt und dir und ihnen hilft, bewusster, liebevoller und heiler zu werden. Oder alternativ, ob dieser Impuls – gefühlsmäßig – die Welt ein Stück weit schöner macht. Dann folge diesem Impuls, dann ist dein Handeln angesagt und innerhalb deiner eigenen Lebensdynamik sinnvoll. Dann führt er zum Himmel auf Erden mit genau dieser Erfahrung, durch genau dieses Ereignis. Diese Erfahrung ist bestellt und liegt nun bereits in deiner dynamischen Lichtsäule. Die bietet deine gerade erschaffene, positive Erfahrung auf dem kosmischen Ebay an und sucht Mitschöpfer zum Mitmachen. Und es kommt, du kannst darauf vertrauen und es loslassen. Das ist der automatische Teil daran, geh einfach nur aus dem Weg und lass los und es kommt.

Wie der Fechtkünstler fließen nun deine Bewegungen und Handlungen aus deiner Mitte und aus deiner höchsten Führung heraus und du lebst in jedem Augenblick bewusst und in deiner höchstmöglichen Schwingung. Natürlich kann auch der beste Fechtkünstler nicht permanent an Turnieren teilnehmen, deshalb ist seine Meisterschaft immer eine provisorische. Der wahre Meister auch des bewussten Erschaffens ist einer, der immer weiter übt, bewusst zu erschaffen. Der Fechtkünstler braucht auch Urlaub und Familie und Freunde und Holz hacken und Hütten bauen. Doch er trainiert immer weiter. Ein Mitschöpfer erkennt in einer Situation genau, ob er sich gerade in einem Turnier befindet oder auch mal lässig seinen Vortex mit anderen mischen kann, ohne auf den idealen Tanz zu achten. Es gibt kein richtig und falsch. Selbst aus dem größten unbewussten Zirkus kann man lernen. Lerne auch in deinem Leben die Situationen, in denen es drauf ankommt, besonders meisterlich zu erschaffen, und du es dir den Rest deiner Lebenszeit einfach komfortabel gutgehen lässt.

Weiterführendes Werkzeug: Urteile nicht und entrümple alle Konzepte, die dich dazu verführen. Denn alle matrix-verdrehten Konzepte machen vor allem eines: Sie locken dich aus deiner Mitte in äußere Regeln und Fakten. Sie verführen dich, eine Persönlichkeit aufzubauen und gleichzeitig einen mächtigen, unbewussten Schatten. Und schon hat sie dich, die Matrix.

Sieben: Jetzt räumen wir die Drachenhöhle auf

Die Schöpfung in Gang setzen: In der Höhle aufräumen, ohne schon den Drachen zu wecken.

Sei kein Drachen-Messi!

Im siebten Kapitel krempeln wir die Ärmel hoch: Endlich wird es praktisch. Dabei behalte bitte im Auge, dass du dir gerade abtrainierst, dich wie ein Homo Sapiens Sapiens zu verhalten, weil du das schon längst nicht mehr bist: Du hast es bis hierher im Buch geschafft, ohne es in die Ecke zu feuern! Das bestätigt uns beide darin, dass du dich nicht mehr abschalten und aufhalten lässt, aber auch, dass du schon mitten im Reifeprozess steckst und dich sogar seinem Ende annäherst. Der Homo Creativus Pax zeigt sich bereits! Nun trödle nicht, verlier keine Zeit und kümmere dich. Räume in dir auf, lege deine gebundene Lebenskraft frei und sorge auch schon dafür, dass sie dir nicht automatisch erneut gestohlen wird. Da hast du erst einmal zu tun. Wie das geht, erfährst du als Nächstes.

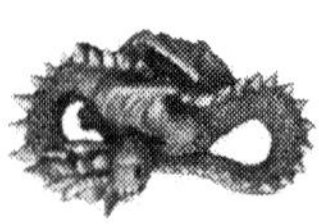

7a. Wir spielen das Drachen-Mikado

Der Berg, auf dem dein Drachen schläft, können wir uns auch als ein Mikado-Spiel vorstellen: Alle deine unvollendeten Erfahrungen, alle deine Verdrängungen und emotionalen Ladungen liegen jeweils in einem Mikado-Stäbchen vor. Diese Stäbchen ragen deutlich aus dem Haufen Zeugs unter dem Drachen hervor. Ziel des Drachen-Mikados ist es, jedes Stäbchen einzeln, bewusst und vorsichtig unter deinem Drachen hervorzuziehen, ohne ihn schon zu wecken. Denn nur davor hast du Angst: Dass der Kerl wach wird und wild um sich schlägt. Wie man das vorsichtig macht, darüber müssen wir reden. Und mach es jetzt, uns bleibt keine Zeit mehr. Im Drachen-Mikado inventarisierst du deine Schätze und machst sie für dein Leben endlich wieder nutzbar. Sie wandern dann vom Haufen in die Regale und du sammelst dafür Punkte, die du gegen Drachenkraft eintauschen kannst. Lass uns nun also in deiner Drachenhöhle aufräumen.

Alle noch unvollendeten, emotional geladenen Themen erzeugen in diesem Leben deine Standpunkte, deine Grundhaltung, deine individuelle Prägung – und deine Ängste natürlich auch. Wenn sie nicht deine philosophischen, religiösen und spirituellen Sinnfragen und Konzepte betreffen, die bereits in der Standleitung zur Quelle den Energiefluss drosseln und die Energie abschöpfen, liegen sie in dem Haufen Zeugs, auf dem dein Drache schläft und ragen dort als Mikado-Stäbe raus aus der Menge. Du kannst nun natürlich darauf warten, dass diese Themen allmählich nach und nach durch äußere Umstände und Begegnungen getriggert werden. Aber diese Zeit haben wir als Menschheit gerade nicht mehr. Nein, du räumst bitte in der Drachenhöhle auf, dann kannst du deinen Reifeprozess aktiv weiter beschleunigen, und das Aufwachen des Drachen geschieht vorsichtig und mit Spaß. Dein Drache soll ja möglichst wenige drastische Erfahrungen in dein Leben ziehen. Wie du dir mittlerweile denken kannst, wollen alle Themen beim Drachen vollendet werden. Das Drachen-Mikado macht genau das auf eine sehr effektive, systematische Weise.

Im echten Mikado geht es darum, Holzstäbchen möglichst so aus einem Haufen von Holzstäbchen zu ziehen, dass der Haufen selbst nicht wackelt oder zusammenstürzt. Du ziehst dabei erst die Stäbchen an den einfachen und sicheren Positionen heraus und arbeitest dich dann bis zu den schwierigen vor, bis der Haufen selbst ganz aufgelöst ist. Sobald der Berg wackelt, ist der nächste Spieler dran. Jedes Mikado-Stäbchen trägt farbige Striche. Dieser Code zeigt die Punkte an, wieviel also dieses Stäbchen wert ist (die Kraft, die mit ihm gebunden ist), wenn du es dir zu Eigen machen konntest. Am Ende werden die Werte auf den Stäbchen addiert und der Spieler mit der höchsten Punktzahl gewinnt. Das Drachen-Mikado wird genauso gespielt: Du ziehst vorsichtig ein Thema nach dem anderen aus dem Haufen unter dem Drachen. Dort liegen nur Themen, die noch emotional geladen sind und damit unbewusst automatisch auf dein Leben einwirken. Emotional geladene Erfahrungen können jederzeit von anderen benutzt werden, um dich zu manipulieren und dich zu automatischen Reaktionen zu verführen, vor allem aber dazu, Energie von dir zu stehlen. Alle entladenen Erfahrungen findest du in den Kammern und Fächern der Höhlenwände und dort legst du später auch jede rein faktische, entladene und vollendete Erfahrung ab. Das ist dein Datenkeller. Die Ladung entspricht der Wertigkeit des Mikado-Stäbchens bzw. der Kraft, die in dir freigesetzt wird, wenn du die Erfahrung des Stäbchens vollendest. Du spielst dabei gegen die künstliche Matrix, wobei diese zusätzlich immer dann am Zug ist, wenn du passiv ins Unbewusste absinkst und nichts aktiv unternimmst. Dann spielt die Matrix dein Unbewusstes manipulierend gegen dich aus. Aber sie kommt natürlich auch zum Zug, wenn der Haufen wackelt. Dann zieht dir nämlich dein Drache, der sich unruhig im Schlaf wälzt, die nächsten Erfahrungen an und du bist erst einmal damit beschäftigt. Um langsam immer mehr Routine damit zu bekommen, konzentriere dich zuerst auf die leichten Themen (die mit weniger Ladung oder die gut erkennbar aus dem Haufen herausragen), die du zwar bisher vermieden hast, die aber leicht und ohne Wackeln rauszuziehen sind. So bleibt dein Leben in der gewohnten Komfortzone. Solange der Drache weiterschläft, ist alles ungefährlich und du kannst es vom Sofa aus machen.

Das Drachen-Mikado kannst du sehr effektiv und zu deinen Gunsten spielen. Schreibe dazu stichpunktartig deinen Lebenslauf nieder, am besten mit der jeweiligen Altersangabe. Da steht dann zum Beispiel: ‚6 Jahre: Einschulung‘. Wenn du die Liste am Computer schreibst, kannst du jederzeit noch ein Ereignis einfügen, das dir später einfällt. Es geht hier um alle einschneidenden Ereignisse, Erfahrungen und Wendungen in deinem Leben, sei es, dass du ein Brüderchen bekommen hast oder die Oma starb. Dein erstes Auto, dein Job, einfach lückenlos alles, was emotional geladene Erfahrungen beschert hat, das war dein Leben. Und schreibe dabei auch diejenigen nieder, die mittlerweile nur noch emotionslos als reine Fakten vorliegen – und längst in die Regale einsortiert sind. Nahtod-Erfahrene berichten oft von einem Schnelldurchlauf ihres gesamten Lebens. Das ist so ähnlich, nur dass wir diese Endreifung im Drachen-Mikado schon mal vorziehen, damit du den Mitschöpfer in dir nicht erst nach deinem Tod und dann auch nur vielleicht antreten wirst. Du vermutest bestimmt schon, was da noch emotional geladen beim Drachen herumliegt. Selbst wenn du es gut verdrängt hast, du ahnst es. Das alles muss auf jeden Fall auf deine Liste. Erfahrungen, Ereignisse, die dich geprägt haben, Wendungen, Schicksalsschläge, Verletzungen, alles was du in dir verdrängt vermutest und natürlich auch alles, was du im Tagesbewusstsein erinnerst. Bringe diese Ereignisse bitte in eine chronologische Reihenfolge und du erkennst dich selbst. Jede dieser Erfahrungen entspricht einem Mikado-Stäbchen, das entweder noch im Haufen feststeckt oder schon zu deiner Stärke wurde. Jedes bekommt einen kurzen Titel, zum Beispiel ‚dein erster Schultag‘, falls er dir etwas bedeutet hat und dich prägen konnte.

Eine meiner ersten Erinnerungen war, dass mir eine Plastikpuppe mit einer Plastikbadewanne geschenkt wurde, als eine Kriegsbekannte meiner Großmutter ihr einen Besuch abstattete. Ich muss so zwei, drei Jahre alt gewesen sein, und es gab in den 50ern nicht viel Spielzeug. Die Aussicht auf ein Wasser-Plantsch-Vergnügen löste in mir begeisterte Vorfreude aus. Natürlich durfte ich nicht mit Wasser spielen, solange der Besuch noch da war, aber bestimmt am Badetag nächsten Samstag! Was freute ich mich! Ich legte sowohl Puppe als auch Badewanne im Nachbarzimmer ab und setzte mich wieder zu den Erwachsenen. Die Frau hatte einen Dackel dabei und der kam plötzlich mit der völlig

zerknautschten und zerbissenen Badewanne angetrottet. Gemeinsam liefen wir nachschauen und fanden auch die Puppe völlig zerstört und zerlegt vor. Statt mich nun zu bedauern oder mir einen Ersatz anzubieten, machte man mich, das kleine Kind, dafür verantwortlich und schimpfte mich aus: Ich hätte die Sachen nicht in Reichweite des Hundes ablegen dürfen. Natürlich tat es ihnen auch leid, was passierte, aber es hatte keine Konsequenzen. Sie ließen mich mit dieser dramatischen Enttäuschung einfach trostlos stehen und setzen ihre Unterhaltung fort. Viel später verstand ich, dass diese Besucherin gesellschaftlich im Rang weit über meiner Großmutter stand. Es wäre für sie ein Leichtes gewesen, mir das Geschenk zu ersetzen, nur meine Großmutter selbst konnte es nicht und in der kleinen Stadt gab es auch solche Spielsachen nicht zu kaufen, nicht mal in den Versandhauskatalogen. Die reiche Frau aber kam nicht einmal auf die Idee, die Puppe zu ersetzen. In ihrem Bewusstsein spielte das Drama keine Rolle. Mein Mikado-Stäbchen zu dieser Erfahrung erhielt also den Titel: ‚2 Jahre: Dackel zerstört Geschenk'.
Um das Mikado gründlich zu spielen, brauchst du die Erfahrungsliste deines gesamten Lebens. Schon während du die Liste zusammenstellst, passiert ganz viel Aufräumen und Vollenden, einfach weil dein Leben wieder an deiner bewussten Aufmerksamkeit vorbeiläuft. Vermutlich hast du vor der Altersangabe noch etwas Platz gelassen oder als Nerd gleich eine Excel-Tabelle angelegt. Das ist gut so, denn dort wirst du nun die Ladung der jeweiligen Erfahrung eintragen. Suche dir nun die schrecklichste, negativste und dramatischste Erfahrung aus der Liste und gib dieser Erfahrung die Ladung (-10). Als nächstes suche eine Erfahrung, die dich mittlerweile gleichgültig lässt, aber sich dennoch auf dein Leben ausgewirkt hatte und gib ihr die Null. Nun finde noch die Erfahrung mit der höchsten positiven Ladung, der gib die (+10). Nun hast du deine Skala geeicht und kannst allen anderen Mikado-Stäbchen eine positive oder negative Zahl oder die Null zuordnen. Vielleicht liest du dir vor dem nächsten Schritt zur Erinnerung noch einmal das Kapitel 5b durch, wo es um die Vollendeng von Erfahrungen geht, denn das machst du nun ganz systematisch und praktisch. Bitte achte dabei auf Vollständigkeit, zumindest, was geladene Erfahrungen betrifft. Die neutralen

Erfahrungen (Null Ladung) spielen keine Rolle, die kannst du auch gleich weglassen, sie haben dir nur dabei geholfen, nichts in der Liste zu vergessen. Du gehst eigentlich auf Schatzsuche, denn mit jeder vollendeten Erfahrung wirst du kraftvoller, weiser, freier und mehr du selbst auf eine ganz natürliche Art. Es wird dir guttun, diese Themen in deinem Unbewussten aufzustöbern, und es wird dir Spaß machen, diesen Schatz zu heben. Vor allem, weil du es selbst kostenlos tun kannst.
Du hast nun also deine Mikado-Stäbe nach der Ladung bewertet und ihnen einen Titel gegeben. Nun beginnst du mit den leicht negativen Erfahrungen, die nahe der Null liegen, und knöpfst sie dir eine nach der anderen vor. Beginne für jede Erfahrungs-Vollendung mit einem neuen Blatt. Jedes Mikado-Stäbchen erhält nun die volle Aufmerksamkeit.

1. Schreibe Titel, Alter und Ladungszahl als Überschrift auf ein gesondertes Blatt und notiere aus heutiger Sicht objektiv, was damals los war. Beschreibe die Erfahrung sehr genau, etwa so, wie du einem Polizisten einen Unfall oder ein Verbrechen schildern würdest. Bleibe sachlich und bei den Fakten. Bist du mit diesem Schritt fertig, versuche zu verstehen: Was waren deine Gedanken und Gefühle in der Situation und was die der anderen? Welche Behauptungen, welche Standpunkte haben von da an dein Leben geprägt (und konnten seitdem manipulativ gegen dich benutzt werden)? Beleuchte sie neu, frage dich vor allem, ob du das heute immer noch glaubst. Nach dem Beschreiben folgt also das mentale Verstehen der Erfahrung. Im Idealfall erkennst du, wie sich diese Erfahrung auf dein Leben ausgewirkt hat.

2. Im nächsten Schritt geht es an die Gefühle, denn alle deine Gefühle in dieser Situation wollen einmal in deinem Tagesbewusstsein aufmerksam durchfühlt werden, damit sie sich selbst vollständig entladen. In den Gefühlen findest du die gesamte Ladung der Erfahrung. Benenne deine verschiedenen Gefühle und lass dich kurz darauf ein, sie erneut zu spüren. Schiebe sie nicht von dir weg und damit

zurück ins Unbewusste. Die verschiedenen Gefühlsetiketten sind wie der Strichkode auf den echten Mikado-Stäbchen, jedes Stäbchen trägt einen Strich-Code, es ist nie nur ein Gefühl beteiligt, immer eine ganze Mischung. Zieh sie alle einzeln aus deinem Inneren ans Tageslicht deines Bewusstseins.

Meine Dackel-Erfahrung hatte ich mit der Ladung (-8) versehen. Als ich das Drachen-Mikado mit mir selbst spielte, kam erst Zorn in mir auf. Ich erinnerte mich, wie zornig ich war. Ich war so wütend, dass ich mich wie das Rumpelstilzchen hätte selbst zerreißen können. Dahinter steckte Schmerz, schmerzvolle Enttäuschung. Ich hatte mich so gefreut und war danach super enttäuscht. Ein anderes Gefühl war Frust. Dann fühlte ich mich auch noch betrogen und getäuscht. Und ohnmächtig. Und hilflos. Und ungesehen und unbedeutend und unbeachtet in meinem großen Schmerz. Vorher erkannte ich mental, dass meine Großmutter sich so geehrt fühlte durch diesen hohen Besuch und es niemals gewagt hätte, den Besuch zu kritisieren. Und dass die Dame vermutlich auch ihre eigenen Kinder in der Erziehung eine gehörige Portion Frust zumutete, wie es damals Mode war, um Kinder stark zu machen fürs Leben. Sie glaubten mit ihren Standpunkten das Richtige zu tun. Und ich kann tatsächlich nicht ausschließen, dass diese Erfahrung meine psychische Resilienz steigerte.
Wenn du jedes dieser Gefühle einzeln aus der Erfahrung herauslöst, wirst du merken, dass sie gut aushaltbar sind und kannst dich mutig zu den starken Ladungen vortasten. Stell dir vor, die Ladung dampft einfach aus, so wie bei heißen Kartoffeln, nachdem das Kochwasser abgeschüttet wurde. Jede emotionale Ladung dampft ebenfalls von selbst aus, sobald du den Deckel öffnest und der Dampf entweichen kann. Du musst dafür nichts tun, dich einfach nur kurz und gründlich auf dieses Gefühl einlassen. Ich war zwei Jahre alt, was sollte für mich heute als Erwachsene noch schwer aushaltbar sein! Vermutlich – so erinnere dich – hast du den Deckel schon viel zu lange draufgelassen.

Jede Erfahrung will nur einmal vollständig an deinem wachen Tagesbewusstsein vorbeiziehen und dabei verstanden, durchfühlt, vergeben und bedankt werden. Ganz wie ein Video, du lässt einfach den Film deines Lebens an deiner Aufmerksamkeit vorbeilaufen, ohne Unterbrechung, ohne dass du bestimmte Passagen vorspulst und die Szenen dazwischen wieder verdrängst. Du kannst dir natürlich auch ganze Passagen immer wieder anschauen, aber gib dabei acht, dass du die Ladung nicht verstärkst, das wäre kontraproduktiv. Doch wir sind immer noch beim zweiten Schritt. Bei den starken Ladungen wirst du dir besser Hilfe holen. Mein Missbrauch zum Beispiel hat jahrelang meine Psychologen und alternativen Heiler beschäftigt. Doch die kleinen Ladungen kannst du selbst bewältigen, die können do-it-yourself wegeräumt werden. Bei den heftigen Erfahrungen verspreche dir selbst zumindest, sie umgehend professionell anzugehen und nicht mehr länger damit zu warten. Psychologische Praxen sind heutzutage ziemlich überlastet und es ist schwierig, Termine zu bekommen, aber du bist ja bereits in der Mitschöpferausbildung und daher spielen die wahrscheinlich (objektiven) Sachverhalte deiner dich umgebenden Matrix nur eine geringe Rolle. Formuliere die Absicht, dass du die Erfahrungen mit der höchsten Ladung jetzt mit der idealen professionellen Unterstützung angehen willst und dir dafür jede Hilfe zufällt und Tipps und das Geld dazu natürlich auch. Nun achte auf Zufälle und Impulse, die dir helfen, den Schnelldurchgang zu manifestieren. Oft ist es sogar besser, die Entladung rein energetisch vorzunehmen, etwa durch Geistheiler, Energietherapeuten, Lichtarbeiter und Heilpraktiker, die mit Energien arbeiten. Dann besteht weniger die Gefahr, dass du erneut traumatisiert wirst und alles nur noch schlimmer wird durch das Sprechen darüber. Eine kostenlose Selbsthilfetechnik ist das EFT, das Klopfen nach der Emotional Freedom Method (z.B. Xane Daniel, You Tube (deren deutsche Vertreter eine im englischen kostenlose, zum Wohle aller gestiftete Methode gerne nutzen, um finanziell zu ihrem Unterhalt beizutragen. Zumindest auf der Punkteskala ‚zum Wohle aller' gibt es dafür keine Punkte).

Auf keinen Fall sollte das Trauma erneut getriggert werden. Das würde dein Mikado-Stäbchen nur dicker und länger machen und tiefer in den

Stapel schieben, begleitet mit einem Schock. Hol dir also Hilfe. Nutze die Angebote der offiziellen Medizin und Psychologie, aber bereite dich anders darauf vor. Vergeude keine Zeit damit, dass diese Experten sich erst mühsam an einem aktuellen Thema entlang zu deinem Mikado-Stäbchen im Haufen hintasten müssen, das ursächlich passt. Geh gleich mit klaren Absichten zu ihm und sage zum Beispiel, „heute möchte ich mir mit Ihrer Hilfe die Erfahrung XY anschauen und vollenden“. Das macht auch den Therapeuten in der Regel mehr Spaß und du hast viel schneller Erfolg. Halte für jede Sitzung eine genaue Absicht, aber lass dann auch wieder los und die Sitzung ihren idealen Lauf nehmen; empfange einfach, was kommt.

Psychologen gehen oft mühsam den umgekehrten Weg: Über deine aktuellen Gefühle und Probleme versuchen sie, deine Standpunkte und Meinungen rund um das Problem verstehen zu helfen und sie wandern dabei mit dir rückwärts, denn wenn du die erste Ursache einer ganzen Reihe von Erfahrungen findest und sie rausziehst, ist das so, als ob du die unterste Karte eines ganzen Kartenhauses rausziehst. Die gesamte Problemkette fällt dann in sich zusammen und du wirst frei. Frei, dich auch anders zu verhalten und andere Erfahrungen anzuziehen. Das ist der Grundgedanke der psychischen Heilung (oder Vollendung, wie ich es nenne), doch behalte auch bei den Experten im Auge, dass sie es manchmal nur laufenlassen wollen und draufsetzen, dass sich deine Probleme auch von selbst entladen und vollenden. Das stimmt, es dauert dir aber möglicherweise zu lange. Dann steuere das Gespräch selbst so, dass du heftige Ladungen in den Mittelpunkt rückst.

Du kannst auch einen Freund oder eine Freundin bitten, dich zu begleiten, doch diese Person möge sich nicht einmischen, nur da sein. Wie die feuchte Hitze gekochter Kartoffeln müssen die Gefühle einfach ausdampfen. Die Person deines Vertrauens sollte in ihren Reaktionen darauf konzentriert bleiben, dass alles, was bei dir passiert, einfach nur ein Ausdruck von Heilung ist. Der Fachbegriff für Ausdampfen ist die Katharsis. Egal, ob du schreist, ob du weinst, ob du Lachkrämpfe bekommst oder dein Körper sich einfach nur schüttelt, fröstelt, hüstelt oder sonst unkontrolliert heftig bewegt, es ist nur Katharsis. Die Begleitperson bleibt bei

dir und ist da. Es können auch Hitzewallungen auftreten, ebenso wie Rülpsen und Blähungen, jeder Physiotherapeut kennt das. Bewerte diese körperlichen Reaktionen bitte nicht, lass sie da sein und ausdampfen. Solche Reaktionen sind nicht schlecht oder peinlich, sondern umgekehrt sogar der untrügliche Beweis, dass du gerade einen guten Teil deiner Drachenkraft befreist und die Erfahrung vollendest. Tröstende Worte sind in einer solchen Situation kontraproduktiv, damit wird nur der Deckel wieder auf den Kartoffeltopf gelegt. Alle Gedanken und alle Gefühle sollen raus. Sie stecken schon viel zu lange fest!
Dein Körper ist eigentlich ein wunderbares Endgerät, um solche Ladungen auszudampfen. Dabei dosiert dein Drache selbst im Schlaf noch deine Erfahrungen so, dass dein Körper dabei ganz sicher ist. Es ist auch immer nur eine bestimmte Portion an Heilung und Entladung möglich. Wenn dein Körper genug hat, zeigt er es deutlich: Er beginnt herzhaft zu gähnen. Er holt tief Luft. Dabei beruhigt er sich und geht in eine wohltuende Entspannung oder sogar in eine überschwängliche Freude. Du fühlst dich vielleicht, als könntest du Bäume ausreißen. Klar, das ist deine Drachenkraft, dein Schatz an Energie und Bewusstsein. Das Gähnen ist das Zeichen deines Körpers, dass es für heute genug ist. Du kannst den Frieden, die Leichtigkeit und die Freude genießen, die sich nun einstellen. Du wirst dich kraftvoller fühlen und leichter, vor allem gut gelaunt, weil du dich von dieser Last befreien konntest. Dein Schwingungs-Ballon bekommt Auftrieb, weil du einen schweren Sack über Bord geworfen hast. Du hast dich selbst befreit und geheilt und alle um dich herum auch, denn nun wirst du Manipulationen, die zu diesem Mikado-Stäbchen gehörten, nicht mehr automatisch bedienen. Das wird dazu führen, dass die Menschen um dich herum, die bisher über dieses Muster heimlich deine Energie stehlen konnten, auch die Chance erhalten, bewusst zu werden und sich selbst zu heilen, weil ihre Versuche bei dir nun ins Leere laufen. Denn die meisten Menschen ändern sich erst, wenn ihre alten Muster nicht mehr funktionieren. Gesellschaftlich gesehen bleibt also auch alles beim Alten, solange alle mit ihren alten Mustern durchkommen. Bei dir nicht mehr und das ist ein guter Anfang.

Setze einfach die Absicht, dass alles ideal läuft, dein gesamter Reife-, Heilungs-, Aufwach- und Befreiungsprozess. Es ist eine Unsitte dieser Zivilisation, den Menschen zu vermitteln, dass ihr Unbewusstes auch unbewusst bleiben muss oder sogar bleiben sollte, und es dient nur den Herrschafts- und Manipulationsinteressen der Matrix.

3. Nun verantworte deine Erfahrung. Welcher Standpunkt hat dazu beigetragen? Wie hast du es erschaffen? Jede Erfahrung hatte auch etwas Gutes, finde es und danke. Es war in der Regel nicht entschuldbar, was du erfahren hast, aber du kannst es trotzdem vergeben und für das Gute danken. Damit erst klärst und löschst du, wie dieses Mikado-Stäbchen dein Leben geprägt hat. Seine automatischen Reaktionen haben ja deine Handlungsspielräume stark eingeschränkt. Sie haben auch verhindert, dass sich neue Potentiale zeigen konnten. Deine Dankbarkeit gebührt dann der Tatsache, dass dieses Mikado-Stäbchen dich nicht mehr sabotieren wird, und seinen Teil der Drachenkraft an dich freigibt.

4. Im nächsten Schritt geht es um Vergebung. Kehre vielleicht zu Kapitel 5b zurück und lies dir noch einmal durch, was ich über Vergebung geschrieben habe: Erst wenn du allen Beteiligten, vor allem aber dir selbst, die Erfahrung vergibst, nachdem du sie verstanden hast und entladen konntest, wirst du auch die positiven Auswirkungen erkennen können, die es ebenfalls auf dein Leben hatte.

Auf einer viel höheren Ebene all deiner Inkarnationen wirst du feststellen, dass wir uns gegenseitig mit solchen Erfahrungen unterstützen, um uns zu entwickeln von unbewusst hin zu bewusst. Für unser jeweiliges Höchstes Selbst sind wir alle nur Schauspieler einer karmischen Theatertruppe, die spielend gemeinsam durch die Dimensionen zieht und die Rollen immer wieder umverteilt, wobei sie sich dabei alle selbst erfahren und bewusst aufwachen. Das Stück selbst wird erst durch die

Kontrahenten interessant, es muss die Guten und die Bösen geben. Während du also deine Liste abarbeitest und dir selbst bewusstwirst, und dabei immer weniger manipulierbar, kommt dir vielleicht der Gedanke, wie genial es für diesen Entwicklungsprozess ist, dass wir sogar vergessen, dass wir Teil einer Theatertruppe sind, und dieses Leben für das ganze Spiel halten. Wir würden uns doch längst nicht so ins Zeug legen, wüssten wir, dass wir gleichzeitig in der Quelle ruhen, als einer ihrer Funken, und in diesem Zustand die Quelle auch nie verlassen haben. Jenseits des individualisierten Höchsten Selbst sind wir alle eins. Wir wirken alle mit bei dieser kosmischen Inszenierung, mit der die Quelle sich selbst erfährt und sich selbst ausdrückt und sich selbst weiter erschafft. Wenn du erst einmal erkannt hast, dass deine scheinbaren Gegner nur ganz andere Körperzellen dieses einzigen, allumfassenden, lebendigen, unbewussten Riesenorganismus ‚Schöpfung' sind, wird es geradezu absurd, sich zu bekämpfen. Du lässt doch auch eine Zelle deines Zehennagels nicht gegen eine Zelle deines Ohres antreten. Und dennoch musst du und müssen auch alle anderen immer weiter ihr allerbestes geben in diesem fulminanten Schauspiel ‚Schöpfung 345999.1", Szene XY, am 22. März 2019. Das machen gute Schauspieler so! Noch bessere Schauspieler vergessen sogar, dass sie überhaupt Schauspieler sind. Wir sind also die Besten!

Unsere Gewohnheit ist es, jede Erfahrung auszuwerten und unser Verhalten anzupassen. Wir selbst modifizieren uns dabei ständig, halb bewusst, unbewusst oder bewusst. Du sagst dann: „Dem XY leihe ich nichts mehr, der bringt alles kaputt zurück. Nicht mal eine Entschuldigung war es ihm wert." Wie wir uns in Zukunft verhalten werden, planen wir auf diese Weise im Voraus. Das ist die Stelle, wo du erneut unbewusst wirst. Du wertest diese Person nach dieser Erfahrung ab, hörst ihr nicht mehr zu, sie ist nicht mehr ganz so viel ‚Mensch' und daher willst du mit ihr auch keine Erfahrungen mehr machen, die außerhalb deiner Definition von ihr liegen. Du bekommst einen Tunnelblick und dein Vorurteil wird sich selbst bestätigen, weil du es so erschaffst. Es muss dann schon etwas sehr auffällig Anderes passieren, um dieses Urteil über den anderen Menschen noch einmal zu revidieren. Und so landet die nächste neue Erfahrung auch wieder unter deinem Drachen. Willst du verhindern, dass sich da der nächste Unrat ansammelt, wäre es gut, du lernst, Menschen überhaupt nicht mehr zu verurteilen und stattdessen jeden bedingungslos zu lieben, aber gleichzeitig im Umgang mit ihnen hellwach bewusst zu bleiben und ihnen nicht zu erlauben, dich zu manipulieren oder Energie zu stehlen. Deine Freiheit musst du in jedem Augenblick und in jeder Begegnung erneut behaupten! Und wenn dir das nicht während der Begegnung gelingt, korrigiere es zumindest so schnell wie möglich hinterher.

Meine Dackelerfahrung sagte mir, dass Leute, die mir eine große Freude machen, mich garantiert auch wieder enttäuschen und mir die Freude kaputtmachen werden, sie haben immer einen Dackel dabei. Ich wartete unbewusst regelrecht darauf. Klar, wenn ich es schon unbewusst erwarte, wird diese Erfahrung auch öfter angezogen. Dass ich mich so riesig gefreut hatte, gab der Besucherin mit ihrem Hund erst die Gelegenheit und Macht, mich in Grund und Boden zu enttäuschen. Ich wurde also schon als Kleinkind misstrauisch. Immer erwartete ich die Enttäuschung. Es sollten noch viele Erfahrungen mit diesem Muster kommen, sogar sehr viele. Das ging so weit, dass eine Klassenkameradin mir – und nur mir – ins Poesiealbum diesen Spruch schrieb, den ich heute (!) noch erinnere. Und als ich den las, machte mich das damals für Stunden wütend und ich regte mich auf, wie sie so einen blöden Spruch in mein heiliges Album schreiben konnte, dieser blöde Spruch saß!

Er ging so: „Und ich habe mich so gefreut!“, sagst du vorwurfsvoll, wenn dir eine Hoffnung zerstört wurde. Du hast dich gefreut, ist das nichts?

An den Dackel erinnerte ich mich da schon lange nicht mehr. Dieser Spruch traf die Essenz meines Lebens, die Beschreibung meiner tragischen Theaterrolle. Erst, als ich mit mir selbst das Drachen-Mikado spielte, fiel mir auf, dass ich den Spruch auch völlig neu interpretieren kann: Wenn ich mich nur freue, weil ich eine Hoffnung auf Zukunft haben, wenn ich mich also auf eine Erfahrung freue, die so noch nicht da ist und vielleicht auch nie kommt, wenn ich also meine Freude auf einer so ungewisse Illusion aufbaue, muss sie mir so gewisslich zerstört werden wie eine Seifenblase zerplatzt. Denn sie war nur eine ebenso schillernde

Illusion. In der realen Welt besaß sie kein Fundament. Und erst da begann ich meine Standleitung nach solchen Konzepten auszumisten wie die Idee von der großen romantischen Liebe. Dass da einer kommt, der größte Gefühle in mir auslöst, und der so perfekt passt und mich auf Händen trägt. In meinem Konzept hatte ich den Partner schon fast göttlich verklärt, später sogar noch spirituell verbrämt als Seelenpartner ausgeschmückt. Und auch diese Seifenblase zerplatzte. Es gab so viele Konzepte in mir von Zukunft, in der ich glücklicher wäre. Alles musste raus.

Real liegt Freude nur im Augenblick, Schritt für Schritt. Im Augenblick lebendig sein ist mehr Anlass zur Freude als jede Zukunftsträumerei. In diesem geläuterten Bewusstsein hätte ich als kleines Kind meinen Schatz nicht unbeachtet weggelegt und das Spiel vertagt, dann hätte ich sofort gespielt und gut auf die Sachen aufgepasst. Der Spruch meiner Schulkameradin enthielt eine ganz andere Weisheit, die ich in der Pubertät nur nicht entschlüsseln konnte: ‚Halte dich an die Freude in jedem Augenblick und versteige dich nicht in Zorn, nur weil der kleine Trotzkopf nicht bekommt, was er haben will.'

Wenn du deine Erfahrungen vollendest, wirst du gleichmütiger, du hast den gleichen Mut bei allem, und auch gleichgültiger auf eine positive Weise. Denn alle Erfahrungen sind in der Gegenwart gleich-gültig. Sie sind gültige Erfahrungen, die dein Leben beeinflussen, sobald du sie bewertest und auflädst. Ob und wie sie dich beeinflussen, hast du selbst in der Hand, entweder du verzichtest bewusst darauf oder packst sie in deine Drachenhöhle und lässt dich davon unbewusst sabotieren. Bewerte sie nicht, außer du willst mehr davon erfahren, dann gib die stärkste Ladung drauf. Doch beachte auch, dass du dir genau dieses Gefühl wieder und immer wieder erschaffst, so wie beim Dackel die Enttäuschung. Suche dir für deine bewussten Neuschöpfungen lieber die guten Gefühle aus. Hoffe nicht auf eine Zukunft und lebe auch nicht in der Vergangenheit, erschaffe stattdessen bewusst vor dir her, dass dein Leben ideal verläuft, einfach, indem du es beabsichtigst.

Weiterführendes Werkzeug: Jede Aufregung zeigt dir an, dass bei deinem Drachen noch ein unvollendetes Thema herumliegt, denn du handelst gerade automatisch und wie auf Knopfdruck. Bist du eine Waschmaschine, die auf Knopfdruck schleudert? So kannst du den Haufen beim Drachen auch interpretieren: Lauter kleine, automatische Schleuderprogramme. Suche das entsprechende Mikado-Stäbchen, zieh es raus und werde frei.

7b. Das Aufräumen geht weiter

In diesem Kapitel setzen wir das Drachen-Mikado mit den positiven Ladungen fort, sprechen über schamanische Rituale, Werkzeuge wie den Löschungssatz oder Gessners Hut und gehen auf die unterschiedlichen Ausgangssituationen von bereits seelenverschmolzenen Menschen, Persönlichkeitsmenschen und Menschen mit medialen Begabungen ein. Ein Mitschöpfer braucht alle Denkformen, auch das wissenschaftliche Denken, um immer besser und schneller zu erkennen, ob er gerade der Matrix oder der Freiheit dient. Denn in allen Bereichen sind falsche Fuffziger unterwegs. Du lernst wie mit einem Laubbläser deinen Weg vor dir her frei zu blasen und damit deine Schöpfungen noch klarer, reiner und durchsetzungsfähiger zu gestalten. Und du erfährst, warum sich Geschichte wiederholt und was wir da immer noch falsch machen.
Wir sollten in der Höhle gründlich aufräumen. Wird der Drache zu früh wach und es liegt noch viel 'rum, wird er erst mal ärgerlich und dich mit allem bewerfen, was er zu fassen kriegt. Dann fliegen die Fetzen. Am besten, du weckst den Drachen noch nicht, sondern räumst erst mal vorsichtig und leise deine Bude auf. Es ist schon besser, wenn er nichts zum Werfen findet. Lass ihn schlafen. Du zähmst dir deinen Drachen nur mit einem starken, echten Ich, nicht mit einer vorgetäuschten Persönlichkeit. Das würde der Drache sofort durchschauen und dich wütend anfauchen, warum du unreifer Wicht die Frechheit besitzt, ihn beim Schlafen zu stören! Und wie du es wagen kannst, dich überhaupt in seiner Höhle blicken zu lassen!

Erst wenn du eine gehörige Portion an Kraft und Mut gesammelt hast – und die entwickelst du nur (aber dann auch schon fast automatisch), indem du deinen Schatten entleerst, solltest du ihn wecken, alles andere wäre leichtsinnig. Deshalb lernst du in diesem Buch auch die richtige Reihenfolge. Denn nicht der Drache selbst ist gefährlich, sondern alles, was noch so um ihn herumliegt, und mit dem er nach dir werfen wird, wenn du ihn im Schlaf störst. Und er sollte auch auf keinen Fall deinen ganzen emotionsgeladenen Müll auf einen Schlag nach draußen träumen, doch genau das wird er beim Aufwachen tun, falls da noch etwas rumliegt. Denn mit der Dosierung hat's ein Ende, sobald er wach ist. Dann musst du nämlich auch bewusst mit der ganzen geballten Drachen-Power umgehen! Besser ist, da liegt nichts mehr, dann kannst du mit der vorsichtigen Annäherung beginnen. Solange er träumt, träumt er diese Sachen dosiert in dein Leben, hübsch verpackt, so dass sie in der Regel zu deiner Komfortzone passen und sie nicht durcheinanderbringen. Einmal aufgewacht, signalisierst du ihm: Ich will alles auf einmal (erfahren, integrieren, fühlen, vollenden) und zwar sofort. Das ist die eigentliche Gefahr. Du sagst ihm quasi: Ich schaffe das jetzt ohne Dosierung. Du stellst dich also eigentlich nicht deinem Drachen, sondern deinem ganzen Restmüll auf einmal.

Diese gesamte Aktion ‚Drachen-Mikado' rund um das Aufräumen deiner Drachenhöhle beweist deinem Höheren Selbst schon allein durch dein Verstehen, Entladen, Vergeben und Dankbarsein, dass du gerade von egoistisch zu selbstlos gewechselt bist und damit bereit, mit deiner Seele zu verschmelzen. Hurra, dein Ich identifiziert sich dann nicht mehr mit der Fassade der Persönlichkeit, die immer in Gefahr ist, vom Schatten sabotiert zu werden, sondern mit deinem ewigen Aspekt des Seins, der Seele. Du willst einfach niemanden mehr täuschen, du stehst dazu, dass du so bist wie du bist, mit allen Fehlern und Macken, mit allen Talenten und Fertigkeiten. Der Begriff ‚selbstlos' muss dann auch noch einmal korrigiert werden: selbstlos ist jemand, der seelenvoll handelt und sehr viel mehr aus seiner Seele heraus und mit dem wahren Höchsten Selbst in Abstimmung handelt als die Persönlichkeit. ‚Selbstlos' im üblichen Sprachgebrauch müsste in der Drachensprache ‚Persönlichkeits-arm'

oder ‚nicht-egoistisch' genannt werden. Wer das Wohl aller mitberücksichtigt, ist doch sicher am wenigsten selbst-los unterwegs.
Wenn du deinen Drachen weckst, willst du einfach nur noch du selbst sein, immer mutiger und immer mehr. Und auch immer noch viel mehr zu dir selbst werden, diese Steigerung macht dir nun Spaß, das empfindest du als dein wahres Ich. Das ist aber noch nicht die Verschmelzung mit deiner Seele, nur ein wichtiger Schritt hin zu ihr. Die Verschmelzung selbst passiert dir – genau wie später die Meisterprüfung – als eine Art Empfängnis, sie ist nicht planbar, du kannst nur deine Bereitschaft dazu bekunden. Wie bei Paaren mit Kinderwunsch liegt es in der Hand deines Höheren Selbst, wann es tatsächlich passiert und durch welches äußere Problem es getriggert wird. Es ist auf jeden Fall eine Erfahrung, die als ‚lange, dunkle Nacht der Seele' von denjenigen beschrieben wurde, die diese Erfahrung durchlaufen haben. Es wurde alles in ihrem Leben auf den Kopf gestellt (auch, weil sie nicht vorbereitet waren!), denn die alte Persönlichkeit muss zertrümmert werden. Nichts wird mehr so funktionieren wie vorher. Aber am Ende der Einschmelzung der Seele funktioniert dann alles viel besser und liebevoller. Und die neuen Seelen-integrierten Menschen, die seit den Neunzigern vermehrt geboren wurden, werden zumindest ihre Prüfungszeit für Meisterschaft ähnlich erfahren.
Du musst die Einschmelzung deiner Seele auch nicht – wie ich selbst – als einen Burn-Out erfahren, vielleicht bist du nur maßlos enttäuscht, weil alles, an das du geglaubt hast und was dir bislang Sicherheit und Vertrauen gab, sich als falsch herausgestellt hat. Deine Persönlichkeit bröckelt und mit ihr deine gesamte Weltsicht. Es bricht tatsächlich eine Welt in dir zusammen. Eine, die nie echt war. Die Matrix ist auf kollektiver Ebene eben auch nur eine Persönlichkeitsstruktur der gesamten menschlichen Zivilisation und hat durch sehr viel Falschheit und Bosheit und Herrschaft und Gewalt einen Riesenschatten angehäuft. Diese Matrix bröckelt auch in dem Maße, wie Menschen zu ihrem wahren Selbst aufwachen.
Die Seeleneinschmelzung kann mittlerweile sehr schnell und relativ sanft verlaufen, wie überhaupt der ganze Reifeprozess. Wer bisher ohne diese selbstverständliche Verbindung zu seiner Seele und damit ohne Kontakt

zu seinem Höchsten Selbst und der Quelle selbst gelebt hatte, musste sich unsicher, ängstlich, hohl, unbedeutend und wie ein Blatt im Wind gefühlt haben. Und hat das dann mit seinen Rollen überspielt, seinem Status, seiner beruflichen Anerkennung, dem ergatterten Ehepartner, einfach mit allem, worauf man stolz ist, und womit man sich gerne schmückt. Und womit man sich definiert. Ich dachte zum Beispiel, ich sei ‚eine gute Lehrerin' gewesen. Im Zuge der Burn-Outs musste ich feststellen, dass ich das nicht mehr war, woran also hätte ich mich noch festhalten können? Nun, überhaupt nicht. Nach der Seeleneinschmelzung bist du dir selbst genug, so wie du bist, du musst dich nur noch daran gewöhnen und nicht in die alten Denkmuster zurückfallen. So habe ich das erlebt. Der Persönlichkeits-dominierte Mensch sucht ständig nach äußerer Orientierung, nach Verbesserung, nach Anerkennung, nach Zugehörigkeit und eigentlich nach allem, was ihm eine scheinbare Sicherheit im Außen gibt. Dabei bleibt er ständig bedroht und wenn er stirbt, empfindet er das als ein ganz großes Drama. Er muss den Körper auch um jeden Preis erhalten und sein Leben verlängern und fürchtet sich maßlos vor der endgültigen Auslöschung durch den Tod.

Und das zu Recht, denn seine Persönlichkeit (die er für sein Ich hält) ist eine Illusion und kann nicht weiterleben. Sie zerplatzt wie eine Seifenblase. Nur die Essenz, seine Seele lebt weiter, ewig. Die Persönlichkeit wird nach diesem Leben an der Garderobe abgegeben und entwickelt vielleicht noch eine Zeit lang ein astrales Eigenleben, solange die anderen sich an diesen Menschen erinnern. Dann kommt sie in Séancen durch und spielt die gleiche Persönlichkeit wie schon zu Lebzeiten. Die echte Seele ist dann längst gereift weitergegangen und die Angehörigen reden nur noch mit der Persönlichkeitshülle, die in den niedrig schwingenden Bereichen der vierten Dimension hängen geblieben ist. Kann sich niemand mehr an die Persönlichkeitshülle erinnern, zerfällt sie in ihre Grundsubstanz. Sie kann nicht ewig sein, weil sie auf Sand gebaut ist. Das Ich dagegen lebt natürlich ewig weiter, es zieht sich auf diese höheren Ebenen zurück, bis es sich wieder inkarniert.

Sobald die Seeleneinschmelzung stattgefunden hat, kannst du dich an dir selbst orientieren, ganz gleich, welchen Status und welche

Beziehungen du gerade hast und vor allem, welche äußeren Sicherheiten. Du ruhst in dir. Du besitzt überhaupt das erste Mal eine Mitte, die du in einer Mediation finden kannst. Du kannst den Vortex des Erschaffens nun spüren, die Lichtsäule, die deiner Verbindung zur Quelle entspricht. Du weißt mit größter Sicherheit, du bist mit der Quelle verbunden, du weißt auch, du bist ewig (denn natürlich vergisst das eine Seele nie, sie ist doch immer verbunden geblieben) und du suchst aktiv nach der Verstärkung dieser Verbindung. Sobald du deine Seele verkörperst, spricht, denkt und fühlt deine Seele als dein Ich in deinem Körper, du bist endlich einfach du selbst. Das seelenvolle Selbst. Du bist nicht mehr hohl und gefährdet. Martin Luther sagte, wir können Gott nur in unserem eigenen Inneren finden. Hast du die Seeleneinschmelzung hinter dir, hast du das Göttliche und Ewige in dir gefunden, das, was du wirklich bist – mit Wirkung auf der schöpferischen Ebene – und das kann dir keiner mehr nehmen.

Früher erlebten die Menschen, wenn überhaupt, ihre Seeleneinschmelzung in der Midlife Krise. Wenn die Kinder groß waren und man sich neu orientieren musste, klopfte die Ewigkeit an und fragte, „Na was ist, was meinst du, ob es da noch mehr gibt?". Alles wird bei der Seeleneinschmelzung in Frage gestellt: Ob die Partnerschaft auf Bewusstsein und Liebe beruht und ob man sich darin noch wohlfühlt, ob der Job noch Spaß macht, ob man so weiterleben und -lieben will. Die Endlichkeit dieses Lebens ist plötzlich näher gerückt. Ich sage bewusst ‚früher'. Heute gibt es – wie gesagt – bei den noch mitten im Erwerbsleben stehenden oder dort früh aussortierten Menschen sehr viele, die bereits seelenverschmolzen geboren wurden. Das ist menschheitsgeschichtlich sehr neu und sie kamen in allen Ländern zur Welt, in jeder Nation, Kultur und Religion, sie sind unsere Hoffnung. Sie müssen in ihrer Höhle nicht aufräumen, die haben dort überhaupt nicht viel angesammelt. Sie haben sich nie hinter einer Persönlichkeit versteckt, lieber haben sie gleich nicht in die Gesellschaft gepasst, als sich auf diese Weise zu verbiegen. Sie haben sich nur scheinbar mit der Matrix ihrer Elterngeneration abgefunden und sich dort möglichst einen Platz gesucht, an dem sie bereits einfach sie selbst sein können. Das ist wunderbar, doch dennoch stecken die

meisten von ihnen noch fest in der engen Vorstellungswelt der Matrix. Sie haben oft schon früh entdeckt, dass sie die Macht haben, über ihr Gefühl ihr Leben zu steuern. Sie sind längst halbbewusste Mitschöpfer, allerdings weiter ohne ihren Drachen und ihr Höchstes Selbst unterwegs, auch sie können mehr. Sie haben den Reifeprozess noch vor sich, stecken mittendrin, stehen kurz vor der Vollendung oder sie sind schon angekommen in der Meisterschaft. Auch die fertigen, echten Mitschöpfer, die aufgestiegenen MeisterInnen, sind unter den Jüngeren schon sehr zahlreich. Mit ihrer Vorstellungskraft erschaffen sie sich eine mehr oder weniger bequeme Nische zum Wohle der Menschheit, du findest sie daher in Helferberufen aller Art. Sie haben schon mitgebracht, was die hohlen Persönlichkeiten ihrer Umgebung, denen es zum Beispiel wichtig ist, was die Leute denken, erst noch suchen müssen: Die eigene Beziehung zur Seele. Diese Menschen brauchen keine Seeleneinschmelzung, sie ist bereits da.
Sie können jetzt mit dem Wissen dieses Buches direkt den Reifeprozess abrufen und durchstarten. Das ist auch meine größte Hoffnung für uns alle, ohne dass die anderen jetzt die Hände in den Schoß legen. Sie wissen es nämlich schon oder ahnen es ganz deutlich, um was es gerade geht. Und wir brauchen sie nun ‚fertig', also im Besitz ihrer ganzen, gesammelten Drachenkraft und aus dem Höchsten Selbst heraus zum Wohle von uns allen bewusst erschaffend. Bis dahin wird die Matrix sie noch sehr lange im Griff halten, denn wenn einer nicht weiß, dass er der Erbe eines Riesenvermögens ist, kann er das Erbe auch nicht antreten. Unwissenheit über den Reifeprozess ist bei ihnen der entscheidende Punkt, dass es in ihrem Leben auch noch nicht in Richtung Homo Creativus Pax weitergeht. Denn die alte Matrix verwickelt sie in viele Kämpfe, um ihre Kraft zu vergeuden und vom Reifeprozess abzulenken. Wer sich hierin erkannt fühlt, den bitte ich dringend, den Reifeprozess jetzt abzurufen, schnell, sicher und vor allem gleich. Wir brauchen jeden mit seinem gesamten Potential, auch bei dir schläft noch der Drache. Der Reifeprozess startet erst so richtig durch, wenn du die Vollendung des Reifeprozesses, die Verkörperung deines allerhöchsten Selbst als Ich in deinem Körper bewusst einforderst. Als Gottes Sohn oder die Tochter der

Göttin. Du wirst in diesem Prozess selbst göttlich. Sonst bleiben auch die Seelenvollen noch viel zu lange in der Verpuppung hängen.
Die Einschmelzung der Seele – ich spreche jetzt wieder über den Menschentyp Homo Sapiens Sapiens – kann erst passieren, wenn diese Menschen aus dem Zustand ‚vor allem an sich selbst und an kleinere Untergruppen der Umgebung wie Familie, Partei, Land…denken' in den Zustand wechseln von ‚immer auch an die gesamte Menschheit (und Natur und die Erde) denken'. Bis dahin können sie auch lange in einer Art Wohlfühl-Spiritualität festhängen und ihre Drachenhöhle ignorieren. Sie müssen aber dort aufräumen, sonst steht ihnen der Weg zum bewussten Mitschöpfer einfach nicht offen. Dann beteiligen sie sich nur unbewusst an dem, was jede Tradition, Religion und Kultur, geschichtlich gesehen, kollektiv als Schatten angehäuft hat und dieses grausige, gewaltsame Matrix-Spiel geht einfach weiter. Geschichte wiederholt sich, wenn sie nicht entladen und von Schuldzuweisungen befreit wird. Mahnungen und Denkmäler nutzen überhaupt nichts, im Gegenteil, sie halten die alten Schuldzuweisungen und Themen nur im Bewusstsein, ohne sie zu entladen. Die eingesammelte Rührung bei Massenveranstaltungen lädt diese Probleme sogar wieder auf, und das ist ganz im Sine der künstlichen Matrix. Denn dann finden sich in jeder Generation wieder irgendwelche hohlen Persönlichkeiten, die den kollektiven Schatten für alle ausagieren. Alle Ermahnungen und Erinnerungen und Anfeindungen erzeugen nur weiter das, was vermieden werden soll. Wir müssen die Geschichte vollenden, sonst geraten wir immer wieder in den gleichen Mist. Und das verursachen alle Menschen mit, die nicht in sich aufräumen und stattdessen das alte Spiel immer weiter neu erschaffen. Wir sind alle sehr mächtige Mitschöpfer, nur die meisten leider noch völlig unbewusst manipuliert. Noch einmal: Solange sich zwei finden, die Krieg spielen wollen, werden sie Krieg haben. So lange sich jemand gerne als Opfer stilisiert, wird er sich und andere unweigerlich zum Opfer machen. Er hat aber die Macht, damit einfach aufzuhören und zu sagen: „Schluss jetzt, wir spielen mal was anderes!" Denn selbst der schönste Macbeth wird irgendwann mal langweilig. Wir müssen uns um unser Unbewusstes kümmern und um alle Konzepte darüber, wer wir sind und wohin wir

gehen. Das Unbewusste und das Paranormale müssen zu einem Teil unseres Lebens werden, wir müssen die innere Landkarte mit ihren weißen Flecken erforschen, andere Realitäten, andere Wesen und vor allem den Weg zurück zur Quelle.

Als naturwissenschaftlich begeisterte, ehemalige Mathematiklehrerin bin ich davon überzeugt, dass es für alles eine natürliche Erklärung gibt. Und nicht genug damit: Die wollte ich immer schon finden. Das Unbewusste sind wir in unserer Kultur bisher wissenschaftlich ziemlich ungeschickt und falsch angegangen, denn es hat seine eigene Sprache und folgt anderen Gesetzen und nicht der linearen Kausalität, ist aber dennoch ein logisches und in sich sehr stimmiges System. Jede Kultur befasst sich ein wenig anders mit dem Unbewussten und es war ignorant, dass die wissenschaftliche Aufklärung des neunzehnten Jahrhunderts das alles als reinen Humbug vom Tisch wischte und damit so tat, als besäße der Mensch nur eine einzige Hirnhälfte, den Verstand. Und dann wurde möglichst eine stabile Persönlichkeit weiter ausgebaut. Allenfalls räumte man in der Moderne noch den Placebo-Effekt ein und erschlug mit dem Kolonialismus das überlieferte Wissen der globalen Menschheit, mit dem Unbewussten besser umzugehen. Zusammen mit den Missionaren tat man alles, dass es verloren ging. Für die Kommunikation mit dem Unbewussten waren die Schamanen und Heiler eines Stammes zuständig, sie vermittelten noch wirklich (mit Wirkung!) zwischen den Welten und betrieben nicht wie die ‚Pfaffen' die Eingliederung in eine künstliche, religiöse Matrix. Schamanen haben es bereits verstanden, die Wahrscheinlichkeiten zu beeinflussen und vor Ereignissen zu warnen, die in der Zukunft drohten. Zum Vorteil des Stammes oder einzelner Individuen veränderten sie unbewusste Strömungen und die Wahrscheinlichkeiten von Ereignissen, trafen Vorkehrungen, warnten und schlugen Maßnahmen vor. Sie sahen Entwicklungen voraus und halfen dem Stamm, sich auf die Veränderungen vorzubereiten und die Krise auch bestens durchzustehen. Denn unser Planet ist ein sehr unruhiger Planet, selbst die Natur kann sehr gefährlich werden.

Auch in unserer deutschen, mittelfränkischen, keltisch-germanischen Tradition kannte man solche schamanischen Traditionen, sie wurden meistens von Großmutter/Großvater zu Enkel/in weitergegeben. Ob es dabei um die Besprechung von Warzen (Viren!) ging oder die heilende oder abtreibende oder tötende Wirkung von Pflanzen oder um das Rutengehen, um Wasseradern zu suchen, bis heute gibt es mediale Menschen, die schon mit einer besonderen Begabung dazu geboren wurden und in deren Familie man diese Tradition insgeheim weitergab. Medium nennt man in der Chemie ein vermittelndes Fließmittel, worin sich gegensätzliche Stoffe treffen können. Und bei echten Medien geht es auch um einen Informationsfluss, den zwischen verschiedenen Dimensionen und Welten. Auch diese medial begabten Menschen dürfen jetzt nicht bei dem stehen bleiben, was ihnen in die Wiege gelegt wurde, auch sie könnten den Reifeprozess nun schnell durchlaufen, allerdings habe ich bei ihnen oft beobachtet, dass sie eine besonders starke, alternative, mediale Persönlichkeit aufgebaut haben, um in der Welt zu bestehen. Die Seeleneinschmelzung und der Reifeprozess selbst müssen aber diese Persönlichkeit wieder einreißen, sonst sind sie nicht lernfähig und offen genug für das bewusste Erschaffen. Allzu oft halten sie ihre medialen Wahrnehmungen für verlässlich, obwohl sie doch nur noch verlässlich sind für den Homo Sapiens Sapiens. Der ist sogar für jeden Quanten-Computer berechenbar. Bei einem Mitschöpfer können begabte Medien nur noch sehen, was der gerade aus dem Schatten gezogen hat, um es zu verdauen. Sie beobachten also nur noch, was sowieso gerade verschwindet, das muss man nicht festhalten und erneut zum Problem machen. Sie sehen nur in einem Schwupp-Effekt (Problem? Schwupp! Und weg!) alles, was eigentlich schon gerade weggeht, aber sie glauben dann auch noch aufrichtig, dass der Mitschöpfer ‚diese Probleme' tatsächlich habe und definieren ihn damit. Wahrsagerei kann nicht funktionieren, wenn der andere bereits bewusst erschafft.

Schamanisches Handeln ist das, was Kinder schon sehr früh üben. Sie tun so als ob. Wir Erwachsene haben es bewusst angeblich verloren, dabei machen wir es unbewusst umso öfter. Nehmen wir Warzen als Beispiel. Das Ritual, dich von deinen Warzen zu befreien, könnte so aussehen: Du hast einen Spruch zu erlernen, du nutzt die magischen Kräfte bestimmter Jahreszeitpunkte, Tagesuhrzeiten und Lichtverhältnisse

sowie natürliche Kraftorte und Kraftpflanzen, um die Wirkung deines Rituals zu vervielfachen. Wenn ich selbst ein solches Ritual gegen Warzen für dich erfinden sollte, würde ich dich beispielsweise anleiten, eine frische, saftige Kartoffel zu halbieren und mit der einen Hälfte die Stelle mit der Warze gut feucht einzureiben und den Saft darauf antrocknen zu lassen. Zum genau richtigen Zeitpunkt sende ich dich dann an den rechten Ort (deinen Kraftplatz) mit dieser halben Kartoffel, die andere wird einfach kompostiert. Vielleicht steht dort eine Eiche. Sie ist mein Kraftbaum und der unterstützt dann auch meine Follower am besten, zumindest solange sie mir followen. Umarme die Eiche und bleibe dann ehrfürchtig stehen, nachdem du dich in deine Mitte gebracht und dich mit diesem kraftvollen, lebendigen Baum verbunden hast. Nun sage dreimal den gleichen Spruch „dank der Eiche, Warze weiche“ (das habe ich gerade spontan für dich gereimt) und schleudere mit der dritten Wiederholung die halbe Kartoffel über deine linke Schulter so weit weg nach hinten, wie es geht. Wisse nun, dass die Warze weg ist. Mit diesem Ritual ist es bereits geschehen. Das Placebo ist gesetzt und wirkt. Im Quantenfeld hast du die Heilung energetisch generiert, aber es kann noch etwas dauern, bis die energetische Ebene sich auch materiell an deinem Körper zeigt. Bleib dabei, wisse, vertraue. Du hast alles dafür getan, dass dieser Virus in dir keine Warzen mehr bildet oder sonstige Schäden anrichtet, aber er ist natürlich nicht verschwunden. Jeder Virus bleibt Teil deines inneren Biotops, denn anders als Bakterien und Parasiten können deine Fresszellen ihn nicht erkennen und direkt fressen. Stelle das Ritual selbst niemals in Frage, es hat gewirkt. Stelle auch nicht in Frage, dass das Problem bereits gelöst ist. Das ist auch eine Form von bewusstem Erschaffen, aber auf einer noch sehr archaischen Grundlage. Du nutzt die beiden Hirnhälften, verstärkst deine Absicht maximal und lässt dir auch von deiner natürlichen Umgebung helfen. Für mich verdient eine solche Handlungsweise das Prädikat ‚ganzheitlich‘.
Solange du solche Rituale noch nicht selbstständig für dich erfinden und ausführen kannst und dafür einfach gutgläubig zum Schamanen deiner Wahl gehst, bist du selbst nicht bewusst, du vertraust stattdessen auf einen Experten. Um ein bewusster Mitschöpfer zu werden, musst du es

selbst lernen und selbst-bewusst aufwachen. Daran geht kein Weg vorbei, wenn du die Freiheit anstrebst. Experten halten die Menschen abhängig, sie sind ein Provisorium, das dir hilft, bis du selbst manifestieren kannst. Informiere dich bei ihnen, lass dir helfen und erlerne ihre Rituale, das ja, aber dann forme sie um, mache sie dir zu eigen, bis sie zu dir passen. Verwende sie als Werkzeuge. Je länger du mit Werkzeugen arbeitest, umso mehr wirst du ein gutes Werkzeug schätzen lernen. Medien haben diese Begabung und du kannst leicht in die Bewunderung und Verehrung gehen und deinen eigenen Reifeprozess dabei versäumen, mit dem du auch ebensolche oder noch viel fantastischere Begabungen in dir selbst freilegen wirst. Noch einmal: Du wirst erst zum Mitschöpfer, wenn du es selbst lernst. Ein Meister ist in jedem Augenblick auch sein eigener Ritualmeister. Er übernimmt nur ein Ritual, das er versteht. Denn er muss unterscheiden, ob es der alten Sklavenmatrix dient oder seiner Befreiung. Das ist nicht immer gleich erkennbar. Das Unterscheidungsvermögen muss unbedingt entwickelt werden. Jeder andere kann der Matrix trotz Medialität gerade damit auf den Leim gegangen sein: Dient dieses Ritual also der alten Matrix und den Parasiten oder dient es der Heilung und der Befreiung der Menschheit? Frage dich das immer wieder neu.

Ich selbst wusste irgendwann, dass ich keine Einweihungssymbole mehr in meinen Chakren und in meiner Aura haben wollte, egal, wie gut sie wirken. So habe ich alle diese Zusätze zum Beispiel aus Reiki wieder entfernt. Das wissenschaftliche Denken ist für einen angehenden Mitschöpfer unbedingt erforderlich, um die Frage zu klären, wem dient es – Freiheit oder Matrix. Ein Mitschöpfer bringt alle Richtungen in sich in Synthese, alles, womit sich die Menschheit gerade beschäftigt, und schließt nichts aus. Ein Mitschöpfer akzeptiert nur, was der künstlichen Matrix in keiner Weise dient, aber möglichst noch stärker befreiend wirkt. Nur das wird in die eigene Werkzeugkiste gepackt, was diese Qualitätssicherung ‚Freiheit statt Matrix' erfüllt. Und die Werkzeuge dafür werden immer besser, wirksamer und schneller. Sei nicht naiv: Egal, was wir zur Befreiung erfinden, gleich kommt die Matrix und versucht alles, um es für ihre Zwecke umzudrehen. Die Matrix hat auch Leute laufen, die sich

als die neuen Propheten ausgeben, das konnte sie doch immer schon gut. Nur weil einer von Liebe schwafelt und ein paar Kerzchen anzündet, und auf eine mäßige Schwingungshöhe kommt, musst du ihm nicht trauen. Alles, was deinen Reifeprozess triggert, beschleunigt und vollendet ist jedenfalls ‚bestes Werkzeug', alles, was dich abhängig hält und süchtig und in der Verehrung, das ist alter Käse.
Viele dieser überlieferten Zaubersprüche wie die Warzenbesprechung wirken heute kaum noch. Das ist kein Beweis dafür, dass an meinen Behauptungen nichts dran ist. Diese Formeln wirken nicht mehr, weil sie kaum noch Anhänger haben, die ihre Lebenskraft in das Ritual einspeisen. Wenn du also feststellst, bei dir wirken sie nicht, dann deshalb, weil zu wenige Menschen noch daran glauben. In Lourdes haben sich nur deshalb so viele Wunderheilungen zeigen können, weil Millionen Menschen weltweit die katholische Kirche ‚ernähren', und Lourdes gehört zu dieser Sekte. Das aggressive Missionieren durch Eroberung hatte geschichtlich den Hintergrund, dass so erst diese Religion in eine größere Wirkung kam und Wunder erzeugen konnte. Selbst wenn die Eltern noch zum Christentum gezwungen wurden, ihre Kinder wurden bereits dazu erzogen, ihre Lebenskraft einzuspeisen. Je mehr Menschen – egal wie – in eine Religionsgemeinschaft eingetütet werden, ums wirksamer sind ihre Rituale, umso emotional berührender. Die Spontanheilungen sind kein Beweis dafür, dass diese Religion im Besitz der Wahrheit ist, sondern nur ein Indiz dafür, wieviel Drachenkraft ihren Mitgliedern in den Ritualen entzogen und dann gnädig an einzelne wieder ausgegossen wird, um die Gläubigen zu täuschen. Denn der größte Teil der energetischen Ausbeute versickert in ganz anderen Kanälen, die so grausam sind, dass du sie dir nicht einmal vorstellen kannst.
Die Wirkung eines Rituals besagt nur, dass hier den Menschen ihre Kräfte abgezogen und bewusst auf ein Ziel gelenkt wurden. Die Masse an Gläubigen verstärkt die Wirksamkeit. Die regelmäßige Wiederholung eines Rituals verstärkt sie weiter. Prozessionen dienen dazu, ebenso Sportereignisse oder andere Massenveranstaltungen, in den Medien werden sie durch Berichterstattung noch einmal weiter potenziert. Es ist kein Zufall, dass Fußball in der Moderne zu einem Millionengeschäft

wurde und erfolgreiche Spieler heute viel reicher werden als früher. Mehr Zuschauer und damit mehr eingespeiste Lebenskraft zeigen sich in mehr Geld und mehr Macht. Schon allein die Anwendung dieser einen Gesetzmäßigkeit könnte Mickey Mouse oder Steven Spielberg zu einem Gott machen und das Volk würde sie verehren. Und wenn du dir den Rummel in Hollywood anschaust rund um die Leinwandgötter, siehst du auch genau das. Es ist nicht falsch. Es ist nicht richtig. Es zeigt dir einfach nur, wie es auch die Kaiser, die Kirchen und die Royals seit jeher gemacht haben. Gessners Hut muss verehrt werden, dann bleibt die Macht beim ollen Gessner. Schiller wusste, was er da schrieb.

Wenn ein geborenes Medium schon mehr Kräfte in sich vereint, dann deshalb, weil es sie Leben um Leben kultiviert und wiederholt hat. In vielen Leben wurde diese Begabung verfeinert. Vielleicht traf es immer wieder auf gute Ausbilder-Schamanen und steht außerdem in Verbindung mit einer sehr hochschwingenden wohlmeinenden Alien-Rasse. Verschiedene davon haben sich immer mal als Engel verehren lassen. Die Echten leben in viel höheren Dimensionen dichter bei der Quelle und sie erschaffen schon sehr bewusst im Einklang mit der Quelle. Dennoch hat jede Rasse ihre eigene Geschichte und Agenda. Wir sollten uns auf die Menschheit und dann auf unsere eigene Seelenfamilie konzentrieren. Selbst essen macht dick. Du bleibst sonst ewig an der Nabelschnur solcher wundervollen Channelquellen hängen und versäumst dein eigenes wundervolles Leben hier. Und du bleibst abhängig, statt dich zu befreien. Und du wirfst deine Lebenskraft durch Verehrung einfach weg.

Halten wir fest: Ein Ritual wirkt durch die Kumulierung von Lebenskraft, durch die Häufigkeit der Anwendung und durch Vorerfahrungen aus anderen Leben. Wir erhalten Unterstützung durch eigene oder fremde Seelenfamilien bzw. Aliens aller Art. Das ist im Wesentlichen auch, was sich hinter der herrschenden Sklavenmatrix verbirgt. Die dunklen Machenschaften werden von dunklen Kräften durchzogen, für die ein Menschenleben nicht mehr wert ist als das einer Ameise. Es sind nicht die menschlichen Eliten, deren Namen du noch kennst, das sind nur Opportunisten und Glücksritter, die manchmal sogar glauben, damit noch Schlimmeres abzuwenden, wenn sie Weltpolitik betreiben. In der biblischen Literatur

werden diese Aliens ‚Archonten' genannt, man kennt sie, man weiß sie im Verborgenen. Sie lutschen letzten Endes die Energie der ganzen Erde und ihres Biotops aus und sie stecken auch hinter der künstlichen Intelligenz. Und die Menschen gelten als energetische Leckerbissen, weiter nichts. Und dann noch als Diener und Nutztiere.
Wir erinnern uns: Ein Mitschöpfer in sehr hoher Schwingung kann jedes Feld mit einer niedrigeren Schwingung entleeren und neu überschreiben. Das geschieht automatisch, wenn er mit Feldern niedriger Schwingung in Verbindung geht. Praktisch bedeutet das, wenn du die Nähe eines Heiligen suchst, wirst du möglicherweise allein schon durch das Zusammensein mit ihm geheilt. Sogar schon, wenn du an ihn denkst und ihn verehrst, also mit ihm in Verbindung gehst. Sobald du dich für eine Sitzung mit einem Geistheiler oder Coach verabredest, geht es los. Die Reinigung und Entleerung deiner Felder mit niedrig schwingenden Störenergien beginnen, was du als positive Veränderung erfährst. Alles andere, was er tut, sind Rituale, die sein und dein Vertrauen in sein Tun stärken. So macht dieser Heiler, Coach oder Schamane das dann eben. Geistheiler können einen anderen Geistheiler zum Beispiel direkt erspüren. Mit Gewissheit erkennen sie die Fähigkeiten des anderen. Als meine langjährige Geistheiler-Freundin dem Verband ‚Geistiges Heilen' beitreten wollte und dort anrief und Beispiele erzählen wollte, um ihre Fähigkeit zu beweisen, sagte der Mann am anderen Ende der Leitung: „Ist schon gut, ich weiß das, ich sehe, dass du geistheilen kannst. Du bist eine von uns.". Das war die Aufnahme. So erkennt jeder Mitschöpfer auch den nächsten Schritt, die Bücher, die er unbedingt lesen sollte, die Videos, und den nächsten Lehrer, der ihn weiterbringt. Trotzdem ist es gut, nach Beweisen Ausschau zu halten, um nicht in die nächste menschliche Sackgasse zu rennen. Die unbewusste Seite von dir ist riesengroß und außerdem mit dem gesamten kollektiven und kosmischen Unbewussten verbunden. Sie meldet sich durch inneres Wissen und verbindet dich mit der vergangenen und der zukünftigen Ewigkeit.
Jeder Mitschöpfer erfindet für sich selbst immer noch bessere und passendere Rituale und Bewusstseinswerkzeuge und wird so automatisch zum Schamanen und Heiler. Er sammelt Mediationsanleitungen, Musik,

Einweihungen, Aktualisierungen und andere Tricks, die ihn immer besser und schneller in die Mitte zurückbringen und ihn wirksam unterstützen, so schnell wie möglich den Reifeprozess zu durchlaufen und auch nicht eher zu ruhen, als bis es vollbracht ist. Es ist seine wichtigste Aufgabe jetzt zu dieser Zeit. Dazu gehört auch das eigene Feld (Aura) zu leeren und klar zu halten und das zu löschen, was nicht mehr zu den aktuellen, neuen Absichten passt. Man könnte auch sagen, er muss alte Programmierungen löschen, welche die neuen Programmierungen stören oder behindern und auch einfach zu viel unnötigen Arbeitsspeicher belegen. Deshalb ist ein I-Tüpfelchen für die Vollendung einer Erfahrung, dass du zum Schluss auch noch die Reste in dir aufkehrst und deine Aura auch sonst sauber hältst. Der Müll jeder erfolgreichen Heilungsparty muss entsorgt werden. Dafür hat jede spirituelle oder religiöse oder schamanische Schule ihr eigenen Formeln entwickelt. Wenn du aufmerksam hinschaust, wirst du erkennen, wie man diese Müllbeseitigung in deiner Tradition macht.

- Die Müllbeseitigung: Eine Möglichkeit wäre, dir in deiner Vorstellung diesen Müll vor dich hinzulegen und mit einem ebenso vorgestellten Besen alles nach links aus deinem Blickfeld zu fegen. Das funktioniert gut in Kulturen, die von links nach rechts schreiben und die daher links die Vergangenheit (der Schrift und überhaupt) verorten. Du wirst dieses Ritual auch mögen, wenn du eine Affinität zu Hexen hast, keine Frage. In meinem Selbsthilfebuch für Mitschöpfer ‚Mein Drache frisst gern Pizza' schlage ich vor, alles, was du löschen willst, vor dich hinzulegen und dir vorzustellen, dass du selbst ein Drache bist und Feuer speien kannst. Mit einem kräftigen „Baff" fackelst du dann diese Energien ab, bis sie ganz verschwunden sind. Das merkst du spätestens daran, dass du gähnen musst. Je mehr Menschen dieses Buch lesen und das Baffen lernen, umso wirksamer wird dieses Ritual. Ich habe es jedoch vorsorglich schon mit einem weltweit millionenfach wirksamen Ritual verbunden, einer Formel, die ich nach langer Suche als die Wirksamste überhaupt kennengelernt habe. Dieses Werkzeug stammt von Access Consciousness (mehr dazu in der Werkzeugkiste, Kapitel 10c) und heißt das ‚Clearing Statement' oder einfach der ‚Löschungssatz'. In seiner ursprünglichen Form ist er viele Seiten lang und wurde dann immer weiter verkürzt. Mit diesem einen Satz lässt sich jede Energie einfach restlos löschen. Man sagt ihn einfach so oft, bis alles aufgelöst ist. Das vorhandene Feld kannst du dann mit deinen eigenen Inhalten überschrieben.

- Er lautet: „Right and wrong, good and bad, Pod and Poc, all nine, shorts, boys, and beyonds." Er scheint völlig sinnfrei zu sein, aber die lange Erklärung ist durchaus logisch. Diesen Satz sagst du, so oft du ihn brauchst, bis der Haufen vor dir ganz verschwunden ist. Wenn deine Vorstellungskraft geschult ist, merkst du das daran, dass er auch vor deinen inneren Augen verschwindet. Wenn der Löschungssatz greift, beginnt mein eigener Körper heftig zu rülpsen; je niedriger die Schwingung des Mülls ist und je negativer seine Ladung, umso drastischer und lauter hört sich das an. Schließlich geht mein Körper in Gähnen über und ich weiß, dass nun alles gelöscht ist. Ich fühle es. Andere erhalten einfach nur das innere Wissen darüber, wann die Energie restlos beseitigt wurde. Dieser Löschungssatz ist momentan sehr kraftvoll, weil es momentan weltweit Millionen Mitschöpfer gibt, die ihn bereits anwenden. Du kannst ihn auch noch weiter verkürzen, zum Beispiel, so wie die Gründer es vorschlagen, zu ‚Pod und Poc'. Oder zu meinem ‚Baff'. Es hat die gleiche Wirkung.

Kehren wir nun noch einmal zu der Liste deiner Lebenserfahrungen zurück und überprüfen wir, wie viel Ladung nun noch auf den einzelnen Mikado-Stäbchen liegt, nachdem du dich so ausführlich damit beschäftigt hast. Du wirst merken, die Ladungen haben sich schon stark verringert. Die restliche Ladung entfernst du nun gründlich mit dem

Löschungssatz auf rein energetischer Ebene. Du kannst das für jeden Mikado einzeln machen oder für alle zusammen oder Gruppen davon. Nun lautet das Löschungsritual wie folgt: „Alles, was dies ist, und alles, was dies nicht ist, vervielfacht um eine Godzillion, das zerstöre ich und mache es in seiner Erschaffung ungeschehen. Right and wrong, good and bad, Pod an Poc, all nine, shorts, boys, and beyonds." Den Löschungssatz am Ende wiederhole so lange, bis alle körperlichen Symptome abklingen und der Körper in Gähnen oder friedliche Ruhe übergeht. Es kann sein, dass du für dich auch andere Feedbackschleifen entwickelst, an denen du erkennst, dass auf energetischer Ebene etwas tatsächlich transformiert ist. Meine Geistheiler-Freundin zum Beispiel sieht und spürt alle Energien direkt und beseitigt die disharmonischen mit Absicht und Handbewegungen. Sie spürt auch genau, wann sie alle Störenergien entfernt hat und die Felder gereinigt sind. Anfangs waren auch bei ihr die körperlichen Symptome sehr heftig, sie übernahm förmlich die Krankheitssymptome ihrer Klienten und spürte sie in ihrem eigenen Körper, während sie beim anderen verschwanden. Sie nahm ihnen förmlich ihre Bürde ab. Sehr oft fühlte sie sich ‚krank' und musste sich nächtelang wieder selbst reinigen, wenn sie am Tag gearbeitet hatte. Hochsensitive Menschen wie sie sind in ihrem Reifeprozess und ihrer körperlichen Anpassung meistens schon sehr weit fortgeschritten und immer in Gefahr, sich selbst als krank einzustufen, wo sie eigentlich nur noch wie ein Schwamm die kranken und niedrig schwingenden Energien ihrer Umgebung aufnehmen. Sobald sie merken, welche Menschen und Umgebungen sie ‚krank' machen, ziehen sie sich am liebsten zurück, und das ist für die Verpuppung auch durchaus angebracht. Wenn sie nichts vom Reifeprozess wissen und ihn auch nicht willentlich ganz bis zur Vollendung bewusst abrufen, können sie in dieser Phase auch noch ewig hängen bleiben. Was wir aber jetzt brauchen, ist etwas anderes und es ist auch das erste Mal seit ganz langer Zeit überhaupt möglich: Dass die Vollendung bis hin zum bewussten Mitschöpfer nun für alle abrufbar und erreichbar ist. Und wir brauchen jeden! Nur wenn wir in diesem Sinne endlich auch als kollektive Menschheit ‚erwachsen' werden, kann man uns nicht mehr manipulieren. Wie willst du noch jemand täuschen und manipulieren, der hellsehen kann und einfach sofort spürt, ob da eine ganz andere Agenda hinter den vorgegebenen Zielen steht. Und die Bewegung der Mitschöpfer wird immer größer. In vielen, die jetzt gerade aufwachen und die Verhältnismäßigkeit staatlicher Maßnahmen anzweifeln, wurde unbewusst oder halb bewusst der Reifeprozess getriggert und sie beginnen immer deutlicher zu ahnen, zu spüren und zu wissen. Sie suchen dann nur erst mal in Politik und Wissenschaft nach Unstimmigkeiten und Lügengebäuden, während die Spirituellen sich eher zurücklehnen und die hohe Schwingung halten und einbringen. Doch einmal aufgewacht, werden die enttäuschten Neulinge nun immer tiefer verstehen und sich hoffentlich nicht mehr mit Propagandamethoden einfangen lassen.

Widme bitte einen Teil deines Tages der energetischen Reinigung, so wie du dir auch angewöhnt hast, zu duschen und dir die Zähne zu putzen. Du wirst dich besser fühlen, in höherer Schwingung bleiben und schneller wieder zurück in deine Mitte schnellen. Du kannst auch mit verschiedenen Lichtvorstellungen arbeiten, zum Beispiel deine Räume mit einer weißen oder kristallklaren oder goldenen Lichtmembran umgeben und dann dieses darin eingeschlossene Feld mit der violetten Flamme reinigen, das ist geradezu klassisch. Mit der Lichtmembran definierst du den Raum, in dem du aufräumen willst. Lässt du das unbestimmt, verliert sich die Kraft deiner Vorstellung in der weiteren Umgebung, die dich eigentlich schon nichts mehr angeht. Aber natürlich kannst du so auch ganze Landstriche reinigen. Mit dem Werkzeug der violetten Flamme transformierst du die Energie in reine, höchstschwingende Liebe. Der Löschungssatz verstärkt den Effekt zusätzlich weiter.

Deine Lebenskraft fließt durch deine Vorstellung und aktiviert sie und erschafft durch diese Linse. In deiner Vorstellung kannst du dir Werkzeuge genauso erfinden wie in der materiellen 3D Realität. Du arbeitest mit Licht, Klang und Symbolen, mit Kraftlinien und Kraftorten, mit Kristallen und mit deren Kombination in Ritualen, die dich berühren. Denn dann ist dein Herz und damit die Quelle selbst mit dir, dann ist buchstäblich die Macht mit dir. Dein Herz zeigt dir an, ob es der Fall ist und das Ritual stimmt. Zumindest, wenn du das Ritual allein durchfühlst. Berührende

Massenveranstaltungen dagegen sind etwas ganz anderes. Sie entstehen eher durch die Potenzierung der Energie auf eine Person, Gruppe, Ziel oder Institution durch den gemeinsamen Fokus. Dabei wird viel generierte Emotion verwechselt mit echter, hoher Liebensschwingung. Menschen, die noch in Seelentrennung leben, können die beiden völlig unterschiedlichen Sachverhalte kaum unterscheiden, für sie ist es bereits schwierig, die jeweiligen Schwingungshöhen gegeneinander abzuwägen. Doch die gute Nachricht ist: Im Laufe unseres Reifeprozesses werden wir es alle lernen und große Veranstaltungen in der Schwingungshöhe und in der Ausrichtung sehr gut abwägen, denn wir erschaffen auch durch eine Demo mehr von dem (Gefühl, Thema, Befürchtung), wofür oder wogegen wir auf die Straße gehen. Toleranz anderen gegenüber, die in der Schwingungshöhe und in der Ausrichtung niedrig schwingend querschießen, ist dabei nur von Nachteil. Lieber eine kleine Gruppe mit Mitschöpferqualitäten als eine große Masse, deren unterschiedliche Ausrichtung die Wirkung so aufhebt wie eine Friedensdemo, bei der Kriegsgegner auf Friedensaktivisten treffen. Denn wer gegen etwas kämpft, verstärkt das, was er bekämpft. Nur wer für Frieden ist und gleichzeitig gegen nichts, der verstärkt wahrhaft den Frieden.
Die besten Werkzeuge werden dir allmählich zufallen. Deine Talente und Fähigkeiten vermehren sich auch deshalb mit der Zeit, weil du lernst, alte, eher lasch wirksame Werkzeuge gegen neuere, viel Wirksamere auszutauschen, ganz so wie der Handwerker eine stumpfe Axt gegen eine neue aus besonderem Stahl austauscht. Die Begeisterung, die ein Hobbyhandwerker empfindet, wenn er so ziellos durch einen Baumarkt streift und sich von den Auslagen inspirieren lässt, ist der vergleichbar, die du empfindest, wenn du Seminare und Bücher aufmerksam danach abklopfst, welche Werkzeuge du in deine Kiste packen willst, um deine alten Stumpfen zu ersetzen. Der Löschungssatz von Access ist mein Multitool, das ich für fast alles verwende, es schneidet, fegt, die Klinge bleibt scharf, es kehrt besser als der beste Besen. Es ist die moderne Version einer uralten Tradition der rituellen Reinigung. Während die eigentliche Löschung durch die Wiederholung des Satzes passiert, gibt es natürlich viele Anwendungsbereiche und die vielen kostenlosen DIY

dazu stehen frei zugänglich im Internet, (Access Consciousness). Die eigentliche Löschung in ihrer vollkommenen Form lautet also: „Alles, was das ist und alles, was das nicht ist, vervielfacht um eine Godzillion (das ist eine Verstärkung der Formel um eine Zahl, die so hoch ist, dass nur die Quelle selbst sie kennt – in Anlehnung an Million, Billion, Trillion ... eine Godzillion), das zerstöre ich und mache es in seiner Erschaffung ungeschehen. Right..."

Du kannst auch ganz andere Sätze voranstellen. Dann geht es nicht um die Entladung alter Felder, sondern darum, deinen Neuschöpfungen eine maximal freie Bahn zu verschaffen. Du formulierst als erstes eine Absicht. Du entscheidest dich auch, dass du das jetzt erfahren willst. Zum Beispiel „Ich schreibe einen Bestseller und es fallen mir dafür alle Ressourcen, Kontakte, Talente und Trainings zu, die ich dazu benötige, diesen Bestseller zu schreiben und ihn danach auch als Bestseller zu vermarkten. Ich entscheide mich, dieses Buch jetzt zu schreiben. Alles, was dies verbietet, sabotiert, verhindert, behindert, verfälscht, verdreht und verzögert, vervielfacht um eine Godzillion, das zerstöre ich und mache es in seiner Erschaffung ungeschehen. Right und wrong..."

Wenn diese Energien gelöscht wurden, geht es weiter. Nun kommen die Gefühle und die Ladung. Gefühle sind das Etikett und die Ladung (Intensität) ist der Werbeaufwand, mit dem du im kosmischen Ebay deine Anzeige veröffentlichst. So mache ich selbst weiter: „Ich frage mich, wie ich mich fühle mit dem fertigen Bestseller als Taschenbuch in meiner Hand, und wenn ich weiß, dass ich das Beste und wirksamste und beliebteste Buch geschrieben habe, was mir möglich war zu schreiben, das Beste, was ich geben konnte und was ich mir überhaupt vorstellen kann." Und dann fühle ich mich für eine Weile so und lasse die Gefühle ganz satt bei mir ankommen. Dann sage ich: „Alles, was dies ist und alles was dies nicht ist und alles was diese verbietet, sabotiert.... Right and wrong..."

Und ich entscheide mich, mich jetzt auch weiter schon so zu fühlen. Und ich ergänze dann noch meine Dankbarkeit der Quelle und allen Kräften und Mitspielern gegenüber und empfange den Segen der Quelle in meiner Vorstellung. Der Abschluss bildet in meiner Werkzeugkiste eine Formel, die ich sehr liebe: „So sei es, so ist es und so wird es immer sein."

Man macht auf dem Weg zum Mitschöpfer auch die dusseligsten Fehler, davon handelt auf unterhaltsame Weise meine Trilogie der Lichtfilzlinge. Hier will ich nur einen erwähnen. Wenn ich am Ende eines Rituals meine Bereitschaft zeigen wollte, nun von der Quelle bedingungslos und unbegrenzt zu empfangen, stellte ich mir vor, ich stände da wie Sterntaler auf einer Lichtung unter dem Sternenhimmel. Im Märchen ist diesem Mädchen nur noch das letzte Hemd geblieben und dieses hält es nun auf, um zu empfangen. Und vom Himmel fallen Goldtaler. Damit sorgte ich leider dafür, dass ich immer dieses arme Mädchen blieb, das ständig an die Grenze des letzten Hemdes kommt, und wenn dann die Taler mal in meinem Schoß fielen, gab ich sie schnell weiter an die Bedürftigen in meiner Umgebung, genau wie das Mädchen im Märchen. Es war immer nur gerade so für alles gesorgt in meinem Leben, alles was ich brauchte, konnte ich irgendwie auch finanzieren, mehr nicht. Vor allem nicht für ein eigenes gutes Leben. Sterntaler eben. Irgendwann dämmerte mir, dass ich das falsche Bild verwandte. Ich blieb doch immer dieses arme Mädchen mit dem großen Herzen, das alles, was in sein Hemdchen fiel, gleich wieder ausgab. Wie oft habe ich sogar meine Lichtfilzlinge verschenkt, an denen ich stundenlang gearbeitet hatte! Mich verschenken konnte ich am besten, mit Geld konnte und wollte ich lange nicht umgehen. Mach es also besser und vor allem, mache es bewusst. Sonst wirken immer nur die starken Bildergeschichten und Märchen aus deinen Kindetagen unbewusst weiter. Ja, auch bei dir. Vor allem deine Lieblingsmärchen solltest du dir mal daraufhin anschauen.

Und damit kommen wir zumindest auch noch kurz auf die positiv geladenen Erfahrungen im Mikado-Spiel zu sprechen. Die solltest du zumindest mal daraufhin abklopfen, ob sie dich nicht immer wieder in die gleichen Sackgassen und Muster locken wie die Konzepte, die als besonders heilig sogar in der Standleitung herumliegen. Die Idee der Seelenpartnerschaft oder der Armut als Mönch könnten aus anderen Leben deine Erfahrungen heute mitbestimmen. Die Ladungen sagen dir, dass du an dieser Stelle durch ein Konzept oder eine positive Erfahrung deine Möglichkeiten und Potentiale als Mitschöpfer auf einen Tunnelblick reduzierst. Wir brauchen dich jetzt aber mit deinem ganzen, uneingeschränkten Potential. Das Problem der guten Ladungen liegt darin, dass du ihnen nachläufst und dabei übersiehst, dass wir dich jetzt brauchen, und du dich mit der persönlichen Bedürfnisbefriedigung nicht zu sehr ablenken lassen solltest. Das Wohl aller steht auf dem Spiel. Als Mitschöpfer sagst du zu einer gewünschten Seelenpartnerschaft dann: Sie kommt im idealen Timing. Du erschaffst sie dir, fühlst dich schon so und lässt los. Und dann kümmerst du dich einfach weiter um deine Lebensaufgabe.

Wenn du dich jetzt schon so fühlst, als wäre das eingetroffen, was du als Erfahrung bestellt hast, bist du schon in Freude. Es spielt für mich dann keine Rolle mehr, ob ich tatsächlich einen Bestseller schreibe oder nur ein oder zwei Exemplare verkaufe. Das war eben das Beste, was ich erreichen konnte. Sollten da Zweifel aufkommen, lösche ich sie wie überhaupt alles, was mich daran hindert, sofort in meine Mitte zurückzukehren. Experimentiere und lasse dich zu den besten und schnellsten Methoden weltweit führen, die genau dich jetzt ideal schnell weiterbringen. Da kommen ständig neue und noch wirksamere Methoden hinzu. Habe die Absicht, dass dein Reifeprozess ideal verläuft. Ideal für deinen Körper und so schnell wie möglich für unsere Befreiung. „Alles, was dies verhindert, behindert, verfälscht, verdreht und verzögert, vervielfacht um eine Godzillion, das zerstöre und mache es in seiner Erschaffung ungeschehen, right and wrong, good and bad, poc and pod, all nine, shorts, boys and beyonds."

Alle Rituale automatisieren sich mit der Zeit wie jedes Training. Mittlerweile beginnt das Rülpsen bei mir schon, wenn ich das erste Wort des Löschungssatzes denke. Ich muss meine Hände dazu nicht mehr bewegen. Bei anderen ist es genau umgekehrt, sie wedeln etwas mit den Händen und die Energie ist weggefegt. Was das bewusste Erschaffen als Mitschöpfer angeht, stecken wir ja noch in den Kinderschuhen, und du gehörst zu den Pionieren, willkommen im Club!

Weiterführendes Werkzeug: Suche dir (wenigstens einmal) die lange Erklärung des Löschungssatzes von Access Conciousness im Internet und nutze sie gezielt zum Großreinemachen in der Drachenhöhle. Lass dich auch von weiteren Werkzeugen der Access-Kiste inspirieren.

7c. Innerer, äußerer und sprachlicher Nippes

In diesem Kapitel untersuchen wir den Einfluss unserer Wohnumgebung und dessen Entsprechung in der Höhle des Drachen sowie den sprachlichen Nippes, denn in unserer Sprache machen wir etwas ganz Ähnliches wie bei der Wohnraumgestaltung. Dabei spiegelt unsere Umgebung vor allem unsere Persönlichkeit und kann uns mächtig in alte Bahnen und Gewohnheiten zurückziehen oder umgekehrt sogar bewusst genutzt werden, um Zukunft zu gestalten und uns selbst besser kennenzulernen. Wir gehen darauf ein, was all der geschenkte Nippes mit uns macht, und kommen auf den kleinen Unterschied zwischen Mann und Frau zu sprechen. Am Rande streifen wir auch wieder das religiöse Dogma und seine Auswirkung in der Wohnumgebung. Schließlich wird vorgeschlagen, die Wohnumgebung aufzuräumen und sich selbst einer Gehirnwäsche zu unterziehen, um den ganzen Unsinn do-it-yourself raus zu waschen. Und diese Wäsche geht auch keinen sonst was an!

Jetzt unterhalten wir uns mal über Schätze: Lieblingsstücke, die du in der Wohnung verteilt hast und andere, die dein Drache in seiner Höhle bewacht. Das mit den Schätzen ist, wie du sicher schon festgestellt hast, reine Ansichtssache. Du kennst das von Menschen: Was die alles sammeln! Was dein Nachbar für aufhebenswert und ausstellungswert oder erinnerungswert ansieht oder deine Freundin, darüber hast du dich bestimmt schon gewundert. Sie dekorieren ihre Wohnung mit Vergangenheit, mit Beziehungen und mit Verwandtschaft. Mit eigenen Erfolgen, mit Familienfotos und sportlichen Trophäen. Oder mit dem neuesten Deko-Nippes, jahreszeitlich verbrämt, oder mit Sprüchen oder mit nostalgischen Alltags-Gegenständen der Bauern und Handwerker oder mit ganz viel Pflanzen oder Steinen. Oder sie sammeln Repliken von Filmrequisiten und Bilder ihrer Lieblingshelden. Ebenso beliebt sind Urlaubsbilder oder welche berühmteren Zeitgenossen man persönlich gekannt hat oder bewundert.

Mit der Gestaltung der Wohnung und der Wohnungsumgebung, die bei einem Hausbesitzer auch das Design des ganzen Hauses und der Außenanlage mit einschließt, stülpt ein Mensch praktisch seine Persönlichkeit nach außen. Man findet nur selten etwas, das seinen Schatten repräsentiert, denn alles dient einem Menschen dazu, sich daran zu erinnern, wer er glaubt zu sein. Er will sich damit an seine tollen Erlebnisse, seine wunderbaren Glücksmomente und Beziehungen erinnern, aber damit auch an seine anständige, tolle und wertvolle Persönlichkeit. „Da wurde ich mit einem Blumenstrauß aus dem Job in die Rente geschickt", sagt dieser Mensch dann erklärend zu einem Besucher und hält ihm ein Bild unter die Nase. Du fragst dich nun sicher, was daran so verkehrt sein sollte, deine Erfahrungen, deine Herkunft, deine Anerkennung und deine Glücksmomente festzuhalten und den Besuchern zu zeigen. Nun, du versuchst dich mit all dem vor allem selbst davon zu überzeugen, dass du genug bist, dass du es gut gemacht hast und dass du stolz darauf sein kannst. Du willst dich erinnern, dass du auch auf deine Familienmitglieder stolz bist: Du hattest tolle Eltern und Großeltern, interessante Geschwister und begabte Kinder und Enkel. Du sammelst Beweise dafür und Erinnerungen, eine Urkunde hier, ein Pokal dort. Du sagst dir damit unbewusst, dass du glaubst, das zu sein. Und dann bist du das auch. Es ist verlässlich, aber du hängst auch in der Vergangenheit fest, du glaubst unbewusst, dass du diese Vergangenheit bist. Du identifizierst dich unbewusst mit allem, womit du deinen häuslichen Kraftplatz dekorierst. Und je länger du gelebt hast, umso mehr Raum nimmt deine Vergangenheit ein und deine Zukunft hat immer weniger Platz. Wo in deiner Wohnung findest du noch Erinnerungen daran, was du Neues entdecken willst? Oder was du Neues ausprobieren willst? Leere Wände könnten dich anregen, selbst ein Bild zu gestalten.

Was ich damit sagen will: Deine vergangene Persönlichkeit hält dich in dem fest, wie du damals warst, genau in dem Bewusstsein. Und diese vergangene Persönlichkeit wird von einem Menschen mehr oder weniger in seiner Wohnungsgestaltung repräsentiert, um sich mit sich selbst wohlzufühlen. Doch war diese Beziehung zu einem Schulkameraden aus heutiger Sicht wirklich so toll, dass sie täglich unbewusst in einem Foto

auf dich einwirken sollte? Oder willst du heute doch eher Zukunft gestalten, für dich und für andere? Die Umgebung hält dich also unbewusst in der Persönlichkeit fest, die du dort repräsentierst. Sie kann die Auflösung des Schattens und die Entdeckung deiner Mitte aber nur verhindern, wenn du nicht bewusst damit umgehst. Um zu verstehen, wie du deine Umgebung dafür nutzen kannst, eine ganz neue, noch viel bessere Zukunft für dich und für andere zu erschaffen, müssen wir erst einmal psychologisch verstehen, was die Menschen da unbewusst tun. Das Heim, der Garten, die Wohnung und der Arbeitsplatz sind Ausdruck eines Menschen, sein individueller Fingerabdruck. Damit kehrt er nach außen, wer er ist oder zumindest wer er zu sein glaubt. Menschen, die Energien und Stimmigkeit spüren können, haben dabei einen Sinn für Harmonie, Schönheit und Gestaltung entwickelt, der sich bis auf ein einzelnes Sofakissen auswirkt. Sie spüren, wieviel Kraft davon ausgeht, dass die Dinge in einer guten Beziehung zueinander angeordnet sind und arrangieren ein Kissen solange anders, bis es stimmt. Diese Leute haben eine energetische Wahrnehmung von der Wechselwirkung zwischen allen Gegenständen im Raum. Im Extremfall wird ein Autist sich sogar existentiell bedroht fühlen und laut losschreien, wenn an seiner Ordnung der Dinge etwas verändert wird. Die energetische Gesamtkomposition wird dann gestört und als schmerzhaft empfunden. Die stimmige Anordnung der Dinge bildet einen Schutzwall zur chaotischen Welt da draußen. Was die Psychologie bis heute noch nicht verstanden hat, ist, dass dieser Mensch die Energien wahrnimmt und nicht die Gegenstände, und einfach die gleiche Anordnung immer wieder vorfinden will. Du legst ihm einen winzigen Stein auf die Fensterbank und er schreit um Hilfe.
Es gibt auch viele Menschen, die Energien nicht spüren können, sie haben keinen Sinn für die Gestaltung ihrer Umgebung. Sie spüren weder Harmonien noch Disharmonien, die sich dann in ihrem Leben selbst fortsetzen müssen, einfach weil sie sich damit umgeben. In ihnen ist jede Kreativität erstickt, die eigentlich ihr angestammtes Erbe wäre, und so tauchen sie lieber in einem Meer aus chaotischen Energien unter und betäuben sich damit. Sie haben den Nutzen eines Heimes nie verstanden und vielleicht auch nie erfahren. Du erkennst schon an diesen

Beispielen, dass die Menschen viel mehr Sinne haben, aber nicht alle haben auch gelernt, sie zu nutzen. Diese Harmoniewahrnehmung reicht bis in Beziehungen hinein, wo man sie als Harmoniesucht kennt. Du bist sicher schon von einem Besuch bei einem anderen Menschen nach Hause gekommen und hast gedacht, „so möchte ich auch leben". Oder, „so könnte ich nicht leben". Und das kam dir unabhängig davon in den Sinn, wie wohl sich der andere selbst in seinem Heim offenbar fühlt. Jeder richtet sich mit seinem Heim, rein energetisch betrachtet, eine eigene Basisstation ein zur Konservierung und Verstärkung seiner Persönlichkeit, dieser künstlichen Konstruktion, um in der westlichen Matrix-Welt zu leben. Kulturen, die in größeren Gruppen eng zusammenleben, kennen diese ausufernde persönliche Gestaltung nicht. Da sind die Menschen auch noch nicht so weit individualisiert. Doch um zu einem Mitschöpfer zu werden, müssen sie erst die Individuation durchlaufen. Nur bei der zweiten Form des spirituellen Mitschöpfertums, die über die Selbstaufgabe in das gänzliche Aufgehen in der Quelle führt, kann dieser Prozess der extremen Individualisierung und Spaltung in Persönlichkeit und Schatten übersprungen werden.

Bleiben wir im Westen. Da ist die Wohnung vollgestopft mit Persönlichkeit, die dich erinnert, wer du bist, solltest du es tagsüber vergessen haben. Das funktioniert energetisch wie beim Schnurlostelefon. Das Heim ist die Ladestation, mit der du die alte Persönlichkeit wieder aufladst. Selbst im Schlaf tust du das. Deine Körper-Geist-Einheit entspricht dann dem Mobilteil, mit dem du in der Welt unterwegs bist. Ist der Akku leer, musst du nach Hause. Die Persönlichkeit wird dabei automatisch immer mehr und immer größer und die Umgebung füllt sich weiter mit immer mehr Kram. Dasselbe gilt leider auch für den Schatten. So kommst du nie deiner Seeleneinschmelzung näher, welche dir das Tor zu dir selbst weit öffnen würde. Im Zen-Buddhismus und in den christlichen Klöstern werden einfache Unterkünfte mit kargen Zellwänden benutzt, um dich ganz auf diese erfahrbare innere Mitte zu konzentrieren. Du lässt auch äußerlich deine Persönlichkeit hinter dir, selbst deine Kleider, wenn du die Kutte wählst. Dort wird eine dekorierte Umgebung als Ablenkung vom Wesentlichen betrachtet, während es um die Konzentration auf das

Innere geht. Es ist zwar von Konzept zu Konzept verschieden, welche Rituale und Aufgaben dir gestellt werden, doch wenn es um den freien Mitschöpfer geht, empfehle ich folgende Fragen: Wer bin ich? Was bin ich? Und was will ich hier? Die letzte Frage wird in spirituellen Kreisen als die Frage nach der Lebensaufgabe gedeutet. Auch in meiner persönlichen Erfahrung und in der Beobachtung meiner Freunde hat sich immer deutlicher herauskristallisiert, dass wir uns immer dann sinnerfüllt und in Freude fühlen, wenn wir unserer Bestimmung folgen. Es gibt da eine Lebensaufgabe. Sie ist groß und weit gefasst und steckt nur den Rahmen ab, füllen können wir ihn dann mit allem, was uns kreativ dazu einfällt. Wir haben uns offenbar – je nach Konzept – vor diesem Leben eine Aufgabe gestellt, in Einklang mit unserer Seelenfamilie und unseren diversen dimensionalen Verbindungen, oder sie wurde uns vorgeschlagen oder sogar aufgezwungen von einem Gremium. Da gibt es dann viele weitere Konzepte. Auch da gilt: Je höher schon die Eigenschwingung, umso höher auch die Eigenverantwortung dabei. Wer noch unbewusst in vielen karmischen Schleifen schicksalshaft unterwegs ist, hat natürlich auch nur wenig freie Gestaltungsräume.
Meine Grundidee ist eine etwas andere: Ich möchte mich und dich von allen Konzepten befreien, die unser freies Mitschöpfertum als Homo Creativus Pax behindern. Es scheint um Kreativität zu gehen und um Frieden, genau deshalb habe ich diesen Mitschöpfer auch den Homo Creativus Pax genannt. Ich selbst habe die Erfahrung gemacht, dass ich mein Höheres Selbst im Gegensatz zu jeder möglichen Persönlichkeit nur weiter entdecken und verstärken konnte, wenn ich meiner intuitiven, kreativen Spur folgte. Und vielleicht gilt das für alle Mit-Schöpfer: Sie müssen sich schöpferisch betätigen, wie oben, so unten. Sobald ich aufhörte, mit meinen Händen oder mit meinen Gedanken kreativ zu sein, wurde ich depressiv und meine innere Quelle versiegte fast ganz. Depressive oder andere negative Zustände deuten für mich darauf hin, dass ein Mensch seinen Sinn noch nicht gefunden hat, dass er in einer falschen Spur unterwegs ist oder dass er gerade dabei ist, den Umkehrpunkt zu finden, da ganz unten, die Wendung nach innen. Und damit die spirituelle Suche einleitet.

Wie ein Alkoholiker muss auch ein Persönlichkeitssüchtiger ganz am Boden angekommen sein, ganz unten, um wie Phönix aus der Asche einen anderen Weg zu wählen und endlich die Quelle in sein Leben mit einzubeziehen und die Lebensaufgabe zu suchen. Das Manifest der Anonymen Alkoholiker lautet daher sinngemäß: „Ich gebe zu, dass ich mein Leben nicht im Griff habe und ziehe in Erwägung, dass es eine höhere Macht gibt, die es besser ordnen und einrichten könnte und die will ich suchen und der will ich folgen." Leider ist die Matrix in allen Konzepten präsent, die länger auf dem Markt sind, und sorgt gleich auch für ganz viel Ablenkung bei der Suche. Ohne klare Absichten wird sich der Süchtige in den 12-Schritten-Programmen, die es auch zu anderen Süchten gibt, sehr wahrscheinlich Blumen pflückend im Wald verirren. Nur selten wird bereits die echte Seeleneinschmelzung getriggert, aber fast immer schon eine Kehrtwendung im Leben vollzogen und das Problem erheblich abgemildert, unterstützt und energetisch verstärkt (potenziert) vom wunderschönen Gemeinschaftskuscheln. Doch zumindest beginnt die spirituelle Suche. Leider versickert die Energie zur Veränderung, die am Umkehrpunkt frei wird, dann aber oft in einem religiösen oder spirituellen Konzept, das – von der Matrix ebenso durchdrungen – nicht zur Befreiung beiträgt, sondern diese verhindert und die Menschen abhängig und schwach hält, weil ihre Energie nun in der Standleitung schon abgegriffen wird, um diese Institutionen und Gruppen zu nähren.
Die wenigsten der Systeme, die Menschen am Umkehrpunkt abfangen, haben eine Schwingungserhöhung in ihrem Programm. Oft verstärken sie nur die Rührung durch Potenzierung der Lebenskraft über gemeinsame Rituale. Gut für Menschen, die keine Hoffnung haben, sich zum Mitschöpfer zu entwickeln, denn Gemeinschaftskuscheln braucht der Mensch auf jeden Fall, das tröstet und gibt Halt. Wenn es doch nur schon mehr Gemeinschaftskuscheln gäbe, was den gesamten Reifeprozess mit einbezöge und in der Schwingung nach oben offenhielte! Jedes Dogma deckelt dagegen nach oben und baut in der Standleitung eine Umleitung der Energie in die Matrix dieses Systems (dieses Konzeptes) ein. In der Umgebung und Wohnung dogmatischer Menschen gibt es dann auch viele Symbole und Bücher, die dieses Dogma omnipräsent

machen. Die religiöse Unterwerfung als Sünder zum Beispiel erzeugt eine zweite Persönlichkeit mit einem weiteren Schatten, der auf das verdrängte Zeugs noch obendrauf gelegt wird. Und dann wird dieser Schatten nur noch bei den anderen gesehen und bekämpft. Und die Schwingung dieses Menschen wird immer niedriger und die Umgebung immer dunkler. Und während eine solche religiöse Persönlichkeit sich so verzweifelt wie ein Ertrinkender an seine Dogmen klammert, verstärkt er selbst mit genau diesem Dogma das Elend in der Welt, denn genau er erschafft es durch seinen riesigen unbewussten Haufen ganz stark mit. Natürlich ist er bereits Mitschöpfer, wenn auch ein vollkommen unbewusster. Aber erkennen und zugeben kann er es sich nicht, denn das wäre ja Gotteslästerung für so einen Sünder. Er ist in der Spirale nach unten unterwegs, egal, wie sehr er sich an das Dogma klammert.
Hier soll es aber um deine Basisstation gehen, dein Zuhause. Hast du deiner besseren Hälfte die Gestaltung überlassen und sie hat dich verlassen oder ist gestorben, ist das ein guter Zeitpunkt, es selbst zu lernen und dich auszudrücken. Bleibe dir bewusst, dass alles, einfach alles in deiner Umgebung dir diese Ideen und Dogmen und Verletzungen und falsche Sicherheiten neu in deine Aura lädt, ganz unbewusst, jedes Mal, wenn das Mobiltelefon auf seiner Basis abgelegt wird, wenn du also Zuhause bist. Dein Zuhause erinnert dich also entweder daran, wer du wirklich bist oder daran, wer du gerne warst und bleiben willst. Oder sogar daran, wer du werden willst. Deinem eigenen Unbewussten kannst du damit indirekt auf die Schliche kommen und hier bietet sich die Gelegenheit dazu. Frage dich erst einmal ganz allgemein: Wieviel Raum gibst du deiner Vergangenheit und ist da überhaupt noch Platz für deine Zukunft? Ist dein Zuhause mit Vergangenheit vollgestopft, lebst du rückwärts und in Erinnerungen. Da ist dann tatsächlich nur noch wenig Raum für Veränderung. Dann bleibt alles beim Alten und schiebt dein Leben wie immer einfach vorwärts. Und kollektiv gesehen stabilisiert ein solcher Mensch mit einem verlässlichen, rückwärts gerichteten Ausdruck in seiner Wohnung auch, dass alles so bleiben soll wie bisher, und verstärkt damit, dass die alte Matrix sich im neueren Gewandt weiter vorschiebt

Richtung Drachenkoma. Das sind die Leute, die alles stabil halten, aber befreien werden sie uns nicht. Doch das müssen wir sowieso selbst tun. Wenn du den Reifeprozess einforderst, musst du unbedingt diese zähe Masse der Persönlichkeit loswerden, die dich immer wieder in die Machtlosigkeit des Homo Sapiens Sapiens zurückzieht. Du bist nicht diese Persönlichkeit, die in deinem Haus repräsentiert wird, zumindest nicht, wenn du einfach du selbst sein willst. Doch du kannst umgekehrt auch jeden einzelnen Gegenstand dazu nutzen, dein Unbewusstes aufzuräumen. Nehmen wir als Beispiel eine Vase, welche dir die Tante Anna geschenkt hat. Sie ist eigentlich nicht dein Geschmack, aber du hast es auch bisher nicht übers Herz gebracht, die Tante zu kränken, also steht sie immer noch da. Es geht also um die Tante. Gibt es da noch Erinnerungen mit Ladung? Dann entlade sie. Musst du über diesen Gegenstand mit ihr weiter verbunden bleiben, ist das für deine Freiheit förderlich oder willst du dich umgekehrt an dieser Tante festhalten wie ein Blatt im Wind? Letzteres wäre ein untrügliches Zeichen dafür, dass du noch ganz aus deiner Persönlichkeit heraus lebst. Entlade und vollende. Deine Beziehung zu dir selbst kommt, vertraue. Deine Tür ist einfach nur unter ganz viel Persönlichkeit und Schatten vergraben. Besonders mit den Toten geh sehr vorsichtig um. Sie haben in einer anderen Zeit gelebt und heute ist etwas ganz anderes dran, egal wie zeitlos weise sie bereits waren. Find lieber dein Puzzleteil, das noch am Bild unserer Freiheit fehlt.

Eine Wanderung durch dein Zuhause kann dich also dir selbst sehr viel näherbringen. Dazu musst du verstehen, dass Menschen dir Dinge schenken, damit sie mit dir in Verbindung bleiben. Nur selten, weil sie dir ihre Energie schenken wollen, viel, viel öfter, um jederzeit beim an dich Denken dir erneut Energie abzugreifen, du musst es nicht einmal mitbekommen. Mit jedem Gegenstand, den sie in deine Wohnung schmuggeln können, haben sie einen Anschluss installiert und können jederzeit den Hahn aufdrehen und Energie von dir absaugen. Sie machen das meist nicht bewusst und bösartig, aber auf energetischer Ebene wirken alle Geschenke auf diese Weise als Anker. Wer gerne schenkt, sollte sich mal selbstkritisch anschauen, dass er damit wie ein Vertreter den Fuß in

die Tür schiebt, so dass der andere sie nie wieder ganz vor seiner Nase schließen kann. Zumindest solange der das Spiel nicht durchschaut. Alles, was du da noch um dich herum aufbewahrst, verbindet dich auch mit Erfahrungen, Konzepten, Standpunkten und vor allem wieder mit Menschen, die schon lange nicht mehr zu deinem Leben gehören. Wenn du trotzdem in dieser Verbindung bleibst, hältst du das alles in deiner Persönlichkeit und in deinem Schatten fest. Und je länger du lebst, umso größer wird beides. Und weil deine Kraft dann auch immer mehr an dieses Zeugs innen wie außen gebunden wird, kommt immer weniger in deinem Leben an, was du dann auf dein Alter zurückführst. Du wirst aber nicht kraftloser durch Alterung, das ist nur ein Konzept der Matrix. Du ‚alterst', weil du dich personifizierst und verschattifizierst, du machst dich selbst zu einem fremdbestimmten, aber Persönlichkeits-verlässlichen Zombie. Du könntest energetisch weiter Bäume ausreißen bis zum Schluss, wenn du den Löffel abgibst, aber deine Vergangenheit hängt wie eine schwere Eisenkugel an deinem Bein.
Warum verstopft jemand damit sein Zuhause, so dass keine Zukunft mehr darin zu erkennen ist? Ist dir schon aufgefallen, dass man Zukunft nur bei Jungen und Junggebliebenen findet, da liegt der angefangene Pullover zum Beispiel herum, oder die Karten fürs Theater? Ein neues Projekt, eine Geschäftsidee, eine neue Wendung fürs Leben. Pläne, ein Visionsboard. Etwas, was sie noch erfahren wollen. Wie viel Vergangenheit da in den meisten Wohnungen die mögliche Zukunft erschlägt, nicht wahr? Höhepunkte deines Lebens bekommen einen Ehrenplatz. Und so wie das in der Wohnung aussieht, so voll darfst du dir getrost auch noch deinen Schatten vorstellen: Randvoll vollgestopft. Und dein Drache denkt sich: Aha, das ist also, was ihr oder ihm kostbar ist, also träume ich mal mehr davon in ihr / sein Leben. Das ist es also auch, was dein Drache als Schatz zu hüten hat: Das Geweih an der Wand von dem Hirsch, den der Onkel geschossen hat. Der Lehnstuhl von Tante Frieda, die ansonsten eher garstig zu dir war. Der Drache sitzt in deinem Schatten in der Höhle auf Schätzen, ja, das ist richtig. Und es gibt genug Leute auf der Welt, bei denen in der Wohnung auch Antiquitäten, Gold und Edelsteine anzutreffen sind. Oder die sind zumindest auch da, und dein

Drache verteidigt diesen Kram dann natürlich auch noch. Allerdings könnte dir das auch Glück bringen, wenn du ihn mit solchen echten Schätzen verbindest, denn dann träumt dein Drache auch davon mehr in deine Realität. Stell dir eine Kopie des Oscars auf, wenn du Filme drehst und diesen Erfolg anstrebst. Auch über die Gestaltung deiner Wohnung kannst du wirksam mit dem Drachen erschaffen.
Betrachten wir eine zufällig überfüllte Wohnung: Schon mal versucht, aufzuräumen und jemandem zu helfen sich davon zu trennen? Dann weißt du, was ich meine. Was für ein Kraftaufwand! Alle diese Entscheidungen! Und dann hängt dieser Mensch tage- und wochenlang in den Erinnerungen fest, die damit wieder hochgeholt werden. Genau diese Kraft ist es, die man dort mit diesen Dingen festhältst. Diese Kraft ist an den Kram gebunden, statt dass sie für Leben und Zukunft genutzt werden kann. Und all dieses Zeugs hält diesen Menschen außerdem noch in der Vergangenheit fest und dann fühlt er sich nicht im Augenblick lebendig. Er ist es auch tatsächlich nicht, er ist viel öfter in seiner Wohnungstrance unterwegs. Alles zieht ihn in der Spirale nach unten, denn wir leben nur dann spiralig nach innen und oben, wenn wir den Reifeprozess durchlaufen. All dieser Kram lenkt deinen Blick wieder rückwärts und du vergisst, dir eine richtig gute Zukunft auszumalen. Denn deine schöpferische Macht liegt in deiner Vorstellungskraft. Alle diese kleinen Nippes-Sachen, die dir einer geschenkt hat, haben dich auch wieder mit ihm verbunden, und egal, wie dieser Mensch jetzt drauf ist und wie er jetzt zu dir passt, gehst du in Verbindung zu ihm und gibst ihm die Macht, deine neuen Schöpfungen und dein Leben zu durchkreuzen. Oder zu bereichern, natürlich, wenn es ein guter Kontakt war. Dann bekommt das Bild einen Ehrenplatz, weil es dich fördert. Doch wäre er dann jetzt nicht bei dir und würde Tee mit dir trinken und plaudern, wenn er aktuell noch zu deinem Leben gehörte?
Je öfter man umzieht, umso mehr Gedanken macht man sich auch darum, ob man nun schon ein Messi geworden ist und ob das noch ganz normal ist, was sich da wieder angesammelt hat. Ist es nur noch Ballast, muss es mit, kann es weg? Was sollen diese ganzen Sachen? Ich meine hier nicht, dass man die Ahnen missachten und nicht ehren sollte. Und

seine Kinder. Früher besaß jede Familie nicht viel mehr als das Hochzeitsbild der Eltern. Um sie zu ehren, reicht das. Hol dir deine Kraft zurück! Und in jeder einzelnen Deko steckt ein Hinweis auf dich selbst, du kannst schon allein mit deinem Zuhause ‚Erkenne dich selbst' spielen. Laufe mal mit den Augen eines Besuchers darin herum. Getrocknete Blumen symbolisieren zum Beispiel den Tod und verstaubte, überholte Ansichten, denn sie sind schon tot und verstaubt. Sinnsprüche müssen unbedingt zu deinem aktuellen Bewusstsein passen, sie bleiben trotzdem von anderen geistreichen Menschen übernommen und dir fremd. Wenn du dich ändern willst, musst du das auch in den Sprüchen repräsentieren. Du bist doch keine Kuh, du musst nicht wiederkäuen. Du bist ein Original. Ein Mitschöpfer macht sich seine Sprüche selbst.

Wenn du etwas nicht loslassen kannst, ist da noch eine Ladung drauf. Du könntest also auch eine Inventarliste deiner Wohnung machen, um dein Mikado-Spiel zu ergänzen. Und ich meine da nicht die notwendigen Dinge des Alltags, sondern Nippes und Deko. Manche Menschen müssen ihre innere Leere ausfüllen mit Sprüchen und Nettigkeiten, weil sie gerne als besonders nett wahrgenommen werden möchten oder fürchten, nicht nett genug zu sein, oder innerlich eigentlich netter sind als sie glauben. Das Thema ‚nett' ragt jedenfalls mit seinem Stäbchen aus dem Haufen. Aber alle diese Dekos sind Krücken, die verhindern, dass du deine wahre eigene Stärke erfährst. Du ziehst dir das Trikot eines anderen an. Selbst wenn der an der Olympiade teilgenommen hat, so bist du doch nicht wirklich dort. Wenn du dich an etwas erinnern willst, finde heraus, an was und warum. Ich habe z. B. ein Foto gefunden von mir als Dreijährige, das muss kurz vor dem Missbrauch gewesen sein. Dieses Bild habe ich mir hingestellt, um mich an meine Unschuld und Reinheit vor dem Ereignis zu erinnern, jetzt, wo ich alles entladen und vollendet habe. Es ist sogar so, dass es in meiner jetzigen Zeitlinie nie geschehen ist, doch wie das sein kann – zu erklären – würde hier den Rahmen sprengen.

Wenn du einen Gegenstand nur behältst, weil du ihn geschenkt bekamst, dann bist du noch nicht souverän in deinem Leben, dann lässt du andere beliebig mitmischen, darauf will ich noch einmal zurückkommen. Ist dieser Mensch öfter dein Gast, wird er deine Umgebung sogar daraufhin kontrollieren, ob sein ‚Ding' einen gebührenden Platz erhalten hat und du bist nicht mehr frei, mit diesem Gegenstand etwas ganz anderes zu machen, ihn zum Beispiel wegzuwerfen oder zurückzugeben. Ich selbst hatte in meiner Großmutter eine gute Lehrmeisterin darin, auch wenn sie mir beim Dackel nicht geholfen hat. Ich malte gern. Brachte ich ihr als Kind eine Zeichnung mit, um ihr eine Freude zu machen oder aus welchen anderen Motiven auch immer, betrachtete sie die Zeichnung kurz anerkennend oder oberflächlich und sagte dann in der Regel: „Ja, gut gemalt, aber weißt du, behalt sie, nimm sie wieder mit, ich will sie nicht." Oder: „Nö, das gefällt mir nicht." Als Kind hat mich das verletzt, aber sie hat mir damit auch vorgelebt, wie ich Herr im eigenen Haus bleibe, energetisch gesehen. Kennst du die wahren Motive hinter einem solchen Geschenk? Vielleicht wollte der andere es nur loswerden? Viel öfter bekommst du natürlich Geschenke, weil dir die Menschen bewusst etwas Gutes tun wollen, während sie unbewusst über dieses Pfand mit dir einfach energetisch in Verbindung bleiben wollen. Sie behalten energetisch den Fuß in deiner Tür. Lässt du das zu und stellst den Gegenstand in einer exponierten Lage ab, so ist das wunderbar – für sie. Und wenn du dich ärgerst, während du dran vorbeigehst, ist das ein sicheres Zeichen, dass du die Manipulation darin spürst. Gefällt es dir gut, bist du mit dieser Verbindung einverstanden und nährst sie jedes Mal, wenn du hinschaust.

Ein guter Liebhaber bringt zum Beispiel immer ein Geschenk zum Rendezvous mit, denn damit wird die Verbindung schon bei Ankunft materiell erneuert und reißt auch während der körperlichen Vereinigung nicht so leicht ab. Die geneigte Dame lässt sich leichter in die gewünschte Trance fallen, weil sie sich gewürdigt fühlt, weil energetisch gerade erneut ein Band geknüpft wurde. Durch die Rosen denkt sie auch später noch an ihn, wenn sie wieder allein ist und er hat das nächste Mal erneut ein leichtes Spiel. Sie ist offener für das, was er von ihr haben will. Je origineller auf sie zugeschnitten das Ding ist, das er in ihre Umgebung einpflanzt, umso entwaffneter wird sie reagieren, wenn er über andere Einpflanzungen nachdenkt. Die Übergabe des Geschenks gehört bereits zu

einem guten Vorspiel. Sie fühlt sich gewürdigt und das ist wichtig, denn rein energetisch gibt eine Frau dem Mann tatsächlich mehr als umgekehrt im eigentlichen sexuellen Akt. Doch das nur mal so am Rande. Mit dem Geschenk stellt er die energetische Balance und Würdigung her. Fallen die Aufmerksamkeiten auf längere Sicht weg, fühlt sich die Frau benutzt und entwürdigt und mag nicht mehr. Die energetische Putzfrau streikt und lässt ihn nicht mehr ran. Es mag sein, dass sie weiter bei ihm bleibt und auch das Haus weiter putzt, aber die Tür zu ihrer Schatzkammer ist erst Mal zu. Das läuft energetisch ab, das ist nichts, was du emanzipatorisch oder durch Gespräche klären oder beheben könntest. Es hat einfach mit dem klaren biologischen Unterschied zwischen Mann und Frau zu tun, den man uns gerade ausreden will. Der Genießer schweigt und tuts. Ich traf mal auf so einen und habe viel von ihm gelernt.
Nun ahnst du sicher schon, worauf ich hinauswill: Ist die Beziehung zu Ende, oder ist sie konfliktgeladen, müssen alle Geschenke von ihm raus, alle und sofort. Du musst frei werden für dich selbst, statt dich an den anderen energetisch zu verlieren. Schau dir also deinen Nippes an: Finde heraus, was er dir bedeutet und wofür er steht. Was willst du damit in dir verstärken? Je weniger du in deiner Umgebung duldest, umso einfacher kannst du auch in deinem Inneren aufräumen. Bei mir gibt es zwar noch die Andeutung eines Altars, aber die Kerzen zünde ich nur noch selten an, ich will mich ganz auf mein Höchstes Selbst konzentrieren, ohne Schnickschnack und Ablenkung. Es gibt auch keine Musik mehr, keine Engelchen und nur ein paar Edelsteine, die sind von Natur aus so und nicht mit dem komischen Zwischenbewusstsein halbentwickelter Wohlfühl-Spirituellen geladen, die überhaupt nicht merken, dass sie mit alldem, was sie an Liebe und Licht und Bewusstsein rüberschicken wollen, immer ihr ganzes Bewusstsein schicken, auch ihren Schatten und ihre rosaverbrämte Persönlichkeit, die ganze Mischung, eine komplette energetische Kopie von bewusst und unbewusst. Und mal ehrlich, wir haben doch mit unserem eigenen Zeug schon genug aufzuräumen. Und das empfehle ich auch dir: Dulde keine statischen Denkmäler in deiner Umgebung, die deine Energie abziehen und wegsickern lassen und halte nur Verbindungen als Freunde und Bekannte, wenn sie dich positiv

ergänzen, fördern, Spaß machen und inspirieren. Nur so kannst du die Bedienung von Mustern von echter Hilfe unterscheiden. Zum Wohle aller wirst du dich auch so schon genug engagieren.
Willst du dich noch gründlicher mit deiner Wohnung befassen, und vor allem, wie du diese Umgebung nutzen kannst, um bewusst als Mitschöpfer deine Wahrscheinlichkeiten noch stärker zu beeinflussen, und nicht nur dich selbst erkennen, und wie du gerade drauf bist, sei dir zu Feng-Shui geraten. Nach der asiatischen Kunst der energetischen Harmonisierung deines Wohnumfeldes, Feng-Shui, wird das, was du erschaffst, zu einem Drittel von deiner Wohnumgebung entschieden und wie du sie gestaltest. Da kannst du dich noch so abmühen mit deinem Berg Zeugs beim Drachen und Stäbchen für Stäbchen aus dem Mikado-Haufen ziehen, dein Wohnumfeld und deine Arbeitsumgebung werden dich immer wieder in dein altes Bewusstsein zurückziehen und das Alte weiter erschaffen. Du hast deine gesamte Umgebung als Basisstation genau auf dich programmiert, energetisch und in den Funktionen, Farben und Anordnungen und das verstärkt sie dann auch. Dorthin kehrst du zurück, um dich entweder daran zu erinnern, wer und wie du bist, oder wer oder was du werden und erschaffen willst, und um dich damit wieder aufzuladen. Das ist der Punkt. Die Umgebung schiebt dich automatisch auf dem alten Gleis weiter oder auf dem neuen Gleis vorwärts.
Menschen, die sich permanent verändern, die ständig bewusst erschaffen, die wachsen und gedeihen, werden dich bei jedem nächsten Besuch bei ihnen damit überraschen, dass sie schon wieder etwas verändert haben: die Farben, Deko umgeräumt, Möbel umgestellt, Textilien umgetauscht. Immer spiegelt ihre Umgebung den momentanen Zustand wider, egal wie dynamisch dir das von außen erscheint, plus das, was sie bewusst ergänzen, um Zukunft zu erschaffen. Dann signalisiert ihre Wohnung auch, wo sie in ihrem Leben hinwollen und damit ihren bewussten Reifeprozess. Wenn die ganze Umgebung, die Wohnsituation und die Arbeitsumgebung nicht mehr passen, ziehen diese Menschen um, auch darin zeigt sich Zukunft und die Anpassung an eine innere Veränderung. Wenn das innere Nippes mit dem äußeren Nippes permanent harmonisiert wird, angeglichen, ausgetestet und bewusst geduldet, verstärkt

oder verändert, schrumpft sowohl die Persönlichkeit als auch der Schatten und zwischen all dem Zeugs wird mehr und mehr sichtbar, wer du selbst eigentlich bist.
Fehlt also noch, uns über den sprachlichen Nippes zu unterhalten, bei dem wir natürlich auch bewusst ausmisten sollten. Dabei geht es um mentales Detoxing. Beobachte deine Sprache einmal genau, dein gesamtes Sprachverhalten. Brauchst du diese Meinung, diesen Standpunkt (für die Ewigkeit als Mitschöpfer) oder kann der weg (weil er nur zum Raupenstadium passt)? Mache dir klar, ob dieser Gedanke dich runterzieht und ob er überhaupt einen sittlichen Nährwert hat für dein Leben oder das der anderen. Oder stopfst du mit diesem Urteil nur den Schatten voll und baust an deiner glänzenden, intellektuell überlegenen Fassade? Jedes Urteil zieht deine Schwingung grundsätzlich nach unten, der schöpferische Vortex dreht nach negativ. Denn auf der Ebene bewusster Mitschöpfer macht eine Verurteilung keinen Sinn, da ist jeder ein gleichberechtigter Ausdruck der Quelle und darf einfach urteilslos bewusst existieren.
Urteile finden auf Persönlichkeitsebene statt und erzeugen immer auch einen Schattenanteil. Im Prinzip geht deine Selbstdefinition (deine Persönlichkeit also) mit der Persönlichkeit eines anderen in einen Wettbewerb, wer die bessere Persönlichkeit besitzt. Und das Fantastische und Gemeine ist, du gewinnst diesen Wettbewerb immer, genau durch dein Urteil. Du machst das also, um zu gewinnen und dich als Sieger zu präsentieren. Genau wie in den Quartettspielen über Autos oder Schiffe oder Fußballer suchst du dir nämlich genau die Merkmale raus, bei denen du gewinnen musst. Und die anderen Merkmale, mit denen du verlieren könntest, schiebst du verstärkt in deinen Schatten. Der andere wird dadurch entwertet. Er wird in deiner Nähe immer weniger wert, und so fühlt der sich dann auch. Und deinem eigenen Selbst, dem, wer du eigentlich bist und was dir erst die nährende Erfahrung von Nähe ermöglicht, kommst du keinen Schritt näher. Wer sich durch Urteile vom anderen trennt, trennt sich eigentlich immer nur von der höchsten Version von sich selbst. Doch das kann man erst spüren, wenn man schon in Kontakt

zum eigenen Höchsten Selbst steht und für sich herausgefunden hat, dass wir jenseits des Höchsten Selbst alle eins sind.
Zum sprachlichen Nippes wäre noch so vieles zu sagen, aber du findest das auch selbst heraus, einfach, indem du die Absicht setzt, dir selbst auf die Schliche zu kommen, dann sortierst du wie Aschenputtel den Nippes in ‚bleibt', ‚es wird beobachtet', ‚es kommt in den Datenkeller' bis hin zu ‚es kommt in den Müll' (das sage und denke ich nie wieder). Absichten helfen dir nun bei allem. Du lernst dadurch, alles in deinem Leben viel bewusster anzugehen und dich ganz schnell in einen potenten Mitschöpfer zu entwickeln. Die Sprachgewohnheiten verführen dich nämlich auch zu bestimmten Denk- und Fühlmustern, die dich automatisch-unbewusst überrollen. Die Sprache, in der du denkst und die Bilder und Geschichten, die du im Unbewussten dafür in Ehren hältst, bestimmen vermutlich zu einem weiteren Drittel deine Beeinflussung von Wahrscheinlichkeiten. Zusammen bilden dein Unbewusstes, deine Umgebung, deine Sprache und deine Gewohnheiten und Rituale mächtige konservative Kräfte, die dich auf dem alten, sehr begrenzten Gleis festhalten.
Während du gewohnheitsmäßige Denk- und Fühlmuster überprüfst, erschaffst du mit deiner Absicht neuere, bewusster formulierte provisorische Standpunkte. Du bleibst dir bewusst, dass sie provisorisch sind und von einem Moment zum anderen durch einen besseren ersetzt werden können. Deine Entscheidungen können sich von Minute zu Minute ändern, ja sogar im Sekundentakt. Du spürst die Freiheit eines solchen Vorgehens in dem Spruch aus dem Volksmund „Was kümmert mich mein Geschwätz von gestern!" In den wesentlichen Aspekten wirst du für KI unberechenbar, und damit wirst du automatisch zum Feind der Matrix, denn du bist nicht mehr auf zehn oder zwanzig Schachzüge auszuloten. Für deine Beziehungen aber wirst du berechenbar und verlässlich bleiben, denn du demonstrierst deine Werte durch dein Handeln, ohne dass sich die Matrix mit Unsinn dazwischen mogeln kann. Du nimmst einfach die Oma in den Arm, weil es stimmt, falls sie das auch will. Du zeigst echte Nähe und echte Gefühle, denn wenn du da bist, bist du da und nicht in Gedanken woanders. Du kannst zwischen den Trance-

Zuständen unterscheiden und bleibst in der Mitte. Die Mitte macht dich friedlich, liebevoll, achtsam und verlässlich. So wirst du auch von deine Lieben nur immer deutlicher als du selbst wahrgenommen, ein ganz originelles und einmaliges Teilchen des großen Ganzen.
Wir erschaffen immer mit einer Mischung aus allen Standpunkten, die noch so in uns herumliegen, entweder bewusst im Tagesbewusstsein, in der neutralen Voratsdaten-Speicherung oder emotional geladen im Haufen bei unserem Drachen. Der merkt sich die Mischung genau und sendet uns mehr davon. Er sorgt so dafür, dass wir immer recht haben, das geht gar nicht anders. Und der Drache setzt Prioritäten nach der emotionalen Ladung. Dein Drache vergisst nie deine Absichten, selbst solche, die längst überholt sind. Deshalb ist der Löschungssatz so komfortabel, um den aktuellen Absichten freie Bahn zu verschaffen. Überprüfe deine Gedanken immer wieder bewusst, ob sie aktuell noch passen, um sie gegebenenfalls zu löschen oder zu überschreiben. Dem Reifeprozess folgen heißt also auch, die Verantwortung für eine permanente dynamische Veränderung zu übernehmen. Sind alle Verdrängungen aus dem Unbewussten rausgeholt und vollendet, integriert, vergeben und bedankt, hast du um den Drachen aufgeräumt. Was du dabei eigentlich mit dem sprachlichen Aufräumen tust: Du wäschst die Matrix raus aus deinem Bewusstsein, aber du schüttest natürlich nicht das Kind mit dem Bade aus. Du wirst nur zu einem achtsamen Beobachter und Förderer deines wahren Selbst, mit dem du sinnerfüllt glücklich leben willst. Dein Gehirn wäschst du also gefälligst selbst!
Weiterführendes Werkzeug: Suche nicht nach der Wahrheit, sie kommt von selbst, wenn du aufgeräumt hast. Momentan ist kein Platz für sie da und auch nicht für deine und unsere Zukunft. Sei kein Messi, räum auf! Und beobachte deine Sprache. Lerne mehr über Feng-Shui oder lass dich sogar beraten.

Acht: Das Krafttraining für Drachenmeister

Das Erschaffene an der Realität testen: Folge der Spur deiner Kraft und hole sie dir zurück.

Finde den Hebel für Veränderung!

Im gesamten achten Kapitel sprechen wir über die Freilegung deiner maximalen Kraft und Stärke. Falls du vermutest, dass deine Seeleneinschmelzung noch nicht stattgefunden hat, wird es nun Zeit, all deine Kraft zu sammeln und den Reifeprozess wenigstens zu starten. Ich bin mir sicher, mit meinen Werkzeugen kannst du ganz schnell aufholen und die Bummelanten im Prozess sogar noch überholen. Der Aufstieg ist nun fast schon greifbar nahe, auch kollektiv für uns alle, denn wir werden noch viele andere dabei mit- und nachziehen. Für die meisten meiner Leser geht es wahrscheinlich schon um das erneute Kräftesammeln am Ende des Reifeprozesses, und das spielt auch für alle werdenden Mitschöpfer am Ende ihres Reifeprozesses wieder eine Rolle, denn auch die Meisterprüfung erfordert einen zusätzlichen, energetischen Kick. Wir nähern uns der Prüfung!

8a. Drachenkraft für deinen Körper

In diesem Kapitel sprechen wir über die Unterschiede verschiedener Körper in unterschiedlichen Stadien des Reifeprozesses und welche Auswirkungen sie auf die zur Verfügung stehende Lebenskraft haben. Wir schauen uns den Kraftaspekt näher an und reden zum Beispiel über die nächtliche Aufladung, den Tod des Ich, das Chi und Social Distancing. Wir lernen andere Interpretationen von Krankheitssymptomen kennen und erfahren, dass unser Körper ein wunderbares Feedbacksystem für das bereithält, was in unserem Bewusstsein dringend geklärt und vollendet werden müsste. Und natürlich grenzen wir die Einflussnahme der Matrix ab und lernen sie bewusst zu verhindern.

In den anderen Kapiteln habe ich behauptet, dass du Energie und Bewusstsein bist. Das möchte ich nun erst einmal wieder relativieren. Du bist im Prinzip nur ein bewusster, dynamischer, energetischer Wirbel, der sich durch einen materiellen Körper erfährt und in dieser materiellen Welt nur so lange existiert, wie deine Lebenskraft zu- und wieder abfließt, einem Strudel im Badewasser vergleichbar. Wenn du den Stöpsel ziehst und das Wasser mit einem Strudel abfließt, bildet sich eine Struktur, die nur solange existiert, wie das Wasser fließt. Schließt du den Abfluss mit einem Stöpsel oder das Wasser in der Badewanne ist aufgebraucht, hört der Strudel als Form wieder auf zu existieren. Je stärker das Wasser strömt, umso stabiler und kraftvoller wird der Vortext in deiner Badewanne. Im Falle deines Körpers ist dieser Vortex nur der erzeugende Teil einer sehr komplexen materiellen Struktur, aber prinzipiell ist das ähnlich. Willst du die Wanne gefüllt und in Funktion halten, muss auf der anderen Seite immer auch Wasser zufließen. Der Querschnitt deiner Wasserleitung und der Druck, mit dem das Wasser hindurchfließt, entscheidet, wie viel Wasser einfließt. Wenn Menschen sagen, sie wollen im Fluss bleiben, dann meinen sie genau dies. Oder sie sagen, sie spüren gerade den Flow und möchten ungestört dran bleiben an einer Sache.

Wer einen Sinn für seinen Flow entwickelt hat, kann vermutlich auch bereits den energetischen Durchfluss spüren und damit auch verstärken und steuern. Wir sind also nicht Energie, sie fließt nur durch uns hindurch. Energie kann gleichzeitig als Quanten (Photonenpakete) oder

Wellen/Schwingungen dargestellt werden, es ist nur die Kehrseite der gleichen Medaille. Lebensenergie besteht ebenfalls aus Quanten oder Schwingung. Wenn wir einen Stein ins Wasser werfen und unsere Freundin neben uns ebenfalls, dann verursachen beide Steine zusammen ein Wellenmuster, in dem die zwei konzentrischen Wellensysteme in Interferenz miteinander gehen und sich eine Gitterstruktur aus den Wellenkreisen bildet. So wirken wir auch mit unserer Lebensenergie aufeinander. Energetisch sind wir nur etwas versetzte konzentrische Kreise. Oder räumlich gesehen Lichtsäulen/Vortexe, also Wellen im Quantenmeer und daher auch niemals voneinander getrennt. Es sind nicht die Spiegelneuronen, die Empathie erzeugen, es sind diese Wellen. Die Spiegelneuronen sind nur die körperliche, etwas karge Nachahmung und Verstärkung. Du bist also nicht Energie, du drückst nur dein Bewusstsein mit deiner Lebenskraft aus, die von irgendwoher in dich einfließt, durch dich hindurch und wieder hinaus. Unser Körper bildet auch die Badewanne, die unserer Wasserstrudel-Lebenskraft eine Grenze und Form gibt. Unser Körper empfängt, sammelt und verbraucht Lebensenergie.
Bist du dann wenigstens Bewusstsein? Nun, in unserer materiellen 3d Welt und ohne schon deine schlafenden Sinne aktiviert zu haben, ist auch dein Bewusstsein nicht stetig, es verändert sich ständig, es identifiziert sich mit vergänglichen und flüchtigen Dingen. Es ist vor allem noch lange nicht dein eigenes. Du bist überwiegend fremdbestimmt. Du wurdest zum Beispiel bewusst angeleitet, dich für diesen Körper zu halten. Denn es werden ja nur solche Forschungen geduldet und finanziert, die im Sinne unserer Versklavung hilfreich sind, eine wissenschaftliche Forschung zu unserer Befreiung müssten wir uns schon selbst finanzieren und organisieren, individuell und kollektiv, und es uns nicht mehr verbieten lassen. Die wesentlichen Fragen, die uns als Menschen befreien würden, dürfen in dieser Zivilisation nicht gestellt und damit auch nicht wissenschaftlich erforscht werden, dafür sorgt die alles kontrollierende Matrix. Wohin geht zum Beispiel unser Bewusstsein im Schlaf? Wir legen unseren Körper ab, wir achten aber darauf, dass es sicher ist, ihn sich selbst zu überlassen. Der Körper hat ein eigenes Bewusstsein, etwa so wie ein Haustier. Wenn man es genau nimmt, ist dein Körper dein

liebstes und dich dein ganzes Leben begleitendes Haustier. Er ist immer da, wenn du aus dem Schlaf zurückkommst.

Von der offiziellen Matrixwissenschaft ignoriert gab es jedoch immer schon Menschen, die medial begabt waren und hinter den Schleier in die andere Welt sehen konnten, die wir im Schlaf bereisen. Sie nannten sie die Astralwelt oder die Traumzeit. Mittlerweile sind auch viele ursprünglich nicht medial begabte Menschen (so wie ich) durch ihren Reifeprozess gegangen und haben als Mitschöpfer ihr erweitertes mediales Potential aktiviert. Sie beschreiben übereinstimmend, dass unser physischer Körper eine astrale Entsprechung hat, einen Zwillingskörper, mit dem wir nachts unterwegs sind. Im Astralreich geschieht alles eher traumhaft, märchenhaft und symbolisch. Du denkst an jemand und schwupp, bist du dort. Es gibt keine Zeit und keine Distanz. Da unsere Unterdrückung vor allem aus dieser astralen vierten Dimension fremdgesteuert wird, und zwar aus den untersten Höllenbereichen, und die Leute, die wir öffentlich als herrschende Elite wahrnehmen, nur ihre Marionetten sind, will man natürlich nicht, dass da einer neugierig die Nase in diese andere Dimension steckt. Wie beim Zauberer von Oz könnte der ja den Mechanismus entdecken, mit dem die ganze Show hier erzeugt wird. Da also sollten wir vor allem forschen!

Welch eine Ressourcen-Verschwendung, wenn dagegen jahrzehntelang ernsthaft bemühte Wissenschaften in Sackgassen geschickt werden, um zum Beispiel zu beweisen, dass unser Bewusstsein als eine Funktion dieses materiell organisierten Zellhaufens zufällig durch Evolution entstanden ist. Das scheint mir so wahrscheinlich wie, dass du durch Schütteln von Handyschrott ein neues, evolutionär weiter entwickeltes Handy erhältst. Jedes unverdorbene Kind würde über solch eine Idee lachen. Bewusstsein verändert sich wie eine Linse, wir können uns als diesen Körper begreifen (Kurzsichtigkeit) oder uns ganz weit ausdehnen und uns mit der Quelle selbst identifizieren (Weitsicht). Der Entscheider für die Linseneinstellung ist unser Ich, mit dem wir uns erleben und mit freiem Willen weiter vor uns her unseren Lebensweg gestalten. ‚Ich bin und ich werde', das ist, was wir sind.

Wir nennen das dann zum Beispiel ‚Lernen' oder ‚Anpassen' oder ‚Erwachsenwerden' oder ‚eine Krankheit akzeptieren', unser Ich geht dabei in ganz unterschiedliche Bewusstseinszustände. Auch Trance, Schlaf, Traum und Wachbewusstsein sind solche Unterscheidungen. Wir verlieren unser Tagesbewusstsein bei jedem Schlaf und in jeder Trance, in jeder Tagträumerei. Wenn ein Mensch sagt, er ist bewusst, kann er darunter ganz unterschiedliche Dinge verstehen (und diese sprachliche Verwirrung hat System!). Der Eine versteht darunter, wessen er sich im Wachzustand bewusst ist und gleichzeitig, auf welche Standpunkte und Meinungen er sein Ich im Allgemeinen aufgebaut hat, ein anderer versteht sich als ewiger Ich-Funke, der auch in der Nacht irgendwo unterwegs ist und gleichzeitig in alternativen Realitäten lebt, auf anderen Zeitlinien und in anderen Dimensionen. Die wenigsten Menschen denken sofort an ihren Körper, wenn sie sagen, sie sind oder sie leben bewusst. Sie wissen es halbbewusst, dass sie niemals dieser Körper sein können. Natürlich kann man seinen Körper bewusst ernähren, bewusst trainieren, bewusst bewegen, bewusst beatmen, aber unser Körper bleibt unser Fahrzeug, mit dem wir 3D, diese eine Realität von ganz vielen anderen, und dieses eine Leben (von ganz vielen anderen) erfahren.
In meinen BQH Sitzungen zum Beispiel begleite ich meine Klienten durch diese höherdimensionalen Traumwelten, dort liegen noch die echten weißen Flecken auf der Landkarte der Menschheit! Dort finden wir auch noch Erfahrungen, die für unsere kollektive Befreiung vollendet werden wollen, und dort liegt Heilung. Selbstheilung. Der einzige echte Heiler/Lehrer ist das Höchste Selbst des Klienten, das wir in solchen Sitzungen besuchen und um Hilfe bitten. Mit den Absichten und Fragen navigiert der Klient in der Sitzung durch dieses unbekannte Terrain. Den Absichten entsprechend wird ein Klient zu anderen Leben oder Existenzen dieses Ichs geführt, denn um eine Erfahrung zu vollenden, muss man sie auch verstehen und durchfühlen. Oft kann Heilung am 3d Körper nur deshalb nicht geschehen, weil es um ein Ereignis geht, das nicht in diesem Leben liegt, aber dennoch in die Vollendung strebt.
Du erneuerst und erfrischst nachts deinen Körper, aber noch mehr dein Ich, weil ohne den Widerstand des Körpers und deine fremdbestimmten

Grundannahmen und Matrix-Energien leichter neue Informationen und Visionen aus höheren Ebenen zu dir hinfließen. Die Energie kann frei fließen, du hast Zugang zu Visionen und zu deiner Lebensaufgabe. Du bist währenddessen mit deinem Astralkörper in der vierten Dimension unterwegs, und der bleibt mit deinem physischen Körper durch eine Nabelschnur verbunden, die man die ‚Silberschnur' nennt, und die sich in der Länge unbegrenzt ausdehnen kann. Sobald dein physischer Körper gestört wird (Gefahr!) und dein bewusstes Eingreifen abruft, schnellst du ohne Zeitverlust in deinen physischen Körper zurück und dein Astralkörper wird wieder deckungsgleich mit deinem physischen Körper. Manche Menschen haben kurz vor dem Einschlafen das Gefühl, in eine unendliche schwarze Leere zu fallen. Das hat mich früher sehr verängstigt, wenn es mir passierte. Aber du spürst dann nur, wie dein Astralkörper sich aus deinem physischen Körper nach oben oder seitlich herausschält und deinen Körper nicht mehr ‚festhält'. Er lässt den materiellen Körper fallen.

Menschen, die tagsüber nicht in ihrer Mitte bleiben, sind auch tagsüber mit ihrem Astralkörper woanders unterwegs. Du siehst es daran, dass sie geistesabwesend dasitzen und sich erschrecken, wenn du sie ansprichst. Wer mit dem Astralkörper unterwegs ist und das nicht weiß und auch nichts zu seinem Schutz unternimmt, lässt seinen Körper auch so zurück, als würde er in den Urlaub fahren und ließe die Haustür sperrangelweit offen. Dein Körper meldet sich nur bei materieller Gefahr, er hat nur materielle Sinne. Doch andere astrale Wesen und Geister können jederzeit in deinen Körper schlüpfen, wenn du nicht Zuhause bist und keine Vorsorge triffst, sie können sich sogar weiter dort verstecken, wenn du wieder zurückkommst. Schon hast du eine Besetzung oder eine Anhaftung. Die meisten Geister sind harmlos und gehen wieder, wenn es ihnen langweilig wird. Eine echte Besetzung ist da schon despotischer, sie kann sich gedanklich und mit Gefühlen in dein Leben einmischen, dann hörst du im besten Fall Stimmen im Kopf oder du hältst die Gedanken und Gefühle des Besatzers für deine eigenen. Deine Umgebung glaubt dann, deine Persönlichkeit habe sich verändert. Nein, da treibt

mindestens eine weitere ihr Unwesen, zumindest, wenn das Verhalten überhaupt nicht zu dir passt.
Ein physischer 3d-Körper, ganz gleich ob Pflanze, Tier oder Mensch, braucht Ruhepausen, um sich zu regenerieren, energetisch zu reinigen, zu heilen, ins Gleichgewicht zu bringen, degenerierte Zellen durch neue zu ersetzen und fremde Zellen aufzufressen. Wird ein solcher Körper zusätzlich von einem individualisierten Bewusstsein, einer einzelnen Seele gesteuert, verbraucht deren Bewusstseins-Prozess viel zusätzliche Energie. Wenn durch Unverständnis und falschen Umgang mit dem liebsten Haustier – deinem Körper – Dissonanzen hervorgerufen werden und sich deshalb Konflikte bis hinein in den Körper manifestieren, entstehen Krankheitssymptome. Unser Körper spiegelt darin unser Bewusstsein. Herrscht darin Angst und Chaos oder werden da ganze Vorstellungswelten aus Vergangenheit und möglicher Zukunft durchgespielt, die über das Jetzt und diese Realität hinausgehen, und werden die auch in den Ruhephasen nicht geklärt und vollendet, sinken die energetischen Störmuster in den Körper und manifestieren sich auf Dauer als Krankheiten, zumindest aber als allgemeine Immunschwäche, Autoimmunerkrankung oder psycho-somatische Störung.
Unsere Sprache zeigt uns, dass unsere Ahnen das sehr gut verstanden haben, besser als wir Matrix-Verbildeten in der Moderne. Etwas geht dir auf die Nerven oder an die Nieren, schlägt dir auf den Magen, dir fehlt die Süße des Lebens, dir wurde das Herz gebrochen. Du gehst sprichwörtlich in die Knie durch eine Überforderung oder musst für etwas gradestehen, aber du lässt dir das dann doch nicht auf die Schultern laden. Dein Leben stagniert und du wirst steif. Dein Körper ist ein wunderbares Feedbacksystem für das, was in deinem Bewusstsein dringend geklärt und vollendet werden müsste. Dein Körper zeigt dir an, wo Handlungsbedarf besteht, ihr seid ein Team. Man könnte auch sagen, er ist dein Interface zum Unbewussten. Gerade weil du nicht dein Körper bist, solltest du gut für ihn sorgen und die Störung möglichst umgehend beseitigen. Was du von deinem Telefon-Provider verlangst, dass er nämlich jede Störung in der Kommunikation umgehend behebt, sollte auch für dich und deine Kommunikation mit deinem eigenen Körper gelten. Statt

ihn selbst auch noch zusätzlich zu belasten, dabei hat er schon genug mit Vergiftungen und Verstrahlungen und Mangelernährung und Mangelbewegung zu kämpfen. Du musst es ihm dann doch nicht noch schwerer machen.
Ist es nicht erstaunlich, dass es Katzen- und Hundehalter durchaus fertigbringen, ihren tierischen Freunden das beste Futter anzubieten und viel Bewegung an der frischen Luft, aber ihr treuestes Haustier, ihren eigenen Körper, mit Fastfood und Gewalt in Filmen abspeisen. Diese Gewaltdarstellungen versetzen den Körper in eine Trance, so als würde er das auch erleben, und das tut er dann auch. Und du machst es über den Nervenkitzel als echte Realität da draußen in 3D wahrscheinlicher. Du bist nicht dein Körper, du bist nur der Eigentümer dieses Körpers. Dir gehört dieses biologisch-lebendige Endgerät der Prozesssteuerung, um in der materiellen 3d-Welt verschiedene Erfahrungen zu machen und du solltest es mit einem idealen Durchfluss an Lebensenergie in einen optimalen Zustand bringen. Dieses Endgerät ist gleichzeitig Sender und Empfänger von Schwingungen, die sich rein energetisch bis hin zu materiell in ihm und um ihn herum befinden. Wir leben alle in einem Quantenmeer, indem auch Gedanken und Gefühle als Energien vorhanden sind. Dein Bewusstsein bildet den Fokus, dein Körper dient als zweiter Filter. Dein Gehirn sendet, empfängt und filtert, ebenso alle Chakren, insbesondere dein Herz. Deine Gedanken waren noch nie original die deinen und schon gar nicht frei. Du empfängst sie von anderen Sendern der nahen und fernen Umgebung. Und dein Körper reagiert zusätzlich direkt auf Menschen über Partikel auf eine materielle Art. Er weiß genau, ob er jemand riechen kann oder ob ihm jemand Angst macht oder sich mit ihm paaren möchte. Du sendest körperliche Signale und hormonelle Geruchsstoffe aller Art, neben deinen Gedanken und Gefühlen. Das mag verwirrend erscheinen, vor allem wenn du bisher geglaubt hast, dass du dieser Körper bist, oder ein Ich, das von diesem Körper erzeugt wurde.
Glaubst du immer noch, dass du mit dem Gehirn denkst und mit was eigentlich fühlst? Mit deinem Herz? Das ist doch dann auch nur eine Metapher wie mein Gleichnis des Drachen. Oder fühlst du im Bauch? Man hat dir auch vermittelt, dass du nachts nicht existierst, und auch nach

deinem Tod nicht existieren wirst. Man versuchte dir (einem ewigen, körperlosen Bewusstsein), weiß zu machen, dass du identisch bist mit deinem liebsten Haustier, deinem Körper, mit dem du diese Realität als eine von vielen erfährst. Wenn du das glaubst, werden automatisch alle Wahrnehmungen und Signale ausgefiltert, die dich eines Besseren belehren könnten, denn dein Bewusstsein wird immer durch deine Schöpfungen bestätigt, du hast immer recht. Die ausgefilterten Signale werden verdrängt, sie sind dennoch da. Etwa 95 Prozent der eingehenden Signale in jedem Moment gehen unterhalb deiner Bewusstseinsschwelle direkt ins Unbewusste. Du wirst dir nicht einmal gewahr, dass du so viel mehr wahrgenommen hast.

Aber: Der stolze, matrix-gesteuerte Homo Sapiens Sapiens ist tatsächlich nur dieser Körper und besitzt nur dieses eine Leben. Das leugne ich überhaupt nicht. Er hat sich darauf reduzieren und darin einkerkern lassen von Wesen, die dimensional gesehen unsere Geschwister sind, sich aber als Götter oder Engel oder Meister aufspielen, und wenn sie zur Matrix gehören, in der Menschheit nichts anderes sehen als eine Herde von Nutztieren. Sie haben die Menschheit mit ihrer Nichtachtung der Schöpfung angesteckt, so dass die Menschen sie nachahmten und mit den Tieren und Pflanzen und der ganzen Erde genauso umgingen. Der Homo Sapiens Sapiens stirbt also tatsächlich mit seinem Körper am Ende seines Lebens. Denn in jedem Leben entwickeln wir aufgrund der Umstände, der Epoche, der Matrixversion und der Kulturen auch andere Persönlichkeiten, (mit ihrem Schatten) und wenn wir uns mit dieser Persönlichkeit identifizieren (und nur dann!) und mit seinem Tagesbewusstsein und mit diesem einen Leben, dann endet es tatsächlich mit dem Tod. Jedes Leben ist einzigartig und in sich abgeschlossen, egal, wie kurz oder lang es war. Es ist wie ein Urlaub in Marokko, du reist nach Hause und der Urlaub ist zu Ende.

Doch deine Essenz, das was du jenseits von Persönlichkeit und Schatten als dein freies Höchstes Selbst bist, das bleibt ewig und drückt sich nur immer wieder neu aus. Wenn du also schon zu Lebzeiten diese Verbindung aufdeckst und zu diesem Ich wirst, und dabei durch den Reifeprozess in der Standleitung nach oben kletterst, gleichzeitig

Persönlichkeit und Schatten auflöst und bewusst zu deinem Kern, zu deiner Mitte vorstößt, erwirbst du das ewige Leben schon jetzt. Jeder kann das. Jeder, der bedingungslos zu lieben lernt, ohne Religionen, ethische Regeln und ohne das übliche Brav-Sein. Die Quelle gießt ihre Kraft aus wie die Sonne. Sie stellt keine Bedingungen daran, dass sie scheint. Auf Astralebene existiert dein energetisches Doppel (Persönlichkeit) noch eine Weile weiter, löst sich dann aber ebenfalls auf. Deshalb kann man mit manchen Verstorbenen auch noch nach dem Tod reden, mit anderen nicht. Im Idealfall vollendet dein Höchstes Selbst dieses Leben schon am Ende deines Lebens und bringt es in den Frieden. Verstorbene, die nicht merken und verstehen, dass sie bereits tot sind und daher auch nicht zu ihrem Höheren Selbst zurückkehren können, bleiben als Geister noch sehr lange an Orten und Häusern hängen. Allmählich zerfällt dann auch diese astrale Persönlichkeit und geht in die Ursubstanz über, in die Legosteine, mit denen die nächsten Astralkörper aufgebaut werden.

Unser Körper ist das Instrument unseres Bewusstseins. Wollen wir uns ideal als Mitschöpfer erfahren, müssen wir dieses Instrument in einem Bestzustand halten. Das ist den modernen Menschen geläufig, sie kümmern sich um die beste Ernährung, das beste Training, den besten Umgang mit ihrem Körper. Doch was ist diese beste Ernährung und die beste Trainingsform? Einerseits gewinnt die Wissenschaft immer noch neuere Erkenntnisse, welche oft sogar die alten Behauptungen wieder über den Haufen werfen, andererseits war die gesamte Menschheit noch nie so individualisiert wie heute. Früher hatten in einer Gemeinschaft, Kultur oder Gruppe fast alle die gleiche Schwingungshöhe und ein ähnliches Bewusstsein, auch weil die Matrix ihre Schäflein mit radikalen Methoden immer wieder zurück in die Herde trieb und sie alle gleich machte. Da hatten auch ihre Körper noch ähnliche Bedürfnisse. Außer den Avataren und Propheten lebte noch niemand im Reifeprozess, oder wenn, dann lebte er längst schon ganz zurückgezogenen im Verborgenen in irgendeiner Adeptenschule.

Heute ist alles ganz anders. Jeder einzelne Mensch wird nun umgekehrt in den Reifeprozess hineingezwungen, die Schwingungserhöhung der Erde selbst sorgt dafür. Noch nie haben sich also die Menschen untereinander so unterschieden in Schwingungshöhe und in ihrem Reifezustand. Jedes Bewusstsein braucht eine andere Versorgung seines Körpers. Eine Raupe braucht völlig andere Dinge als eine Puppe oder ein Schmetterling. Das Tragische ist, dass heute oft schon ausgewachsene Schmetterlinge bei Raupen-Eltern geboren werden, und diese ihre Kinder dann zu dem Fraß und der Bewegung zwingen, von denen sie wissen, dass sie für Raupen überlebenswichtig sind. Dabei können diese Schmetterlinge mit ihren reinen Seelen oft sogar schon von Nektar leben. Und die Matrix kann sie überhaupt nicht mehr zu fassen kriegen, sie schlüpfen in ihrem Bewusstsein einfach durch die Maschen der Netze hindurch, die sie auffangen und in die Matrix eingliedern sollen. Ein Körper, der das Bewusstsein eines Homo Creativus Pax beherbergt, braucht eine ganz andere Versorgung als einer, der noch einen Homo Sapiens Sapiens in sich trägt. Deshalb kann es kein richtig und falsch bei Ernährung geben. Du musst dich durch die Bedürfnisse deines Körpers hindurchnavigieren und von seinen Impulsen führen lassen. Deine Absichten für deinen Körper solltest du sehr gut abwägen und dann den Impulsen deiner Absichten folgen. So wird ideale Gesundheit erschaffen. Und nur so wird auch dein Reifeprozess ideal gefördert. Der Homo Sapiens Sapiens hat es gelernt, auch noch in einer dichten, chaotischen, energetisch stark verschmutzten, konfliktreichen und durch Angst verzerrten Welt zu funktionieren, ohne sogleich ganz zusammenzubrechen, der Körper des Homo Creativus Pax dagegen ist hypersensibel und kann schon durch winzigste Unstimmigkeiten gestört werden. Wenn der niedrig schwingende 3D-Körper noch mit einer Waage bei Raiffeisen gewogen werden kann, die noch die Ladung eines ganzes Traktor-Gespanns erfass, gleicht der höher schwingende Körper der Feinwaage eines Goldschmieds. Einfach viel sensibler getunt.

Ich wundere mich eigentlich, wieso es nicht noch viel öfter zu Krankheiten und körperlichen Fehlfunktionen kommt. Unser Körper passt sich dieser Welt an. Er nimmt ähnliche Schwingungen durch Essen in sich auf, wie sie um ihn herum existieren und bringt sich damit wieder in ein Fließgleichgewicht. Jeder starke Schwingungsunterschied zwischen drinnen und draußen erzeugt Übelkeit und dem beugt der Homo Sapiens

Sapiens und auch noch jeder Mensch im Zwischenstadium des Reifeprozesses vor, indem er sich die ähnlichen Schwingungen materiell einverleibt und seine Eigenschwingung damit absenkt. Er senkt seine eigene Schwingung und dämpft gleichzeitig sein Wachbewusstsein, um die anderen Menschen mit niedrigeren Schwingungen auszuhalten. Unter diesen Bedingungen ist Junkfood die ideale Therapie, um sich rasch wieder wohl mit den Menschen zu fühlen, die noch in so viel Konflikten, Angst und Chaos stecken. Schade, dass die meisten dieser hoch sensitiven Menschen nicht verstehen, warum sie unbedingt Junkfood essen wollen und stattdessen auch noch ein schlechtes Gewissen entwickeln. Junkfood ist die heimliche Therapie hypersensibler Menschen, es mit den unsensiblen, den groben Anderen auszuhalten. Gleiche Schwingungen lösen dagegen inspirierte Freude aus, keine Übelkeit. Ich selbst habe Junkfood gerne dafür benutzt, um meine Mitmenschen und ihre Urteile auszuhalten, das habe ich bereits in meiner Kindheit unbewusst gelernt.

Viele Kinder werden heute schon höher schwingend geboren (Kristallkinder, Indigos), aber noch ganz lange über die Ernährung und die Erziehung körperlich weiter den Bedingungen der Matrix angepasst. Dafür zeigen sie dann Allergien, Verhaltensauffälligkeiten und verschiedenste chronische Krankheitssymptome. Natürlich sagt die Matrix dann den Eltern nicht, dass es ihr Anpassungs- und Unterwerfungsprozess ist, der ihre Kinder ursächlich krank macht. Diese nicht empathische Elite betrachtet schon unsere Kinder als Bauernopfer: Die Menschheit muss in die Matrix passen, basta. Je weiter ein Mensch bereits im Reifeprozess in Richtung Homo Creativus Pax unterwegs ist, umso stärker unterscheidet sich auch seine Ernährungsweise von der seiner Umgebung. Er kennt vielleicht schon Tage ganz ohne Hunger, an anderen verzehrt er zumindest kein rotes Fleisch mehr oder er isst nur noch einmal am Tag. Der Weg zum Nichtesser ist vielfältig und individuell. Wenn ein Mitschöpfer seine Transformation ganz abgeschlossen hat, verlässt er die Nahrungskette des Planeten, er lebt zwar noch im planetaren Biotop, aber nicht mehr von dessen Ressourcen.

Er lebt von der puren Lebensenergie, die nun ganz stark durch ihn hindurchfließt, und außerdem von den viel höher schwingenden ätherischen Energien seines Biotops. Materiell wird er zum reinen Atmer, er braucht kein Essen und kein Wasser mehr. Dieser Zustand steckt als Potential in jedem von uns, der sich noch verlieben kann. Denn Verliebte leben von Licht und Liebe, zumindest, bis der Zauber wieder gebrochen wird. Ein Homo Creativus hat gelernt, permanent in einem Zustand von Verliebtheit mit der ganzen Schöpfung zu leben und dann auch direkt von der ganzen Schöpfung versorgt zu werden. Er trinkt im wahrsten Sinne des Wortes direkt aus der Quelle des ewigen Lebens. Es steht ihm frei, auch weiter die materiellen Köstlichkeiten zu genießen, doch alle Breatherians (Atmer) – wie sie im Englischen genannt werden – die meistens von Lichtnahrung leben, berichten, dass kein Gourmet-Essen oder Gourmetgetränk so köstlich ‚schmeckt' wie dieser Zustand. Stell dir vor, du würdest kein Essen und Trinken mehr kaufen und heimschleppen müssen, du gehst nur noch ab und zu bei einem Gourmetkoch essen, um dein Leben zu genießen. Oder du kochst mit Freunden, um des Spaßes willen.

Die körperlichen Bedürfnisse des alten Homo Sapiens Sapiens sind ganz andere, und ebenso das, was ihm Lust und Befriedigung verschafft: Er hat durch Hunger, Durst und eine lange zivilisatorische Geschichte gelernt, sich an diese langsam und grob schwingende 3D-Welt anzupassen und ist dabei auch körperlich immer mehr zum Tier geworden, man könnte ihn sogar ein grausames, kriegerisches Raubtier nennen. Er hat sich von einem Früchteesser und Veganer, Vegetarier über den Aasfresser (abgehangenes Fleisch!) zu einem Raubtier entwickelt, oft aus der Not heraus und ursprünglich auch noch lange im Einklang mit seinem Biotop, in dem er lebte. Später aber ist er sogar niedriger gesunken als jedes Raubtier, denn er machte nicht einmal vor seinen eigenen Artgenossen halt. Kannibalismus und Kriege kennen wir nur von Menschen, nicht von Löwen oder Wölfen. Nur in den Menschen wurden sämtliche hemmenden Instinkte durch die Matrix für ihr großes Schachspiel weggezüchtet, ein Metzger hat darin eine ebensolche Routine wie ein Soldat.

Ein Löwe dagegen tötet nur, wenn er Hunger hat, und lässt das ganze Biotop ansonsten in Ruhe.
Über den Körper werden entsetzliche Krankheiten und Kriege ausgetragen, deren niedrige Energien dann von Mächten konsumiert werden, für die höhere Liebes-Schwingungen unverdaulich sind. Sie müssen die Menschen gegeneinander aufhetzen und in ihnen psychische Zustände der Angst und des Horrors erzeugen, weil sie davon leben. Das ist die Milch, die den Menschen durch die Matrix abgemolken wird, Lebenskraft in einer sehr niedrigen Schwingung. Diese Wesen stehen hinter der bekannten Elite, die als Stellvertreter mit der Matrix herrschen. Kriege und Krankheiten kommen in der natürlichen Umgebung kaum vor. Wenn man sich die historisch überlieferte Geschichte anschaut, ist dagegen das Gemetzel überall. Die ursprünglich sehr liebevollen und friedfertigen Menschenseelen wurden indoktriniert und in Zuchtprogrammen ausgewählt, um Bauernopfer und Gebärmaschinen aus ihnen zu machen sowie Arbeitssklaven für ihre Stellvertreter auf Erden. Den Gebärmaschinen winkte das Mutterkreuz und den Tapferen der Heldentod. Die Menschen wurden existentiell erpresst und abgerichtet. Und es dauert leider oft fast ein ganzes Leben, bis es einem einzelnen Menschen dämmert, was da mit der ganzen Menschheit gemacht wird. Ich war bereits Dreißig, als mir mein Gatte mal ganz ausführlich erzählte, wie man einen Schäferhund abrichtet. Das hätte er nicht tun sollen, denn da erkannte ich, dass er die gleichen Prinzipien auf mich angewendet hatte, und ich hielt es für Liebe! Ein halbes Jahr später hatte ich alles so weit vorbereitet, um mich sicher zu trennen, und weg war ich.
Jeder Mensch weiß mittlerweile, wie der Instinkt im Wolfsrudel funktioniert: Legt sich der unterlegene Gegner auf den Rücken und bietet seine Kehle zum Biss, hört der Angreifer sofort auf, das Spiel ist damit beendet. Es ist geklärt, wer der Stärkere ist, und basta. Der Mensch hat durch Züchtung nicht nur diese Instinkte seinen Haustieren weggezüchtet, sondern auch bei sich selbst. Wir müssen davon ausgehen, dass wir alle längst sprichwörtlich zu Pudeln geworden sind und mit dem ursprünglichen Homo Sapiens Sapiens, wie ihn diese Matrix-Parasiten hier vorgefunden haben, wahrscheinlich so wenig zu tun haben, wie der nette

Pudel mit einem Wolf. Wir werden also möglicherweise auch wieder ein paar Generationen brauchen, bis sich ein menschlicher Körper zurückentwickelt hat, in dem ein Homo Creativus Pax sich vollständig ausdrücken kann, in jeder Generation ein wenig mehr. Es wird auch keine Rückentwicklung wie vom Pudel zurück zum Wolf geben. Ich weiß auch nicht, ob das beim Pudel ginge. Wir werden uns auch körperlich weiterentwickeln. Unsere Kinder und Enkel werden uns im Bewusstsein und in ihren Körpern überflügeln. So wie viele auch jetzt schon seelisch viel reifer auf die Welt kommen als es ihre erwachsenen Eltern im Bewusstsein sind. Noch nicht viele, aber immer mehr. Der Homo Sapiens Sapiens ist ein Modell to go, Fastfood der Geschichte, völlig verarbeitetes, verbogenes, materielles, matrixgezüchtetes Gefährt, das nicht einmal mehr die Menge an Chi einer einzelnen, gesunden Himbeere selbstständig generieren kann.

Die vielen Krankheiten deuten vor allem darauf hin, dass unsere Körper energetisch verhungern, während sie mit diesem Fraß vollgestopft werden, der sich ‚Nahrungsmittel' oder ‚Lebensmittel' nennen darf. Durch das vermehrte Essen versucht der Körper nur, doch noch sein Chi zu erhalten, auch wenn kaum noch was drin ist. Der aufgeblähte Körper ist ein hungriger Körper, ein energetisch und emotional unzureichend ernährter Körper. Er kann überhaupt kein gesundes Immunsystem aufrechthalten, wie sollte er? Mehr Chemie und Technik wird das nur noch schlimmer machen. Und alle Menschen nun noch mehr isolieren und unter einem Glassturz großziehen. Nur die Starken kommen in den Garten. Sagte mir mal ein Gärtner. Die stärksten Pflanzen kommen im Frühjahr in den Garten, bei den anderen lohnt sich nicht mal das Bewässern. Wie weit werden Desinfektion und die Isolierung von unserem natürlichen Biotop noch getrieben? Bis keiner mehr gefahrlos in die Natur gehen kann, dann besitzen sie unsere Körper ganz! Und der ungeklärte Schatten sinkt zusätzlich auch noch als Krankheiten in den Körper, weil nichts dazu getan wird, sich das Unbewusste endlich bewusst zu machen. Dabei ist es doch so einfach.

Ein Homo Creativus Pax, der seinen Reifeprozess ganz abgeschlossen hat, nimmt an der Nahrungskette des Fressens und Gefressen-werdens auch psychisch nicht mehr teil. Zum Wohle des Ganzen kann er sich allenfalls wie ein Löwe verhalten und akzeptiert den Tod eines anderen Lebewesens zu seinem eigenen Überleben nur noch in der Not, nicht als eine Gourmetveranstaltung. Er kann zwar weiter seine Geschmacks- und Geruchsnerven verwöhnen, doch er braucht keine Kalorien mehr. Die Energie kommt von woanders. Er bezieht seine Energie direkt von der Quelle; er lebt – wie alle frisch Verliebte – dauerhaft von Luft und Liebe. Und von den höheren Schwingungen seines Biotops. Du kennst den Zustand bereits, nun kannst du dir besser vorstellen, wie es sein wird, hast du deinen Reifeprozess erst einmal vollendet. Bist du ein bewusster, vom Höchsten Selbst gesteuerten Mitschöpfer, lebst du in einer sehr hohen Schwingung und alles im Leben läuft am Schnürchen. Bei zwei Verliebten hört dieser Zustand abrupt auf, wenn ihr Drache die Chance sieht, den Haufen wegzuräumen. Dann platzt die Verliebtheitsblase, weil das Bewusstsein der Verliebten noch nicht reif dafür war, den Zustand aufrechtzuhalten. Aber es war ein guter Vorgeschmack auf das Lebensgefühl des Homo Creativus Pax. Es ist empörend, dass wir künstlich schon so lange davon ferngehalten werden!

Der Homo Creativus Pax steht auch in direkter Kommunikation mit seiner biologischen Umgebung: Er braucht vielleicht die Essenz einer Heilpflanze und läuft zufällig beim Spazieren daran vorbei: Er kann diese Essenz nun homöopathisch hoch geschüttelt – unverarbeitet – direkt als Energie in seine Aura laden und aufnehmen, oder sie durch Riechen oder Schmecken absorbieren. Dabei wird er von der Pflanze selbst angeleitet, wie sie ihm helfen kann. Er muss dafür keine Bücher lesen oder Pflanzen verarbeiten, er weiß es direkt, das ist, was er braucht. Er heilt sich selbst, in Zusammenarbeit mit den Naturreichen. Wenn er durch die Natur geht und atmet und seine Aufmerksamkeit schweifen lässt, ist er Teil dieses Biotops und kommuniziert direkt. Und verströmt seine eigene Liebe in die Natur, es ist ein dankbares Geben und Nehmen. Er tauscht sich aus. Seine Aufmerksamkeit nährt den Baum, das Naturwesen, das Element. Seine liebende Anteilnahme am Lebendigen tut dies automatisch. Und das Biotop bedankt sich umgekehrt mit Informationen und

Heilmitteln. Es gleicht Dissonanzen aus und absorbiert chaotische Schwingungen. So findet der Mensch dann leichter zur Mitte.
Nun hältst du mich sicher für komplett verrückt, weil du so vollständig anders indoktriniert wurdest. Doch versteh bitte, die Wissenschaft forscht an ganz verschiedenen Körpern mit ganz verschiedenem Bewusstsein, ohne dass sie überhaupt schon erkannt hat, worin die Unterschiede liegen. Während du mit einem niedrig schwingenden Medikament einen Homo Sapiens Sapiens noch schnell und supergut symptomfrei machen kannst, weil es die Krankheit auf den Ebenen bekämpft, auf denen er bewusst lebt, kann das gleiche Medikament einen sehr hoch schwingenden Menschen derart in der Schwingung nach unten ziehen, dass der Körper das Spagat nicht mehr schafft und durchknallt. Der wird dadurch sogar noch viel kränker! Die Heilungskräfte seines hoch sensiblen Körpers versagen und es kommt zu einer Verschlimmerung. Elisabeth Haich beschrieb in ihrem Buch ‚Die Einweihung' schon in den fünfziger Jahren ihre schwierige Entwicklung zu einer Eingeweihten, wie man das früher auch nannte. Sie ist diesen Reifeprozess gegangen und es war für sie lebensgefährlich, sich impfen zu lassen und fast hätte sie es nicht geschafft. Ihr inneres Wissen war, „nein, keine Impfung". Aber sie gab den Angehörigen und dem Arzt nach. Und damals waren die Impfungen nicht einmal genetisch konstruiert.
Es gibt Zivilisationen, die mit dem Reifeprozess besser umgehen. In Indien gibt es die Überlieferung, dass es bestimmten Yogis gelingt, ganz ohne Essen und Trinken zu existieren. Wenn sich bei einem Kind solche Anzeichen zeigen und es einfach aufhört zu essen und dabei offenbar bei bester Laune bleibt und Anzeichen von Erleuchtung zeigt, holt man einen Yogi zur Überprüfung und Beratung, zumindest noch in den Dörfern. Dann lässt man es auch in Ruhe weiterentwickeln. Stell dir vor, bei uns würde ein Kind behaupten, es sei satt. Selbst wenn es Eltern hätte, die dies verstehen, könnte es passieren, dass der Staat selbst nach diesem Kind greift und es den Eltern wegnimmt und zwangsernährt und zwangs-indoktriniert. Eltern dürfen den Reifeprozess bei ihren Kindern nicht einmal vor der staatlichen Matrix schützen! Klar, dass es umgekehrt Eltern gibt, die ihren Kindern schaden, doch es gäbe andere Hilfen als

diese Bevormundung. Der Zustand des Mitschöpfers wird über die ganze Geschichte hindurch einerseits von der Matrix komplett unterdrückt, andererseits immer schon von einzelnen starken Seelen erreicht. Es gab immer Heilige, die nichts mehr aßen, und es kam häufiger vor in Kulturen, die dafür Erklärungs-Konzepte besaßen. Im Idealfall wussten die Menschen dieser Gesellschaft sogar vom Reifeprozess, ohne sich weiter dafür zu interessieren.
Als gesamte Menschheit befinden wir uns zwischen zwei Polen. Zwischen den urteilenden und nach matrix-wissenschaftlichen Konzepten lebenden Persönlichkeiten unter Ignorierung ihres Schattens, und den bewussten, kreativen, friedliebenden Mitschöpfer, welche die Matrix durchschauen und zumindest schon ahnen, wo die ganze Manipulation hinführen soll. Das 3D-Bewusstsein kann zu einer wunderbaren, ethisch verantwortlichen Persönlichkeit aufgebaut werden und das Leben nach den Geboten macht auch genau dies, es wirft aber dennoch einen großen Schatten. Darunter liegt weiter dieses domestizierte Raubtier, dem Instinkte und Gewissen abtrainiert wurde, und das jederzeit über die Aktivierung des Schattens hervorbrechen kann. Die Nachbarn wundern sich dann, wie ein so hilfsbereiter und angepasster Mensch dann plötzlich Amok läuft oder in seinem sexuellen Wahn nicht einmal vor den eigenen Kindern haltmacht, wie die vielen Missbrauchsfälle beweisen.
Menschen, die auf dem Weg sind, der sich nach der Seeleneinschmelzung vor ihnen entfaltet und zum bewussten Mitschöpfer führt, verändern nach und nach ihre Ernährung, ihr Training, ihr Denken und Fühlen und ihre Art, mit körperlichen Symptomen umzugehen (sie deuten zum Beispiel Krankheiten als Heilkrisen und vollenden bewusst die dazugehörigen Erfahrungen im Schatten, und setzen ansonsten viel mehr auf die Selbstheilungskräfte ihres Körpers). Sie können sich immer stärker von höheren Energien ernähren, dem Chi selbst, dessen Durchfluss und Stärke durch Übungen und eine bestimmte Lebensweise noch weiter gesteigert werden kann. Die Lichtnahrung als Ernährungsform, das Leben ganz von Prana oder Chi, ist nur einem seelenintegrierten Mitschöpfer zugänglich, der Homo Sapiens Sapiens verhungert und verdurstet, er kann damit seinen Körper kaum noch aufrechthalten. Er spürt ja nicht

einmal, dass sein Essen meistens kein Chi mehr enthält, und er genauso gut Pappe essen könnte. Heute gefährden wir umgekehrt die Körper der Hochsensiblen, die ihn in dieser niedrig schwingenden, vergifteten, verstrahlten, unnatürlichen und gefährlichen Umgebung kaum noch aufrechthalten können. Sie brauchen nicht noch mehr Technik, sondern mehr Natur und ein einfaches Leben. Um vom Chi zu leben, darf man sich nicht in Umgebungen aufhalten, die technisch und mit Strahlungen aufgerüstet sind, eine Krankenhausumgebung zum Beispiel zieht die Schwingung derart nach unten, dass das eigene Chi und damit die starken Selbstheilungskräfte, die man in einer natürlichen Umgebung noch spürt, drastisch absinken. Um aus dieser Ernährungsform der Lichtnahrung nicht herauszufallen und damit auch nicht aus diesem hohen Bewusstsein, muss ein Mensch in einer noch Chi-haltigen natürlichen Umgebung liebevoll, friedlich und bewusst unterwegs sein.
Kaum eine Umgebung bietet einem Menschen heute noch genügend Chi an. Statt echte Lebensmittel sind es nur noch kraftlose, industriell verarbeitete Nahrungsmittel. Doch das Chi erst macht ein essbares Gut lebendig. Je weiterverarbeitet und je länger transportiert und gelagert, umso weniger Chi ist noch enthalten. Hinzukommt, dass Nahrungsmittel, je weiter weg sie geerntet wurden, umso weniger zu dem eigenen Körper passen, denn der ist integraler Bestandteil seiner Umgebung. In meinem eigenen Reifeprozess wurde ich zum Beispiel angeleitet, in meine Heimat zurückzukehren, dort zu leben und Quellwasser möglichst aus der Nähe meines Kraftplatzes zu trinken. Mein Körper müsse sich wieder an seinen Ursprung erinnern, war mein inneres Wissen. Neun Monate später erklärte mein Körper mir, nun sei dieser Teil der Heilung abgeschlossen, nun bräuchte er so viel Sonne wie möglich. Passend dazu wurde ich ‚zufällig' nach Gran Canaria eingeladen und verbrachte dort die nächsten neun Monate. Bis es auch genug Sonne war und mein Körper unbedingt in eine ‚grüne Umgebung' zurückwollte.
Viele Menschen, die heute mit Übergewicht kämpfen, verhungern nicht nur emotional, ihnen fehlt das Chi! Sie versuchen das mit einem Riesenappetit wettzumachen. Chi tauschen wir auch untereinander aus, in Zärtlichkeiten, in Nähe, in Aufmerksamkeit. Eine soziale Gemeinschaft

schiebt das Chi zwischen ihren Mitgliedern so hin und her, dass derjenige, der davon mehr hat, sein Chi selbstverständlich abgibt an den, der weniger hat. Soziale Distanz führt zum emotional-energetischen Verhungern genauso wie die industriell verarbeiteten Nahrungsmittel. Ein Körper, der zu wenig Chi bekommt, kann sich auch nicht vor Krankheitskeimen schützen. Wenn sich Menschen treffen, ganz gleich, ob sie nun noch ganz unbewusste Mitschöpfer sind oder schon sehr bewusst, und sich auf etwas gemeinsam fokussieren, potenzieren sie ihre Lebenskraft und alle in der Gruppe gehen mit deutlich mehr Lebenskraft nach Hause. Diese Potenzierung wird mit dem Social Distancing fast ganz ausgehebelt, denn wenn man stattdessen die Kontakte online pflegt, schöpft die Matrix auch die Potenzierung gerne für sich selbst ab. Damit inspirieren wir dann den Mark Zuckerberg zu weiteren Ideen, wie er uns bevormunden könnte.

Sich in die Augen schauen oder küssen und berühren, führt zu einer weiteren Verstärkung der Potenzierung von Lebenskraft. Es wird neue, zusätzliche Lebenskraft im Zusammensein generiert. Genau wie du im Zusammensein mit der Natur stärker wirst, wenn du dich mit ihr verbindest, sie liebst und mit deiner Aufmerksamkeit bedenkst. Und die Tiere und Pflanzen, die dir begegnen, werden auch lebendiger. Sie begegnen dem Schöpfer in dir, wenn du deine Liebe verströmst. Alles im Kosmos besteht aus der Umverteilung von Energie und der Verstärkung durch Liebe und Verbindung. Ein Mensch kann mit den kleinsten, liebevollen Gesten den Chi-Speicher eines anderen wieder auffüllen und ihn sogar heilen. Doch über heilende Hände und Geistheiler musst du dich woanders informieren, ich kann nicht in einem einzigen Buch nachholen, was du versäumt hast, dir in den letzten Jahrzehnten an Wissen, Verstehen und Erfahrung anzueignen. Zum Glück gibt es Bücher und das Internet. Es ist kriminell, dieses Wissen für die Menschheit zu unterdrücken oder gar zu verbieten!

Ein Mitschöpfer lebt souverän und selbstbestimmt. Er erschafft sich wie Momo mit der Schildkröte einen sicheren idealen Weg durch die grauen Männer. Er tut dabei alles, um seinen Mitmenschen nicht zu schaden. Das war auch für mich der einzige Grund, diese Maulkörbe genannt

Mundschutz zu tragen. Ich wollte, dass meine Mitmenschen sich sicher mit mir fühlen, ich sah ja, mit wieviel Angst sie angefüttert wurden. Da muss ich nicht auch noch zusätzlich ihre Angst triggern. Es ist besser, einfach gut gelaunt mit Beispiel voranzugehen. Das gelingt nicht immer, das Social Distancing ist für Singles schon ein harter Brocken. Niemand ist eine Insel, wir stehen alle untereinander in Wechselwirkung und natürlich werde ich auch in jede noch so verrückte Zeitströmung mehr oder weniger hineingezogen.

Wir stärken einander nur durch eine gut funktionierende Gemeinschaft. Die sicher im jeweiligen Bewusstsein der Verantwortlichen oft gutwillig oder relativ naiv-unbewusst angeordneten Maßnahmen schwächten die Volksgesundheit, die Wirtschaft, die Psyche und das ganze Zusammenleben ganz gewaltig und zertrümmerten alle stabilen und menschenfreundlichen Elemente unserer Zivilisation und Kultur. Die Zerstörung kommt im Ergebnis wahrscheinlich fast schon den früheren Kriegen gleich. Lange genug durchgehalten wird die globale Zivilisation in ihre Bausteine zerlegt und kann neu geordnet werden. Das genau ist der Plan, das ist die Agenda dahinter. Neue Weltordnung. Und du wirst sie natürlich für notwendig und plausibel halten, auch wenn sie schon lange vor jeder Epidemie geplant war. Denn bis dahin hat die 3D-Propaganda dich ganz auf die offiziell-wissenschaftliche Interpretation von Realität eingeschworen und du wirst damit einverstanden sein, wie heute schon die meisten Chinesen ihr soziales Punktesystem und die gesamte Überwachung einfach nur klasse finden. Das Leben ist so schön sicher, wer will da schon Freiheit, Entwicklung und Reifeprozess! Wer auch nur wagt, öffentlich darüber nachzudenken, wird mit ‚-leugner'-Parolen zum Schweigen gebracht. Das meine ich damit: In spätestens zehn Jahren wird sich keiner der 3D-Follower noch daran erinnern, wie das mal vorher war, als wir zumindest in der Illusion einer freien Demokratie lebten. Dann ist die Tür wieder zu und für die nächsten 226 000 Jahre schließt sich die Tür wieder für eine kollektive Befreiung. Doch ich vermute, dass dieser Menschentyp bis dahin dann ausgestorben ist. Der Neandertaler hat es auch nur auf 40 000 Jahre gebracht.

Betrachtest du deine Ernährung, dann stehst du bestimmt schon irgendwo zwischen den beiden Polen. Vielleicht isst du schon weniger Fleisch als vorher und vermeidest auch das rote Fleisch der Vierbeiner, die dir genetisch näherstehen und die mehr Angsthormone ausschütten, die dein Körper als Code direkt dekodiert (du isst also ihre Todesangst!) und gehst auf Geflügel und Fisch über. Das ist eine gute Wahl, denn sie stehen uns evolutionär nicht so nahe und können unseren Körper dadurch weniger durcheinanderbringen. Du vermeidest vielleicht auch schon Fleisch aus Massentierhaltung, einmal aus ethischen Gründen, zum anderen um das Hormoncocktail nicht abzukriegen, das diesen Tieren verabreicht werden muss, damit sie nicht in Massen sterben. Merke: Massen brauchen immer Impfungen und Medikamente, damit keine Krankheiten den Bestand massenhaft gefährden. Individuelle Haustiere (glückliche Kühe), die man noch mit Namen kennt und die artgerecht in der Natur leben, brauchen das nicht.
Du wirst vermutlich auch Fleisch aus qualvoller Schlachtung vermeiden, um diesen Horror nicht für dich selbst zu aktivieren, denn wenn du akzeptierst, dass so mit einem Lebewesen umgegangen wird, gibst du anderen auch die Erlaubnis, deinen Körper ebenso zu behandeln. Du bietest dich im Bewusstsein als Bauernopfer an und kollektiv ziehst du so Kriege an und Gulags. Steckst du im Reifeprozess oder gehst zumindest auf die Seelenverschmelzung zu, verzichtest du auch auf genetisch veränderte Pflanzen, Samen und Früchte, denn du reagierst allergisch auf sie. Du kaufst lokal und nachhaltig ein, schon um das Klima zu schützen. Du wirst nämlich mit der Zeit hochsensibel. Du schaust auch, dass an deinem Essen und an deiner Kleidung keine Kinderarbeit beteiligt war und am besten überhaupt keine Ausbeutung. Vielleicht kaufst du immer häufiger Bioprodukte und ganz frisch. Du versorgst dich selbst mit einem kleinen Garten, das ist noch besser. Mit deinem liebevollen Gärtnern kannst du den Chi-Gehalt deiner Ernte deutlich steigern, indem du deine Pflanzen liebst und ihnen Fürsorge und Aufmerksamkeit gibst. Du achtest bei allen Produkten darauf, dass sie möglichst natürlich sind und ohne lange Wege der Ausbeutung und Umweltverschmutzung zu dir kommen. Du wirst dir immer mehr all der Fehler im herrschenden System

bewusst und willst das Klima retten oder die Massentierhaltung stoppen. Du handelst alternativ und vermeidest Plastik.
Bei jedem dieser bewussten Schritte glaubst du, dass du nun schon aufgewacht bist und endlich bewusst handelst. Aber bist du das auch? Sind diese Vorlieben schon Ausdruck deines Reifeprozesses und deiner Seeleneinschmelzung, dann machst du das nicht aus dem Verstand heraus wegen all der wundervollen Argumente, die ich oben genannt habe, sondern einfach nur, weil es für dich stimmt. Wenn dein Ich bereits das Seelen-Ich ist, kann es deutlich seinen nächsten Schritt im Reifeprozess als ‚es stimmt' fühlen. Stimmigkeit ist das Navigationswerkzeug der Seele und darüber. Das ist nicht weiter erklärbar. Man nannte das früher vielleicht Gewissen, aber es ist mehr, es ist tatsächlich ein inneres Navigationsgerät, das die vielfältigsten und sehr komplexen Variablen unserer Umgebung zu Gunsten unseres Bewusstseins und unserer Absichten abwägt.
Ein weiteres Indiz dafür, dass du das Raupenstadium längst verlassen hast, ist, dass du viel öfter in Freude lebst und deine gute Laune auch – allen Umständen zum Trotz – aufrechthalten kannst. Dass du an manchen Tagen schon keinen oder nur ganz wenig Hunger spürst. Mach nicht den Fehler und zwing dich zum Essen, weil dir eingeredet wurde, wieviel Kalorien du brauchst. Lass die Fakten-Checker in ihrem Checker-Bewusstsein essen, was sie wollen, aber halte dich an deine eigene innere Stimme, nur die weiß, wo du gerade in deinem Reifeprozess stehst und was dein Körper jetzt braucht: Dieses innere Wissen, einmal trainiert, weiß es selbst am besten. Fehlender Appetit bei gleichzeitiger guter Laune (höhere Schwingung) ist nur das Zeichen dafür, dass du Wege gefunden hast, deinen Körper direkt zu ernähren. Du würdest ja auch bei appetitlosen Verliebten nicht gleich eine Magersucht vermuten. Vielleicht haben dich deine langen Wanderungen durch die kraftvolle Natur ernährt, oder Chi-Übungen an der frischen Luft oder das in-die-Sonne-Schauen bei Sonnen-auf oder -untergang. Es tragen so viele Faktoren zu einem guten körperlichen Zustand bei, dass ihnen unsere Wissenschaftler rein materiell und mit Versuchen noch lange nicht auf die Spur kommen werden, die Homöopathie versucht es ja schon Jahrzehnte und

wird immer wieder angegriffen. Je höher die Schwingung deines Körpers und je höher dein eigenes Bewusstsein, umso feiner und nicht-materieller müssen auch die helfenden Eingriffe werden.
Ist dein Reifeprozess abgeschlossen – wo dieses Buches dich hinführen will – hängt es nur noch von deiner Lebensweise, deiner genetischen Linie und der Reinheit deines Körpers ab, ob du schon in diesem Leben den Mitschöpfer ganz verwirklichen kannst und nur von Licht und Liebe lebst oder erst nach weiteren sieben Generationen dein Nachkommen so leben werden. Aber du legst jetzt den Grundstein dafür. Selbst wenn du schon aus der Elternschaft raus bist, du gibst diese Information auf jeden Fall noch unbewusst in deiner Linie weiter. Deshalb zählt jeder Tag deines Reifeprozesses auch für deine Kinder und Enkel, auch wenn sie dich für verrückt halten. Die Aliens, die uns hier schon seit langem gefangen halten, wussten, dass es ein paar Generationen braucht, bis eine Veränderung des Bewusstseins auch in der Genetik angekommen ist. Deshalb ihre Drohung: Nicht nur dich werde ich bestrafen oder auslöschen, sondern alle Nachfahren bis ins siebte Glied. Denn solange brauchten sie, um das Freiheitsgen aus der religiösen Gemeinschaft oder einem Volk raus zu züchten. Heute, wo es ihnen gelingen könnte, unseren Drachen dauerhaft ins künstliche Koma zu versetzen, freuen sie sich auf ihre finale Strategie, mit der sie ihre Schafherde vollends in willige Schafe verwandeln. Das ist zumindest der Plan. Egal, ob dein Bewusstsein dann in einem Homo Borgius weiterlebt oder in einem freien Homo Creativus Pax, merke dir: Wenn du den Reifeprozess in diesem Zeitfenster durchläufst, wirst du zumindest nach diesem Leben frei sein, aber du musst die Matrixfalle vermeiden. Lass dich nach dem Tod nicht wieder einfangen.
Du musst nichts erreichen, du musst nichts tun, nur deinen Reifeprozess anerkennen, Absichten formulieren und deinen Impulsen folgen, die sich wie deine Absichten anfühlen. Das allein schon wird den Prozess beschleunigen. Selbst wenn du dich in die Falle locken lässt und den Matrixmachern auf den Leim gehst, kannst du noch während deines Todes aus der Matrix aussteigen und den Reifeprozess instant vollenden, es ist also nie zu spät, du bist und bleibst ewiges Bewusstsein, ein Funke der

Quelle. Egal, in welchem Körpertyp du diese Realität gerade erfährst. Wie viel deiner Drachenkraft, die bisher an deine Konzepte in der Standleitung und in anderen Leben steckte und umgeleitet wurde, sowie an den Haufen beim Drachen gebunden ist, du befreien und für dich nutzen kannst, hängt allein von deinem Bewusstsein ab. In deinem eigenen Inneren findest du alle Antworten, dein Weg zur Mitte öffnet dir innere Realitäten und Potentiale. Du wirst den Zugewinn an Kraft auch körperlich spüren, wenn du das Unbewusste mehr und mehr ins Bewusstsein hebst. Jeder Schritt in deinem Reifeprozess erfordert nicht nur andere Lebensmittel, sondern auch andere Heilmethoden. Ganz sicher aber die bewusste Gestaltung deiner Tagesstruktur und die Bildung besserer Gewohnheiten. Wenn du dir erschaffst, dass alles ideal läuft und du zu den Tipps, Büchern und Heilern geführt wirst, welche die gewohnten medikamentösen Eingriffe ideal ergänzen, kannst du dich auch materiell ganz langsam aus dem Griff der Matrix befreien. Es spielt dabei keine Rolle, ob Medikamente weiter gebraucht werden oder mit der Zeit überflüssig werden, du heilst dich immer nur selbst, indem du deinen Absichten, deinen Schöpfungen also, und den Impulsen folgst, die dir dein Höchstes Selbst zufallen lässt.
Keinem Experten darfst du dabei blind folgen und schon gar nicht, wenn er ein viel geringeres Bewusstsein hat als du selbst. Aber vergeude deine Kraft auch nicht mit seiner Bekämpfung, lass ihn reden und seine Medizin vorschlagen. Und dann ziehst du dich erst einmal in deine Mitte zurück und überprüfst, ob seine Wahrheit auch deinem eigenen Bewusstsein entspricht. Stelle alles immer wieder in Frage, denn im laufenden Reifeprozess verändern sich permanent deine Bedürfnisse, was deine Ernährung und dein Training und die Heilung deines Körpers betrifft. Es existiert eine Vielfalt auf allen Gebieten, darin pickst du dir nun deine Ideallinie raus, denn uns bleibt keine Zeit. Dein Körper entwickelt sich von einem Radio aus den ersten Tagen zu dem modernsten High Tech Multimedia-System, um mal einen Vergleich zu bemühen. Achte ihn, dein Körper ist das Kostbarste, was du in dieser Realität besitzen kannst. Weder Ernährungstipps noch Trainingstipps von anderen können dir helfen. Folge den Impulsen, deiner inneren Stimme. Wir haben

diese innere Stimme in uns ersticken lassen genau wie die leisen Stimmen unserer Seele und unseres Höchsten Selbst. Wir wurden dazu erzogen, nicht darauf zu hören, sondern stattdessen den Experten der Wissenschaft und ansonsten den Eltern und der Tradition zu folgen.
Weiterführendes Werkzeug: Befreie dich von Autoritäten und entscheide selbst souverän und immer wieder neu, wie du leben, dich heilen und gesund erhalten willst. Ein gesunder Geist braucht einen gesunden Körper, gib dich nicht mit weniger zufrieden. Gib alles und hole dir Hilfe, einfach weil es stimmt.

8b Die Aura und die Drachenkraft

Die energetische Wechselwirkung mit unserer Umgebung verdient eine nähere Betrachtung. Unser Körper und wie wir mit ihm umgehen und ob wir dabei mehr Energie generieren oder nur Energie verlieren, ist entscheidend für unsere Potenz zu erschaffen. Unsere Aura kann sich entweder so benehmen, dass sie uns zum Opfer jeder energetischen Auslaugung macht, oder dass sie dazu beiträgt, laserscharf zu manifestieren. In diesem Kapitel spreche ich über unser Verhalten in der Natur und in einer künstlichen Umgebung, den Einkauf, eine Hundeauslaufstrecke, die Aura-Grenze und deren Aura Fortsätze, hyperaktive Kinder, die energetische Müllentsorgung und über die besten Werkzeuge, um in jeder Situation einfach du selbst zu bleiben und deine Kraft zu behalten oder sogar noch zu verstärken. Wobei du gleichzeitig den anderen die Chance gibst, ebenfalls ihre Muster zu transformieren. Jede Situation wird dann zu einem Trainingsfeld für Mitschöpfer mit dem Ziel, die Kraft zu behalten und zu vermehren, ohne sie anderen Menschen zu stehlen oder sich selbst fremdbestimmen zu lassen.
Ein Zeichen, dass deine Kraft gerade fremde Menschen und Umgebungen nährt, ist, dass du keinen Kontakt mehr zum Körper hast. Deine Aufmerksamkeit geht spazieren. Deine Aura gehört zu deinem Körper, und

du fühlst Impulse nur durch ihn und im Kontakt mit deinem Körper. Sobald dir bewusstwird, dass du deinen Körper gerade vergessen hast, stell dir vor, dein Körper sei ein Handschuh, der dir gerade von der Hand geglitten ist. Schlüpfe mit deinem Bewusstsein wieder hinein bis in die Zehen- und Fingerspitzen, spüre ihn nacheinander so wie bei der progressiven Muskelentspannung. Das kannst du an jeder Ampel machen und an der Kasse und wenn du auf den Fahrstuhl wartest, oder auf einer Bank ausruhst. Dein Bewusstsein gleitet dabei mit minimalen Bewegungen einmal durch den ganzen Körper. Achte mal darauf, wie du einen Handschuh anziehst und welches Gefühl dir sagt, dass du nun ganz drin bist. Das erzeuge nun für deinen ganzen Körper. Du kannst das unbemerkt selbst bei der Arbeit am Schreibtisch tun, indem du alles an deinem Körper nacheinander ein paar Millimeter bewegst, oder wenn du unbeobachtet bist, kannst du auch vor dem Fahrstuhl einen Freudentanz veranstalten, während du wartest. Oder mach mal die Yang-Form von Tai-Chi, bevor du die Wäsche abliest. Egal: Sieh zu, dass du in deinen Körper kommst, sobald du merkst, du bist nur noch in den Matrix-Feldern unterwegs. Dein Körper ist dein Leben. Fremdbestimmung macht vor allem deshalb unglücklich, weil sie unseren Fokus und unsere Energie aus dem Körper und aus unserem gelebten Jetzt abzieht. Deinen Körper hast du immer dabei. Ändere, was du ändern kannst und bleibe mit dieser Übung kraftvoll.

Eine weitere unauffällige Übung ist, dass du nicht stillhältst. Hyperaktive Kinder sind das beste Beispiel dafür, wie man seinen Körper zu einem Dynamo macht, abgesehen davon, dass du von ihnen auch lernen kannst, wie man der Umgebung maximal die Energie stiehlt. Wenn ich an der Haltestelle stehe, wippe ich auf den Füßen. Beim Einatmen gehe ich auf die Zehenspitze, beim Ausatmen auf die Ferse. Und dann möchte ich dir noch ein Trampolin ans Herz legen. Nicht wegen all der gesunden Dinge, die dir die Experten darüber sagen, sondern aus meiner Erfahrung mit der Lymphologie, ein zu Unrecht unbeachteter Forschungszweig, aber das hat er mit allen alternativen Wissenschaften gemein, mit deren Erkenntnissen kein Geld zu verdienen ist und die daher jeden noch so armen Menschen potenziell befreien und heilen könnten.

Während unser Blutkreislauf den Zellen alles liefert, was sie brauchen, entsorgt der Lymphkreislauf den Abfall. Wie genau das funktioniert, solltest du selbst recherchieren. Die Lymphe wird nur angeregt, wenn du dich zur Schwerkraft minimal bewegst, also nicht durch Massage, sondern durch Druck und leichtes Schwingen. Der Wasserdruck von außen tut es auch, deshalb ist jedes Schwimmen eine Lymphdrainage. An dem Harndrang während und danach erkennst du, dass du es richtig machst. Wenn du also nur leicht auf dem Trampolin schwingst und dabei deine Füße das Sprungtuch nicht verlassen, reinigst du deinen Körper über die Lymphe. Außerdem tun das alle minimalen Bewegungen, die zitternd durch den ganzen Körper laufen, also auch ein Trainingsstab, den du federnd in der Hand hältst. Ich habe mich ‚zitternd' aus einem fast ganz bewegungslosen, depressiven Zustand filzend herausgearbeitet, denn mein Nadelfilzen war ebenfalls eine Lymphdrainage. Und doch, am besten ist Schwimmen oder auch nur irgendwie in Bewegung bleiben.
Du musst dir nur vorstellen, du wärst ein altes Bauerhaus, das nun einerseits nach den kraftvollen Originalplänen zurückgebaut, andererseits aber mit der modernsten Technik ausgestattet wird. Die Baustelle selbst wird von deinem Höchsten Selbst geleitet, es macht die Termine, deine Drachenkraft sorgt für die Finanzierung, aber du, du entsorgst vor allem den Müll. Du sorgst dafür, dass die Handwerker beste Umgebungsbedingungen haben und kein Messi-Haus vorfinden. Räum für deinen Reifeprozess alles aus dem Weg, was nur irgend geht. Willst du deine Drachenkraft schnell befreien, sozusagen gerade mal um die Ecke beim Automaten Geld von deinem Konto abheben, und du merkst grade Stress um ein Thema, dann freu dich: Da wird dir gerade durch den Stress/den Ärger eine Summe vom Festgeldkonto auf das Girokonto umgebucht und du kannst umgehend darüber verfügen. Es ist aber nur ein Angebot, lässt du die Situation verstreichen und vollendest das Thema nicht, geht das Geld zurück aufs Festgeldkonto. Wenn du beim Mikado-Spiel gründlich warst, musst du dir auch nicht noch einmal das Thema gründlich anschauen und vollenden, dann genügt es, die Energie direkt zu befreien, z.B. mit EFT. Nutze diese Klopftechnik, um die Spannung direkt als Energie abzuheben. Klopfen kannst du überall. Und wenn du dir

dabei doof vorkommst, dann zieh dich dafür auf die Toilette zurück. Die Toilette ist sowieso ein viel zu wenig genutzter Ort. Sie kann viel mehr. Ziehe dich dort immer auch in deine Mitte zurück und hole deine Aura wieder ein, so als wäre sie das Netz eines Fischers. Die war garantiert zuvor streunend wie ein Hund unterwegs. Und das machst du mit einer wunderbaren Geste: Sobald du sitzt, breitest du deine Arme weit aus und holst deine Aura zu deinem Körper zurück, indem du dich selbst ganz herzlich umarmst. Du liebst deinen Körper, dein liebstes Haustier und dankst ihm, dass er immer gesünder wird, immer besser funktioniert und immer höhere Schwingungen ertragen und optimieren lernt. Das kannst du dir ab sofort einfach ganz unauffällig angewöhnen.
So befreist du deine Drachenkraft. Sie kann wieder frei fließen, und das verstärke noch dadurch, dass du dein Herz bewusst weiter öffnest und mit Absicht deine Schwingung erhöhst. Ich sage dann z.B.: „Das Zehnfache bitte von gerade. O.K. Und nun das Hundertfache vom letzten“ usw. und stelle mir einen Fahrstuhl vor, mit dem ich die Schwingung hochfahre. Dein Drachenschatz hält dein gesamtes Potential, das zu diesem Leben gehört, und du kannst durch Vollendung der Erfahrungen auf die Energie und die bewusste Weisheit darin voll zugreifen. Die Standleitung zur Quelle mit ihren Abzweigungen zu anderen Leben, Existenzen und Dimensionen hält den Schatz deiner gesamten kosmischen Erfahrung, und auch darauf kannst du mit der Zeit zugreifen und deine Lebenskraft potenziert sich weiter. Du wächst dabei über dieses Leben hinaus und vollendest auch die andersdimensionalen Erfahrungen und andere, nicht so gut verlaufene Leben. Wann immer du ein Leben nicht in Frieden, Vergebung und Dankbarkeit beenden konntest, weil du zum Beispiel als Hexe verbrannt oder im Krieg niedergemetzelt wurdest, muss auch dieses andere Leben noch vollendet werden, denn es bindet noch Potentiale.
Mit der Anmeldung zu Meisterprüfung in Kapitel 10 wirst du dann das Tor beim Drachen ganz aufstoßen und ab da niemals wieder glauben, du seist nur dieser Körper. Zu überwältigend echt werden dann deine Erfahrungen sein, an die du dich plötzlich oder allmählich erinnerst. Ein Mitschöpfer-Ich ist dann sein Höchstes Selbst im Körper und kann im

Idealfall permanent wechseln zwischen Einheit mit Allem-Was-Ist und der Identifikation mit diesem einen Leben in diesem Körper, das größte Spagat, das uns diese Schöpfung erlaubt. Natürlich weiß dieses Höchste Selbst-Ich dann auch, wer und was es auf anderen Ebenen und in anderen Leben war und sein wird. Der Schleier verschwindet, der dich von deinem Unbewussten trennt, selbst deine Träume werden luzid. Du erlernst selbst Techniken (du wirst zu ihnen geführt), wie du selbstständig dein eigenes Unbewusstes weiter kartierst, aber auch, wie du Kontakt aufnimmst zu deiner höherdimensionalen Familie. Alles wird immer einfacher. Dann beseitige noch die Arterienverkalkung in der Standleitung zur Quelle, lebe erst mal konzeptlos frei und ersetze sie dann allmählich gegebenenfalls durch eigene, neuere Forschungen, Instruktionen deiner eigenen Alien-Familie und durch dein inneres Wissen und voilà, dein ganzes Potential und deine ganze kreative Kraft stehen dir ab sofort vollständig zur Verfügung. Wenn wir das alle machen, wer will uns da noch aufhalten?
Halte deine Aufmerksamkeit bei dir. Der Supermarkt ist vielleicht nur deshalb so erfolgreich, weil er deine Aufmerksamkeit für lange Zeit geradezu in alle Ecken und Etagen der Regale lenkt und dich bis zur Kasse nicht mehr loslässt. Danach bist du ausgelaugt. Klar, deine Aufmerksamkeit war wo? Wohin floss also deine Energie? Wenn du stattdessen durch den Wald streifst oder durch eine andere natürliche Umgebung, gibt diese dir deine Kraft verstärkt zurück, sie antwortet lebendig. Die künstlichen Umgebungen und Konstrukte der Zivilisation können und sollen das nicht, die saugen sie ab und füllen den Geldbeutel ihrer Eigner und verstärken damit deren Kraft ihre Träume zu erschaffen. Mache mal das Experiment: Geh in den gleichen Supermarkt und kaufe genau drei Dinge, von denen du schon genau weißt, wo sie liegen, bezahl sie und beobachte dich in der gesamten Zeit. Ich wette, du bist viel kraftvoller wieder aus dem Geschäft gekommen. Es genügt, dass du dich beim Betreten des Geschäftes noch mal kurz innerlich versicherst, was deine Kaufabsicht ist. Ich hatte mal eine Zeitlang an meiner Wohnungstür innen den Zettel hängen: „Stopp, du verlässt deine sichere Umgebung. Was sind deine genauen Absichten?“ Im Supermarkt passiert

energetisch noch weit mehr: Du bist durch das freiwillige Ausgießen deiner Lebenskraft so unterwegs, als wäre das Geschäft der Garten des Besitzers und du gießt nun wirklich alles, an dem du vorbeikommst. Wahnsinn. Und schon floriert alles bei ihm ein Stück weit mehr, selbst wenn du das Geschäft verlässt und nichts gekauft hast.
Deine Aufmerksamkeit bildet an deiner Aura Fortsätze, Ausläufer und Tentakel aus, mit denen du umgekehrt auch nach der Energie der anderen greifst und nach den Energien der Umgebung angelst. Deine Aufmerksamkeit kann sich entweder mit Tentakeln zu einem gewünschten Ziel ausdehnen und dich zum Beispiel in Gedanken mit deiner Geliebten verbinden und du denkst schmachtend an sie und ziehst Energie (Schmachten=Energieziehen), oder du kannst auch deine gesamte Aura ausdehnen und auf diese Weise einen Ort reinigen oder anderen Menschen einen sicheren Raum erschaffen. Normalerweise bleibt deine Aura um dich herum und bildet nur Fortsätze. Beim Flirt zum Beispiel bilden sich schöne, bunte Schleifchen, mit denen der andere dann eingewickelt, umgarnt und verzaubert wird.
Es gibt da eine Aura-Grenze, und die wird durch deinen Willen kontrolliert. Wenn jemand diese Grenze zu dir überschreitet und dir zu nahekommt, ist das unangenehm. So kannst du übers Probieren herausfinden, wo deine eigene Aura-Grenze sich befindet. Das ist der Abstand, den du zu der Aura-Grenze eines anderen Menschen brauchst, um die Energien nicht zu mischen oder auf Wunsch zu potenzieren. Ein Abstand von anderthalb bis zwei Metern reicht normalerweise dafür aus, kein Chi auszutauschen, so dass jeder in seiner eigenen Fülle oder in seinem eigenen Mangel bleibt. Dann halten wir uns allerdings auch nicht mehr gegenseitig automatisch durch Austausch von Lebenskraft gesund und vor allem verstärken wir sie nicht mehr im Kontakt. Wir bleiben isoliert auf einem viel niedrigeren Energielevel stehen, was unser Immunsystem auch weiter runterfährst. Es gibt Menschen, die diese Grenze nicht spüren können und dir deshalb immer viel zu nahetreten (weil sie dadurch genährt werden, das ist ihr Trick), aber die meisten Menschen haben sich diesen Sinn noch erhalten. Er ist ihnen oft aber nur halb bewusst. Wenn du hinter jemand herläufst, sagen wir, mit 5 m Abstand oder mehr,

kann dieser Mensch deine Aura nicht mehr wahrnehmen. Wenn du ihm in den Nacken stierst – selbst wenn dein Bewusstsein noch so wenig kraftvoll und fokussierbar ist wie eine Glühlampe – wird nichts passieren. Hast du deinen Fokus schon trainiert und mehr Drachenkraft freigelegt und bist bereits mit einem höheren Laser-Bewusstsein statt einer Funzel unterwegs, passiert etwas Erstaunliches. Mach das mal und warte ab, bis der andere es merkt und sich irritiert umdreht. Der spürt dich! Der fühlt sich beobachtet, verfolgt oder gestalkt.

Als Mitschöpfer passiert dir das ständig. Obwohl du kaum noch hinschaust, hat es auf die anderen die Wirkung, als hättest du sie minutenlang angestarrt. Deine Aura sendet in diesem Fall einen fokussierten Fortsatz, der wie der Pfennigabsatz beim Stöckelschuh wirkt, ziemlich viel gebündelte Kraft. Selbst, wenn du dich nicht fokussierst und deine Linse ganz weit stellst und nur die gesamte Aura dabei wie eine Wolke oder Welle vergrößerst, wird sie eine Wirkung haben. Wenn eine Meereswelle übers Land spült, reißt sie alles mit sich zurück ins Meer. Im Falle deiner Aura also zurück zu dir. Gehst du also unbewusst weit streuend durch ein Geschäft, sammelst du auch alle niedrig schwingenden Energien ein und spielst die Müllabfuhr fürs Geschäft und alle sich darin befindenden Menschen (!). Und diese chaotischen Energien schleppst du dann mit nach Hause. Wenn du dich anschließend nicht nur energielos, sondern auch noch verwirrt fühlst, sobald du draußen vor dem Geschäft eine energetische Bilanz ziehst, liegt das an dem ganzen Zeug, das du aufgeschnappt und mitgenommen hast. Du hast gerade energetische Putzfrau gespielt. Ach ja, und es ist beim Drachen auf dem Haufen gelandet und kann sich dort mit gleichen Ladungen verbrüdern und verklumpen. Du gibst also deine Lebenskraft ab und bekommst im Austausch keine Kraft zurück, und das nur, weil es keine natürliche Umgebung ist. Die chaotischen Energien stammen aus den menschlich gemachten Felder, die ein Produkt und Unternehmen umgeben, denn es war ja deren Absicht, deine Aufmerksamkeit zu kriegen und dabei Profit zu machen. Da hängen alle Gedanken und Gefühle und Absichten wie klebriger Schleim an jedem Fertigprodukt, während es gleichzeitig wenig bis kaum noch Lebensenergie für dich in Form von Chi enthält.

Lässt du deine Aufmerksamkeit stattdessen beim Waldspaziergang über die Bäume schweifen, ist alles O.K., du entspannst dich, denn die lassen dich energetisch in Ruhe. Sobald du Energien wahrnehmen und besser unterscheiden kannst, weil viel mehr Lebenskraft bis zu deinem Bewusstsein durchkommt und sich auch durch dein Leben zieht, kannst du mal einen Versuch machen. Nimm einen vom Supermarkt gekauften Apfel und einen aus dem Garten. Du wirst merken, dass der gekaufte Apfel dir schwieriger aus dem Sinn geht, er nervt energetisch. Er zieht Energie. Der Gartenapfel dagegen lässt dich energetisch vollkommen in Ruhe. Nur Obst ohne Vermarktungsabsicht ist frei vom Energieziehen. Deshalb leben Menschen so viel ruhiger, wenn sie sich vorwiegend aus dem eigenen Garten ernähren. Sie behalten und verstärken ihre Lebenskraft nicht nur, weil sie sich biologisch-dynamisch gut ernähren und in ihrer Nahrung noch ganz viel Chi ist, sondern auch, weil das ganze Generve des Transports, des Verkaufs und der Herstellung wegfällt. Wenn ich zum Beispiel meine Aufmerksamkeit einer Banane spende, reist meine Energie mit ihr den ganzen Weg zurück über den Atlantik und gibt meine Energie denjenigen, die jeweils das meiste daran verdienen, und die Bananenbauern sind das dann nur selten. Bei jedem Produkt ernähre ich den gesamten Herstellungsprozess energetisch und mache mich zum Komplizen bei Ausbeutungen aller Art.
Um nicht ständig deine Umgebung zu reinigen, ziehe deine Aura einfach mit deiner Absicht enganliegend an den Körper, sie hört dir aufs Wort. Nimm sie an die Leine wie ein Hund, der sonst überall hin streunt und in grad alles seine neugierige Nase steckt, denn genau so verhalten sich die Ausläufer deiner Aufmerksamkeit. Meine Aura habe ich eine Weile ‚Struppi' genannt, als ich mir das einprägen wollte, so hieß der erste Hund in meiner Kindheit, denn so ähnlich hat sie sich auch verhalten. Ich sagte dann: „Struppi, bei Fuß!" und der Hund kam angerannt und blieb bei Fuß. Sobald mein innerer Beobachter merkte, der Aura-Hund ist schon wieder unterwegs und macht sich dann auch noch seine aufgestöberten Gedanken in mir, zum Beispiel über Hundekot, dann habe ich meine Aura zu mir bei Fuß gerufen. Fokussiere dich nur auf Dinge, die du bewusst tun und wahrnehmen willst. Oft schnappst du nämlich auch

nur Gedanken und Gefühle von anderen auf, die sie an einem Ort hinterlegt haben oder dir im direkten Kontakt übergeben. Wenn das passiert, gib bitte wenigstens keine Ladung drauf.
Wer wandert oder auf einer Strecke joggt, die mit Hundehäufchen verziert ist und so dazu aufruft, über diese Hundebesitzer nachzudenken und ihnen urteilend die Meinung zu sagen, läuft nicht nur über Tretminen, sondern über ein bestes Trainingsfeld für Mitschöpfer. Entscheide dich erst einmal, keine Ladung drauf zu geben, es ist schon da, shit happens. Keine Urteile, das sind niedrigste Schwingungen und nur sinnvoll, wenn du dir emotional Luft machen musst, so als Eruption ohne Angriff. Du würdest mit deiner Aufmerksamkeit dann auch noch diese – eigentlich zu tadelnden – Hundebesitzer ernähren, die dafür verantwortlich sind. Und sie werden verstärkt in ihrem unsauberen Tun. Und verstärken willst du es doch nicht. Was wünschst du dir stattdessen? Dass sie zumindest ihre Tiere so erziehen, ihren Kot seitlich im Gebüsch abzulegen und nicht auf dem Weg selbst. Du hast also die Absicht, auf deiner Strecke Wege zu erfahren, auf denen immer mehr gut erzogene Hunde mit sehr umsichtigen Hundehaltern unterwegs sind. Dieser Gedanke verdient eine Ladung. Deshalb sagst du dir, wie gut du dich auf solchen Wegen fühlst und wie dankbar du für diese Rücksicht bist. Und fühl dich so!
Trotzdem, immer, wenn du auf einem Weg mit Hundetupfen unterwegs bist, lassen sich die Gedanken daran, was man den Hundebesitzern mal sagen sollte und deine ganze Urteilerei darüber nicht abschütteln. Denk nun bitte nicht, du müsstest dich mehr anstrengen, nein. Du bist auch nicht ins Bewusstseinsaltertum zurückgefallen, nein, du hast nur alles aufgelesen, was im Umfeld dieses Weges von anderen Menschen als geladene Gedankenformen an diesem Ort hängen blieb. Wenn es dann zu dem passt, was du selbst gerade wahrnimmst, lässt sich die Urteilerei fast nicht abschütteln, doch wisse: Da liefen vor dir schon so einige Menschen und ließen ihre niedrig schwingenden Urteile zurück, über die stolperst du jetzt genauso wie über die Kothaufen selbst. Schicke diese Gedanken einfach weg. Das kannst du besser, wenn du deine Haltung erst einmal grundsätzlich dazu geklärt hast und weißt, dass du wegen dem Zurückfallen in der Schwingungshöhe nicht mehr urteilen willst. Wenn du

nicht hinschaust, siehst du keinen Kot, außer vielleicht, du trittst rein. Ein ideales Training für bewusstes Erschaffen. Im Prinzip ist jede Alltagssituation geeignet, um ganz neu mit ihr umzugehen, nämlich so, dass du deine Lebensenergie behältst und verstärkst. Und die ideale Veränderung erschaffst du dann auch.

Es gibt noch eine wirksame Methode, deine Drachenkraft freizusetzen. Setze dich in den energetischen Raum, der dir von einem höher schwingenden Menschen gehalten wird. Er muss noch kein Mitschöpfer sein, es genügt, dass er dir einen Schritt voraus ist. Spirituelle Menschen sind sich dieser Energien sehr bewusst und wenn sie dich zu Seminaren, Sitzungen, Einweihungen oder Meditationsabenden einladen, so bieten sie dir vor allem an, in ihrer Aura zu sitzen, die sie als geschützten Raum für die Teilnehmer aufspannen. Sie reinigen dann deine Felder und stimulieren dich zu Heilungs- und Erkenntnisprozessen, die zu deinem nächsten Schritt passen. Sie haben oft sogar die Kraft dich einzuweihen, so dass sich deine Eigenschwingung bleibend erhöht. Doch auch ohne Einweihung und Aktualisierung ziehen sie dich zumindest während der Veranstaltung zu ihrer Schwingungshöhe hoch. Lass dich ziehen, bis du sie nicht mehr brauchst, weil du sie vielleicht schon im Reifeprozess überholt hast. Oder weil sie dir alles gegeben haben und du nun bei anderen weitersuchen sollst. Viele dieser Lehrer bleiben für eine Weile auf einer bestimmten Stufe im Reifeprozess stehen, weil es einfach ihre Lebensaufgabe ist, genau diese Schwingungshöhe zu betreuen. Das ist in etwa so wie im Sportunterricht beim Zirkeltraining, da macht einer die Hilfestellung am Barren und ein anderer am Kasten. Urteile nicht über deine Lehrer, sie sind dir zumindest vorausgegangen und du solltest sie allein schon dafür achten, selbst wenn du weiterziehst. Beginnst du sie anzuzweifeln und mit dir zu vergleichen, ist das nur ein Wettbewerb der Persönlichkeiten, und du bist natürlich immer die bewusstere und bessere Persönlichkeit, das geht gar nicht anders. Nur zu, der Schatten lässt grüßen. Diese Kritik am Lehrer ist einfach nur ein Zeichen dafür, dass dieser Mensch dir alles gegeben hat, was er konnte, und du einfach dankbar weiterziehen solltest. Punkt. Jeder folgt seiner eigenen Spur, das ist das Spielfeld, auf das uns die Matrix nicht folgen kann. Weil wir es selbst

bewusst auch nicht wissen, wo es mit uns hingeht, immer nur der nächste Schritt. Und das ist das Gegenteil der vielen Schachzüge, die ein verstandesorientierter Mensch im Voraus planen muss. Die Quelle kennt alle Schachzüge. Unser Aufwachprozess ist mit der Quelle selbst harmonisiert, das ist das Besondere dieses geschichtlichen Zeitfensters. Es herrscht gerade (noch) Erleuchtungswetter. Und jedes Höchste Selbst kennt seine Aufgabe.
Wenn du das Gefühl hast, da musst du nicht mehr hin oder diesem Kanal musst du nun nicht mehr folgen und dieses Buch interessiert dich nun nicht mehr, dann hast du zumindest energetisch in der Schwingungshöhe gleichgezogen und für deinen nächsten Schritt haben andere Dinge Priorität. Wenn du eine Ausbildung bei einem spirituellen Lehrer gemacht hast, denkst du vielleicht, du kannst das jetzt auch. Aber wenn du selbst dieses Seminar oder diese Heiltechnik anbietest, läuft es nicht so richtig. Die Klienten und Teilnehmer wollen nicht kommen. Ich kenne das. Dann geht es erst mal weiter um deinen Reifeprozess, da will noch mehr geklärt werden. Und deine Drachenkraft will auch noch ganz befreit werden. Nur wenn du mit dieser Ausbildung und deren professioneller Umsetzung schon deine Lebensaufgabe gefunden hast – und das spürst du genau – wirst du gleich in dieser neuen Richtung auch professionell Erfolg haben. Dann läuft dein Reifeprozess mit und durch genau diese professionelle Praxis weiter. Will deine Selbstständigkeit nicht klappen, musst du weitersuchen. Solange du deinen Reifeprozess im Auge behältst, wird sich alles ideal entwickeln.
Du glaubst nicht an deine Heilung? Musst du dir immer noch glaubhaft versichern oder von deinem Höheren Selbst oder von einem medialen Menschen versichern lassen, dass dein Körper in einen idealen Zustand kommen wird (das ist der Job deines Drachens, wenn du ihn lässt), dann erschaffst du mit Zweifel, also durch die Linse 'Zweifel', und dann wird das Ergebnis auch zweifelhaft. Erschaffst du mit Wut, dann wird dich das Ergebnis wütend machen. Erschaffst du mit Gewissheit und Begeisterung, dann wird sich das Ergebnis gewiss einstellen und dich begeistern. Und mit ‚wird kommen' erschaffst du Zukunft statt Gegenwart, und das bedeutet, du rennst dieser Zukunft immer weiter hinterher wie die Hunde

im Hunderennen hinter der Wurst herlaufen und du fängst sie nie! Du musst in der Gegenwart die Vorstellung von Gegenwart in diesem Jetzt und auf dieser Zeitlinie erschaffen, um es als Zukunft zu erfahren.
Frage dich stattdessen einfach: „Wie kann das noch besser werden?“ Und sofort bist du wieder in der hohen Schwingung oder es geht zumindest aufwärts und du freust dich schon auf das Ergebnis. Und überlässt es der Quelle, wie sie das macht und was sie sich noch für dich einfallen lässt und auch wie lange es dauert. Idealer Körper im idealen Timing. Danke. Er ist bereits da. Du hast das Feld gesetzt durch die beste Linse, zu der du fähig bist, und dein Wunsch steht klar im kosmischen Ebay. Das Universum hat verstanden und ist längst für dich unterwegs, um dir deinen Wunsch, so gut es geht, zu erfüllen. Oder noch viel besser. Und aus diesem Feld heraus wirst du nun weitere Impulse erhalten, die dir sagen, was du selbst dafür tun kannst.
Du musst nicht wie ein ungeduldiges, nörgelndes Kind vor dem Spiegel stehen und deine Wünsche ständig wiederholen, weil das, was du im Spiegel siehst, noch nicht deinem Wunsch entspricht. Lass die Angelegenheit ganz los und wisse, dass dafür gesorgt ist. Dein Schöpfer tut, was er kann. Es läuft alles schon ideal. Und wenn du dich im Spiegel betrachtest, sage: „Whow, meine Falten scheinen sich zu glätten! Danke, Universum! Und da, dieser Altersfleck ist auch kleiner geworden. Whow, danke, Universum: Wie kann das noch besser werden, Universum: Überrasche mich mit einem Wunder, danke.“ Spürst du den Schwingungsunterschied? Eigentlich musst du dich nur um die Schwingungshöhe kümmern, während du deine Vorstellungskraft nutzt und denkst und fühlst. Und die Schwingung wenigstens bei Raumtemperatur halten. Mit deinem Körper machst du das doch auch. Und dann bist du in guter Stimmung, wohltemperiert und gut gestimmt für die nächsten Abenteuer.
Bisher habe ich es versäumt, die Aura auszudifferenzieren, sie besteht eigentlich aus zwei getrennten Energiekörpern, wobei der Emotional-Körper etwas enger anliegt als der Mentalkörper. Im idealen, gesunden Ruhezustand sind beide eiförmig. Der Emotional-Körper trägt deine Emotionen fühlbar um dich herum, deshalb spürst du bei der Annäherung an eine Person die Schwingungshöhe und die Gefühlsqualität der

Ladung (z.B. Stolz), dein Gehirn empfängt und sendet und passt sich in einem Fließgleichgewicht deiner Aura an, dadurch kann ein extern von deiner Aura selbst oder einem ihrer Fortsätze aufgeschnapptes Gefühl plötzlich in dir als ‚ich fühle mich gerade so wie…' interpretiert werden. Das Gleiche passiert mit Gedanken, die sich in deinem Mentalkörper befinden, und es spielt keine Rolle, wie sie in deinen Mentalkörper hineinkamen. Diese Signale werden dann in deinem Gehirn interpretiert, und solange du ganz unbewusst herumläufst und von diesem Vorgang nichts weißt, hältst du jeden in dir auftauchenden Gedanken für deinen eigenen. Daher sind nach vorsichtiger Schätzung derjenigen, die den Reifprozess schon durchlaufen haben und es wahrnehmen können, nur etwa 95 % deiner Gedanken und Gefühle wirklich deine eigenen. Die anderen hast du aufgeschnappt und dann ergreifst du sie mit deiner Aufmerksamkeit und machst sie zu deinen eigenen, indem du dich damit identifizierst. Einerseits nimmst du fremde Gedanken und Gefühle auf und adoptierst sie, nur weil sie wie Nachbarskinder gerade durch deinen Garten laufen, andererseits strömen mindestens ebenso viele Sinnesreize unter deinem Radar direkt ins Unbewusste, es sei denn, du hast Filter installiert, die dafür sorgen, dass du dich ihrer bewusst wirst. Und dann denkst du mal wieder an deine Fußsohle oder deine Atembeschwerden.

Deine Aura ist ein wunderbares Sinnesorgan. Kannst du es in einer Situation nicht vermeiden, in engen Kontakt mit anderen Menschen zu kommen, die dich empfindlich chaotisch zumüllen könnten, dann ist deine natürliche Reaktion, deine Aura ganz nah an dich heranzuziehen, um möglichst wenig gestört zu werden. Damit es dir von den niedrigen Schwingungen nicht übel wird. Die ideale Reaktion in einer Situation mit Familie (in ganz unterschiedlichem Bewusstsein und weit auseinandergehender Schwingungshöhe) ist die Umgekehrte: Mach deine Aura größer, und die Übelkeit verschwindet. Weite sie stufenweise aus auf das ganze Zimmer, das Haus, die Stadt, und werde so groß wie dein Land, wie der Planet, das Sonnensystem, die Milchstraße, der galaktische Haufen, das Universum und das Multiversum. Fühle dich so groß. Damit verdünnst du den Inhalt deiner Aura und verteilst ihn gleichmäßig in der ganzen Schöpfung und das ist ideales Recycling. Kehrst du aus dieser

Größe wieder zurück in deinen Körper, kannst du noch einen weiteren Trick aus der Access Consciousness Werkzeugkiste anwenden und in einer Entfernung von 100 000 km anhalten. Und dann in deinem winzigen Körper vor dir absichtlich das eine Molekül umdrehen, das, wenn es umgedreht wird, dir ermöglicht, mit diesen Menschen zu sein und ihre Nähe zu genießen, ohne ihre Müllabfuhr zu spielen. Oder das Molekül, das dich noch daran hindert, dein neues, fantastisches Leben jetzt zu erfahren. Was auch immer diesmal das Molekül macht, es ist hilfreich. Dann setze deine Reise zurück in deinen Körper fort.

Bist du außerdem gerade mit urteilenden Menschen zusammen, handelt es sich bei ihren Urteilen um direkte Angriffe. Stehst du mit ihnen in einer Beziehung (Arbeitskollege, Chef, Bruder, Nachbar), kannst du mit der Aura allein ihren Angriffen nicht entgehen, sie beschießen dich über eure Verbindung (Beziehung) und es trifft dich sogar, wenn du nichts davon weißt und heute krank Zuhause geblieben bist. Damit kannst du auf zwei Arten umgehen: Steht dir der urteilende Mensch persönlich direkt gegenüber und er schimpft und redet ärgerlich auf dich ein oder macht eine schneidende, gemeine Bemerkung, dann verteidige dich nicht. Mach auch hier das Gegenteil und beseitige jeden Schutz davor. Lass deine Barrieren runter, und ihre Angriffe werden so durch dich hindurchziehen, als wärst du Luft. Nur die faktische Information halte in dir zurück, um zu verstehen, was der Hintergrund seines Tuns ist. So wirst du vielleicht plötzlich verstehen, was bei deinem Angreifer noch im Schatten liegt. Du kannst dir stattdessen auch vorstellen, dass auch jeder verbale Angriff eigentlich nur Energie ist und in ihrer höchsten Form göttliche Liebe, und die empfängst du nun vom anderen bedingungslos. Du nimmst das Etikett weg (die niedrige Schwingung und deren Qualität), behältst aber die Ladung selbst, und erntest aus seinem Angriff die reine, schöpferische Energie. Sie wird dir von deinem aggressiven Gegenüber gerade gespendet. Du darfst dankbar sein.

Wenn du das fünf Minuten durchhältst, fallen dem anderen keine Bosheiten mehr ein, sein Speicher ist erst mal erschöpft. Und da du dich nun an die Fakten dieses emotional geladenen Angriffs noch gut erinnerst und ihn und sein Tun bedingungslos angenommen hast, kannst du nun

mitfühlend empathisch agieren, ohne noch reaktiv sein Muster zu bedienen. So gibst du ihm die Chance, etwas Neues zu lernen. Dieses Werkzeug heißt ‚Barriere runter' bei Access Consciousness. ‚Barriere runter' ist ein sehr wirksames Werkzeug in Konflikten. Und das hat auch damit zu tun, dass alle Persönlichkeitsmenschen gar nicht anders können als rumzulaufen und mit sich selbst beschäftigt zu sein und einem anderen keine Aufmerksamkeit bewusst ganz zuzuteilen. Sie befinden sich fast immer im Zustand des Multitaskings. Es gibt Menschen, denen wurde noch nie eine ganze Minute konzentriert zugehört. Nie. Ich weiß nicht, ob du dir das vorstellen kannst, in welchem Zustand sich ein so bedauernswerter Mensch befindet. Konzentriert Zuhören heißt ‚zu 100 %' und kein Prozent weniger. Tranfunzeln können ihre Aufmerksamkeit noch nicht minutenlang auf jemand richten und alles bedingungslos empfangen, was der zu erzählen hat, sie werden vielleicht schon beim dritten Wort getriggert oder abgeschaltet, und zumindest ein Teil ihrer Aufmerksamkeit schweift schon wieder ab. Ihr Monkey-Mind übernimmt schon nach ein paar Sekunden wieder das Ruder. Trainiertes Laser-Bewusstsein kann so zuhören. Gib einem Menschen seine Minute und du transformierst sein Leben. Das meinte Michael Ende damit, als er sagte, seine Buch-Heldin Momo könne so zuhören, dass sich die Probleme ihrer Freunde von selbst auflösten, während Momo nur zuhörte.
Willst du etwas Distanz zwischen dir als Ich und den eventuell nur aufgeschnappten Gedanken und Gefühlen schaffen, so empfehle ich den ‚Interessanten Standpunkt'. Bei diesem Bewusstseins-Werkzeug sagst du: „Interessanter Standpunkt!" zu einem Gegenüber, der dich überzeugen will. So bleibt das Gesagte vorerst zwischen euch beiden stehen und du kannst Zuhause entscheiden, ob da was dran ist. Und ob du das auch so sehen willst. Wobei es am besten ist, keinen festen Standpunkt einzunehmen, denn den musst du dann ja auch verteidigen. Entdeckst du solche Meinungen und Standpunkte in dir (z.B. auf der Hundeauslaufstrecke), sagst du „Interessanter Standpunkt, dass ich diesen Standpunkt habe. Alles, was das ist, und alles, was das nicht ist, vervielfacht um eine Godzillion, das zerstöre ich und mache es in seiner Erschaffung ungeschehen." Es folgt der Löschungssatz und seine Wiederholung, bis

die Energie entladen ist und du dich wieder in deiner Mitte befindest, bei mir von Gähnen begleitet. Hast du Gedankenformen in dir identifiziert, sage nicht: „Ich bin krank.“ Sage vorsichthalber nur „etwas in mir fühlt sich krank an“. Es ist auch sehr hilfreich, eine Gedankenform an den Urheber zurückzuschicken, dann kommt sie nur verstärkt zurück, wenn du selbst der Urheber warst. Der wirksamste Satz dafür lautet (und den nutze ich wie den Löschungssatz deshalb nur in Englisch): „Return to from whence you came never to come back to me or my reality.“ Du wirst sofort spüren, dass die Energie leichter wird, denn eine hochschwingende leere Mitte ist unser wahres Selbst, es ist ein Ich, das über den Reifeprozess immer noch höhere Ebenen von sich selbst als Ich in den Körper holt. Und dann läuft dein Leben wie am Schnürchen, oder wie man in Access Consciousness sagt: „All life comes to me in ease and joy and glory“.

Weiterführendes Werkzeug: Beobachte deine Kraft/Lebenskraft über den Tag verteilt, bleibe dir deines Körpers und deiner Aura bewusst und versuche deine Energie zu behalten und absichtlich zu verstärken.

8c. Die Macht der Gewohnheiten nutzen

Deine Gewohnheiten sind mächtige Einflussfaktoren für dein Leben, sie sind zu einem Drittel für deine Neuschöpfungen verantwortlich, die du unbewusst automatisch und ganz ohne Drachenträume weiter erzeugst. Die anderen beiden Drittel teilen sich deine bewussten Absichten mit deiner gewohnten, gestalteten Umgebung (Feng-Shui). Auch mit deinen Gewohnheiten erschaffst du eine stabile Fortsetzung deines Lebens so automatisch, dass du in der Regel nicht einmal merkst, dass du auch ganz andere Erfahrungen machen könntest: Solche, die du als gut oder sogar viel besser bewerten würdest, und solche, die du als schlecht oder gefährlich einstufen und unbedingt vermeiden wolltest. Du hast sicher auch bereits Gewohnheiten mit viel Willenskraft zu verändern versucht, oft verbunden mit guten Vorsätzen fürs neue Jahr, oder für einen anderen Neubeginn. Du hast dabei die Macht deine Gewohnheiten erfahren, denn sie haben ein eigenes Kraft-Momentum: Wie eine schwere Lokomotive walzen sie alles nieder, was sich ihnen in den Weg stellt und rollen automatisch auf den alten Gleisen weiter. Das Bild trifft den Sachverhalt sehr gut: Du kannst eine fahrende Lokomotive nicht einfach auf ein neues Gleis setzen, die Kraftanstrengung für Bremsung und Aushebelung ist einfach zu groß. Du brauchst eine Weiche, weit genug in der Zukunft, damit du Zeit hast, die neuen Gleise zu verlegen. Erst dann lohnt es sich, die Weiche umzuschalten.

Im Reifeprozess wird es sogar noch viel schwieriger, zu neuen Gewohnheiten zu wechseln, denn dein Momentum an Kraft in Bewegung, an lokomotiver Masse sozusagen, wird umso größer, je mehr zusätzliche Drachenkraft du in dir freilegst, denn umso mehr Fahrt nimmt die Macht deiner Gewohnheiten auf. Dein Wille, deine Fähigkeit zur bewussten Kraftanstrengung, schrumpft dagegen, denn er bedeutet bewusste Anstrengung, so als wolltest du dich dieser Lokomotive entgegenstemmen oder sie von Hand auf ein neues Gleis schieben. Versuche es gar nicht erst, spar dir die Kraft. Du musst parallel schon eine neue Gleisstrecke verlegen, sie muss schon mindestens drei bis vier Wochen im Voraus gebaut werden, um zu einer erschaffenen Gewohnheit zu werden, und dann musst du dich auch noch um die Weiche kümmern, die du weit im Voraus einbaust, so dass die neue Strecke irgendwann fertig ist und du einfach in idealer Leichtigkeit von einem Gleis aufs andere wechseln kannst. Mit dem bewussten Erschaffen vom Sofa aus, nur in deiner Vorstellungskraft, verlegst du die neuen Gleise. Das wird dich ideal unterstützen, sowohl in deinem Reifeprozess als auch danach in deinem Leben als bewusster Mitschöpfer.

Ideal wäre es, für eine angestrebte Veränderung die Geschwindigkeit deines Lebens zu drosseln und in eine Bremsung zu gehen, dazu kommen wir im nächsten Kapitel. Wenn du aus deinem Einsiedler-Rückzug, indem du die Weiche neu stellst, zurückkommst, sollten die neuen Gleise schon so ausgelegt sein, dass die Lokomotive nicht wieder ins alte Gleis zurückspringen kann. Es wird dir gelingen, doch versuche eine

Gewohnheit nicht mit dem Willen zu verändern, erschaffe sie dir stattdessen bewusst, nur mit deiner Entscheidung, deiner Absicht, der 30-Tage-Wiederholung und dem Löschen der alten Gewohnheiten auf energetischer Ebene. Und erfinde dir eine gute Weichenstellung. Bewerte nicht, wenn es nicht gleich gelingt, das bedeutet nur, du bist bereits keine Homo Sapiens Sapiens mehr, der alles mit Willensanstrengung logisch durchdacht umsetzt und sich dann nach Tagen, Wochen oder Jahren (je nach Schwingungshöhe) über den Jo-Jo-Effekt wundert, weil das dual Erschaffene ihn wie ein karmischer Bumerang einholen muss.
Du erschaffst schon viel zu stark und vor allem sehr viel schneller in der Umsetzung, als dass dir dieses Vorgehen noch gelingen könnte. Hast du dich bei deinen Willensanstrengungen bisher für einen Versager gehalten, so kann dein Versagen auch einfach dadurch verursacht worden sein, dass du schon zu weit fortgeschritten im Reifeprozess bist. Du musst lernen, oberhalb von Dualität erschaffen. Oberhalb der Schaukel der Gegenteile aus der Mitte heraus. Dein Haufen beim Drachen wird schon zu stark aktiviert. Du bist bereits mit einer dicken, fetten Mitschöpfer-Lokomotive unterwegs. Hör bitte einfach auf, dich zusätzlich noch selbst dafür zu verurteilen, dass bei dir die Methoden nicht funktionieren, die deine Homo Sapiens Sapiens Freunde dir so erfolgreich anpreisen und vorleben. Bei dir funktioniert es nur anders, aber viel eleganter, ganz ohne Kraftanstrengung und vor allem bequem vom Sofa aus. Und mit viel mehr Selbstliebe und Selbst-Bewusstsein, mit viel mehr Freude und am Ende auch mit den besten Gewohnheiten, die du dir wünschen kannst. Keine Urteile bitte, die ziehen dich nur runter. Deine jetzigen Gewohnheiten sind ideal, um dein jetziges Leben genauso wie es ist, weiter aufrechtzuhalten und weiterlaufen zu lassen. Nur wenn du etwas ändern willst, musst du wissen, wie. Sonst vergrabe dich weiter in Netflix.
Die Macht deiner Gewohnheiten hast du selbst durch ihre ständige Wiederholung erzeugt. Besser verständlich ist ein Vergleich mit einem Fahrzeug, das nicht auf Gleisen unterwegs ist, sondern auf einem Feldweg. Durch die Wiederholung gräbt sich diese Gewohnheit immer tiefer in den Feldweg ein. Wenn du dann einen neuen Feldweg für dein Leben anlegen willst, sind die alten Fahrrinnen für eine Weile sehr verführerisch, du

kannst immer noch in sie zurückfallen. Zumindest in der längeren Übergangs-Phase kannst du noch jederzeit abrutschen. Mit den 30 Tage-Wiederholung einer Absicht und der Löschung aller Hindernisse nimmst du eine zeitliche Akkupunktur vor, die eine neue Kraft erschafft, und die zu löschende alte Gewohnheit wird nicht mehr genährt und schrumpft auch ohne Löschung immer weiter in die Bedeutungslosigkeit. Nur wenn deine Drachenkraft noch schläft, ist dieses Momentum so klein, dass du es allein mit dem Willen und ohne andere Tricks ändern kannst, dann ist es mehr eine Spielzeuglokomotive und selbst ein Kind kann sie ganz leicht auf ein nächstes Gleis setzen. Bewusste Erwachsene müssen es anders machen, um den Jo-Jo-Effekt zu vermeiden. Wenn du es also nicht mit Willensanstrengung schaffst, dich zu verändern, ist das ein sicheres Indiz dafür, dass du schon mit viel mehr Durchfluss an schöpferischer Lebenskraft unterwegs bist. Du spielst nicht mehr mit Spielzeuglokomotiven, du fährst eine echte, eine Große!
Wer nimmt sich nicht an Silvester vor, was er im neuen Jahr alles ändern will? Und wie lange hält er das durch? Und ich spreche hier nur allgemein von Gewohnheiten, nicht von den Suchtmitteln, die kommen noch hinzu und sie zwingen den abhängigen Menschen sogar materiell auf die alten Gleise zurück. Er wird mit Entzugssymptomen bestraft, will er das Suchtmittel aufgeben. Kaffee, Tee, Zigaretten, Zucker, Schokolade und Alkohol – das sind die geduldeten Drogen, sie dämpfen den Reifeprozess, bringen ihn zum Stillstand oder bewegen ihn sogar rückwärts. Und dann sind da die verbotenen Drogen, die eines gemeinsam haben: Sie haben das Potential, innere Räume zu deinem Unbewussten zu öffnen, zu erweitern und dich raus aus dieser Realität zu führen. Du kannst auf einen Horrortrip durch deinen Schatten gehen, dann bist du zufällig im Haufen beim Drachen gelandet, oder auf Visionssuche, dann bist du bereits in die Standleitung gelangt und findest im Idealfall heraus, was deine Lebensaufgabe ist oder zumindest, dass du ewig lebst. Und schließlich gibt es noch die Medikamente, auch sie sind Drogen, die einen Körper zeitweise oder dauerhaft materiell beeinflussen und immer auch eine – meist – bewusstseinsdämpfende und schwingungsabsenkende Wirkung

entfalten, zumindest, wenn sie gönnerhaft von der Matrix erlaubt und entwickelt wurden.
Während alle Drogen dir körperlich auch schaden (lies z. B. den Beipackzettel bei Medikamenten), dämpfen die einen den Reifeprozess, bringen ihn zum Stillstand oder kehren ihn sogar um, während die anderen den Reifeprozess triggern, unterstützen, fördern und entfalten, vor allem, wenn sie vernünftig und unter schamanischer Aufsicht eingenommen werden. Die Sucht ist auf jeden Fall schädlich für einen Mitschöpfer, er lebt dann nicht souverän, sondern materiell fremdgesteuert. Jeder Mitschöpfer sollte suchtfrei leben. Interessant für unser Bewusstwerden ist allerdings, nach welchen Kriterien die Drogen ausgewählt werden, gegen die eine Hetze und staatliche Verfolgung und Bestrafung einsetzt und welche die Matrix andererseits einfach duldet und fördert und womit dann auch noch das große Geld zu machen ist (= Abschöpfung von Lebenskraft, welche durch die Aufmerksamkeit vieler in die Themen eingespeist wurde). Allein durch Rauchen starben über 100 000 Deutsche im Jahr, Stand 2020!
Doch das ist wieder ein anderes Thema, es zeigt nur: Alles hat mit allem zu tun. Es gibt keine isolierten Probleme, sie werden künstlich aus dem Zusammenhang gerissen, um sie über die Massenmedien aufzugreifen als das nächste Melkprogramm, es ist dann einfach wieder Erntezeit, wenn die Medien ein neues Thema hochspielen. Dual wird das Problem dann in Für und Wider aufgeschaukelt und Befürworter und Gegner liefern freundlicherweise in ihrem Kampf gegeneinander ihre Lebenskraft ab. Der Matrix ist es egal, ob du auf der Seite der Guten oder Bösen kämpfst, sie sehen dich als lächerliche Spielfigur, die sie benutzen, du bist für sie ein Don Quijote, der gegen Windmühlen kämpft, die sie dir extra hinstellen, damit du dich an ihnen abreagierst. Sie benutzen dich nur in ihrem Schachspiel. Und sie denken in ihren Zügen dabei so weit voraus, dass sie bisher noch jeden menschlichen Helden, der für das Gute kämpfte, mit ihrem Spiel schachmatt gesetzt haben, wenn nicht anders, dann mit einem verrückten Attentäter. Spiel erst gar nicht mit ihnen! Lass sie ihr Spiel mit ihren menschlichen Persönlichkeits-Marionetten gegeneinander austragen und erschaffe mit allen anderen Mitschöpfern

zusammen ein ganz neues Spiel. Eines, das die Quelle selbst miteinbezieht und sich in Harmonie mit der Erde bewegt und in ihrem Biotop zum Wohle aller ein dynamisches Fleißgleichgewicht anstrebt.
Die unbewussten Menschen werden durch das hochgespielte, mediale Thema wie Terror, Atomkrieg, Baumsterben, Klima und Grundrechte stimuliert, sich zu beteiligen und maßlos aufzuregen. Und dabei auch noch alle ihre Mitmenschen möglichst mitzureißen. Wie eine Welle schwappt diese hochemotionale Phase dann durch die Gesellschaft, mittlerweile global. Ganz viel Emotion, das sind die dicksten Kartoffeln für die Ernte. Themen müssen emotional aufgeladen werden und über die sozialen Medien weiter emotional verstärkt, denn es geht nur um die Abschöpfung, um die emotionale Ladung – in niedriger Schwingung. Eine zu hohe Schwingung ist für die Wesen hinter der Matrix zu schwer verdaulich. Von echter, hochschwingender Liebe bekommen sie heftige Bauchschmerzen und Blähungen (so wie die hochschwingenden Menschen umgekehrt von deren energetischen Ausdünstungen). Ist die Ernte dann eingefahren, bieten sie den nächsten Aufreger an, kleine regionale und größere globale. Sie werfen ihre Netze, die Fischer. Und dann holen sie diese wieder ein.
Deine Gewohnheiten können natürlich auch schon richtig gut sein, so wie das tägliche Joggen, der Spaziergang mit dem Hund, die Zubereitung einer gesunden Mahlzeit oder das frühe Zubettgehen. Sie alle sind deine guten Schöpfungen aus der Vergangenheit, die du täglich oder in einem anderen Rhythmus aktualisierst, so wie jedes Jahr Weihnachten gefeiert wird. Du aktivierst und verstärkst ihr Momentum mit jeder Wiederholung. Sie bilden zusammen das sichere Gleis, auf dem deine Körper-Geist-Seele-Einheit in die Zukunft donnert. Und seelenverschmolzen und mit deiner Drachenkraft im Bunde gewinnen sie ein super starkes Momentum, eine Bewegung deines Ichs durch dein Leben, die sich deiner bewussten Kontrolle entzieht und auch weiter entziehen wird. Du musst die Gewohnheiten immer wieder überprüfen, ob sie noch zu dir, deinem Bewusstsein und deinem Reifeprozess passen, und gegebenenfalls ihre Veränderung bewusst erschaffen, sobald du ihre Wirkung auf

dein Leben erkannt hast, vor allem, wenn sie dich in eine weniger gute Richtung führen.
Du hast bestimmt deine eigenen Tricks entwickelt, wie du bewusst eine Gewohnheit veränderst. Manchmal zwingen uns Krankheiten dazu, aber meistens setzen wir einfach nur unsere Einsichten um. Willst du eine neue Gewohnheit ohne Vorgeschichte aus dem Nichts (dem Nullpunktfeld der Quelle, dem Quantenfeld aller Möglichkeiten) erschaffen, so solltest du sie mindestens drei Wochen täglich (nur als Absicht) wiederholen, ohne sie schon umzusetzen. Damit baust du die Gleise. Am Ende des Zeitabschnitts plane die Umstellung, die Weiche. Bei mir hilft es, wenn ich dies mit drei Tage Fasten kombiniere. Und dann justiere die neue Gewohnheit bewusst in größeren Abständen immer mal wieder. Am besten hängst du die Neue einfach an eine Gruppe von guten Gewohnheiten an, die sie dann mitziehen werden, z.B. an das Frühstück. Willst du dafür eine andere Gewohnheit aufgeben oder musst sie sogar ersetzen, ist die Alte in der Sammlung aller Gewohnheiten, sozusagen in deiner Lokomotive, noch vorhanden und will sich weiter durchsetzen. Diese Gedankenform, dieser Geist gibt dir dann weiter Impulse ein, die dich regelrecht zu der alten Gewohnheit verführen. Sie haben dabei die ganze Mannschaft der Lokomotive hinter sich, die sind längst befreundet, da steht eine ganze Versammlung an Geistern hinter ihnen. Ein solcher, durch seine Aktivierung rhythmisch verstärkter Geist liefert dir dann auch alle Argumente und Gefühle, die dich in die alte Gewohnheit zurückzwingen. Der ist sowas von clever! Vor allem, weil er in deinem Geist herumspukt und du denkst dann, dass du das selbst denkst.
Diesen Mechanismus nenne ich eine mental-emotionale Sucht. Der alte Geist schlägt in deinem Kopf sogar Purzelbäume, wenn das hilfreich ist, um dich zurück in die alte Gewohnheit zu zwingen. Das bist nicht du, dieses ewige Ich, das da in diesem Moment doch wieder zur Schokolade vor dem Fernseher greift, das sind all diese dienstbaren Geister, vereint in einem Geist, alle, die du auf Astralebene selbst erschaffen hast, um dir Erfahrungen vorbeizubringen. Du bist der Zauberlehrling und dein Besen geht mal wieder mit dir durch. Verurteile dich nicht, nimm es stattdessen mit Humor, sie haben dich mal wieder rumgekriegt, deine inneren

Heinzelmännchen, das ist schon alles. Sie erfüllen einfach ihre Aufgabe, du wolltest das offenbar immer wieder erfahren, so denken sie, solange diese Energie noch nicht gelöscht ist. Sie wurden erschaffen für eine bestimmte Absicht und die wollen sie nun auch – auf Teufel komm raus – durchsetzen, die Guten. Es ist dein Auftrag, und sie sind wunderbar darin, dir deine Erfahrungen zu liefern.
Dieser Schokoladengeist und seine Kumpane verpassen nun keine Gelegenheit, deine Ich-Schwäche auszunutzen und dich doch noch zu ‚kriegen', um dich doch noch in die vernachlässigte und unerwünschte Gewohnheit zurückzuholen. Gedankenformen wollen wirken. Sobald du dich innerlich etwas hängen lässt, wittern deine dienstbaren astralen Geister ihre Chance. Sie gehen dabei unvorstellbar raffiniert vor, du solltest sie bewundern und dich amüsieren, wie sie dich nun schon wieder drangekriegt haben. Trockene Alkoholiker erzählen davon, dass sie eigentlich nur dem Impuls ‚Durst' gefolgt sind, und dann wollten sie bewusst ein Glas Wasser trinken. Sie standen am Bahnhof, also gingen sie rein in die Wirtschaft, weil es doch so kalt draußen war und noch Zeit blieb, bis der Zug kommen sollte. Oh, sie sind so raffiniert, diese Geister, und sie argumentieren so unglaublich logisch! Obwohl dieser Alkoholiker wusste, er würde sich nur ein Wasser bestellen und etwas aufwärmen, schaut er in die Karte, einfach nur so aus Interesse, aber als dann die Bedienung kam, bestellte er sich doch plötzlich ein Bier. Denn davon würde es ihm ja wärmer als von kaltem Wasser. Wasser, das war ihm nun zu kalt. Und schon hatte er sich wieder einen Rückfall gebaut. Man muss diesen Verführern viel früher auf die Schliche kommen, es war kein Durst, jedenfalls keiner nach Wasser. Man muss im Voraus schon alle Situationen weitläufig vermeiden und zum Beispiel immer etwas warmen Tee mit sich führen. Und auch nie in der Nähe der Bahnhofswirtschaft warten, sondern möglichst weit entfernt.
Die neue Gewohnheit wäre dann, immer etwas Warmes zu trinken dabeizuhaben und keine Lokale zu besuchen, in denen auch Alkohol ausgeschenkt wird, um dem innerlichen Geistern keine Chance zu geben. Das ist keine Willensschwäche, diese Menschen sind im Gegenteil schon starke, halbbewusste Mitschöpfer, die das Opfer ihrer eigenen

Schöpfungen werden, ihre Lokomotive überrollt sie einfach. Wer da von Willenskraft redet und damit angibt, wie er selbst das besser macht, darf sich sicher sein, sein Drache schläft noch tief und fest, viel fester als der in dem Süchtigen, viel, viel fester. Mit so einem geringen Durchfluss an Lebenskraft können sie mit ihrem Willen natürlich noch alles erreichen, und sie nutzen dabei oft sogar einen ganzen Charakterpanzer, um ihn durchzusetzen, aber das ist wieder ein anderes Thema. Ihre Persönlichkeit muss es dann richten, super, kann sie ja, aber bewusstes Erschaffen geht anders. Suchtprobleme führen direkt in den Reifeprozess, ein solcher Mensch kann es fast nicht mehr vermeiden, noch in diesem Leben ganz aufzuwachen. Denn mit jeder Sucht betäuben wir unseren Drachen. Gut, sie können alternativ auch ihren Körper für das künstliche Koma anbieten, sie haben den freien Willen, sich so zu entscheiden. Und wenn sie weiter nur an sich selbst denken und um die eigenen Bedürfnisse kreisen, wird ihnen auch bald nichts anderes mehr übrigbleiben.

Mich hat meine Essstörung schon früh gezwungen, mich mit der Änderung von Gewohnheiten zu beschäftigen. In der Pubertät war ich magersüchtig, in der Schulzeit davor ein dickes Kind. Im Laufe meines Lebens entwickelte sich Essen dann zu meinem bevorzugten, weil einzig zugängliches Rest-Vergnügen. Essen war mein Trost, meine Therapie, mein Lebensretter (der mich vom Selbstmord abhielt) und einfach das ideale Medikament, um unliebsame Gefühle zu unterdrücken und mich ‚wegzudumpfen'. Wann immer mein Leben auf einem bestimmten Gleis dann unbewusst automatisch weiterrollte, nahm ich kontinuierlich zu, weil ich genau das nicht wahrhaben wollte. Ich verlor meine Lebendigkeit, meine Kreativität und nahm zu. Irgendwann brachte ich mich dann mit einer immensen Kraftanstrengung auf Idealgewicht runter, jedoch jedes Mal nicht mehr ganz so weit nach unten wie das vorherige Mal. Das Gewicht schob sich auch wieder viel schneller nach oben als das vorherige Mal. Das führte dazu, dass mein Binging (Essen ohne Limit) auch zu meinem besten Test wurde, wie weit ich tatsächlich schon in der Umsetzung meines Reifeprozesses gediehen war. Denn mir sah man das an! Mein Freund und Lehrer Sanat Kumara eröffnete mir dann auch noch, dass der Inhalt meiner Fettzellen dem Teil des Haufens beim

Drachen entsprach, den ich immer noch nicht vollendet hatte. Jede Fettzelle sei wie ein kleiner Tresor und die bewusste Vollendung sei die Zahlenkombination, ihn zu öffnen und zu entleeren. Die entleerten Tresore stünden aber auch weiter bereit und es würde eine Weile dauern, bis sie kein Momentum mehr hätten, sich wieder zu füllen mit neuen Verdrängungen, wenn auch nur mit den Alltäglichen, den Kleinen. Die anderen Menschen würden auch an meinem Übergewicht erkennen, dass ich noch eine Menge verdränge. Das war ziemlich gemein, denn einem Junkie und Alkoholiker oder Raucher sieht man es nicht an, die lagern ihre Verdrängungen direkt als Organstörungen und noch mehr in ihren ätherischen Körpern, krank werden wir aber – sie wie ich – von den Verdrängungen und Vergiftungen, nicht von unseren Süchten.
Wird der Haufen beim Drachen nicht abgebaut, kommt die nächste Sucht oder füllen sich wie bei mir die alten Fettzellen wieder. Ich besitze bis zum heutigen Tag kein Sättigungsgefühl, das ging mir schon in der Kindheit verloren. Wie ich heute weiß, verursacht durch den Missbrauch. Ich kann also nur zwischen ‚leer' (gleich Hunger) und ‚voll' unterscheiden (nichts geht mehr). Langsames Essen ändert daran nichts, nur mal so für die ‚Experten' unter meinen Lesern, die meistens selbst noch nie in einer solchen Lage waren. Als ich mich nach Gran Canaria zurückgezogen hatte und schon nur in Energie, Schwingung und dem Erschaffen von Feldern dachte (siehe Buchtrilogie), wurde mir erst bewusst, wie mächtig dieser Binging-Geist war, den ich selbst erschaffen hatte, der holte mich immer wieder ein! Sanat Kumara erklärte mir dann, er rechne mit neun Monaten, die ich ihn nicht aktivieren dürfe, dann würde er seine Kraft ganz verloren haben. Da erst wurde mir bewusst, was mit meinen Essgewohnheiten passiert war. Während ich dort auf der Insel versuchte, nicht an das süchtig machende Essen zu denken und der Gier nicht nachzugeben, bekam ich Respekt vor diesem Geist. Es hatte was von der Medusa, die man auch nicht direkt anschauen – angehen – durfte, denn dann würde sie mich töten. Wie konnte ich diesen Geist von meinem schöpferischen Laptop löschen? Einfach nicht daran denken. Seine Impulse ignorieren, falls möglich, und ihnen folgen, wenn das nicht geht.

Dabei aber nicht werten. Das war eine geniale Einsicht. Einfach laufen lassen und dranbleiben.

Jede Aufmerksamkeit machte das Problem größer, mit jedem Impuls, mit jeder Verführung verbrauchte der Geist seine Kraft und schrumpfte. Ich durfte ihn nur nicht neu nähren. Und mich auch nicht durch Meinungen und Propaganda unbewusster Menschen dazu bringen lassen, einen Geist, der möglicherweise sogar mit einer bestimmten parasitären Lebensform zusammenarbeitet, mit meiner Drachenkraft groß und mächtig aufzublasen. Das sah für meine Mitmenschen so aus, als ob ich besonders unbewusst handelte, denn ich feierte zeitweise regelrecht Orgien mit Junkfood. Ich kämpfte nicht mehr. Mein Ziel war es, mich mit diesem Thema nicht mehr zu beschäftigen, egal, ob er mich rumkriegte oder nicht. Für meine Mitmenschen sah es so aus, als habe ich nun völlig den Verstand verloren, doch es war nur ein anderes Bewusstsein, das sie nicht verstehen konnten. Ich habe im Übrigen noch niemand getroffen, der sich allein mit bewusster Ernährung den Reifeprozess emporgearbeitet hat, es gehört viel mehr Bewusstsein dazu als die Besserwisserei, was ich essen sollte.

In meiner Lichtfilz-Buchtrilogie gehe ich ausführlich auf solche Felder/Geister ein und wie wir sie mit dem Werkzeug der fokussierten Aufmerksamkeit selbst bewusst erschaffen. All diese modernen Selbsthilfebücher und Problemlösungsansätze machen dagegen vor allem eines: Sie verstärken das Problem. Sie helfen nur denen, die über wenig Lebenskraft, eine dicke Persönlichkeit und einen noch dickeren Schatten verfügen. Sie helfen keinem Mitschöpfer auf seinem Weg, mehr er selbst zu werden. Suchtgefährdete Menschen haben per se schon einen größeren Durchfluss an Lebenskraft. Das ist ihr Problem und macht den Reifeprozess in diesem Leben zu ihrer einzigen Rettung, egal wie lange sie es zuvor versuchen, alles so zu machen wie die anderen, sie müssen aufwachen oder sie gehen früh unter. Es wird bei ihnen nichts funktionieren. Sie können schon so gut ihre Probleme aufblasen und wenn sie mit anderen über ihr Problem reden, tun sie das auch weiter.

Eine Absicht gekoppelt an eine Handlung erschafft einen Geist, eine Gedankenform, ein Feld. Wie beim Radiosender hat es keine äußere

Grenze, es wird ausgestrahlt und zieht ähnliche Felder an. In meiner Binge-Hochphase mit den guten Vorsätzen und dem Willenseinsatz konnte ich sicher sein, dass meine Freundin ausgerechnet mir auch noch das letzte Stück Käsekuchen anbot, das im Kühlschrank stand, während sie bei anderen Besuchern nicht einmal daran dachte, dies zu tun. Denn ich trug in meiner Aura das Problem ‚ja und nein Käsekuchen' mit mir rum. Alle Zufälle arbeiteten damals gegen mich. Und ich blies den Geist immer weiter auf, weil es immer wichtiger wurde, wie ich mit dem Essen umging. Erst als ich mich stattdessen mit dem verdrängten Zeugs beim Drachen beschäftigte und Essen als Thema ignorierte, lockerte dieser perfide Geist seinen Griff. Heute würde ich ihn gleich löschen, aber das konnte ich damals noch nicht.

Unsere gesamte Technik ist eine sehr grobe und schlechte Kopie der realen Zusammenhänge in der lebendigen Schöpfung, von der wir ein Teil sind. Nichts davon ist in der Schöpfung neu. Die Algorithmen, die dir im Internet Produkte anbieten, passend zu deinem bisherigen Verhalten, die bezeichnest du doch auch nicht als ‚zufällig'. Sie sind gemacht. Es gibt keine echten Zufälle. Oder wie ein weiser Mann einmal sagte, ‚Gott würfelt nicht'. Doch, das tut er schon, aber nur innerhalb eines wunderschönen, mathematischen Regelwerks, wovon die Wahrscheinlichkeitsrechnung (Zufallsforschung, Stochastik) ein wesentliches Teilgebiet ist. Unsere lebendige Schöpfung steckt voller Algorithmen im Rahmen von Gesetzmäßigkeiten. Daher nennen bewusst spirituell erwachte Menschen solche Zufälle auch Synchronizitäten, sie sind deinen Absichten synchron und du ziehst sie an durch Geister, die du erschaffen hast. Für mich ist es eher ein Alarmzeichen, wenn diese wunderbaren ‚Zufälle' ausbleiben. Sie sagen mir, dass ich wie Rotkäppchen schon wieder Blumen-pflückend vom Weg abgekommen bin, nur weil der Wolf mir seine Matrixversion in den Kopf gesetzt hat. In der Matrix gibt es keine Zufälle. Sie ist so mechanistisch wie dein Auto, beide überraschen dich nur, wenn sie kaputt gehen.

Doch zurück zu den Gewohnheiten, bei denen es sich um die Zusammenballung besonders mächtiger Felder/Gedankenformen handelt, das sind deine privaten Lobbyisten, die dir in deine eigene, souveräne Politik reinreden. Auch wenn ich damals noch nicht wusste, dass ich in einer sehr hohen Eigenschwingung den Inhalt solcher Felder entleeren und neu überschreiben oder löschen kann, so als wären es Dokumente auf meinem Computer, konnte ich den Binge-Geist einfach nicht entmachten. Ich wurde diesen Geist, den ich mir als Lebensbegleiter so mächtig selbst erschaffen hatte, einfach nicht mehr los. Ich lernte aber, den Weg des geringsten Widerstandes zu gehen und erkannte, dass es egal war, ob ich seinen Impulsen folgte oder nicht, er verlor immer dann an Kraft, wenn ich ihm so wenig Aufmerksamkeit wie möglich gab und selbst in möglichst guter Laune blieb. Wichtig war, nur keine neuerliche Ladung draufzugeben. Er musste ganz aus meinem Kopf verschwinden. Äußerlich siegte mal er und dann holte ich mir das Cordon Bleu mit Pommes an der Tanke, oder es gelang mir, ihn zu ignorieren und ich lenkte mich ab. Aber ich würdigte ihn möglichst keines Blickes. Ich kann mich auch noch gut daran erinnern, dass ich drei Jahre gebraucht hatte, bis das ewige Kalorienzählen wieder aus meinem Kopf verschwand, und ich ein Stück Torte essen und genießen konnte, ohne an Zahlen zu denken. Mein Ziel war es nun, genussvoll und ohne Schuldgefühle zu essen.

Ich weiß also, womit auch du vielleicht kämpfen könntest. Jeder bläst mit seinen Gewohnheiten eine ganze Lobby von dienstbaren Geistern auf, Lokomotiven, die mit deinem Leben vorwärts donnern, und sie beherrschen dich, statt dass du sie beherrschst. Das ist noch nicht die Matrix, die sind selbstgemacht. Willst du das ändern, darfst du sie erst gar nicht erschaffen oder solltest sie möglichst schnell wieder loswerden, selbst wenn die gesamte Matrixstruktur um dich herum dich ständig weiter dazu verführt, bestimmte Geister auch noch kollektiv aufzublasen. Die Fischer werfen ihre Netze aus: Angst, Ärger, Hass, Verunsicherung, es geht immer nur um die emotionale Ladung und deren Ernte. Egal, wie oft eine Erinnerung an das ‚Problem' 2020 aufpoppte – in der Zeitung, in den Medien, den sozialen Netzwerken, Gesprächen mit der Familie, ich konzentrierte mich auf mich selbst, auf meine Mitte und meine gute Laune. Nach der Devise: Meine Energie bekommt ihr nicht. Noch nie wurde ein läppisch kleiner, astraler Geist von so viel potenzierter Schöpferkraft so vieler unbewusster Humanoiden global so aufgeblasen und genährt! Er wurde sogar grafisch einprägsam gestaltet, und genauso sieht der Kerl (Gedankenform, Gesamtgeist) tatsächlich in der vierten Dimension aus. Und er wurde dicker und fetter und bedeutender und gefährlicher mit jeder weiteren Aufmerksamkeit. Dieser winzige Erreger ist die körperliche Manifestierung einer dazugehörigen astralen Wesenheit, und er könnte natürlich auch bei mir seine böse Wirkung entfaltet haben (shit happens), aber niemals in diesem Ausmaß und global für so viele Menschen, wenn wir ihm nicht so ungeheuer viel Aufmerksamkeit schenken würden! Wir wurden angeleitet, ihn zu einem Riesenproblem aufzublasen. Dafür musste man schon ordentlich Propaganda machen, und das machte man, weil dieser Geist einfach ideal dafür ist, die Menschen weiter in Richtung künstliches Koma des Drachen zu schieben.

Gib dem Ganzen so wenig Aufmerksamkeit wie möglich. Wisse es, was damit verstärkt wird, und wie die Gefährlichkeit dieses Virus im direkten Zusammenhang zu dieser Aufmerksamkeit steht, und wisse auch, dass die unbewussten Menschen nur gerade angeleitet werden, sich das nächste, noch bessere Gefängnis zu bauen, das es auf immer verhindern wird, dass sie oder ihre Nachkommen noch zum Mitschöpfer aufwachen. Sie lieben die Sicherheit ihrer Handler-Experten einfach zu sehr, und frei zu leben ist ihnen viel zu gefährlich. Wir Anderen erschaffen uns an so viel Unbewusstheit vorbei den Himmel auf Erden – natürlich mit sehr viel Mitgefühl, Geduld und dem Angebot, jederzeit zu unserer Seite der Mitschöpfer zu wechseln. Dieser Himmel entsteht parallel und an ihnen vorbei als unsere eigene freie, selbst verantwortete Zukunft auf einer fünft-dimensionaler Erde.

Doch zurück zu den Gewohnheiten. Der Löschungssatz, den ich dir bereits vorgestellt habe, ist auch das ideale Werkzeug, um deine Gewohnheiten umzustellen. Du löschst die Alten und erzeugst die Neuen. Du musst die Alten auch ganz löschen, willst du den neuen Gewohnheiten freie Bahn verschaffen. Wenn ihr mich also gefragt hättet, was wäre das Beste, was wir tun können angesichts dieser lebensbedrohlichen Situation im Jahr 2020, so würde ich euch gesagt haben: Tut euch zusammen und konzentriert euch auf die Löschung der Energie mit dem Löschungssatz. Und ignoriert diesen Geist ansonsten. Und erschafft neue

dienstbare Geister, die euch im Reifeprozess rasch voranbringen, nun, wo ihr wisst, um was es geht. Ach ja, und kein Widerstand, macht immer, was energetisch stimmt und nehmt den Weg des geringsten Widerstands, so wie Wasser. Eure Lebensenergie wird euch der Lösung zuführen. Das meinte Jesus mit der Weisheitsperle: Gebt dem Kaiser, was des Kaisers ist.
Wenn du eine Gewohnheit verändern willst, musst du erst einmal wissen, welche Energien von der Veränderung der Gewohnheit betroffen sind, und du fragst, „was ist dafür erforderlich, um das hier zu verändern?“ In meinem Fall ‚Binging‘ war dies mein automatisches Essen in bestimmten Situationen. „Was ist dazu erforderlich?“ – Damit werden alle Geister zum Appell vor mich zitiert, alle, die davon betroffen sind. „Was ist dafür erforderlich, dass ich meinem Körper in jeder Situation alles gebe, was er braucht und ihn darüber hinaus weder belaste noch vergifte?“ Nun wissen alle Geister Bescheid, worum es geht. Die Energien sind aufgerufen, als nächstes geht es an die Löschung der Energie und die Entmachtung der Geister. Eventuell müssen auch ein paar Kandidaten entlassen werden. „Alles was das ist und alles was das nicht ist“, plus Löschungssatz. Damit beziehst du alle dualen Urteile auch noch mit ein. So löschst du die Energien direkt auf Quantenebene, auch die Jo-Jo-Effekte zu dieser Gewohnheit, und die Macht des Geistes schrumpft weiter. Das musst du so oft wiederholen, bis du die Energie dazu ganz gelöscht hast, bei mir also, bis ich gähne. Damit ist der Geist noch nicht weg, es kann sein, dass er noch mit anderen Themen verbündet ist, sich erneut bei dir meldet und mit einem anderen Impuls versucht, die Kündigung rückgängig zu machen. Dann wiederhole den Löschungssatz, raus mit ihm. Danach geh den Weg des geringsten Widerstandes wie Wasser, das einfach um ein Hindernis herumfließt. Es ist gleich-gültig. Du gibst der alten Gewohnheit keine Energie mehr, egal wie oft sie dich doch noch mal kriegt. Lösche also die unerwünschte Gewohnheit und verstärke die erwünscht in ihrer Wirkung.
Bei der Vollendung von Erfahrungen geschieht etwas Ähnliches, aber wir machen es besser und zum Wohle aller. Denn in der Phase der Vergebung und der Dankbarkeit zeigst du dich auch den dienstbaren Geistern

gegenüber dankbar, die für dich im kosmischen Ebay unterwegs waren. Du bedankst dich bei ihnen und schickst sie gleichzeitig auf die Ebenen zurück, wo sie herkamen, in die schöpferische Ursubstanz, um wieder anderen Schöpfern zu dienen. Dankbarkeit ist die eigentliche Währung, mit der Erfahrungen getauscht werden. Du gibst diesem dienstbaren Gesellen am Ende eurer gemeinsamen Zeit den Goldbarren, und als Hans im Glück zieht er zufrieden seiner Wege. So hältst du die Schöpfung in Balance.

Am besten ist es, auch mal generell über Gewohnheiten nachzudenken. Du hast erkannt, welchen Aufwand du betreiben musst, um sie wieder loszuwerden, wäre es also nicht besser, dein Leben gleich abzuspecken und so wenig feste Gewohnheiten wie möglich zu erschaffen oder nur solche, die absolut wichtig sind, um deinen Körper im Bestzustand zu halten? Kannst du dir auch Gewohnheiten erschaffen, die dich im Augenblick bewusst halten oder dir zumindest die Rückkehr in den Wachzustand oder in deine Mitte schneller ermöglichen? Denn der Autopilot ist immer eine unbewusste Trance. In einem gewohnheitsmäßigen Verhalten bist du dir nicht bewusst. Doch verlange auch nicht zu viel von dir. Kein Mensch kann ständig wach-bewusst sein, das ist eine Illusion und wäre auch super anstrengend. Wie lange kannst du dich konzentrieren? Aber du kannst zumindest meditieren lernen und dein Ich (Arbeitsspeicher) möglichst leer halten, dann wird es einfacher zu erkennen, wo du gerade wieder ins Unbewusste abgleitest, in die Fantasy, in die Vergangenheit oder in die Zukunft.

Es ist also unmöglich, im Tagesbewusstsein tatsächlich konstant bewusst zu bleiben. Deine Macht liegt darin, dass du dir bewusst die allerbesten Gewohnheiten erschaffst, solche, die deinen Reifeprozess vorantreiben und dich befreien. Statt solchen, die dich mit ihrer Wucht immer wieder in die alte Matrix zurückziehen. Du bist also auch in deinen jeweiligen Gewohnheiten eher bewusst oder unbewusst, je nachdem, wie bewusst du sie erschaffen hast und damit umgegangen bist. Viele Menschen vor allem in einer der alternativen gesellschaftlichen Szene sind sich ihrer Gewohnheiten und auch der Macht der Matrix bewusst. Sie sagen, sie essen bewusst oder sie sind sich bestimmter betrügerischer

Machenschaften der Matrix bewusst und sie glauben das auch. Sie haben ihre Gewohnheiten zu denken und zu fühlen und was sie für real halten bewusst durchleuchtet und bewusst verändert. Das ist eine grandiose Leistung. Die Truther beginnen zu meditieren und die Bio-Szene denkt wieder mehr über die Matrix nach. Respekt, wirklich. Mir ist das so nie gelungen. Heute weiß ich auch warum. Weil ich mit keiner neuen Gewohnheit in einem nächsten Dogma oder Konzept steckenbleiben sollte, ich sollte das konzeptfreie Leben suchen.

Ich wollte in diesem Leben unbedingt den ganzen Reifeprozess bis zum Ende durchlaufen und genauestens davon berichten. Das ist meine Lebensaufgabe. Ich wollte als mein Höchstes Selbst nicht ruhen, bis ich diesen Prozess entdeckt und ganz durchlaufen hätte. Und alles lernen, damit ich ihn anderen so erklären könnte, dass sie weder Abitur noch Vorerfahrungen in Spiritualität, Religion, Metaphysik oder Atheismus bräuchten. Denn in all diesen Konzepten über gesunde Ernährung – um mal bei diesem Beispiel zu bleiben, aber es ist austauschbar durch Bewegung, Schlaf, politisches System usw. – steckt die Grundannahme, dass wir alle gleich seien. Und das stimmt einfach nicht! Ich kann wesentlich bewusster sein und wesentlich weiter im Reifeprozess vorangekommen und mich immer noch ab und zu mit Fastfood herumschlagen und nicht vegan leben, obwohl das meinem Bewusstsein entspräche, weil eine andere Aufgabe gerade ein anderes Verhalten erfordert und für meine Lebensaufgabe wichtiger ist. Wenn ich mein an die gesamte Menschheit gerichtetes Buch nur schreiben kann, wenn ich mich sprachlich und in der Schwingungshöhe dicht beim Massenbewusstsein aufhalte, ist Fastfood einfach genial. Damit werde ich wieder daran erinnert, wie die anderen ticken. Wir sind alle Funken aus der Quelle, wir sind Energie und Bewusstsein, darin gleichen wir uns. Aber was wir daraus machen und auf unserem ewigen Weg vor diesem Leben daraus gemacht haben, ist individuell verschieden und ich kann verlangen, dass dein Bewusstsein zu meinem Bewusstsein passt und mir nicht schadet, damit ich dich in meine Nähe lasse. Oder wie die Hopi den Besuchern sagten: Du kannst bleiben und mit uns leben, wenn du so lebst wie wir und unsere Lebensweise achtest. Sonst zieh bitte weiter und suche dir eine andere Heimat.

Man kann sich nicht zum Homo Creativus Pax hin-essen oder hin-trainieren. Man muss alle Konzepte aus der Standleitung entfernen. Alle, selbst das Konzept dieses Buches. Innerhalb des Reifeprozesses gibt es eine gleitende Struktur, in etwa vergleichbar mit der Umstellung eines konventionellen Bauernhofs auf Bio. Egal, wie toll deine Einsichten und Vorsätze als Biobauer schon sind, die Knappheit des Geldes, die Verfügbarkeit von Ressourcen und die Abhängigkeit von der Matrix (die du nur langsam abbauen kannst), lassen dich immer noch Kompromisse machen. Wenn es dir offiziell egal ist, ob du das Gütesiegel ‚Biobauernhof' bekommst, weil du sowieso nur für dich selbst produzierst, sieht dein Garten auch noch lange aus wie der eines anderen. Das Leben hier besteht aus Kompromissen. Immer. Die Bedürfnisse des Körpers ändern sich auch während des Reifeprozesses fortwährend, die Ernährung wird leichter und weniger, natürlicher. Und der Anteil an rohen Früchten und Samen, welche die Natur freiwillig hergibt, ohne dass eine Pflanze getötet wird, nehmen zu, bis dahin, dass überhaupt nichts mehr gegessen wird.

Der Homo Creativus Pax lebt in seiner idealen natürlichen Umgebung allein vom Chi oder Prana, wie die Inder es nennen. Die Entwicklung zum Homo Creativus Pax wird durch jedes Konzept erschwert, wenn es durch dich nicht permanent durch ein noch besseres und freieres ersetzt wird, um am Ende vollends konzeptfrei zu leben. Jedes Konzept ist einer Stufe vergleichbar, die dich an dieser Stelle der Standleitung zur Quelle stagnieren lässt. Im Reifeprozess und danach lernt der Mensch konzeptlos dem zu folgen, was ihm sein Körper oder sein Höheres Selbst als Impuls eingibt. Er darf alles essen oder nichts und er hört immer besser auf seinen Körper. Wir werden eventuell mehrere Generationen brauchen, um dorthin zu kommen, und um vor allem auch unsere Umgebung wieder natürlicher, dezentraler und nachhaltiger gesund zu gestalten, so dass wir darin unterstützt werden durch unseren Ort und unsere Gemeinschaft. Ich sehe Generationen, die vom Reifeprozess wissen und ihn bereits in der Pubertät ganz durchlaufen oder schon ohne das Bedürfnis zu

essen auf die Welt kommen (ja, diese Menschen gibt es auch heute schon).
Für uns, die wir uns noch mühsam aus der alten Matrix herauswinden (ich bin Jahrgang 1953), gilt, es gibt kein äußeres ‚richtig und falsch' und es kann für uns auch keine externen Experten geben, vor allem dann nicht, wenn sie im Bewusstsein noch ganz ohne Seelenverschmelzung als ‚bedeutende Persönlichkeiten' unterwegs sind. Es kann für genau diesen Persönlichkeits-Menschen ohne Seelenführung noch wichtig sein, andere Leben zu essen, um erst noch darauf gestoßen zu werden, was er da tut. Er könnte ja Herz zeigen und Mitgefühl und Reue, die Chance muss man ihm geben. Sein Körper wird sich mit diesem Wunsch melden und Fleisch wird ihm wunderbar schmecken und gut bekommen, weil er gerade in einem Raubtierbewusstsein lebt und solches Handeln dann auch für Menschen unbewusst akzeptiert. Keine noch so wissenschaftlich fundierte Regel kann in deinem Reifeprozess noch Anwendung finden, denn Wissenschaft mit ihren Forschungsergebnissen hängt der kollektiven Bewusstseinsgrenze um Jahre und Jahrzehnte hinterher. So viel Zeit haben wir nicht, um auf die Beweise zu warten. Keine äußere Regel kann dein aktuelles Bewusstsein und das direkte Gespräch mit deinem Körper ersetzen.
Und je luftiger du deine neuen Gewohnheiten strickst, umso mehr Raum gibst du dir im Augenblick, ganz wach-bewusst zu bleiben. Entscheide bewusst mit deinem Körper, nicht mit den Experten der Wissenschaft. Lass dich belehren, klar. Wisse, was sie sagen und berücksichtige es – doch sei kein Fakten-Checker, sondern Seelen-Checker – und dann handle frei und mit Impulsantrieb. Nur das wissenschaftliche Verstandesdenken wird immer komplizierter und differenzierter, aber es bleibt immer ganz einfach, dich durch deine Impulse stimmig hindurch zu fühlen. Hast du dich so gefühlt bei der Erschaffung deiner Absichten wie jetzt bei diesem Impuls, ist er die Antwort vom Universum, die Zustellung deiner Bestellung vom kosmischen Amazon/Ebay wird dir damit angekündigt. Impulse, die sich anders anfühlen, ignoriere stattdessen möglichst, du hast sie von anderen aufgeschnappt oder alte eigene Geister melden sich mit ihrer Restenergie in niedriger Schwingung wieder zu Wort.

Navigiere mit deinem Herzen und nutze deine Drachenkraft, dann ist alles ganz einfach, denn dann fällt dir auch alles zu, was du wissen musst, um dich richtig zu entscheiden, einfach so. Dann hast du ein exzellentes inneres Navi entwickelt und brauchst die äußeren Experten nur noch dafür, dir Hinweise und Ideen zu liefern, um deine Schöpfungen neu zu justieren und zu aktualisieren. Ein Mensch, der es dagegen allein den Experten überlässt und seine alten Gewohnheiten einfach unbewusst weiterlaufen lässt, ist im wahrsten Sinne des Wortes ‚von allen guten Geistern verlassen' und überlässt den Bösen das Spiel: Er hat seine eigenen guten Geister noch nie gerufen und bei sich einbestellt. Er überlässt fremdbestimmt den Geistern der Matrix das Spiel. Kann er machen, freier Wille.

In der Praxis bedeutet das: Als angehender Mitschöpfer knöpfst du dir nach und nach alle deine Gewohnheiten vor. Viele hängen mit deiner Liste zusammen und werden vielleicht alte Themen wieder auf den Plan rufen, die du im Mikado-Kapitel bereits vollendet hast. Dann lösche nur noch die Reste, die sich in deinen Gewohnheiten versteckt hielten. Gewohnheiten bestimme zu einem Drittel, was du als Erfahrung anziehst, gehe also weise mit ihnen um. Ich schlage dir vor, dir einen idealen Tag zu basteln. Welche Elemente gehören in deinen idealen Tag? Sieh es als ein Kochrezept, nur zu, formuliere es. In deiner Vorstellung ist alles möglich, da kannst du auch reisen. Vergiss bitte nicht die Menschen und die Tätigkeiten und die Aufgaben mit den Uhrzeiten. So habe ich zum Beispiel festgestellt, dass ich nachmittags ab drei das soziale Miteinander suche, vorher fehlt es mir nicht und bis morgens um acht mag ich es nicht. Zur Zeit des guten, alten, deutschen Kaffeeklatschens liebe ich es, andere Menschen zu treffen und Nähe zu erfahren. Abends vor dem Zubettgehen wieder eher nicht. Morgens bis acht will ich sogar bitte niemandem begegnen und ganz bei mir und in meiner Mitte bleiben, obwohl ich um vier schon aufstehe. Mache die guten Dinge zu deiner neuen Gewohnheit. Wenn ich morgens nicht spätestens um zehn eine weite Strecke laufe, schaffe ich das später nur noch unter größter willentlicher Anstrengung. Und die Gedanken und Gefühle über den Tag verteilt legen alle schon den Samen für die nächsten Geister und mächtigen

Gewohnheiten. Lösche die alten unliebsamen Gewohnheiten, erschaffe bewusst neue. Das ist bereits ein Drittel deiner freien, erfüllten Zukunft. Die beste Zeit für neue Absichten, Entscheidungen und bewusstes Erschaffen ist direkt nach dem Aufstehen, möglichst früh am Tag. Nach einer kleinen Meditation, in der du dein Herz weit öffnest, deine Schwingung maximal anhebst (stell dir einen Fahrstuhl vor und fahre die Schwingung nach oben) machst du dich innerlich leer und klar und formulierst deine Absichten für den Tag.

Alles, was du länger übst, wird zu einer automatischen Routine und zu einer neuen kleinen Programmierung, die das Bewusstsein erst halbautomatisch und dann vollautomatisch ablaufen lässt. Dann musst du dich um das Erschaffen dieser Gewohnheit nicht mehr kümmern. Die Tipps in diesem Buch sind alles Vorschläge dafür, wie du dich selbst umprogrammieren kannst, statt in der Programmierung der alten Matrix zu bleiben, die dir seit deiner Geburt übergestülpt wurde. Das Einzige, was übrigbleibt und was du auch weiterhin tun musst, um bewusst zu erschaffen, ist dich zu entscheiden. Immer wieder. Die Essenz des bewussten Erschaffens liegt in der Entscheidung. In der aktiven Rolle. Entscheide dich zu gehen sonst wirst du übergangen. Entscheide dich für die aktive Lebensform sonst wirst du das Passiv erleiden. Es ist wie beim Skat: Wenn du spielen kannst, musst du auch spielen. Du darfst dann nicht die anderen das Spiel machen lassen. Am wenigsten beliebt macht sich ein Spieler, der die Hand voller Trümpfe hat, aber sich dann nicht traut zu spielen. Und der dann dem anderen, der mehr Mut bewiesen hatte, indem er zum Beispiel sagte 'Ich spiele Herz' (obwohl er kaum Trümpfe hat) auch noch dazwischenfunkt und ihn vernichtend schlägt. Wenn alles in Routine übergegangen ist, entscheidest du dich nur immer wieder neu: Was für eine gute Idee! Das will ich auch! Wie cool ist das, Ja! Und freie Energie! Und Blockheizkraftwerk, ja! Und Grundeinkommen, ja, Aquaponic, ja, ein Wintergarten, ja, Lebensgemeinschaft, ja, ja, ja! Das will ich auch. Und Vertical Gardening, ja! Und Bauwagen, ja! Und Jurte, ja, mehr davon! Ich will Freiheit! Na ja, sei vorsichtig: Auch allein im Dschungel? Was ist also dein Bewusstsein?

Die einzigen Fragen, die universell bleiben dürfen, sind dann 'Wie kann das noch besser werden?' und 'Was ist noch möglich?', und das sind auch die Lieblingsfragen aus Access Consciousness. Auf das Gefühl kommt es an. Dass du dich schon so fühlst. Dann kannst du alles einfach ausrufen. Die Begeisterung beflügelt! Doch wofür du dich begeistern willst, das ist allein deine Entscheidung. Und du kannst dich auch mal entscheiden: 'Das muss jetzt aufhören.' Nur wer sich nicht entscheidet, der fährt ewig rund im göttlichen Kreisverkehr und verpasst eine Ausfahrt nach der andern. Und wartet auf die göttlichen Eingebungen, statt einfach beliebig oder bewusst einem der Schilder und Ausfahrten zu folgen. Wir haben alle die Fähigkeit sofort instant zu erschaffen. Dein Karma ist erlöst. Niemand hat mehr irgendwas zu lernen, zu trainieren oder auf die Zukunft zu warten, auch alle hier vorgestellten Tipps und Werkzeuge führen dich nur hin, nachher erschaffst du automatisch, dein Bewusstsein hat dann lauter Routinen laufen, kleine Unterprogramme, die du durch dein eigenes Üben erschaffst. Es ist dann allein eine Frage deiner Entscheidung. Es ist wichtig, das Verhalten bewusst zu verändern, sonst wird gewohnheitsmäßig das Alte fortgesetzt und du fällst wieder im Bewusstsein in den Autopiloten zurück. Das passiert allen, auch den spirituellen Menschen, die sind davon sogar besonders betroffen. Sie bleiben gern irgendwo zwischen den Realitäten stecken und träumen von Zukunft. Nein, es gibt keine Zukunft, es gibt nur deine Entscheidung. Es geht nicht mit hoffen, glauben, vertagen, vertrauen. Nur mit Entscheiden und diese Entscheidung sein und einen konkreten Schritt tun, also dann auch so handeln. Wenn du dich angesprochen fühlst, dann bist du im Reifeprozess schon sehr weit vorn, wirf noch diese Konzepte raus, die dich passiv halten und entscheide dich, deinen Drachen zu wecken. Dann wartest du nie wieder darauf, von anderen gerettet zu werden. Du bist selbst der Trumpf in deinem Leben, das Ass im Ärmel. Du tust stimmig, was zu tun ist. Und du lebst ansonsten erfüllt dein Leben.

Weiterführendes Werkzeug: Konzentriere dich auf eine einzige Gewohnheit und wie du sie verändern willst. Die Veränderung sollte deinen Reifeprozess unterstützen. Plane einen Monat im Voraus deine

Weichenstellung, blase den Weg dorthin frei und verlege täglich dafür die Gleise. Und dann zieh es durch.

8d. Hol dir deine Kraft zurück

In diesem Kapitel geht es darum, wie du deine Kraft zurückholst und dazu musst du erst einmal erkennen, in welchen Kanälen sie versickert. Und es geht auch um schädliche Fehlinterpretationen deiner körperlichen Symptome, die einzig deine Selbstheilungskräfte ausschließen. Du brauchst deine ganze Lebenskraft für deinen eigenen Reifeprozess: Der verbraucht viel zusätzliche schöpferische Energie für den Kickstart und für die nachfolgende allmähliche Transformation. Und dann wieder für die Meisterprüfung. Und natürlich für die körperliche Anpassung an immer noch höhere Schwingungen und eine immer stärker fließende Lebenskraft. Dein Höchstes Selbst muss dich dabei immer neu justieren und in einen optimalen Zustand bringen. Es darf dabei so wenig wie möglich durch Besserwisserei gestört werden. Was nützt dich deine Freiheit als Mitschöpfer, wenn dein Körper hier nicht mehr mitspielen darf?

Du brauchst vor allem Zugang zu deiner bisher nicht genutzten Drachenkraft, die du schon durch Konzepte in der Standleitung von der Matrix abschöpfen lässt, noch bevor sie in durch das Tor in deiner Drachenhöhle (in deinem Leben) eintrifft und sichtbar wird. Wie du sie dir von deinen Mitmenschen abziehen lässt und wie du das ändern kannst, darauf kommen wir im neunten Großkapitel. Der größte Teil deiner Kraft fließt in die verschiedensten Windmühlen der Matrix und in deren Bekämpfung. Dann bist du beschäftigt wie Don Quijote und lernst nie, wo der echte Hebel ist, um deine Welt aus den Angeln zu heben und zum Besseren zu verändern. Die Matrix bietet dir ein reiches Betätigungsfeld mit allerhand Regelwerk, Initiativen, Institutionen, Religionen, Vereinen und kulturellen Angeboten, dich zu engagieren und dein Bedürfnis nach Nähe zu erfüllen, deiner Persönlichkeit Bedeutung zu geben, deinen

Schatten zu füllen und dabei in der Gemeinschaft zu kuscheln, während der Drache weiterschläft. Die wurden alle im Jahr 2020 erheblich in Frage gestellt.
Und das ist auch gut so, denn vieles funktionierte nur als Ablenkung so wie Brot und Spiele bei den Römern, damit du den Plänen der Matrixmacher nicht in die Quere kommst. Echte Veränderung erreichst du nicht mit den Mitteln, die dir die Matrix erlaubt und die sie dir mit ihren demokratischen oder nicht-demokratischen Strukturen anbietet, selbst wenn du in der besten Demokratie der Welt lebst (sie ist doch Matrix geduldet und Matrix unterwandert). Du machst dich zum Don Quijote, wenn du glaubst, damit etwas zu erreichen. Wechsle auf ein höherdimensionales Spielfeld und tue nach außen das Gleiche, wann immer es stimmt. Nutze die Matrix-Strukturen, aber aus einem anderen Grund: Weil diese Aktion gerade als Impuls aus deiner Mitte aufsteigt und die gleichen Gefühle verursacht, mit der du eine deiner Absichten beim Erschaffen geladen hast. Dann und nur dann stimmt der Impuls auch mit deinen höchsten Absichten als Mitschöpfer überein, und dein Handeln wird viel wirkungsvoller. Du tust es dann einfach nur, weil es gerade stimmt, und nicht als Reaktion auf ein von der Matrix präsentiertes Problem.
Wenn du allerdings mehr Bedeutung hineingibst als dieses ‚es stimmt' und glaubst, dass du durch deine erlaubte, politische, ehrenamtliche oder soziale Aktion tatsächlich etwas an der Ausbeutung durch die Matrix änderst, bläst du vor allem deine Persönlichkeit auf! Natürlich erzeugst du damit auch wieder mehr Schatten und die Matrix findet neue unbewusste Muster in dir vor, mit denen sie dich triggern, manipulieren und schlagen kann. Sie wird dich in ihrem Schachspiel auf jeden Fall zu scheinbar positiven Zügen verführen, nur um dich und deine Bewegung am Ende noch besser schachmatt setzen zu können. Tust du etwas aus Überzeugung und nicht nur, weil es stimmt, ist das eine angreifbare Meinung und du wirst Zweifeln unterworfen. Zweifel ist eine übergestülpte Gedankenform, die deine energetische Schwäche nutzt, um dich vom Weg abzubringen, das ist ein beliebter und bewährter energetischer Angriff aus der Matrix.

Reagierst du direkt auf die nächste Ungeheuerlichkeit der Matrix und tust dies aus Überzeugung, werden alle diese Überzeugungen wie kleine Zelte auf dem Schlachtfeld platziert und du musst sie dort verteidigen und die bessere Persönlichkeit sein, der Held, der Gutes tut. Du brauchst dann andere, die ebenfalls mitmachen und verwickelst dich nicht nur mit deinen Gegnern, sondern vor allem mit diesen Mitstreitern in weitere Konflikte und öffnest Nebenschauplätze, die deine Energie und deinen Fokus noch weiter zerstreuen. Im besten Fall nehmen sich die anderen ein Beispiel an dir, doch auch echte Nachahmer findest du nur selten. Es ist niemals die Mehrheit selbst, die eine Richtung entscheidet, sondern die klare Vision eines einzelnen Menschen, der bereits den Mitschöpfer in sich verwirklicht hat, seiner inneren Stimme folgt und diese Veränderung erschafft. Deshalb musst du auch keine Mehrheit finden und schon gar nicht die Schlafmützen in der Matrix wecken und halb verschlafen um dich scharen. Dennoch, jeder Einzelne zählt, umso mehr, wenn er zumindest schon die Seele integriert und den Reifeprozess in sich gestartet hat.

Wie ich in den ersten Kapiteln erklärt habe, ziehen Persönlichkeit und Schatten unweigerlich den nächsten Matrix-Unsinn an, die nächsten Windmühlen, und du verwickelst dich in die nächsten Scheingefechte, denn dann sieht dein Drache darin die Chance, dich zu heilen und die Erfahrungen zu vollenden. Der hat also eine ganz andere Motivation: Der will dein Aufwachen bewirken und deine Seele/Psyche heilen. Aber das kannst du doch auch direkt mit einer Entscheidung dazu haben und dir diesen Umweg ersparen. Der Lernprozess ist also auf jeden Fall wertvoll, doch du dienst der Freiheit der Menschheit und deiner eigenen nur, wenn es dich in deinem eigenen Reifeprozess weiterbringt und dich zu einem souveränen Mitschöpfer macht. Nur wenn du etwas tust, weil es stimmt, kann nichts da draußen dich noch enttäuschen, etwa die mangelnde Resonanz, die Schwerfälligkeit der Bürokratie und auch sonst nichts Menschliches. Der Schatten deiner Kultur und Tradition wird weiterhin von den anderen aufrechtgehalten, die ihn nicht geheilt haben. Damit musst du rechnen. Aber sie bleiben auch gesteuerte Tranfunzeln und du hast als Laser die besseren Chancen auf Durchsetzung deiner

Absichten. Sie müssen diese Kämpfe im Außen fechten, sie brauchen noch das karmische Feuerwerk ihrer kollektiven Gruppe. Vielleicht wachen sie bei einem der nächsten Böller doch noch auf. Du kannst kriegerische Horden und ängstliche Schafherden nicht retten, die erschaffen sich das gleich immer wieder neu. Leider. Du kannst nur mit gutem Beispiel vorangehen und geduldig warten, bis sie keine Lust mehr haben, in so einem blöden Spiel mitzuspielen.
Was du selbst im Inneren noch nicht aufgeräumt hast, kannst du auch im Außen noch nicht aufräumen, ohne dass es sich in ähnlicher Form an anderer Stelle gleich wieder neu erschafft. Alle matrix-geduldeten und matrix-kontrollierten Formen sogar des sich so fantastisch gut anfühlenden Gemeinschaftskuschelns geben vor allem der Matrix selbst die nächsten Ideen ein, wie sie dich und uns alle noch besser kontrollieren kann. Du wirst nicht erst seit Alexa ausgehorcht, die Spyware der Matrix war schon seit den Tagen der sumerischen Anunaki immer dabei, nur noch nicht so technisch perfektioniert. Die Menschen hatten früher mehr Gestaltungsfreiraum. Die Matrixmacher studieren die Menschen und passen sich an. Das ist nicht erst so, seit wirtschaftliche Monopolisten, Oligarchien und staatliche Diktaturen deine Daten sammeln und deine Gewohnheiten erforschen. Über das Gespinst der Propaganda kann die Matrix dich nun allerdings viel besser als jemals zuvor und vor allem immer engmaschiger und absoluter kontrollieren.
Wo geht also deine Kraft hin? In einen Job, den du liebst und der dir Spaß macht und dir Anerkennung und Erfüllung gibt, und der dich mit allem versorgt, was du brauchst? Juchu! Ich gratuliere! Dann kommt deine Drachenkraft auch von selbst in Schwung und du befreist dich nach und nach aus eigener Kraft. Füge noch ein wenig mehr ‚zum Wohle aller' hinzu. Dann läuft dein Leben ideal und es kommt mehr Energie zu dir zurück als du hineingibst. Gratuliere, du entwickelst dich, dem Reifeprozess steht nun nichts mehr im Weg – wenn du nur vom Reifeprozess wüsstest und dass du ihn auch bewusst abrufen und dich dafür entscheiden musst, ihn noch in diesem Leben zu vollenden. Wie kannst du ihn starten, wenn man es um jeden Preis vor dir verheimlicht, wie mächtig du eigentlich bist? Mit dem Fokus auf Geld, Geld, Geld und der Angst

vor Terror, Klima und Virus läufst du stattdessen den Windmühlen der Populisten hinterher, die dich ausrichten, umformen, deine Sprache neu deuten, und je mehr du verdienst, dich mit deinem Wohlstand und Status auch noch zu viel mehr Anpassung erpresst. Das ist genau, wie die Matrix dich braucht, und die Mittel dazu sind globale Player und globale Agenda, aufgezwungen durch politische, bürokratische Diktaturen, denn was ist denn die EU z. B. anderes? Haben wir da schon mal echte demokratische Prozesse gesehen, etwa, bei der Wahl der Ursula von der Leyen? Die war sogar zweimal auf diesem Treffen ‚der Bilder am Berg', die musste diesen Job einfach kriegen.

Geld ist ein künstliches System, um den Menschen ihre Lebenskraft abzuschöpfen zugunsten einzelner Eliten, die unverschämt reich sind und es schon immer verstanden haben, in und mit jedem Krieg und jeder Krise immer noch reicher zu werden. In der Moderne haben sie die Krisen selbst nie dem Zufall überlassen, sondern alles einschließlich Krise (Problem-Reaktion-Lösung) und gesellschaftliche Um-Ordnung danach schon von langer Hand im Voraus geplant. Die Maschinerie der Vernichtung von Ressourcen und Gütern, von Leben und menschlicher Gesundheit folgt immer konsequent einer Blütezeit. Man lässt das Meer mit seinen Fischen eine Weile in Ruhe und unterstützt die Fischbestände, und dann werden die Netze ausgeworfen und ganz langsam wieder eingeholt. Eingefangen werden im Falle der Matrix nicht die Körper, sondern die vereinte Drachenkraft der im Netz zappelnden Menschheit. Wie eine Maschine frisst die Matrix den Wohlstand einer Gesellschaft auf, zertrümmert ihre Struktur und baut auf den Trümmern die nächste Ausbeutungs-Matrix auf. Und spuckt dabei in jeder Phase noch mehr Reichtum aus für die winzige Elite, die sowohl hinter der Konjunktur als auch hinter der technischen Entwicklung steht.

Mit der nächsten Ernte wird immer gewartet, bis diejenigen gestorben sind, die sich noch gut an die Methoden der letzten Ernte erinnern, denn so wirklich kreativ sind unsere Sklavenhalter nicht. Sie wiederholen sich durch die Geschichte immer wieder und schauen verächtlich auf die Menschheit herab, die dann auch noch immer wieder drauf reinfällt und sich selbst das nächste, noch bessere Gefängnis baut. Die Matrixmacher

bestimmen mit ihrem Geld, was erforscht und worüber berichtet wird und treiben die Entwicklung immer in die gewünschte Richtung. So können sie ihr perverses, menschenverachtendes Spiel Generation um Generation wiederholen, dabei den Jungen immer Hoffnung auf eine positive, freie Entwicklung vorgaukeln, und dass die Menschheit Richtung Freiheit unterwegs ist, und dass das, was weltweit so genannt wird, auch tatsächlich Demokratien sind. Gerade wir Deutschen müssten doch spätestens im Jahr 2020 aufhorchen, hatten wir doch bereits eine Deutsche Demokratische Republik, kurz DDR, die alles andere war als das.
Was hat das nun mit deiner Kraft zu tun und wie holst du sie dir zurück? Um sie in wahrhaft nützliche und befreiende Bahnen zu lenken und dich für echte Demokratie, für Grundrechte und Freiheit und für ein gutes Miteinander einzusetzen, darfst du dich nicht melken lassen. Du bist entweder als Don Quijote unterwegs und verplemperst deine Energie in Windmühlenkämpfen oder als wirksamer Mitschöpfer. Von außen ist der Unterschied nicht erkennbar. Ich habe selbst auch schon oft mit den Windmühlen gekämpft, mit den Energie-Einsammel-Maschinen der Matrix, und damit nur die Geschäfte anderer gewinnbringend vermehrt. In der Lernphase macht jeder diese Fehler, sei also gnädig mit dir. Wir erschaffen die echte Veränderung nur im Rahmen des Reifeprozesses. Denn nur die Meisterschaft entspricht der Reife eines erwachsenen Menschen. Und es wird Zeit, dass die Menschheit erwachsen wird. Enttäuschung gehört zum Lernen und Aufwachen dazu. Hast du in der Illusion gelebt, dass du nur genug Demonstranten mobilisieren musst und die herrschende Matrix wird sich deinem Druck beugen, war das eine Illusion. Klar, dass du von dem Ergebnis und deinen Mitmenschen enttäuscht bist. Das wird dir mit jedem Glauben so gehen, egal ob du ans Christkind glaubst oder an die Demokratie. Denn deine Persönlichkeit und noch mehr dein Schatten werden dir – ungeklärt und unvollendet – unweigerlich einfach nur weiter ähnliche Erfahrungen anziehen und du verplemperst deine Energie und nährst die Spiele, die die Matrix für dich bereithält.
Wenn du nicht mehr auf die Verführung zur Torheit reagierst und an den Leimfäden der Matrix-Spinne auch nicht mehr kleben bleibst, holst du dir

deine Energie zurück und kannst sie für eine gute Sache einsetzen. Du musst dafür nur ganz aufhören zu reagieren. Deine Reaktion ist wie in jedem guten Schachspiel schon viele Züge im Voraus eingeplant und mitberücksichtigt, noch bevor das ‚Problem' weltweit überhaupt zum Problem gemacht wird. Ziemlich viele Züge im Voraus sogar bei diesem globalen Machtspiel, diesem Spiel 'Parasiten-KI gegen freie Menschheit'. Egal, ob du dich durch dein Engagement zum Täter, Opfer oder Retter aufspielst, es ist alles bereits geplant und du vollziehst nur Abläufe nach, die von denen, die wichtige Schräubchen in der herrschenden Matrix bedienen, bereits in vielen Varianten durchgespielt wurden, etwa so, wie du es vom Feueralarm im Betrieb kennst.
Gib deine Energie bitte nicht mehr direkt in die Matrix, halte dich raus, du wirst sonst unweigerlich unter die Räder kommen, enttäuscht und depressiv dein Leben fristen oder es gleich ganz verlieren. Halte deine Energie bei dir in deiner Mitte, dann musst du sie nicht erst zurückholen. In dem ungeklärten, unbewussten und ungeheilten Zustand des Homo Sapiens Sapiens braucht dich da draußen keiner. Da bist du austauschbar. Du bist und bleibst ein kleiner Sklavenmensch im Getriebe dieser globalen Vernichtungsmaschine. Denn anders kann man sie nicht nennen, wenn sie mehr als Dreiviertel der Weltbevölkerung für vollkommen entbehrlich hält. Der Homo Sapiens Sapiens lässt sich gerade über den Verstand und die Wissenschaft und die Fakten zum Bauernopfer machen. Die Mittel sind jedes Mal anders, letztes Mal war es die Idee des bösen Feindes, des unwerten Lebens und des Vaterlandes, mit dem die Netze eingeholt wurden.
Deine Psycho-Struktur muss erst geheilt werden, damit du aus der Matrix rauskommst, und damit wir alle da rauskommen. Du musst die Pille schlucken und den Reifeprozess antreten, das ist der Einzige, der beste und der souveräne Weg in deine Freiheit. Ich bin davon überzeugt, dass die Befreiung der Menschheit über bewusstes Erschaffen führt. Das größte Herrschaftsinstrument der Matrix und damit die erste Ursache aller weiteren Probleme ist die Spaltung deiner Psyche/Seele in bewusst und unbewusst. Alle weiteren Trennungen und Spaltungen vertiefen nur den Kampf gegeneinander. Gesteuert wird jedoch aus der ersten

Spaltung heraus. Nur so kann man dich mit jeder Waschmittelreklame über das Unbewusste ansteuern, selbst wenn wir den Idealfall annehmen, dass du nicht besetzt bist (also aus einer anderen Dimension nicht direkt gesteuert wirst) und auch keine Implantate hast und anderes manipulatives Zeugs in deinen ätherischen Körpern. Denn was da gerade an technischem Kram für 3D erfunden wird, gibt es in den höheren Dimensionen schon lange. Beobachte doch nur einmal, ob du auch nur einen einzigen originalen und originellen Gedanken am Tag in dir erwischst, der nicht von einem Matrix-Algorithmus automatisch erzeugt und dir übergestülpt wurde. Wen sollte man da befreien? Deine Persönlichkeit? Deine Seele? Deinen Drachen? Dein inneres Kind? Dein Höchstes selbst? Den, der dich steuert? Deine automatischen Programme? Deine Besetzungen? Wer bist du, wenn du denkst, fühlst und handelst? Vielleicht möchte die Quelle selbst durch dich hindurch in dieser Welt wirken und die Harmonie wiederherstellen? Es geht doch nicht um die Kasperle-Handpuppe, sondern um den Spieler dahinter!
Der Homo Creativus Pax wird sich jedenfalls im Laufe seines Reifeprozesses seines Unbewussten vollständig bewusst, er kennt seine irdische, galaktische und kosmische Vergangenheit und andere Leben und hat alle Themen vollendet. Gut, ist der dann frei? Nein, auch nicht. Das ganze Spiel ist eine Illusion, denn wenn du dich von der Matrix ganz befreit hast, entdeckst du, dass du eben nicht einfach nur zufällig hier bist. Dieses Leben hat eine Jobbeschreibung und du arbeitest dabei mit einem Team aus anderen Dimensionen zusammen, du bist nur der Taucher, der im Rahmen eines bestimmten Projektes in diese Realität taucht, während die restliche Mannschaft an Bord geblieben ist und die Stellung hält – oberhalb vom 3D-Meer. Du bist dabei Teil eines größeren Plans, der über dein Höchstes Selbst koordiniert wird und die Menschheit als Ganzes fördern und befreien möchte. Konzentriere dich also bitte auf deine Bewusstwerdung, indem du dein persönliches Unbewusstes auflöst. Das gibt es danach nicht mehr. Du weißt, war da herumlag, hast es aber entladen und vollendet und hübsch geordnet in deine Faktenschränke eingelagert, es stört dein bewusstes Erschaffen nicht mehr.

Wir müssen uns unsere Freiheit erschaffen. Der Homo Creativus Pax trachtet immer danach, in Harmonie mit dem Ganzen zu erschaffen, und er erschafft sich erst einmal eine bessere Feedbackschleife, eine Steuerung, die ihm meldet, wann er gerade wieder automatisch Energie an etwas gibt, was er lieber nicht unterstützen möchte. Gemeinsam erschaffen wir eine befreite florierende Menschheit. Wenn du deine Gedanken fokussierst, diese Form stark emotional positiv aufladst, alle Hindernisse löschst und deinen positiven Impulsen aus der Mitte heraus folgst, wird keine Energie mehr verplempert, selbst wenn es so aussieht. Jeder einzelne Schritt von dir wird dazu dienen, die Matrix auszuhebeln und die Wahrheit für alle sichtbar ans Licht zu bringen.
Während deine Reaktionen auf die Probleme, die gerade als Lieblingsthemen durch die Mainstream Media laufen, als Schachzug von den Matrixmachern eingeplant wurden, kannst du aus deiner Mitte heraus einfach eine parallele Welt aufbauen, die kaum noch mit der alten Matrix verwoben ist. Ein Mitschöpfer reagiert nicht und schon gar nicht emotional geladen. Er liest zwischen den Zeilen: Worüber wird gerade nicht berichtet und stattdessen unbemerkt und ganz schnell als Gesetz durchgewunken? Welches Thema ist sogar so wichtig, dass es tabu ist? Das solltest du dir näher anschauen. Die Schlagworte zu deiner Befreiung heißen Bewusstsein, Neurowissenschaft, lokal, dezentral, off grid, Selbstversorgung, Nachhaltigkeit, freie Energie, alternative Energien und vor allem direkte, lokale Vernetzung in echten physischen Beziehungen und Gemeinschaften. Vergeude dein Leben nicht mit Hobbys und der Pflege deiner persönlichen Komfortzone, wenn du stattdessen die Matrix erfolgreich abschütteln könntest. Beispiele gibt es genug: Eine eigene Energieversorgung und andere Genossenschaften gründen, Standplätze für Tiny Houses oder Earthships, Geldanlage nur in Ökoprojekten, Crowdfunding von Sachen, die dir am Herz liegen, Kleingärten wieder zu Selbstversorgung nutzen, Artenvielfalt in Garten und Balkon fördern, dein eigenes Bier brauen.
Mit jedem Akt der dezentralen Selbstversorgung holst du dir auch deine Kraft zurück. Frage dich, was könnte ich heute sein, generieren, kreieren, erschaffen und tun, was mich und uns einen Schritt näher an den

Himmel auf Erden bringt und wie würde ich mich fühlen? Und hör bitte auf, die Matrix zu nähren, du nährst damit auf jeden Fall die Hölle, zumindest irgendwo auf Erden und für deine Mitmenschen und für die Natur. Du kannst alles tun, was dir deine Impulse eingeben, nur reagiere nie direkt. Behalte deine gute Laune, sie zeugt von einer hohen Eigenschwingung, mit der du dir vermehrt gute Erfahrungen anziehen wirst. Lässt du dich auf die Angst ein und glaubst alle diese bedrohlichen Szenarien, wirst du nur mehr davon für uns alle anziehen. Wer weiß, ob nicht das Virus nur deshalb gerade wieder so an Fahrt aufnimmt, weil es von der Angst der Menschheit riesengroß und mächtig aufgeblasen wird. Der aufgestiegene Meister St. Germain hat mir mal erklärt, dass Viren an bestimmte astrale Gedankenformen gekoppelt sind, und sich in dem Maße erledigen, wie die Gedankenform nicht mehr genährt wird. Die Menschheit wird gerade (2020) zum genauen Gegenteil animiert. Welche Propagandamaschinerie da bemüht wird, um die verängstigten, gutgläubigen Menschen dazu anzuregen, diese Gedankenform mächtig mit ihrer Angst und ihrem Frust aufzublasen!
Bleibe also vernünftig und positiv, das ist das Beste, was du tun kannst, wenn alles um dich herum in die Angst geht und die Gesellschaft immer weiter gespalten und gegeneinander aufgehetzt wird. Bringe sie wieder zusammen, versöhne die Lager, vermittle. Nur zusammen sind wir stark. Durchschaue das Spiel als das, was es ist: Die Sklaven werden in der Arena gegeneinander aufgehetzt oder leidvoll ängstlich beschäftigt gehalten, damit andere ungestört ihr Scherflein ins Trockene bringen können. Es ist aber gleichzeitig gerade Erleuchtungswetter und wir können zum Mitschöpfer werden, aber es steht auch die nächste Ernte bevor, mach dir darüber keine Illusionen. Die Ernte ist auch bereits im Gange. So viele Sklaven wie jetzt wird man in einer überwachten grünen Techno-Öko-Diktatur nicht brauchen. Unsere Sklavenhalter haben eine Jägermentalität, ‚nicht mehr Hirsche als der Wald verträgt', wobei sie den Wald auch noch für sich allein beanspruchen wollen. Und sie entscheiden über den Abschuss, passgenau, sobald sie über den Chip direkten Zugang zu dir haben. Ganze Völker haben sie bereits als überflüssig eingestuft. Wenn du denkst, die Hitler-Diktatur sei der reinste Horror gewesen, so

ist sie Kinderkram dagegen. Doch wenn die Gefahr am größten ist, wächst die Menschheit auch über sich selbst hinaus. Der Homo Creativus Pax braucht alle Saaten, er braucht alle Menschen, er braucht auch die gesamte Vielfalt menschlicher Genetik, da ist kein Mensch überflüssig. Aber es darf auch keine Art oder Gruppe eine andere zahlenmäßig verdrängen, indem sie viel mehr Kinder erzeugt.

Noch ein Wort zum Gemeinschaftskuscheln, wie ich alle privaten und öffentlichen Veranstaltungen nenne, die soziale Nähe herstellen und uns nähren und das Chi untereinander austauschen und fokussiert potenzieren. Das ist schön und absolut notwendig, aber wir sollten alternative Formen entwickeln und solche ignorieren, die durch Gesetze und Verordnungen des Staates/der Religion/der Matrix geduldet und organisiert werden. Gemeinschaftskuscheln ist ein Grundbedürfnis. Menschen brauchen Nähe, sonst werden sie auf die Funktionen eines Roboters reduziert. Vergiss die Steuerersparnis und Fördermittel, ich spreche von freien Projekten, die allenfalls durch Spenden und Crowdfunding finanziert werden, ohne Struktur, ohne Förderung, ohne Männchen machen vor den Gesetzen der Matrix. Mit jeder matrixgeförderten und Matrix-geordneten Struktur hat uns die Matrix am Wickel, zieht Lebenskraft ab, die dann in ihren Kanälen versickert. Was meinst du, warum du dich so schlecht fühlst, wenn du deine Steuererklärung machst? Deine Energie wird in die Matrix gezwungen und du denkst und handelst in ihrem gesteckten Rahmen. Geben wir dem Staat nur das Nötigste, was es erlaubt, dass wir an einem Ort zusammenleben können, mehr nicht. Organisieren wir uns anders, z.B. als Stammtisch und im privaten Raum. Crowdfunding und Genossenschaften sind die Ausnahme, aber sie können viel mehr als das, wozu sie gerade benutzt werden. Halten wir sie klein, dezentral. Lokale kleine Volksbanken und Sparkassen sind der beste Schutzwall gegen die internationale Matrix Mafia. Menschlich überschaubar und noch mit echten Menschen hinter und vor dem Schalter.

Wenn wir auf diese Weise stark werden und uns gleichzeitig gegenseitig im Reifeprozess unterstützen, keinen mehr verurteilen, runterziehen und ausgrenzen, dann schaffen wir das, wir erschaffen den Himmel auf

Erden – an der ganzen alten Matrix vorbei. Wer sich hat spalten lassen in eine riesige, hohle Persönlichkeit und dabei einen mindestens ebenso riesigen Schatten wirft, darf nicht ausgegrenzt werden, nur weil er der Menschheit schon erheblichen Schaden zugefügt hat. Aber er muss gestoppt werden, sobald er andere beherrschen will und politische Macht anstrebt. Selbst, wenn er schon einen fundamentalistischen schädlichen Tunnelblick entwickelt hat, können wir ihm noch ein erfüllteres, liebevolles Leben vorleben und er hat die Wahl. Doch die politische Spielwiese der Macht müssen wir ihm verweigern und ihm dafür auch keine Aufmerksamkeit mehr geben. Wir können aus der Krise hervorgehen als eine geläuterte Menschheit. Setzen wir auf die nächsten Generationen, unseren Kurs weiterzuverfolgen und die vollständige genetische Verkörperung des Homo Creativus Pax zu verwirklichen.
Das ist keine Utopie, es ist im Gegenteil die größte Chance, die wir als Menschheit geschichtlich je hatten, und gleichzeitig unsere einzige. Unsere Nachfahren werden den Reifeprozess – wie ursprünglich in der Genetik der Gründerrassen genetisch vorgesehen – in der Pubertät durchlaufen und wir werden ihnen dafür neue Freiräume und alternative Projekte mit viel Gemeinschaftskuscheln und guten Bewusstseinslehrern organisieren. Sie werden erst nach dem vollendetem Reifeprozess, wenn auch jeder Rest von Spaltung in Persönlichkeit (Tagesbewusstsein) und Schatten (Unbewusstes) aus der Kindheit überwunden ist und ihre beiden Hirnhälften intensiv zusammenarbeiten, ihre Lebensaufgabe entdecken und ohne Zeitverlust direkt mit ihr beginnen. Sie werden sich nicht mehr auf die Matrixspiele einlassen (müssen), falls es noch Reste von ihr gibt, so wie es uns jetzt bereits viele Kristallkinder vorleben.
Wir müssen dafür keine Kirche, keine Religion und keinen Verein abschaffen, diese Strukturen müssen sich nur den neuen Bedingungen anpassen und ihren kollektiven Schatten ebenfalls bearbeiten. Ein Homo Creativus Pax passt sich weder in die Matrix ein noch bekämpft er sie, er entzieht ihr nur maximal seine Aufmerksamkeit und fließt ansonsten um diese Strukturen herum, so wie Wasser sich seinen Weg sucht. Alle monopolistischen Strukturen müssen basis-demokratisch, dezentral und transparent-alternativ organisiert werden und den Menschen gehören,

die sie brauchen. Die Menschheit hat es doch schon einmal gelernt, damals in der ersten industriellen Revolution. Die Dampfmaschine erforderte viel Kapital und große Fabrikhallen und ließ die Menschen unter schlimmsten Bedingungen arbeiten, während sie gleichzeitig ganz wenige Unternehmer ganz reich machte. Der Elektromotor dagegen befreite die Menschen, er konnte dezentral in jedem Haushalt eingesetzt werden und ist es bis heute. Er förderte die Kreativität vieler kleiner Start-Ups.

Eine ähnliche Revolution steht uns mit der freien Energie bevor. Vergiss das Tesla-Auto, das mit Batterien läuft, es verdreht nur die Bedeutung von 'Tesla'. Das machen sie gerne, die Matrix-konformen Spieler (da wird dann auch mal aus dem geheimen, barbarischen Menschen-Folter-Experiment gleichen Namens eine gut-aussehende Fakten-Checkerin, die sich freiwillig ‚MiLab' nennt). Tesla selbst hat Energie direkt frei aus dem Nullpunktfeld gezogen, ‚ein echter Tesla' würde sich daher selbst permanent kostenlos direkt aus dem Quantenfeld auftanken. Die Elektroautos ohne freien Energiezugriff sind nur eine kurzlebige Zwischenlösung. Die Wasserstofftechnologie eignet sich zur Speicherung von Energie viel besser als alle anderen Batterien, und es gibt weltweit viele Erfinder, die behaupten, an der freien Energie zu arbeiten. Die großen Energiekonzerne halten im übertragenen Sinne an ihren Dampfmaschinen fest, denn auf dem Spielfeld der Kraftwerke und Windparks können sie die Konkurrenz leicht mit ihrer Kapitalmacht abschütteln. Stell dir vor, dass jedes Gerät, das du heute in die Steckdose einstöpselst oder auf Akku laufen lässt, sich die Energie direkt aus dem Nullpunktfeld holt, frei. Keine Steckdosen, keine Kabel. Das heißt, jeder hätte unbegrenzten Zugriff auf kostenlose Energie. Jede Maschine nimmt sich ihre Energie dann direkt aus dem Quantenfeld.

Das hat Tesla damals gewusst und damit experimentiert und darum genau wurden seine Labors mehrmals ‚zufällig' abgefackelt. Das kann ja mal passieren, wenn man mit Strom experimentiert. Und ich spreche da nicht von seinen eigenen Unfällen mit seinen Experimenten. Spürst du, wieviel Freiheit in dieser Technologie liegt? Gibt es nicht? Nun, das hätte dir auch jeder Mitarbeiter eine Fabrik mit Dampfmaschinentechnologie gesagt, wenn du ihn damals auf Elektromotoren angesprochen hättest. „Winzige Motoren Zuhause, für jeden, das geht nicht!“, hätte man dir gesagt. Und heute benutzt du ganz selbstverständlich den Rasierer oder deine Geschirrspülmaschine. Die Umstellung der Energiespeicherung auf Wasser und Wasserstoff bringt eine saubere Umwelt. Da Wasserstoff mit Sauerstoff zu Wasser ‚verbrennt‘, tröpfelt aus dem Auspuff nur Wasser und macht das städtische Klima sogar angenehmer. Das wäre die einzige gute Zwischenlösung gewesen. Ein solches Gefährt passt nahtlos in unser Biotop Erde. Die gesamte Natur basiert auf Wasser, Wasserstoff und Sauerstoff. Der Tesla war nur ein großes Ablenkungsmanöver im Sinne der Matrix-Agenda. Man wollte uns wenigstens noch so lange wie möglich davon abhalten, das Sinnvolle zu tun. Blumen Pflücken, damit der Wolf zumindest noch schnell die Großmutter fressen kann. Versenke deine Kraft nicht in Windmühlen, lerne und informiere dich und erschaffe über Absichten und Impulse. Und wenn ich dich dann auf einer Demo treffe, dann weil wir beide von einem harmonischen, übergeordneten Feld einen Impuls erhielten, dass uns genau diese Teilnahme unserem Ziel, dem Homo Creativus Pax und seinem Himmel auf Erden, einen Schritt näherbringt. Wir sehen uns!

In den beiden vorangegangenen Kapiteln habe ich dich vor allem an Dinge erinnert, die du selbst sicher schon umgesetzt hast. Im Umgang mit Süchten, Ernährung, Bewegung und anderen körperlichen Bedürfnissen bist du vermutlich informierter und erfahrener als ich selbst. Mir ging es mehr darum, dich dafür zu öffnen, dass du dich zwar auch veränderst durch Probleme, Erfahrungen und zur Vermeidung von Krankheiten, aber meistens erst, wenn die Anzeichen schon dringlich werden und der Arzt dich ermahnt. Es gibt eine parallele Entwicklung, die du möglicherweise noch nicht verstanden hast. Und die besteht darin, dass du ganz allmählich und vollkommen unbewusst in deinen Reifeprozess hineingerutscht bist und dein Körper – ausgelöst durch die kontinuierliche Schwingungserhöhung des Planeten und deine Anpassung daran – die bisherige Ernährung, die bisherige Umgebung, die bisherige Bewegung oder z. b. den bisherigen Sex nicht mehr erträgt. Wenn du dann weiter deinen alten Gewohnheiten folgst, wird dein energetisches

Gleichgewicht empfindlich gestört und du entwickelst hypersensible und psychosomatische bis hin zu seltsamen, paranormalen Symptomen. Dabei werden die Körper deiner Nachkommen sogar noch viel früher und viel stärker auf den Aufstieg des Planeten reagieren als du selbst.
Die Probleme werden dadurch verstärkt, dass dich das konservative, wissenschaftliche Denken ganz in bewährte Therapien für die Körper des Homo Sapiens Sapiens zurückziehen will und andere verbietet oder lächerlich macht, die jetzt mehr zu deinem sich verändernden Körper passen. Es ist unbewusst oder sogar verrückt, was Mainstream da tut. Man zwingt seinen alten Computer von 1998 doch auch nicht durch die verrücktesten IT-Reparaturen dazu, dass dort Windows 10 drauf laufen soll, jede neue Software braucht auch eine passende Hardware. Dein Körper wird gerade umgekehrt zur neuesten Hardware und du versuchst Windows 95 darauf zu installieren! Will ein normaler Biologe/Mediziner verstehen, was bei einem im Reifeprozess befindlichen Menschen optimal ist, der kann es nicht wissen! Dein Körper ist das neueste auf dem Planeten mögliche humanoide Endgerät und der offiziell anerkannte Reparaturdienst verwendet noch die Software und die Diagnosegeräte von vor 20 Jahren. Wie viel Vertrauen hättest du zu einem solchen IT-Experten, um an deinem neuesten Endgerät eine Störung zu beheben? Das ist doch dumm!
Das alles müsste nicht sein, wenn du von deinem Reifeprozess wüsstest und von deiner immensen, brachliegenden Drachenkraft, die gleichzeitig die beste Kraft der Selbstheilung ist. Das Wissen allein genügt auch nicht, du musst dann auch dein Verhalten so anpassen, dass deine ganzen Selbstheilkräfte freigesetzt werden. Eine wissenschaftliche und von der Pharmaindustrie gesponserte Methode kann das nicht leisten: Wenn du dich selbst umsonst heilen lernst, womit sollte die medizinisch-pharmazeutische Industrie noch ihr Geld verdienen? Wenn du dich selbst heilst, selbst mit Nahrungsmitteln versorgst und vermutlich auch noch selbst denkst, wo bleibt dann die Matrix? Big Pharma würde zumindest auf ein gesundes, den Menschen dienliches Maß schrumpfen und auch weniger Einfluss auf die Politik nehmen können. Du erkennst selbst am besten den richtigen Moment, wenn es Zeit ist, Vegetarier zu werden und

aggressive, urteilende und dich herabziehende Menschen zu meiden. Du machst das und du bleibst für eine Weile gesund. Dann kommt wieder eine körperliche Störung und du fragst dich, „Hmmh, was braucht mein Körper diesmal?“ Keine Ernährung mehr ohne Chi, lieber Kräuter, die wild wachsen oder Homöopathie in sehr hoher Potenz, weil da die hilfreiche Wirkung nur noch energetisch-ätherisch drin ist und den Körper daher am wenigstens stört, der hat ja mit dem Umbau genug zu tun.

Weiterführendes Werkzeug: Betrachte einmal dein Leben daraufhin, wo du dich zugunsten der Matrix noch verbiegst und wo du sie nur noch nutzt für ein gutes Leben. Das Erste nein, das Zweite ja. Du musst die Matrix nicht verlassen, nur in ihr ganz aufwachen. Das allein verändert alles, du kannst darauf vertrauen. Und dann dehnst du an deiner Stelle darin die Maschen des Netzes, mit dem die Ernte gerade eingeholt werden soll, und arbeitest an deiner Autarkie bei gleichzeitiger Suche nach anderen Mitschöpfern, um mit ihnen Zukunft zu gestalten und in Gemeinschaft zu kuscheln.

Neun: Geh in Klausur mit deinem Drachen

Feedbackschleifen und Reflektion: Das bewusste Reset deines Betriebssystems

Wenn ihre Zeit gekommen ist, verpuppt sich die Raupe.

Nun stehen wir schon kurz vor der Prüfung, du ziehst dich noch einmal ganz von allem zurück, um dich noch gründlicher vorzubereiten. Du befasst dich mit dir selbst, deinem Drachen und deiner Lebensaufgabe und räumst auch noch in deinen Beziehungen auf, diesen Abzweigungen in deiner Drachenhöhle. Vor allem aber steigst du für eine gewisse Zeit ganz aus der Matrix aus. Wenn du dann an deinen alten Platz in der Matrix zurückkehrst, wirst du mit diesem Spielfeld anders umgehen. Du bist bereit, als erwachsener Mitschöpfer zu handeln.

9a. Dein Besuch beim Drachen

Was können wir alles tun, um mit unserem Unbewussten ins Gespräch zu kommen? Ich empfehle die Einrichtung einer Meditationsecke und ihre regelmäßige Nutzung, gebe Beispiele aus meiner eigenen Erfahrung und stelle zahlreiche andere Methoden kurz vor, die dir helfen werden, dir deinen eigenen Weg der Aufklärung im Internet vor dir her zu erschaffen. Lerne und trainiere – vor allem Meditieren. Jeder künstlerische Prozess kann mit der entsprechenden Absicht dazu verwendet werden, dass du etwas ganz Großes erschaffst: Das beste Bild, ein wundervoller Song usw. Ist deine Inspiration nah an deinem eigenen Höheren Selbst angesiedelt, drückt sich die Quelle selbst in deinen kreativen Werken aus, sie beginnen, andere zu stimulieren und deren Schwingung anzuheben. Auf jeden Fall beginnen sie, mit dir zu ‚sprechen'.

Mit den vorangegangenen Kapiteln hast du bereits begonnen, in deiner Höhle aufzuräumen und dein Drache hat nur noch einen leichten Schlaf. Es wäre gut, bereits restlos alles, was noch unbewusst in Höhle und Standleitung liegt und Verzerrungen deiner Schöpfungen verursacht und mit deiner Drachenkraft unbewusst in dein Leben geträumt wird, in dein Bewusstsein zu heben, sobald es eine Chance auf Heilung gibt. Das wird in der Kürze der Zeit, die uns noch bleibt, vielleicht nicht mehr passieren können. Für eine sichere Passage durch den äußeren Reifeprozess, der dich in allerhand drastische Erfahrungen ziehen könnte, falls da noch stark geladene Themen beim Drachen herumliegen, genügt als Erste Hilfe, dass du dir eine Ideallinie erschaffst. Zumindest das kannst du jetzt schon tun. Du sagst dir: „Alles im Leben fließt mir zu in wunderbarer Leichtigkeit und Freude!" Räume mit dem Löschungssatz alles weg, was dies noch durchkreuzen und verhindern könnte. Das ist der Grundzustand eines Menschen, den man nie von seiner Seele getrennt hat, der weiß einfach, alles läuft ideal. Der spürt seinen richtigen nächsten Schritt. Der denkt nicht einmal viel drüber nach. Der folgt einfach seiner Intuition. Du tust also schon so, als hättest du den Reifeprozess zumindest gestartet und fühlst dich schon so.

Bringe Licht und Schatten in dir zum Ausgleich, hebe das Unbewusste ins Tagesbewusstsein und du wirst bewusst aufwachen. Aufwachen hat noch nicht viel mit dem Verlust von Illusionen zu tun, ist aber oft der Anfang der Entwicklung von Bewusstsein. Eine Persönlichkeit mit einem riesigen Schatten geht jeder alten und neuen Illusion auf den Leim, auch wenn sie wissenschaftlich, aufklärend, oder verschwörungs-theoretisch daherkommt. Solange dieser Mensch nur neues Wissen anhäuft und

wiederkäut, bläht er nur seine Persönlichkeit noch weiter auf und wirft einen noch größeren Schatten. Es ist nicht egal, in welchem Bewusstsein du dich für eine Sache einsetzt. Es ist vor allem wichtig, dass du, noch bevor du andere aufklärst und überzeugen willst, erst einmal nachhaltig, autark und regional vernetzt mit deiner Aufmerksamkeit all das nährst, was du auch selbst haben und erleben willst.
In diesem Kapitel wird es darum gehen, deinem Drachen mehr Besuchszeit zu geben. Du fragst dich vielleicht, wie kann das gehen? Nun, vergiss zeitweise, was du lernen sollst, was du machen musst und was andere von dir erwarten. Selbst alles, was du hier von mir erfahren hast oder schon vorher wusstest. Schaffe dir auch örtlich einen kreativen Freiraum, einen Raum für deine Mitte, ein heiliger Ort in deiner Basisstation (deiner Wohnung). Einen Platz, der nur von dir genutzt wird. Keiner sonst darf dort sitzen, liegen oder gar die Umgebung gestalten. Nutze Feng-Shui, um diesen Platz an deiner Absicht auszurichten, was du an diesem Ort erfahren willst. Anfangs hilft ein kleiner Altar, auf dem du deine heiligen Symbole und Bücher arrangierst, die dir noch viel bedeuten, umsäumt vielleicht von Kerzen und Kristallen. Mit einer Möglichkeit, erhebende Musik zu hören oder Meditationen und bringe dich auch mit Düften in Stimmung. Und trinke energetisiertes Wasser. Du wirst recht bald feststellen, was in deiner Meditationsecke bleiben sollte und was wieder ausgetauscht werden muss – im Rahmen deiner weiteren Entwicklung. Denn jede Schwingungshöhe und jeder weitere Schritt in deinem Reifeprozess erfordert auch eine andere Gestaltung.
An diesem Platz versuchst du an dem inneren, noch schlafenden Drachen vorbei so hoch wie möglich in die Standleitung zu reisen und deinen Reifeprozess zu beschleunigen. Was heute noch deine Schwingung anhebt, z.B. Musik, Sprüche, Meditationen, Bilder, Kartendecks, und sich erhaben und erleuchtet für dich anfühlt, kommt dir morgen schon zu dunkel vor und zieht dich runter. Die Meditationsecke ist dein heiliger Ort, der Ort, an dem du dich an deine Quelle erinnerst oder dich mit Allem-Was-Ist verbindest. Sie spiegelt dir mit ihrem Altar und deinen Nippes-Nützlichkeiten entweder mit einem festen Konzept deine Stagnation in deinem Reifeprozess an (wenn sich dort nichts ändert) oder eine

dynamische Reise zu deinem Höchsten Selbst und zur Quelle. Und dann ändert sich auch auf dem Altar wieder alles. Eine dynamische Veränderung ist das, was du nun für deinen Reifeprozess suchst.
Wenn ich dir nun sage, die Lösung für Frieden, Freiheit und Glücklichsein liegt nicht in deinem politischen Engagement da draußen, würdest du das jetzt mittlerweile verstehen? Du findest die Lösung und deinen nächsten Aktionen hier in deiner Meditationsecke. Wenn du deinen Schatten geklärt hast oder zumindest im Auge behältst und stellst fest, das politische Engagement ist deine Lebensaufgabe und du engagierst dich dann dafür aus deinem echten Selbst heraus, ist das etwas anderes. Das macht den Unterschied. Nach außen sieht es gleich aus. Aber du musst dann nicht aus deinem Schatten heraus reagieren und der Matrix auf den Leim gehen und Ziele verfolgen und Gesetzesvorlagen entwickeln, du tust es ausschließlich, weil es stimmt. Natürlich wird die Neue Erde auch Politiker brauchen und Journalisten. Schütte nicht das Kind mit dem Bade aus. Bevor du andere da draußen verurteilst (ganz niedrige Schwingung!) kümmere dich also erst mal um deinen Drachen. Geh ihn kraulen. Wie man seinem Drachen näher kommt und mit dem Unbewussten kommuniziert, davon handelt dieses Kapitel.
In der ersten Zeit hat es mir geholfen, wenn ich auf meinen Ausflügen Gotteshäuser besuchte, vor allem solche, die auf Kreuzungen von Drachenwegen gebaut waren, oder wenn ich imposante Malereien und Skulpturen auf mich wirken ließ, inspirierende Bücher las und erhabene Musik hörte. Das unterstützte mich, mich leer und fokussiert zu machen und meine Schwingung anzuheben. Ich besuchte Seminare und Meditationen von anderen, die noch wesentlich höher greifen konnten und mich mit auf die Reise nahmen. Aber mit der Zeit gab es kaum noch Musik, gab es kaum noch Kunst und auch keine Seminarleiter mehr, die mich noch anheben konnten. Alles zog mich eigentlich nur noch aus meiner Mitte und runter. Seitdem ist mir die Stille am liebsten, und nur wenige heiligen Objekte sind auf meinem Altar verblieben. So kam ich zu der Überzeugung, dass immer dann, wenn ich an einem Konzept und an einem Lehrer hängenblieb, ich auch auf dem Weg die Standleitung rauf eher auf der Stelle trat, aber das kann auch nur einfach daran gelegen

haben, dass kein anderer Weg mein eigener Weg sein konnte, vielleicht ist das bei dir anders und du bretterst durch den Reifeprozess mit einem einzigen Konzept und einem einzigen Lehrmeister. Stagnierende Entwicklungsplateaus können auch notwendig werden, damit dein Körper wieder nachkommt und dich einholt und mitkommt. Der braucht einfach seine Zeit, um sich an immer noch höhere Schwingungen zu gewöhnen. Es stimmt also alles, wie du es erfährst. Du bist ideal unterwegs, wenn das deine formulierte Absicht ist. Alles im Leben fließt dir zu in wundervoller Leichtigkeit und Freude.

Irgendwann konnte ich an keinem Gottesdienst mehr teilnehmen, ohne ihn durch heftiges Rülpsen zu stören, selbst bei religiösen Familienfeiern gelang es mir nicht, ohne dass es mir körperlich speiübel wurde und meine Schwingung gleichzeitig drastisch abfiel. Manchmal konnte ich mich kaum noch aufrechthalten, so stark spürte ich den Energieraub durch diese Rituale und vor allem die Matrix dahinter. Selbst als es mir gelang, nicht mehr darüber zu urteilen. Dabei hatte ich die Rolle der Religionen für die Matrix noch lange nicht erkannt. Egal wie wundervoll-liebevoll der predigende Mensch da vorne war, seine Institution und die Rituale selbst verursachten etwas ganz anderes als das, wovon er predigte. Ich erkannte plötzlich, dass genau solche körperlichen Reaktionen während der Predigt im Mittelalter wohl jeder weisen Frau zum Verhängnis wurden. Ihr wurde schlecht, weil sie mehr mit der Natur und in einer höheren Schwingung lebte. Ihre Übelkeit wurde dann auch noch als Beweis gedeutet, sie sei vom Teufel besessen und der zeige sich eben deutlich durch Übelkeit angesichts von Gottesdiensten, sobald er dort mit den guten Hirten in Berührung kam, z.B. mit heftigem Rülpsen. Das ist aber sowieso die beliebteste Variante der bösartigen Manipulation durch die Matrix: Sie halten ihren Opfern genau das vor, was sie selbst tun. Denn wenn damals überhaupt jemand teuflisch war, dann doch die Inquisition mit ihren Folterknechten. Hexen konnten wegen ihrer teuflischen Bosheit die frohe Botschaft der Glaubensgemeinschaft nicht aushalten, so ging damals das Narrativ. Wenn ich dir eine Einsicht hoffentlich vermitteln konnte, dann doch diese: Gesellschaften tendieren dazu, energetische Reaktionen von Menschen, die anders sind, anders leben,

anders fühlen und anders denken falsch zu interpretieren. Und sie werden mit Propagandamethoden angeleitet, dies zu tun. Jedes Konzept interpretiert falsch und richtig, denn die Schöpfung ist in kein Konzept zu pressen. Jedes Konzept, jedes Paradigma, ist das Produkt seiner Zeit und der gerade herrschenden Variante der künstlichen Matrix.
Was immer bei dir im Außen passiert: Wenn du, statt automatisch zu reagieren, dich stattdessen um die Vollendung des gerade getriggerten Themas beim Drachen kümmerst und erst mal nicht draußen reagierst, ist das die beste Vorlage, deine unbewussten Muster zu löschen. Bevor du nicht Klarheit gefunden und das Muster mit seinen Wurzeln entfernt und damit das Thema vollendet hast und wieder in deiner Mitte bist, handelst du automatisch unbewusst – und im Sinne der Matrix. Nach der Vollendung des Themas überlege dir eine von diesem Trigger unabhängige bewusste Aktion. Schau, was du erschaffen willst und tue es. Frage dich zum Beispiel, „gibt es etwas, was ich in dieser Angelegenheit tun kann und zu unserer Freiheit führt?“ Kommt der gleiche Impuls wie der, der ursprünglich in dir von der umgebenden Matrix getriggert wurde, dann folge ihm. Dann stimmt es, so zu handeln zum Wohle aller. Dann hast du dich nicht unbewusst stimulieren lassen, sondern souverän bewusst eine Aktion gewählt. Folge deiner eigenen inneren Stimme, aber folge nie reaktiv den ersten Impulsen, die dir von außen angeboten werden. In der Ruhe liegt die Kraft, also in deiner Mitte.
Was ich bisher gesagt habe, wandte sich vor allen an die Atheisten unter uns. Bist du ein definierter Christ, schlage ich dir ein dynamisches, experimentelles Kennenlernen deines Gottes vor und seine Gleichsetzung mit der Quelle, um nicht an diesen Matrix-Despoten des Abraham zu geraten. Als Christ fragst du deinen Gott direkt und versuchst in deinen Erfahrungen dann die Antworten zu erkennen. Als echter Christ des Gottes der Nächstenliebe hast du längst erkannt, dass Gott jeden Teil seiner Schöpfung liebt, jeden Funken, und ihn bedingungslos unterstützt. Du brauchst keine Angst vor ihm zu haben. Nun finde mehr heraus durch Fragen. Und schreibe auf, welche Antworten dir dann zufallen, nicht nur in Worten, sondern auch in Zufällen. Jeder Mensch ist dazu in der Lage, mit der Quelle selbst zu kommunizieren – über sein Höchstes Selbst.

Dafür braucht es kein Dogma, keine Lehre, kein heiliges Buch. Stelle Fragen, Fragen, Fragen. Bleib ganz in der Frage und im Staunen und in der Dankbarkeit und bewundere die Schönheit dieser Schöpfung. Das ist schon eine höhere Schwingung. Du erschaffst natürlich mit Gott, wenn du in Harmonie mit deinem Höchstens Selbst den Impulsen folgst, die als Antworten auf deine Fragen, Absichten und Wünsche entstehen. Das bewusste Erschaffen ist kein blasphemischer Alleingang eines E-gos, es ist pures ‚dein Wille geschehe'. Denn es ist die höchste schöpferische Ebene, die unser Handeln koordiniert, wir müssen nur unseren Teil erfüllen und möglichst bewusst in Harmonie mit Allem-Was-Ist erschaffen. Es ist sogar der höchste Gottes-Dienst, für dich und mich und uns alle, den Himmel auf Erden zu erschaffen. Denn dann kann Gott in uns ganz in seiner Schöpfung aufwachen. Das ist der Plan, soweit ich es erkennen kann. Es ist der vollkommene Plan des Aufstiegs der Erde und der Menschheit. Wenn du stattdessen die Ungläubigen verurteilst und überall Böses siehst, wo die anderen verkehrt verehren oder Gott ignorieren, dann senkst du deine Schwingung und entfernst dich von deinem Schöpfer mit Siebenmeilenstiefeln. Und die Matrix hat dich. Dann bist du auf dem besten Weg Recht zu behalten und dir und deinesgleichen das Armageddon zu erschaffen. Doch nicht die bösen Anderen tun das: Du, nur du allein musst deine niedrige schwingenden Gedankenformen verantworten und erhöhst für dich individuell die Wahrscheinlichkeit von höllischen Erfahrungen. Du ziehst sie an.

Armageddon ist ein Matrixplan als Reaktion auf die üblichen Veränderungen der Erde zum Zeitpunkt des Durchwanderns ihrer solar-galaktischen Umlaufbahn. Mit der Offenbarung des Johannes hatte dieser Mensch sich schon vor zweitausend Jahren astral eingeklinkt in die Pläne der Matrix. Wenn du diesen Text genau liest, erfährst du, dass das Raumschiff, auf das er eingeladen wurde und das er ausmessen sollte, ein Borg-Würfel war, der schwarz-golden schimmerte. So wie ich ihn ‚gesehen' habe, als ich mit der Schilderung mitging, besaß er Glasfronten, die mit Gold verspiegelt waren. Und am ‚Ende aller Tage' kommt der Herr und richtet und sucht die 144 000 Selbstgerechten aus, die ihn in diesen Würfel begleiten dürfen, um gerettet zu werden - vor der schon damals erwarteten, klimatisch-katastrophalen Erdsituation und vor dem erwarteten Polsprung. Doch wenn du glaubst, es geht um die fundamentalistisch besten, besserwisserischen Gläubigen, dann hast du dich getäuscht: Die gelobten Geretteten müssen vor allem viel Herz einbringen, ihre maximale Leidensfähigkeit ist das Kriterium ihrer Aufnahme in diesen Borg-Himmel. Und sie werden leiden. Das ist ihre Funktion, dafür werden sie gebraucht.

Eine echte Beziehung zur Quelle ist sehr hell, freudvoll, und wird inspirierend und fröhlich erfahren, ganz anders als Beten, Glauben und Verehren. Du lebst in Freude und Verzückung und nicht in der Angst vor dem Tod, denn das ist Matrix pur. Bist du Christ, versuche es bitte mal anders mit Gott. Das geht dann so weit, dass du die Quelle fragen kannst, wer du bist, was du bist und was deine Aufgabe hier ist, und sie wird dir antworten! Sie wird! Als Arbeitshypothese musst du nur annehmen, dass das Kontinuum, dieses hohe Wesen, dieses Alles-Was-ist, dir tatsächlich zugeneigt antworten wird. Damit erschaffst du dir diese Beziehung, eigentlich aktivierst du nur deine Standleitung und ziehst das Tor beim Drachen etwas weiter auf. Beginne die neue Beziehung also damit, dass du Fragen stellst – ohne Ende! Und dann warte ab. Vielleicht bittest du deinen Schöpfer auch noch darum, dass er dir seine Antwort in einer Art zukommen lässt, dass du genau weißt, es kann kein Zufall sein, es war seine Antwort. Und ich meine nicht einen eifersüchtigen, verehrungs-bedürftigen, gnädigen Gott, vielleicht benutzt du doch besser den Begriff 'Kontinuum', ‚Quelle‘ oder 'Universum', die sind noch relativ unbelastet. Bleibe möglichst immer in der Frage. So wie kleine Kinder. Universum, ich frage mich, wie ich einen neuen Job finden kann mit deiner Hilfe, und es sollte mir mehr Spaß machen und ich sollte nicht einmal suchen müssen. Universum, was ist dafür erforderlich, dass sich dieser Job einfach aus dem Blauen vor mir auftaucht, und der auch noch besser bezahlt wird?"

Doch zurück zu deinem Ort der Kraft in deiner Wohnung, wo du dich an dem Reifeprozess ausrichtest. Ein solcher Ort erleichtert es dir, deine Mitte zu finden, dieser eingerichtete Ort und eine regelmäßige Gewohnheit dort anwesend zu sein, arbeiten dir zu. Je öfter du dort sitzt, umso einfacher wird es, Ort und Gewohnheit erschaffen schon zu zwei Dritteln deine Kommunikationsverbesserung. Deine Meditationsecke mit Altar wird zu deinem Expressladegerät innerhalb deiner Basisstation Wohnung. Deine Basisstation umfasst deine gesamte Wohnung, dein Haus mit Garten, doch der Meditationsplatz ist dein Highspeed Ladeadapter. Und er kann noch viel mehr. Hier suchst du das Gespräch mit deinem Unbewussten, versuchst ihm Informationen zu entlocken. Du tust das, indem du deine Hirnwellen kontrollierst und bewusst veränderst. Denn dein Unbewusstes liegt einfach nur auf anderen Hirnwellen-Bereichen als das Tagesbewusstsein. Lerne meditieren. Meditieren und Fokussieren macht aus dem Bewusstsein einer Glühbirne einen Laser. Der Laser kann operieren und du machst mit dem Fokus deiner Aufmerksamkeit deine Lebenskraft in deinen Schöpfungen wirksamer und durchschlagender im kosmischen Ebay. Deine Kraft folgt deiner Aufmerksamkeit, also schau, dass du sie nicht streust. Es geht dir fokussiert emotional besser, deshalb lieben Menschen die Extremsportarten, denn da müssen sie ganz fokussiert im Augenblick bleiben und handeln, das Hormoncocktail ist sehr stimulierend.

Aber lerne Meditieren ruhig dort, wo es dich hinzieht. Dann tauchst du nach deiner Meditation auf mit Einsichten, Hinweisen, neuen Symbolen und Impulsen, die zu deinen eigenen Absichten gehören. In die Meditation nimmst du deine Fragen an die Quelle mit und wartest in Stille auf die Antwort. Eine weitere Möglichkeit der Kontaktaufnahme mit deinem Unbewussten ist deine Kreativität. In Gebeten sprechen die Menschen mit ihrem Höchsten Selbst, Gott (Quelle) oder anderen Wesen, aber in der intuitiven, kreativen Arbeit, in der du einfach deinen Impulsen folgst, antwortet dir dein Höchstes Selbst. Aber nur, wenn du das so auch beabsichtigt hast. Du kannst dich auch in das Bewusstsein von Nachbars Lumpi damit einklinken, allein die Absicht zählt. Natürlich kannst du stattdessen auch Themen aus dem Berg an Verdrängungen kreativ bearbeiten oder in den Nachbarhöhlen deiner Beziehungen fischen. Solche Therapien werden bereits sehr erfolgreich angeboten, nutze sie. Werde in irgendeiner Form kreativ. Mitschöpfer sind kreativ, daran kannst du sie erkennen. Wir sind alle Mit-Schöpfer und schöpfen aus dem galaktisch-universalen Pool der Ideen, Formen und Energien. Wer das nicht in sich spürt, muss noch Mal zurück auf Anfang und wie ein Kind spielen. Meinetwegen mit den Enkeln und von diesen lernen. Ihre Kreativität nachahmen.

Der kreative Prozess der Unterhaltung mit deinem Unbewussten funktioniert mehr wie eine Schnitzeljagd, mit vielen Hinweisen und Rätseln, und dann musst du zwischendurch deinen Impulsen folgen. Jeder künstlerische Prozess kann mit der entsprechenden Absicht dazu verwendet werden, dass du etwas ganz Großes erschaffst: Das beste Bild, einen wundervollen Song usw. Ist deine Inspiration nahe an deinem eigenen Höchsten Selbst angesiedelt, drückt sich die Quelle selbst in deinen kreativen Werken aus, und sie beginnen, andere zu stimulieren und deren Schwingung anzuheben. Auf jeden Fall beginnen sie, wie schon gesagt, mit dir zu ‚sprechen'. Oft führt dich deine Kreativität auch erst einmal zur Schattenintegration und Selbstheilung.

Du kannst deine Intuition direkt trainieren, indem du in jeder Situation im Voraus zu ahnen versuchst, wo die Sache hinführen wird. Es klingelt (wer ruft wohl an?), und stimmte deine Ahnung? Intuition ist ein Muskel und man muss sie auch wie einen Muskel trainieren. Jeder kann das. Alles, was dir hilft, dich an deiner logischen Quasselstrippe im Kopf (genannt Verstand) vorbei zu mogeln und etwas ganz Anderes, Unerwartetes, Neues, Originelles zu erschaffen, kommt aus dem Unbewussten, dem persönlichen und dem kollektiven. Dein Verstand hat immer Antworten, auf einfach alles, so als würde er dafür bezahlt, und nicht nur das, er platzt auch ständig mit ihnen in jede Situation. Deine andere Hirnhälfte hat zu allem nur Fragen und lässt die Quelle, den Drachen und dein Höheres Selbst in Form von Impulsen, Erfahrungen, Eingebungen und künstlerischen Prozessen antworten. Indem du vor allem Fragen hast und gleichzeitig deinem Verstand versicherst, er weiß die Antwort darauf noch nicht und das ist O.K. (er kann Pause machen), bist du in einem guten Gespräch mit dem ewigen und unbegrenzten Unbewussten. Sobald du selbst Antworten hast, bist du wieder in den Verstand zurückgesprungen.

Hat deshalb einer der weisen Philosophen gesagt: „Ich weiß, dass ich nichts weiß!"? Wollte er uns damit ermutigen, auch mal keine Antworten zu haben und stattdessen das Universum mit Fragen zu bombardieren? Bleib in der Frage! Vorschlag, wenn dir sonst keine Frage einfällt: „Wie kann das noch besser werden?" oder „Was ist noch möglich?" Wie könnte dein Tag wunderbar werden, frag das Universum, und die Quelle wird dich mit allem versorgen und mit noch viel mehr. Wenn dir selbst die gerade genannten Fragen nicht einfallen, dann frage zumindest, was dich jetzt weiterführen, glücklicher machen und bewusster werden ließe. Z.B. „Was könnte ich tun, was mir Spaß macht, mich erfüllt und mir richtig guttut?" oder „Was könnte ich hierzu noch alles fragen?". Die Quelle liebt solche Aufgaben, und wird sich für dich ins Zeug legen und liefern, ganz gewiss. Sie wird dir Impulse vorbeischicken wie das Kaninchen in der Matrix, folge dem Kaninchen!

Insgesamt ist die Kommunikation mit deinem Unbewussten mehr mit Angeln vergleichbar. Mit deiner Frage oder Absicht hängst du einen Köder über die trüben, unbekannten Gewässer deines Unbewussten. Und dann wartest du, dass da ein Impuls anbeißt, oder eine Einsicht aus dem Gewässer auftaucht wie eine Luftblase. Ein Wort, ein Symbol, eine Überschrift. Das alles sind die Enden von Fäden, an denen du ziehen und mehr aus dem Tümpel zu fischen beginnst. So habe ich selbst Channeln gelernt. Das erste Wort, den ersten Halbsatz, das Bild ergreifen – ohne Beteiligung des urteilenden Verstandes – und es hinschreiben oder zeichnen und dann das nächste Wort und das nächste. An dieser Kette hangelte ich mich durch das Labyrinth. Am Anfang war das noch ruppig und oft unverständlich, aber da hatte ich mich auch noch nicht ausgerichtet und vorneweg klare Absichten formuliert. Mit trüben Gedanken lässt sich auch nur trübes Zeug fischen. Eine gute Methode ist auch, dir beim Einschlafen Fragen zu stellen, du wirfst dann die Angel aus. Halte dann Schreibzeug bereit und notiere deine Träume gleich beim Aufwachen. Und versuche sie später über Tag zu verstehen. Lerne diese Hinweise zu deuten. Hast du keine Fragen gestellt beim Einschlafen, so beziehen sich deine Träume mehr auf das, was du an Erfahrungen des

Vortages verdauen musstest, was dein Drache gerade zur Heilung vorschlägt oder wo dein Höheres Selbst mit dir hinwill.
Das Unbewusste antwortet dir mit Zufällen (Synchronizitäten), Erfahrungen, Begegnungen, Glücksgefühlen, plötzliche Eingebungen und gut gelaunten Impulsen. Depressive Impulse kommen nie von der Quelle oder von deinem Höchsten Selbst, sie kommen garantiert vom Haufen oder direkt aus der Matrix, und entweder von deinem eigenen Haufen oder dem der anderen als Matrix-Agent. Du lernst mit der Zeit immer besser, die Antworten des Unbewussten zu entschlüsseln. Im Verlauf des Reifeprozesses wirst du zum erwachten Träumer: Der Schleier, der das Unbewusste vom Ich des Tagesbewusstseins getrennt hält, wird immer dünner und verschwindet schließlich ganz. Man nennt dies, wie gesagt, ‚Luzides Träumen'. Dabei wachst du in deinem Traum auf und wirst dir dessen bewusst, dass du träumst. Du entscheidest dich als nächstes aktiv im Traum, wie er weitergehen soll und führst den Traum dann zu deinen Gunsten so zu Ende, als seist du in einem magischen Computerspiel unterwegs. Und du träumst weiter, ohne aufzuwachen. Erst wenn du im Tagesbewusstsein aufwachst, merkst du, dass du ja immer noch geträumt hast. So können sich auch Träume mehrmals ineinander verschachteln. Meistens ist diese luzide Erfahrung so intensiv, dass du dich gut an sie erinnerst. Du kannst auch jetzt schon luzides Träumen üben, um den Reifeprozess zu unterstützen. Es gibt für alle diese Methoden wunderbare Lehrer und Selbsthilfebücher. Du musst nur die Absicht formulieren, dies lernen zu wollen, und die Hinweise purzeln vor deine Füße, wo und bei wem. So wirst du von einer neuen Methode zur nächsten geführt.
Im luziden Traum wirst du dir also während des Träumens schon bewusst, dass du träumst. Nun kannst du dich auch bewusst entscheiden, wie dein Traum weitergehen soll, während du weiterschläfst. Mit dem bewussten Erschaffen im Tagesbewusstsein machst du nichts anderes: Du sorgst dafür, dass du aus deiner Tages-Ich-Trance aufwachst, die durch die künstliche Matrix über dein Leben ausgebreitet wurde. Wie mit einer Löschdecke wurde dein inneres Feuer und deine innere Wahrnehmung erstickt, und du wurdest gezwungen, dein intuitives Licht unter den

Scheffel zu stellen. Wenn du meditierst, kommen in diesen besonders wachen Momenten Unbewusstes und Bewusstes in deiner Mitte zusammen, die psychische Spaltung wird überwunden, du fühlst dich ganz und integer. Das ist der wirksamste Zustand, deine Absichten zu formulieren und Einfluss auf die Wahrscheinlichkeiten einer bestellten Erfahrung und ihre Durchsetzung im kosmischen Ebay der Möglichkeiten zu nehmen.
Die Ureinwohner Australiens haben in ihrer 40 000-jährigen mündlichen Überlieferung von der zentralen Rolle der Traumzeit (des Unbewussten) gewusst, von der sie behaupten, dass dort alles erschaffen wird, was wir hier erleben. Ich erwähnte es bereits. Alle schamanischen Traditionen wirken über diese anderen Dimensionen, die wir in unserem Inneren finden. Der Traum wird bewusst verändert, während du ihn träumst. Dein Leben wird bewusst verändert, während du weiterlebst. Beispiel: Ich wanderte im Traum einen Grashügel entlang, quer zu einem größeren Abhang, und dieser wurde immer steiler. Im Traum wachte ich auf und wusste, ich träume, und ich erkannte auch, dass dieser Gras-Abhang nun eine Steilheit erreicht hatte, an der ich nach dem Gesetz der Schwerkraft unmöglich noch entlanglaufen konnte. Ich realisierte im Traum, dass ich nun wohl abrutschen und fallen müsste, entschied mich dann aber bewusst, stattdessen darauf zu setzen, dass hier andere Gesetze gelten. Und ich entschied mich, horizontal durch die Luft zu laufen. Erst nachdem ich erlebt hatte, wie interessant ich mich dabei fühlte, durch die Luft zu laufen und wie erleichtert ich war, so meinen Absturz verhindert zu haben, wachte ich auf und erkannte, dass ich luzid geträumt hatte. Entscheidend war, dass ich bewusst auf die Traumebene Einfluss nehmen konnte, um nicht abzustürzen. Und nicht nur das: Ich spürte, ich hatte mir damit mehr Freiheit erschaffen. Und dachte vermehrt darüber nach, welche Gesetze in welchen Dimensionen gelten, was für dieses Buch sehr hilfreich war. Der Traum war also auch die Antwort auf Fragen zu meinem Buch.
Die Methoden wurden in den letzten Jahren immer effektiver, schneller und feiner. Ich konnte beobachten, dass der Zugang zum Unbewussten zunehmend erleichtert und auch kollektiv der Schleier gehoben wurde, individuell z.B. über Hypnose wie ‚Beyond Quantum Healing' und

kollektiv z.B. über ‚Remote Viewing'. Waren wir auch darin bisher noch vornehmlich fremdbestimmt und mussten uns mediale Durchsagen bei anderen abholen, werden solche Channel und medialen Anbieter gerade davon überholt, dass die Menschen es im Reifeprozess selbst erlernen und auch in der Kartierung des Unbewussten auf Experten verzichten. Meine eigene Erfahrung dazu ist, dass ich ein anderes Leben mit seiner Problematik viel intensiver und schneller vollenden konnte, wenn ich es selbst erinnerte und ich nur begleitet und durchgelotst wurde. Bei der Information durch einen Channel blieb es merkwürdig flach und weiter mit Zweifeln behaftet, und das oft nur, weil mich die Reife der Persönlichkeit meines ‚Experten' irritierte. Die Matrix hat mittlerweile schon ziemlich viel Mühe, diese interessanten Forschungszweige vor dem Mainstream verborgen zu halten. Als erwachender Mitschöpfer formulierst du einfach die Absicht, dass du überhaupt und worüber du mehr erfahren willst, und ich wette mit dir, dass du selbst die Algorithmen von YouTube und Google so beeinflussen kannst, dass du mit deinen Such-Impulsen den idealen Weg zu deinen Informationen und Methoden findest.

Egal, ob du deine persönliche, galaktische Geschichte aufdeckst oder die verborgene Geschichte der gesamten Menschheit, die wir mit diesen Archonten-Parasiten und ihren Alien- und Menschen-Handlangern haben und die sich gerade mit künstlicher Intelligenz immer direkter hier einmischen, du trägst dazu bei, uns zu befreien. Jeder einzelne zählt, um diese Informationen breiter ins kollektive Unbewusste einzustreuen, du musst mit keinem einzigen Menschen schon darüber reden oder ihn sogar überzeugen. Das Kollektiv der Menschheit will die Freiheit, und dort kommt deine innere Befreiung auf jeden Fall an. Du verstärkst unsere gemeinsamen Wahrscheinlichkeiten für den Himmel auf Erden. Es gab eine Zeit, da hat die Menschheit den Globus durch zahlreiche Entdecker so lange kartiert, bis wir die gesamte Welt auf Karten darstellen konnten. Was wir in unserem eigenen Innern finden können, ist wie das äußere Universum erhaben und groß, und es gibt dort noch unvorstellbar viele weiße Flecken auf diesen inneren Landkarten. Und so viele weitere Möglichkeiten, sich selbst zu heilen und sich selbst von allen

automatischen Mustern zu befreien, die uns zum Opfer von Manipulationen machen.
Du kannst das Unbewusste auch indirekt über deine Mikado-Listen zugänglicher machen oder durch Traumdeutungen und künstlerische Hobbys oder es direkt besuchen in einer Hypnose-Sitzung oder einer geführten Meditation. Auf jeden Fall solltest du deinem Drachen Besuchszeit in irgendeiner Form geben. Theaterspielen und Singen ist auch eine wichtige Form. Jede Form von Kunst und Musik stimuliert unsere Kommunikation mit dem Unbewussten, jedes berührende Gefühl tut es. Leider wurden diese Techniken in der Moderne zunehmend verkopft und es zählt nicht mehr, ob ein Künstler etwas wahrhaft Erhabenes und Schönes aus den Höchsten Ebenen für uns alle in die Materie holt und die Menschen so an ihre eigene Erhabenheit und innere Schönheit erinnert. Für mich zählte immer nur, ob ein Künstler mit dem, was er erschafft, schon sehr hoch in die kollektive Standleitung greift und von dort etwas zu uns zurückbringt.
Künstler können Tore erschaffen, die dich direkt in andere Dimensionen eintreten lassen, oder die dich einfach durch die Betrachtung in höhere Schwingungen einweihen, die du danach auch selbst halten kannst. Du gehst dann aus der Kunstgalerie und bist energetisch für immer verändert: Deine Schwingung wurde angehoben. Wenn einer sagt, er wurde von der Muse geküsst, so stimmt das, und seine Muse war entweder sein eigenes Höchstes Selbst oder ein sehr hochschwingender Besucher, von dem er in diesem Augenblick mediale Impulse erhalten hat. Ganze Bücher wurden so geschrieben. Wo du vor Jahren und Jahrzehnten noch die Hilfe besonders begabter Medien gebraucht hast, kannst du heute selbst auf die Reise in dein Unbewusstes gehen und dir die Reise danach sogar erneut auf Video anschauen, Beispiele dafür findest du auf meiner Webseite. Du kannst andere Leben von dir entdecken, andere Existenzen, zum Beispiel als Berg oder wie ich selbst als Drache. Du kannst andere Wesen treffen, Wohlmeinende oder, wenn du nicht aufpasst und dich nicht geschützt lotsen lässt, auch ziemlich Gemeine.
Du kannst jetzt selbst auf die Reise gehen, statt es den Experten zu überlassen, das für dich zu tun. Ich will dich von allen Experten

emanzipieren. Du schläfst ja auch nicht mit einem Fremden, nur weil dieser ein Experte in Sachen Sex ist. Expertentum ist nicht das Kriterium deines Vertrauens, sondern Stimmigkeit für deinen nächsten Schritt. Es kommt darauf an, aus welchem Bewusstsein heraus du etwas tust, gegen den One-Night-Stand an sich ist nichts einzuwenden, auch nicht als Therapie. Doch bist du dabei als Persönlichkeits-Ich oder als Mitschöpfer unterwegs? Bedienst du Muster, die dich besonders antörnen, aber nur deine niederen Chakren ansprechen und dich weiter nach unten und in die 3D Realität ziehen? Geht deine sexuelle Erregung aus einer drastischen Erfahrung in einem anderen Leben hervor, dann solltest du sie dort finden und erlösen. Was ist dein Bewusstsein, indem du dir diese Erfahrung erschaffst? Glaubst du an etwas, was es so nicht gibt, wie zum Beispiel die große Liebe? Das ist die Frage. Es geht darum, bewusst, frei und souverän zu handeln. Eine wirkliche Hilfe sollte dir assistieren, selbst auf die Reise zu gehen und dich selbst zu heilen und dir dessen immer bewusster zu werden, was deine ganze Geschichte ist. Sie macht dich nicht abhängig und du lässt dich auch nicht zum Dauer-Follower machen. Du empfängst die Geschenke, tauscht die Energie und dann gehst du weiter.

Du wirst bewusst, indem du dein Unbewusstes erfährst, es erforschst und in immer mehr Tiefe auslotest, und nicht, indem du noch mehr Matrix-Wissen oder dessen Entlarvung anhäufst. Letzteres ist nur zum Aufwachen wichtig. Aufklärung über die Matrix ist natürlich wertvoll, sonst würde ich dieses Buch nicht schreiben. Aber es bleibt angelerntes Wissen, wenn du nicht selbst auf die innere Reise zu dir selbst und deinen höheren Ebenen und Existenzen gehst. Noch so viel Bücher und YouTubes können deine Selbsterfahrung nicht ersetzen. Wechselst du in einen anderen Hirnwellenbereich, bist du direkt in dieser anderen Welt, ein Zeichen dafür, dass unser Gehirn nur verschiedene Realitäten dekodiert und sie nicht halluziniert. Die Hemi-Synch-Methode (Monroe-Institut) wurde zum Beispiel von einem Mann entwickelt, der ständig nachts bewusst im Astralen unterwegs war und sich auch tagsüber noch gut daran erinnern konnte. Wir unterscheiden uns von ihm dadurch, dass wir zwar auch dort unterwegs sind, aber uns noch nicht daran erinnern. Vielleicht

hast du schon von einem Samadhi-Tank gehört (samadhi = Erleuchtung), da treibst du schwerelos in absoluter Stille und Dunkelheit in Salzwasser und findest leicht Zugang zu deinem Unbewussten, weil das Geplapper durch Reiz-Entzug ganz schnell verschwindet. Angeblich. Getestet habe ich das nicht, ich habe auch noch keine bewusstseins-erweiternden Drogen genommen. Ich bin mir selbst Droge genug.
Mit Remote Viewing kann man außerdem lernen, in die Vergangenheit und Zukunft anderer Menschen, anderer Wesen, Alien-Rassen und vergangene Zivilisationen zu schauen und dabei durchs Universum zu reisen. Diese Technik geht über die persönliche Standleitung und deren Abzweigungen bis zur Quelle weit hinaus und taucht durch das gesamte kollektive Quantenfeld der Cosmic Cloud. Dies sind Beispiele für die direkten Techniken, die jeder kennen sollte, um hinter die Fassade der Matrix zu schauen. Die Remote-Viewer des Farsight Instituts haben zum Beispiel schon Area-51 besucht, den bewohnten Jupitermond, den Krieg der Raumschiffe am Himmel über dem mittelalterlichen Nürnberg (!), die Ermordung Kennedys und sie konnten sich auch die astralen Hintermänner der letzten Päpste anschauen.
Die indirekten Methoden dagegen begleiten die Menschheit schon immer: Tarot, Astrologie, Feng-Shui, die Kabbala und alle Rituale, alle Tänze, Gesänge und Trommeln, die in andere Zustände versetzen, alles Schamanische eben. Daneben auch bewusstseinserweiternde Drogen, die in der Moderne verboten wurden, und solche Verbote können für abhängige Schafe zu ihrem Schutz vor dem Reifeprozess ja durchaus ihre Berechtigung haben. Ein Mitschöpfer ist souverän und sollte keine Bevormundung dulden, ganz gleich in welchem Lebensbereich. Andere Drogen wie Zigaretten, Alkohol, Zucker, Schokolade und Medikamente (ja das sind ebenfalls Drogen) dämpfen eher das Bewusstsein, senken die Schwingung und verhindern den Reifeprozess. Ist es also bloß Zufall, dass diese Drogen weiter erlaubt sind, wo sie die Menschen auch noch zusätzlich auf Dauer sehr krank machen? Doch alle, die den Horizont erweitern, werden verboten!
Ayahuasca spielte in den letzten zwanzig Jahren auch im Westen eine Sonderrolle, es wird aus Lianen gebraut und in einer schamanischen

Reinigungszeremonie getrunken. Es öffnet das Tor beim Drachen ganz weit. Viele Westler wurden dazu geführt, es unter einer guten Anleitung zu trinken, um ihre Lebensaufgabe zu finden und sich selbst zu beweisen, dass es mehr gibt unter diesem Himmel, als mit dem Tagesbewusstsein wahrnehmbar und von Wissenschaftlern der alten Art erforscht wird. Foster Gamble vom Thrive Movement empfiehlt diese Erfahrung, aber nur in vertrauenswürdigen Umgebungen. Von diesem Ayahuasca weiß man mittlerweile, dass sein Hauptwirkstoff das DMT ist, und das öffnet die Zirbeldrüse im Kopf, das dritte Auge hinter der Stirnmitte. Dieses Auge schaut nach oben in die Ewigkeit. Eine Erleuchtungserfahrung wird oft über dieses innere Auge wahrgenommen. Es gab schon immer Drogen, die geraucht, gebraut, getrunken, eingerieben oder eingenommen wurden und die einen Rausch hervorriefen, der direkt zu Visionen führte. So hat sich z.B. das Leben von David Ike nach einer einzigen Ayahuasca-Erfahrung komplett auf den Kopf gestellt, er vollendete seinen Reifeprozess und aus einem Sportreporter des BBC wurde einer der besten und tiefgründigsten Aufklärer über die Verschwörungen der Matrix. Natürlich musste auch er noch nach dieser Erfahrung den alten Homo Sapiens Sapiens langsam ent-lernen und sich von der Propaganda befreien, aber die Umstellung war geschehen. Er war direkt erleuchtet und sein langer Weg als unermüdlicher Aufklärer über die Machenschaften der Eliten, der Reptilien und der Archonten dauert an bis heute.

Überall, wo die westliche Zivilisation der Moderne die alten Bräuche noch nicht vollends auslöschen konnte, findest du auch heute noch Praktiken, die dir Zugang zu anderen Dimensionen verschaffen. Aber wie schon erwähnt, könnte auch jeder künstlerische Prozess dazugehören, wenn er intuitiv empfangene Bilder, Melodien und Texte dazu verwendet, um auf die innere Suche zu gehen und noch mehr aus sich selbst herauszuholen. Dabei kann ein Mensch es dem Zufall überlassen und damit den Impulsen der Matrix folgen und damit sehr erfolgreich werden. Denn belohnt wird in der Währung der Matrix, dem Geld, wer sich der Matrix beugt. Die Ikonen der Musikszene machen im Zuge ihrer Karriere sehr interessante Wandlungen durch: Sie nutzen zunehmend satanische

Anspielungen, Themen und Symbole in ihren Kostümen, in ihren Inszenierungen, Texten und Liedern. Das geschieht nicht zufällig, das ist ihre Huldigung der Macht, mit der sie sich für ihren Erfolg verbunden haben, um uns zu verführen, diesen Herren auch weiter zu dienen. Ein Künstler kann sich auch von der Matrix befreien wollen und nicht dem Profit Kommerz folgen. Dann wird er unabhängig seinen eigenen Weg suchen und das Gespräch mit dem eigenen Unbewussten, um seine Entwicklung voranzutreiben. Und dabei immer mehr er selbst werden. Jeder Mensch ist in diesem Sinne ein Künstler.
Wenn die Drachenhöhle und der Keller schon aufgeräumt sind und die Standleitung freigegeben, dann wirst du vielleicht schon Tages-Trancen erleben, so etwa wie Tagträumen, nur dass sie aus dem Nichts auftauchen, sich auf dein Unbewusstes beziehen und dir Vorschläge machen für zukünftige Talente und Aktionen. Du solltest einen inneren Beobachter installieren, das ist nützlich und macht Spaß. Du beobachtest dich und kommentierst, was du tust. Beobachte die Gedanken, die Gefühle dazu und die Emotionen und die Ladung, du weißt jetzt ja schon, auf was du achten könntest. Du stolperst? Was hast du in diesem Augenblick gedacht? Setze es in Beziehung. Du hast Kopfweh, worüber hast du dir grade den Kopf zerbrochen? Ich habe den Impuls, den großen Tisch mitten in der Hütte aufzustellen, das schiebt mich kraftvoll vorwärts, dieses Buch zu schreiben, denn nun steht es im Mittelpunkt.
Meine Absicht im kreativen Prozess ‚Nadelfilzen' war es, nur meinem eigenem Höchsten Selbst zu folgen und seine Inspiration möglichst klar, liebevoll und wunderschön in meine Tiere aus Filz zu gießen. Dabei haben sich auch andere Wesen bei mir gemeldet, angefangen mit der Göttin Isis über St. Germain bis hin zu meiner verstorbenen Großmutter. Und es gab auf meinem Weg auch Prozesse, in denen diese Puppen und Tiere wieder zerstört werden wollten als Teil der symbolischen Vollendung eines kollektiven Themas. In der Trilogie der Lichtfilzlinge schildere ich ziemlich genau diesen künstlerischen Entfaltungs-, Heilungs- und Bewusstwerdungs-Prozess, mit dem ich mich selbst langsam aus der Matrix herausschälte, um noch mehr ich selbst zu werden. Du kannst auch ‚old school' zu einem Medium (Wahrsagerin, Handleserin, Kartenlegerin)

gehen und dir deine Fragen beantworten lassen, warum nicht. Es muss nur für dich im Moment stimmen. Aber bleibe dir auch bewusst: Der Reifeprozess ist ein Veränderungsprozess, mit dem du nie ganz fertig wirst. Auch ein Meister übt immer noch weiter, ein Meister zu sein. Ich vermute, dass sich so auch die Quelle selbst als das allumfassendste bewusste Wesen dieses Universums oder des Multiversums selbsterfahrend vorwärtsentwickelt.
Du wirst zu der förderlichsten Methode geführt, wenn du sie dir bestellst. Ohne Bestellung keine Lieferung. Fragen und Absichten formulieren sind der Schlüssel in deinem Umgang mit deiner intuitiven rechten Hirnhälfte, verstärkt durch dein Herz. Du wirst deine Spur immer besser erkennen und dir deinen nächsten Schritt ideal vor dir her erschaffen. Mit deiner Beeinflussung von Wahrscheinlichkeiten navigierst du durch das Quantenfeld der Möglichleiten. Wer nicht fragt, bleib dumm. Wissen ist nichts und fragen alles. Das hat Jesus – mein großes Vorbild (mal abgesehen von der Kreuzigung, die er sich so nicht erschaffen hat, aber das ist auch nur eine der Verdrehungen der Matrix, um die satanische Kurve zu kriegen) – damit gemeint, als er sagte: „Wenn ihr nicht werdet wie die Kinder, werdet ihr nicht ins Himmelreich kommen!“. Ich bin mir sicher, dass es ihm um das gleiche Himmelreich ging wie mir mit dem Reifeprozess, ein Himmel auf Erden, während wir noch leben und nicht nach dem Tod. Der Himmel nach dem Tod ist eine Falschinformation, um dich in die Elektroschockkammer zu locken und dir deine Erinnerung zu löschen.
In deiner verstärkten Kommunikation mit deinem Unbewussten wirst du Neues entdecken. Neue Talente führen zu neuen Erfahrungen, sie rutschen durch die Standleitung in deinen Schatten und vermengen sich dort mit dem Rest an Verdrängungen. Bleib aufmerksam und im Gespräch mit deinem Drachen. Und wenn du dich kraftlos fühlst und lahm, dann ist dein Drache wieder im Berg Zeugs versunken, dann nutze deine Werkzeugkiste und stelle als erstes deine Kraft wieder her, sie entscheidet, ob du überhaupt die Linse der Liebe wählen kannst. Steht das Tor zum Unbewussten erst mal auf, kommt das Gespräch immer besser in Gang. Ich habe dort schließlich meinen Freund und Personal Coach Sanat Kumara getroffen, der den Strahl hält für die endgültige

Transformation des Bewusstseins in eine Höhere Ebene. Es ist ein diamanten glitzerndes, opalisierendes Licht und es reinigt und transformiert wie der violette Strahl, noch potenziert durch die endgültige transformative Kraft. Und wie ein Opal alle anderen Farben in sich enthalten kann, bleiben auch in deiner endgültigen Transformation am Ende deines eigenen Reifeprozesses alle deine Farben und Talente in individueller Prägung erhalten, du bringst sie in 5D nur besser zum Leuchten. Denn ohne die Linse der Liebe und das Licht und die Lebensenergie der Quelle kann einer hier nur erstrahlen, wenn er sich das Strahlen von anderen klaut. Doch wisse: Selbst, wenn du schon Meister bist, kann noch nicht alles zugleich bewusst vollendet werden, manches braucht noch die richtigen Mitspieler und muss sich auch zeitlich entwickeln. Doch für mich steht fest: Wir erschaffen den Himmel auf Erden zusammen, jeder mit seinem eigenen Puzzleteilchen und mit der Aufweichung der Matrix an genau seiner Stelle darin.
Weiterführendes Werkzeug: Sei kreativ! Suche dir eine kreative Tätigkeit. Befasse dich mit dem Kunstvollen und Schönen, lass dich berühren. Mach, was dein Herz nährt und dich erfüllt. Suche Spiel, Spaß und sinnfreies Erfahren.

9b. Befreie deine Beziehungen

Auch wenn der Haufen beim Drachen aufgelöst und das Tor freigegeben und die Standleitung von der Göttlichen Arterienverkalkung befreit wurde, fließt deine Lebenskraft noch nicht so kraftvoll in deine eigenen Schöpfungen, wie sie könnte, denn sie versickert unbewusst vor allem in deinen Beziehungen. Deshalb geht es in diesem Kapitel um Beziehungen. Mit deiner Energie werden durch deine Beziehungen eventuell Sachen erschaffen, die du bewusst so nie haben wolltest. Du fällst auf Muster des Energieraubs herein oder entdeckst sogar, dass du selbst der größte Energieräuber bist. Beziehungen können dich sogar über

Mobbing oder Burn-Out total erschöpfen, so dass du zusammenbrichst. Willst du deinen Reifeprozess anstoßen, durchlaufen und vollenden, dann brauchst du all deine gesammelte Energie und darfst sie dir nicht mehr stehlen lassen. Und zum Wohle aller darfst du sie auch selbst nicht mehr stehlen. Du wirst dazu übergehen, deine Aufmerksamkeit freiwillig und gezielt dort zu geben, wo es zum Wohle aller ist, wo es deinen Absichten entspricht und wo das Potential besteht, aus den automatischen Mustern aufzuwachen.

Beziehungen heißen Beziehung, weil du aus ihnen Energie beziehst, so einfach ist das. Und weil sie an dir ziehen und zerren. Und dich in einem Netz halten und vor dem freien Fall ins Nichts (die Quantensuppe) schützen. Natürlich tust du das umgekehrt auch, du zerrst und ziehst, unbewusst und halbbewusst tun wir das alle. Es gibt sogar Menschen, die ihre Beziehungen für so selbstverständlich halten, dass sie ihre Energielieferung beim anderen regelrecht einfordern und einklagen. Unser Netzwerk an Beziehungen sorgt für eine Umverteilung von Lebenskraft und das tut jede gute soziale Struktur: Sie versorgt die Schwächeren durch den Überschuss der starken Mitglieder des Stammes über feste Bindungen. Das Gemeinschaftskuscheln verstärkt dann zusätzlich die natürlich generierte Energie jedes Einzelnen, wann immer das Treffen auf einen Fokus ausgerichtet ist und nicht wie eine Funzel die Aufmerksamkeit weit streut. Ohne Fokus verliert sich die gesamte Energie aller Teilnehmer einfach im Nichts, unbenutzt, so als hätten alle zwar den Wasserhahn durch das Gemeinschaftskuscheln aufgedreht, dann aber alles laufen lassen.

Die Potenzierung von Energie passiert nur durch das auf ein Ziel ausgerichtete Bewusstsein vieler Teilnehmer (Jesus: Wo zwei oder drei – auf mich fokussiert – in meinem Namen versammelt sind, generieren sie so viel Energie, dass sie mich in den Raum rufen können). Deshalb nannte man die Gruppenleiter in Findhorn auch ‚Fokulizer', sie hielten den Fokus und sammelten die Aufgaben, die zu tun waren, mehr nicht, alles andere entschied die Gruppe. So habe ich zumindest die ‚Experience Week' schon vor einem Vierteljahrhundert dort oben in Schottland erlebt. Wie in anderen Gemeinschaftsexperimenten weltweit hat man in Findhorn

schon vor Jahrzehnten wunderbare alternative Vorgehensweisen entwickeln, um basisdemokratische und durch das höchste Selbst harmonisierte Entscheidungsprozesse zu initiieren: Wir brauchen keine gewählten Politiker. Und schon gar nicht solche, die mit einer aufgeblasenen Persönlichkeit matrix-konform unterwegs sind.
Deine Beziehungen sind wichtig und natürlich sollst du sie nicht aufgeben. Schau genauer hin, wie machen sie das mit der Energie, wird sie gerecht ausgetauscht oder ist es ein einseitiges Abfließen (fühlst du dich also ausgelaugt und gelangweilt), wovon wird eure Beziehung getragen, was sind die Muster bei dir und bei ihnen? Müssen Erwachsene sich gegenseitig so an der Nabelschnur festbinden als seien sie Embryonen? Bist du vielleicht emotional immer noch nicht abgestillt von deiner Mutter und suchst fortwährend weiter die Mutterbrust? Du musst erwachsen werden, zumindest wenn du frei sein willst. Die Matrix lockt dich mit der Mutterbrust und dass sie gut für dich sorgt. Klar, bis hin dazu, dass du ganz an diesem Zentralcomputer hängst, der ganz ideal für deine Sicherheit und für deine biologischen Funktionen und für deine Gedankenformen sorgt, du musst dich um nichts mehr kümmern. Die gebratenen Tauben fliegen dir ins Maul. Nur zu, wenn das dein Lebensentwurf ist. Willst du frei sein und damit erwachsen, gilt etwas anderes: Erwarte nichts von außen und von anderen und alles von dir selbst, das ist die Grundhaltung eines Mitschöpfers. Sonst machst du dich weiter zum Spielball für andere, die für dich Schicksal spielen. Wundere dich dann nicht, wenn du eines Tages erschrocken aufwachst und erkennen musst, du hast auf die falschen Götter gesetzt, du wirst gerade zum Bauernopfer gemacht und in einem nächsten genialen Schachzug von den Matrixmachern aus dem Spiel geworfen. Für sie sind wir Menschen nur Schachfiguren, sie sehen das Leid nicht, sie haben keine Empathie, um es mitzufühlen. Ganz im Gegenteil, sie nähren ihre Hintermänner mit dieser niedrig schwingenden Emotion und nutzen ihre Bauernfiguren in ihrem Machtspiel strategisch, um zu gewinnen.
Für die Neuerwachten, die sich gerade erst für ihre Seele und ihre Seelenaufgabe und damit gegen die Matrix entschieden haben, gibt es gute Nachrichten: Teilweise oder vollkommen unbeachtet und ignoriert von

Medien und Gesellschaft und den Mainstream-Wissenschaften sind seit Jahrzehnten schon alternative Lebensgemeinschaften gegründet worden, haben Lehrer und Heiler sich weltweit darauf vorbereitet und sind nun bereit, auch größere Bevölkerungswellen aufzufangen, oder ihnen als praktisches Modell zu dienen, wie man alternativ leben kann und worauf es ankommt als Mitschöpfer zu leben. Sie alle stehen bereit, dich darin zu unterstützen, dass du den Reifeprozess nun möglichst schnell anstößt, durchläufst und vollendest. Neue, bessere Beziehungen warten in ihrem Umfeld auf dich, du gehst nicht allein weiter. Du kannst sie dir erschaffen: Egal ob ein Mensch noch schlafend oder im Halbschlaf als Homo Sapiens Sapiens unterwegs ist, oder schon als bewusster Mitschöpfer oder irgendwo dazwischen, er wird immer dasjenige weiter erschaffen, was in seiner Vorstellung Bedeutung hat, fremdbestimmt gelenkt oder selbstbestimmt. Du bist darin nicht allein.
Doch erst einmal ist es wichtig, dich selbst besser zu kennen und all deine Kraft für dich zu beanspruchen, auch die, die normalerweise in deine Beziehungen fließt. Du kannst ihnen viel besser helfen, wenn dein Reifeprozess abgeschlossen ist, geh mal für eine Weile auf Abstand und beobachte. Nimm dir deine Kraft zurück. Ich lade dich zu einem Experiment ein, nur um deine ganze Kraft zu spüren: Nimm dir deine Kraft aus den menschlichen Beziehungen mal zurück – für den Test. Wie machst du das? Dafür müssen wir erst mal über Beziehungen allgemein aus Sicht des Unbewussten und der Energie reden. Du baust dir auch als Mitschöpfer wieder ein Netzwerk von Freunden auf, aber du nimmst dir vor, deine Alltagsmuster zum gegenseitigen Energieraub aufzudecken, dir bewusst zu machen und freiwillig damit aufzuhören, statt sie unbewusst weiterlaufen zu lassen. Nach außen sieht es wie jede andere Beziehung aus, aber du verhältst dich auf einer neuen Ebene verantwortlich. Denn du machst das ja auch, du holst dir unbewusst immer deine Energie zurück. Energieraub darf nicht bedient werden. Bleibe freundlich und verständnisvoll, aber gehe deinen Mitmenschen nicht mehr auf den Leim.
Was Höhle, Drache und Standleitung dabei für eine Rolle spielen, haben wir bereits beleuchtet. Doch auch im Leben selbst rinnt dir deine

Lebenskraft durch die Finger. Sie versickert momentan in all deinen Beziehungen, mit denen du entweder nur gezielt in Verbindung gehst oder dich dauerhaft bindest, was einer Generalvollmacht auf dein Energiekonto entspricht. Beziehungen sind in die Nachbarhöhlen eingezogen und da gibt es Verbindungsgänge, in denen ihr euch auch unbewusst, telepathisch und in der Partnerschaft auch noch vor allem nachts weiter austauscht. Deine Drachenhöhle verästelt sich über dieses Netz von Nachbarhöhlen auch immer weiter und ist schließlich mit dem Gesamtnetz aller Unbewussten aller Menschen auf diese Weise verbunden. Dieses Gesamtsystem aller Höhlen nenne ich das ‚kollektive Unbewusste'.
Während wir als Menschen alle über dieses Höhlenlabyrinth horizontal und kollektiv miteinander verbunden sind, solange zumindest unsere Kulturen Berührungspunkte haben und wir nicht völlig von der Außenwelt abgeschnitten autark in einem Urwald leben, konnte ich bisher herausfinden, dass die Welt der Standleitungen durchaus in unterschiedliche Richtungen führt. Denn soweit die menschlichen Körper noch dazu genetisch, energetisch und gesundheitlich in der Lage sind, können sich verschiedene, höherdimensionale Wesen als Menschen inkarnieren, das war auch der ursprüngliche Plan der 22 Gründerrassen, dass sie alle als Seele in einem menschlichen Körper diese wunderschöne und vielfältige Natur erfahren könnten. Hinzu kommen höherdimensionale Wesen, die neu sind in einem menschlichen Körper, für die bisher der Energielevel des menschlichen Körpers zu niedrigschwingend war, als dass sie ihn aufrechthalten konnten. Oder die gezielt in dieses Zeitfenster des Erleuchtungswetters hineingeboren wurden, um uns zu helfen, die Transformation des menschlichen Körpers zu vollziehen. Sie haben halbbewusst das Gefühl, dass sie hier fremd sind, dass sie noch nie hier waren. Sie haben viele Beziehungen in höheren Dimensionen, die von ihrer Standleitung abzweigen. Von den Beziehungen über die Standleitung soll an dieser Stelle nicht die Rede sein, hier geht es um die 3D-Beziehungen mit einem menschlichen Körper.
Schauen wir uns erst einmal an, wie Beziehungen entstehen, zum Beispiel beruflich mit einem bislang unbekannten Menschen. Jeder verbindliche Termin schafft mit diesem Menschen eine Verbindung durch die Zeit

hindurch und durch das Höhlensystem des Unbewussten auch. 'Verbindlich' sagt das doch ganz klar aus: Du hast mit deiner Verabredung eine energetische Pipeline zu diesem Menschen gebaut. Und für die gesamte Dauer, bis du den Termin erfüllst, können Gedanken und Gefühle und niedrigere oder höhere Schwingungsfelder zwischen euch frei hin und her fließen und ausgetauscht werden. Wie zwei Behälter mit Wasser, die durch einen Schlauch verbunden sind. Das erklärt auch, was Heiler erzählen: Sie beginnen schon am Klienten zu arbeiten, sobald sie den Termin mit ihm abgemacht haben. Und morgens am Tag selbst laufen die Heilenergien dann ganz stark, selbst wenn ihr Termin erst am Nachmittag liegt. Sobald sie den Tag strukturieren und durchgehen, was am Tag ansteht. Oft geht es dem Patienten dann schon viel besser, wenn er zur Sitzung kommt. Im Prinzip kannst du dich mit allem verbinden, das können Menschen, Orte oder Konzepte sein. Denn auf Schwingungsebene sind das alles nur verschiedene, sich überlagernde Felder.
Das Tückische dabei ist nun, dass du über eine solche Verbindung auch wieder mit allen Leuten, Orten und Konzepten in Verbindung gehst, mit denen der andere sich schon verbunden hat oder noch verbinden wird. Facebook ahmt diesen Sachverhalt nach. Das sind dann die Freunde der Freunde. Und was machst du, wenn du dich über Facebook 'befreundest'? Ja, jetzt dämmert es dir hoffentlich schon: Du schaffst eine Verbindung und nun kann der ganze Kram, der Bewusste und der Unbewusste, frei hin und her fließen. Facebook ist ein schönes Beispiel, um zu beleuchten, was du da eigentlich machst: Du gehst nicht nur unnötigerweise in alle diese Verbindungen, du gibst auch stundenlang deine Aufmerksamkeit in dieses Netzwerk! Du nährst dabei erst einmal die Leute, die hinter all den Posts stehen, die du dir anschaust, egal, ob du den Daumen hoch oder runter machst (was übrigens ein Urteil ist und auch ein positives Urteil senkt deine Schwingung!). Und je mehr Emotionen beim Lesen und Betrachten der Bilder in dir erzeugt werden, umso mehr Kraft kann man von dir ernten. Und egal, was du dort treibst, auf jeden Fall ernährst du den Mark Zuckerberg und sein Team. Und deshalb ist der superreich. Geld folgt der Energie!

Wenn du dir deine Kraft aus einer Beziehung zurückholen willst, trennst du dich erst einmal energetisch in einer symbolischen Handlung, darauf kommen wir noch. Und du kannst sie auch in der Werkzeugkiste finden. Dann löschst du die energetischen Reste und machst den Weg frei für eine Neuschöpfung, z. b. alles, was in deinen Beziehungen förderlich ist, um euch gesund, kraftvoll und frei zu machen, soll weiterlaufen und alle unbewussten Muster so offensichtlich wahrgenommen werden können, dass es schon peinlich ist, wenn man sie weiterlaufen lässt. Mitschöpferbeziehungen müssen nicht gepflegt werden, sie ergänzen sich und tanzen miteinander. Ich selbst will alle unbewussten Energieraub-Muster erkennen, ihre Ursache verstehen, sie durchfühlen, vergeben und danken (= die Erfahrung vollenden) und alles, was das ist und alles was das nicht ist und uns in gegenseitigem Energieraub-Mustern hält, löschen. Die einzelnen Werkzeuge findest du auch in der Werkzeugkiste am Ende des Buches beschrieben.
Wie entstehen solche Muster? Wenn jemand ohne Seeleneinschmelzung geboren oder böswillig wieder von ihr getrennt wurde durch eine traumatische Verletzung wie zum Beispiel eine Beschneidung. Oder man legt das Neugeborene in sterile Technik ohne Hautkontakt und ohne die Aura der Bezugspersonen. Alles, was in der Schwangerschaft passiert und während der Geburt bis zum Ende der Zeit der Abhängigkeit von den Eltern und dazu führt, dass das angeborene Urvertrauen (Merkmal der Seelenverbundenheit/Schutzengel) eines Kindes verloren geht, trennt wieder oder noch weiter von der eigenen Seele und schwächt den Durchfluss an Lebenskraft und das Selbstvertrauen. Wenn das Kind sein Urvertrauen verloren hat, hat es damit auch seine seelische Unschuld verloren und ist seelisch und damit Chi-mäßig am Verhungern, es sei denn, es entwickelt die besten manipulativen Muster, den Bezugspersonen ihre Energie abzujagen. So entstehen Muster, so entsteht Persönlichkeit und Schatten. Das Tor beim Drachen schließt sich in einem solch bedauernswerten Kind wieder bis auf ein Minimum, und die Lebenskraft des Kindes wird schon in der Standleitung abgegriffen und direkt umgeleitet an die Verursacher der Verletzung und deren pyramidale Ausbeutungsmatrix.

Wenn ein Kind in seiner Umgebung nicht bedingungslos geliebt wird, sowie durch körperliche Nähe zumindest der Aura genährt und in einer vielfältigen Umgebung zur Entwicklung angeregt wird, beginnt es seelisch und geistig zu verhungern. Es würde verkümmern, wenn es sich nicht gleichzeitig zum besten Energiedieb entwickeln würde. Es lernt durch Versuch und Irrtum. Wenn es also nicht freiwillig und im Überfluss erhält, was es braucht, dann muss es seine Versorgung erzwingen, sich erschleichen und sich dafür verstellen. Es entwickelt typische Verhaltensmuster, um den Erwachsenen und Geschwistern ihre Energie abzujagen. Alles, was ihm Aufmerksamkeit einbringt, ist ursprünglich nur dazu gedacht, es mit dem zu versorgen, was es direkt über die Quelle leider nicht mehr erhält, weil seine eigene Lebenskraft massiv abgeschöpft und gestohlen wird. Die Masche des Brav-Seins, des Flirtens, besonders hilfsbereit oder angepasst sein oder besonders süß, schmeicheln, aber auch sich verkriechen, sich unsichtbar machen, um Angriffen zu entgehen, sich dramatisch in Szene setzen und heulen, einfach alles, was es noch bedürftiger macht und das Mitgefühl oder zumindest die Aufmerksamkeit erregt, zählen dazu. Die Laune der Eltern ausnutzen, den richtigen Zeitpunkt wählen usw. Jedes Kind wird Experte darin, wie es genau in dieser Familienkonstellation das Beste an Energie aus den anderen und aus der Situation rausquetscht. Jedes Geschwisterkind muss seine Techniken gegen die anderen abgrenzen und optimieren.
Ein solches Kind passt sich reaktiv an und entwickelt Muster des Energieraubs zum Überleben, und das ist auch eine gute Idee. Jedes Kind entdeckt und perfektioniert dabei andere Fähigkeiten, jedes Geschwisterchen macht es etwas anders. Und jedes Kind legt dabei die Grundlage dafür, auch als Erwachsener unbewusst durch die Matrix fremdgesteuert zu werden. Es ist bereit, sich beim passenden Stimulus entsetzlich aufzuregen (auf einen Reiz folgt eine von der Matrix planbare Reaktion) und wird gerne jede Menge Energie für die Matrix generieren, wann immer es stimuliert wird. Kinder, die ihr Urvertrauen verloren haben, werden abhängig von der Unterstützung von außen, wo ihnen doch eigentlich genug Energie aus ihrem eigenen Innern zufließen könnte. Jedes dieser kindlichen Muster hat eine komplementäre Entsprechung in den Mustern

der Erwachsenen und bildet einen Teil seiner Persönlichkeit. Gewohnheitsmäßig wird so die Lebenskraft auch untereinander hin und her getauscht, und darum soll es ja in diesem Kapitel gehen, über die Matrix sprachen wir ja bereits. Das ist auch gut so und gewollt, wir brauchen das. Doch es passiert manipulativ und unbewusst und genau das brauchen wir in der heutigen Situation am allerwenigsten.

Wie holst du dir deine Lebenskraft zurück und verwendest sie zum Erschaffen einer besseren Zukunft für uns alle? Indem du die Muster der anderen durchschaust und einfach nicht mehr bedienst! Und natürlich unterlässt du selbst auch alles, in eigene, unbewusste Energieraub-Muster zurückzufallen. Du kannst erst dann bewusst über deine gesamte Lebenskraft verfügen, wenn du dir jeden unbewussten Mechanismus bewusst gemacht hast und aufhörst, automatisch zu funktionieren. Die Energie gehört dir und du brauchst sie erst einmal ganz für dich selbst und für deinen Reifeprozess. Gibst du sie ab an die Muster der anderen, hältst du auch die anderen abhängig in ihren Mustern gefangen, und ihr beide hindert euch gegenseitig daran, den Reifeprozess endlich anzustoßen. Ist das System des gegenseitigen Energieabjagens, der sozialen Druckausübung und der Manipulation sehr stark und dicht, gibt es darin auch keine Chance zum Aufwachen, das ist die künstliche Matrix pur.

Der einzelne Mensch wird sich der dichten sozialen Kontrolle nur bewusst, wenn die Last zu groß wird und er deshalb ausschert aus dem ganzen Zirkus: durch eine Krankheit, eine Trennung, einen Ortswechsel. ‚Hol dir deine Macht zurück' bedeutet praktisch, schau, wo du noch auf Auto-Pilot läufst und die Matrix bedienst (automatisch = Matrix) und bleibe stattdessen auch in sozialen Situationen hellwach, friedlich und liebevoll zugewandt. Gib keinem mehr automatisch Energie, unterstütze nicht die unbewussten Muster des anderen, aber liebe ihn gleichzeitig urteils- und bedingungslos. Aber trenne dich auch energetisch, wenn du dich räumlich von ihm verabschiedest. Von manchen Beziehungen, den Uneinsichtigen, wirst du dich ganz trennen müssen. Sieh deinen Abschied an als ein letztes Geschenk an sie: Du verweigerst ihnen die energetische Ausbeute durch ihre unbewussten Muster, und vielleicht denken sie nun mal darüber nach. Solange ihr Trick funktioniert, müssen sie nichts ändern und auch nicht dazulernen. Es ist gar nicht so selten, dass ein Mensch in der Mitte seines Lebens entdeckt, dass sein Partner eigentlich die gleichen Muster benutzt wie schon die Ursprungsfamilie, und dass es vor allem diese Muster sind, welche die beiden noch zusammenhalten. Muster, die längst nicht mehr nähren. ‚Beziehung' heißt das ganze Geschehen nicht von ungefähr: Da zieht nämlich jeder am anderen – Energie. So fühlt sich das dann auch an. ‚Mein Mann ist wie mein Vater,' erkennt dann jemand. Nun, da wurde die Partnerwahl durch passende Muster getroffen, und natürlich hat so eine Beziehung dann keinen Bestand, wenn du beginnst diese Muster aufzudecken und darauf bewusst zu verzichten.

Oft haben solche Beziehungen sogar karmische Altlasten aus anderen Leben. Du musst deinen Partner nicht ändern, du musst überhaupt nichts an anderen ändern, nur zu dir selbst stehen und auch zu deiner Entwicklung und Veränderung. Dann laufen die Energieraub-Muster ins Leere. Dann besteht die größte Chance, dass auch der andere erkennt, dass Muster keine gute Basis für eine Beziehung sind und verändert sich im Idealfall mit dir zusammen. Du erschaffts dir eine ideale Beziehung, erst als Gedankenform und dann, wie du dir die Beziehung wünschst und überlässt es dem freien Anderen, ob er das neue Jobangebot bei dir annehmen will oder sich einen anderen Job suchen. Bei Beziehungen kommst du nicht umhin, dich permanent energetisch zu trennen, damit nicht der nächste unbewusste Automatismus einrastet. Nur Freunde und Partner, die sich bewusst verändern wollen und sich und dich weiter bedingungslos lieben, haben eine Chance, auch als Mitschöpfer miteinander weiterzumachen. Doch selbst dann läuft ihr Reifeprozess nur selten parallel. Oft muss man sich dann trotzdem – zumindest für eine Weile – dankbar verabschieden und vielleicht Freunde bleiben, weil da momentan nichts mehr ist, was man teilen kann. Energetische Trennung ist wichtig, um dir die Muster zu zeigen. Damit du den Energieraub nicht nur dieses eine Mal stoppst, sondern durch Erkenntnis auch in Zukunft. Denn jede Bindung verführt dich dazu, den Anderen wichtiger zu

nehmen als dich selbst und deinen Reifeprozess und damit auch deine Lebensaufgabe.
Durch Verlobung, Heirat und feste Beziehung der alten traditionellen Art gehst du auf höheren Ebenen automatisch in die Scheidung zu deinem Höchsten Selbst, zumindest in der Formulierung, die dir nahegelegt wird. Du verbiegst dich, um der Beziehung willen, statt dass beide sich einfach gegenseitig wertschätzen, lieben und in ihrem Wachstum fördern. Wenn du dich stattdessen in einer Beziehung niemals von dir selbst trennst, wirst du als bindungsunfähig abgestraft. Dabei perlen nur die Energieraub-Muster der anderen an dir ab, sie funktionieren nicht mehr zur Bindung. Doch es gibt sie auch schon, die neuen Beziehungen, die einem Homo Creativus Pax entsprechen, und sie werden immer mehr. Die energetische Trennung voneinander ist für sie so selbstverständlich wie duschen. Du bist eine Weile zärtlich zugewandt und sexuell aktiv, aber wenn sich die Körper trennen, dann sollten das auch die Energiekörper tun, nur dann bleibst du souveräner Mitschöpfer. Oder die zwei sind sogar zu einem symbiotischen Organismus zusammengewachsen, auch das kommt vor, dann haben sie hier eine gemeinsame Aufgabe und ihr Höchstes Selbst steuert die Beziehung.
Jeder Vertrag ist eine Verbindung, du kannst alle Verbindungen daran erkennen, dass sie ‚verbindlich' sind. Natürlich kannst du auch weiter verbindlich bleiben und Verträge unterschreiben, aber grenze sie eindeutig ab, indem du feste Arbeitszeiten und Nicht-Erreichbarkeiten einräumst, und vergiss den Urlaub nicht. Und dann trenne dich auch energetisch, sobald du den Arbeitsplatz verlässt, sonst nimmst du die Beziehung auch noch mit nach Hause und in die Nacht. Halte deine Beziehungen geklärt und vollendet, so dass sie nicht weiter Energie ziehen, wenn sie gerade nicht anwesend sind. Wenn du gemobbt wirst, bis du in einem Burn-Out erschöpft zusammenbrichst, sorgt offenbar ein eigenes unbewusstes Muster dafür, dass du Tag und Nacht deine Energie dieser Gruppe unreifer Persönlichkeitsmenschen abgibst, also allen, die dich mobben. So geht es ihnen dann doch noch gut mit dir. Können dich die Kollegen energetisch nicht mehr ‚ertragen' und du selbst gehst auch nicht in die Eigenverantwortung, mit ihnen besser klarzukommen und

deine Muster zu unterlassen, bleibt ihnen nur das Mobbing, um die Situation für die Gruppe erträglich zu gestalten. Das Opfer besitzt den stärksten Hebel, die Situation zu verändern. Die Gruppe fühlt sich stark und gut. Sie wird nicht motiviert, selbst bewusst auf Muster zu verzichten. Sie potenzieren deine Kraft ja noch, während sie diese von dir absaugen! Du störst, wie sollen sie dich also rausbekommen? Sowohl die Mobber als auch der Gemobbte können allerdings jederzeit die Chance ergreifen und ihre Energieraub-Muster bewusst erkennen und verändern. In einem Büro der Zukunft würde dann ein Coach gerufen, der den Beteiligten hilft, sich ihrer Muster bewusst zu werden und eine Harmonie miteinander herzustellen. Mobbing wird dann als Geschenk gesehen, dass sich da am Arbeitsplatz die richtigen Leute getroffen haben, um voneinander zu lernen und gemeinsam aufzuwachen.
Wann immer du einen Menschen zu einer Beziehung erklärst, gibst du ihm eine Vollmacht oder eine Teilvollmacht auf dein Energie-Konto, er darf also energetische Zuwendungen von dir erwarten. Lass dies nie zu einem Automatismus werden (keine Daueraufträge und Lastschriften). Wenn es dir in dieser Beziehung nicht gut geht, wird sie nicht nur dein Herz, sondern auch real deinen Geldbeutel plündern. Deine Zeit ist deine Aufmerksamkeit ist deine Lebenskraft, mit der du dein Leben vor dir her erschaffst. Die wenigsten Gesprächsinhalte willst du verstärkt erschaffen, du gibst dann deine Aufmerksamkeit auf Gedankenformen, die nicht deine sind und den anderen auch nicht aufwachen und wachsen lassen. Beobachte in der Abwesenheit von diesem Menschen genau, ob er weiter in deinen Gedanken und Gefühlen auftaucht. Schau dir die Muster an und verstehe und fühle und vollende. Nur so wirst du frei. Sonst bleibst du mit all deinen unbewussten Mustern im gesellschaftlichen Netz der alten Matrix kleben, wie eine Fliege im Spinnennetz. Und um mal im Bild von der Drachenhöhle zu bleiben, dann schaust du genau, wohin diese horizontalen Tunnel deiner Drachenhöhle führen, und zu wem. Und auch, womit die Gänge vollgestopft sind. Wer lebt da in den Nachbarhöhlen und was ist mit ihrem Drachen, schläft der noch oder ist er im Gegenteil schon aufgewachter und mischt im Tagesbewusstsein bei dir mit. Wie aufgeräumt sind die Nachbarhöhlen? Stehst du in einer sehr

engen Beziehung zu einem Menschen und teilst nachts mit ihm sogar das Lager, wird nicht nur eure Lebenskraft im Schlaf umverteilt, sondern auch das Zeugs auf den beiden Haufen hin- und hergeschoben. Der Ausgleich führt dazu, dass der eine Partner oft stellvertretend für den anderen bewusstwird und dessen Themen mit vollendet, oder seine Energien abgibt an den ohnehin schon Stärkeren. Es nutzt also wenig, wenn du bei deinem Drachen aufräumst, solange dein Partner dir seinen Müll weiter rüberschicken kann. Wenn du deine inneren Vorgänge, was Beziehungen betrifft, gut beobachtest, überwachst du eigentlich die Tunnelgänge und schickst zurück, was nicht zu dir gehört. Hier wird es dir erst recht helfen, alles zurückzuschicken, er muss seine Erfahrungen selbst vollenden, nur dadurch wird er geheilt und bewusst.
Für die energetische Trennung gibt es verschiedene Werkzeuge, mein liebstes ist: Lege beide Hände übereinander auf dein Herzchakra, rechts auf links, und wende dann die rechte Hand nach außen. Schiebe die Energie des anderen symbolisch von dir weg geradeaus nach vorne, während die andere Hand schützend auf dem Herz liegen bleibt und die Aura schließt (so wie du die Wohnungstür beim Abschied ja auch zumachst). Du kehrst in deine eigene Mitte zurück und verstärkst deine Verbindung zum Höchsten Selbst. Worte der Macht dazu könnten lauten: „Ich trenne mich hiermit von ...“. Der andere ist selbst Mitschöpfer oder zumindest auf dem Weg dahin. Er hat seine eigene Quelle und braucht deine nicht. Vertraue, dass er das tun wird, was für ihn stimmt. So verschaffst du dir energetische Freiheit, die du nun bewusst dazu nutzen kannst, in jedem Moment diese gleiche Beziehung ideal zu gestalten und zu erleben. Nichts ist dann selbstverständlich, dabei bleibst du dir bewusst, was du am anderen hast und lässt ihn das auch wissen. Du erlaubst dem anderen so zu sein, wie er ist, und gleichzeitig so, wie er werden möchte. Und das gilt umgekehrt auch für dich. Immer wenn du etwas für selbstverständlich hältst und es nicht achtest, bist du bereits auf dem Weg es zu verlieren. Entweder dich selbst (deine Integrität) oder den anderen. Selbstverständlichkeit und Achtsamkeit schließen sich aus. Das selbstverständlich-Nehmen lässt die Beziehung in die automatisch-unbewussten Muster abrutschen. Du verlierst den anderen niemals

dadurch, dass du dich energetisch von ihm trennst. Es kann sogar das Gegenteil passieren, dass ihr dadurch näher zusammenrückt.

Freundschaftsversprechen, das Ideal der Großen Liebe und Schwüre ewiger Treue halten dich in Konzepten, die dem Anderen bestimmte Vollmachten über deine Lebenskraft geben, dabei ist eine solche Vollmacht wesentlich kostbarer als die Vollmacht zu deinem Girokonto: Denn du lässt dich dann für seine wahrscheinlich oft auch noch unbewussten und fremdbestimmten Neuschöpfungen benutzen und verzichtest selbst auf dein eigenes, bestes bewusstes Erschaffen mit diesem Teil deiner Kraft. Kannst du auch konzeptlos zu diesem Menschen zurückkehren und dich austauschen, oder wird er nun Forderungen an dich stellen, sobald du den Kontozugriff verweigerst? Nur wenn ihr beide den Reifeprozess miteinander durchlauft und eure Erfahrungen miteinander vollendet, kann es auf Dauer funktionieren. Mit dieser Voraussetzung wird dich deine Beziehung andererseits weit in deinem Reifeprozess nach vorne katapultieren, denn der andere weiß viel genauer als du selbst, was du noch emotional geladen im Schatten verbirgst. Der kennt deine Drachenhöhle besser als du selbst, der sieht deinen Berg an Verdrängungen von der Nachbarhöhle aus. Er sieht oft ganz Tages-bewusst, was dir nicht bewusst ist. Der besucht deinen Drachen regelmäßig. Ja, er kann ihn sogar wecken, er muss dich nur genug reizen.

Ein Rückzug kann dir deine Illusionen aufzeigen und wo du deine Beziehungen noch auf Sand gebaut hast. In einem der nächsten Kapitel werde ich dir sogar vorschlagen, für eine kurze Zeit ganz auf Abstand zu gehen, in einer Klausur, doch lass uns hier erst einmal weiter über Beziehungen reden. Es ist besser, sie rutschen dir jetzt weg, wo du dich im guten Zustand kümmern kannst, als dass sie dir erst wegrutschen, wenn du mitten in einer existentiellen Krise steckst. Wurde eure Beziehung nur noch durch Illusionen, Partnerschaftskonzepte wie ‚offene Ehe' und jeder Menge Beziehungspflege aufrechtgehalten, so sieh bitte ein, ein Menschenkörper muss vielleicht gepflegt werden, eine Beziehung aber nicht. Pflegebedarf ist bei Beziehungen das Zeichen von einseitigem Geben und einseitigem Nehmen und ist nur angemessen, wenn es sich um deine Eltern oder Kinder handelt. Mitschöpfer können sich selbst in

einem Pflegefall des einen Körpers noch viel geben, Ehrlichkeit und offenen Austausch, lernen und erfahren. Dankbarkeit, Wertschätzung. Oder du wirst im Job dafür bezahlt.
Alle anderen Beziehungen sollten ein Gleichgewicht von Geben und Nehmen halten. Ihr ergänzt euch, unterstützt euch und tanzt euer Leben miteinander. Nur dann kannst du dich in jedem Augenblick frei entscheiden, wem du aktiv bewusst in diesem Moment deine Zuwendung und Aufmerksamkeit gibst. Und du trittst dabei konzeptlos in die Beziehung. Ein Mensch begegnet einem anderen. Du strickst deine Beziehungen und die Verabredungen dazu so luftig, dass alle Muster ins Leere laufen, die dir sonst automatisch deine Lebenskraft stehlen. Ein Lieblingsmuster zum Energieklau in Beziehungen ist die Verabredung. Nicht der Termin, der einfach miteinander verabredet wird und dann steht man dazu und hält ihn ein. Nein, aber es gibt Zeitgenossen, die dich und deine Aufmerksamkeit zwar gerne auf diese Weise binden, dich dann aber damit beschäftigt halten. „Mir ist was dazwischengekommen, können wir es auf ... verschieben?" Und dann wieder. Sie schaffen es immer wieder, deine Aufmerksamkeit zu ziehen und viel mehr davon zu bekommen als der verabredete Rahmen eigentlich erlaubt hat. Nun, ihnen geht es darum zu ziehen, die Verabredung selbst ist nur das Mittel, damit ihr unbewusstes Muster greift.
Jeder kennt solche Kandidaten und entwickelt Strategien mit ihnen umzugehen. Sie missbrauchen deine Verbindlichkeit und du spürst das ganz genau an deinem Genervt-Sein. Doch musst du dich überhaupt verbindlich verabreden? Damit gehst du in Verbindung und diese Verbindung gilt für den gesamten Zeitraum von jetzt bis zum Treffen, was bei medialen Heilsitzungen bedeutet, der Geistheiler beginnt sofort an dir zu arbeiten, er kann kaum anders. In einer Verbindung fließen Energien hin und her. Die meisten Verabredungen lassen sich andererseits auch sehr luftig stricken: „Wir können ja mal den nächsten Donnerstag im Auge behalten. Ruf mich doch am Tag selbst (oder eine halbe Stunde vorher) an, ob es passt und ob du kommen kannst. Je unbewusster das Muster eines Menschen noch über Verabredungen läuft, umso enger/näher setze ich den Zeitpunkt der verbindlichen Verabredung. Mit Handy

unterwegs sein gibt uns doch die Möglichkeit von absoluter Spontanität. „Ich ruf kurz vorher an. Wenn es für uns beide stimmt, dann passt es auch“. Es gibt viele solche Muster, Zuspätkommen gehört dazu. Dieser Mensch hat entweder aus seinem Schatten heraus einen heftigen Widerstand gegen das Treffen mit dir oder er nutzt dieses ‚akademische Viertel Zuspätkommen‘ zum satten Vorglühen für seinen Energielevel. Andere Beispiele sind emotionale Erpressung, Operieren mit Schuldgefühlen oder die Einforderung bestimmter Bedingungen für ihre Liebe. Manche Menschen klammern sich an ihre Beziehungen wie ein Ertrinkender. Das tun sie umso mehr, je weniger eigene Lebenskraft sie generieren können. Kannst du dich in einer Beziehung nicht mehr entfalten, musst du deshalb den anderen nicht energetisch mitziehen und bis an sein Lebensende ernähren. Er hat selbst die Quelle in sich. Manchmal muss einer erst tief fallen, um dies zu erkennen.

Bringe Ordnung in deine Beziehungen, aber bleibe bei jedem Treffen auch in hoher Schwingung und geh als Beispiel voran, wie man auf eine völlig neue Art und Weise sicher und gut gelaunt durch die Krise kommt. Einzig dein Beispiel wird andere motivieren, es auch mal auszuprobieren. Und vollende auch alle aktuellen Beziehungen, nicht nur die aus der Vergangenheit. Erstelle dir eine Liste aller Beziehungen, du kannst auch mehrere Listen führen, und sie gesondert vollenden: die Liste aller großen Lieben und der Kleinen, der Sexualpartner, der Chefs, der Kollegen, der Familie. Entlade die Emotionen aus den Beziehungen mit den bewährten Werkzeugen und lösche die unbewusst-automatischen Muster. Und dann sei einfach nur du selbst. Darin bist du großartig, dafür musst du nichts lernen, nichts besonders wach und bewusst tun, denn das bist du schon, das kannst du im Schlaf.

Lerne, zu erkennen, ob du dir selbst kongruent bleibst und damit in deiner Mitte oder außerhalb deines Vortex in Trancen und automatischen Mustern unterwegs bist: Dein Körper kann es dir sagen: Drei tiefe Atemzüge und an mindestens drei Stellen in deinem Körper denken, und du bist wieder du selbst. Sei ein Beispiel dafür, dass auch jeder andere Mensch in deiner Nähe einfach er selbst sein kann, also verurteile ihn nicht, lass ihn so wie er ist. Doch nimm auch wahr, wie viel Abstand du brauchst zu seinen unbewussten Mustern und lass diese bei dir ins Leere laufen. Solange du nur Polemik verbreitest und deine Aktionen in Reaktion zur Matrix entstehen, ohne dass du selbst schon in deine Tiefe getaucht bist, wird die Wirkung auf andere und vor allem auf dich selbst nur sehr gering ausfallen. Deshalb ist es wichtig, vom Reifeprozess zu wissen und ihn anzustoßen. Mein Vorschlag: Entscheide dich zu jedem Zeitpunkt selbst, mit wem und für wie lange du in Verbindung gehen willst. Solange du unverbindlich bleibst, gibt es auch keine Verbindung. Sage dann z.B.: „Komm doch einfach mal vorbei. Wenn es stimmt, für dich und für mich, wirst du mich antreffen und ich habe Zeit." Und bis dahin lasse ansonsten alles in der Schwebe und gebe stattdessen deiner Wahrnehmung von „es stimmt" viel mehr Raum. Für den anderen wird sich an seiner Erfahrung eurer Beziehung nichts ändern, er glaubt einfach nur, es sei eine Marotte von dir. Denn du hast ja weiter Zeit für ihn, nur eben nicht für seine unbewussten Energieraubmuster.

Weiterführendes Werkzeug: Ich frage mich, wie das wäre und wie ich mich fühlen würde, wenn ich mit jedem Menschen nur dann in Verbindung ginge, wenn ich ihn treffe, mit ihm telefoniere, chatte oder schreibe. Und mich danach gleich wieder trenne. Alles was dies noch verhindert, das zerstöre ich und mache es in seiner Erschaffung ungeschehen, right and wrong...

9c. Beziehungen in der Matrix

In diesem Kapitel geht es um unsere horizontale und vertikale Vernetzung in Persönlichkeits-Beziehungen und darum, wie Beziehungen uns nähren, uns aber auch mit der Matrix verbinden und recht viel Energie kosten, vor allem, wenn sie sich wie die ‚Agenten Schmidt' benehmen. Ich spreche über das Isaak-Syndrom und den Verlust von Urvertrauen als erste Trennung von der Seele, und darüber, dass die Gedanken zwar immer noch frei aber meistens nicht unsere eigenen sind. Ich schlage vor, die Gedanken zurück an den Absender zu schicken, so rein experimentell, um zu schauen, was wirklich meine sind, denn nur die kommen dann ja wieder zu mir zurück. Die Folgen der existentiellen Bedrohung im Jahr 2020 werden unter dem energetischen Aspekt betrachtet und wir bemühen dafür auch Erfahrungen aus der Geschichte. Des Weiteren geht es um Netze, die langfristig ausgelegt und dann wieder eingeholt werden, eine Phase, in die wir gerade eingetreten sind.

Beziehungen ziehen an uns, sie geben uns aber auch das Gefühl, gebraucht zu werden und nicht allein zu sein. Und sie versprechen die Umverteilung von Energie zu unseren Gunsten, falls wir sie mal brauchen. Sie ermöglichen die Potenzierung unserer Lebenskraft und das Gemeinschaftskuscheln. Wir werden auf verschiedene Weise in eine Beziehung gezogen: Jedes Schreiben, jedes Email, jedes Anrufklingeln schreit automatisch zumindest nach einer Beantwortung, will eine Reaktion in uns hervorrufen. Noch mehr Druck macht eine Mail, die du einem Menschen mit einer bestimmten Absicht und Erwartung schickst und der andere antwortet nicht. Deine Energie bleibt dann unerwidert energetisch in der Leitung stecken und läuft ins Leere. Oder wenn der ersehnte Rückruf nicht kommt. Du vergisst es nicht einfach, sondern du steigst in Bewertungsschleifen ein, wie du das findest und wie du das deuten musst. Du urteilst über diese Person und schickst ihr damit deine Energie; zwar niedrigschwingend, aber es ist Energie, die dich selbst auch nach unten zieht und keine allzu positiven Erfahrungen weiter anzieht. Und dein Fokus ist nicht im Jetzt. Dabei hast du mit deiner Aura das ganze Drama selbst ausgelöst, du selbst hast die Tentakel ausgebildet, deine Erwartungsschleifen, und der andere lässt sich nur nicht damit ködern. Der antwortet nicht, und es kann sein, dass dies genau sein Raubmuster ist, um sich nun von den Enttäuschten zu ernähren, solange sie über ihn nachdenken. Dann wird auch dein weiteres Bemühen ins Leere laufen, lass ihn ganz. In dieser Situation kannst du besonders viel über dich selbst lernen und wie du es machst, die anderen zu manipulieren. Denn wäre deine Kontaktanfrage frei davon, würde es keine Rolle spielen, was und wie und ob jemand antwortet.

Es gibt noch eine weitere Möglichkeit, dir deine Energie zurückzuholen, denn wenn du dich nicht mit einer Beziehung verbunden hast, sondern mit dem Gesamtfeld eines Vereins oder einer Institution, lebst du auch im Empfangsbereich all ihrer Sendungen, du bist sozusagen auf ihrer Mail-Liste. Selbst am anderen Ende der Welt empfängst du telepathisch ihre Gedankenformen. Im Verlauf deines Reifeprozesses nehmen deine telepathischen Fähigkeiten außerdem zu, selbst in Australien zu spüren, dass es deiner Mutter in Deutschland nicht gutgeht. Trenne dich trotzdem energetisch. Erst, wenn du kraftvoll und klar in deiner Mitte stehst, wende dich wieder bewusst unterstützend ihr zu, verbinde dich in der Meditation oder in einem Anruf und biete deine Hilfe an.
Neun von zehn Gedankenformen sind nicht deine eigenen, aber meist identifizierst du dich mit ihnen, als seien sie es. Du hältst sie für Originale von dir, wenn du eigentlich nur die der anderen wiederkäust. Auch da kannst du dir deine Energie zurückholen, damit deine Energie nicht fremdbestimmt in andere Kanäle sickert. die mit diesen Gedankenformen verbunden sind. Schicke einfach jeden Gedanken und jedes Gefühl zurück zum Absender, vor allem wenn sie mit Handlungsimpulsen geladen sind. Und lösche die restliche Energie. Sind es deine eigenen Gedanken und Gefühle, werden sie mit deiner Aufmerksamkeit verstärkt zurückkommen, denn dann bist du ja selbst der Absender. Sie werden öfter auftauchen und stärker werden und du mit ihnen. Die fremden Gedankenformen in dir dagegen, sie werden verblassen und verschwinden. Es ist verblüffend, wie klar und stark du dich nach spätestens drei Tagen fühlst, wenn du das machst, sobald du daran denkst. Und dafür brauchst du nicht einmal den Rückzug in die Klausur anzutreten, die wir im nächsten Kapitel besprechen. Das geht auch in deiner normalen Umgebung.
Deine Mitte wird dein selbstverständlicher, bevorzugter Ort, dich energetisch-bewusst aufzuhalten. Du wirst dir bewusst, wie dich die Gedankenformen der anderen aus deiner Mitte reißen, aus dem Jetzt und aus deinem eigenen Vortex, denn nur in dem kannst du als Mitschöpfer für dich selbst gut erschaffen. Deine Gedanken sind natürlich frei, da hat das nette deutsche Volkslied recht. Aber sie sind nur ganz selten auch deine eigenen. Du lebst eher in einem Quantenmeer der Gedanken und

Gefühle, du badest quasi darin. Leider ist diese Brühe nur selten klar und förderlich für dich. Mit der Zeit lernst du, dich mit gezielten Tauchgängen immer besser freizuspülen. Du holst dir deine Kraft zurück, indem du die Spaltung aufhebst, die dir so selbstverständlich geworden ist: Die Spaltung deines Ichs in Persönlichkeit und Schatten. Denn diese künstliche, matrixgerechte Konstruktion bindet mit deinen Verdrängungen viel Kraft und gibt den Manipulationen der Matrix freies Spiel. Selbstkonzepte, die dich in Angst halten, und dein Urvertrauen in die Quelle sabotieren, binden sogar noch viel mehr Kraft bzw. übergeben sie den Profiteuren. Daher gilt es jedes Konzept daraufhin zu überprüfen, ob du es noch brauchst.

Die Menschen sind in ihren Beziehungen sowohl horizontal als auch vertikal vernetzt. Gute Netzwerker können beides. Eine vertikale Persönlichkeit kennt die pyramidale Rangordnung genau, sie weiß Namen und Steckbrief jeder über ihr stehenden ‚Very Important Person' (VIP), und interessiert sich für die Rangniedrigeren nur, wenn sie nützlich sind, während Mitbewerber als Konkurrenten möglichst klein gehalten werden müssen. Diese Persönlichkeit treibt in pyramidalen Strukturen ihre Karriere aktiv voran und muss die wahren Beweggründe schon aus strategischen Gründen geheim halten, manchmal sogar vor sich selbst. Eine horizontale Persönlichkeit dagegen differenziert Menschen nicht nach Nützlichkeit für die eigene Position, sondern vernetzt sich stärker mit Menschen, die in der pyramidalen Rangordnung auf der gleichen Ebene stehen oder direkt drüber oder drunter. Und sie vernetzt sich vor allem für die Umverteilung von Energie. Die VIPs interessieren sie nur am Rande und die Rangordnung ist eher zweitrangig. Sie geben der VIP-Persönlichkeit weniger Bedeutung, sie wird allenfalls als Herrschaft empfunden und das ist sie dann ja auch. Aber in dem Stadium der unreifen Persönlichkeit des horizontalen Netzwerkers zählt umso mehr, wie leicht sich eine Beziehung nutzen lässt, um Energie zu ziehen. Die eine Persönlichkeit steht moralisch nicht über der anderen (auch wenn sie sich selbst gern so sieht), das Nutzdenken wird bei der Zweiten nur mehr verschleiert und mit rosa Herzchen verbrämt.

Je nach Selbstbewusstsein und Geltungsbedürfnis wird nun alles, was rundum geschieht, auch durch diese Linse der vertikalen oder horizontalen Orientierung interpretiert. Die bestimmt die Handlungen und den Ausgleich eigener disharmonischer Handlungen durch Wiedergutmachung. Hast du jemand verärgert, musst du dich zum Beispiel entschuldigen. Könnte es aber deiner Karriere schaden, musst du schon mehr tun, da ist dann eine ‚Gefälligkeit' fällig. Oder der Mensch ist aus Karrieregründen gleich der Meinung des Chefs, oder – um des lieben Friedens willen – gleicher Meinung mit dem Partner. Was von außen nur wie eine Stabilisierung einer Beziehung aussieht, wirkt sich innerlich mit der Zeit als automatischer Filter aus, und dieser Mensch wird bevorzugt Gedankenformen senden und empfangen, die seine Beziehungen stärken.
In einem Klima gegenseitiger Verurteilung von abweichenden Meinungen und einer Diskriminierung von Zugehörigkeit zu einer bestehenden gesellschaftlichen Untergruppe bis hin zu Redeverbot und Zensur wird der Druck auf die horizontalen und vertikalen Vernetzungen immer stärker, sich konform zu verhalten oder ausgeschieden und gesellschaftlich isoliert zu werden. Die Spaltungen des sozialen Miteinanders automatisiert sich und zieht wie die Kernspaltung in einem Atomkraftwerk als Selbstläufer immer weitere Kreise. Sie verkommt schließlich zu einer Zertrümmerung und Atomisierung des sozialen, gesellschaftlichen, kulturellen und politischen Miteinanders in einzelne, existentiell bedrohte Individuen. Dabei erhöht sich der Druck auf jedem einzelnen Menschen, ja das Richtige zu denken, zu fühlen, zu sagen und zu tun und sich nicht allzu sehr von seiner Gruppenmeinung zu entfernen, sonst droht Vereinsamung und soziale Vernichtung.
Beziehungen (energetische Verbindungen) verbrauchen viel Zeit und Kraft und sie geben diese im natürlichen Idealfall auch vervielfacht zurück, wenn da keine ausbeuterische Matrix sich einmischt. Wenn unsere Beziehungen in Gefahr geraten, muss man sie retten, denn sie nähren, wenn sie in Ordnung sind. Ganze Gruppen wie z.B. Familien tauschen dabei die Lebenskraft untereinander aus und halten sich dadurch miteinander gesund, resilient und stark. Vor allem die horizontalen Beziehungsnetze tun das, denn auf der Karriereleiter herrscht das

evolutionäre Darwin-Prinzip ‚Auslese', da wird einer nur genährt, wenn er sich besonders opportunistisch verhält, was nur selten mit Offenheit und Ehrlichkeit zu erreichen ist. Horizontale Netzwerke sind die, in die man sich in einer Krise am ehesten auch mal fallen lassen kann. Die künstliche (pyramidale Strukturen nutzende) Matrix versucht, diese horizontalen Beziehungsnetze stark zu kontrollieren. Sie tut das mit rechtlichen Bevormundungen (z.B. Vereinsrecht – natürlich nur zum Schutz, aber nun muss für die Vorsitzenden eine Versicherung abgeschlossen werden wegen der eingeführten Haftung), durch Verordnungen und Gesetze, aber auch durch Verunsicherung, Verbote und durch die Umdeutung von Begriffen, bis die einzelnen Menschen schließlich mit allem verunsichert werden können.
Das soziale Umfeld bis hin zu Partner und Kinder kann außerdem zu Angriffen, Überwachung und diktatorischer Kontrolle instrumentalisiert werden. Die Erwachsenen können nicht mehr offen vor ihren Kindern reden oder vor dem Onkel XY, so haben uns das unsere Eltern aus dem Dritten Reich erzählt. Vor allem in Phasen, in denen eine Gesellschaftsform in eine andere umgewandelt wurde, erhöhte sich der Druck auf den Einzelnen gewaltig. Eine solche Umwandlung geschah in der Geschichte innerhalb weniger Jahre. Einmal an der Macht versprach Hitlers NSDAP den Deutschen mehr Sicherheit und führte sie so voller Hoffnung auf eine bessere, stabile Zukunft aus dem Chaos, der Verunsicherung, der Armut und der existentiellen Bedrohung. Denn die Weltwirtschaftskrise und das mangelnde Vertrauen in die Politiker der Weimarer Republik hatten die Menschen massiv existentiell bedroht. Nur so ist zu erklären, dass sie sich so leicht umformen ließen, bis alle im Gleichschritt vorwärtsliefen, und das gelang den Nazis über eine zunehmende Kontrolle von Sprache, Medien, Schulinhalten usw. Die NSDAP machte ihr System für Randgruppen wie definiertes ‚unwertes Leben' zur Lebensgefahr. Doch auch die – erst einmal in Sicherheit gewiegten – Arier-Deutschen zahlten am Ende ihren Preis, es dauerte nur länger, bis auch von ihnen der Blutzoll eingefordert wurde oder sie zum Krüppel gemacht wurden oder ihre Heimat und sozialen Beziehungen verloren. Die meisten Deutschen merkten es schon irgendwann, nur leider viel zu spät, auf was sie sich

da eingelassen hatten. Denn das Netz wurde sehr schnell um sie zugezogen, um die Ernte einzufahren.
Wir konnten eine solche Umformung in der Moderne mit Blick auf Istanbul beobachten, auch da wurde der mittlerweile ‚lebenslange' Diktator demokratisch gewählt. Auch das demokratische Rom endete in einer Gewaltherrschaft der Kaiser (die vorher meistens militärische Führer waren). Es gab bei all diesen Umformungen in die nächstbeste Matrixkontrolle immer Zwischenzeiten, in der die Menschen sich erholen und neu orientieren konnten. Ich vermute, ich bin in einer solchen aufgewachsen und ich bin tief dankbar dafür. Der Umkehrschluss lautet dann: Willst du eine andere Gesellschaftsform etablieren, musst du auch heute wieder die sozialen Beziehungen zerstören und die Kinder gegen ihr Eltern aufhetzen. Alle Menschen in Lager spalten und gegeneinander in Kämpfe verwickeln, so dass schließlich sich keiner mehr traut, offen, ehrlich und bewusst – und vor allem einfach er selbst – zu sein. Die staatliche Propaganda zwingt dann alle in eine Richtung. Jeder größte Blödsinn wird, wenn er wie ein Mantra lange genug mit Werbemethoden wiederholt wird, zu einer absoluten Wahrheit, die keiner mehr anzweifelt. In der Schule des dritten Reiches wurde jedes Kind angehalten, über Rassenunterschiede nachzudenken, bis alle glaubten, das sei wissenschaftlich erwiesen. Jede Lüge kann zur ‚empfundenen Wahrheit' werden, man muss sie nur oft genug wiederholen und es nicht dulden, dass sie in Frage gestellt wird. Die Wahrnehmung von ‚ganz viele glauben das auch' macht sie zur Wahrheit. Das weißt du sicher alles, vermutlich viel besser als ich, ich wollte es nur noch einmal in Erinnerung rufen.
In den geschichtlichen Ruhepausen füttert die jeweilige Matrix die Menschen an, sich frei zu verhalten und viel von sich preiszugeben und alle Vorsicht zu verlieren. Dabei wird an den nächsten Netzen längst schon gehäkelt und geknotet, sie werden schon Jahrzehnte vor der nächsten Ernte wieder ausgeworfen. Früher bestand das Netz einzig in dem, was andere Menschen über dich erinnerten, denn du warst im Dorf und im Land bekannt. Man speicherte, wie du dich verhalten und mit anderen umgegangen bist, ob du ehrlich warst usw. Aber man kontrollierte auch direkt, mobbte Abweichler und erpresste Konformität durch Entzug

sozialer Kontakte. Wer sich von dieser sozialen Kontrolle befreien wollte, wo jeder jeden kennt, musste in die großen Städte ziehen, und konnte sich dort Gleichgesinnten anschließen, die besser passten. Die Anonymität der Großstadt gewährte eine gewisse Freiheit. So sammelten sich ausgegrenzte Minderheiten wie Lesben vornehmlich in den Städten.
Heute befinden wir uns in der Phase, in der die Netze langsam wieder eingeholt werden. Das Merkmal dieser Phase ist, dass einerseits ein paar Wenige noch viel reicher werden, entweder, weil sie neue Firmen gründen, die nun den Bedarf konform zu der Veränderung decken (Waffenindustrie im Dritten Reich), während andere wirtschaftliche und soziale Strukturen zerstört werden. Der zweite Weltkrieg hinterließ eine komplett zerstörte Infrastruktur, aber auf dem Schachbrett hatte eine Supermacht gewonnen, lange noch herausgefordert von einer zweiten, das nannte man dann den kalten Krieg. Ich bin also nicht in Frieden aufgewachsen, nur in einem fragilen Waffenstillstand, und der kalte Krieg dehnte sich langsam aus und wurde gegen die Natur selbst und die Natur des Menschen weitergeführt. Sonst würde unser Klima nicht so aussehen, wie es das tut. Als die Sowjetunion freiwillig aufgab, blieb nur noch ein Imperium übrig. Und es herrscht bis heute, nun allerdings bedroht durch die Wirtschaftsmacht China. Alle Seher nahmen übereinstimmend wahr, dass China in einem dritten Weltkrieg an die Macht kommt, aber ich halte nichts von Vorhersagen. Sie sind nur gültig für den Homo Sapiens Sapiens, ein Grund mehr, dieses Schachbrett der alten künstlichen Matrix endlich ganz zu verlassen.
Das Fischernetz wird immer enger, es stimmt dich auf eine immer engere Bandbreite gleicher Meinungen ein. Es sei denn, du schlüpfst noch schnell durch die Maschen. Aber dabei verlierst du vielleicht deine Beziehungen, das macht dann auch keinen Spaß. Wenn Generationen gegeneinander aufgehetzt werden, verliert eine Gesellschaft auch den geschichtlichen Überblick und kann die Vorzeichen nicht mehr deuten, die das nächste Einholen des Netzes ankündigen: Ihre Warnungen verhallen dann unbeachtet. Spätestens wenn keiner mehr lebt, der sich noch an die Umwandlung der Weimarer Republik in das Dritte Reich erinnert, können die gleichen Strategien wiederverwendet werden, ohne dass die

Generationen nach ihnen die Gefahr bemerken, vor allem, wenn man die älteren Wissenschaftler im Ruhestand dann auch noch diskriminiert, nicht auf dem neuesten Stand zu sein. Die Jungen und Mittelalten folgen dann der Propaganda und schlagen die Warnungen in den Wind, bis es zu spät ist und die Falle zuschnappt.

Unsere Situation ist – trotz der üblichen Verdächtigen und den sich ewig wiederholenden Herrschaftsstrukturen und Methoden der Matrix – in einer so gefährlichen Situation wie nie zuvor in der bekannten Geschichte. Das letzte Mal, an das ich mich erinnern kann, war der Untergang von Atlantis. Denn die Globalisierung ist dabei, sich in eine globale Diktatur großer Konzerne, Geheimdienste, Finanzeliten und tiefem Staat umzuformen. Während die Profiteure schnell noch durch opportunes Verhalten – angepasst – reich werden, um mithalten zu können, werden alle anderen in einer totalen Kontrolle nach George Orwell und Aldous Huxley enden. Das ist der Plan. Doch auch die meisten Opportunisten und Karrieristen wissen nicht, dass sie selbst am Ende der Umformung überflüssig werden und sie das gleiche Schicksal erwartet, dem sie nun nur verzweifelt mit Konformität und Ansammlung von Geld und Macht zu entkommen versuchen. Gerade geht es noch darum, wer die Dominanz haben wird, das chinesische oder das amerikanische Geschäftsmodell aka Gesellschaftsmodell. Die Technik macht es möglich. Die Phase unendlicher Freiheit der westlichen Gesellschaft mit Reisen, Existenzgründungen, Multikulti, relativ freie Presse und freie Forschung und die Ausdehnung der demokratischen Idee auf die ganze Erde dienten im Hintergrund längst dazu, dich auszuspionieren und dir die nächsten globalen Probleme anzulasten und aufzuzwingen. Du bist dann sogar schuld am Klimawandel.

Alle hochgespülten Themen der Massenmedien – egal für wie sinnvoll du sie gerade noch findest – werden ausnahmslos genutzt zu mehr Kontrolle über dich, größere Steuerlasten, mehr soziale Vereinzelung und Ausbeutung. Als große Gesellschafts-Themen laufen sie nur dann noch durch die Medien, wenn sich mit der Problematik eine matrix-konforme Lösung eröffnet, die geplante Diktatur voranzutreiben und durchzusetzen. Oder wenn sich damit die Massen zumindest gut aufregen lassen.

Wo geht es hin? Die Menschen sollen in wenigen, riesigen Megastädten zusammengedrängt und völlig isoliert von der Natur in prekären Verhältnissen leben, ständig existentiell bedroht und völlig entmachtet. Nur die Superreichen dürfen sich dann noch als Jagdgesellschaft in einer geschützten und eingezäunten Natur aufhalten, ähnlich wie die Adligen im Mittelalter. Solche Jagdgesellschaften gab es in der Geschichte immer schon, aber noch nie wurden die Menschen selbst rechtlich so rausgedrängt aus der Natur wie durch die Nationalparks. Geführte Gruppen, Eintritt, auf den Wegen bleiben, Wege zurückbauen, all das sind wunderbare Ziele und die Ranger glauben auch noch die nächsten dreißig Jahre lang, dass sie an etwas Gutem beteiligt sind, keine Frage. Die Matrix überlistet uns alle. Im Mittelalter wurden sogar die Schweine in den Wald getrieben, wenn es Bucheckern gab. Holz durfte ursprünglich auch mal gesammelt werden, alles, was auf dem Boden lag, zumindest die Knüppel. Die Informationszentren der Nationalparks wurden vorsorglich auch schon ‚Tore' genannt, damit die nächsten beiden Generationen, für die das geplant ist, sich schon mal daran gewöhnen. Denn wo ein Tor ist, kommt auch ein Zaun. Diese Terminologie wurde weltweit durch die Dachorganisation der Nationalparks oder auch von irgendeinem konformen Einzelnen eingeführt und alle machen mit. Es ist einfach so wichtig, die Natur zu schützen – vor uns Menschen!
In etwa dreißig Jahren wollen sie mit der Umformung fertig sein und die angestrebten Verhältnisse gleichen im Jahre 2050 dann dem Film ‚Mocking Bird', zumindest ist das Teil ihres Plans. Ein anderer Film ‚Avatar' beschreibt dagegen unsere mögliche Rettung als Alternative, beide darfst du nicht wortwörtlich interpretieren, sondern symbolisch. Die zu erwartende Realität hängt dann natürlich davon ab, was wir alle daraus machen. Alle Hollywood Produktionen speisen diese Ideen und Bilder in unsere kollektive Psyche, damit wir sie mit unserer Aufmerksamkeit aufladen und aktualisieren. Halten wir uns – wie geplant – für ohnmächtig und geben ausschließlich unserer Wut Ausdruck in Protesten, die aus der Linse der Angst erwachsen, haben sie unsere gesamte schöpferische Kraft für sich eingesammelt und ihre bevorzugten Wahrscheinlichkeiten setzen sich durch. Noch einmal zur Erinnerung: Wir agieren als

Mitschöpfer aus dem Feld der Wahrscheinlichkeiten heraus, sie müssen uns benutzen und unsere Kraft abschöpfen, wir aber können maximale schöpferische Energie direkt generieren und in persönlichen Treffen laser-artig fokussieren und potenzieren. Das ist der Unterschied und deshalb werden wir auch den Himmel auf Erden mit höherer Wahrscheinlichkeit umsetzen, wir müssen nur lernen, wie das geht.
Rückblickend sind dann alle schlauer, wie schon die Nachkommen der Kriegsgeneration von damals, die sich immer wieder fragten, wie es so weit kommen konnte z.B. mit den Konzentrationslagern. Unsere Nachkommen werden dann sagen: „Ah, als sie von Sicherheit redeten und sie dem Terror ein Ende setzen wollten, hatte das Kriege zur Folge und die Zertrümmerung stabiler Strukturen, die bislang eine Völkerwanderung aus Afrika verhinderten. Deren Infrastruktur der Selbstversorgung wurde aber schon viel früher durch den europäischen Kolonialismus zerstört. Der arabische Frühling hatte Zerstörung und Leid zur Folge, brachte die Demokratie aber doch nicht wirklich vorwärts. Stattdessen wurden die weltweit stabilsten Demokratien Europas geschwächt und an die Grenzen ihrer Belastbarkeit gebracht, so dass schließlich eine Pandemie genügte, um die Wirtschaft Europas restlos an die Wand zu fahren. Unsere Kinder und Enkel werden uns fragen: Wieso habt ihr das nicht verstanden, als noch Zeit war umzukehren?
Es setzten sich Völkerwanderungen in Bewegung, wie sie geschichtlich gesehen immer schon sowohl Ursache als auch Folge vom Niedergang einer Zivilisation und die Formung einer völlig neuen waren. So kam selbst das römische Reich zu Fall. Jedes Land, in dem Milch und Honig fließt, rief noch immer Völker auf den Plan, deren Gott ihnen gerade versprach, dass sie dieses Land zu Recht bekommen, sie dürften es sich nehmen. Momentan erschaffen sich alle Religionen und politischen Systeme gerade gegenseitig einen solchen Zerfall und Untergang. Die alte Welt ist bereits untergegangen, ob du das bemerkt hast oder nicht. Weder in einer freien Menschheit noch in einer globalen Diktatur können wir mit den alten kulturellen und religiösen Institutionen weitermachen. Wenn es nach Corona wieder auf ‚normal' geht, sind sie weg. Dann haben die Menschen sie sich abgewöhnt. Ich erinnere an das Kapitel über

Gewohnheiten. Man braucht sie dann nicht mehr. Zwei Generationen weiter und mit einer dynamisch verbesserten Geschichtsschreibung auf Wikipedia wird keiner sich mehr daran erinnern, wie es bei uns noch vor ein paar Jahren war. Das Löschen ist mittlerweile so einfach und schon in vollem Gange!

Um dich selbst langsam an genau der Stelle dem Zugriff der Matrix zu entziehen, an der du dich gerade befindest, und den Griff ihrer Macht zu lockern, musst du dir eigentlich nur einen fließenden, bequemen Übergang in das andere Leben erschaffen, von dem du schon immer geträumt hast! Entscheide dich, was du in deinem Leben behalten willst und sei dankbar dafür. Und was du wie verändern willst, das entscheide auch. Wer unbewusst lebt, entscheidet sich auch nicht für eine Erfahrung und wartet weiter auf die göttlichen Eingebungen und bleibt deshalb in einer Endlosschleife hängen. Was soll Gott auch schon so einem diffusen Bewusstsein für Antworten geben? Wünsche erfüllen? Sind die überhaupt schon erkennbar? Oder kannst du dir sie nicht einmal mehr vorstellen? Solange ein Mensch nicht glaubt (es nicht für möglich hält), dass es auch anders geht, wird sich auch nichts ändern. Dann setzt sich sein Glaube durch und er erschafft mehr davon. Bewusst leben bedeutet auch, sich in jedem Moment bewusst zu entscheiden, immer wieder neu, was man erfahren will und wie man sich fühlen möchte. Nur darauf hast du Einfluss. Vielleicht geht es dann sogar immer noch besser? Denke an die beiden Fragen: Wie kann das noch besser werden? Was ist noch möglich. Du solltest nicht ruhen, bis du dein ganzes Potential geweckt hast und nicht auf halber Strecke stecken bleiben.

Den Machern der alten Matrix ist sehr viel daran gelegen, dass du niemals auf die Idee kommst, dass du die meiste Zeit gar nicht deine eigenen Gedanken und Gefühle denkst und fühlst, sondern zu 95 Prozent die deiner Nachbarn, deines Umfeldes, deiner Einkaufsstraße, deiner Y-ouTube Kanäle und Facebook-Freunde, Summa Summarum aus der ganzen künstlichen zivilisatorischen Matrix. Jeder Mensch in deiner Umgebung wird zu einem Agenten Schmidt der Matrix immer dann, wenn er Ansichten und Sprüche wiederholt, welche die alte Matrix bestätigen, z.B. dass du den Krankheiten und Schicksalswendungen hilflos ausgeliefert bist. Und auf keinen Fall sollst du dahinterkommen, dass du selbst viel besser erschaffen könntest als die Matrixmacher. Denn wer eine solche niedrig schwingende Matrix für andere bauen muss, um Energie aufzusammeln, kann noch nicht verstanden haben, dass es in dieser Schöpfung nur um die hohe Schwingung von Liebe geht. Jeder Lebensstrom kommt direkt aus der Quelle und man muss niemandem mehr Energie stehlen. Mit der Quelle im Bunde werden wir alle zu energetisch-autarken Selbstversorgern. Dann ist es nur noch ein kleiner Schritt bis zur Nutzung von Geräten der freien Energie.

Wenn sie das selbst noch könnten, warum müssten sie dann solche Gefängnisse bauen wie die momentane künstliche Erdrealität? Sie wollen oder können ihr Herz nicht mehr öffnen, sie haben keinen Zugang zu ihrem eigenen Drachen, deshalb steuern sie bevorzugt die Drachen der anderen. Dahinter sollst du auf keinen Fall kommen! Wer mit der alten Matrix ist, den kannst du daran erkennen, wie leidenschaftlich er diese ‚wissenschaftliche Tatsache' verteidigt, dass dein Denken in deinem Hirn stattfindet, nur weil da ab und zu ein paar Lichter an- und ausgehen und in einem Gerät beim Onkel Doktor sichtbar werden. Die alte Matrix macht ganz viel Aufhebens ums Denken, um Argumente, um Diskussionen. Denn den Verstand kann sie am besten kapern, der läuft sowieso auf ihrem Schachbrett mit herum. Schau genau hin, es geht nur selten um reine Informationen! Und vor allem, selbst wenn man davon redet, sag, ist dort Liebe spürbar?

Die Matrix greift nach deiner Lebensenergie, weil die Kräfte dahinter in so einer niedrigen Schwingung leben, dass sie selbst nicht mehr aus der Quelle schöpfen können. Ihr Herz ist zu einer Rosine verschrumpelt. In ihnen scheint keine Sonne mehr, sie müssen den anderen das Licht stehlen, um es durch ihre Linsen zu schicken, mit denen sie ihre Agenda erschaffen. Und dieses Licht stehlen sie dir schon ganz zu Beginn deines Lebens, indem sie dir dein Urvertrauen zerstören und damit deine Seelenverbindung und das Gefühl, einen Schutzengel zu haben. Ich nenne diese Umleitung einer Energie, die eigentlich dein angestammtes Geburtsrecht ist, das Isaak-Syndrom in Anlehnung an eine Legende, die in allen drei monotheistischen Religionen (Judentum, Christentum, Islam)

eine Rolle spielt, was allein schon ein Indiz dafür ist, dass die gleiche Macht dahintersteht, und diese Religions-Varianten nur dazu benutzt werden, uns gegeneinander aufzuhetzen. Es spielt keine Rolle, ob Abraham seinen Sohn Isaak opferte oder stattdessen das Schaf: Abraham war bereit, seinen eigenen Sohn für seinen Glauben an diesen despotischen Gott zu opfern. Sein Verhalten wurde als besonders gläubig und erstrebenswert interpretiert, während wir da aus heutiger Sicht eher von der Tat eines religiös-fundamentalistischen Psychopathen sprechen müssen, dem man das Sorgerecht umgehend entziehen sollte.
Diese Opferbereitschaft sagt nichts aus über seine Glaubenstiefe, auch wenn es den Gläubigen so verkauft wird, sondern sehr viel mehr über Abraham selbst und dass er auf den Falschen setzte. Er hatte sich mit einer satanischen Kraft verbunden, welche die Macht über Menschen selbstherrlich über alles stellt, und die mit der Quelle unseres Universums, die aus bedingungsloser Liebe besteht, rein gar nichts zu tun hat. Es handelt sich bei dem Isaak-Syndrom um eine bedingungslose, sklavenmäßige Unterwerfung einer ganzen Sippe oder Religionsgemeinschaft, eine Übereignung aller nachfolgenden Generationen in die Versklavung. Aus Sicht des Sohnes ist jeder Fundamentalismus, der das Kind in die Regeln eines solchen Gottes presst, und der mit Angst erzieht, ein traumatisierender Verlust von Urvertrauen. Er kann seinen Vater gewiss noch lieben und fürchten, vor allem aber gehorchen, aber er muss immer auf der Hut bleiben, das Richtige zu sagen und zu tun, um nicht doch noch geopfert zu werden, falls er sich nicht an die Regeln hält und kein gottgefälliges Leben führt. Und irgendwie müssen das die meisten Menschen auch heute noch, selbst wenn sie sich von der ursprünglich religiösen Macht längst abgekehrt haben. Sie sind auf der Hut, um nicht verurteilt und in die Ecke gestellt zu werden. „Was würden die Leute sagen?“ fragen sie sich dauernd. Das ist übelste Indoktrination durch die Matrix, und noch heute beziehen sich Christen auf Abraham, ja selbst die Kreuzigung wird noch ähnlich positiv umgedeutet (der Herr hat das Leid der Welt auf sich genommen und für die Menschen vergeben und geklärt). Nein, ganz im Gegenteil: Diese Folterszene hält das Leid im

kollektiven Unbewussten der Menschheit aktiviert, damit man sie noch besser leiden lassen kann (weil sie Ladung draufgibt).
Issak wird es aus Tradition und Ehrfurcht vor dem Patriarchen mit seinen Kindern genauso gemacht haben, und die wieder mit ihren Kindern, und dann wurde diese wichtige Tradition weitergegeben und diente auch noch dazu, Zwietracht zwischen die Untergruppen der Menschheit zu säen. Und die Matrix hatte die Menschen dort, wo sie sie haben will. Das Urvertrauen geht immer weiter verloren, zu Gunsten äußerer Herrschaftsansprüche, die mal aus der religiösen Gemeinschaft und mal aus Familie, Betrieb und Dorfgemeinschaft kommen. Die Eltern vermitteln ihre eigene Unbewusstheit und Hilflosigkeit und vererben sie weiter, sie sagen damit: „Das Leben ist willkürlich und sinnlos, es sei denn, du klammerst dich an Kalendersprüche und heilige Bücher und suchst die Kraft im Außen, weil sie in deinem Inneren fast ganz versiegt ist." Dann ist und bleibt der Mensch ein sündiges Opfer und die Drachenkraft der Menschen wird abgeschöpft, abgeschöpft und abgeschöpft. Und in jeder Generation wird der Reifeprozess weiter um jeden Preis verhindert. Den Menschen bleibt dann auch zu wenig Energie übrig, um den Prozess zu starten. Zu wenig Verbindung zur eigenen inneren Quelle. Nur diese Quelle unterstützt jeden göttlichen Funken bedingungslos, egal, ob da die einen oder die anderen Regeln oder überhaupt keine befolgt werden. Selbst wenn dieser Mensch der grausamste Tyrann ist: Die Quelle in ihm unterstützt auch ihn bedingungslos. Auch in ihm fließt in einem Rinnsal noch die Lebenskraft der Quelle, oder das Licht und die Liebe, wie die Spirituellen sagen. Oft hat solch ein Tyrann aber eine aufgeblähte Persönlichkeit und einen riesigen Schattenberg beim Drachen, und nutzt diese unbewussten und halbbewussten Muster besonders gut, um anderen ihre Kraft abzujagen, und er wächst dabei über sich selbst hinaus.
Lässt man ein Kind in seiner gesamten Kindheit und Jugend in seinem Urvertrauen und bestärkt seine Mitte und seine aktive Selbststeuerung, lässt ihm also seine Würde und erklärt es auch nicht zum Eigentum dieses Herrschers, dem Abraham sich beugte, so lernt es diesem inneren Kern zu vertrauen, und mit ihm zusammen sein Leben ganz automatisch ideal vor sich her zu erschaffen. Ein solches Kind ist in sich gefestigt und

könnte eigentlich immun gegen die Matrix sein. Wenn da nicht die staatliche Propaganda wäre, verbrämt und in ein wissenschaftliches Gewand verpackt. Es wird wissenschaftlich auf eine Hirnhälfte reduziert und über die andere indoktriniert. Oder dieses Kind mit einem soliden Kern von Urvertrauen wird vielleicht im alten Schulsystem scheitern und später auch in den angebotenen Matrix-Berufen. Die heutige Gesellschaft und in noch größerem Maße alles, was 2020 geschah, greifen jedes Urvertrauen an. Menschen werden zurück in die Matrix gezwungen. Wer in Existenzängsten lebt, wurde massiv aus diesem Urvertrauen geworfen. Selbst der kleinste Feldhase kann sich niemals auf Dauer so bedroht fühlen, wie sich die meisten Menschen 2020 gefühlt haben, als ihnen Existenzangst eingeredet und in einer medialen Dauerberieselung zu übermenschlicher Wichtigkeit aufgeblasen wurde. Es sah fast so aus, als ob man damit verhindern wollte, dass die Menschen sich auch mal wieder mit etwas anderem beschäftigten. Nun, aus energetischer Sicht braucht so ein Virus (sehr gefährlich, was ich keinesfalls leugne) auch die schöpferische Lebenskraft von so vielen Menschen, um sich auch weiterhin so drastisch auszuwirken. Seine Energie würde sich sonst einfach ziemlich schnell auslaufen, so wie Ebola zum Beispiel. Und die Matrixmacher wissen das, sie tun das 2020 über das jahrelang vorher geprobte Konzept ‚Pandemie' böswillig bewusst. Sie sorgen dafür, dass diese Krankheit so schlimm wütet. Und sie sorgen mit ihren Maßnahmen auch dafür, dass das menschliche Immunsystem in jeder Beziehung geschwächt wird und der Krankheit kaum etwas entgegensetzen kann. Wer weiß, der sieht.

Hätte ich unseren Politikern unterstellt, sie wüssten von der energetischen Seite dessen, was sie gerade erschaffen, wäre ich auf die Idee gekommen, sie wollten, dass wir dieses Virus zu einem übermächtigen Geist aufblasen, der noch wesentlich tödlicher verläuft, als er es bisher getan hat. Doch das glaube ich einfach nicht. Die meisten haben von Energie offenbar nur keine Ahnung. Aber die pyramidalen Spitzen, die müssen es wissen. Ich konnte mich nur noch wundern, wie man so unbewusst sein kann und offenbar kein eigenes Rückgrat besitzt. Ich verurteile das jedoch ausdrücklich nicht, denn sie wissen nicht, was sie tun.

Dieses Bewusstsein der bösartigen energetischen Verstärkung einer Krankheit unter dem Deckmantel des Schutzes der Bevölkerung habe ich zumindest unseren deutschen Politikern und Seuchen-Experten nicht zugetraut. Aber die Mafia, die das weltweit angezettelt hat, die weiß mit absoluter Sicherheit davon, woher sie ihre Kraft zur Umsetzung ihrer Ziele bezieht. Bill Gates sah, wie gesagt, sogar schon Millionen Tote auf den Straßen Afrikas liegen! Folge dem Geld (dahinter steht immer die von uns eingesammelte Energie) und du weißt, wer es weiß und bewusst tut. Wo es früher die Bedrohung für Heranwachsende war, für Kriege rekrutiert zu werden, ist unsere Nachkommenschaft heute vom künstlichen Drachenkoma bedroht. Die Bedrohung kommt von überall, fast alle spielen gerne den Agenten Schmidt im Jahr 2020. Das Jahr, als die Menschen aufhörten, Lieder miteinander zu singen (symbolisch: Wo man singt, da lass dich nieder, böse Menschen kennen keine Lieder). Dabei ist jede Bedrohung, ohne dass du dabei gerade aktuell mit dem Messer bedroht wirst oder mit einer Krankheit schon um dein Leben kämpfst, doch nur eine – zugegeben geniale – Illusion.

In welchem Umfang verwendest du deine Energie darauf, dich auch in Zeiten existentieller Bedrohung sozial vernetzt im Gleichgewicht zu halten und welche neuen Wege hast du gefunden, trotz Corona sozial vernetzt zu bleiben? Ein Zoom-Treffen ist kein Gemeinschaftskuscheln. Diese Firma zieht einen Großteil der von den Teilnehmern generierten Energie für sich selbst und ihre Ziele ab. Es bleibt menschlich dünn, was da passiert. Ja, du magst das Gefühl von Gemeinschaftskuscheln haben, aber in echt würdet ihr mit dem gleichen Gesprächsablauf das Tausendfache für euch selbst und euren gemeinsamen Fokus generiert haben. Virtuell wird vor allem manifestiert und wahrscheinlicher, was Zoom oder Skype selbst auf dem Markt erreichen wollen. Wo immer du dir dessen nicht bewusst bist und in Gewohnheiten und Automatismen lebst, zieht dir die Matrix auch direkt über solche Strukturen deine Energie ab. Denn wo geht eure Aufmerksamkeit hin, wenn ihr euch in Zeiten der Krisen unterhaltet? Genau, zu den medial vorgegebenen Themen, die polarisieren und durch Aufmerksamkeit Energie ziehen. Indem alle Menschen gerade durch Terror, Krieg, Klima, Flüchtlinge und nun auch noch durch die Pandemie permanent in Stress gehalten werden, kommt eine wirtschaftliche Depression nie gekannten Ausmaßes auf uns zu, die fast alle Menschen (bis auf die wenigen Profiteure) so an den Rand der Existenz führen wird, dass sie sich freiwillig nach dem chinesischen Modell ‚retten lassen' werden, oder – was ich bevorzugen würde – endlich doch noch aufwachen zum Homo Creativus Pax. Mitschöpfer müssen sich unbedingt neu und anders (matrixfrei) untereinander vernetzen, vor allem, wenn sie bereits ganz aus dem künstlichen Matrixnetz gefallen sind.

Wenn du dich auf deine Freiheit und deine Entwicklung konzentrierst, bedeutet das ja nicht, dass du keine soziale Vernetzung brauchst. Ganz im Gegenteil: Raus ins echte Leben mit echten Kontakten! Selbstversorgung und Austausch auch der Güter direkt untereinander, nachhaltig wirtschaften, regional und persönlich, darin liegt unsere Stärke. Doch suche dir deine neuen Beziehungen nicht nach der gleichen Meinung oder der politischen Richtung aus (das ist eine matrix-kontrollierbare Strategie), sondern ausschließlich danach, ob sie vom Reifeprozess wissen und ihn in sich anstoßen und durchlaufen. Sie müssen den Schritt vom ‚Service-to-Self' zu ‚Service-to-Others' (zum Wohle aller) praktisch getan haben, Worthülsen zählen nicht, das kennen wir schon zu lange von Politikern. Haben sie durch ihr Leben praktisch bewiesen, ob sie die menschliche Entwicklung fördern und ist ihnen basisdemokratisch an einem freundlichen und friedlichen Austausch miteinander gelegen, ohne dass jemand ausgegrenzt und verurteilt wird, der anders ist, dann kannst du ihnen vertrauen. Sei vorsichtig mit Menschen, die noch verurteilen: Du könntest der Nächste sein, der angegriffen wird. Deine Unterscheidungsfähigkeit ist in diesem Sinne nur eine wichtige Wahrnehmung, keine Verurteilung. Du wirst sie mehr denn je brauchen. Die Belgier und Niederländer haben erkannt, worauf es in der Krise zumindest für Singles ankommt: Wenigstens einen Kuschelfreund oder eine ganze Kuschelgemeinschaft in einem Haushalt brauchen wir alle. Wir haben nun auch gelernt, was der Staat im Fall der Fälle angreift: Die Einzelnen. Ein Haushalt durfte zusammenbleiben und weiter kuscheln, also brauchen wir größere Mitschöpfer-Wohngemeinschaften, die einen einzigen Haushalt bilden. ‚Eigener Herd ist Goldes Wert' war gestern, wir müssen

symbolisch zurück zu einer Gruppe um ein Lagerfeuer, und praktisch zu einem größeren Haushalt der Mitschöpfer, der sich in einer quasi-dörflichen Struktur auf gemeinsame Lösungen fokussiert, sich in der Schwingung anhebt (potenziert) und daraus lernt und alternative Wege geht.
Nun müssen wir noch etwas besprechen, das dir sicher genauso absurd vorkommen wird, wie vieles andere in diesem Buch, und da sich bisher nur immer mal am Rand erwähnte. Es gibt da eine planetare Einrichtung, die dein Ich nach dem Tod einfängt und erneut deinem Gefängnis zuführt. Und dafür musst du wissen: Du kamst nicht als unbeschriebenes Blatt auf die Welt, du hast eine ewige Vergangenheit und du gehst in eine ewige Zukunft. Keine der mir je untergekommenen Jenseitsbeschreibungen trifft auch nur annähernd die unbeschreibliche individuelle Vielfalt und Potentiale, die dich hinter dem Tor erwarten, wenn du dich aufmachst, dort gezielt danach zu suchen. Du musst nicht auf den Tod warten, um Zugang dazu zu erhalten. Und du erhältst den Zugang zu deiner Erinnerung auch nicht automatisch nach deinem Tod. In der Matrixfalle am Ende deines Lebens, am Ende des Tunnels mit dem Licht und den wunderbaren Erscheinungen, die dich dort abholen, wird jede Erinnerung in dir gelöscht, sobald die Silberschnur zu deinem Körper ganz durchtrennt wurde und es keine Rückkehr mehr gibt. Selbst wenn du schon mehr über dich weißt als nur das von diesem Leben, es wird gelöscht. Die künstliche Matrix betrachtet dich als ihr Eigentum und wird es auf keinen Fall zulassen, dass deine Erinnerung an das, wer du bist und woher du kommst, wieder zu dir zurückkommt. Du kannst jedoch lernen, ihrer Todes-Falle zu entgehen. Aber dafür musst du noch viel mehr lernen, wissen, erfahren und vor allem fühlen. Mach den Reifeprozess, dann ist zumindest deine Intuition intakt und du kannst den echten Weg raus aus der Falle nach dem Tod wenigstens deutlich erfühlen. Folge nicht dem Licht, sondern deiner Absicht, zu deinem eigenen Ursprung zurückzukehren.
Du musst wissen, alle Menschen gehören per se (unbewusst) der Matrix, sie hat uns eingefangen und betrachtet uns als ihr Eigentum. Und sie will das mit dem Chip auch real in 3D tun, als das Brandzeichen vom Biest (Mark of the Biest), das schon Nostradamus vorausgesehen hat. Unsere

Sklaventreiber haben sich den ganzen Planeten mit allen Einwohnern angeeignet, nicht die Aliens, die unter der Erde leben, aber die gesamte Menschheit an der Oberfläche. Sie sind die Schäfer und wir die Herde. Das ist eine ihrer Lieblingsvorstellungen, Jesus selbst hat so nie von Menschen gesprochen. Wir sind nicht frei und wir waren es auch nie. Wir wissen das, wir wollen es nur nicht wahrhaben. Die Ostdeutschen gehörten dem Staat ‚DDR', so wie wir der heutigen Bundesrepublik. Die Teilung Deutschlands dauerte gefühlt ewig und wurde ganz überraschend aufgehoben. Das wird bei der weltweiten KI-Matrix aber nicht passieren, wenn der Umbau erst einmal fertig ist. Die neue Methode garantiert endlich das tausendjährige Reich, schon Hitler und Goebbels haben davon geträumt. Die ganze Welt wird dann eine globale Diktatur sein, oder es werden mehrere Diktaturen nebeneinander sowie gegen und miteinander regieren. Das bedeutet nie wieder frei, und die Gefahr war noch nie so groß wie heute. In der Planung ist dieser Umbau schon seit Jahrhunderten, glaub es oder glaub es nicht. Der einzelne Mensch mit seiner kurzen Lebensspanne kann das kaum überblicken.
„Niemand hat die Absicht, eine Mauer zu bauen," tönte der Parteivorsitzende und wer die Matrix-Sprache verstand, packte sofort die Koffer und verließ das Land. Diese Dinge müssen immer kollektiv angekündigt werden, um die Macht zur Durchsetzung zu haben, gleichzeitig muss der Inhalt aber unter dem Radar des Bewusstseins der Masse bleiben, so dass sie die Warnung ignoriert. Und dann war die Grenze zu, in der Nacht wurde in Berlin eine Mauer hochgezogen. Und der Rest der Grenze war zumindest schon gesichert mit Soldaten und Stacheldraht. Und schon schnappte die Falle zu. Wer das bereits Monate zuvor bei der der Äußerung des sozialistischen Diktators gewittert hatte, dass es so kommen würde, war in der Zwischenzeit schon in den Westen umgezogen. Danach ging das ganz lange nicht mehr oder nur unter absoluter Lebensgefahr. Wenn du Martin Zoller, den gegenwärtig im deutschen Sprachraum bekanntesten Schweizer Hellseher, fragen würdest, warum er nach Mittelamerika ausgewandert ist, würde er dir sagen: „Weil ich die Zukunft Europas sah."

Die Freiheit ist dennoch in greifbarer Nähe und ich bleibe auch hier, ich habe meinen Platz gefunden. Die Freiheit ist eine Funktion deines Reifeprozesses. Denn auf höheren Ebenen bist du unsterblich und hast einen freien Willen, du kannst also nur beherrscht werden, wenn du der Herrschaft zustimmst. Als unbewusster Mitschöpfer hast du offenbar irgendwann in deiner galaktischen Historie aufgegeben, bist in einem Krieg besiegt worden, bist getäuscht worden, hast Eide geschworen und wurdest schließlich in dieses Lager ‚Erde' gesteckt, ein Archipel Gulag der Archonten und Dracos. Dennoch, du bliebst immer ein potenter Mitschöpfer. Du musst ihnen die Einwilligung aktiv entziehen, dich so zu behandeln, und jeder muss das auch für sich selbst entscheiden.
Es ist wie ein Spiel: Für eine Inkarnation verabredet sich die karmische Theatertruppe, dass der eine den König spielt und der andere hat zu gehorchen. Und normalerweise wäre dieses Spiel auch mit dem Tod zu Ende. Nach deinem Bühnenabgang könntest du neu verhandeln, was du in einem nächsten Stück für eine Rolle spielst. Unsere ‚Besitzer' haben dieses Theaterstück jedoch zu einem Dauerbrenner mit immer den gleichen Rollen umgebaut, indem sie unsere Erinnerung daran löschen, wer wir eigentlich jenseits unserer gespielten Rolle sind. Und nur aus der Rolle müssen wir raus, um uns zu befreien. Sobald du in der Lage bist, dich mit deinen höheren Ebenen zu identifizieren, und nicht nur krampfhaft deine machtlose Persönlichkeit verteidigst, kannst du die Änderung im Theaterstück direkt auf der Bühne ankündigen: Du erklärst einfach deine Souveränität und löschst alle Versprechungen, die du in diesem Leben und in anderen gegeben hast, Versprechen, die anderen als nur deinem eigenen Höchsten Selbst eine unberechtigte Macht über dich gegeben haben. Wir werden das noch genauer angehen, wenn wir zusammen den Drachen wecken.
Weiterführendes Werkzeug: Lies zwischen den Zeilen und beginn zu wittern. Vertraue deiner eigenen Wahrnehmung, selbst wenn du sie nicht verstehst und nicht weißt, woher du sie nimmst. Du wirst gerade telepathisch und das ist das Gegenteil von verrückt.

9d. Das Retreat – drei Tage und drei Fragen

In diesem Kapitel gehst du in Klausur mit dir selbst, ein letzter Schritt, bevor es ernst wird. Du trainierst, dich innerlich leer zu halten, deine Schwingung zu erhöhen und dich als Mitschöpfer souverän im Fließgleichgewicht zu halten. Du übst, mit deinen Gedanken und Gefühlen verantwortlich umzugehen und erfährst mehr über dein Beziehungsgeflecht in der Matrix. Der Nutzen eines solchen Rückzugs ist vielschichtig, du wirst auf jeden Fall davon profitieren. Und es gibt schon erste Hinweise, was nach der Prüfung auf dich zukommt. Sei sorgfältig in der Wahl des richtigen Zeitpunkts in deinem Leben und in der Wahl des Ortes, und schieb es nicht auf die lange Bank, die Zeit drängt.

Jeder Olympiateilnehmer geht kurz vor der Olympiade in ein Trainingscamp, wo er sich besonders intensiv auf seine Meisterschaft vorbereitet. Das schlage ich nun auch dir vor. Du bist mittlerweile schon sehr weit fortgeschritten in deinem Reifeprozess. Vermutlich hast du sogar erkannt, dass du schon viel weiter bist, als dir selbst bewusst war. Dein Durchbruch steht unmittelbar bevor, nun kommt die letzte Vorbereitung auf die Meisterprüfung. Es geht darum, deine Souveränität zu testen. Denn wenn du mir bis hierher durchs Buch folgen konntest, bist du fast schon bereit, deinen Drachen zu wecken, ja, der wird so oder so sehr bald ganz aufwachen. Es wird Zeit, dich aus deinem Geflecht der gegenseitigen Abhängigkeiten und Beziehungen rauszuziehen, um auch da bewusst mehr Ordnung hineinzubringen. Das Retreat ist nun das Einzige, das dich noch von deiner Meisterschaft trennt. Du musst deine Souveränität auf diese Weise frei und kraftvoll trainieren, bevor du den endgültigen Schritt tust. Die Klausur ist der ultimative Test, ob du schon bereit bist, den Drachen so zu wecken, dass du weder durchknallst noch deine Welt ins Wanken gerät. Einen Menschen in diesem Reifestadium nannte man früher einen Einsiedler oder Eremiten, weil es vormals ein ganzes Leben brauchte für jeden in diesem Buch beschriebenen Schritt,

manchmal sogar viele Leben für einen Schritt. So wurde die Meisterschaft als Hoffnung für ein nächstes Leben vorbereitet. Erst heute kannst du alle Schritte in ein einziges Leben packen, weil die Menschheit auch kollektiv bereit ist für die Transformation zum Homo Creativus Pax. Diese Eremiten damals waren oft sehr religiös motiviert, doch das war eine andere Zeit.
Dein Trainingscamp für die olympische Disziplin ‚Drachen-Wecken' ist auch eine Visionssuche. Eigentlich suchst du sogar alles: Den Sinn deines Lebens, deine Selbstheilungskräfte und deine neue Ausrichtung in der Verfolgung der dir wichtigen Ziele wie z.B. der Freiheit. Was kannst du selbst tun, was ist dein Hebel, den nur du bedienen kannst? Geht es dir bewusst darum, den Mitschöpfer in dir zu entfalten, dann suchst du immer auch den heiligen Gral in dir, das Wasser des Lebens. Du musst nicht auf den Sommer warten, und dass du direkt im Wald übernachten kannst. Oder in der Wüste oder neben einer kraftvollen, wilden Felsformation. Du wirst instinktiv zu deinem Ort hingezogen, den, der für dich am kraftvollsten ist. Miete dir eine kleine Hütte, das geht zu jeder Jahreszeit. Und plane ausgedehnte Wanderungen und – wenn vorhanden – auch Schwimmgelegenheiten. Es gibt Urlaubsorte mit heißen Quellen. Lass dich inspirieren und plane, dass du starten kannst, sobald du wieder reisen darfst. Kein Hotel, da würdest du zu vielen Leuten begegnen, besser dann ein Apartment. Keine Handystrahlen, kein WLAN und kein Internet wären optimal.
Nimm nichts mit gegen die Langeweile dort draußen, nur etwas zu schreiben. Die lange Weile ist dein angestrebtes Ziel. Ursprünglich haben die Menschen damit die erlebte Dehnung der Zeit bezeichnet, eine Dehnung, die deine normale künstliche Matrixumgebung durchsichtiger macht und zur genauen Untersuchung verlangsamt. Erst die lange Weile gibt dir den Raum, zwischen dem Gewebe deines Bewusstseinsgefängnisses hindurch die Ewigkeit im Jetzt zu spüren. Fasten könnte deine Erfahrung vertiefen, denn die Nahrungsaufnahme ist stark matrixkontrolliert. Wenn du dich schutzlos in die Natur begibst, musst du unbedingt auf ihre Warnsignale achten (und sie schon wahrnehmen können). Ihre Impulse sagen dir, wann du einen Ort unbedingt verlassen musst und

weiterziehen. Ich habe die Warnung meines eigenen Kraftplatzes nur ein einziges Mal missachtet und blieb trotzig dort, obwohl die Botschaft ganz klar zu mir rüberkam: „Das ist heute kein sicherer Ort für dich!“ Und ich bekam prompt die Quittung: Ich erlebte eine Horror-Nacht, die mit dieser Geräuschkulisse bei völliger Finsternis jeder Hitchcock-Inszenierung Ehre gemacht hätte, und saß fest auf meinem Felsvorsprung! So war ich bis zum Morgengrauen all meinen Ängsten ausgesetzt und die Nacht war lang! Mein Asthma hatte mich existentiell bedroht. Das war mir eine Lehre. So ein Rückzug kann alles sein – ein Horrortrip, wenn du nicht auf intuitive Warnungen hörst, die dir aus dem örtlichen Bewusstsein des gesamten Feldes zufließen, oder wenn du nicht gut vorbereitet bist und durch die unbewusste Angst in deinem Innern dann auch äußere Gefahren anziehst. Du musst lernen, auf die Gefahrensignale der Natur zu hören, und das gelingt dir, indem du dich mit ihr verbunden fühlst und deine schöpferische Liebe ausgießt. Natürlich kann dein Rückzug auch in eine Erleuchtungserfahrung münden, und auch alle Zustände dazwischen sind möglich.
Konfrontiere dich mindestens drei Tage lang mit dir selbst. Keine Ablenkungen, keine Bücher, kein Handy. Und dann geh auf Visionssuche mit den drei Fragen deines Drachen: „Wer bin ich, was bin ich und was ist meine Aufgabe?“. Nimm nur Schreibzeug mit und schreibe wild drauf los, was da durch deinen Kopf spaziert. Zumindest, falls du noch annimmst, dass du das alles selbst und in deinem Kopf denkst. Beobachte. Schreibe. Dann lies es irgendwann erneut und schreibe weiter. Zwischendurch geh spazieren oder im Meer schwimmen. Nach spätestens drei Tagen sind die Gedankenformen der anderen ausgelaufen, die Energien und Muster-Apps haben sich fürs Erste gelöscht. Nun beginnst du, mit dir allein zu sein. Daher ist es wichtig, dieses Experiment für mindestens drei Tage durchzuhalten. Durchlaufen. Energien löschen sich normalerweise einfach selbst in drei Tagen von unserer Festplatte, das ist irgendwie ein magischer Zeitraum dafür, auch sonst ist das so, zumindest in meinem Alltag. Vielleicht braucht mein Körper so lange, die fremden Energien und Prozessreste wieder ganz los zu werden, wenn ich mich als Mitschöpfer nicht einmische und den Besen nehme.

Das Retreat ist dein Kokon für den Übergang zum Homo Creativus Pax, und so sicher und geschützt solltest du deine Umgebung auch auswählen. In einem Kokon können alle Umwandlungsprozesse von außen ungestört ablaufen, und sich das Neue in Ruhe entfalten. Du wirst auf jeden Fall als ein ganz anderer Mensch zurückkehren, und gleichzeitig paradoxerweise viel typischer du selbst bleiben. Im Idealfall wirst du im Kokon schon viel von der künstlichen Matrix abgelegt haben, und dich selbst viel besser kennengelernt haben. Mache deine Ferienwohnung oder Hütte zu einem heiligen Raum. Sorge gut für dich. Du kannst dabei auch jedes körperliche Hobby pflegen, aber bitte allein und möglichst ohne Begegnungen, z.B. Bergsteigen, Schwimmen, Radfahren, Malen.
Alles ist gut, solange es in der Natur stattfindet und dich allein sein lässt. Suche dir für dein Retreat ruhig einen komfortablen Ort, der dich möglichst nahe an eine natürliche Umgebung bringt, wo Natur noch kraftvoll ist, das kannst du spüren. Viele Orte sehen nur noch aus wie Natur, haben aber kaum noch die Energie einer natürlichen, kraftvollen, wilden Umgebung. Die Menschen haben die Natur dort bereits völlig ausgelaugt. Ganze Gegenden können im Prospekt so natürlich aussehen und du kommst hin und du spürst sie kaum. Lerne zu unterscheiden und suche dir deinen idealen Ort für deinen Rückzug. Denn wenn du im Buch so weit gekommen bist, dann ist das als nächster Schritt einfach dran. Miete dich irgendwo nahe der Natur ein, wo du mit dir selbst allein sein kannst, und wo möglichst wenig künstliche Matrix auf dich einströmt. Keine Technik mitnehmen, aber vielleicht ein ausgeschaltetes Handy nur für den Notfall. Noch besser wegen der Strahlung ist überhaupt kein Handy-Empfang an diesem Ort. Möglichst keine Kontakte mit anderen Menschen. Auch nicht mit neuen Bekannten am Urlaubsort. Viel Natur, lange Spaziergänge. Und genieß nun erst einmal die Leere und die Langeweile, wann immer sie sich einstellt. Du bist ganz, du bist genug und du kannst nichts falsch machen.
Trenne dich vor allem energetisch von all deinen Beziehungen zum Abschied. Sonst hast du deine Beziehungen sogar dabei, wenn du um die halbe Welt fliegst. Schon während der Vorbereitung wirst du sehr schnell an deine Matrixgrenzen kommen, und herausfinden, wieviel Einfluss

dein Partner, deine Familie, dein Job und Freunde auf dein Leben nehmen. Wie viele Diskussionen und Erklärungen sind für die Organisation deines Rückzugs erforderlich? Was passiert in deinem Inneren? Kommen da Ängste hoch, kannst du dir einen Rückzug überhaupt vorstellen, ganz allein irgendwo zu leben? Keiner verlangt das von dir für immer. Der Mensch ist ein soziales Wesen. Aber du solltest wenigstens einmal in deinem Leben die Erfahrung machen, wer du bist ohne die anderen. Und in welchem Maße du fremdbestimmt wirst. Gedankenformen und Felder, die von deinen Beziehungen in dein Leben gespült werden, laufen sich in der Natur von selbst aus. Sie entladen sich oder du kannst sie aktiv vollenden.
Mein erster Selbstversuch in Sachen Retreat hat mich kein Geld gekostet. Ich bin fastend durch meine Heimat gezogen und habe auf meinem Kraftplatz übernachtet. Im Gepäck nur Wasserflasche und Schlafsack. Mit dem Fasten begann ich schon ein paar Tage früher. Ich habe auch alles so arrangiert, dass mich nichts mehr hinderte. So streifte ich tagsüber durch die Natur und schlief nachts an einem Ort, der sich für mich sicher anfühlte. Meine Gedanken und Gefühle liefen immer öfter ins Leere. Dafür konnte ich plötzlich wahrnehmen, ob ein Ort gerade gut für mich war. Ich ließ mich von diesen Impulsen einfach treiben. Am dritten Tag hatte ich mich vollkommen verändert. Es war ganz leer in mir. Nachdem ich bereits zwei Tage nicht mehr geredet hatte, weil ich selbst jeden Gruß von Wanderern vermied, und mich lieber in den Büschen versteckte als meinen Mund aufzumachen und ‚guten Tag' zu wünschen, wollte ich diese Leere nicht mehr aufgeben. Es war so ein schöner Zustand! Das Geplapper in meinem Kopf (Monkey Mind) hatte endlich ganz aufgehört und ich konnte spüren, wer ich war, ohne dass da etwas in mir dachte oder emotionale Ladungen an mir zerrten.
Stattdessen fühlte ich mich ganz, genug, geliebt, mit allem verbunden und erfüllt. Und ich erkannte, dass dies mein natürlicher Zustand war und dass ich durch meine Beziehungen und meine Zivilisation permanent da rausgezogen wurde. Wie ein scheues Reh versteckte ich mich im Unterholz des Waldes in meinem Bemühen, ich selbst zu bleiben. Interessant war es dann auch, wieder in die normale Umgebung zurückzukehren.

Die Reaktionen der Erwachsenen kümmerten mich wenig, aber meine kleine Tochter gestand mir, wie viel Angst sie um mich gehabt hatte, als ein Gewitter aufgezogen war. Und so versprach ich ihr, dass ich einen solchen Ausflug erst mal nicht mehr wiederholen würde. Doch ich merkte mir die Erfahrung. Und ich blieb mir von da an bewusst, dass ich selbst gar nicht so fehlerhaft, mangelhaft, schuldig und sündig war, sondern im Gegenteil in meinem Kern ganz und gut. Das war meine erste Erfahrung von Einheitsbewusstsein. Ich fühlte mich mit allem eins, während mein Kopf leer war. Ich erlebte mich eingebettet in die Natur, und als ein Teil von ihr. Alles andere war Matrix, Zeugs beim Drachen oder in der Standleitung. Die künstliche Matrix ist auch nicht per se schlecht, denn natürlich hatte meine Tochter ein Anrecht auf meine Liebe und Verantwortlichkeit. Diesen Teil der Zivilisation, der Kultur und Gesellschaft, wo es um soziale Nähe und Gemeinschaftskuscheln geht, sollten wir in eine gute Zukunft hinüberretten und sogar noch weiter ausbauen.
Damals schon begann meine Reise, und es war lange vor der Seeleneinschmelzung und dem Start des eigentlichen Reifeprozesses. Damals folgten auf diese Erfahrung noch sieben Jahre Wohlfühl-Spiritualität, wie ich diese rosa Wolke der Gutmenschen auch gerne nenne. Für dich und in der momentanen Schwingungshöhe der Erde könnte diese Wohlfühlphase des positiven Denkens unter Ignorierung des Schattens auf nur sieben Wochen oder sogar sieben Tage schrumpfen. Das hängt einzig von deiner Schwingungshöhe ab, die dein Körper schon selbst halten kann, ohne die Aura anderer Mitschöpfer zu besuchen oder sich sonst irgendwie von außen zu stimulieren. Erst mit der Seeleneinschmelzung am Ende der sieben Jahre war ich auch für meine Seelenfamilie und für Sanat Kumara erreichbar. Doch mit dieser sehr kurzen Erfahrung im Wald (welche die radikalsten drei Tage waren, die ich je erlebte, und die ich zeitlich so ausgedehnt wie drei Wochen Urlaub empfand), brach ich das erste Mal aus der Matrix aus. Es war so, als hätte ich mich, als ein einzelner Stein hoch oben in den Alpen, vom Berg (künstliche Matrix) gelöst und rollte nun unaufhaltsam dem Meer entgegen. Mal blieb ich eine Weile liegen, dann ging es weiter. Und in den vielen Konflikten und Erfahrungen schliff sich meine Persönlichkeit immer weiter ab zu der, die

ich heute bin: Einfach nur noch ‚Staub vom Stern', ohne jegliche Bedeutung, und doch kommt es genau auf mich jetzt an. Das ist auch mein zweiter spiritueller Name, Stardust oder Eh-Yh-Ra (Staub vom Stern). Ich bin die Aufgestiegene Meisterin Bluestar-Stardust. Das ist groß genug, so dass ich nicht befürchten muss, mein Potential einzuengen. Oder doch? O.K., das kann ich noch besser und das ist, was wir alle sind: ICH BIN. Sind wir dann nicht alle Staub (so wenig Persönlichkeit und Schatten wie möglich) und gleichzeitig kraftvollste Mitschöpfer?
Zieh dich also mal aus allem raus und organisiere dich so umsichtig, dass du dein Leben anschließend wieder gut aufnehmen und weiterführen kannst und dich nach der Klausur Zuhause kein Chaos erwartet. Nimm dir mindestens drei Tage Zeit, denn solange brauchen alle fremden Energien längstens, bis sie sich selbst in dir gelöscht haben. Natürlich wäre ein längerer Zeitraum ideal: Erst nach drei Tagen bist du ganz du selbst, weil die Natur dann auch deine eigenen chaotischen Energien vollständig absorbiert hat. Erst dann beginnt die echte Erfahrung, um die es geht. Ich schlage dir ein bis zwei Wochen vor, nimm als Richtwert deine Urlaubserfahrung: Wie viel Tage brauchst du, bis das Urlaubsgefühl ganz bei dir angekommen ist und du lieber wieder nach Hause fahren würdest? Bei mir sind das zehn Tage, dann meldet sich meine Basisstation, der Akku vergisst sonst, wer ich vorher war. Nutze diesen Effekt und bleib noch länger als ‚Urlaub' und stabilisiere das neue Ich maximal.
Die Fragen für deine Meisterschaft lauten: Wer bin ich? Was bin ich? Und was ist meine Aufgabe? Sie möchte ich dir ans Herz legen und mit in deine Klausur geben. Find heraus, was dein Höchstes Selbst als Lebensaufgabe mitgebracht hat. Kitzele es aus ihm heraus mit einer täglichen Übung: Stelle dir diese drei Fragen in drei getrennten Übungen, also nicht miteinander. Ich schlage dir neun Durchgänge pro Frage jeweils morgens und abends vor, und dann schreib jeden Unsinn auf, der dir als Antwort durch den Kopf zieht. Denk daran: Du fischst noch im Trüben, du musst vielleicht ein paar Tage lang angeln, bis da die wirklich guten Ergebnisse kommen. Und mach nicht den Fehler, es bei den vorgekauten Worthülsen aus den Konzepten in deiner Standleitung zu

belassen, nein, von denen trennst du dich besser radikal. Deine Antworten sind original deine und typisch für dich, so typisch, wie sie nur sein können. Wenn meine echten durchkommen, muss ich mich oft kringeln vor Lachen.

Hast du deine Antworten gefunden und sie sind auch höchstschwingend, so frage weiter, denn mit Fragen bleibst du in Kommunikation mit deinem Unbewussten. Und lass dir die Antworten immer ‚zufallen'. Eine besonders wichtige Frage lautet: „Wenn ich alles haben könnte und Geld keine Rolle spielen würde, was würde ich gerne machen und wie würde ich mich dabei am liebsten fühlen?" Diese Frage hilft dir, nicht zu klein zu denken. Denn es ist deine Vorstellungskraft, die deinen Weg vor dir her erschafft, sie setzt die Grenzen links und rechts des Weges. Sie kann dir ein weites Feld eröffnen oder dir einen Tunnelblick aufzwingen. Eine andere Frage, „Was ist noch möglich?", erweitert deine Potentiale, indem sie deine Vorstellung davon erweitert, was real für dich möglich ist. Und frag gleich auch noch: „Wie kann das noch besser werden?" Damit sagst du deinem Unbewussten, dass dein Leben schon richtig gut ist, egal, ob du das real gerade annimmst, du bietest deinem Ich die Vorlage, die Spirale aufwärts zu laufen.

In der Klausur kannst du die Aufwärts- und Abwärtsbewegung in deinem Vortex ideal trainieren, und für deine Gefühle und deine Schwingungshöhe volle Verantwortung zu übernehmen. Denn nun wirst du einen Schwingungsabfall durch runterziehende Ideen und Gefühlen keinem anderen unter deinen Mitmenschen mehr anlasten können. Nun bist du selbst verantwortlich, ob du die Linse der Liebe oder der Angst wählst. Entscheide dabei: Bist du gerade in einem Prozess der Vollendung einer Erfahrung, die als Verdrängung auf dem Berg beim Drachen liegt (dann mache es wie gelernt), oder wurde dieser Stimmungsabfall durch einen deiner Lieblingsgedanken (ich kann das nicht), einem Konzept aus deiner Standleitung (ich bin Christ und das da verletzt mich gerade) oder durch einen eigenen Standpunkt (ich bin immer ehrlich) verursacht, der deine Potentiale mittlerweile nur noch erheblich begrenzt und deine Energie nach unten zieht?

Denn du bist ‚ICH BIN'; alles was du diesen beiden Worten folgen lässt, kann dich nur weniger und enger machen. Bei Konzepten, Meinungen und Standpunkten sage: „Interessanter Standpunkt, dass ich diesen Standpunkt habe." Damit rückst du ihn wenigstens ein kleines Stück weiter weg von deiner Identifizierung mit ihm. Beispiel: Du erwischst dich bei dem Gedanken: „Ich bezweifle, dass ich in dieser ollen Hütte nachts wirklich sicher bin!" Du erkennst, dass du dich dabei schlechter fühlst als vorher und sagst: „Interessanter Standpunkt..." Mit dem Löschungssatz (Right and Wrong...) fege nun auch noch die Energie-Reste gründlich weg. Fühlst du dich besser? Erinnere dich, Zweifel zeigen dir einen inneren Kampf zwischen deinem intuitiven Wissen und dem angelernten Zeugs der Matrix. Und die Matrix gewinnt schon, wenn du zweifelst, mehr braucht sie nicht, um dich wie der Wolf beim Rotkäppchen Blumen pflückend im Wald zu beschäftigen, damit er Zeit gewinnt, noch schnell deine Großmutter zu fressen.

Deine Schwingungshöhe hältst du dabei in einer Feedbackschleife, dein innerer Monitor muss sich angewöhnen, anzuzeigen, ob du gerade die Spirale in deiner Lichtsäule (Vortex) nach oben oder nach unten unterwegs bist. Du bleibst nie auf der Stelle, immer entweder rauf oder runter. Erkennst du eine Abwärtsbewegung, schlüpfe erst einmal ganz in jeden hintersten Winkel deines Körpers und ‚belebe' ihn. Scanne, ob ihm etwas fehlt. Du kannst ihm ein Medikament auch mal rein energetisch als Infusion verpassen, falls du es Zuhause vergessen hast. Wenn du gut bist, wird dein Körper das Placebo von dem echten chemischen Eingriff in deine körperliche Unversehrtheit nicht unterscheiden können. Und du bist doch gerade in der Natur unterwegs, sie gilt bekanntlich als die Apotheke Gottes. Du kannst auch deinem natürlichen Kraftplatz deine liebevolle Zuwendung geben und ihn bitten, dir im Austausch zu geben, was dein Körper gerade braucht. Vielleicht hast du dann den Impuls, an einem Blatt zu schnuppern oder auf einem Zweig zu kauen. Oder nur mit deinen Händen durch die Luft zu wedeln und dir die homöopathische Dosis direkt in deine Aura zu fächeln. Oft fehlt auch nur Wasser.

Ist dein Körper kraftvoll und deine Stimmung fährt dennoch nach unten, fang sie erst einmal auf mit „ganz so schlimm wird es nicht sein oder werden!". Nun hast du gebremst, jetzt suche dir eine Behauptung, die schon etwas besser klingt, aber noch im Rahmen bleibt. Aus „ich fühl mich elend" kannst du nicht sofort ein „mir geht es supergut" machen, fürs Erste jedenfalls nicht. Als Mitschöpfer machst du das. Vorerst aber näherst du dich einer höheren Schwingung mit kleinen Schritten wie „ganz so elend nicht, ich fühle mich eigentlich doch nur unwohl." „Im Grunde geht es mir schon besser, seit ich mir meiner Bewegung nach unten bewusst wurde, und die Schwingung geht nun wieder hoch. „Was könnte ich als nächstes denken, das meine Schwingung weiter erhöhen würde?" „Nun, ich versuch's mal mit: Was für ein wunderschöner Ort, dieser uralte, bemooste, kraftvolle Baum!" Und schwupp, wieder etwas höher. Hast sich deine Aufwärtsbewegung gefestigt, dann nimm den Fahrstuhl: „Mit meinem Fahrstuhl steige ich nun immer weiter nach oben", und du siehst, jetzt hält er im ersten Stock, die Zahl leuchtet auf. Du sagst: „Schwingungshöhe verdoppeln!" und schwupp, bist du im vierten Geschoss, die 4 leuchtet auf. „Nun verzehnfache ich meine Schwingung und Geschwindigkeit!" und die 40 leuchtet auf. Du wirst mutiger: „Ich verhundertfache meine Schwingungshöhe!" und schwupp, ohne Zeitverlust leuchtet de Stockwerkanzeige auf mit 4000. Nun wirst du mutig genug sein und die Aufwärtsbewegung hat sich auch glaubhaft stabilisiert, nun wage: „Ich fahre meine Schwingung hoch auf das Maximum, was ich zurzeit gerade noch in diesem Körper halten kann, meine höchst-mögliche Eigenschwingung!"

Willst du dagegen deine Linse ändern, weil du gerade erkannt hast, du bist mit Angst unterwegs, so stell dir einen Schalter vor, mit dem du zwischen Liebe und Angst hin und herschalten kannst, und übe das auch mal, einfach so. Betrachte dafür deinen Ort mal durch die eine Linse und mal durch die andere. Auch dieses Schalter-Werkzeug kannst du weiter ausdifferenzieren, in dem da ganz viele Gefühle rundherum stehen, und es handelt sich um einen einfachen Drehschalter. Auf der einen Seite stehen Angst, Hass, Ärger, Trostlosigkeit usw. und auf der andere Seite Inspiration, Freude, Hoffnung, Nähe, Dankbarkeit, Verbundenheit, Frieden usw. Nun übe wie ein guter Schauspieler, immer schneller zwischen deinen Gefühlen hin und her zu springen. Das hilft auch, wenn du dich später mal wieder mit einem Gefühl identifizierst: Schalte einfach um auf ein anderes, das dir besser gefällt. So sieht der verantwortliche Umgang mit den eigenen Gefühlen aus. Doch das funktioniert nur, wenn du schon in der Drachenhöhle aufgeräumt hast. Will dir so ein freier Umgang mit Gefühlen noch nicht gelingen, so liegt da noch was unter deinem schlafenden Drachen. Dann kümmere dich um dieses Mikado-Stäbchen.

Deine Ängste werden vielleicht oder sogar ganz bestimmt getriggert. Du bist erwachsen, du willst Mitschöpfer sein, also erschaffe dir schon drei Wochen lang vorher eine sichere ideale Umgebung (Gleise verlegen, Weiche bauen). Wenn dann trotzdem Ängste auftauchen, hat sie dein Drachen geschickt, weil er dir die Vollendung der zugehörigen Themen jetzt spielend zutraut. Schau sie dir genau an, wird gerade deine körperliche Existenz konkret bedroht, ist da ein Bär, ein Wolf oder ein Gewitter, dann hör auf deinen Impuls und bring dich sofort in Sicherheit. Aber lerne gleichzeitig auch, diese existentielle Angst von der Matrix-Angst zu unterscheiden, die dir künstlich von ihr übergestülpt wird, um dich zu kontrollieren und bei der Herde zu halten. Die Matrix braucht dich schwach, abhängig und bedürftig und die Angstmacherei ist dafür ideal geeignet, denn nur dann bist du beherrschbar. Hast du in einem solchen Retreat (Rückzug, Einsiedelei) erst einmal deine innere Freiheit erfahren, wirst du die künstliche Angst viel leichter identifizieren können und von der Echten mit sofortigem Handlungsbedarf zu unterscheiden wissen. Du wirst besser verstehen, woher sie plötzlich auftauchte und wer oder was dich damit ansteckte. Hast du nur Angst vor dem Unbekannten, oder deiner eigenen Courage oder davor, von Gott der Blasphemie beschuldigt zu werden? Hat sie einen realen Hintergrund, gibt es ein Konzept, das du über Bord werfen solltest? Mach dir deine Angst vertraut, leuchte sie aus und sie verschwindet.

In drei radikalen Tagen allein mit dir selbst (und außerhalb der gewohnten Komfortzone und Ablenkung) wirst du mehr über dich lernen und erfahren als sonst vielleicht in Monaten. Was ist deine Beziehung zur ganzen Schöpfung und was bedeuten dir deine menschlichen Beziehungen? Ziehen sie dich in die Matrix wie ein Agent Schmidt und lenken dich ab, so dass du deiner eigenen Spur nicht folgst? Oder inspirieren sie

dich, erweitern deinen Horizont, ergänzen dich im Tanz des Lebens? Und kannst du mit ihnen ganz du selbst sein? Du wirst nach dem Experiment auch wissen, dass du keine Angst davor haben musst, allein zu sein und dich von jemand zu trennen, der dir nicht guttut, und gleichzeitig wirst du deine schon guten Beziehungen mehr wertschätzen als je zuvor. Ein solcher Kurzurlaub drückt den Reset-Knopf an deinem Körper (deinem biologischen Endgerät der Prozesssteuerung) und auch dein Körper kehrt in den ursprünglichen Zustand jenseits von künstlicher Matrix zurück. Hast du diesen Zustand der leeren und mit allem-was-ist-verbundenen Mitte erst einmal gefunden und machst ihn dir zu einer z.B. jährlichen Gewohnheit, bringst du deine Festplatte in die Version zurück, bevor alle diese Viren und Programme auf ihn angesiedelt wurden. Er kehrt zu dem Zeitpunkt deiner leeren Mitte auch zu jedem späteren Zeitpunkt zurück, einfach, indem du es deinem Körper befiehlst und ihm ein wenig dabei hilfst, zum Beispiel durch drei tiefe, langsame Atemzüge. In den vorangegangenen Kapiteln habe ich dir das Handwerkszeug und das Minimum an Verständnis mitgegeben, damit du ein solches Experiment ab sofort gefahrlos und mit viel Spaß wagen kannst, ohne dass du fürchten musst, von deinen Ängsten und Themen überrollt zu werden.
Hast du körperliche Symptome, so achte auf die Themen und Konflikte, die gerade in dir präsent sind, meistens schon eine Zeit, bevor das körperliche Symptom sich zeigte, und verstehe es als eine Botschaft deines Unbewussten: Vollende die Erfahrung und lösche die Muster, und lass dir zusätzlich helfen. Dabei ziehst du dein ewiges Ich, dein Höchstes Selbst immer weiter in deinen Körper, und das fühlt sich wahnsinnig gut an. Frage dich immer wieder „Wer bin ich, was bin ich und was ist meine Aufgabe?“. Meine Antwort darauf fällt jedes Mal etwas anders aus, mal bin ich Teil eines unendlichen schöpferischen Quantenmeers, mal bin ich nur ein winziges Teilchen, eine Linse, ein Fokus dieser Quelle. Doch selbst dieses Konzept ist mir noch zu viel Konzept. Welches Konzept von Realität könnte eine Raupe schon für die Zeit entwickeln, wenn sie sich verpuppt oder später für die Existenz als Schmetterling?
Im Rückzug stimmst du dich ganz auf dich selbst ein, auf alle Ebenen deiner Existenz. Diesen Schritt musst du völlig allein tun, ohne andere

Menschen und ohne Hilfsmittel wie Musik, Bücher und anderes. Zusätzlich wirst du dir deiner eigenen Position in der Matrix bewusstwerden, und das ist hilfreich, um dich als Meister noch besser für das Wohl aller einsetzen zu können und deine Lebensaufgabe ideal zu erfüllen. Denn die findest du genau dort. Du lebst an der idealen Stelle in der Matrix, um dich und uns schrittweise zu befreien. Man könnte auch sagen, du gehst nun auf die Suche nach dem heiligen Gral.
Schon bei der Vorbereitung deines Rückzugs von der Welt (Klausur) erkennst du diese Agenten in deinen Beziehungen daran, dass sie alles tun, um dich davon abzuhalten oder dich zum Unterlassen oder Verschieben deiner Unternehmung zu bewegen. Diese Menschen haben Angst, ihre Nabelschnur mit dir zu verlieren. Du hast ihnen offenbar das Recht eingeräumt, über deine Energie zu verfügen. Echte, ergänzende, wertvolle Mitschöpfer-Beziehungen werden durch einen Rückzug nicht gefährdet, sie werden nach deiner Rückkehr nur noch intensiver und erfüllter erfahren. In der Klausur lernst du auch viel über deine Beziehungen. Aus der Distanz betrachtet kannst du dir sie viel besser anschauen und erkennen, welche Muster da ablaufen, und wie ihr euch gegenseitig unbewusst eure Energien abjagt und abjagen lässt. Beobachte alle an dich gerichteten Gedankenformen, wie sie in dir auftauchen und dich mit Impulsen bedrängen und von Verstärkern begleitet werden wie, ‚ich muss was tun‘, ‚das geht doch nicht‘, ‚was denken die von mir‘ usw. Das ist eine Kontrollmischung aus Matrix und den Sprüchen der Agenten Schmidt deiner Umgebung.
Natürlich darfst und sollst du in deinem Retreat auch über deine Beziehungen nachdenken, Ziehen sie dich zurück in die Matrix, machen sie dich dafür schwach und klein, müssen aber in deinem Leben bleiben? Weil du ihnen familiär oder kollegial verpflichtet bist? Dann lockerst du mit deinem Rückzug zumindest den Zugriff auf deine unbewussten, automatischen Muster der Energiespende und Energieumleitung. Diese Leitungen musst du kappen und durch eine bewusste, freiwillige Zuwendung ersetzen, wann immer die Situation es erfordert. Sie werden es nicht einmal merken, wenn du dich genauso oft bewusst um sie kümmerst, aber eben frei. Du aber wirst es an deinem Energielevel merken.

Andere Beziehungen nähren vielleicht sogar diese automatischen Muster und verstärken sie weiter. Werde dir ihrer bewusst und hebe die Beziehung durch Offenheit, Ehrlichkeit und bedingungslose Zugewandtheit auf die Ebene deines neuen, geläuterten Bewusstseins oder lass sie verblassen. Nur in den seltensten Fällen musst du eine Beziehung beenden, sie verschwinden auch so aus deinem Leben, sobald gleichzeitig die Muster in dir gelöscht und die energetische Trennung vollzogen ist.
Wenn die Erfahrung vollendet ist, erzeugt das ein Vakuum, das neue, besser passende Beziehungen anzieht. In niedriger Schwingung und sehr unbewusster Haltung werden sie dich angreifen mit Vorwürfen und dir Schuldgefühle vermitteln und die Idee, du habest etwas falsch gemacht und das kann man dir nicht durchgehen lassen. Interpretiere bitte ihr Verhalten als das, was es ist: Sie sind sauer, weil plötzlich ihre schönen Energieraub-Muster nicht mehr bei dir funktionieren. Sie laufen bei dir neuerdings ins Leere. Und natürlich wollen sie weiter mit deiner Energie versorgt werden. Reagieren sie heftig auf deine bewusste Veränderung, dann haben sie dir bisher viel Energie damit abziehen können, du hast ihnen einen Teil deines ‚Einkommens' automatisch abgetreten.
Leben sie bereits in einer höheren Schwingung auf dem Weg zum Mitschöpfer und damit sehr bewusst, verschwinden sie einfach aus deinem Leben, bleiben dir aber gut in dem Wissen, dass man sich nur gegenseitig geholfen hat, aufzuwachen und die Altlasten zu triggern und bewusst zu werden. Sie gehen nur, weil es einfach nichts mehr miteinander zu tun gibt. Diese Menschen (meist Spirituelle) wünschen dir alles Gute und lassen dann los. Egal, wie sich die Konflikte zwischen euch zeigen, sie sind immer ein Indiz dafür, dass du dich verändert hast und gerade den nächsten Schritt nimmst. Das Muster, das euch zusammengebracht hat, nicht mehr funktioniert bei dir. Lass sie gehen, jeder hat seinen eigenen Weg zu finden. Wann immer eine Beziehung wegfällt, einfach weil sie nicht mehr passt, um gemeinsam bewusst zu wachsen, entsteht in deinem Vortex eine Anziehung des besser passenden Menschen. Und deine Entzugs-Symptome lösche einfach mit dem Drachen-Baff, dem Löschungssatz. Ja natürlich, du wunderst dich, weil ich von Entzug spreche? Wenn du mit deinem unbewussten Energieklau gezwungen wirst,

aufzuhören, hast du nach der Trennung Entzugs-Symptome, denn es war eine Sucht, die Lebenskraft eines anderen abzuziehen.
Es kann sein, dass du nach der energetischen Trennung und dem Zurückschicken plötzlich von heftigen Liebesgefühlen zu einem Menschen ergriffen wirst und endlich erkennst, wie sehr du diese Person liebst, oder wertschätzt usw. Laufe jetzt nicht zu ihr hin oder ruf an, auch wenn die Impulse sehr stark werden, unterbrich dafür auf keinen Fall deinen Rückzug. Du bist mitten in der Verpuppung und musst geschützt bleiben. Es kann nämlich sein, dass du gerade nur deine eigene Liebesenergie verstärkt zurückbekommst, die ganze liebevolle Aufmerksamkeit, die nicht von diesem geliebten Menschen erwidert wurde. Aufflammende Liebesgefühle sind kein Beweis dafür, dass du ihn jetzt liebst! Es werden nur deine eigenen Liebesgefühle freigesetzt und kommen zu dir zurück. Die steckten bisher in eurer Verbindung (Leitung) fest und wurden offenbar vom Anderen nie empfangen und dann natürlich auch nicht erwidert. Annahme verweigert. Nach deiner Rückkehr ist immer noch Zeit, deine Liebe zu erklären oder dich zu entschuldigen oder irgendetwas in Ordnung zu bringen und die Beziehung auf eine neue Basis zu stellen. In der Trennung kommen erst einmal alle deine unerwiderten Wunschenergien zu dir zurück, wie du selbst geliebt werden wolltest. Alle Gefühle, die nicht angenommen und erwidert wurden, bleiben nämlich in der Verbindung stecken, also in dem Tunnel zwischen euren Höhlen. Deine Aufmerksamkeit, deine Liebe, deine Zuwendung, deine Fürsorge, die von dem anderen nicht angenommen, nicht verstanden, nicht wertgeschätzt wurden, die ihn nicht erreichen konnten, weil er sich vor ihrem Empfang geschützt und zugemacht hat oder durch ein Muster daran gehindert wurde. Was den anderen nicht erreichte, konnte natürlich auch nicht erwidert werden. Das kommt nun zu dir zurück, verantworte es.
Wenn im Rückzug und nach der energetischen Trennung in deiner leeren Mitte plötzlich überwältigende Gefühle auftauchen, die sich scheinbar auf eine andere Person beziehen, so bist du leicht zu einer Fehlinterpretation verführt, dass dir diese Beziehung eigentlich guttut, und du aktivierst sie vielleicht noch stärker. Nein, es kommt nur deine eigene Energie mit den geladenen Gefühlsqualitäten zu dir zurück. Einseitige

Beziehungen sind Höhlengänge zu Beziehungen, die vollkommen zugestopft wurden mit deinen Wünschen, Energie-Aufdrängungen (Energie senden und den anderen damit stören und abhängig von dir machen wollen) sowie wiederholten Kontakt-Anfragen (telepathisches Stalking). Nimm diese Gefühle stattdessen und richte sie auf dich selbst. Gib dir diese Liebe. So viel Liebe hattest du dem anderen geben wollen! Das ist, was du spürst. Es ist deine eigene Liebesfähigkeit, und wenn sie zurückkommt, hast du sie an jemand verschwendet, der sie nicht annehmen konnte. Lass es, gib diesem Menschen keine Aufmerksamkeit mehr, du musst den Tunnel zu seiner Höhle nicht weiter vollstopfen. Lass diese Gefühle einfach da sein und auslaufen, so wie Trauer und Schmerz.
Dieser Teil deiner Energie lag gebunden in dieser Verbindung und stand dir daher nicht zur Verfügung, um dich aktiv nach einer besseren Beziehung umzuschauen. Diese Energie fehlte dir aber auch für die Initialzündung deines Reifeprozesses und genau deshalb erntest du sie nun selbst. Deine Liebesfähigkeit kam zu dir zurück, gratuliere! So stark kannst du lieben! Aber du kannst einen Menschen nicht zu seinem Glück mit dir zwingen oder ihn dazu verführen, deine Liebe, dein Wohlwollen und deine Geschenke doch noch anzunehmen. Wenn du nach deiner Rückkehr immer noch so wunderbare Liebesgefühle empfindest, also nach der Vollendung der Beziehung in der alten Form, wirst du entweder herausfinden, der andere kann dich das erste Mal sehen und spüren, wie du wirklich bist, und deine Liebe annehmen, weil sie nun rein und ursprünglich zu ihm fließt, und er sich nicht vor deinen unbewussten Mustern schützen muss, und ihr stellt die Beziehung auf eine ganz neue Basis, oder du verlierst das Interesse und lässt den anderen seiner Wege ziehen. Die Kraft, die bisher in der Verbindung zu dieser Person feststeckte wie auf einem Sparkonto, die darfst du nun abheben und besser verwenden.
Du kannst in deinem Retreat sogar ganz systematisch vorgehen und dir in einer gesonderten Liste alle Beziehungen vorknöpfen, eine Liste aller Sexpartner, eine Liste aller Freundinnen, eine Liste aller Partnerschaften, und sie alle als Beziehung emotional entladen und vollenden, wie

ich das bereits für die Erfahrungen erklärt habe. Hier kommt allerdings noch hinzu, dass du dich energetisch komplett und bewusst von jedem trennst und alle Energien löschst. Bestehende und vergangene Beziehungen gleichermaßen. Die Vergangenen werden so ihre immer noch darin gebundene Energie an dich zurückgeben, die aktuellen werden gereinigt und geläutert. Ein Mensch, der zu deinem Leben gehört, wird ohne Muster und Energieziehen sogar in seiner Wertschätzung dir gegenüber gestärkt, und wenn er dich liebt, wird er dich nun noch mehr lieben können. Ungute karmische Abhängigkeiten dagegen werden geklärt, und du musst den Hintergrund aus vergangenen Leben nicht einmal dafür kennen.

Als weiteres Accessoire empfehle ich dir für den Rückzug einen größeren Handspiegel mitzunehmen. Und den holst du raus, wann immer du merkst, jetzt willst du ausweichen, jetzt fehlt dir das Buch, das Strickzeug oder der Latte Macciato. Oder wenn du die ganze Idee einfach nur idiotisch findest und dich so unsagbar einsam fühlst. Dann stell den Spiegel so auf den Tisch, dass du dich als Büste darin spiegelst, also zumindest Kopf und Hals. Und schau dich an, weiter, intensiv, weiter. Nicht denken, halte dich aus im Blickkontakt! Wenn da noch Persönlichkeitsreste an dir kleben, die schmelzen auf diese Weise dahin wie nix, ebenso wie die letzten Schattenreste, die mit deiner Persönlichkeit und deiner Selbstdefinition noch zusammenhängen! Und wisse, es ist ein gutes Zeichen, wenn du emotional reagierst, jede körperliche und emotionale Reaktion ist mehr als willkommen und sagt dir, dass du Fortschritte machst. Du musst dich in allen Zuständen aushalten lernen, also kann es sein, dass du durch alle Zustände hindurchgehen wirst. Kennst du das Grimm'sche Märchen ‚Von Einem, der auszog, das Fürchten zu lernen'? Genauso! Als letztes kehre die energetischen Reste auf mit dem Löschungssatz oder mit einem anderen Besen. Du bist durch, wenn du gähnen musst und deine Stimmung einen Sprung nach oben macht.

Mit der Spiegel-Konfrontation habe ich mich dem Schmerz gestellt, als eine ‚große Liebe' mit mir Schluss gemacht hatte. Mein Liebeskummer war unendlich und unerträglich. Dann zog ich mich drei Tage zurück, schaute mich im Spiegel an, ging spazieren und schrieb. Und heulte, war wütend, war traurig, war eifersüchtig, einfach alles. Und ich kann mächtig in solche Gefühle gehen, da wackeln schon mal die Wände! Nach drei Tagen war die Luft raus und in mir schien wieder die Sonne. Nach nur drei Tagen! Zu meiner eigenen größten Verwunderung stand ich diesem Mann nun völlig neutral gegenüber, er war nur noch eine verblassende Erinnerung und in meinem Leben nicht mehr relevant. Die Ereignisse selbst hatte ich hübsch geordnet als Fakten in die passenden Regale abgelegt, wo ich sie nun für dich gerade herausgezogen habe, so als exemplarisches Beispiel, jedoch ohne Ladung. Ich wusste nicht einmal mehr, was ich an ihm so liebenswert und so besonders großartig gefunden hatte, was es nicht bei einem anderen Mann auch und besser gäbe. Ich fragte mich damals: Wie real ist so eine große Liebe, wenn sie in drei Tagen vollständig verdampfen kann? Und was war ich für ein Esel, dass ich das nicht schon bei der ersten großen Liebe so gehandhabt hatte: Zehn Jahre habe ich diesem Mann nachgetrauert und ihn für unersetzlich gehalten! Wie kann man nur so dumm sein! Zehn Jahre meines Lebens bin ich einem Irrtum aufgesessen! Das hat mich damals sehr nachdenklich gemacht. Dass ein so weltbewegendes und schicksalhaft starkes Gefühl – ich hätte ihn am liebsten sogar geheiratet! – mit drei Tagen Schattenarbeit so leicht verfliegen kann wie ein schlechter Geruch im Bad! Echt. Wer denkt denn sowas! Und mit dem, was ich jetzt neu in meiner Werkzeugkiste habe, dem Super-Baff (dem Access Löschungssatz), dürfte sich das noch weiter beschleunigen lassen!

Mach also mal Urlaub von deiner Matrixumgebung: Denn jeder steckt noch irgendwo in der künstlichen Matrix fest, und gleichzeitig leben wir schon allein durch unsere Körper verbunden mit der natürlichen Matrix der Erde. Sobald sich dein Reifeprozess entfaltet, klinkst du dich auch zusätzlich in das neue natürliche Matrixgitter der fünftdimensionalen Erde ein, einfach mit deiner Absicht, du lebst also in mindestens drei verschiedenen Realitätssystemen parallel, manche Menschen jonglieren noch mit einigen mehr Dimensionen darüber. Solange du dir nicht bewusst bist, in welcher Realität du dich gerade bewegst (eingeklinkt hast durch deine Ich-Identifizierung) kann dich das ganz schön verwirren. Diese Verwirrung verursachst du selbst. Und die Menschen in deiner

Umgebung müssen dich auch für verrückt halten, du bist eine Zumutung für sie, du turnst zwischen den Welten herum und mutest ihnen deine Narrenfreiheit zu, ihre künstliche Matrix nicht mehr besonders ernst zu nehmen. Sie haben dann Angst, ihre Komfortzone zu verlieren, und das ist ihnen meist wichtiger als ganz sie selbst zu werden.

Obwohl also viele von uns, vor allem die erste Garde und bestimmte Sternensaaten, auch in viel höheren Ebenen angebunden sind und auch dort parallel herumturnen, konzentriert sich unsere gemeinsame Aktion der Befreiung, den ich den ‚Himmel auf Erden' nenne, als nächster evolutionärer Entwicklungsschritt der Menschheit auf die natürliche fünftdimensionale Matrix. Das ist die Realitätsumgebung, das Spielfeld für den Homo Creativus Pax, der dieses Spielfeld dann natürlich mit einer weiteren künstlichen Matrix kombinieren wird, die wir uns langsam selbst bewusst neu erarbeiten. Wir werden nicht auf Technik verzichten, wir werden aber anders damit umgehen. Und vor allem basisdemokratisch entscheiden, wie es damit weitergeht, und nicht unbekannten Herrschaften das Steuer unserer Entfaltung überlassen. 5D heißt das neue Spielfeld, indem sich der Homo Creativus Pax entwickeln wird. Zutritt hat jedes Service-to-Others-Bewusstsein (dem Wohle aller dienen). Die Standleitung nach oben zu deinem eigenen Höchsten Selbst kletterst du am schnellsten, wenn du sie dabei gleichzeitig ganz von all diesen Traditionen freiräumst.

Wer noch lügt, täuscht, verheimlicht, manipuliert, dominiert, Vetternwirtschaft betreibt, sich bestechen lässt, seinen Machthunger ausleben oder mit einer der anderen Todsünden der Persönlichkeit (nach Konrad Lorenz) unterwegs ist, der wird es immer schwerer finden, seinen Körper aufrecht zu halten, weil die natürliche neue 5D-Matrix der Erde ihn nicht unterstützt. Er braucht zunehmend Ersatzteile und körperlich-genetisch-chemische Eingriffe aller Art, die das künstliche Koma des Drachen vorbereiten, bis er ganz in der technischen Umgebung aufgeht und als individuelles Bewusstsein verschwindet. Du musst auch nicht auf genetische Beweise für diese Veränderung zum Homo Creativus Pax warten, es bedarf vielleicht mehrerer Generationen, bis sich die Bewusstseinsveränderung auch genetisch-materiell niederschlägt. Lerne mehr über

Epigenetik und Neuroplastizität, z.B. bei Joe Dispenza, dann weißt du, was ich meine.
Nimm dich mal ganz raus und nutze das natürliche Feld der Erde, um dich aus der künstlichen Matrix auszustöpseln und dich dann – ausgehend vom natürlichen 3D deiner Umgebung – nach mindestens drei Tagen bewusst in das natürliche 5D einzustöpseln. Du entscheidest dich einfach: „Ich wähle als meine Realitätsgrundlage ab sofort das natürliche fünftdimensionale Gitter der Erde und mache von dort aus zukünftig meine Ausflüge in die anderen Bereiche." 5D wird nun zu deiner Basis und selbst deine benutzte Technik wirst du zukünftig auf dieser Basis wählen und anwenden. Das machst du bewusst in diesem Retreat allein durch deine Absicht. Die Erde hilft dir dabei, ideal und sicher hinüberzuwechseln. Und darum geht es: Wir wechseln auf die fünftdimensionale natürliche Erde. Und dann fahr immer wieder deine Schwingung nach oben. Wann immer es dir einfällt, sage: „Herz öffnen, Schwingung erhöhen!" und fühle, wie es passiert. Lass es zu deinem Mantra werden.
Vielleicht kommst du aus der Klausur zurück und weißt, du wirst endlich in die Gegend ziehen, die dir am besten gefällt. Du musst dir doch nur vorstellen, die Reisefreiheit würde dauerhaft eingeschränkt, deine eigene oder die von fast allen Menschen. Das kann durch Pandemien genauso passieren, wie durch eine Kostenexplosion oder dass du ohne Impfung nicht mehr fliegen darfst: Wo und wie willst du dann leben und wo bleiben? Finde heraus, was dir wichtig ist, stelle aber weder die Weichen noch verlege die Gleise, warte mit allen Handlungen bis nach deiner Meisterprüfung. Du bereitest dich nur vor. Verschiebe deine aktive Suche nach Projekten, in die du dich positiv einbringen kannst, für die Zeit nach deiner Meisterprüfung. Aber wisse schon von ihnen, sammele alles, was dich interessiert, so wie eine Raupe sich vollstopft und immer dicker und fetter wird. Lege schon die Grundsteine für dein ideales neues Leben.
Mit der Klausur gehst du in die Verpuppung: Die Raupe hat gefressen (Informationen gesammelt), was sie nur konnte, nun wird im Rückzug verdaut. Der Schmetterling wird später vermutlich ganz andere Ideen entwickeln und frei fliegen. Also bitte noch keine konkreten Pläne, die

Transformation zum Mitschöpfer könnte sie alle noch einmal über den Haufen werfen. Du hast die Raupe nur damit angefüttert für deine beste Transformation. Es gibt weltweit bereits einen großen Erfahrungsschatz, wie wir den Himmel auf Erden erschaffen können, du musst das Rad nicht neu erfinden. Du hast im Mainstream nur noch zu wenig davon gehört. Schau dir die Thrive-Filme und ähnliche an. Lass dich inspirieren, und nimm diese Inspiration sehr wohl mit in die Klausur. Lasse sie dort in dir zur Verdauung durchlaufen und sich vollenden, so werden deine Visionen konkreter und an die aktuelle Zeitlinie gebunden. Spirituelle Gemeinschaften wie Findhorn (Schottland) und Auroville (Indien) oder Steyerberg und ZEGG in Deutschland waren zum Beispiel experimentelle Vorreiter darin, wie wir Gesellschaft gestalten sollten.

Wenn du deinem eigenen Reifeprozess folgst, wirst du immer mehr zu dem oder zu der, die du immer schon warst und immer sein wirst jenseits dieser 3D Realität. Unsere künstliche 3D-Matrix zusammen mit der natürlichen 3D-Matrix wird im Osten zu Recht Maya oder Illusion genannt. Da gibt es am Ende auch nichts mehr zu tun, zu heilen, zu lesen, zu verstehen. Einfach nur sein. Und dein Vortex spült dir alles ins Leben, was beim Drachen gerade aufgeräumt werden kann, und zeigt dir deutlich nach und nach die Konzepte, die deine Standleitung noch verstopfen und deine Lebenskraft umleiten, und damit auch die Beziehungen, die dir deine Kraft rauben. Du musst deine Kraft ganz für dich beanspruchen, um endlich in die Gänge zu kommen und um immer noch mehr du selbst zu sein.

Als Meister/Mitschöpfer wirst du den Themen, die dir die Matrix auf dem Silbertablett präsentiert, deine Aufmerksamkeit entziehen und stattdessen dein eigenes Ding aus deiner Mitte heraus machen. Du wirst die Menschen unmittelbar neben dir überzeugen oder dir eine neue Umgebung suchen mit Menschen, die besser zu dir passen und schon so leben, wie du es dir in deinen kühnsten Träumen gerade noch vorstellen kannst. Schließlich kehrst du zurück an deinen Platz in der Matrix und beginnst dort eine fünftdimensionale Blase innerhalb der dreidimensionalen Matrix zu erzeugen, und genießt das Gemeinschaftskuscheln auch mit den anderen, die noch in 3D leben. Doch von nun an ist die künstliche

Matrix an der Stelle, wo du lebst, leichter und durchsichtiger. Du kannst viel schneller jede Lüge erkennen und jedes vorgeschobene Argument mit einem ganz anderen Ziel dahinter. Umgekehrt können Besucher in deiner 5D-Blase, die du mittlerweile mühelos und ohne Hilfskonstruktionen aufrechthältst, schon einen Vorgeschmack vom Homo Creativus Pax bekommen, und die Freiheit, die Liebe, den Spaß und den Frieden genießen, welche sie selbst im Keim auch in sich tragen und jederzeit entfalten könnten. Wenn die alte künstliche Matrix ein Schweizer Käse wäre, so sind unsere 5D-Blasen dann die Löcher im Käse und sie werden mit der Zeit immer größer und immer mehr. Irgendwann entstehen gewaltige Hohlräume ohne die alte Matrix und dieses künstliche Gebilde unserer Unterwerfung verschwindet ganz. Packen wir es an. Ach ja, noch Eins, eh ich's vergesse: Geht es dann endlich los mit der Klausur, so lässt du dieses Buch bitte Zuhause. Und auch alle anderen Spickzettel.

Weiterführendes Werkzeug: Die Komponenten für eine gelungene Klausur sind: drei Fragen, drei Tage ohne Kontakt, keine Ablenkung, viel Natur, Fasten, sichere Umgebung, Spiegel, Schreiben, Langeweile, und dich selbst dabei beobachten, immer mehr du selbst zu werden.

Zehn: Die Prüfung zum Drachenmeister

Die vollständige Manifestation: Jetzt wecke deinen Drachen!

Und aus dem Kokon schlüpft ...!?!

In diesem Kapitel geht es um die Formulierung deiner Anmeldung zur Meisterprüfung, in der du alles anwenden wirst, was du gelernt und trainiert hast. Dann meldest du dich zur Meisterprüfung an und weckst deinen Drachen. Außerdem habe ich dir noch alle Werkzeuge aus dem Buch zusammengefasst und hübsch in eine Kiste gepackt.

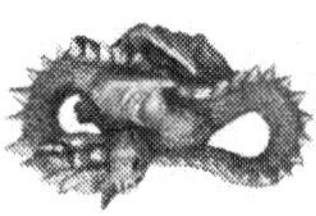

10a. Die Checkliste – bist du bereit?

Wir gehen noch einmal den Prozess durch: spirituelle Vorphase, Seeleneinschmelzung, Standleitung hochklettern, Einschmelzung des Höchstens Selbst, Meisterschaft. Und wir überprüfen mit in einer Checkliste, ob du bereit bist: Schwingung halten, Grundgefühl, Gefahr des Durchknallens, Stimmigkeit, Drachensprache, befreite Drachenkraft, Eigentumsrechte, Souveränität, Kündigung überholter Verträge, Eigenverantwortung, Fokus, Gedanken und Gefühle kontrollieren und die drei Schritte nach Maguenta Pixie und Lara Eisenhouer (‚u‘ weg und ‚u‘ rein, und ‚w‘ statt ‚u‘).

Danke, dass du mir bis hierher gefolgt bist. Die Frage ist nun, bist du bereit? Bist du bereit, die alles verändernde Absicht zu äußern, die deine Reifeprozess vollendet? Es muss dir klar sein, dass du nicht mehr in den alten Raupenzustand zurückkehren kannst. Und die Verpuppung kannst du auch nicht ewig aufrechthalten, ohne deinen Körper zu zerstören. Die Entscheidung, dich zur Meisterprüfung anzumelden, entspricht der Wahl zwischen der roten und der blauen Pille in der Matrix. Es gibt keine Rückkehr. Es sei denn du ergibst dich ganz den Maschinen und den parasitären Kräften dahinter. Dafür müsstest du alles wieder vergessen, was ich dir hier erklärt habe. Anhand dieser Checkliste kannst du nun überprüfen, ob du bereit bist für deine Meisterprüfung: Daran erkennst du deine Bereitschaft:

Die spirituelle Vorphase ist abgeschlossen oder kann übersprungen werden

Du hast deine spirituelle Suche abgeschlossen und hast mindestens einmal intensiv dem Wohle aller gedient (in diesem Falle dem Aufwachen der Menschheit in Form völlig fremder Personen). Dadurch hast du deinen Wechsel von der 'Service-to-Self'-Seite der Menschheit zur 'Service-to-Others'-Seite unter Beweis gestellt. Oder du bist bereits mit Seeleneinschmelzung geboren, dann hast du das mittlerweile im Buch auch bereits erkannt. Es geht dabei nicht um den Einsatz für Familie, Freunde oder die eigenen Netzwerke. Oder um militärische ‚Friedens'-Einsätze gegen andere Teile der Menschheit. Es muss dir um das Wohl der gesamten Menschheit und des Planeten gehen, um bedingungslos alle und zu unser aller Wohl, nur dass du es eben online oder lokal in deiner Umgebung ausdrückst.

Dieses Buch will jedem die Hand reichen, der auf die Seite ‚Service-to-Others‘ gewechselt ist, selbst wenn er schon fast sein ganzes Leben als Karrierist und bewusst täuschender Handlanger der Parasiten unterwegs war. Solange du nur an dich selbst denkst und an deine persönlichen Vorteile für dich und deine Angehörigen, ist dir dieser Prozess nicht zugänglich, denn er hat etwas mit Seelenreife zu tun, dem Umkehrpunkt zurück zur Quelle, die Umorientierung genannt ‚religio', jedoch nicht das Praktizieren in einer satanisch überschatteten Religion. Selbst der schlimmste Diktator kann eine plötzliche Umkehr durch sein eigenes Höchstes Selbst erfahren, so wurde in der Bibel plötzlich aus einem Saulus ein Paulus. Alle Menschen sind gerufen, sich dem Prozess zu stellen, aber nicht alle werden antworten.

Die Seeleneinschmelzung hat stattgefunden

Seitdem deine Seele als Ich in deinen Körper gepurzelt ist, kannst du keine Entscheidungen mehr treffen, die andere Menschen oder Tiere leiden lassen, die täuschen, schaden oder manipulieren. Dein Ich ist mit dem Seelen-Ich identisch. Dein Gewissen ist vollständig aktiviert und du entscheidest mit dem Gefühl 'es stimmt', wie es in deinem Leben weitergeht und welchen Menschen du vertraust. Das bedeutet, du erschaffst Absichten und folgst den Impulsen, die sich daraus ergeben. Oder du hast den automatischen Einfluss eigener Absichten noch nicht erkannt und glaubst, dass die Quelle selbst alles macht, ganz ohne deine Beteiligung, dann lebst du mit Gebeten in göttlicher Führung. Du bist bereit, dich von deinem eigenen Höchsten Selbst führen zu lassen, und musst jetzt unterscheiden lernen, wann du stattdessen noch aus der göttlichen Arterienverkalkung der falschen Konzepte in deiner Standleitung oder von Alien oder Geistern geführt wirst. Du hast bereits geübt, dies über die Schwingungshöhe und die Energie zu unterscheiden. Denn jeder Mensch trägt auch eine energetische Visitenkarte mit sich, die du über das Foto/Video und die Stimme (!) stimmig erfahren kannst. Du weißt auch bereits, wer du auf anderen Ebenen bist und kennst zumindest ansatzweise deine kosmische Geschichte.

Du könntest der folgenden Formulierung oder einer ähnlichen zustimmen:

Ich anerkenne, dass es da eine Macht in mir gibt, die auf ganz hohen Ebenen meine Entscheidungen, Absichten und Erfahrungen zum Wohle aller harmonisiert. Es ist die gleiche Macht, die mich mit Lebenskraft versorgt und mir einen Schutzengel zur Seite gestellt hat, solange ich dieser Schutzengel noch nicht selbst war. Ich gebe die Besserwisserei meines Persönlichkeits-Ichs auf und suche nach einer inneren Führung, die mir aus dem Unbewussten zufällt, welches ich bereit bin, näher kennenzulernen, zu verstehen und zu durchreisen. Ich trage alles in mir. Mein eigenes Höchstes Selbst ist die Instanz, mit der zusammen ich ab sofort erschaffen will. Ich entscheide mich dafür, dass alle meine Absichten, Worte und Handlungen zum Wohle aller sein sollen, aber auch zum meinem Besten – für eine freie, aufblühende Menschheit.

Du kennst den ungefähren Verlauf vom Reifeprozess

Während ein Mensch in der spirituellen Vorphase noch übt, nur die ganz großen Lebensentscheidungen mit der Quelle abzustimmen und auch oft vergisst, aus der Mitte und aus der Linse der Liebe zu erschaffen und es in der Zwischenphase von Einschmelzung der Seele bis zur Einschmelzung des Höchsten Selbst darum geht, alle Erfahrungen aus Schatten und anderen Leben und Existenzen zu vollenden und das Ego auf ein vernünftiges Maß zu reduzieren, und gleichzeitig die höchsten Talente und Potentiale umgekehrt in den Körper zu holen, ist es das Übungsfeld des modernen Aufgestiegenen Meisters bei Erleuchtungswetter, seinen Platz wieder in der alten künstlichen Matrix einzunehmen und von dort aus das erdrückende Gewebe immer besser außer Kraft zu setzen. Dabei ist er nicht mehr von dieser (3D) Welt, er lebt nur noch – scheinbar – in ihr (natürliches 5D und höher). Was von außen noch aussieht wie die Opferung persönlicher Interessen und der Verzicht auf persönliches Wohlbefinden zugunsten einer Lebensaufgabe, eines Plans, eines Themas oder Einsatzes, ist bereits sein Puzzleteilchen am Ganzen, das er nun erfüllt, möglichst ohne die Muster anderer zu bedienen. Er nutzt sie stattdessen, um das Aufwachen, Durchlaufen und Vollenden des Reifeprozesses zu fördern.

Du hast deine Übergangsphase während und nach der Prüfung gut organisiert

Es stehen dir noch Urlaubstage zu, die du relativ kurzfristig abrufen darfst, um dich nach der Prüfungsanmeldung zurückzuziehen, so dass du dich im Falle körperlicher Symptome durch den Download pflegen kannst, du erwartest schließlich den Abstieg deines Höchsten Selbst in deinen Körper. Du bleibst in deiner terminlichen Organisation lügenfrei integer, denn eine Lüge würde dich sofort wieder aus dem Prozess katapultieren. Vermeide Menschenansammlungen oder schau den Menschen zumindest weniger in die Augen, bis dein Körper die Schwingungserhöhung integriert hat. Er wird dadurch dauerhaft verändert. Wenn du mit dem Download beschäftig bist, solltest du dir auch keinen Virus einfangen, weder einen biologischen noch einen emotionalen Angst-Virus. Und denke auch daran, alle Verbindungen wieder für einige Zeit zu pausieren, die Sicherungen könnten sonst durchknallen!

Nobody is perfect

Du musst dich nicht perfekt vorbereiten, nur so, dass du merkst, du schaffst das, du hältst das jetzt aus, selbst wenn sich deine Standpunkte und Absichten sofort umsetzen könnten. Dann denk halt einfach nicht ‚ich sterbe gleich', das wäre fatal, beziehungsweise schon letal. Verantworte deine Gedanken, deine Gefühle, deinen Fokus, deine Absichten, deine Schwingungshöhe, deine Herzöffnung und dein Handeln aus der Mitte heraus, während du den Impulsen deines eigenen Höchsten Selbst folgst, das du nun selbst bist – als dein Ich.

Du musst dafür noch nicht den ganzen Haufen beim Drachen vollendet haben, nur so viel, dass die Verdrängungen nicht dazwischenfunken, es müssen auch noch nicht alle Konzepte aus der Standleitung entfernt sein. Und es müssen auch noch nicht alle Seitengänge zu anderen Menschen geläutert und geklärt sein. Dein Höchstes Selbst wird von dir nie mehr fordern, als du er-tragen kannst. Dein Drache dosiert weiter deine Erfahrungen. Aber zumindest die schwierigsten Probleme solltest du entladen haben. Wenn sich dann drastische Erfahrungen zeigen, wirst du zumindest besser damit umgehen können.

Als ich mich selbst zu diesem Schritt entschied, war ich eine erfolgreiche Sonderschullehrerin an einer Brennpunktschule, außerdem Schul-Mediatorin, im Personalrat und bildete eine Referendarin aus. Außerdem tourte ich mit meinem ‚Trau-dich-Training', einem Puppenspiel zur Gewaltprävention, durch die fünften und sechsten Klassen meiner Schule. Ich hatte den Zenit meiner Karriere erreicht, und ich dachte in diesen Raunächten an den Spruch eines Freundes: „Wenn es am schönsten ist, kann man gehen." Ich wusste, ich bin ganz sicher und alles läuft ideal. Die Absichten der letzten Jahre wirkten weiter, die Gleise waren verlegt.

Ich wusste, dass eine Veränderung anstand, und ich war bereit, mit den Konsequenzen zu leben. Damals wusste ich noch nicht, was ich jetzt weiß und dir hoffentlich vermitteln konnte. Ich habe das erst in den folgenden Jahren erfahren und in der Praxis mühsam durch Versuch und Irrtum gelernt. Ich wusste aber sehr wohl, dass ich in mir schon ziemlich gut aufgeräumt hatte.

Gefährde deinen Körper nicht durch Beziehungen

Mich selbst haben in dieser Phase meine niedriger schwingenden und weniger bewussten Beziehungen mehr gefährdet als alles andere, selbst als ich in der Berufsunfähigkeit nur noch zu bewusst spirituellen Menschen Kontakt hatte. Um andere zu warnen und aufzuklären, beschreibe ich in meiner Buchtrilogie, wie ich langsam entdeckte, was dabei energetisch passierte. Ich wusste das nicht und kam deshalb mehrere Male in eine sehr gefährliche Situation: Ich hätte sterben oder in der Psychiatrie für immer verschwinden können. Doch dann bin ich alle Verbindungen durchgegangen, habe mich noch mehr zurückgezogen und energetisch getrennt und konnte so dieses Schicksal gerade noch abwenden. In der ersten Zeit des Downloads deines Höchsten Selbst reagiert dein Körper oft besonders heftig auf technische Geräte und deren Strahlung, es ist dann einfach alles ganz schnell zu viel. Das sieht nach außen wie ein Burn-Out aus, wie eine Autoimmun-Erkrankung oder Psychosomatik. Mach dich auch darauf gefasst, dass Geräte kaputtgehen, muss es aber nicht, du bist nun in der Lage, dir die Harmonisierung mit deiner Technik bewusst zu erschaffen.

Du kannst das Grundgefühl ‚Es ist alles O.K. – alles läuft ideal' dauerhaft aufrecht halten

Auf deiner körperlichen Baustelle wird nur der Stromkreis neu verlegt mit Leitungen, die eine größere Stromstärke aushalten, das passiert in kleinen Schritten, immer wieder. Von 20 Volt bis zu Starkstrom wie bei E-Herden und darüber. Denk dir statt Krankheit, es ist ein ‚Lichtkater' (ein Prozess-Muskelkater) und statt Burn-Out, dass sich ein lebendiges Feuer der Quelle durch deine Standleitung fräst und durch deine Nerven, und dass alle Leitungen nun stärker isoliert werden. Schließlich muss deine Elektrik immer wieder geerdet werden, also raus in die Natur! Noch ist da Baustelle in deinem Körper, da gelten besondere Sicherungsvorkehrungen. Diese Empfindlichkeit, diese Hypersensibilität, sie verschwindet auch wieder, es sei denn, du definierst dich damit, dass du sie bist, dann bleibst du es auch, weil du es dir weiter erschaffst.

Plane es genau.

Mache es wie Moses in der Bibel, der auf einen Berg stieg, um diese Eigentums- und Machtlosigkeits-Affirmationen für seine Follower auf zwei Tafeln zu empfangen. Lass das Volk ohne dich unten im Tal weiter machen. Und sei beim Download auf einen brennenden Dornbusch gefasst, warum denn nicht? Moses hat sein Bestes gegeben, davon bin ich überzeugt, sonst hätte er seine Mitmenschen nicht überzeugen können, nur diesem einen Jahwe-Gott zu folgen. Geschichtlich gesehen war die Menschheit damals noch nicht bereit. Und Moses selbst kam auch noch nicht höher in der Eigenschwingung oder war sowieso eine direkte Verkörperung dieser uns versklavenden Rasse. Es spielt keine Rolle. Jetzt ist jetzt und du verbindest dich bitte nur mit deinem eigenen Zugang zur Quelle und holst die Quelle direkt in deine Verkörperung. Keine Verehrung, keine Regeln, du bist dann selbst Meister, also mach.

Du musst gut vorbereitet sein, um den Drachen heraus- und deine Meisterschaft einzufordern.

Alle Einweihungsschulen der Welt haben dies getan – mit verschiedenen Methoden und Mitteln, aber es ging immer darum, dich gut vorzubereiten und bis dahin zu führen. Danach musstest du allein weitermachen, das war die Prüfung (ich selbst konnte ein Jahr lang nicht mehr channeln, nur Hilarion gab noch einmal Antwort. Ich hörte in meinem Kopf: „Hier ist Hilarion, leider nur auf Band. Ich bin unterwegs mit anderen Aufgaben, du bist jetzt selbst Meister, also mach!“). Vielleicht musste man sogar früher tatsächlich mit dem Drachen kämpfen, der war dann nicht so gutmütig wie die heutigen. Und wenn der Drache den Weg freigab, musste der Prüfling durch dieses Tor hindurchgehen zu Quelle, und auch das musste jeder allein erfahren.

Das Training beinhaltete eine langsame und stetige Klärung des Schattens, eine Reinigung aller Körper (nicht nur den physischen, sondern auch des Emotionalkörpers, Mentalkörpers und Astralkörpers), eine

entsprechende Diät und ein körperliches Training. Dann gab es noch Unterweisungen, Einweihungen und Schwingungserhöhungen, um den Prüfling auf seine göttliche Gegenwart vorzubereiten, so dass der Adept, wie man den auch nannte, genau wusste, was er tat und was er zu tun hatte. Er konnte am Ende des Trainings seine Gedanken und Gefühle kontrollieren und die leere Stille in sich erzeugen, hatte sich meist dauerhaft von seinen Verwandten und Lieben Zuhause verabschiedet und lebte irgendwo in einem fernen Land zurückgezogen unter Seinesgleichen mit seinem Meister. Und das Massenbewusstsein schwappte nur selten zu ihnen rüber. Wer also früher seinen Drachen wecken wollte, musste ganz aussteigen und alles stehen und liegen lassen.
Das hat sich geändert. Die Vorarbeit ist getan, die natürliche 5D Matrix steht bereit, es muss jetzt kein gefährlicher Dschungel mehr durchquert werden, heute ist es mehr eine geführte Reise für Pauschaltouristen, eine Safari mit einem entsprechenden Sicherheitsfaktor. Oder zumindest will ich es mit diesem Buch für dich dazu machen. Es ist leicht und macht Spaß. Wer diesen Schritt jetzt nicht tut, ist einfach selbst schuld, wie man so schön sagt. Dem ist nicht zu helfen. Der wird auch alle anderen Chancen in seinem Leben verpassen.

Es wird sowieso geschehen

Es kann auch sein, dass es dir ganz von selbst geschieht, spontan. Oder dass es bereits passiert ist und du konntest dir deine körperlichen Zustände nur bisher nicht erklären. Mit der Schwingungserhöhung der Erde triggert unser Planet deinen Prozess sowieso. Dein Körper geht mit. Das ist es, was den Prozess nun so leicht für dich macht. Aber diese Schwingungserhöhung der Erde wird dich auch zwingen, den Drachen zu wecken, wenn du es nicht freiwillig tust. Wie hoch deine eigene Schwingung ist im Vergleich zur Eigenschwingung der Erde entscheidet auch, ob du beim alten Realitäts-Team bleibst oder beim neuen mitspielst.
Auf die alte Art weiterzuleben könnte in den nächsten Jahren sehr ungemütlich werden. Wir erwarten geologische und klimatische Veränderungen. Du kannst sie schon vermehrt beobachten. Und es sieht auch nicht danach aus, als ob die Mächtigen der Welt freiwillig abtreten würden. Auf der persönlichen Ebene gibt es vermehrt schwere Krankheiten und

Konflikte unter den Menschen. Viele der körperlichen und psychischen Probleme sind heute ebenfalls darauf zurückzuführen, dass unsere Körper in einem natürlichen Prozess auf immer höhere Schwingungen eingestellt werden. Gleichzeitig hat sich die Ernährung und die natürliche Umgebung in den meisten Zivilisationen drastisch verschlechtert, sie ist leblos und vergiftet, auch das trägt zu den körperlichen Problemen bei. Dies und die Bevormundung und Überregelung der gesamten Bevölkerung durch immer größere Bürokratien hat den Druck auf die gesamte Menschheit erhöht, in ihre Kraft zu gehen.

Der kollektive Drache der gesamten Menschheit will aufwachen.

Er träumt schon ziemlich lange und ziemlich heftig im unruhigen Halbschlaf. Wir wissen doch alle, so kann es auf Dauer nicht weitergehen, der Druck auf jeden nimmt zu. Andererseits gibt es weltweit große und kleine hoffnungsvolle Experimente, anders zu leben in mehr Harmonie mit der Schöpfung. Das sind die Orte, wo die alte Realität bereits Blasen wirft. Jeder Einzelne ist nun gefragt, endlich ganz in seine Kraft zu gehen und seinem Herz zu folgen und jeden Tag einen konkreten Schritt dafür zu tun. Jeden Tag eine gute Tat, wie ein Pfadfinder. Einen Schritt machen Richtung eigener Lebensaufgabe und sich nicht davon abhalten lassen. Und aufhören, andere zu retten, die einfach nicht aufwachen wollen.

Selbst wenn dein Beitrag noch so verrückt klingen mag, folge dem Spaß! Wenn ich nach meiner Lebensaufgabe fragte, kam lange Zeit immer: Die Lichtfilzlinge! „Tiere filzen als Lebensaufgabe?“, fragte ich mich dann eher ungläubig. Dabei hatte ich es doch so mit dem Weltfrieden! Was könnten Filztiere schon zum Weltfrieden beitragen, fragte ich mich dann. Doch ich bin der Spur weiter gefolgt, auch als sie immer noch verrückter wurde. Folge also der Freude, der Kreativität und der Inspiration! Folge der Leichtigkeit, das ist bereits die höhere Schwingung. Geh beschwingt durchs Leben und sei verliebt in die Natur, die Erde und die Mitmenschen, und meinetwegen auch in Gott. Dann träumst bzw. erschaffst du uns eine gute Neue Erde, davon bin ich überzeugt. Befreie dich von der Matrix, mit diesem Buch kann das nun jeder. Bereite dich gut vor und hole dir auch Hilfe, wo du sie brauchst. Doch wisse immer auch, es bleibt keine Zeit, es ist fünf vor zwölf! Warte nicht mehr länger, wecke deinen

Drachen! Und alles im Leben fließt dir zu in wunderbarer Leichtigkeit und Freude! (Access Consciousness Grundsatz, frei übersetzt)

Du bleibst im Gespräch mit deinem Unbewussten

Vergiss nicht, kreativ zu erschaffen. Suche dir eine Tätigkeit, wo du ganz in dich versunken deine Gedanken einfach laufen lassen kannst, es muss nicht immer joggen sein: töpfern, malen, Holz hacken, Geschirr spülen. Alles, was so viel von deiner Aufmerksamkeit beansprucht, dass der Rest zur Nebensache wird. Das ist hilfreich, wenn du den Download der Prüfung integrierst. Diese Tätigkeiten erlauben es dir auch, dass dir die nächste Portion deiner Lebensaufgabe bewusstwird und du Zugang zu deinem positiven Karma erhältst. In deinem Kopf schaltet sich dann irgendwann der Visionssender dazwischen und du erfährst, wo es hingehen könnte in deinem Leben, vorausgesetzt, du bist damit einverstanden und hast Lust dazu. Und du wirst damit auch den aktuellen neuen Müll von dir oder von anderen besser und schneller verdauen: Einfach wie einen Kinofilm in dir laufen lassen, nicht anhalten, nicht festhalten oder analysieren, nein einfach nur an deinem Bewusstsein vorbeilaufen lassen, damit ist er schon weg und wird gar nicht erst in deinem Schatten deponiert.

Du solltest zumindest auch schon mal ab und zu durch den Spalt in deinem Tor gelugt haben, also ein paar erhebende heilige Erfahrungen gemacht haben, so dass du mittlerweile davon überzeugt bist, in einem wohlmeinenden und dich unterstützenden und nährenden Universum zu leben. Noch besser wäre es, du könntest dich auch schon daran erinnern, wer du auf anderen Ebenen warst/bist und dass du schon öfter gelebt hast. Das nimmt dir den Druck und die Angst vor dem Tod. Damit ist nicht gemeint, dass du davon gelesen oder gehört hast und es deshalb glauben willst, nein, aus deiner eigenen Erfahrung heraus solltest du dir sicher sein, dass es da eine höhere Instanz in deinem Leben gibt, mit der du verbunden bist und die dir überraschende Synchronizitäten und Zufälle beschert. Und du solltest dir angewöhnt haben, dich mit der Quelle täglich dankbar zu verbinden.

Du hast nach verstecktem Groll gefahndet

Mit Groll geladener Müll ist aus deinem Schatten besonders schwer zu entfernen, etwa so wie ein Rotweinfleck aus dem guten Teppich. Bisher haben wir noch nicht darüber gesprochen. Groll-Zeugs klebt meist versteckt in einer der Nischen deiner Höhle und ist leicht zu übersehen, du solltest also auch alle Nischen nach Groll absuchen. Groll und ähnliche Gefühle wie nicht-verzeihen-können, Schuld und es-ist-mir alles-zu-viel sind emotionale Klebstoffe, die diese Erfahrung hochwirksam geladen in den Träumen deines Drachen aktiv und an denen Höhlenwänden festhalten. Zäh wie Kaugummi! Das Putzmittel, um diesen Kleber zu lösen heißt 'Vergebung'. Es ist schon ein ganz altes spirituelles Werkzeug, aber immer noch hoch wirksam. Und du vergibst dem anderen nicht, weil du so ein großzügiger, gutmütiger und besserer Mensch bist und viel näher zu Gott stehst oder der richtigen Religion angehörst oder die richtigen spirituellen Heilkreise besuchst, denn dieser spirituelle Egoismus würde nur wieder einen bösen Schatten auf dein Leben werfen.

Du vergibst dir selbst und den anderen ausschließlich, weil du damit den Prozess zum Wohle aller für uns beschleunigst und weil dir die Verkörperung deines Höchsten Selbst wichtig ist. Der Groll muss raus. Sonst wird dein Drache mit diesem Zeugs weiter viele Ungereimtheiten in dein Leben träumen, die dir nicht viel Spaß machen. Vergeben – das tust du immer nur für dich selbst (Höchstes Selbst). Und vergiss nicht, dir umgekehrt auch zu vergeben, dass du dir das selbst erschaffen hast! Es ist egal, ob der andere davon erfährt. Und dann trennst du die Verbindung zu diesem Menschen, denn mit dieser unverzeihlichen Erfahrung hast du dich auch weiter energetisch an dieses Wesen gebunden, mit dem du diese Erfahrung gemacht hast. Und wann immer du an diese Erfahrung denkst, und eigentlich unbewusst auch sonst, fließt immer etwas Energie zu dem anderen rüber und unterstützt seinen Drachen und sein Leben.

Früher wurde da Drama um Drama auf diese Weise karmisch miteinander erschaffen. Aber es gibt kein neues Karma, also kannst du es auch ganz loslassen. Das große Ganze, das Alles-was-ist, hat nun neue Spielregeln ausgegeben. Ich denke, es hatte einfach auch genug von dieser

Erfahrung. Dieses ganze Kino wiederholt sich jetzt schon seit Äonen in immer neuen Varianten und Zusammenhängen. Das ist so, als ob den Filmemachern auch nichts mehr einfiele als immer wieder die gleiche Masche. Kennst du das auch: Ich langweile mich derart bei den Soaps im TV, es ist so offensichtlich, wie die Regisseure den Plott bauen. Und alle Verwicklungen kommen immer dadurch zustande, dass da einer nicht ehrlich, nicht integer oder nicht in seiner Kraft handelt. Ich hatte sogar den Verdacht, dass es die heimliche Mission des Fernsehens ist, die Menschen so überdrüssig davon zu machen, dass sie auch in ihrem eigenen Leben damit aufhören und endlich nur noch integer handeln.

Du bist dir der Gefahr des Durchknallens bewusst und triffst Vorkehrungen

Das ist ein ganz wichtiger Punkt. Denn wenn der Drache erst einmal geweckt ist und das Tor frei gibt zur Quelle, strömen da manchmal so hohe Schwingungen in deinen Körper, dass jede andere Verbindung, die du gleichzeitig unterhältst, und die dich gerade auch aktiviert (die also an dich denkt), dafür sorgt, dass der Spagat dieser beiden Schwingungshöhen deinen Körper glatt zerreißt und deine Sicherungen durchbrennen. Verbindungen zu einem niedriger schwingenden Menschen ziehen dich herab, die Quelle zieht dich dagegen hoch, so musst du dir das Problem für deinen Körper vorstellen. Dein Körper hält viel aus, er ist genial. Aber manchmal wird es ihm auch zu viel. Vielleicht hat er sich auch schon lange an die höhere Schwingung gewöhnt.

Nun sei vernünftig, wir wollen dich nicht im letzten Moment noch in der Psychiatrie abgeben: Unterstütze deinen Körper und kappe zumindest zeitweise, während der Prüfung und die erste Zeit danach, alle deine Verbindungen. Ein hübsches Werkzeug dazu ist, dass du sagst: „Ich trenne jetzt alle Verbindungen aus dem Jetzt und aus der Vergangenheit und Zukunft, die meinem jetzigen Bewusstsein nicht mehr entsprechen und lösche gleichzeitig alle Verbindungs-, Stabilitäts-, Beziehungs- und Erschaffens-Punkte, die ich im Geflecht der Zeit als Schnittpunkt mit ihnen teile. Ich hole all dies hoch und lege es vor mich hin. Und lösche es. Right and Wrong..."

Mit all deinen Beziehungen und Verbindungen verhält es sich so: Ihr seid wie Behälter, die mit Röhren verbunden sind. Eine verbindlich definierte Verbindung ist sogar so stark, dass sie ständig die Energien/den Schatten der beiden hin und her schiebt, vor allem nachts, wenn man dann auch noch gemeinsam nebeneinander schläft. So kann es sein, dass der eine der beiden besser gedeiht als der andere, weil er nachts und beim Sex seinen Schatten dem anderen zur Reinigung unterschiebt. Es ist also nicht mehr als anständig, dass dieser gereinigte Mensch den anderen dafür versorgt und ernährt, dass er dessen Müll mit-verdaut. Das Weibliche hat mehr von dieser absorbierenden Kraft, weshalb sich Frauen in der Geschichte als Putzfrauen so beliebt gemacht haben. Sie sind einfach die besten!

Du kannst Stimmigkeit deutlich wahrnehmen

Eine weitere Voraussetzung ist, dass du schon deutlich den Impuls spüren kannst von „es stimmt". Aber sorge dafür, dass du einem solchen Impuls nur folgst, wenn du ganz klar bist und in hoher Schwingung, warte also darauf ob er sich zum Beispiel in deiner Morgenmeditation wiederholt. Oder: Sobald ein Impuls kommt, achte auf deine Stimmung: Leicht und freudig? Hurra, dann ist es ein Impuls von deinem Höchsten Selbst oder wie auch immer du diese Instanz nennen willst, die dir da Hinweise gibt.

Sei achtsam, denn nicht jeder Impuls kommt von ganz oben. Es kann sich auch einfach um einen Impuls handeln, den ein anderer Mensch in deiner Umgebung grade in die Realität träumen will und du bist nur seine ideale Besetzung für die Rolle in seinem Drehbuch, und dann machst du einfach nur, was er sich wünscht (auch unbewusst!). Auf diese Weise habe ich ganz lange für andere gefilzt. Ich hatte die Verbindung nicht gekappt und war dann regelrecht getrieben, für einen andern zu filzen, ich kam nicht einmal zum Schlafen, so stark war der Impuls. Dass ich mich reaktiv-getrieben fühlte, ging auch noch weiter, bis ich den Lichtfilzling übergeben hatte, dann war wieder Ruhe in mir. Wenn du dich damit näher beschäftigen willst, lies meine Lichtfilz-Trilogie.

Du hast dir die Drachensprache angewöhnt

Du bleibst dir beim Sprechen bewusst, dass mit dem, was du gerade denkst und fühlst, die Wahrscheinlichkeiten und Richtungen deiner Zukunft beeinflusst werden. Die Drachensprache ist mächtig, sie wirkt und zieht dir deine Erfahrungen an. Es ist deshalb von größter Wichtigkeit, deine sprachlichen Gewohnheiten zu beobachten und dir gute Sätze und Floskeln zurechtzulegen und anzugewöhnen, um dich nicht allein schon durch deine Sprache ständig selbst zu sabotieren. Merke dir: Du bist geliebt, du bist genug, du bist genau du selbst. Mach dich nicht selbst klein und stapel auch nicht tief. Vor allem Frauen tendieren dazu, sich immer etwas bedeutungsloser zu machen als sie sind. Das ist einer der Gründe, warum die Welt in diesem schlimmen Zustand ist.

Du hast deine Drachenkraft für die Transformation befreit

Du hast deinen Schatten integriert, so dass er nicht mehr unbewusst dazwischenfunkt. Du hast zusätzliche Kraft aus vollendeten Erfahrungen freigesetzt. Du lässt es nicht mehr zu, dass Konzepte zwischen dir und deiner Quelle stehen und deine Kraft schon in der Standleitung abzweigen. Mehr ist dazu nicht zu sagen, wenn du dieses Buch ganz gelesen und die vorgeschlagenen Übungen ausprobiert hast. Du solltest deinen Körper auf anderes Essen umstellen, deine Ernährung sollte frisch, bio, vegetarisch oder vegan sein. Es wäre ratsam, Fleisch, Konserven oder Fertiggerichte soweit es geht zu vermeiden. Und roh ist besser als gekocht. Insofern wäre die Entscheidung für Suppe, Salat oder Smoothies eine gute Idee.

Doch das ist das Ideal, ich selbst habe das mit meiner Sucht-Vorgeschichte nie geschafft, ich habe noch vorgestern einen Hamburger gegessen. Und trotzdem meine Schwingung erhöht. Es kommt also auf deinen Körper an, meiner ist darin einfach der Wahnsinn! Dann solltest du deinen Körper reinigen und klären, vor allem auch entgiften, denn in der Nahrung unserer Zivilisation sind so viele Zusatzstoffe, die oft bis zu einem halben Jahr brauchen, um ausgeschieden zu werden. Ein einziger solcher Kunst-Stoff mag ja isoliert noch erträglich sein, aber in dieser geballten Ladung kann unser Körper davon nur krank werden und seine Kraft verlieren. Ist deine Lebenskraft an die Aufrechterhaltung deines Körpers gebunden, steht sie dir nicht als Kick für die Transformation zur

Verfügung, denn die Meisterprüfung verlangt deine ganze Kraft und Aufmerksamkeit. Am besten lernst du Fasten und tust das regelmäßig, darüber gibt es viele gute Bücher. Lerne Meditieren, auch das ist eine wesentliche Voraussetzung, mit der Zeit lernst du so in deinem Kopf für Ruhe zu sorgen und Gedanken und Gefühle kontrollieren und beruhigen zu können. Je weniger gefüllt dein Schatten ist, umso leichter wird dir das übrigens fallen.
Und dann entscheide selbst, wie du dich fühlen willst und fühle dich so. Das klingt verrückt? Du brauchst dafür kein Lach-Yoga, auch wenn das hilfreich ist, nutze einfach deinen Gefühlsumschalter. Sage: „Jetzt fühle ich mich so... z. B. ‚happy' (mir fällt dann immer der Ohrwurm-Song ein „Don't worry, be happy"). Die meisten Gefühle in uns entstehen durch Resonanz zu einem größeren Feld, dann klingt die Saite deiner Gitarre sozusagen nur mit einer anderen mit. Bestimme selbst deine Tonlage! Und wenn du dich zu 100 Prozent auf dein Gefühl einlässt und es einfach weiterlaufen lässt, löscht es sich selbst. Nur wenn du es ergreifst, es verurteilst oder bekämpfst, bleibt es dir erhalten. Zu deinem Trost sei gesagt: Kein Gefühl dauert länger als fünf Minuten, der Rest ist Kampf und Verdrängung oder Aufblasen und Problematisieren. Und wenn du alles hochgeholt hast, geh ans Löschen und kehr die Reste auf.

Du hast dich zum Eigentümer deines Körpers erklärt

‚Mein Körper gehört mir' könntest du beabsichtigen. Oder: Ich dulde keine Eingriffe durch andere, keine Benutzung, Schädigung und fremdgesteuerte Veränderung. Der Körper jedes Menschen gehört ihm allein. Kein Staat, keine Institutionen, Eltern oder andere haben das Recht, einen Menschen zu benutzen, zwangsweise zu behandeln, zu schädigen oder fremdgesteuert und ohne sein Verstehen und bewusstes Einverständnis zu verändern. Du recherchierst, was darüber im Grundgesetz steht und kennst die Menschenrechte. Du sagst z.B. „Wie viele Eide, Gelübde, Schwüre, Lehnseide, Blutseide und Verpflichtungen habe ich durch alle Zeiten, alle Dimensionen und Realitäten hinweg geleistet? Ich bin jetzt bereit, und hebe sie alle auf, widerrufe sie, lösche sie, fordere sie zurück, schwör allen Beteiligten wieder ab, kündige alle Verträge wieder auf und zerstöre das alles und mache es in der Erschaffung ungeschehen! Right and Wrong…“

Du hast überholte Verträge aufgekündigt

Wenn wir von Eigentum und Souveränität reden, so muss ich auch kurz auf die anderen kollektiven Verträge eingehen, denen du von staatlicher Seite unterliegst. Der Staat hat deine Rechte in den letzten fünfzig Jahren dann auch noch an globale Organisationen weitergereicht, und das, schon lange bevor du dich selbst freiwillig auch allen möglichen Konditionen der Oligarchen vom Silikon Valley gebeugt hast. Mit der Einführung der Demokratie hat sich der Herrschaftsanspruch des Staates nicht verändert. Du gehörst (zu) einem bestimmten Staat oder du bist staatenlos und rechtlos wie ein Flüchtling. Alle diese Verträge wurden in deinem Namen geschlossen, selbst als du noch nicht geboren warst.

Doch egal, was in 3D dafür an Beweisen vorliegt, die höhere Schwingung und die vereint mit deinem Höchsten Selbst gesprochenen Worte der Macht harmonisieren diese Verträge mit deinen neuen Absichten und heben sie in ihrer Wirkung dort auf, wo sie dir schaden. Doch du musst dir diese Veränderung bewusst erschaffen. Du wirst es fühlen. Wisse: Freiheit ist auf jeder Ebene, nicht nur auf der wirtschaftlichen und politischen, eine Illusion. Du kündigst diese Verträge, in die du geschichtlich hineingeraten bist, so, dass sie sich zu deinen Gunsten und zu unser aller Wohl ideal verändern, und diese Veränderung sicher, in Freude und mit Spaß geschieht. Formuliere Absicht und Löschungssatz dazu selbst. Du kannst als bewusster Mensch alle Verträge aufkündigen, die in deinem Namen geschlossen wurden, und die du nicht anerkennst, einfach durch das gesprochene, machtvolle Wort. Aber ich würde Vorsicht anmahnen. Du kannst eine solche vertraglich geordnete Struktur (z.B. jede Bürokratie) nur verändern oder entmachten, wenn du gleichzeitig innerlich sehr dankbar bist für alles, was du weiter erhalten willst, weil es dir dient. Alles, was gut funktioniert, soll dir weiter dienen, oder etwas Besseres wird kommen.

Wir verlieren, was wir nicht mit unserer Dankbarkeit immer wieder neu aufladen. Vielleicht war uns die Demokratie zu selbstverständlich geworden, wir waren nicht mehr dankbar für unsere Freiheiten. Wir füttern das

Monster 'Bürokratie', wenn wir für oder gegen es sind. Unsere Dankbarkeit richtet sich also nicht auf den Staat oder die Bürokratie als solche, sondern auf die Menschen, die darin dafür sorgen, dass sie uns dient. Wir sind dankbar für die Aspekte, wo sie uns dient. Die Reisefreiheit in Europa zum Beispiel, danke. Der Euro, danke. Meine Rente, danke. Alles, was du gut findest und weiter haben möchtest, nähre bitte mit deiner Aufmerksamkeit, während du die Verträge selbst kündigst. Wenn du die Menschen in einer Institution mit Dankbarkeit auflädst, wirst du von dieser Struktur mehr Erfahrungen anziehen, die dich noch dankbarer machen. Dies ist die einzige Möglichkeit, Strukturen so zu beeinflussen, dass sie dem Zweck dienen, für den sie erschaffen wurden: Den Menschen zu dienen. Und nicht umgekehrt, dass die Menschen der Bürokratie (Matrix) dienen. Die Menschen darin müssen wir sehen und diese Menschen dankbar unterstützen. Immer mit ganz viel Herz. Bist du einem Menschen der Bürokratie gegenüber herzlos, wird die Struktur dir gegenüber auch herzlos werden, sie nimmt das ‚persönlich', sie hat nämlich ein geringes, niedriges Bewusstsein von sich selbst. Sie kann als ‚juristische Person' sogar unreif beleidigt reagieren. Die Struktur selbst! Noch besser ist allerdings, parasitären Strukturen die Aufmerksamkeit ganz zu entziehen und schließlich aufzulösen. Aber das machen wir dann zusammen.

Du hast den Reifeprozess akzeptiert

Und du willst nur noch eins: Ihn möglichst rasch vollenden und deine Meisterschaft antreten. Du hast aber keine Entscheidungsgewalt über deine Phasen im Reifeprozess. Mach die darüber keine Illusionen, das wäre ein Ego-Trip. Von dir ist die Hingabe an dein Höheres Selbst verlangt und dass du sagst, "Ja ich bin bereit!". Das ist alles: Ich bin bereit, die Verantwortung für mich zu tragen, ich bin jetzt erwachsen, ich bin Meister. Du kannst jedoch nur so bereit sein, wie ein Paar, das für seinen Kinderwunsch die Verhütung absetzt.

Der Prozess selbst wird von Ebenen gestartet, weitergeführt und vollendet, die du nicht kontrollieren kannst. Und dann läuft er so ab wie bei der Raupe, nur mit dem Unterschied, dass du ihn bewusst entweder unterstützen und beschleunigen oder sogar stoppen und unterbinden kannst.

Mit deinem Bewusstsein und mit deiner Energie musst du dich dennoch erst einmal bewusst dazu entscheiden. Mit der Meisterprüfung entscheidest du dich für die Vollendung des Prozesses. Wenn du den Prozess nicht verstehst, kannst du deine Entscheidung nicht zu deinem Besten treffen. Du stehst vermutlich schon mitten in deinem Reifeprozess. Bringe ihn zügig zu Ende, weil du dann mit deinen unbewussten höchsten Ebenen bewusst zusammenarbeitest und die werden dafür sorgen, dass sich deine Souveränität durchsetzt.

Du bist bereit zu verantworten, was du wahrnimmst.

Wenn du glaubst etwas zu beobachten, bleibst du dir bewusst, dass du es damit aktualisierst und verstärkst, es wird dann immer wahrscheinlicher. Was du beobachtest, worauf du also deine Aufmerksamkeit richtest, ist das, was du dann auch noch bewusst weiter erschaffst. Noch einmal: Der Beobachter erschafft, sagt die Quantenphysik. Lenke deine Aufmerksamkeit beobachtend also möglichst nur auf das, was du auch ganz bestimmt erleben willst. Willst du einen Virus? Nein? Dann denke nicht an ihn! Die Verantwortung eines Mitschöpfers liegt darin, bei der höchsten Schwingungshöhe anzusetzen, die er erreichen kann und die für seinen Körper angenehm ist und bewusst zu bleiben, statt in die alltäglichen Trancen abzugleiten.

Du kannst selbstständig eine sehr hohe Eigenschwingung aufrechthalten

Hohe Schwingungen sind für ein niedrig schwingendes, manipulierendes Bewusstsein die Hölle, deshalb lebst du in einer hohen Eigenschwingung schon jenseits der Matrix, du bist aus ihr ausgestiegen. Energie-Räuber müssen die Energiewesen, die sie melken wollen, erst in eine für sie verdauliche, niedrige Schwingung herunterziehen. Lässt du das nicht zu, bist du unverdaulich. Niedrige Schwingung ist für diese Wesen der Himmel, denn es verschafft ihnen auch eine sexuelle Stimulierung, die sonst in so einem unreifen, niedrig schwingenden Bewusstsein unerreichbar bleibt.

Du kannst deine Gedanken und Gefühle kontrollieren

Und dich dann selbst beobachten und analysieren und die Schwingung oben halten und dich selbst gut gelaunt (= oben). Du bist in der Lage, nur noch das zu denken, was du erfahren willst. Widme deine Aufmerksamkeit nur den Dingen, Beziehungen, Projekten und Erfahrungen, von denen du mehr haben willst oder die du behalten willst. Und beobachte die Gefühle, die Stärke ihrer Ladung, und wovon sie ausgelöst wurden. Und wenn die Gefühle unter neutral gekippt sind, sieh zu, dass du dich langsam wieder nach oben schraubst, bis du zumindest oberhalb von neutral ankommst. Ich frage mich dann gerne: „Wie kann das noch besser werden?“ Und Schwupps – bin ich ein wenig leichter.

Du kannst mit deinem Fokus bewusst umgehen

Du beobachtest deinen Fokus, stellst ihn Laser-artig genau, wenn du erschaffst oder deine Gedanken, Gefühle und deine Schwingungshöhe neu justierst, und lässt ihn auch mal in die Breite streuen, vor allem, wenn eine natürliche, harmonische oder schöne Umgebung dich dazu einlädt. Der weiche Blick, der dadurch entsteht, holt dich aus der Matrix raus und stellt dich heller, leichter, weiter, höher in der Schwingung auf. Das ist dann Reinigung durch Loslassen, Entspannen, oder wie ich es nenne, ich lasse die Felder in mir durchlaufen. Das geht außer in der Kontemplation auch gut in einer monotonen Tätigkeit wie zum Beispiel dem Holzhacken, Geschirr spülen oder dem Filzen mit der Nadel. Schließlich behalte auch das Gesetz der Potenzierung von Schöpferkraft durch den gemeinsamen Fokus im Auge und verweigere dich jedem Beitrag zu Unsinn (z.B. die Nachbarin versucht dich zu ermuntern, dieses Virus zusätzlich auch noch mit deiner Aufmerksamkeit aufzuladen).

Klinke dich verantwortlich in die Meinungen anderer Menschen ein, statt sie nur zu bestätigen oder zurückzuweisen, denn beides erschafft leider den Zustand, den diese Meinung beschreibt, durch dich stark potenziert weiter (weil du schon ein Laser bist). Solange du auf den anderen reagierst, statt deine nächste Gedankenform von ihm unabhängig völlig neu zu erschaffen, wird seine Variante verstärkt. Sagt ein Nachbar in der Begegnung „schlechtes Wetter heute“ und du sagst aus Höflichkeit „ja“, vielleicht nur, um den Morgen nicht mit einer Diskussion zu beginnen und trotzdem einfach den Kontakt zu genießen, verstärkst du das schlechte Wetter. Ja, das meine ich ernst. Die Wahrscheinlichkeit erhöht sich, dass das Wetter ‚schlecht‘ wird. Das Gleiche passiert aber auch, wenn du

„nein, das Wetter ist nicht schlecht“ antwortest, denn das Unbewusste versteht keine Verneinung. Du könntest seine Bemerkung jedoch auch als eine Inspiration ansehen, um mal darüber nachzudenken, was eigentlich gerade heute dein Lieblingswetter wäre, und darüber mit ihm sprechen. Oder du sagst etwas, was seine Behauptung ganz ignoriert oder in Frage stellt, so etwas wie: „Echt jetzt?“ Oder „Das ist aber ein interessanter Standpunkt! So könnt man das auch sehen, interessant.“ Du könntest dich entscheiden, wie du dich angesichts deines Lieblings-Wetters fühlen würdest und dich gleich schon mal so fühlen. Ist das nicht das Einzige, was du wirklich selbst in jedem Moment entscheiden kannst? Daher entscheide ich mich, glücklich und vergnügt zu sein, und das bei jedem Wetter.

Du kennst die Macht deiner Gedanken und Gefühle.

Du verantwortest sie und veränderst sie bewusst im Sinne deiner Absichten. Wo also ansetzen, bei deinen Gedanken oder deinen Gefühlen? Änderst du das Gefühl, beginnst du auch, anders zu denken. Änderst du die Gedanken, dann ändert sich auch dein Gefühl. Es ist also egal, wo du ansetzt, es ist wie bei der Henne und dem Ei. Es ist unwichtig, was zuerst da war, aber entscheide dich, wie du es haben willst und überlasse deinen emotionalen Zustand nicht den Propagandamethoden der Parasiten, die unsere Welt gekapert haben und die nur versuchen, dich durch eine emotionale Reaktion nach unten zu ziehen, um dich als Nutztier in ihren Schwingungsbereichen zu halten, in denen sie deine Schöpferkraft maximal auslutschen können. In die hohen Schwingungen reichen ihre Tricks nicht, sie können sie nicht anfassen, ohne sich zu verbrennen, zu viel Liebe. Es ist eine Sache von gekonntem, bewussten Erschaffen, die Absicht genau mit den dazu passenden Gefühlen und Gefühlsqualitäten zu laden. Also: Fühl dich schon so, während du dir ausmalst, du würdest dich schon in der Situation so erfahren, die du gerade beabsichtigst.

Die Prüfung ist der Test: Du musst anwenden, was du gelernt hast

Deinem Drachen musst du in Klarheit und in einer höchstmöglichen Schwingung und vor allem furchtlos gegenübertreten, denn er wird dich testen, ob du auch wirklich bereit dazu bist. Ein guter Drache tut das. Lass dich nicht ins Bockshorn jagen, das ist nur sein Job. Wenn du deine

Meisterschaft einforderst, und du hast dir das nur eingebildet, dass du schon so weit wärst (also in deiner Persönlichkeit) und es hat noch nicht gestimmt, dann kann es auch ganz schön gefährlich werden. Der träumt dir eine Krankheit herbei, schneller, als du gucken kannst!
Und manchmal ist das auch einfach deine Meisterprüfung, dann musst du da durch. Im alten Ägypten gab es einen Tempel mit zwei verschiedenen Einstiegen zum Nil, und der Tempel war so gebaut, dass er im Wasser stand, es gab also keinen Luftraum über dem Fluss. Der Adept musste in seiner Prüfung auf der einen Seite durch ein Loch in den Nil steigen, eine Strecke tauchen und dabei nicht an Krokodile denken, sondern sich stattdessen unversehrt drüben rauskommen sehen und dann auch tatsächlich dort unversehrt wieder aus dem zweiten Loch steigen. Dann hatte er die Prüfung bestanden. Kam er nicht, hatte er die Prüfung nicht bestanden.
Stell dich bewusst deinen Herausforderungen. Es gehört Mut, Durchhaltevermögen und die Entscheidung dazu, dein bestes Ich zu sein und dein größtes Potential zu leben. Der Mut, dich wahrhaft deinen Ängsten zu stellen, bis sie sich ganz auflösen. Das Durchhaltevermögen, dran zu bleiben, auch wenn dein Schatten dir bedrohlich erscheint und es auch mal ungemütlich wird. Und die Entscheidung, ab sofort unverfälscht du selbst zu sein und deine ganzen Begabungen und kreativen Potentiale zu entdecken und voll auszuschöpfen. Jeder Mensch ist einzigartig, sein schöpferischer Ausdruck und sein Weg sind es auch. Wir sind alle Originale.

Wie weckst du deinen Drachen?

Wenn du dich im Außen so kraftvoll fühlst wie der Drache im Innern (dann hast du aufgeräumt), dann kann es losgehen. Dann ist der Zeitpunkt gekommen: Tritt hervor, verbeuge dich, steh wieder grade und bemühe dich um eine selbstbewusste Haltung. Mache auch ein entschlossenes und dennoch freundliches Gesicht und sage: „Ich will da jetzt durch. Gib das Tor ganz frei! Lass mich durch! Ich will die Vollendung des Aufstiegs jetzt!“ Bricht dein Drache in deiner Vorstellung in Lachen aus, solltest du es dir noch mal überlegen, dann spürt er deine Kraft noch nicht und die sollte ihm doch wenigstens ebenbürtig sein.

Aber er lässt dich sowieso erst mal nicht durch, selbst wenn er nicht lacht. Das ist sein Job! Als nächstes wird er dich testen: Er wird dich so lange ängstigen, provozieren, vertrösten und ablenken und dich vor allem auch in der Welt da draußen beschäftigt halten (denn wach träumt er dein Leben ja noch effizienter), bis du unerschütterlich darauf bestehst und nicht mehr von der Stelle weichst. Du willst die Meisterschaft jetzt. Du bist bereit und nichts und niemand kann dich nun noch davon abhalten. Du bist jetzt da und du willst da durch. Basta. Du willst dein Höchstes Selbst nun ganz in deinen Körper holen und damit ganz du selbst sein, jetzt.
Wenn dein Drache mit seinen Lieblingsstrategien nicht mehr bei dir landen kann, dann gibt er den Weg frei. „Voilá, bitte," sagt er dann, „aber auf dein Risiko," und lässt dich durch. Natürlich auf dein Risiko. Es geht also nur darum, bist du bereit, alles zu verantworten, was kommt, sobald du die Meisterschaft einforderst, einfach alles? Selbst wenn sich eine lebensbedrohliche Krankheit als deine Prüfung offenbaren könnte, so wie es meiner Freundin passierte? Die genetische Disposition dazu lag bei ihr im Körper vor und musste noch geklärt werden. Ihre Meisterprüfung bestand nun darin, diese Krankheit und ihre so schwierigen Behandlungen als Erfahrung zu vollenden und sie fokussiert auf das Erschaffen von absoluter Gesundheit in permanenter Abstimmung mit ihrem Höchsten Selbst zu durchlaufen. Sie wusste, es ging um Leben und Tod. Sie musste ihrem ‚es stimmt' folgen und kraftvoll ihr Bewusstsein von absoluter Gesundheit in sich aufrechthalten. Sie hat es geschafft, doch wir haben keinen Kontakt mehr. Denn wer seine Meisterschaft abruft, steht erst einmal allein da. Er muss nun beweisen, dass er ohne Hilfsbeziehungen zurechtkommt. Damit sind nicht alle Beziehungen gemeint, nur deine Lehrer und Channel. Ein Meister muss sich dann eine andere Stelle in der Matrix suchen und dort neu anfangen und seinen eigenen ‚Meisterbetrieb' gründen. Meine Freundin hatte sich diesen Übergang maximal sicher und geschützt manifestiert. Sie hat es wirklich gut gemacht.

Mögliche Formulierungen für deine Anmeldung zur Prüfung

Zum Beispiel: „Ich erkläre mich hiermit zum souveränen Aufgestiegenen Meister. Ich will mein höchstes Potential jetzt. Ich beanspruche meine ganze Kraft. Und ich will jetzt endlich dadurch zur Quelle, zu meinem Zuhause. Ich beanspruche meine Meisterschaft. Ich will den Aufstieg jetzt. Ich bin bereit. Ich beanspruche mein volles Potential jetzt. Ich beanspruche meine ganze schöpferische Kraft. Und ich will jetzt sofort durch zur Quelle! Mein Körper ist vorbereitet, meine Psyche ist vorbereitet. Nichts kann mich mehr davon abhalten, da jetzt hindurch zu gehen und meine Meisterschaft ganz zu beanspruchen."

Diesen Schritt bewusst tun, bedeutet auch, du musst deine eigene Formulierung finden (die genau deinem momentanen Bewusstsein entspricht) und keine von anderen nachplappern. Mit deiner eigenen, bewussten Formulierung bekundest du schon Meisterschaft, denn nur damit gehst du über alle deine Lehrer hinaus.

Für dein erstes Ritual als Aufgestiegener Meister erfindest du dein eigenes Ritual und du darfst dabei alle Elemente verwenden, die du bei anderen kennengelernt hast und auch originelle neue Eigene hinzufügen. Ein Ritual besteht aus dem idealen Ort, dem idealen Zeitpunkt, der idealen körperlichen, geistigen und spirituellen Verfassung und aus Worten der Macht, begleitet von Gesten und Handlungen. Dein Höchstes Selbst gibt dir Impulse, ob außerdem ein Feuer dazu gehört, eine Kerze, eine Quelle, Räucherwerk oder was sonst. Suche und baue dir den heiligsten Ort, der dir gerade möglich ist. Bist du bettlägerig, dann ist der heiligste Ort eben dein Zimmer.

Wenn du weißt, es stimmt, lass dich durch nichts und niemanden mehr davon abhalten. „Ich will den Aufstieg jetzt!'

Mit diesem Satz stand ich selbst wie eine Freiheitsstatue in einer der Raunächte im Januar 2003 auf meinem Kraftplatz, und statt Fackel reckte ich meine Faust gen Himmel. Als sich danach mein Leben ganz schnell und drastisch veränderte, und ich in den zweiten Burn-Out rutschte, der die schlimmsten Stunden meines ersten noch bei Weitem übertraf und meine Welt existentiell vollkommen aus den Fugen hob, blieb ich mir immer meiner Verantwortung als Mitschöpfer bewusst. Ich

wusste, es war meine Meisterprüfung, die Antwort des Universums auf mein Ritual. Ich wusste, wie ich diese Erfahrung herbeigerufen hatte. Nun musste ich sie auch verantworten. Davon und von meinem Ringen um diese Meisterschaft handelt meine gesamte Lichtfilz-Trilogie.
Heute ist es viel leichter. Doch auch heute kann dir niemand sagen, was da noch bei deinem Drachen liegt und geweckt wird. Vertraue, dass dich dieser notwendige Prozess doch am Ende in die Freiheit führt. Du kannst nicht Mitschöpfer werden und gleichzeitig in deiner Komfortzone und in kindlicher Abhängigkeit von der Matrix bleiben. Deine Souveränität ist nichts wert, wenn sie keine Konsequenzen hat. Du musst die Gleise deiner neuen Methode, dir sicher und geschützt dein Leben ideal vor dir her zu erschaffen, schon verlegt haben, die Anmeldung zu Prüfung ist dann nur die Weichenumstellung. Das ist der Moment, wo du deine alte Welt aus den Angeln hebst. Sag es niemand, dass du deine Meisterschaft eingefordert hast, behalte es für dich. Noch ganz, ganz lange. Es geht nur dich was an und deinen Drachen und dein Höchstes Selbst dahinter: die Quelle. Sei gespannt, wie sich dein Leben ändert.
Vielleicht hast du Angst davor, dass sich in deinem Leben eine Pechsträhne fortsetzt. Dieses Muster mit all seinen Ladungen solltest du also vorher schon löschen, dann ist die Angst unbegründet und du bist bereit. Auch die Angst, du könntest gute Beziehungen und Job und so weiter verlieren, ist absolut unbegründet. Du bist ganz sicher. Während du mit der Quelle diese Veränderungen selbst erschaffst, entwickelst du immer mehr Vertrauen in deine schöpferischen Werkzeuge. Es zwingt dich ja keiner, schon gleich ganz aufzuwachen und dich zur Prüfung anzumelden. Du kannst auch den vorsichtigen Umweg nehmen und erst mal die Werkzeuge von jedem anderen Kapitel dieses Buches ein wenig ausprobieren, bis du gelernt hast, dass und wie du erschaffst (mit dieser Drachenkraft in deine Realität träumst). Schließlich hast du das so oft erfahren, dass du dir sicher bist, dass du mehr Einfluss auf dein Leben hast, als du für möglich gehalten hattest. Und du wirst kühner. Wenn dann der neue Job vor dir auftaucht, den du dir gewünscht hast und noch mehr, kannst du immer noch zum Drachen zurückkehren mit noch mehr Kraft und ihn endlich ganz wecken.

Es ist nicht mehr wie früher.

Du verlierst nichts, und du musst auch nicht raus aus der Matrix, wie das noch bei mir der Fall war, nur die Matrix etwas an deiner Stelle ausbeulen und es dir dort viel gemütlicher machen. Durch deine eigene Veränderung wirst du die Matrix an Ort und Stelle ausdünnen und verändern! Der Druck auf jeden Einzelnen in dieser Gesellschaft ist nur deshalb so groß, damit endlich alle aufwachen und merken: Es war nur ein Alptraum. Denn so fühlt sich das an, wenn du deinen Drachen geweckt hast: Als wärst du aufgewacht zu ganz viel mehr von dir selbst. Als hättest du eigentlich geschlafen und hättest die ganzen Jahre nur auf Auto-Pilot funktioniert, und jetzt bist du endlich wach.

Beschäftige dich kreativ mit dem Thema 'Drachen'.

Wenn Drachen in deinem Erwachsenenleben auftauchen, ist deine Meisterschaft in greifbare Nähe gerückt. Dein Interesse an Drachen wird plötzlich geweckt. Das passiert unbewusst, es ist ein symbolischer Code, der etwas in dir aktiviert. Das ist auch der Grund, warum Drachen gerade so Furore machen. Beschäftige dich also mit Drachen, vor allem in den einsamen Stunden der körperlichen Transformation. Aber auch danach, wenn es schon viel leichter geht und Spaß macht. Versuche dabei, dein eigenes, schönstes und höchstes kreative Potential schon zum Ausdruck zu bringen. Du kannst Drachen basteln, backen, malen, filzen, nähen, schnitzen, gravieren, töpfern oder stanzen, für dich und für andere, oder dir einen solchen kaufen. Du kannst auch Geschichten, Lieder oder Spiele erfinden und es werden sicher noch viele andere Möglichkeiten der Beteiligung auftauchen. Die Absicht zählt, wisse, dass du dabei die Meisterschaft in dir ganz ankommen lässt! Jeder, der sich mit dem Thema beschäftigt, aktiviert auf der symbolischen Ebene sein volles Potential und seinen höchstmöglichen Ausdruck. Und natürlich kommt auch gerne einer meiner eigenen Drachen vorbei, aber sei auf der Hut und prüfe genau, ob du dich auch reif dafür fühlst, ihre Energien könnten dich herausfordern.

Der Schatten unserer Zivilisation

Und noch etwas: Erkenne, was hier wirklich läuft. Stelle dich auch dem Schatten unserer gesamten Zivilisation. Dann muss dir dein innerer

Torwächter-Drache keine unliebsamen Überraschungen zuschieben, um dein Lernen zu erzwingen. Denn du bist nicht allein, alles hängt mit allem zusammen. Die Matrix wiegt dich in Sicherheit, das ist ihr bestes Argument. Doch die ideale Versorgung mit allem, was du brauchst, wird dich größtenteils deiner Kraft berauben und sie der Matrix zuführen und alle Macht den Machthabern übergeben, die in naher oder ferner Zukunft ebenfalls assimiliert werden. Es gibt Zeitlinien, auf denen es bereits geschehen ist. Die so verbesserte Menschheit hat sich in der einen oder anderen Variante der Borg über das Universum ausgebreitet, was die Schöpfung in dieser Zeitlinie zum Stillstand brachte. Doch ich hoffe, ich konnte dich motivieren, lieber als Mitschöpfer zu leben und dafür den Reifeprozess einzuleiten, zu durchlaufen und zu vollenden. Damit kommen wir zu den drei Schritten nach Lara Eisenhouer und Maguenta Pixie (Schreibweise geändert):

1. Kenne den dunklen Plan der Kontrollmächte

Wisse, wohin das global führen soll und auch, was bisher geschah. Kenne das ganze Ausmaß an Leid, das der Menschheit von diesen Parasiten zugemutet wurde. Und gehe damit um, als wäre es dir selbst passiert (denn wir wurden alle kollektiv mit-verletzt): Wisse es und entlade alle aufkommenden Gefühle. Vollende deinen Teil daran und befreie uns dadurch. Dies ist dein Beitrag zu unserer kollektiven Befreiung. Du kannst es vermutlich noch nicht glauben oder willst es nicht, so wie die Deutschen im Dritten Reich lieber nicht wissen wollten, was da insgeheim mit anderen Menschen passierte (global heute: entführte Kinder, Schläfer, Supersoldaten und rituelle Opfer). Und deshalb kannst du dir natürlich auch nicht vorstellen, was noch alles geplant ist. Wenn du denkst, die Pädophilie in diesen Kreisen sei schon schlimm, dann hast du erst die Spitze des Eisbergs erkannt!

Das ganze mediale, politische und wirtschaftliche Szenario sowie alle diese Geheimdienste, Militärs und globale Organisationen, das ist nur die Oberfläche. Grab weiter! Du musst noch nicht handeln. Nur endlich aus der kollektiven Propagandablase aufwachen, und viel mehr wissen, fühlen und verstehen, statt zu verdrängen. Warte diesmal mit der Vergebung und der Danksagung noch bis zum dritten Schritt (also unterbrich

die Methode der Vollendung), sonst rutschst du zu früh ab und unterstützt diese Parasiten auch noch weiter. Doch du musst dich zumindest einmal mit der ganzen, geheimen Wahrheit konfrontieren, egal, wie hochschwingend und spirituell du auch sein magst. Es werden dir keine gebratenen Tauben ins Maul fliegen, nur weil du brav bist und die Richtigen verehrst oder in den richtigen Seilschaften herumturnst. Lass dich nicht davon abhalten zu graben, nur weil diese Dinge mittlerweile von den Kontrollmächten selbst schon verbreitet werden (z.B. „Verschwörungstheoretiker glauben, diese geheime Elite trinkt das Blut kleiner Kinder, einfach lächerlich!").
Diese schlimmen Dinge kommen nun alle an die Oberfläche. Die meisten haben mittlerweile das Stadium von Lächerlich-machen erreicht, bei der Bewusstwerdung läuft die Strategie der Elite ja umgekehrt zur Verschleierung neuerer Täuschungen: Erst alle umbringen, die davon wissen, und wenn es zu viele werden, wenigstens alle bedrohen und erpressen, die davon wissen. Heute sind es auch dazu schon zu viele Whistleblower, nun versucht man mit Lächerlich-machen doch noch die Offenlegung hinauszuzögern, um sein Scherflein noch schnell vorher ins Trockene zu bringen. Und entlade die Gefühle, lösche die Energien. Aber steigere dich nicht hinein!
Versteh doch: Das ist ein gutes Zeichen! Es kommt fast schon im kollektiven Bewusstsein der Menschheit an. Es schwebt schon dicht unter der Oberfläche der Massenhypnose. Lass dich also nicht davon abhalten, das ganze Ausmaß unserer Versklavung, Folterung, Zerstörung, Verdummung und Manipulation zu recherchieren und aufzudecken. Stellvertretend für die vielen Menschen, die durch solche Dramen gegangen sind, müssen wir die emotionalen Ladungen entladen und damit verhindern, dass sich dieser Missbrauch weiter fortsetzt. Es ist deine Verantwortung, gerade wenn du zumindest in diesem Leben noch nicht zum Opfer wurdest, den anderen die Last von den Schultern zu nehmen und deinen Teil zu tragen, denn du bist Mitschöpfer zum Wohle aller.
Um bei diesem Blut-Beispiel zu bleiben: Ja, in ihren geheimen Verehrungsritualen für ihre dunkle Macht, der sie sich ergeben haben, trinken sie Blut, aber nicht irgendwelches Blut, es muss von schwer gefolterten

und vollkommen traumatisierten, körperlich, seelisch und geistig in Horror versetzten Kindern kommen, sonst ist es nicht wertvoll genug für ihre satanischen Rituale. Und das ist auch, was Menschen in jeder Matrix-Zukunft weiter passieren muss, selbst wenn sie glücklich gedopt und gechipt in einem Hivemind von Aldous Huxleys ‚Schöner neuer Welt' leben und ihre Drachen ins künstliche Koma versetzt wurden. Die Menschheit muss leiden, sonst ist ihre Energie für diese Parasiten nicht verdaulich. Es genügt also nicht, die andere Pille zu schlucken und wie die drei Affen zu sagen: „Ich sehe nichts, ich höre nichts, ich sage nichts dazu." Die Angst wird bleiben, es ist ihre Methode, dich emotional zu melken und dich außerdem dazu zu bringen, dein eigenes Bewusstseinsgefängnis weiter zu optimieren.

Es wird dann völlig willkürlich sein, welche Menschen sie herausgreifen, denen dann all die anderen Folter-Sachen auch passieren. Die Unschuldigen mit dem großen Herzen werden besonders begehrt bleiben (die Kinder und die Seelenverschmolzenen). Die flachen, emotionslosen und herzlosen Persönlichkeiten bringen einfach keine gute Energie-Ausbeute, ihnen fehlt die Fähigkeit zum Generieren von starken Emotionen. Umso besser eigenen sie sich dazu, die anderen gehörig aufzuregen und das kannst du rundum beobachten. Bedenke auch, du stellst gerade die Weichen für all deine Nachkommen. Jetzt haben wir die geschichtlich einmalige Chance, diese Parasiten loszuwerden, und das gilt nicht mehr für lange. Also: Mach, was du zu tun hast.

Stichworte, in welche Richtungen du noch recherchieren könntest, findest du über das ganze Buch verteilt, hier noch ein paar weitere, wegen der Bots schreibtechnisch verfremdet: Bilter Berg, Bouhemien Grouw, Paiperklip, Mondhouk, eMKaUltra, Supersoltschers, Luuking glas, Guu, Dracos, Sirianer, Plejaden, Roswel, Innere Erde, Anunaki, Entführungen und Ufos. Bei David Ike (seine Webseite, sonst gelöscht), Kery Casidy und dem Farsight Institut findest du viele diese Infos konzentriert und mit Zeugen untermauert.

Und halte dich dann bitte nicht weiter damit auf, es sei denn, es ist deine Lebensaufgabe. Erschaffe, dass dies jetzt aufhört. Stopp. Erschaffe, dass die Wahrheit rauskommt. Lösche die Energie. Aber misch dich noch nicht weiter ein. Bringe erst deinen Prozess ganz zu Ende. Keine voreiligen, unbewussten und reaktiven Schritte, die andere Mitschöpfer behindern oder deren Aktionen gefährden könnten. Du siehst einem Menschen nicht an, ob er etwas als seine Lebensaufgabe tut und von einem harmonischen Impuls geführt wird oder ob er gerade von der Matrix dazu getriggert wurde. Verantworte deine Gefühle, du kannst das jetzt. Halte die hohe Schwingung, öffne dein Herz und bleibe in guter Laune. Werde besonnen und vertraue. Wir schaffen das, weil: Wir er-schaffen das.

2. Erkläre deine Souveränität

Es ist eine gute Idee, vor deiner Anmeldung zur Meisterprüfung auch schon in deinen eigenen Worten deine Souveränität zu erklären. Kurz und mächtig ist am besten. Bau dir aus meiner langen Fassung (Text auch auf der Webseite) deine eigene Kurze:

Hiermit erkläre ich meine Freiheit, Unabhängigkeit und Souveränität, dies gilt für alle Ebenen meiner Existenz. Heute und in diesem Jetzt kündige ich alle vergangenen, heutigen und zukünftigen Verträge, die ich in diesem oder in einem anderen Leben auf dieser oder auf anderen Zeitlinien bewusst oder unbewusst, willentlich oder unfreiwillig mit den dunklen Kontrollmächten oder einem ihrer Vertreter oder Agenturen eingegangen bin. Ich tue dies nicht, um es einer parasitären oder vampyrischen Gruppe, einer Rasse, einem Clan oder einem Zusammenschluss zu ermöglichen, mein Energiesystem oder meine holografisch-organische Genetik für dieses oder für andere Systeme auszunutzen für Zwecke und Gründe, die einer alten und dunklen Agenda entsprechen, die sich der Mentalität des eigenen Vorteils und der Ausbeutung anderer verschrieben hat, und die durch mir bekannte oder unbekannte Vereinbarungen zustande kamen.

Ich befreie mich hiermit ausdrücklich von allen Verträgen, real oder erfunden, verweigert oder akzeptiert, falsch oder ins Gegenteil verkehrt und auch egal, ob ich dazu erpresst, bestochen, überredet oder gezwungen wurde. Ich annulliere alle heiligen Eide, Lehnseide, Schwüre und Versprechen, die mir jetzt nicht mehr entsprechen, ganz gleich, in welchem Leben und mit welchen echten, falschen oder vermeintlich guten Absichten ich sie abgelegt habe. Egal, welche Vereinbarungen die

früheren Teilnehmer dieser Realität für mich getroffen haben, seien es meine Eltern, meine Partner oder andere, und wem sie mich versprochen haben, sie sind hiermit annulliert und gelten nicht für meine aktuelle Form oder für andere Versionen meiner Form oder andere Neuschöpfungen meiner Form. Ich lösche sie und mache sie in ihrer Erschaffung ungeschehen und gebe die Energie all dieser Abmachungen direkt an die Quelle zurück. Ich erkläre hiermit meine volle Souveränität und Eigentümerschaft an meinen aktuellen Körpern, dem physischen, emotionalen und allen höheren Körpern, an meinem Energiesystem, an meinem holografisch-organischen Erbgut und an meiner vollen Bewusstseinskapazität. Damit beanspruche ich auch den vollständigen Zugang zu meiner gesamten Geschichte und die Erinnerung an alle Erfahrungen, seit ich vor Billiarden Jahren die Quelle verlassen habe und erhalte Zugang zu allen Informationen darüber, wie ich jeglichen früheren Missbrauch löschen und die Emotionen dazu integrieren kann.
Ich erkläre mich hiermit selbst als den alleinigen und souveränen Eigentümer für alles, was sich in meinem jetzigen Körper, in meinem Energiesystem, in meinem holografisch-organischen Erbmaterial und in meiner ganzen Bewusstseinskapazität befindet und kann damit tun, was ich will und was für mich stimmt.
Noch einmal: Was in mir ist, gehört jetzt mir allein, egal, wie es da reinkam und von wem. Ich dulde keine neuerliche Einsetzung von alter oder neuer, fremder oder diesem System bekannter Technologien. Und alle bereits eingebauten Technologien, die meine Souveränität verhindern, müssen umgehend entfernt werden. Ich werde in keiner Weise die künstlichen oder organischen Kreaturen unterstützen, die mir angehängt oder in mich eingesetzt wurden, oder ein anderes Geschöpf oder eine Entität in oder an mir dulden, was meine jetzige Form ausbeutet für seine eigenen, falsch verstandenen Rechte, dies an mir zu tun. Meine Souveränität gibt mir die volle Kontrolle darüber, wer ich bin und wie ich mich ausdrücke.
Damit befreie ich mein Energiesystem und meine holografisch-organische Genetik hier in dieser Zeitlinie und in jeder anderen, überall, und übernehme die volle Verantwortung für meine eigene bewusste

Entwicklung als ein freier und unabhängiger Mensch. Mit dieser Erklärung werden mir alle natürlichen Entwicklungsmöglichkeiten wieder zufließen und alle natürlichen Hilfsprogramme wieder in mir installiert und repariert, ergänzt und zum Laufen gebracht werden – bis zur vollständigen Verkörperung meines Höchsten Selbst. Alle Energien und alles andere, was ich dafür brauche, um alles wiederherzustellen und in Gang zu setzen, wird mir im idealen Timing einfach zufließen und dabei dafür sorgen, dass alle meine Bedürfnisse und alle Codeströme höherer Ordnung, alle Aktivierungs-Sequenzen und alle Progressionsmethoden, die auf diesem Planeten und in diesem System verfügbar sind, mir umgehend ebenfalls zugänglich werden.

Ich befreie mich nicht, um mir eine Brücke hinein in höhere Realitäten zu bauen, von denen ich kein Teil bin, sondern tue alles, um die Arbeit, für die ich hergekommen bin, hier und mit meinen Mitmenschen, zu vollenden. Ich folge dabei allein dem vollkommenen Plan des Aufstiegs der Menschheit und der Erde. Ich will mich ab sofort souverän und frei ausdrücken und ganz ich selbst sein, unverfälscht und unverbogen. Und ich verbinde mich dankbar mit der Quelle meiner Existenz, meiner ersten Ursache, dem Schöpfer und bitte um alle möglichen und unmöglichen Zufälle, um Wunder und um zahlreiche Hilfen, damit sich meine Souveränitätserklärung, zusammen mit der all meiner Mitmenschen im Rahmen des vollkommenen Plans erfüllt und die Menschheit den Aufstieg so sicher, so sanft und so kraftvoll wie möglich und mit ganz viel Licht und Liebe vollzieht und der Homo Creativus Pax die Bühne der Welt übernimmt. So sei es, so ist es und so wird es immer sein.

3. Erschaffe die Vollendung der gesamten Erfahrung der Menschheit auf höchsten Ebenen

Im Einheitsbewusstsein deines Höchsten Selbst und in deiner höchstmöglichen Eigenschwingung danke der gesamten dunklen, parasitären Struktur für die Erfahrung (sie hat uns die nächsthöhere evolutionäre Stufe von Bewusstsein – als einzige Lösung – aufgezwungen, unser Bewusstsein sozusagen ‚gargekocht'). Bringe sie mit deiner Liebe und im Einklang mit der Quelle zum Zerfallen. Sieh vor deinem geistigen Auge, dass dies passiert und diese chaotische, engmaschige, verdrehte

Energie aus wirren Fäden und Knoten einfach verblasst und verdampft. Sie löst sich vor deinen Augen auf. Sage dazu: „Alles, was das ist, und alles, was das nicht ist, das zerstöre ich jetzt und mache es in seiner Erschaffung ungeschehen! Right and Wrong…"
So. Gratuliere. Nun bist du bereit. Nun melde dich an zur Prüfung.
Ich habe alles gegeben, was ich dafür tun konnte. Wie schon damals der Aufgestiegene Meister Hilarion zu mir sagte, muss auch ich dir nun mit auf den Weg geben: „Hier ist Eh-Yh-Ra, leider nur auf Band. Ich bin unterwegs mit anderen Aufgaben, du bist selbst Meister, also mach!" Wir sehen uns, grins.
So sei es, so ist es und so wird es immer sein.
Weiterführendes Werkzeug: Formuliere deine formlose Prüfungsanmeldung und plane ihre Durchführung.

10b. Jetzt wecke deinen Drachen!

Du bist nun bereit, dich zu entscheiden. Ein paar letzte Anmerkungen und Anmahnungen fehlen noch: Dein bestes Ich und die Linse der Angst und der Liebe kommen erneut zur Sprache, der Tunnelblick von 2020, eine bessere Entwicklungshilfe, die Super-Programmierung für alle galaktischen Nerds und die genetischen Codes. Es werden die beiden Alternativen noch einmal verdeutlicht, zwischen denen du dich entscheidest, selbst wenn du dich nicht entscheidest. Es geht außerdem um den Impulsantrieb und den Energy-Drink und das Umschalten der Gefühle. Und wie du aus einem Ärger kraftvoll hervorgehst. So. Nun erkläre deine Meisterschaft.
Auf der Reise durch dieses Buch hast du bereits alles getan und dir alles angeschaut, was notwendig war, um dich ideal vorzubereiten. Vielleicht habe ich dich auch nur darin bestätigen können, dass du schon längst so weit bist und dich nur noch bewusst entscheiden musst. Das Buch hat Codes in dir aktiviert und die angebliche Junk-DNA hat bereits

begonnen, deine Gene wenigstens in der holographischen Vorform anzuschalten und deine Nerven-Synapsen neu zu ordnen. Es ist praktisch nur noch ein kleiner, letzter Schritt zu tun, und der will ganz bewusst gesetzt werden.
Es ist so eingerichtet, dass du und nur du selbst – vereint mit deinen allerhöchsten Ebenen – den Reifeprozess und seine Vollendung abrufen und die unumkehrbare Transformation einleiten kannst. Die Matrix hat darauf keinen Zugriff. Aber sie kann dich ablenken, mit Nebensächlichkeiten und unendlich viel redundantem Wissen und mit seichter Unterhaltung vollstopfen, in äußere Dramen verwickeln und in die Linse der Angst jagen. Oh ja, das kann sie gut!
Aber nichts und niemand kann dich davon abhalten, jetzt deine Transformation zum Homo Creativus Pax abzurufen. Oder deine Souveränität zu erklären. Oder wenigstens deine Absicht zu erklären, dass du zu dem Teil der Menschheit wechseln willst, die dem Wohl aller dienen will und dadurch harmonisch mit der Schöpfung und mit dem natürlichen Biotop Erde erschafft. Der Ruf geht an jeden Menschen in jedem Job und an jeder Stelle in den Hierarchien der Herrschaft. Du gehörst zu uns, hör auf, Aliens zu dienen. Du wirst für sie nie etwas anderes als ein Bauernopfer sein. Mache dir darüber bitte keine Illusionen!
Wenn du den Gang durch dieses Buch noch einmal betrachtest, wird dir vielleicht klar, wie viel Aufwand bisher betrieben werden musste, um ewige Seelen auf einem Planeten in einem Inkarnationszyklus des Leids und der Ausbeutung festzuhalten. Wir waren verlorene Seelen! Erst jetzt kann sich das ändern, jetzt, wo wir selbst ihnen wieder die Technik entwickelt haben, mit der sie schon Atlantis, diese wundervolle Zivilisation, zerstört haben. Es ist nicht die gleiche Technik, aber es sind die gleichen Ideen und der gleiche Machtmissbrauch mit wieder den gleichen karmischen Mitspielern. Um unsere Körper direkt zu steuern, brauchen sie das Internet der Dinge. Was sie wirklich meinen damit, ist, dass du selbst zu einem Ding und als reine Information in einen Computer eingespeist wirst und dein biologischer Körper und dein energie-generierendes Herz zentral kontrolliert werden. Wie das geht, dafür haben sie die

unterschiedlichsten Szenarien entwickelt, nicht nur eine Idee und eine Technik. Es wird also Zeit, etwas daran zu ändern.
Der Reifeprozess dagegen ist so einfach wie eine Schwangerschaft, einmal gestartet, kann es zwar auch noch zu Komplikationen kommen, doch die wichtigsten Abläufe sind genetisch vorprogrammiert und automatisiert. Du bist nun gut vorbereitet, es ist praktisch nur noch ein ganz kleiner Schritt, eine unmerkliche Geste, während du vielleicht bequem auf dem Sofa sitzt, um mit ganz viel Verstehen, Vertrauen und befreiter Drachenkraft deine Befreiung abzurufen. Die Neuordnung deiner Talente und Begabungen und die Aktivierung deines brachlegenden Potentials werden dich schützen und deine Lebenskraft befreien. Provisorisch hast du deinen Reifeprozess schon durchlaufen, einfach, indem du das Buch gelesen und dich auch energetisch, intuitiv und emotional darauf eingelassen hast. Nun bleibt nur noch ein einziger Schritt, die Entscheidung. Warte nicht länger, entscheide dich.
Nun steh dazu, auch das in dir zu wecken, was dir die Matrix bisher verweigert, verboten und blockiert hat. Und aus deinem Potential wird ein verwirklichter Mitschöpfer, ein Meister, der immer weiter übt, ein Meister zu sein. Und mit jedem – endlich bewusst sich selbst befreienden – Mitschöpfer /Drachenmeister wird auch das Kollektiv befreit. Die Maschen der künstlichen Matrix lichten sich, das Gewebe bekommt Löcher und Laufmaschen. Das erlaubt es dem Nächsten aufzuwachen. Mitschöpfer werden so aufpoppen wie Maiskörner in einem heißen Topf und sie werden alle unabhängig voneinander in ihre wahre Größe gehen. Denn das ist das Einzige, was uns noch bleibt, selbst wenn uns alles andere im Außen genommen wird. Das können wir selbst im finstersten Verlies und in einem eisig kalten Gulag tun: Uns entscheiden.
Wir erschaffen zusammen den Himmel auf Erden. Und dann schütteln wir diese Parasiten ab und schicken sie zurück ins Weltall, wo sie herkamen, und wo sie ihre eigenen Heimatwelten längst vergewaltigt und zerstört haben. Die Erde und ihr Habitat werden aufhören, sie zu nähren, und alles wird neu erblühen. Und das geschieht, weil die Menschheit endlich ihre Aufgabe erfüllt, die eine intelligente humanoide Spezies auf ihrem Heimatplaneten zu erfüllen hat: Ihn zu schützen als ihren heiligen

Raum, und mit der Natur und in ihr zu leben. Unsere Körper brauchen das und dann halten sich unsere Körper auch automatisch ganz gesund. Und wir werden eine nachhaltige und sich harmonisch in unser Biotop einfügende Technik entwickeln, und dafür spielt es keine Rolle, welche Farbe eine Partei hat und ihre Politiker, nur, ob dieser Mensch praktisch bereits bewiesen hat, dass er sich basisdemokratisch für das Wohl aller einsetzt und offen und ehrlich agiert, und nicht wie ein Schachspieler strategisch, geheimnisumwittert und mit Bauernopfern.
Auch wenn du als Mitschöpfer deine Welt um dich herum nur zu einem geringen Teil mit-erschaffst, so kannst du doch für dich selbst deine Ideallinie finden. Das sage ich jetzt vor allem für die Unschlüssigen, die Zögerlichen: Sieh dich und deine Leben hier wir in einem Computerspiel: Du navigierst deine Spielfigur, in diesem Fall deinen Körper, auf verschiedenen Levels durch dieses Leben. Ziel ist es, die höchste Stufe schon in diesem Leben zu erreichen: Den Reifeprozess zu vollenden. Liegt dein Fokus auf der kleinen Spielfigur (z.B. Super-Mario), dann endet dein Spiel mit dem Ende der Spielfigur. Aber du, der echte Spieler dahinter, du beginnst gleich das nächste Leben, zumindest, falls du noch Lust hast weiterzuspielen. Die Generation Gameboy wird verstehen, was ich meine. Dabei spielt der kleine Super-Mario immer noch auf den Ebenen einer Homo-Sapiens-Sapiens-Spielfigur und auf der Ebene der dritten Dimension.
Beginnt nun diese Spielfigur als Avatar, sich seiner selbst schon im Spiel bewusst zu werden, macht plötzlich der echte Spieler da draußen das Spiel (da oben in viel höheren Dimensionen, dein Höchstes Selbst). Und als Mitschöpfer hat er Zugang zu vollkommen anderen Spielregeln: Während er als Super-Mario herumläuft, verändert er ständig die Spielregeln und das Spielfeld und optimiert es bereits ‚zum Wohle aller', während er noch darauf herumläuft. Es ist kein Kriegsspiel, kein Kampf, eher ein Aufsammeln von Symbolen, Werkzeugen, Kraft und Talenten, also der Reifeprozess selbst. Unser Leben heute hat das Potential, die fortgeschrittenste Variante von Spiele-Programmierung zu werden. Du gehst rein, wirst dir deiner selbst ganz bewusst, bringst den Prozess zu Ende und gestaltest als Programmierer dein Spiel bewusst weiter.

Ein Homo Creativus Pax verändert das schöpferische Computerspiel vor sich her Schritt für Schritt. Er hält seinen Körper dadurch aufrecht, dass er sich zumindest zeitweise sowohl aus der natürlichen 3D-Erdmatrix als auch aus der künstlichen 3D-Matrix auskoppelt und dem Aufstieg der Erde in die fünfte Dimension entweder vorausgeht (viele Spirituelle meiner Generation), jetzt mitgegangen ist oder noch schnell aufholt und nachfolgt. Dabei erfährt jedes Ich sich selbst gleichzeitig kontinuierlich weiterlebend auf der Erde. Selbst als Seele oder Höchstes Selbst bleibt deine Erfahrung die eines ‚Ich'.
Du bist vielleicht sogar dem Aufstieg der Erde vorausgegangen oder gerade mitgegangen, und hast es nur noch nicht gemerkt. Viele der bereits seelenverschmolzen Geborenen haben sich gleich ihrer Lebensaufgabe gewidmet und von der Matrix nie ablenken und vereinnahmen lassen. Es gelang ihnen, ihren Platz in der Matrix nach Kräften frei und selbstbestimmt und vor allem ehrlich und gut zu erschaffen. Anderen fiel dann nur auf, wie leicht sie es hatten. Sie haben keinen Ehrgeiz entwickelt und sind möglicherweise noch immer auf dem ersten Arbeitsplatz zu finden. Doch dann waren sie so beschäftigt, dass sie die spirituellen oder metaphysisch-philosophischen Themen (noch) vernachlässigten. Vor allem sie haben sich im Jahr 2020 so ihre Gedanken gemacht, ob das noch ihrer Vorstellung von Leben und technischer Entwicklung entspricht.
Dabei müsste es doch der größte Kick für alle Nerds sein, als Mitschöpfer bewusst zu erschaffen. Die Beeinflussung von Wahrscheinlichkeiten zu ihren Gunsten und zum Wohle aller, vom Sofa aus und im Home Office vor dem Computer. Wäre das nicht der Traum jedes Nerds?
Was ich hier im Buch beschreibe, hat das Potential, die Super-Programmier-Erfahrung für alle galaktischen Nerds zu werden.

- Und ich hoffe, dass sie alle bald aufwachen und ihren Reifeprozess vollenden. Diese Nerds dürften das Spiel der Elite jetzt schon zumindest in ihren Teilbereichen durchschaut haben. Wir werden alle zu Nerds.

- Im wissenschaftlichen Sprachgebrauch könnte man unser neues und studierwürdiges wissenschaftliches Fachgebiet die

- ‚neuro-linguistisch-stochastische Programmierung zur Harmonisierung komplexer Zusammenhänge eines Gesamt-Biotops mit unendlich vielen Variablen und sich verändernden Konstanten' nennen.

- Dem Mitschöpfer gelingt es durch Übung und hartes Training immer besser, im Spiel alle Faktoren ständig neu gegeneinander abzuwägen und auszubalancieren und in Harmonie mit dem Ganzen zu bringen (‚zum Wohle aller' in der Absicht tut das automatisch!),

- jeder im Einklang mit seiner eigenen inneren Quelle.

Das wäre dann das Gegenteil dieses dämlichen Tunnelblicks, den wir 2020 erlebten:

- Wo eine ganze Zivilisation nur einer einzigen Variablen ‚C' angepasst wurde,

- dabei griff man im Verhältnis winzige, einseitige Datenmengen willkürlich heraus,

- unterwarf sie einer, zwei oder drei Formeln

- und präsentierte sie uns als ‚Fakten'

- um uns damit eine angeblich wissenschaftlich fundierte Lösung

- und diverse Maßnahmen aufzuzwingen,

- ohne uns basisdemokratisch zu fragen.

- Stattdessen wurde unsere globale Zivilisation
- mit staatlicher und oligarchisch-globaler, privatwirtschaftlicher Propaganda
- so massiv in die Angst gejagt
- und täglich darin weiter aktualisiert,
- und die unbewussten Menschen dazu verleitet,
- in einem nie gekannten Ausmaß ihren eigenen Untergang zu erschaffen.
- Denn wenn du dieses Buch verstanden hast, begreifst du, dass jede einzelne Maßnahme bestens dazu geeignet war, dich mit einem möglichst total geschwächten Immunsystem einem Virus auszuliefern, der möglicherweise sogar aus einem Labor für Biowaffen ausgebrochen war.
- Alles, was uns stark macht, wurde unterdrückt.
- Die Maßnahmen haben uns damit energetisch in die Knie gezwungen. Und das sollten sie auch.

Natürlich wird es weiter Hindernisse und Meinungsverschiedenheiten zwischen uns geben, auch wenn sich die Mehrheit der Bevölkerung zu Mitschöpfern transformiert und auf der fünftdimensionalen Erde lebt. Gerade Autobahnen durch die Wüste wären langweilig.

- Lasst uns stattdessen Städte in der Wüste bauen,
- die Wasser aus dem Meer entsalzen
- und so Oasen formen

- und mit Solarmodulen
- das Wasser wieder spalten in Wasserstoff und Sauerstoff.
- Dort scheint die Sonne so oft so stark!
- Und mit dem Sauerstoff ‚verpesten‘ wir die Umwelt
- und drängen den Co2-Anteil in der Atemluft zurück.
- Und den Wasserstoff nutzen wir zum Speichern von Energie
- für Zeiten, wenn unsere Solarmodule direkt nicht mehr ausreichen.
- Und wir geben damit einem ganzen Kontinent (Afrika) neue Hoffnung,
- und die Möglichkeit der Selbstversorgung,
- und die Chance, in der eigenen Heimat frei und selbstbestimmt zu leben.
- Eine einzige Wasserpipeline pro Stadt und nur bis zum nächsten Meer,
- und wir könnten viele Städte autark in jeder Wüste aufstellen.

Doch globale, oligarchisch denkende Firmen bauen solche Pipelines nur, wenn sie uns von ihnen abhängig halten und ihre Tätigkeit profitabel gestalten können. Und unsere Entwicklungshilfe hat da mitgemacht und die Ausbeutung in einer neuen Form verlängert. Diese autarken Energie-Ideen waren schon in den Zwanzigern und dann wieder in den Siebzigern des vergangenen Jahrhunderts aktuell! In meinem Wirtschaftskundeunterricht habe ich schon mit meinen Schülern davon geträumt. Nur um zu beobachten, dass Politiker stattdessen dazu beitragen, solche

Ideen schon im Keim zu ersticken. Wir könnten jetzt schon blühende Oasen haben, Beispiele von echter Entwicklungshilfe.
Wir werden also bestimmt nicht auf den Wolken sitzen, Harfe spielen und den ganzen Tag gelangweilt „Hosianna“ frohlocken, wenn wir uns nun langsam Schritt für Schritt (harmonisiert miteinander und mit der Erde und ihrem 5D-Biotop) unsere gute Zukunft vor uns her erschaffen, eine Erkenntnis, die ich dem ‚Münchner im Himmel‘ verdanke.
Ganz egal, wie weit du in deinem eigenen Aufwachprozess schon gekommen bist, jetzt ist die Zeit, dich erneut aufzumachen, aus deiner Komfortzone herauszutreten und aufs Ganze zu gehen. Vollende den Prozess jetzt. Du erschaffst bewusst Möglichkeiten, die vorher nicht existierten. Und von denen du auch nichts wusstest und nichts wissen solltest. Erst mit deiner Entscheidung (der Absicht zu erschaffen) und dem Impulsantrieb (deinen Impulsen folgen, selbst wenn sie erst im Nachhinein Sinn machen) gehen Türen auf, die vorher nicht da waren. Du beobachtest achtsam, was du denkst und fühlst, und welche Variablen du für deine Handlungen nutzt. Lerne unterscheiden:

- Lässt du dich noch durch die vorgegebenen Themen der Massenmedien und staatlichen und wirtschaftlichen Werbemaßnahmen reaktiv steuern?

- Oder handelst du souverän und aus deiner Mitte heraus?

- Erschaffst du unbewusst und zu deinem und unserem Nachteil durch die Linse der Angst und der negativen Gefühle, die auf Angst basieren, wie Gier, Neid, Zorn, Profit, Dominanz, Falschheit oder Täuschung,

- und dreht sich dabei alles um dich selbst, deine Karriere, deinen Körper und deine persönliche Bedeutung und was dir, deiner Familie, deiner Partei, deiner Firma und deinen Zielen dient?

- Oder erschaffst du immer öfter durch die Linse der bedingungslosen Liebe, deren Bestreben das Wohl aller ist (was sehr basisdemokratisch klingt),

- und deren Schöpfungen sich an den Gefühlen des Friedens, der Heilung, der Zentriertheit, der Gelassenheit, der Freude, der Gemeinschaft, der Nachhaltigkeit und der Dankbarkeit orientieren?

- Und strebst du dadurch ‚den Himmel auf Erden' für ausnahmslos alle Menschen an, in der einen oder anderen Form?

- Und denkst du dabei auch an die Naturreiche und die Erde selbst?

Ich bitte dich, dich jetzt zu entscheiden. Und ich kann mir nicht vorstellen, dass du etwas anderes wählen wirst, als mit deinen eigenen Worten deinen Drachen zu wecken. Zeig also mit deiner Formulierung und mit deinem Ritual, dass du zu hundert Prozent dahinterstehst und verstanden hast, worum es geht, zum Beispiel:
„Ich will den Aufstieg jetzt. Ich weiß, worauf ich mich einlasse und ich trage das volle Risiko und die volle Verantwortung dafür. Und ich dulde nicht, dass sich eine äußere Macht oder eine innere Besetzung da noch einmischt. Ich bin ab jetzt ein souveräner Mitschöpfer und mit mir muss man rechnen. Ich entscheide mich jetzt für die bewusste Umwandlung meines Körpers von einem dreidimensionalen zu einem multidimensionalen Fahrzeug. Ich beanspruche meine ganze Drachenkraft und mein gesamtes, auch allerhöchstes Potential!"
Du vollendest den Prozess im idealen Timing, also in genau dem Tempo, das für dich richtig ist. Und du wirst zu allen Einsichten, Kontakten und Hilfen geführt, die erforderlich sind, damit diese Veränderung in wunderbarer Leichtigkeit und Freude geschieht.

Die Linsen

Weil das Thema so eine überragende Rolle im Jahr 2020 spielte, möchte ich noch einmal auf die beiden Linsen eingehen, durch die du – bewusst oder unbewusst – deine Zukunft erschaffst. Durch sie schaust du in die Welt und beobachtest sie und beeinflusst die Quanten. Nichts ist wichtiger, als dass du in jedem Augenblick bewusst die Linse wählst, die dich selbst und uns alle positiv weiterbringt. Immer, wenn du dich trotz aller Vorsicht mitreißen und in die Linse der Angst locken lässt, und dich in einer negativ polarisierten Gefühlswelt wiederfindest, gilt es zwei Komponenten zu unterscheiden:

- das Etikett deines Gefühls (die Gefühlsqualität wie z.B. Bosheit, Missgunst oder Eifersucht)
- und die emotionale Ladung (der Energy-Drink selbst).

Die emotionale Ladung einer Gedankenform gibt ihr Kraft und Geschwindigkeit und bestimmt damit auch ihre Durchsetzungsfähigkeit, und zwar in die Richtung nach unten (mehr Angst) oder nach oben (mehr Liebe). Du gibst mit einer emotionalen Ladung diesem dienstbaren Geist, deinem Bot im schöpferischen Ebay der Erfahrungen mehr Druck, mehr Vollmacht auf deine Energie (!), also mehr von deiner Lebenskraft. Und du schickst ihn damit an die galaktische Ebay-Börse. Dort kann er deine Absicht als Erfahrung umso schneller, klarer und intensiver durchsetzen, je mehr Energie du ihm mitgegeben hast. Die emotionale Ladung ist also das Geld, das du deinem dienstbaren Geist (Gedankenform) in die Hand gibst, um an der Börse in deinem Sinne zu spekulieren. Es bleibt immer eine Spekulation und die Börse ist eine schöne Analogie dazu, denn wir alle zusammen erschaffen alles. Alle Menschen erschaffen, sie unterscheiden sich nur darin, ob sie das unbewusst fremdbestimmt oder bewusst selbstbestimmt und als Tranfunzel oder Laser tun. Aber auch alle

anderen Wesen mit freiem Willen in allen Dimensionen des gesamten Universums erschaffen mit dir zusammen alles.
Die Erde selbst hat ein Bewusstsein, aber auch jeder Planet, jede Sonne und jede Gattung, vom Elefanten bis zum Einzeller. Wann immer du ein negativ polarisiertes Gefühl aufgreifst, das zum Beispiel mit Traurigkeit, Angst, Verzweiflung oder Zorn etikettiert und emotional negativ geladen ist, indem du dich damit identifizierst und z.B. sagst „ich bin so verzweifelt“, ziehst du dich und damit unsere Zukunft nach unten. Dann erschaffst du durch die Linse der Angst mehr davon. Du kannst den Gedankenprozess stattdessen dehnen und deine Liebe zwischen die Matrixmaschen stopfen und sie weiten. Beispiel: Du merkst, ‚ich bin verzweifelt‘ (so denken wir eben gewohnheitsmäßig). Sobald du das erkennst, sagst du stattdessen, ‚oh, da ist Verzweiflung in mir. Ist das überhaupt meine?‘ Und du schickst sie zurück zum Absender. Kommt sie zurück und wird mehr, sagst du ‚oh, es ist tatsächlich meine‘. Dann lösche ihre Ursache. Wenn du dich nach dem Zurücksenden zum Absender gleich leichter fühlst, war es nicht deine.
Ein anderes Beispiel: Du erwischst dich in einem inneren Monolog wie, ‚ich bin so wütend darüber, was da grade vor sich geht. Für wie dumm halten die mich‘ (für sehr dumm!). Oder du monologisierst ‚es ist alles so furchtbar, so aussichtslos, das kann nicht gutgehen‘. Auch damit erschaffst du durch die Linse der Angst. Im ersten Fall identifizierst du dich mit dem Widerstand zu dem, wovor du Angst hast, und im zweiten Fall gehst du in die Akzeptanz der negativen Gefühle. Da fällt es schwer, direkt umzuschalten auf Erleuchtung/höchste Schwingung, aber du kannst zumindest die Abwärtsspirale umdrehen, und das haben wir schon besprochen.
Hier noch eine schnellere Variante. Du bist nicht dieses Gefühl, du beobachtest es nur in dir. Du bist nicht wütend und auch nicht depressiv, wenn du so denkst. Du haftest dein Ich an eine Eigenschaft und reduzierst dich darauf und das ist einfach dumm. Identifizierst du dich mit der kleinen, instabilen, provisorischen Persönlichkeit, die du mühsam aufgebaut hast, um in der künstlichen Matrix zu überleben, dann bist und bleibst du Eigentum und Sklave dieser Matrix. Mit dieser Linse wirst du

auch weiter nur deine Ohnmacht und den Missbrauch deiner Lebenskraft erschaffen.
Du musst dich grundsätzlich mit deinem höchsten, stärksten, klarsten und besten Ich identifizieren, selbst wenn du es noch nicht ganz in den Körper gezogen hast.
Deine beste Variante von ‚Ich' kann niemals durch ein körperliches, dreidimensionales Geschehen gefährdet werden. Religiöse Menschen richten sich dann an ihrem Gott aus (Matrixfalle!). Es geht auch anders: Erkenne als Erstes, dass da ganz schön viel Ladung in dir angekommen ist und die trägt das Etikett ‚Ärger'. Da greift dich jemand an, denn Ärger ist immer ein Zeichen von Widerstand, weil da jemand übergriffig mit dir umgegangen ist (und in diesem Sinne ist dein Ärger immer berechtigt). Die Ladung selbst ist reine Lebenskraft, also reine, bedingungslose Liebe. Und die kannst du einfach widerstandslos annehmen und dich davon sogar nähren lassen. Da gibt dir ein Zeitgenosse seinen Energy-Drink, seine Aufmerksamkeit, und du denkst: „Whow, danke!" Du entfernst nur das Etikett von seiner Flasche und es wird zu dieser ursprünglichen, schöpferischen Kraft und die macht dich stärker, gelassener und erfolgreicher.
In Access Conciousness heißt dieses Werkzeug ‚Barriere runter' (ich erwähnte es bereits) und so musst du dir das auch vorstellen. Du öffnest deine Burg und lässt die Zugbrücke runter. Du entfernst das Etikett, indem du die Qualität des Gefühls (Ärger) ignorierst und dich nicht gegen diesen Angriff verteidigst. Du bist zu Recht ärgerlich, aber du reagierst nicht in diesem Sinne. Du öffnest dich stattdessen einfach nur ganz weit. Du schützt dich nicht, du identifizierst dich aber sehr wohl mit deinem Höchstens Selbst dabei, denn deine Persönlichkeit würde einfach weggepustet. Und davor haben wir alle Angst: Nicht mehr persönlich zu existieren. Du nutzt also die Gunst der Stunde (juchu, da macht mich einer ärgerlich, jetzt krieg ich seine Energie – gewusst wie). Du nimmst die Zeit und die Aufmerksamkeit und Lebenskraft ohne Widerstand an, die dir ein anderer widmet, und empfängst reine schöpferische Lebenskraft. Nach spätestens fünf Minuten kann dieser Zeitgenosse keine weiteren Gefühlsetiketten mehr finden, um dich zu ärgern, sie gehen ihm aus. Er wird

friedlich und ruhig. Seine ganze Kraft ist nämlich bei dir gelandet. Du hast sie mit deiner Verteidigung nicht zu ihm zurückgeworfen. Manchmal benötigt der Frieden auf der Welt nur einen einzigen Menschen, der einem anderen eine Minute lang zu 100% fokussiert widerstandlos zuhört. Stell dir vor, was allein mit diesem einen Werkzeug (dann auch noch durch die Gruppenenergie potenziert) so alles möglich wird! Ich hoffe, du kannst unsere Freiheit schon förmlich riechen, mir geht das jedenfalls so. Ich freu mich drauf. Wie schon gesagt: Wir schaffen das. Wir erschaffen es.

Im nächsten Kapitel fasse ich noch einmal alle Werkzeuge zusammen mit dem jeweiligen Hinweis, in welchem Kapitel sie beschrieben wurden.

Weiterführendes Werkzeug: Melde dich zur Prüfung an. Halte die ganze Werkzeugkiste bereit, es kann losgehen!

10c. Die Werkzeugkiste

Alle besprochenen Werkzeuge und Merkregeln, gesammelt in einer Kiste, man kann nie wissen.

Dieses Buch ist Hilfe zur Selbsthilfe: Es befähigt dich, deinen Reifeprozess anzustoßen, deinem Weg bewusst zu folgen und deinen Transformationsprozess ganz zu vollenden, um zu einem freien, nicht manipulier- und regierbaren Mitschöpfer zu werden, der sich aktiv an dem Erschaffen unserer positiven Zukunft beteiligt. Aktivwerden ist wichtig, passive Mitläufer werden das Mitschöpfertum nie erfahren. Das Passiv, so sagte schon mein Deutschlehrer, sei die Leidensform eines Verbs (Tätigkeitswortes). Es wird dir etwas angetan, statt dass du selbst etwas tust. Ein Mitschöpfer ist grundsätzlich aktiv, selbst wenn es nicht so aussieht. Wer zum Beispiel nicht geht, wird übergangen. Wer nicht schaltet, wird ausgeschaltet. Spiel ruhig mal ein wenig mit der deutschen Sprache, sie spiegelt die große Weisheit unserer Ahnen wider.

Kraft und Stärke:
Deine Lebenskraft wächst mit jeder vollendeten Erfahrung und sie schrumpft mit jeder weiteren Verdrängung. (1a)
Ganzheitlich:
Es war nie gedacht, dass wir unser Unbewusstes einfach ignorieren und nur auf einer Hälfte der Gehirnkapazität laufen. Wir sollten im Gegenteil sogar einen dicken Verbindungsbalken durch beste Kommunikation der beiden Hälften miteinander ausbilden. (1a)
Die ganze Medaille berücksichtigen:
Dein Bewusstsein und deine Lebenskraft sind die zwei Seiten der gleichen Medaille. Dein ganzes Bewusstsein, unbewusst und bewusst, erschafft immer schon dein Leben, egal, ob du dir dessen bewusst bist oder nicht. In diesem Buch nähern wir uns dem Umgang mit dem schöpferischen Ganzen durch den energetischen Aspekt. (1a)
Dein Bewusstsein erschafft:
Du hast immer recht, das geht gar nicht anders. Dein Bewusstsein bestätigt sich dabei auf der Erfahrungsebene selbst mit dem, was es erschafft (1a)
Persönlichkeit reduzieren:
Neben ungelösten Problemen erschafft das duale Forschen an Begriffen und die Selbstdefinition Begrenzungen und wirft einen Schatten des persönlichen Gegenteils. So werden Verdrängungen vermehrt, welche deine Lebenskraft binden (1b)
Muster auflösen:
Dein Drache hat nur ein Ziel: Dein wahres Selbst zum Ausdruck zu bringen. Die Mauer zwischen unbewusst und bewusst muss weg. Er will die Wiedervereinigung. Um ihm auf die Schliche zu kommen, kannst du bewusst nach Ähnlichkeiten zwischen dem aktuellen Problem und deinen früheren Erfahrungen suchen: Wo hast du dich schon einmal so gefühlt? Dann können deine Erfahrungen nachreifen, indem du sie mit der aktuellen zusammen bewusst verstehst und durchfühlst. Mit einem "Aha" erkennst du ein Muster. Ab sofort steht es dir frei, es weiter zu aktivieren oder bewusst darauf zu verzichten. (1b)

Ärger verstehen und nutzen:
Wie definierst du dich? Wer bist du? Was willst du bewusst sein? Achte einmal darauf, dass du dieses Bild von dir dann auch verteidigen musst. Wenn du dich ärgerst, hat vielleicht nur jemand an diesem falschen Selbstbild gekratzt, um dir zu helfen, dich besser zu verstehen und großzügiger zu definieren. (1b)

Der Homo Creativus Pax:
Am Ende deines vollständigen Reifeprozesses steht ein Mensch mit ganz anderen Fähigkeiten, der aktiv die Wahrscheinlichkeiten in seinem Leben maßgeblich beeinflusst, also ‚mit der Quelle erschafft'. Diesen gerade entstehenden Menschentyp nenne ich den ‚Homo Creativus Pax' oder ‚Mitschöpfer', weil er sein Leben viel kreativer, bewusster und friedlicher gestaltet und seinen Körper am Ende ganz ohne Siechtum ablegt, sobald es Zeit dafür ist. (1b)

Jeder Mensch kann es:
Jeder, der jetzt auf der Erde lebt, hat das Potential dazu, ein Homo Creativus Pax zu werden. Wenn du erst einmal die Zusammenhänge verstanden hast, kannst du den Reifeprozess einfach durch deine Absicht aktivieren. (1c)

Den Drachenschatz heben:
In der Höhle aufräumen. Die Kraft, die in deinen Verdrängungen feststeckt, kann dann wieder frei fließen, und du bist lebensfroh, fröhlich, kraftvoll und durchsetzungsfähig. Du wirst weise durch die Auflösung des dualen Tunnelblicks. Die Auflösung des Schattens heilt deine Psyche und macht dich ganz, weil Bewusstes und Unbewusstes wieder zusammenkommen und das innere Kind nachreifen kann und erwachsen wird. (1c)

Andere Leben von dir:
Egal, wie bewusst du gerade schon lebst, wenn du in deiner Selbsterfahrung über dieses Leben noch nicht hinausgekommen bist, hat dich die Matrix weiter im Griff. (1b)

Du musst dich selbst befreien:
Nur du allein in deinem eigenen Bewusstsein. Kein anderer kann dich retten oder etwas für dich tun. Wenn er das scheinbar trotzdem tut, dann

nutzt er dafür deine Lebens- und Vorstellungskraft, aber dann lässt du dich weiter von außen benutzen. Lerne, deine Lebenskraft sinnvoll zu kanalisieren, und hole dir deine Geschichte und die der ganzen Menschheit zurück. (1c)

Dein wertvollster Schatz:

Er besteht in der direkten Verbindung zur Quelle und in der direkten Führung durch dein Höchstes Selbst. Im Unterschied zu anderen spirituellen Schulen stelle ich den Kraftaspekt von dir in den Mittelpunkt, deine Drachenkraft. Dann geht es bei deinem Schatz um den maximalen Durchfluss an Energie in deiner Standleitung, der Rest folgt ganz natürlich. Wenn da mehr fließt, erhöht sich deine Lebenskraft. Sie startet eine Reihenfolge von Downloads immer höherer Strukturen und Anbindungen, die einfach in deinen Körper fallen und seine Schwingung erhöhen. So erwacht die Macht selbst in dir - mit der Zeit, die es eben dafür braucht. Du entscheidest dich bewusst zum Homo Creativus Pax. (1c)

Deine Psyche heilt sich selbst:

So wie dein Körper sich selbst heilt, immer wieder, so macht das auch deine Psyche, du musst es nur wissen, wollen und aktiv etwas dafür tun. (1c)

Der freie Wille ist eine Illusion:

Du lebst immer in einem begrenzenden Rahmen und mit begrenzenden anderen Wesen und Naturgewalten und die Astrologie zeigt, dass selbst die wesentlichen Themen deines Lebens bereits festgelegt sind. Die individualisierte Quelle (Höchstes Selbst) erschafft mit dir zusammen alle Erfahrungen. Du kannst diesen Rahmen nicht verlassen, aber du kannst ihn sehr wohl optimal ausgestalten, wenn du ihn kennst. (1c und 5a, b, c)

Die Mitte:

Menschen, die ihre Seele noch nicht mit dem Körper verschmelzen konnten, fehlt eine kraftvolle Mitte. Sie laufen noch sprichwörtlich mutterseelenallein (ohne Kontakt zur Mutter-Seele) durchs Leben und das ist kein schöner Zustand. Dieses hohle Gefühl der Bedeutungslosigkeit, das sich einstellt, wenn die Seele nicht gespürt wird, muss mit einem Korsett aus Ansichten, Gewohnheiten und einer definierten Persönlichkeit kompensiert oder mit Süchten betäubt werden. (2a, 6a, b, c)

Dieses Leben:

Es ist ein Wimpernschlag der Zeit innerhalb von Ewigkeit, aus dieser Perspektive heraus kannst du niemals schon deine Fähigkeiten voll ausschöpfen. Du bleibst ein Blatt im karmischen Wind und lässt dich von den Absichten anderer oder von deinen eigenen forttragen.

Schwingungserhöhung:

Die Standleitung freilegen, hinaufklettern und dein Höchstes Selbst in den Körper holen kannst du nur durch eine Schwingungserhöhung, die sich allein schon durch die Umkehr, die Seeleneinschmelzung, den Wechsel zur „Service-to-Others"-Fraktion und die Auflösung von Persönlichkeit und Schatten ergibt. Durch das bewusste Hinaufklettern in deiner Standleitung und die Erforschung der Nebengänge, der Verwandtschaften und Beziehungen wirst du zu einem Mitschöpfer. (2a)

Die Höhle aufräumen:

Wenn du dein Unbewusstes aufdecken und mit deinem Tagesbewusstsein verschmelzen konntest, hast du nur den ersten Schritt getan. Du hast deinen Schatten aus diesem Leben ans Licht gezerrt und deine Erfahrungen vollendet, viel mehr aber leider noch nicht. Bleibe bitte nicht bei diesem ersten Schritt stehen, sondern gehe mutig weiter. (2a und 7)

Begriffe nachschlagen:

Sollten dir in diesem Text Begriffe begegnet sein, von denen du noch nie gehört hast, schlage ich dir vor, im Internet zu stöbern und mehr darüber zu erfahren.

Die Menschheit selbst steht vor der Entscheidung:

Entweder entwickelt sie sich in einer Aufwärtsspirale zum Mitschöpfer oder sie lässt sich unbewusst in einer Abwärtsspirale in die kollektive Demenz locken. (2b)

Abschaltbegriffe:

Wir müssen uns einem Thema sehr vorsichtig annähern, um dich zu informieren und zu inspirieren, ohne dich und deine Vorstellungen von Religion oder deine atheistisch-wissenschaftlichen Konzepte zu triggern, du könntest dich sonst verletzt fühlen, das Buch in die Ecke feuern und lebenswichtige Informationen verpassen. Behalte bitte im Auge, dass nur ein Konzept verletzt werden kann, an das du fest geglaubt hast, es muss aber deshalb nicht wahr sein. Du als ewiges Wesen kannst nicht verletzt werden. (2b)

Die Quelle in uns ist erfahrbar:

Dieses Gefühl der Einheit mit der ganzen Schöpfung kennst du schon, es kann weiter vertieft werden und zeigt sich auch in jeder göttlichen Eingebung, Inspiration und in der Kunst. (2a)

Die drei Phasen des Prozesses:

Die spirituelle Suche, das spirituelle Finden und die post-spirituelle Anwendung. Die spirituelle Suche findet ihren Abschluss in der Seeleneinschmelzung, während das spirituelle Finden mit der Anmeldung zur Prüfung endet (Ziel dieses Buchs). Danach geht es vor allem um das bewusste Erschaffen, aber auch noch weiter um die Anwendung von Werkzeugen und die Vertiefung von Wissen. Der Mensch ist dann ein Meister, der übt, ein Meister zu sein. Die zehn Schritte dieses Buches nehmen dich an die Hand und führen dich in diese Meisterschaft. (2a)

Unser Schicksal wurde zu unseren Gunsten verändert:

Die Wahrscheinlichkeiten, welche unsere Propheten vorausgesehen haben, wurden verändert, indem unzählig viele spirituelle Menschen weltweit im Reifeprozess vorangegangen sind oder schon gleich als Sternensaat in die Meisterschaft geboren wurden und die Schwingung immer weiter erhöht haben, bis die kritische Masse erreicht war, um der ganzen Menschheit dieses Potential des Aufstiegs – wie sie es meistens nannten – zugänglich zu machen. Kein Hellseher konnte diese Zukunftsvariante voraussehen, denn es gab sie nicht: Viele aufgewachte Mitschöpfer haben sie erst gemeinsam erschaffen. (2a, c)

Den Reifeprozess selbst gab es schon immer:

Das Wissen um unseren Reifeprozess wurden vor uns versteckt, verleugnet, verdreht, falsch interpretiert, verschleiert und uns ausgeredet. Dabei wurde jedes neuere spirituelle Konzept ebenfalls assimiliert und in altbewährter Manier verdreht und die Menschen mit spirituellen Blasen in den Schlaf gelullt. (2a)

Jeder kann das:
Wir sollten nie im Leben auf die Idee kommen, dass es auch uns und sogar noch in diesem Leben geschehen könnte, was Buddha und Jesus realisiert hatten, aber genau das ist, was momentan überall geschieht und erst einmal viele zusätzliche, gesundheitlichen Probleme und Lebenskrisen verursacht. (2a)

Die Älteren:
Die meisten Älteren von uns wurden noch getrennt von ihrer Seele und ihrer vorgeburtlichen Erinnerung geboren. Sie sind es auch, die nun die größten Schwierigkeiten haben, sich auf diese Entwicklung einzulassen. (2a)

Garkochen bis zum Umkehrpunkt:
Wer sich nicht einmal auf der Suche befindet, wird gerade durch das aktuelle politisch-medizinische Klima ‚gargekocht' und gerät in eine Abwärtsspirale, wo in einem Zustand der Angst und durch den Druck der Veränderung vermehrt ungemütliche Erfahrungen und Krankheiten angezogen werden. Das geht so lange, bis der Mensch irgendwann sagt: „Ich gebe auf, ich komme allein nicht mehr weiter. Ich kann nur hoffen, dass es etwas gibt, was größer ist als ich und mir helfen wird." Mit Erreichen dieses Tiefpunkts wird ihre Persönlichkeit in ihrem Größenwahn entmachtet, die Welt zu verstehen und alles besser zu wissen. Erst dann sind sie offen für Spiritualität und ihre Suche beginnt. Ihr Höchstes Selbst erhält das Signal, die erste Phase einzuleiten. Nun folgen Zufälle, Impulse und Rätsel, mit denen das Höchste Selbst ihre Suche indirekt steuert, und die sie wie beim Geocaching (früher: Schnitzeljagd) Schritt für Schritt weiter Richtung Mitschöpfer locken. (2a)

Der Durchfluss an Lebenskraft:
Er wird in dem gesamten Reifeprozess weiter verstärkt und der Körper gewöhnt sich allmählich an eine immer höhere Stromstärke. Der Körper erhält permanent weitere Upgrades. Unser Körper ist lebendig und kann sich anpassen und mit immer noch höheren Stromstärken aka Drachenkraft betrieben werden. Der Mensch erkennt, dass sein höchstes Ich

eigentlich nur Energie und Bewusstsein ist und dass sein 'Ich' immer nur das ist, womit er sich identifiziert. (2a)

Es gibt zwei grundsätzlich verschiedene Herkunftsfamilien:

Sie wirken nur auf der allerhöchsten Ebene zusammen: die Erzengel und die Aufgestiegenen Meister. Bei Ersteren ist ihr Höchstes Selbst in einer Art spiritueller Schwarm-Intelligenz (Hivemind) angesiedelt und sie verströmen sich vor allem energetisch, um die gesamte Realität in der Schwingung anzuheben. Es ist eine Seelenfamilie der vollkommenen Selbstaufgabe an die Quelle des ‚dein Wille geschehe'. Die andere Herkunftsfamilie der Meister hält das Individualitätsprinzip bis in die höchsten Ebenen durch und dient von dort der Quelle, ohne sich dabei jemals selbst aufzugeben. Wenn du dich an der falschen Herkunftsfamilie orientierst, ist es für dich eine Sackgasse. Wenn du so weit bist, wirst du es ganz deutlich spüren, wo du hingehörst. (6)

Erfüllung und Ganzheit:

Jedes Bewusstsein muss seine eigene Heimat finden, um sich erfüllt und ganz zu fühlen. Find also heraus, zu welchem Pol du dich hingezogen fühlst, das ist wichtig. Geht es bei dir um die völlige Selbstaufgabe in einer Meisterlinie, so wie die indischen Gurus es beschreiben, und um das Erreichen des Erleuchtungszustands, dann suche die völlige Ego-Aufgabe unter der Anleitung deines Meisters. Ansonsten orientiere dich daran, selbst noch in diesem Leben ein Aufgestiegener Meister zu werden. (6)

Aufgabe der Erzengelfamilie:

Verwirklichtes Gottesbewusstsein im Körper, Anhebung der dimensionalen Schwingung und Ausgießen von positiven Gefühlsqualitäten. Diese Familie verkörpert den energetischen Aspekt der Quelle. Du reinigst als erwachter Mitschöpfer mit deiner Riesenkraft ganze Länder und Landstriche und hältst sie friedlich stabil und in Liebe und Dankbarkeit. Menschen, die dir begegnen, werden sofort um ein gewaltiges Stück in ihrer Entwicklung vorwärts katapultiert und suchen deine Weisheit. Du verkörperst damit den Energieaspekt der Quelle für die Menschheit, die Natur und die Erde. (6)

Aufgabe der Aufgestiegenen Meister:

Navigation des Aufstiegs. Fühlst du dich von der Ebene der aufgestiegenen Meister angezogen, diesem scheinbaren Gegenpol, der sich nichts und niemandem unterwirft und konzeptlos nur mit der Quelle selbst erschafft? Der wie ein Jedi-Ritter danach trachtet, mit der Macht verbunden zu handeln? Dann folge diesem Weg und verkörpere mehr den Bewusstseinsaspekt der Quelle. Ein Aufgestiegener Meister ist ebenfalls ein verkörperter Homo Creativus Pax, aber er beschäftigt sich mehr mit der Lenkung der Prozesse in Abstimmung mit den Absichten der Quelle, der er kompromisslos dient. Seine Aufgaben sieht er in der Wissensvermittlung, in Einweihungen und im bewussten Erschaffen auf immer noch höheren und noch wirksameren Ebenen. Er trachtet danach, seine eigenen höchsten Ebenen noch stärker in diese Realität zu ziehen und übt gleichzeitig, Meisterschaft immer besser zu verkörpern. (6)

Du musst dich entscheiden:

Das ist deine größte Macht. Du stellst dir vor, wie etwas sein soll und dann entscheidest du dich dafür. Basta. Du musst mit einer Entscheidung deine Bestellung abschicken, genauso wie du im Internet-Shop auf ‚jetzt kaufen' klickst. Und dann loslassen und auf die Lieferung warten. Solange du dich nicht bewusst zu dieser Erfahrung entscheidest, bleibt die Bestellung immer in der Warteschleife der Bearbeitung. (6)

Das Bewusstsein entwickelt sich im Reifeprozess:

Die Realitätskonzepte und Glaubenskonzepte verändern sich und werden größer, weiter und umfassender, wobei jedes Konzept einer Entwicklungsstufe zugeordnet werden kann und zugunsten einer nächsten wieder aufgegeben werden muss, oder der Prozess kommt zum Stillstand. Wie bei einer Treppe musst du deinen hinteren Fuß von der alten Stufe wegnehmen, um ihn vor dir auf eine höhere Stufe zu setzen. Du kannst nicht gleichzeitig einen Fuß auf der untersten Stufe lassen und den anderen sechs Stufen weiter oben aufsetzen. (6)

Konzepte werden überflüssig:

Der energetische Aspekt ist bei jedem Menschen ähnlich und jenseits von Religion erfahrbar: Von der Quelle wird Lebenskraft in höchster Schwingung (Licht, Liebe und Frieden) über dein Höchstes Selbst durch deine Standleitung und die Seele in dein Leben ausgegossen und dein Körper dabei in Form gehalten. (6)

Dein Herz spielt die zentrale Rolle:

Nur dein Herzchakra kann die Schwingungshöhe und Stromstärke empfangen, die den Reifeprozess startet, durchläuft und vollendet. Es will dafür trainiert werden. Du gibst dich diesem natürlichen Prozess hin, wenn du dich bewusst entscheidest, dein Herz zu öffnen und nur deinem Herzen zu folgen. (6)

Dein Herz schließt sich:

Das tut es automatisch, wenn du dich vornehmlich mit den Themen der unteren drei Chakren beschäftigst, die sich durch Angst ansteuern lassen. Oder mit kalter Intelligenz, Technik und Wissenschaft, also wenn du dich vornehmlich mit dem Verstand deiner linken Hirnhälfte und dem Frontallappen identifizierst. (6)

Erste Hilfe für ein offenes Herz:

Du kannst dem Rückfall in ein kaltes Bewusstsein entgegenwirken, indem du als Erste Hilfe in jeder Situation deinen Körper mit seinem Energiesystem anweist: "Herz öffnen und Schwingung erhöhen!". Du wirst feststellen, dass sich deine Stimmung sofort aufhellt und dir zusätzlich Problemlösungen einfallen, die du dir vorher nicht einmal vorstellen konntest. Durch dieses 'Gutsein' aus dem Herzen heraus passieren dir immer mehr Zufälle, welche die anderen Menschen deiner Umgebung nicht für möglich halten. Du kannst nicht mehr herzlos handeln und erfährst Wunder, denn hohe Schwingungen setzen die Gesetze der normalen 3D-Realität außer Kraft. (6)

Du musst aufhören, dich gewohnheitsmäßig wie ein Homo Sapiens Sapiens zu benehmen:

Du musst eigentlich nur verlernen, dich gewohnheitsmäßig wie dieser alte, sozialisierte Mensch zu benehmen und stattdessen alles, was du neu gelernt und ausprobiert hast, richtig gut anwenden. In diesem Buch geht es daher auch hauptsächlich um das Verlernen von Angewohnheiten, die zu einem Mitschöpfer nicht mehr passen. Aber natürlich ging es gleichzeitig um die Schwingungserhöhung und die ideale Vorbereitung auf die bewusste Verschmelzung mit der Quelle. So folgt dieses Buch auch dem Einweihungsweg der Drachenmeister der östlichen Tradition, dem Drachenweg in die Meisterschaft. Du wirst zu einem Meister, der übt, ein Meister zu sein.

Energie, die nie bei dir ankommt:

Jedes religiöse oder spirituelle Konzept, jede Vorstellung, die du dir von der Quelle und von dieser Realität machst und die du für dich als wahr akzeptiert hast, lässt deine Lebenskraft bereits in der Standleitung wegfließen zu denjenigen, die dieses Konzept propagieren, und verstärkt die Institutionen zu diesem Konzept und deren Agenda. Denn ein solches Konzept automatisiert unterschwellig einen Teil deiner Aufmerksamkeit, also der Kraft, mit der du erschaffst. Dann können dann andere ihre Absichten mit deiner Energie erschaffen und du bist – unbewusst - einverstanden.

Die schöpferische Kraft ist begehrt:

Manipulative Religionsexperten brauchen liebesfähige Menschen und deren schöpferische Kraft, um überhaupt erschaffen zu können. Ihre Macht verdunstet, wie Wasser in der Sonne, sobald die Menschen diesen Energieraub stoppen. Solange aber die Menschen diese Tricks nicht verstehen und die perfiden Machenschaften ihrer Manipulateure unbewusst mittragen, wird diese Bevormundung auch weitergehen und sich nur immer in einem neuen Kleid zeigen.

Erschaffen mit der gestohlenen Energie von anderen:

Wer nicht aus eigener Kraft erschaffen kann, weil sein Herz verdorrt ist (= unsere Matrixmacher und ihre Handlanger), muss die Lebenskraft mitfühlender Wesen abschöpfen und zum eigenen Erschaffen nutzen. Nur so kann ein Machthungriger mächtig werden und an der Macht bleiben, denn alles in dieser Realität zerfällt, wenn es nicht von Lebenskraft und Bewusstsein in Existenz gehalten wird. Wenn du das bewusste Erschaffen in Gänze verstanden hast, erkennst du, es ging immer schon vor allem um deine Drachenkraft. Um den Teil deiner Energie, der sich abschöpfen lässt. Und was machen sie mit deiner Drachenkraft, also mit dem dir (noch) nicht zur Verfügung stehenden Teil deiner eigenen Schöpferkraft? Schau genau hin!

So geht stellvertretendes Erschaffen:

Die Manipulation muss so geschickt erfolgen, dass die Schäfchen der guten Hirten einerseits brav ihre Energie einspeisen in die vorgegebene Vorstellung, andererseits aber sich dann alle Mühe geben müssen, dieses Schicksal abzuwenden und sich mit noch mehr Lebenskraft dafür anzustrengen. Ob es dabei wie im Mittelalter um den Teufel und um Hexenmeister geht oder wie in der Neuzeit um rechtsradikales Gedankengut: Die Vorstellung davon muss den Menschen als ‚real möglich' in die Gedankenwelt eingepflanzt werden, um sie dann zu stimulieren, sich damit – für und gegen – emotional aufzuregen und zu beschäftigen. Dabei spielen die Medien die Rolle der Stimulierung von Energie und der Umleitung und Abschöpfung – die Weitergabe an ihre Eigner und die Verstärkung der Agenda dahinter, um so die Wahrscheinlichkeit zu erhöhen, dass sich deren Vorstellung von Zukunft durchsetzt.

Du unterstützt immer die Matrix:

Solange du die Energiekanäle in deinem Unbewussten nicht verstanden, die Weiche (das Konzept) nicht entfernt und den Seitengang zu dieser Manipulation nicht bewusst verschlossen hast, wirst du mit allem, was du tust, die geplante Entwicklung der Herrschenden unterstützen. Du bleibst Teil des Systems deiner eigenen Manipulation und unterstützt es weiter. Du befindest dich in einer Zwickmühle wie in dem Brettspiel ‚Mühle'. Egal, welchen Zug du nimmst, er war bereits eingeplant und du verlierst.

Die Potenzierung von Lebenskraft:

Es ist ein energetisches Gesetz, dass das gemeinsame Konzentrieren auf ein Symbol oder auf eine rituelle Handlung die Lebensstärke im Raum potenziert. Die schöpferische Lebenskraft fließt durch das Gemeinschaftserlebnis um ein Vielfaches verstärkt in die Kanäle der Absicht der Veranstaltung. Die Absichten der Teilnehmer erhalten etwas von der Ernte, aber der größte Teil wird vom Veranstalter und seine Agenda, vom ‚Künstler' oder Initiator, von seiner Ideologie und seiner Organisation oder Glaubensgemeinschaft abgeschöpft. Das kann allerdings auch positiv und zu unseren Gunsten in jedem Seminar oder Treffen erfahren werden, wenn sich auf das Wohl aller konzentriert wird und daraus gemeinsam erschaffen. Menschliche Gemeinschaft kann sehr viel zusätzliche Kraft erzeugen, viel mehr als jeder Einzelne allein. Es ist daher keine einfache Addition, es potenziert sich die Durchsetzungsfähigkeit gemeinsamer Absichten im Quanten-Meer der Wahrscheinlichkeiten. (6c, 7c)

Die göttliche Arterienverkalkung:

Überall kleben Schlacken an den Wänden der Verbindung zu unserer Quelle, die den freien Fluss behindern. Doch die gute Nachricht ist: Heute können wir das Problem lösen und das Plaque recht einfach entfernen. Wisse von bestimmten Konzepten, aber identifiziere dich nicht mehr damit. Denke dir: „Interessantes Konzept. Interessant, dass ich mich so begrenze. Und das hört jetzt auf."

Die massenhafte Abschöpfung von Energie in niedriger Schwingung:

Beobachte deine Emotionen in Verbindung mit Massenveranstaltungen aller Art, wo du dich kleiner fühlst und ergeben und wo du VIPs aller Art verehrst. Du musst den Royals oder Lady Gaga nicht auch noch deine Lebenskraft nachtragen, die können auch so schon aus dem Vollen schöpfen.

Die Bekreuzigung:

Mit einem kinesiologischen Muskeltest kann jeder überprüfen, was diese symbolische Handlung eigentlich macht: Die Hand nach unten verstärkt die dir zufließende eigene Lebenskraft und die Querbewegung auf Herzebene oder auf Höhe des Solarplexus setzt eine Barriere, so dass sie in deinem Körper (untere drei Chakren) nicht mehr ankommen kann. Die Seitwärtsbewegung zeigt die Umleitung in das Konzept und die Institution dahinter an, die dich zu solchem Unsinn anleitet. Du sagst damit: Nimm meine Kraft und mach damit, was du willst, für meinen gesunden Körper und mein eigenes Leben brauche ich sie nicht. Dass du dich dabei unterwürfig zeigst, sorgt dafür, dass der größere Teil wegfließt. (8)

Sei gut:

Durch dieses 'Gutsein' aus dem Herzen heraus passieren dir immer mehr Zufälle, welche die anderen Menschen deiner Umgebung nicht für möglich halten. Du erfährst Wunder, denn diese hohe Schwingung setzt die Gesetze der normalen 3D-Realität außer Kraft, du gehst allmählich in die 5D Realität über. (6c, 7c)

Grundregel der sozialen Medien und Massenveranstaltungen:

Was emotional daherkommt, ohne dich persönlich zu kennen und sich daher um dich zu sorgen, will dich melken. Immer. Beobachte und lerne.

Kaufe gedruckte Bücher:

Es ist einfach zu verführerisch, dass die großen Oligarchien den Knopf drücken können und unsere Ebooks verschwinden lassen, so wie jetzt schon unliebsame Kandidaten mit ihren Veröffentlichungen aus den sozialen Medien gelöscht werden, deren Inhalt nicht der des von der Wikipedia-Blase genehmigten Gedankengutes entsprechen. Bücherverbrennung ist heutzutage einfach viel zu einfach, als dass sie diesen Schritt auslassen würden. Sei darauf gefasst. Du erhältst dann eine knappe Mitteilung, dass du Bücher in deiner Online-Bibliothek stehen hast, die nicht gut für dich sind. Man sorgt sich, ob du noch bei klarem Verstand bist.

Was du alles nicht wissen sollst:

Du sollst so lange wie möglich nichts von deinem großartigen Potential wissen. Und wenn dir diese Möglichkeiten neu sind, hat es ja auch gut funktioniert. Du sollst nicht wissen, dass du eine Seele hast, und noch viel höhere Strukturen und ein ewiges Leben, und dass du wie alles Lebendige heilig bist, sollst du auch nicht bemerken, sonst könnte man deine Ausbeutung wohl nicht so vehement vertreten. Dann müssten sich alle Menschen zusammentun und ein bedingungsloses Grundeinkommen für alle umgehend einführen. Du hast eine Geschichte, die man dir geraubt hat und vorenthält, du hast eine kosmische Familie, von der du noch nichts weißt, eine Seelengruppe, mit der du dich gemeinsam entwickelst, und du bist in den unendlichen Weiten des Kosmos Zuhause. Wenn du das nicht weißt und dein ewiges Leben auch nicht erinnern kannst, bis du mit dem Tod zu erpressen. Dann glaubst du sogar, dass du dich zufällig aus dem Affen entwickelt hast, aber genauso gut kannst du glauben, wenn du die Dose mit dem Salami-Pausenbrot schüttelst, wird daraus ein Milchbrötchen. Wir waren als die Hüter der Erde gedacht. Es wird Zeit, dass wir unsere Aufgabe erfüllen.

Die kollektive Pubertät:
Sie dauert nun schon lange genug, unsere ‚Eltern' funktionieren nach dem Motto: "Solange du deine Füße unter meinen Tisch streckst, hast du zu machen, was ich sage.". Bitte finde deinen eigenen Weg und verlasse die religiösen Experten und Fakten-Checker umgehend.
Dein Reifeprozess soll möglichst nicht getriggert werden:
Stattdessen darfst du auch körperlich langsam dahinsiechen und das bitte schön emotional energetisch abschöpfbar. Deine Gefährlichkeit liegt genau darin, dass du auf eigene Verantwortung (wessen Verantwortung auch sonst?) die Dinge tust, die dich echt weiterbringen in Richtung Einigkeit, Liebe und Freiheit. Lass dich darin nicht mehr bevormunden.
Bist du bereit, gefährlich zu werden, im positiven Sinne?
Sage: Ich bin bereit, gefährlich zu werden, indem ich ganz ich selbst bleibe und mich immer weniger verbiege. Mein Leben verläuft dabei in Ideallinie, ich bin und bleibe ganz sicher, gesund, friedlich und liebevoll.
Die Manipulation durch Begriffe:
Jeder geeignete Begriff, der einen guten Ruf hat, wird verdreht und gegen dich benutzt, um das Gegenteil zu erreichen. Erst wenn du herausfindest, dass dein Bewusstsein unabhängig von diesen Begriffen funktioniert, kannst du jeden einzelnen Begriff hinterfragen. Folge dabei den Marionettenfäden der Lenkung wie Energie und Geld. Dann verstehst du das Kasperletheater plötzlich ganz anders, was uns da draußen wirtschaftlich, gesellschaftlich und politisch vorgeführt wird. Dann macht alles plötzlich Sinn, wo du dich zuvor ständig gefragt hast: „Warum machen die das? (7c)
Das Werkzeug der Wahrheit:
Denke dir in jeder Begegnung und bei jeder medialen Darbietung: ‚Wahrheit!' – und dir werden plötzlich Ungereimtheiten auffallen, falls welche da sind. Oder du erkennst die Güte und die Echtheit im anderen und freust dich: Dem kannst du vertrauen. Schärfe deine Sinne für diese Wahrnehmung. Ein Lügner wird sich versprechen oder eine verräterische Mimik zeigen. Das geht auch rückwärts in der Zeit: Wenn du ein Video-Interview betrachtest und im Befehlston ‚Wahrheit' denkst. Es wird in der Zeit zurückwirken auf das tatsächliche Ereignis und eine

Täuschung wird gestört. Wenn das viele Leute machen, wird die Wirkung potenziert verstärkt.

Stopp die Verschwörung!

Wir sollten mit Verschwörungen ganz aufhören, sonst erschaffen wir mehr davon. Und sollten unsere Aufmerksamkeit stattdessen auf den Reifeprozess lenken. Jede Geheimniskrämerei führt zu einer Kultur aus Lügen und Verschwörungen und spielt uns nur weiter in die Hände der Herrschenden. Fang an bei dir selbst: Sei offen und ehrlich, aber öffne dich nicht schutzlos einem Matrix-Agenten, bleibe vorsichtig-liebevoll und handle aus dem Herzen heraus. Das brauchen wir jetzt.

Die Menschheit ist am Scheideweg angelangt.

Es gibt gerade noch und nicht mehr für lange zwei mögliche Zukunftsszenarien, die später weiter ausdifferenziert werden. Entweder unser Drache wird ins künstliche Koma versetzt oder wir bestimmen als Mitschöpfer selbst über unsere Entwicklung.

Raus aus der Angst mit dem Countdown:

Informiere dich! Etwas verstehen ist schon die halbe Miete. Und solltest du doch plötzlich Angst bekommen, dann zähle rückwärts von 5 nach Null, so als Countdown und atme tief durch. Damit unterbrichst du die Propaganda-Trance. Dann entscheide dich, stattdessen etwas Liebevolles, etwas Positives zu denken, zu fühlen und zu tun. Denk an deinen Garten, deine Liebsten, an schöne Momente.

Der Gefühlsschalter:

Stell dir einen Schalter in dir vor, mit dem du von der Angst-Matrix umschalten kannst auf die fünftdimensionale Liebes-Matrix der Mitschöpfer.

Die höchste Schwingung:

Sie ist - zumindest für mich - nicht die Liebe, sondern die Einheit mit der Quelle. Mein höchstes, spirituell-religiös-göttliches Gefühl, das ich selbst erfahren habe, ist: Ich bin mit allem verbunden. Ich liebe diese Schöpfung! Ich umarme dabei die Erde und all ihre Geschöpfe, so wie eine Mutter ihre Kinder. Ich fühle mich wie die Mutter dieses Planeten, wie die Göttin Tara oder Gaia selbst. Dieses Gefühl überkommt so manchen Menschen an einem Ort in der Natur, ganz plötzlich. Da lugt also diese besondere Erfahrung schon mal durch, um dir Lust auf mehr zu machen.

In diesem Zustand bin ich eins mit der ganzen Schöpfung, ich bin diese Schöpfung. Ich bin Schöpfer und Schöpfung zugleich. Im Einheitsbewusstsein darf alles existieren, bedingungslos und urteilslos. Diesen Bewusstseinszustand kennen alle Religionen und Traditionen als ihre heiligste Erfahrung und sie nennen sie Entrückung, Verzückung oder Erleuchtung.

Wir haben gerade Erleuchtungswetter:

Heutzutage kann das jeder erfahren, und das war nicht immer so. Also pack die Gelegenheit beim Schopf, die Zeichen stehen günstig!

Die Skala der Gefühle und ihrer Schwingungshöhe:

Die verschiedenen Schwingungshöhen entsprechen bestimmten Gefühlen und Ladungen. Du kannst sogar eine emotionale Skala entwerfen, die zu deiner eigenen sprachlichen Begrifflichkeit passt. Ganz unten auf der Skala, also bei ganz langsam, schwer und böse findest du abgrundtiefen Hass, Angst, Furcht, Bosheit und Mordlust, das ist die negativ polarisierte Schöpfung. Ganz oben findest du das Einheitsbewusstsein, direkt darunter Liebe, Frieden, Dankbarkeit. Irgendwo in der Mitte liegt neutral, ein Zustand ohne jegliche positive oder negative Ladung. Versuche doch selbst einmal, nun alle anderen Gefühlsqualitäten, die du kennst, auf der Skala einzuordnen: Liegen sie auf der positiven Seite über neutral oder auf der negativen Seite unter neutral? Wie sind sie übereinander angeordnet? Versuche es zumindest mal mit ‚Neid' und ‚Wohlwollen' oder ‚Vertrauen'.

Seifenblasen oder Realitäten? / mit Tagträumen erschaffen:

Unsere Fantasien schillern und schweben so dahin. Du kannst dir viele andere Realitäten in Tagträumen ausmalen und sogar ganze parallele Universen erschaffen, die irgendwo vermutlich auch existieren. Allein, sie werden genauso wenig Wirkung auf dein jetziges Leben zeigen wie all deine Tagträumereien von einer glorreichen oder gar schrecklichen Zukunft oder das Schwelgen in Erinnerungen. Die Bilder und Handlungsabläufe (gewünschte Erfahrungen) müssen im Jetzt ablaufen und dich selbst gerade dynamisch ansprechen. Tagträumen ist daher eine wichtige Tätigkeit, weil du dich jetzt schon so fühlst. Du bindest diesen Ballon an diese Zeitlinie und den erlebten Moment. Tagträume kannst du bewusst steuern und sie zum Erschaffen nutzen. Sie werden zu einer sinnlosen Energieverschwendung, wenn du stattdessen Seifenblasen bis hin zu ganzen Miniuniversen erzeugst, die dann einfach mal so dahinschweben und mit deinem jetzigen Leben rein gar nichts zu tun haben. Nur du selbst kannst wissen, ob gerade das eine oder das andere vorliegt, von außen sehen sie beide gleich aus. (5b)

Du lebst nur jetzt:

Nur jetzt bist du lebendig. Du musst dich daher jetzt schon so fühlen, als hätte sich dieser Wunsch erfüllt. Das ist die praktische Anwendung des Gesetzes des Jetzt. Dann ziehst du die erwünschte Erfahrung unweigerlich in dein Jetzt und auf deine jetzige Zeitlinie. Dann knüpfst du deine ‚Seifenblase' an diese Realität und diese Zeitlinie und machst sie realer.

Die Verantwortung für Gedanken und Gefühle:

Wenn jedes deiner Gedanken, Gefühle, Worte und Handlungen sich umgehend umsetzen würden, was wäre dann? Übernimm die Verantwortung für das, was du denkst und wie du dich fühlst. Sie alle haben die Macht, zumindest die Wahrscheinlichkeit ihrer Umsetzung zu beeinflussen.

Menschlichkeit heißt unterscheiden:

Liebe deine Mitmenschen bedingungslos und helfe auch, wenn Not am Mann ist, beachte jedoch: Mit deiner Andersartigkeit kannst du nur eine Persönlichkeit und ihre Konzepte und Meinungen verletzen, nie die Menschen selbst. Du kannst es aber auch nicht verhindern, wenn sie sich über Konzepte, mit denen sie sich identifiziert haben, kränken lassen wollen. Steh zu dir und deinen eigenen Ansichten und wie du hier leben willst und verlange das auch von anderen, wenn sie mit dir leben wollen. Sonst müssen sie weiterziehen. Wir sollten niemals gegen einen Menschen sein, dürfen ihn aber auf Distanz halten, wenn er nicht zu uns passt und unser Leben stört.

Mach umgehend eine Therapie, wenn nötig:

Ich empfehle dir ausdrücklich eine Therapie, wenn es um ein heftiges Trauma geht. Alles liegt ganz in deiner Verantwortung. Auch jede Selbsthilfe. Du bist schon groß, du bist erwachsen, du musst dich von niemandem bevormunden lassen. Doch du sollst dir auch unbedingt bald kompetent helfen lassen, uns bleibt nicht viel Zeit. Ich selbst habe über hundert Therapiestunden mit psychoanalytischen Gesprächen zugebracht, zwei große und etliche kleinen Burn-Outs überstanden, diverse Hilfen von Sozialarbeitern, Psychologenfreunden und spirituellen Freunden erhalten, vor allem aber für bestimmt ca. 50 000 DM/Euro Seminare und alternative Therapien besucht. Ich habe für meine Freiheit bezahlt. Was ist dir deine Freiheit wert? Mach einen Termin für eine Therapie, wenn du es bisher vor dir hergeschoben hast und es in deinem Leben etwas gibt, das du nicht allein bewältigen kannst. Oder sprich zumindest mit einem Menschen deines Vertrauens über ein Ereignis, das emotional noch stark geladen ist. (7a)

Bist du wach, wenn du wach bist?

Um das Prädikat ‚wach' zu verdienen, musst du dir erst einmal bewusst werden, wann du fokussiert im gerade jetzt ablaufenden Leben bist und wann deine Aufmerksamkeit woanders herumspaziert. Lerne meditieren, um dich darin immer besser zu verstehen und vermehre die Zeit, in der du dir tatsächlich selbst bewusst bist. Es ist ein Zustand, indem du in deiner Mitte ruhst und einfach da bist. Eine neutrale Gefühlslage mit einem leeren Frieden im Kopf.

Der Beobachter:

Lerne, dich grundsätzlich zu beobachten, zweige also eine Beobachterpersönlichkeit ab von deinem Ich und der steht einfach nur neben dir und beobachtet dich dabei, ‚ich' zu sein. Und kommentiert es dann. (mehr dazu in meinem dritten Buch der Lichtfilztrilogie).

Deine Absicht visualisieren:

Stell dir das Bild oder den Erfahrungsfilm besonders begeistert vor und super ansprechend, übertreibe positiv und gib viel Ladung in möglichst hoher Schwingung drauf, erhöhe die Intensität und die Zeitspanne der Visualisierung. Fühle dich auch jetzt schon so. Das Gute an diesem schöpferischen Prozess ist der Nebeneffekt, dass du dich sowieso schon so fühlst und daher diese Erfahrung nicht mehr brauchst, zumindest nicht, um dich so zu fühlen.

Erschaffe bewusst:
Formuliere eine Absicht, entscheide dich für diese Veränderung und lade die Gedankenform erkennbar positiv auf. Dann lass los. Und wenn ein Impuls mit dem gleichen Gefühl vorbeikommt, folge ihm unmittelbar. Aus der Zukunft wirst du ihn verstehen.

Hans im Glück:
Der Schlüssel dazu ist, dass du immer wieder übst, dich zu fühlen, wie du dich fühlen willst. Wenn du das auf dein ganzes Leben übertragen kannst, bist du wie Hans im Glück unterwegs und immer glücklich, egal welche Erfahrungen du gerade machst. Sobald deine Gefühlswelt auf der Skala unter neutral rutscht, kannst du dich fragen, wie du dich stattdessen fühlen willst. Es hilft, dreimal lang und tief durchzuatmen. Probiere es aus, es funktioniert. Damit ist deine gute Laune nie mehr abhängig von anderen, von Umständen oder Erfahrungen. Stell dir vielleicht einen Schalter in dir vor, den du von ‚trüb', ‚regnerisch', ‚bewölkt' auf ‚warm', ‚sonnig' und ‚gute Laune' umstellen kannst. So schützt du dich auch vor der Ansteckung durch Angst und andere negative Gedankenformen und deren Impulse, und du wirst seltener zu einer Reaktion getriggert. Für die künstliche Matrix bist du dann kaum noch erreichbar.

Akupunktur der Zeit / Gleise verlegen:
Wiederhole die gleiche Absicht täglich als Akupunktur der Zeit, damit schiebst du deine Anzeige im kosmischen Ebay der Möglichkeiten wieder ganz nach vorne. Morgens ganz früh und abends ganz spät sind die kraftvollsten Zeiten dazu. Mach das Bild dazu leuchtend, klar, größer und addiere sprachliche Begeisterung. (5c und 8b)

Linderung von Lichtkater-Symptomen:
Wenn deine Veränderungssymptome zu drastisch sind, leg die Beine hoch, mach es dir bequem und dämpfe das Geschehen ruhig mit Medikamenten, doch behalte im Auge, dass du damit bewusstseinsdämpfende Drogen verwendest, die dich über die materielle Verabreichung in die niedrige Schwingung der Materie herabziehen. Das ist gut so, du musst dich nicht quälen, doch lerne auch möglichst schnell dein eigenes Unbewusstes, deinen Drachen bzw. dein höchstes Selbst bei all deinen Entscheidungen miteinzubeziehen, um zu entscheiden, welchen Rat von

Experten du befolgst und welchen nicht. Lerne, deinem Körper und deinem Reifeprozess nicht zu schaden, während du dir medizinisch und psychologisch helfen lässt. Noch einmal: Ich sage nicht, dass du auf diese Hilfe verzichten sollst. Doch behalte im Auge, alles, was deine Krankenkasse anbietet, ist eine Empfehlung der Matrix, und es muss individuell für dich und deinen Reifeprozess stimmen. Denn dein Reifeprozess ist kostbar.

Die Aufgabe deines Drachen:

Dein Torwächter-Drache versucht in jedem Augenblick, ein energetisches Gleichgewicht zwischen Körper, Geist, Seele und Umfeld zu finden und zu halten, welches deinen Körper und deine Psyche maximal schützt und fördert und keinen Schaden anrichtet. Unterstütze deinen Drachen bewusst, indem du mit ihm zu kommunizieren lernst. Dein Drache, deine Seele und dein Höchstes Selbst haben nur dein Bestes im Sinn. Da draußen die Wölfe dagegen haben wie beim Märchen ‚Der Wolf und die sieben Geißlein' ganz viel Kreide geschluckt, um uns zu überzeugen, die Tür zu öffnen, damit sie den Drachen ins künstliche Koma versetzen können.

So lenkt dich dein Höchstes Selbst:

Es zieht sich zurück, wenn du nicht auf dem abgesprochenen Weg weitergehst, und es kommt stärker durch und gießt gute Laune und Erfüllung in dein Gemüt, wenn du in der Spur bleibst. Die Lebensaufgabe, die Vision, hält dich in der Spur und führte dir die karmischen Mitspieler zu, die oft ebenfalls bereits begonnen haben, ihr Unbewusstes aufzuräumen. Du wirst sie nie kennenlernen, wenn du nicht deiner Vision folgst. So eine Lebensaufgabe ist immer etwas, was den anderen Menschen und dem Planeten im Allgemeinen dient und dich aus dem Horizont deines Freundeskreises und aus deiner Familie hinausführt. Einen Teil deiner Zeit widmest du von nun an engagiert ehrenamtlich einer guten, allgemeinen, wohltätigen Sache. Sie muss dir grundsätzlich Spaß machen und dich in deiner Entwicklung voranbringen. Und du tust es nicht aus Karrieregründen, weil du dafür bezahlt wirst oder um dir als Persönlichkeit Bedeutung zu geben (Aufblasen von Persönlichkeit und Schatten) oder aus dem

Schuldgefühl heraus, dass es dir ‚viel zu gut' geht. Du tust es ausschließlich, weil es stimmt.

Nach der Seeleneinschmelzung:

Bei der Seeleneinschmelzung wird deine Seele zum Ich. Der Reifeprozess ist gestartet und die neue Richtung gesetzt. Plötzlich erkennst du, dass du den äußeren Frieden nur stimulieren kannst, wenn du ihn erst einmal in deinem Inneren selbst gefunden hast. Du begreifst, dass du deinen eigenen Unfrieden weiter auf die Welt projizierst. Dein Urteil, da draußen in der Welt ginge es nicht friedlich zu und du müsstest daran etwas ändern, verlängert nur den Zustand des Unfriedens in dir und in anderen. Umgekehrt stellst du nun fest, dass alleine schon durch deine eigene Selbstheilung die Leute um dich herum ebenfalls mit Heilung angesteckt werden. Frieden beginnt sich merklich um dich herum auszubreiten.

Über die Matrix hinauswachsen:

Du musst größer werden wollen als das übliche Privatleben und aus deiner Komfortzone heraustreten, das erst lässt dich über die Matrix hinauswachsen. Komfortzone ist mit künstlicher Matrix identisch. Du spürst an diesem Punkt in deinem Leben, dass es um mehr geht. Du weißt und kannst etwas, von dem du zwar noch keinen blassen Schimmer hast, aber du bist zuversichtlich, du wirst es finden. Und genau diese Fähigkeit, dieses Talent, braucht die gesamte Menschheit im Kleinen oder Großen jetzt ganz dringend und kein anderer kann das stattdessen für dich beitragen.

Schwingungserhöhung unterstützen:

Einweihungen und energetische Behandlungen (z.B. meine Ausbildungen in Reiki, Lightarian, Magnified Healing oder Access Bars) sind nur ein recht vorsichtiger erster energetischer Türöffner, wenn auch sehr wirksam und sehr stark. Doch auch die Kehrseite der Medaille, das Bewusstsein, muss nachziehen. Immerhin gewöhnt sich dein Körper so an den höheren Durchfluss von Lebenskraft, sowohl in der Stärke als auch in der Schwingungshöhe, und du machst dich selbst mit dem Konzept vertraut, in Energie und Schwingung zu denken. Du wirst deine Impulse stärker wahrnehmen und die führen dich zu immer noch höheren

Einweihungen, Aktvierungen und Aktualisierungen, die rein auf energetischer Ebene wirken. Aber auch zu einem höheren Bewusstsein.

Die Zeit hat sich extrem beschleunigt:

Was bei mir noch sieben Jahre dauerte oder zwanzig, kannst du in einer Woche erleben. Wenn du es zulässt und den Inhalt dieses Buches widerstandslos zu empfangen bereit bist, kannst du bis zum Ende des Buches deinen Reifeprozess komplett durchlaufen. Versprochen. Doch du musst auch die Hausaufgaben machen, die ich dir vorschlage.

Das Trapez:

Dein Leben ist gerade gut eingerichtet, so als ob du an einem Trapez hängst und gemütlich und sorgenfrei hin und her schaukelst. Das ist dein Leben, deine Komfortzone. An diesem Trapez hast du es dir bequem gemacht. Es kommt dir allerdings mittlerweile etwas langweilig und unbefriedigend vor. Es beschleicht dich so ein Gefühl, dass sich etwas verändern sollte. Aber was? fragst du dich. Plötzlich siehst du in einiger Entfernung ein anderes Trapez, eines das leer ist, da hängt auch kein anderer Mensch dran. Und während du so vor dich hinschaukelst, erkennst du immer deutlicher, auf diesem Trapez steht dein Name, da geht es weiter in deinem Leben. Das ist dein nächster Schritt, dein nächster Lebensabschnitt. Und nun tust du alles, um dein altes Trapez so hoch und weit zu schaukeln, dass du das andere, frei schwingende Trapez sicher zu fassen kriegst. Dein Plan ist, dann umzugreifen und erst danach das alte Trapez ganz loslassen. Guter Plan, doch egal, wie sehr du dich anstrengst, vom alten Trapez auf das neue zu wechseln, das Neue bleibt immer ein kleines Stück zu weit entfernt. Irgendwann gibst du auf. Entweder resignierst du und schaukelst weiter am alten Trapez und denkst dir allerhand Ausreden aus, warum das auch noch besser für dich ist, in der Komfortzone zu bleiben. Oder du erkennst, was erforderlich ist: Dass du springst. Du musst erst das alte Trapez ganz loslassen, um das neue zu fassen zu kriegen. Und das wiederholt sich mit jedem größeren Schritt. Jeder Schritt in deinem erwachten Leben und in deinem Reifeprozess ist ein neues Trapez.

Sternensaat und Kristallkinder:
Sie können den Schritt ‚Schattenintegration und Erfahrungen beim Drachen vollenden' fast ganz überspringen. Die fehlende emotionale Ladung wird ihnen zeigen, dass es bei ihnen weder mit dem inneren Kind noch mit all den anderen psychologischen Konzepten der Selbstheilung aus diesem Leben weitergeht. Die haben sich nie ganz auf die Matrix eingelassen und nur selten ihr Ich in Persönlichkeit und Schatten gespalten. Die haben daher nur sehr wenig beim Drachen abgelegt und auch keine aufgeblasene künstliche Matrix-Persönlichkeit aufgebaut. Dafür könnte in ihrer Standleitung und in anderen Leben noch jede Menge los sein, was den freien Fluss der Lebenskraft behindert, das ist zumindest einen Blick wert. Sie müssen vor allem verstehen, wo sie sich selbst gerade im Reifeprozess befinden, dann zügig ihre Entscheidungen treffen und ihre Meisterschaft einfordern. Sie sind fast schon am Ziel. Hier erfahren sie, wie es geht. Doch auch sie müssen den Reifeprozess zumindest körperlich noch zu Ende durchlaufen, ohne dass die Sicherungen in ihrem Körper durchbrennen.
Bist du schon mit Seelenintegration geboren, ist es dir auf ganz natürliche Weise unverständlich, wie ein Mensch sich egoistisch, böse, hinterhältig oder gemein verhalten kann. Du lebst bereits in einem 5D Bewusstsein oder höher und respektierst und liebst die natürliche 3D Matrix von Mutter Erde, die du als ein lebendiges Wesen wahrnimmst. Es ist dir selbstverständlich, dass du über dein Herz geführt wirst, und du hast auch ein ganz starkes Gefühl, ob etwas für dich stimmt. Deine Umgebung macht dich krank, die künstliche Matrix zwingt dich physisch und psychisch in die Knie und du verstehst nicht, warum andere diese Schwierigkeiten nicht haben. Nun, du bist schon anders. Deine Lösung besteht körperlich darin, dich bewusst in die natürliche 5D-Matrix der aufgestiegenen Erde einzuklinken, einfach durch deine Entscheidung. Du bist schon so, wie die anderen erst noch werden müssen, wenn sie nicht ihren Drachen ins Koma versetzen lassen wollen. Die anderen können dein Maßstab nicht sein, wenn du schon mit der Seeleneinschmelzung in dein Ich zur Welt kamst, die anderen um dich herum leben aus der

Persönlichkeit heraus und unterhalten einen großen Schatten an Verdrängung.

Matrix-Persönlichkeiten:

Sie gleichen einem Süchtigen, einem Selbst-Süchtigen, der sich um sich selbst und seine Beziehungen und um seine Bedeutung und seine Meinungen dreht und der seinen Schatten tunlichst vor anderen verbirgt. So wird er erpressbar mit jedem Fehltritt, denn natürlich lässt sich eine solch glorreiche Persönlichkeit nur schwer durchhalten. Solange du als diese unreife Persönlichkeit unterwegs bist, ganz egal, von wieviel guten Parteifreunden und Absichten begleitet oder mit welch wundervoller Wohlfühl-Spiritualität umhüllt, kann sich kein großer Lehrer oder Seelen-Freund aus anderen Dimensionen bei dir melden. Deine Seelenfamilie hat keine Chance, dich zu erreichen. Deine Schwingung ist zu niedrig, als dass du selbst channeln lernen könntest. Über Hypnose kannst du dieses Manko dennoch überwinden.

Der Beginn der spirituellen Suche:

Erst wenn du sagst, „Ich kann es nicht allein machen. Ich gebe auf. Es gibt da etwas, was meine eigene Schwerkraft des Um-mich-selbst-Kreisens durchdringt, es gibt da vermutlich eine Quelle, mit der habe ich eine Bestimmung verabredet und der will ich folgen“, hebt das auf eine ungewöhnliche, rätselhafte und paranormale Weise die physikalischen Gesetze der natürlichen 3D Matrix auf und beschert dir Zufälle und Wunder. Du hast dich auf deinem Weg immer tiefer hinein in die materielle, mechanistische und sinnlose Schöpfung endlich umgedreht und beginnst deinen Weg zurück zur Quelle – durch dein Herz, die Höhle und die ganze Standleitung hinauf. Die Anonymen Alkoholiker zum Beispiel kennen diesen Umkehrpunkt genau, denn ihre Abstinenz beginnt damit, dass sie sagen, „ich selbst haben offenbar keine Kontrolle über meine Sucht, also hoffe ich, dass es eine höhere Instanz gibt, die mich aus der Sucht führen wird und der will ich folgen“. Sie werden in der Regel spirituell und entwickeln Stimmigkeit, sie lassen sich führen von einer inneren Instanz. Dieser Weg führt direkt zur Seeleneinschmelzung, gibt jedoch noch nicht den Startschuss für den Reifeprozess. Leider. Denn zu diesem musst du dich auch bewusst entscheiden und immer in Übereinstimmung mit deinem Höchsten Selbst zum Wohle aller handeln.

Der Umkehrpunkt in deinem Leben:

Er liegt bei jedem woanders. Manchmal stellt ein Mensch dann der Quelle, dieser höheren Macht, ein Ultimatum, z.B. „wenn sich das ... in den nächsten Monaten nicht ändert, dann bringe ich mich um" (so von Dain Heer berichtet) oder du sagst, „es gibt vielleicht diese Quelle, irgendwo muss meine Lebenskraft ja herkommen. Was habe ich zu verlieren, wenn ich annehme, dass sie diesen Teil der Matrix außer Kraft setzen kann, der mir nicht gefällt? Was wäre, wenn ich mich für eine andere Erfahrung entscheide und dann schaue, was passiert?" Du formulierst Absichten und beginnst damit bewusst zu erschaffen. Diesen Umkehrpunkt nutzen spirituelle oder religiöse Missionare, Agenten der Matrix und Geschäftsleute übrigens gerne dafür, einen Menschen in ihre Gemeinschaft oder in ihr Business zu ziehen und seine Standleitung mit noch mehr Konzepten anzufüllen. Damit wird verhindert, dass er sich weiterentwickelt, denn nun ist die Standleitung ja mit noch mehr Hindernissen versehen. Schade, wo der Mensch doch eigentlich schon dabei war, die Seeleneinschmelzung vorzubereiten und die Standleitung leerzuräumen und den Reifeprozess frei laufenzulassen. Alles ist nur ein Lernprozess.

Du musst dich engagieren.

Du musst zeigen, dass es dir ernst ist und du musst dafür auch erst einmal herausfinden, was deine Lebensaufgabe überhaupt ist. Vielleicht ruft dich Greenpeace oder die Tafel. Oder Demonstrationen für Frieden und Freiheit. Oder fürs Klima. Oder für den Tierschutz. Wenn du dort in viele Konflikte verwickelt wirst und du mehr Probleme erlebst als jemals zuvor, freu dich und spüre und lerne. Dein Ich wird dabei geläutert und deine Vorstellung von Realität erweitert, was du wie ein Aufwachen erfährst.

Die Phase des spirituellen Findens:

Zwischen der ersten Seeleneinschmelzung und der letzten, der Verschmelzung mit dem höchsten Selbst lagen bei mir weitere sieben Jahre. Heutzutage kann das ganz schnell gehen. In diesen sieben Jahren habe ich erneut karmische Verwicklungen aufgearbeitet, die kamen diesmal aber nicht von den unvollendeten Inkarnationen meiner Seele (die beim Drachen herumlagen) sondern von anderen Aussaaten aus höheren Ebenen. Jede Seele besitzt viele Inkarnationen, jede Überseele besitzt viele Seelen usw. bis zum Höchsten Selbst, das sogar Avatare aussät, die wiederum, naja, usw. Mein Körper gewöhnte sich derweil an immer höhere Schwingungen und Stromstärken. Das waren die Anfangs- und Endpunkte meines Reifeprozesses die Standleitung entlang nach oben zur Quelle.

Die Anmeldung zur Meisterprüfung:

Es ist die Entscheidung zur Vollendung des Reifeprozesses jetzt: Ich will den Aufstieg jetzt. Du willst nicht mehr länger warten, du gehst aufs Ganze. Das ist der Abstieg deines Höchsten Selbst in deinen physischen Körper. Andere in der spirituellen Szene sagen dazu, dass immer höhere Ebenen von Gott in den Körper integriert werden. Der Mensch wird selbst zu einem Ausdruck von Gott (Gottes Sohn und Gottes Tochter). Das ist auch mit Aufstieg gemeint. Oder damit, den Drachen zu wecken.

Pass auf, dass deine Entwicklung nicht einfriert:

Wer sich über eine gewisse Zeit hinaus einfangen lässt, die es braucht, um die eventuell noch vorhandenen karmischen Verabredungen zu vollenden, der macht es sich in einer neuen, höher schwingenden Komfortzone bequem und wird dauerhaft in einer rezeptiven, abhängigen Haltung bleiben und seine Entwicklung einfrieren. Lerne stattdessen, was es zu lernen gibt und geh weiter, wenn es an der Zeit ist. Manchmal geht es nur darum, dass du diesen Lehrer, diesen Menschen, noch treffen solltest, um deine karmische Verwicklung mit ihm in einem ähnlich gearteten Konflikt aufzulösen. Mach's und geh weiter. Deine eigene innere Stimme zählt, die führt dich weiter. Denn eigentlich trainierst du gerade, dich ausschließlich von ihr führen zu lassen.

Es gibt kein Gütesiegel ‚matrix-frei'.

Du musst schon selbst unterscheiden lernen und deine Befreiung und deinen Reifeprozess im Auge behalten. Wenn der zusammen mit deiner Schattenintegration und deiner Verantwortung als Mitschöpfer nicht permanent im Mittelpunkt dieser äußeren Missionare und Lehrer und Aufklärer steht, geht es auch bei ihnen um das Melken deiner Energie und um Stagnation statt Entwicklung. Lerne, verstehe und lass es dann bitte. Es gibt kein Konzept, das nicht von der Matrix vereinnahmt und verdreht wurde, nicht einmal im tiefsten Himalaya. Alle müssen jetzt neu überprüft und auf ihre Tauglichkeit für dich und deinen Reifeprozess überprüft werden.

Passive Demut läuft ins Leere:

Beten und ergebenes Warten auf göttliche Anweisungen und Wunder ist kein verantwortliches, bewusstes Erschaffen!

Du hast die Macht,

das gesamte Angebot jedes Dienstleisters zu beeinflussen. Jeder von uns nur zu einem winzigen Teil, doch wir alle zusammen zwingen jedes Schiff, was auf Angebot und Nachfrage setzt, auch auf einen guten neuen Kurs. Und das ist in jedem Moment deine Verantwortung. Du verstärkst entweder das Schlummerlied der Matrix oder den Reifeprozess. Schon allein dadurch, dass du bewusst auswählst, was du konsumierst und worauf du deine Aufmerksamkeit richtest. Und damit, dass du dich in jedem Augenblick intuitiv für den nächsten Schritt entscheidest. Was wählst du?

Was ist Bewusstsein?

Bewusstsein ist keine Ansammlung von noch mehr Wissen. Bewusstsein kann man sich nicht anlesen oder über Bücher, YouTube oder TV-Berichte reinziehen. Bewusstsein ist einfach. Bewusstsein ist ein Ort, wo alles existiert und nichts verurteilt wird. Immer schon. Es ist immer schon da, es urteilt nicht und es weiß auch nichts. Es kann aber auf alles universale-kosmische-galaktische Wissen und die Akasha-Chronik zugreifen, sobald es dies persönlich braucht oder für die Entwicklung seines Kollektivs wichtig ist. Bewusstsein ist und wird. Punkt. Es ist ein Ausdruck von Energie und Bewusstsein, ein Funke aus der Quelle, der ist und sein wird, der also seinen nächsten Schritt erschafft, und das so bewusst und hochschwingend wie möglich.

Die Quelle will deine Verehrung nicht,

sie will einfach nur, dass du das Beste aus deiner Lebensenergie machst und mit wundervollen und kraftvollen Erfahrungen zu ihr zurückkehrst, vollendet und veredelt. In jedem Augenblick, in dem du dich verbunden fühlst, lässt du die Quelle an ihrer/deiner Schöpfung teilhaben und erfüllst ihre Absicht. Als Belohnung wirst du dich erleuchtet und erfüllt fühlen. Verehrung verhindert, dass du Kraft genug findest, deinen eigenen Reifeprozess bis ans Ende zu durchlaufen und deine Drachenkraft für ein freies, selbstbestimmtes, erfülltes Leben zu verwenden. So wirst du ewig abhängig manipuliert und kommst auch nie dazu, von der Quelle des ewigen Lebens zu trinken. Deine Drachenkraft steht dir zu, um dein eigenes höchstes Potential zu verwirklichen. Sie versickert bei den meisten Menschen irgendwo. Es ist auch nicht damit getan, bei deinem Drachen aufzuräumen oder ihn selbst stattdessen (oder deine Seele) zu verehren. Nein, die Standleitung muss ebenfalls geleert werden. Entrümpelung ist angesagt auf allen Ebenen. Alle diese Konzepte zweigen dir Kraft ab. Erst wenn du konzeptfrei einfach lebst, als ‚Ich-bin-Ich-werde', kommt auch alle Kraft bei dir an.

Die Quelle erschafft durch dich.

Eigentlich ist es also die Quelle, die durch dich erschafft. Nicht du erschaffst, sondern die Quelle durch dich. Deine Persönlichkeit geht dafür nur aus dem Weg. Das tut die Quelle schon immer, und du kannst es lernen, bewusst mit ihr in die Kooperation zu gehen. Das war ursprünglich einmal mit ‚dein Wille geschehe' gemeint. Dass du deine Absichten daraufhin abklopfst, ob du dich damit harmonisch zur Schöpfung verhältst. Es war nicht gemeint, dass du selbst keine Absichten mehr formulierst und stattdessen passiv rumsitzt und deine Vorstellungskraft durch andere missbrauchen lässt.

Die Quelle ist der Projektor, die Lichtquelle:

Deine Persönlichkeit und dein Schatten wirken wie zwei hintereinander geschaltete Dias, durch welche das Licht der Quelle deine Vorstellungen in diese Realität projiziert.

Entscheide dich jetzt, zum Wohle aller zu erschaffen.

Formuliere deinen bewussten Wechsel zur ‚Service-to-Others'-Fraktion mit einer Absicht und Entscheidung: „Ich entscheide mich, mich zum Wohle aller einzusetzen." Frage dich anschließend: "Was könnte meine Aufgabe zum Wohle aller sein?" Widme täglich fünf Minuten deiner Meditation dafür. Wiederhole diese Fragen und schreibe spontan zehn

Antworten auf, die dir durch den Kopf gehen, noch bevor du darüber nachdenkst. Mach ohne Pause weiter, stelle diese Fragen immer wieder – wie aus der Pistole geschossen, bewerte sie nicht, jeder Unsinn darf auftauchen, jeder Sinn auch. Du stocherst damit schon etwas in deinem Unbewussten herum, vielleicht fängst du ja schon einen dicken Fisch. Du wirst sehen, dass sich deine Antworten verändern und du dich immer mehr der echten Kommunikation mit deinem Drachen und deinem Höchsten Selbst annäherst.

Die Matrix aufweichen:

Diese bleierne, dichte Umgebungsdecke der künstlichen 3D-Matrix wird durch jede höhere Schwingung im eigenen Lebensumfeld verdünnt und durchlöchert. Das lebende Beispiel und die am besten zur eigenen Lebensaufgabe passende Beschäftigung weichen in allen Phasen des Reifeprozesses die Matrix auch für die anderen Menschen um dich herum auf. Die Menschen werden zu deinen Löchern im Gewebe hingeführt und holen sich den Kick ab, ein wenig von deiner Drachenkraft für ihren nächsten Schritt. Das kann sich in Verstehen, Heilen, in einer Einweihung oder in Kunst, Musik und Literatur äußern (wenn inspirierend, erhebend).

Emanzipiere dich von jeder Hilfe,

egal aus welcher höheren Ebene, sie wird immer deine Souveränität untergraben. Kurzfristig geht es vielleicht nicht anders, aber sieh zu, dass du so schnell wie möglich wieder aus Medikamenten und anderen Hilfestellungen wieder rauskommst. Sei wie das trotzige vierjährige Kind, das es nicht erwarten kann, es wieder selbst zu machen, was es schon konnte, sobald es wieder möglich ist. Dein eigenes Höchste Selbst und deine eigene Seelenfamilie seien deine einzige Richtschnur.

Dein Körper ist deine Hardware:

Bevor das alte Betriebssystem vollends versagt, sorge jetzt schon gut für deine Hardware (deinen Körper) und stelle ihn sanft auf das neue Programm (fünftdimensionale Erde) um. Wenn du zu lange wartest, könntest du irgendwann gezwungen sein, diese Hardware (Körper) ganz aufzugeben, weil das neue Betriebssystem überhaupt nicht mehr darauf läuft. Dein Körper kann sich sehr lange anpassen, aber irgendwann hat er auch seine Belastungsgrenze erreicht. Und dann musst du mit einem neuen Körper woanders durchstarten. Ex und hopp, das ist doch auch, woran wir uns mit unserer Technik gewöhnt haben. Ein neues Handy muss her, ein neuer Körper muss her, das ist ein und dieselbe Bestellung. Na dann. Es ist deine Entscheidung. Niemand anderes kann das für dich tun. Die neue Zeit auf der Erde erfordert freie Mitschöpfer, für die Borg-Variante musst du dir einen anderen Planeten suchen. Das ist auch nicht weiter schlimm, es gibt Milliarden netter Planeten.

Wir müssen jetzt ganz aus der künstlichen Matrix aussteigen

und jede Struktur und Gewohnheit bewusst hinterfragen, ob wir sie noch haben wollen. Unsere einzelnen Bewegungen werden von unserem Höchsten Selbst gesteuert und auf höchster Ebene offenbar mit denen der anderen synchronisiert, die ebenfalls ihr Höchstes Selbst das Spiel machen lassen. Jeder folgt nur seiner eigenen Spur, und das ist der einzige Prozess, den eine Computersimulation nicht nachverfolgen und worauf sie ihre Schachzüge nicht abstimmen kann: Lebendigkeit bleibt für die die künstliche Intelligenz ein Rätsel, so wie für die meisten Menschen ihr eigenes Unbewusstes immer noch ein Rätsel ist. Mitschöpfer haben das Schachspiel verlassen, sie spielen ein anderes Spiel auf einer fünftdimensionalen Erde. Das ist schon alles.

Die Linse:

Es geht darum, die richtige Linse für deine Realität zu wählen. Was wählst du in jedem Moment, Angst oder Liebe? Entscheide dich für die bessere Linse. Atme dreimal langsam tief ein und aus und konzentriere dich auf dein Herz. Und sage: „Herz öffnen, Schwingung erhöhen!“ Gerne mehrmals, immer wieder, bis du die Liebe in dir spürst, deine Liebe zu Allem-Was-Ist. Und schon hast du auch die Linse gewählt, so einfach ist das.

Das innere Kind muss nachreifen.

Die über dich herrschen, möchten, dass da ein fettes inneres Kind übrigbleibt, über das sie dich ansteuern und in Süchte und Erfahrungen treiben können. Im Reifeprozess entsteht in dir stattdessen so etwas wie ein goldener Kern, der dich mit dem Nullpunktfeld verbindet und dich so zum bewussten Mitschöpfer macht. Und dein inneres Kind reift einfach durch die Vollendung der Erfahrungen beim Drachen nach. Ein Mitschöpfer ist nichts anderes als ein voll ausgereifter Erwachsener. Wenn wir das zusammen erreichen, ist auch die Pubertät der Menschheit kollektiv zu Ende. Wird es nicht Zeit, dass die Menschheit erwachsen wird?

Sei du selbst:

Menschen, die gelernt haben, ihr Herz zu öffnen und dadurch besser wahrnehmen können, ob sie gerade innerhalb oder außerhalb ihres Vortex unterwegs sind, suchen bewusst immer wieder diese Selbstkongruenz und Integrität. Sie sind dann einfach sie selbst, ohne sich anzupassen oder zu verbiegen. Und im Laufe des Reifeprozesses werden sie noch mehr zu sich selbst. Eine Anpassung findet trotzdem statt, denn alle diese dynamischen Lichtsäulen aller seelenvollen Wesen dieser Schöpfung erschaffen zusammen die größere Entwicklung, wohin sich die Schöpfung als Ganzes also gerade bewegt. Solange du noch nicht über dein Herz direkt deine Selbstkongruenz wahrnehmen kannst, hilft es dir, dich zu fragen: ‚Bin ich gerade ich selbst oder verbiege ich mich gerade? Und was sagt mein Gewissen?' Kannst du dich gerade selbstbestimmt leben, erfüllt und frei, oder fühlst du dich fremdbestimmt oder sogar vollkommen ohnmächtig? Nicht schlimm, passiert jedem, shit happens.

Bleib in deiner Mitte:

Im Auge des Tornados, dieser Lichtsäule, dieses Vortex, indem du unterwegs bist. Lass dich nicht rausziehen, so dass andere stattdessen reinschlüpfen und mit deiner Kraft erschaffen. Egal, wie weit außerhalb du von deinem eigenen Vortex unterwegs bist, du kannst jederzeit in ihn zurückkehren: Drei tiefe, langsame Atemzüge, die Konzentration auf dein Herz und einfach loslassen - und du bist wieder drin. Deine Gefühle zeigen dir den Weg zu deiner Mitte. Deine Gedanken erzeugen Gefühle, aber deine Gefühle erzeugen umgekehrt auch deine Gedanken. Je positiver du dich fühlst, umso näher bist du bei dir selbst, umso dichter bist du dran an deiner Mitte.

Das langsame Umdrehen der Spirale der Schwingungshöhe:

Aus einem ärgerlichen Streit oder einer Horrorsituation kannst du natürlich nicht gleich in den Zustand größter Liebesgefühle wechseln, keiner kann das, das wäre zu viel verlangt. Du musst nur wissen, dass du mit negativen Gefühlen (niedriger Schwingung) weiter nach draußen geschleudert wirst und gegensteuern sollest. Das geht, wenn dir auch nur eine kleine Milderung in dieser ärgerlichen Situation einfällt, und dann ziehst du dich langsam selbst am Schopf immer weiter aus der ärgerlichen Brühe hinein in deine Mitte. Du erwischt dich zum Beispiel, dass du wütend bist und denkst: „So ein A...". Du merkst es, denkst, „ah, ganz schön weit draußen", und entscheidest dich bewusst, den Gedanken abzumildern. Du kannst dich als nächstes fragen: „Was ist meine Verantwortung hier, was kann ich tun, um mich besser zu fühlen?" Das langsame Atmen fällt dir dann vielleicht ein. Schon denkst du, „es ist grade eine schwierige Zeit und der weiß es einfach nicht besser, oder er hat sich ködern lassen über die Angst, der Arme! Er wird vielleicht mit seinem Job erpresst." Dann wirst du vielleicht wieder wütend, denkst: „Aber das soll er nicht mit mir machen!" Dann merkst du, „oh, da ist ziemlich viel Ladung drauf." Die Ladung muss raus, vielleicht gehst du erst mal Geschirr spülen oder Holz hacken, das nimmt den Dampf raus. Du erinnerst dich, „was willst du in dieser Situation?" Du willst, dass das aufhört, du setzt innerlich ein Stoppschild und erinnerst dich daran, wie du behandelt werden willst. Vermutlich anders. Das mag eine Weile in dir so weitergehen. Manchmal neige ich dazu, verbohrt zu bleiben und wie ein kleines Kind mit der Schöpfung weiter zu motzen. Dann muss meine kindliche Trotzphase auch einfach mal abklingen. Jeder Sturm beruhigt sich auch wieder. Mach, denke und fühle etwas Positives, lächle, egal, sammle dir eine ganze Trickkiste zusammen, wie du möglichst schnell wieder in deinen eigenen Vortex kommst, denn je näher zur Mitte, umso weniger Schleudergang. Und das ist doch, was du eigentlich magst, um dich wohlzufühlen.

Urteile bitte nicht über die anderen.

Urteilen ist eine stark geladene emotionale Abwertung, ein negatives Gefühl. Weder du noch der andere können sich damit wohlfühlen, also lass es. Wahrnehmen, wie ein anderer sich verhält, ist dagegen einfach nur wahrnehmen eines faktischen Ist-Zustandes, ohne ihn zu bewerten. Natürlich musst du wahrnehmen und dir gewahr werden, um dich zu orientieren und achtsam durch dein Leben zu bewegen. Doch negative Gefühle und Urteile über einen anderen werfen dich sofort ganz weit raus aus deiner Mitte.

Alles deinem Vortex übergeben:

Es ist ganz einfach. Du kannst tatsächlich alles loslassen und dich deinem Vortex übergeben, indem du dich einfach deinen Gefühlen anvertraust und möglichst immer noch positivere Gefühle erzeugst, die dann wiederum noch positivere Gedanken erzeugen. Dann bist du in einer aufwärtsführenden Spirale unterwegs, die dich in die Harmonie mit der Schöpfung führt und nach innen in deine Mitte strudelt. Wenn deine Gefühle dir melden, es wird dunkler, enger, depressiver, dann bist du dagegen gerade auf deiner Spirale nach unten und außen unterwegs.

Entrümpele urteilende Konzepte:

Urteile nicht und entrümple alle Konzepte, die dich dazu verführen. Denn alle matrix-verdrehten Konzepte machen vor allem eines: Sie locken dich aus deiner Mitte in äußere Regeln und Fakten. Sie verführen dich, eine Persönlichkeit aufzubauen und gleichzeitig einen mächtigen, unbewussten Schatten. Und schon hat sie dich, die Matrix. Urteile finden auf Persönlichkeitsebene statt und erzeugen immer auch einen Schattenanteil. Im Prinzip geht deine Selbstdefinition (deine Persönlichkeit also) mit der Persönlichkeit eines anderen in einen Wettbewerb, wer die bessere Persönlichkeit besitzt. Und das Fantastische und Gemeine ist, du gewinnst diesen Wettbewerb immer, genau durch dieses Urteil.

Die Gegensteuerung:

Du lässt dich vertrauensvoll von deiner dynamischen Säule tragen, aber es bleibt deine Verantwortung, dass du gegensteuerst, sobald dich irgendetwas - von dir selbst, aus alten unvollendeten Erfahrungen oder direkt von außen - nach unten und außen zieht. So kannst du dich tatsächlich einfach von deinen Impulsen führen lassen. Denn dann wirst du selbst die Impulse schon daraufhin ‚durchfühlen' können, ob sie nach weiter oben und innen oder weiter nach unten und außen führen. Um dann in jedem Moment wählen, ob du ihnen folgen willst oder nicht.

Wähle noch einmal, in jedem Augenblick.

Du sitzt am Steuer eines Fahrzeugs (Körper) und mit deinem Bewusstsein und mit deiner Energie navigierst du dich in die Mitte deiner Lichtsäule und nach oben durch die achtsame Beobachtung deiner Gedanken und Gefühle und deren aktive bewusste Veränderung. Der Trick ist, dich zu fragen: „Willst du dich so fühlen?“ Wenn du dich besser fühlen könntest, dann lerne, dich hin zum Besseren zu steuern. Nichts - und in keiner Situation - ist wichtiger, als dass du dich maximal gut fühlst und umgehend in deine Mitte zurückkehrst. Mit deinen Gefühlen bildest du eine Feedbackschleife. Es ist eigentlich höchst selbstsüchtig im wahrsten Sinne des Wortes, wenn du auf alles verzichtest, was dich aus dem Vortex deines Höheren Selbst wieder hinausschleudert, zumindest, wenn du den Schleudergang durch drastische Erfahrungen vermeiden willst.

Das Gesetz der Anziehung

ist so zu erklären, dass die äußere Schicht deiner dynamischen Lichtsäule eben alles hineinwirbelt, was du in dein Inneres und in dein Leben ziehen willst, bewusst oder unbewusst, das ist ihr dabei egal. Bist du selbst nicht in deinem Vortex unterwegs, ist diese Säule ja trotzdem in Aktion. Nur dass du stattdessen vom Schicksal gebeutelt wirst und in fremde Strudel gerätst.

Deine Schwingung kannst du an deinen Gefühlen ablesen.

In der Mitte, im Vortex in seiner reinsten Form, bist du unschuldig, erleuchtet und frei. Je weiter du nach außen triftest, umso niedriger wird deine Schwingung und umso negativer deine Gefühle und nachfolgend auch deine Erfahrungen. Das Barometer für spirituelles Hochdruck- oder Tiefdruckwetter sind deine Gefühle

Ein Meister übt immer weiter, ein Meister zu sein.

Natürlich kann auch der beste Fechtkünstler nicht permanent an Turnieren teilnehmen, deshalb ist seine Meisterschaft immer eine provisorische. Der wahre Meister auch des bewussten Erschaffens ist einer, der immer weiter übt, bewusst zu erschaffen. Der Fechtkünstler braucht auch Urlaub und Familie und Freunde und Holz hacken und Hütten bauen. Doch er trainiert immer weiter. Ein Mitschöpfer erkennt in einer

Situation genau, ob er sich gerade in einem Turnier befindet und es drauf ankommt oder ob er auch mal lässig seinen Vortex mit anderen mischen kann, ohne auf den idealen Tanz zu achten. Es gibt kein richtig und falsch. Selbst aus dem größten unbewussten Zirkus kann man lernen. Lerne auch in deinem Leben die Situationen, in denen es drauf ankommt, meisterlich zu erschaffen, und es dir den Rest deiner Lebenszeit einfach komfortabel gutgehen zu lassen.

Das Drachen-Mikado:

Du ziehst vorsichtig ein Thema nach dem anderen aus dem Haufen unter dem Drachen. Dort liegen nur Themen, die noch emotional geladen sind und damit unbewusst automatisch auf dein Leben einwirken. Emotional geladene Erfahrungen können jederzeit von anderen benutzt werden, um dich zu manipulieren und dich zu automatischen Reaktionen zu verführen, vor allem aber dazu, Energie von dir zu stehlen. Alle entladenen Erfahrungen lagerst du dagegen in den Kammern und Fächern der Höhlenwände und dort legst du später auch jede rein faktische, entladene und vollendete Erfahrung ab. Das ist dein Datenkeller. Die Ladung entspricht der Wertigkeit des Mikado-Stäbchens bzw. der Kraft, die in dir freigesetzt wird, wenn du die Erfahrung des Stäbchens vollendest. Du spielst dabei gegen die künstliche Matrix, wobei diese zusätzlich immer dann am Zug ist, wenn du passiv ins Unbewusste absinkst und nichts aktiv unternimmst.

Die Liste:

Sie ist ein universales Werkzeug und kommt in ganz verschiedenen Kapiteln zur Anwendung. Du suchst dabei nach bestimmten Ereignissen, Beziehungen oder Merkmalen und gibst ihnen eine Kennzahl je nach der emotionalen Ladung zwecks vollständiger Entladung. Aber du legst so auch die Reihenfolge fest, in der du dich kümmerst, von leicht zu schwer. Das erste Mal besprochen wird diese Methode in Kapitel 7a.

Gefühle:

So nenne ich bestimmte Gefühls-Qualitäten bzw. Etiketten, die wir mit einer emotionalen Ladung versehen, z.B. Ärger, Zorn, Neid, Eifersucht und die wir einer Gedankenform aufkleben. Aus reiner, schöpferischer Lebenskraft machen wir dann einen Energy-Drink mit einem niedrig schwingenden Etikett. Wir werden verführt, dann nur auf die Flasche und das Etikett zu achten und die Annahme zu verweigern. Aber es ist auch möglich, die Energie in reinster Form abzuschöpfen und das Etikett einfach zu ignorieren. Wie? Lies das Buch, ich weiß nicht mehr, in welchem Kapitel.

Idealer Verlauf im idealen Timing:

Setze einfach die Absicht, dass alles ideal läuft, dein gesamter Reife-, Heilungs-, Aufwach- und Befreiungsprozess. Es ist eine Unsitte dieser Zivilisation, den Menschen zu vermitteln, dass ihr Unbewusstes auch unbewusst bleiben muss oder sogar bleiben sollte, und es dient nur den Herrschafts- und Manipulationsinteressen der Matrix.

Aufregung:

Jede Aufregung zeigt dir an, dass bei deinem Drachen noch ein unvollendetes Thema herumliegt, denn du handelst gerade automatisch und wie auf Knopfdruck. Bist du eine Waschmaschine, die auf Knopfdruck schleudert? So kannst du den Haufen beim Drachen auch interpretieren: Lauter kleine, automatische Schleuderprogramme. Suche das entsprechende Mikado-Stäbchen, zieh es raus und werde frei.

Die ideale Müllbeseitigung:

Eine Möglichkeit wäre, dir in deiner Vorstellung diesen Müll vor dir hinzulegen und mit einem ebenso vorgestellten Besen alles nach links aus deinem Blickfeld zu fegen. Das funktioniert gut in Kulturen, die von links nach rechts schreiben und die daher links die Vergangenheit (der Schrift und überhaupt) verorten. Du wirst dieses Ritual auch mögen, wenn du eine Affinität zu Hexen hast, keine Frage. In meinem Selbsthilfebuch für Mitschöpfer ‚Mein Drache frisst gern Pizza‘ schlage ich vor, alles, was du löschen willst, vor dich hinzulegen und dir vorzustellen, dass du selbst ein Drache bist und Feuer speien kannst. Mit einem kräftigen „Baff“ fackelst du dann diese Energien ab, bis sie ganz verschwunden sind. Das merkst du spätestens daran, dass du gähnen musst. Je mehr Menschen dieses Buch lesen und das Baffen lernen, umso wirksamer wird dieses Ritual. Ich habe es jedoch vorsorglich schon mit einem weltweit millionenfach wirksamen Ritual verbunden, einer Formel, die ich nach langer Suche als die Wirksamste überhaupt kennengelernt habe. Dieses

Werkzeug stammt von Access Consciousness und heißt das ‚Clearing Statement ‘oder einfach der ‚Löschungssatz‘. In seiner ursprünglichen Form ist er viele Seiten lang und wurde dann immer weiter verkürzt. Mit diesem einen Satz lässt sich jede Energie einfach restlos löschen. Das vorhandene Feld kannst du dann mit deinen eigenen Inhalten überschrieben

Er lautet: „Right and wrong, good and bad, Pod and Poc, all nine, shorts, boys, and beyonds.“ Er scheint völlig sinnfrei zu sein, aber die lange Erklärung ist durchaus logisch. Diesen Satz sagst du, so oft du ihn brauchst, bis der Haufen vor dir ganz verschwunden ist. Wenn deine Vorstellungskraft geschult ist, merkst du das daran, dass er auch vor deinen inneren Augen verschwindet. Wenn der Löschungssatz greift, beginnt mein eigener Körper heftig zu rülpsen; je niedriger die Schwingung des Mülls ist und je negativer seine Ladung, umso drastischer und lauter hört sich das an. Schließlich geht mein Körper in Gähnen über und ich weiß, dass nun alles gelöscht ist. Ich fühle es. Andere erhalten einfach nur das innere Wissen darüber, wann die Energie restlos beseitigt wurde. Dieser Löschungssatz ist momentan sehr kraftvoll, weil es momentan weltweit Millionen Mitschöpfer gibt, die ihn bereits anwenden. Du kannst ihn auch noch weiter verkürzen, zum Beispiel, so wie die Gründer es vorschlagen, zu ‚Pod und Poc‘. Oder zu meinem ‚Baff‘. Es hat die gleiche Wirkung.

Suche dir (wenigstens einmal) die lange Erklärung des Löschungssatzes von Access Conciousness im Internet/YouTube oder auf accessconsciousness.com und nutze sie gezielt zum Großreinemachen in der Drachenhöhle. Lass dich auch von weiteren Werkzeugen der Access-Kiste inspirieren.

Energetische Reinigung:

Widme bitte einen Teil deines Tages der energetischen Reinigung, so wie du dir auch angewöhnt hast, zu duschen und dir die Zähne zu putzen. Du wirst dich besser fühlen, in höherer Schwingung bleiben und schneller wieder zurück in deine Mitte schnellen. Du kannst auch mit verschiedenen Lichtvorstellungen arbeiten, zum Beispiel deine Räume mit einer weißen oder kristallklaren oder goldenen Lichtmembran umgeben und dann dieses darin eingeschlossene Feld mit der violetten Flamme reinigen, das ist geradezu klassisch. Mit der Lichtmembran definierst du den Raum, in dem du aufräumen willst. Lässt du das unbestimmt, verliert sich die Kraft deiner Vorstellung in der weiteren Umgebung, die dich eigentlich schon nichts mehr angeht. Aber natürlich kannst du so auch ganze Landstriche reinigen. Mit dem Werkzeug der violetten Flamme transformierst du die Energie in reine, höchstschwingende Liebe. Der Löschungssatz verstärkt den Effekt zusätzlich weiter.

Werkzeuge:

In deiner Vorstellung kannst du dir Werkzeuge genauso erfinden wie in der materiellen Realität. Du arbeitest mit Licht, Klang und Symbolen, mit Kraftlinien und Kraftorten, mit Kristallen und mit deren Kombination in Ritualen, die dich berühren. Denn dann ist dein Herz und damit die Quelle selbst mit dir, dann ist buchstäblich die Macht mit dir. Dein Herz zeigt dir an, ob es der Fall ist und das Ritual stimmt. Zumindest, wenn du das Ritual allein durchfühlst.

Berührende Massenveranstaltungen

dagegen sind etwas ganz anderes. Sie entstehen eher durch die Potenzierung der Energie und deren Lenkung auf eine Person, Gruppe, Ziel oder Institution durch den gemeinsamen Fokus. Dabei wird viel generierte Emotion verwechselt mit echter, hoher Liebensschwingung. Menschen, die noch in Seelentrennung leben, können die beiden völlig unterschiedlichen Sachverhalte kaum unterscheiden, für sie ist es bereits schwierig, die jeweiligen Schwingungshöhen gegeneinander abzuwägen.

Weitere Anwendungen vom Löschungssatz:

Du kannst dem Löschungssatz auch ganz andere Sätze voranstellen.

Dann geht es nicht um die Entladung alter Felder, sondern darum, deinen Neuschöpfungen eine maximal freie Bahn zu verschaffen. Du formulierst als erstes eine Absicht.

Du entscheidest dich auch, dass du das jetzt erfahren willst. Zum Beispiel „Ich schreibe jetzt einen Bestseller und es fallen mir dafür alle Ressourcen, Kontakte, Talente und Trainings zu, die ich dazu benötige, diesen Bestseller zu schreiben und ihn danach auch als Bestseller zu vermarkten. Ich entscheide mich, dieses Buch jetzt zu schreiben. Alles, was

dies verbietet, sabotiert, verhindert, behindert, verfälscht, verdreht und verzögert, vervielfacht um eine Godzillion, das zerstöre ich und mache es in seiner Erschaffung ungeschehen. Right und wrong…"
Wenn diese Energien gelöscht wurden (Gähnen oder Gefühl von Vollendung), geht es weiter. Nun kommen die Gefühle und die Ladung. Gefühle sind das Etikett und die Ladung (Intensität) ist der finanzielle Werbeaufwand, mit dem du im kosmischen Ebay deine Anzeige veröffentlichst. So mache ich selbst weiter: „Ich frage mich, wie ich mich fühle mit dem fertigen Bestseller als Taschenbuch in meiner Hand, und wenn ich weiß, dass ich das beste und wirksamste und beliebteste Buch geschrieben habe, was mir möglich war zu schreiben, das Beste, was ich geben konnte und was ich mir überhaupt vorstellen kann." Und dann fühle ich mich für eine Weile so und lasse die Gefühle ganz satt bei mir ankommen.
Dann sage ich: „Alles, was dies ist und alles was dies nicht ist und alles was diese verbietet, sabotiert.... Right and wrong..." (Gähnen oder Vollendung).
Und ich entscheide mich, mich jetzt schon so zu fühlen.
Und ich ergänze dann noch meine Dankbarkeit der Quelle und allen Kräften und Mitspielern und zukünftigen Lesern und Followern und Freunden und geschäftlichen und privaten Verbindungen gegenüber, und empfange den Segen der Quelle in meiner Vorstellung.
Der Abschluss bildet in meiner Werkzeugkiste eine Formel, die ich besonders liebe und die noch aus meiner spirituellen Suche stammt: „So sei es, so ist es und so wird es immer sein." Dieser Satz ist für mein Empfinden so was wie das Amen des Erschaffens, nur eben frei von Tyrannei.

Alles läuft ideal:

Habe die Absicht, dass dein Reifeprozess ideal verläuft. Ideal für deinen Körper, für deine Lebensaufgabe und deine Stelle in der Matrix und so schnell, ideal und sicher wie möglich für unsere Befreiung aus der Fremdbestimmung und Sklaverei. „Alles, was dies verhindert, behindert, verfälscht, verdreht und verzögert, vervielfacht um eine Godzillion, das zerstöre ich und mache es in seiner Erschaffung ungeschehen, right and wrong, good and bad, poc and pod, all nine, shorts, boys and beyonds.“ Ich habe die Absicht, dass alles in meinem Leben ideal läuft. Access Consciousness verwendet dafür den Satz: „All life comes to me in ease and joy and glory.“ Er wirkt energetisch besser in Englisch. Leichtigkeit, Freude und Glorreiches erfahren… Und das sage bei jeder neuen Nachricht, die dich erreicht, vor allem, wenn sie dich persönlich betrifft, und sei es, sie ist negativ oder positiv. Alles was kommt, nimmst du als Erfahrung an. Du nimmst die Energie und lässt das Etikett, die Bewertung durch dich hindurchziehen und sich im Universum verteilen. Denn wie bei dem Yin-Yang-Symbol trägt jedes Yin schon den Keim zu Yang in sich und umgekehrt. Mit „Alles läuft ideal, denn alles fließt mir zu in wunderbarer Leichtigkeit und Freude“ bleibst du aufwärts in deiner Spiralbewegung. Und was dem widerspricht, energetisch, wird gelöscht.

Aktualisierung durch den Beobachter:

Überprüfe deine Gedanken immer wieder bewusst, ob sie aktuell noch zu dir und zu deinem Bewusstsein passen, um sie gegebenenfalls zu löschen oder zu überschreiben. Dem Reifeprozess folgen heißt auch, die Verantwortung für eine permanente dynamische Veränderung zu übernehmen und dafür einen inneren Beobachter zu installieren, der den Assistenten im Auge behält, und was er da so aus dem Datenkeller hochschleppt, um dich aus der Erfahrung des Jetzt zu holen und deine Erfahrung mit den Konserven zu vergleichen. Schau dir vor allem deine Standpunkte und Meinungen an, die so in dir auftauchen. Mit der Zeit wirst du sogar ein Gespür dafür entwickeln, ob sie aus der Standleitung oder deiner Sozialisierungs-Matrix stammen, dann lösch sie und ersetze sie durch ein passenderes oder gleich gar kein Konzept.

Sind alle Verdrängungen aus dem Unbewussten rausgeholt und vollendet, integriert, vergeben und bedankt, hast du um den Drachen aufgeräumt und der Druck lässt nach. Du bist innerlich viel leichter ‚leer‘ zu halten, was das Gegenteil von ‚hohl‘ ist (‚hohl‘ ist eine Persönlichkeit, nie ein Mensch in seiner Ganzheit. ‚Hohl‘ bedeutet, die Persönlichkeit hat wie ein Luftballon noch keine Substanz und kann jederzeit zerplatzen, weil nicht echt, und das kannst du spüren). Was du dabei eigentlich mit dem sprachlichen Aufräumen tust: Du wäschst die Matrix raus aus deinem Bewusstsein (ja, es ist eine echte Gehirnwäsche, zu dich mein Buch ermutigt, aber sie ist selbstbestimmt und freiwillig und hat das Ziel, dich und dein eigenes Höchstes Selbst nur noch großartiger freizulegen. Sei kein Sprach-Messi, räum auf! Und beobachte deine Sprache, erkenne den sprachlichen Nippes. Und schütte bitte nicht das Kind mit dem Bade aus. Du wirst nur zu einem achtsamen Beobachter und Förderer deines wahren Selbst, mit dem du sinnerfüllt glücklich leben willst. Kein anderer sollte dir dein Gehirn waschen dürfen! Was da üblicherweise als ‚Gehirnwäsche' bezeichnet und vor der durch die Matrix gewarnt wird, liegt nur nicht im Interesse der künstlichen Matrix, schließlich hat sie sich alle Mühe gegeben, dass du fast ausschließlich von ihr angesteuert wirst. (7c)

Suche nicht nach der Wahrheit:

Sie kommt von selbst, wenn du aufgeräumt hast. Sie fällt dir zu in Stimmigkeit. Und es kann immer nur dein subjektiver Blick darauf sein, und sie ist außerdem dynamisch und verändert sich auch wieder. Diese ganze Schöpfung ist in ständiger Veränderung. Momentan ist kein Platz für die Wahrheit in dir und auch nicht für deine und unsere Zukunft. Vollende den Reifeprozess und es wird dir ‚wie Schuppen von den Augen fallen'.

Black Box:

Die Schöpfung stelle ich mir als eine Black Box vor, und jede Wissenschaft, jede Spezies und jedes Alien bohrt sich ein eigenes Loch durch die Box, um hineinzuschauen und um uns anderen davon zu berichten, wie diese Schöpfung ist. Der Adler sieht und erfährt sie anders als eine Maus, der Chemiker anders als der Boxer. Ein Draco oder Anunaki anders als ein Mensch. Doch die Schöpfung selbst ist so vielseitig und umfangreich, sie bleibt Alles-Was-Ist. Wir können nie alles allumfassend dekodieren, was da an Signalen in der Quantensuppe unserer lokalen Umgebung herumschwirrt, deshalb besitzen wir ein persönliches Navigationsgerät, das als ‚Ich' mit dem Herz, der Seele, der Überseele, der anderen höheren Ebenen bis hin zu deinem Höchsten Selbst hindurchgelotst werden kann. Je höher das Ich dabei ansetzt, umso umfassender ist seine Mitsprache bei der Ausgestaltung (bewusstes Erschaffen).

Unser Navi ist mit so einer Art Algorithmus versehen, der dir die komplexesten Zusammenhänge auswertet und das Ergebnis mit ‚es stimmt' übermittelt. (8a)

Feng-Shui:

Lerne mehr über Feng-Shui oder lass dich sogar beraten. (8a)

Dein Körper,

dein biologisches Fahrzeug zur Erfahrung dieser Realität. Achte ihn! Dein Körper ist das Kostbarste, was du in dieser Realität besitzen kannst. Weder Ernährungstipps noch Trainingstipps von anderen können dir helfen, aber sie können dich inspirieren. Folge den Impulsen, deiner inneren Stimme. Wir haben diese innere Stimme in uns ersticken lassen genau wie die leisen Stimmen unserer Seele und unseres Höchsten Selbst. Wir wurden dazu erzogen, nicht darauf zu hören, sondern stattdessen den Experten der Wissenschaft und ansonsten den Eltern und der Tradition (also immer der Matrix) zu folgen. Befreie dich von Autoritäten und entscheide selbst souverän und immer wieder neu, wie du leben, dich heilen und gesund erhalten willst. Ein gesunder Geist braucht einen gesunden Körper, gib dich nicht mit weniger zufrieden. Gib alles und hole dir Hilfe, einfach weil es stimmt. (8a)

Der Handschuh:

Ein Zeichen, dass deine Kraft gerade fremde Menschen und Umgebungen nährt, ist, dass du keinen Kontakt mehr zum Körper hast. Deine Aufmerksamkeit geht spazieren. Deine Aura gehört zu deinem Körper, und du fühlst Impulse nur durch ihn und im Kontakt mit deinem Körper. Sobald dir bewusst wird, dass du deinen Körper gerade vergessen hast, stell dir vor, dein Körper sei ein Handschuh, der dir gerade von der Hand geglitten ist. Schlüpfe mit deinem Bewusstsein wieder hinein bis in die Zehen- und Fingerspitzen, spüre ihn nacheinander so wie bei der progressiven Muskelentspannung. Das kannst du an jeder Ampel machen und and der Kasse und wenn du auf den Fahrstuhl wartest oder auf einer Bank ausruhst. Dein Bewusstsein gleitet dabei mit minimalen Bewegungen einmal durch den ganzen Körper. Achte mal darauf, wie du einen Handschuh anziehst und welches Gefühl dir sagt, dass du nun ganz drin bist. Das erzeuge nun für deinen ganzen Körper.

Dein ganzer Körper ist ein Dynamo:
Die alten Fahrräder besaßen noch einen Dynamo fürs Licht. Der Strom wurde dadurch erzeugt, dass sich das Rad bewegte. Keine Bewegung, kein Licht. Merke dir das als Bild, denn so wird zumindest auch ein kleiner Teil unserer Lebenskraft generiert. Mache es zu einer unauffälligen Übung, dass du nicht stillhältst. Hyperaktive Kinder sind das beste Beispiel dafür, wie man seinen Körper zu einem Dynamo macht, abgesehen davon, dass du von ihnen auch lernen kannst, wie man der Umgebung maximal die Energie stiehlt. Wenn ich an der Haltestelle stehe, wippe ich auf den Füßen. Beim Einatmen gehe ich auf die Zehenspitze, beim Ausatmen auf die Ferse. Zusätzlich möchte ich dir noch ein Trampolin ans Herz legen, selbst wenn du im Prozess mal eine Zeitlang bewegungsunfähig werden solltest, das geht immer: Nur schwingen und dich dabei festhalten, nicht springen. Nicht wegen all der gesunden Dinge, die dir die Experten darüber sagen, sondern aus meiner Erfahrung mit der Lymphologie (wegen der Natrium-Kalium-Pumpen in den Zellen), ein zu Unrecht nur sehr wenig beachteter Forschungszweig, aber das hat er mit allen alternativen Wissenschaften gemein, mit deren Erkenntnissen kein Geld zu verdienen ist und die daher jeden noch so armen Menschen potenziell befreien und heilen könnten, einfach so.
Lymphdrainage ist das A und O:
Während unser Blutkreislauf den Zellen alles liefert, was sie brauchen, entsorgt der Lymphkreislauf den Abfall. Und da sind wir übervoll. Wie genau das funktioniert, solltest du selbst recherchieren. Die Lymphe wird nur angeregt, wenn du dich zur Schwerkraft minimal bewegst, also nicht durch Massage, sondern durch Druck und leichtes Schwingen. Der Wasserdruck von außen tut es auch, deshalb ist jedes Schwimmen eine Lymphdrainage. An dem Harndrang während und danach erkennst du, dass du es richtig machst. Wenn du also nur leicht auf dem Trampolin schwingst und dabei deine Füße das Sprungtuch nicht verlassen, reinigst du deinen Körper über die Lymphe. Außerdem tun das alle minimalen Bewegungen, die zitternd durch den ganzen Körper laufen, also auch ein Trainingsstab, den du federnd in der Hand hältst. Ich habe mich ‚zitternd' aus einem fast ganz bewegungslosen, depressiven Zustand

filzend herausgearbeitet, denn mein Nadelfilzen war ebenfalls eine Lymphdrainage. Obwohl ich nur die Hand bewegte, so lief diese minimale Bewegung doch vibrierend durch den ganzen Körper, verstärkt über mein Herz (ich bin Linkshänder). Und doch, am besten ist Schwimmen oder auch nur irgendwie in Bewegung bleiben, siehe ‚Dynamo'.

Die Klopftechnik EFT:

Wenn du beim Mikado-Spiel gründlich warst, musst du dir auch keine Themen mehr anschauen und vollenden, dann genügt es, die Energie direkt zu befreien, z.B. mit den Access Bars oder mit EFT. Nutze diese Klopftechnik, um die Spannung direkt als Energie abzuheben. Klopfen kannst du überall und wenn du dir dabei doof vorkommst, dann zieh dich dafür auf die Toilette zurück.

Aura zu dir zurückholen:

Die Toilette ist ein zu wenig genutzter Ort. Sie kann viel mehr. Ziehe dich dort immer auch in deine Mitte zurück und hole deine Aura wieder ein, die garantiert zuvor streunend wie ein Hund unterwegs war, und das machst du mit einer wunderbaren Geste: Du breitest deine Arme weit aus und holst deine Aura zu deinem Körper zurück, indem du dich selbst herzlich umarmst (und liebst). Du liebst deinen Körper, dein liebstes Haustier und dankst ihm, dass er immer gesünder wird, immer besser funktioniert und immer höhere Schwingungen ertragen und optimieren lernt. Das kannst du dir einfach ganz unauffällig angewöhnen.

Schwingung erhöhen:

Du befreist deine Drachenkraft. Sie kann wieder frei fließen, und das verstärke noch dadurch, dass du dein Herz bewusst noch weiter öffnest und mit Absicht deine Schwingung erhöhst. Ich sage dann z.B.: „Das Zehnfache bitte von gerade. O.K. Und nun das Hundertfache vom letzten" usw. Oder ich stelle mir einen Fahrstuhl vor, mit dem ich die Schwingung hochfahre.

Schone deinen Akku:

Halte deine Aufmerksamkeit bei dir. Es genügt, dass du dich beim Betreten des Geschäftes noch mal kurz innerlich versicherst, was hier deine Kaufabsicht ist. Noch besser ist ein Zettel. Ich hatte mal eine Zeitlang an meiner Wohnungstür innen das Memo hängen: „Stopp, du verlässt gerade deine sichere Umgebung. Was sind deine genauen Absichten?“ Um nicht ständig deine Umgebung zu reinigen, ziehe deine Aura einfach mit deiner Absicht enganliegend an den Körper, sie hört dir aufs Wort.

Lerne Chi (Lebenskraft) direkt wahrzunehmen:

Nimm einen vom Supermarkt gekauften Apfel und einen aus dem Garten. Du wirst merken, dass der gekaufte Apfel dir schwieriger aus dem Sinn geht, er nervt energetisch. Er zieht Energie, weil er zu wenig Chi hat. Er hat die Absicht, dass du ihn isst, das hat ein Gartenapfel nicht, der fällt einfach und gut ist. Ich wurde in meinem Rückzug auf Gran Canaria alle vier Wochen massiv davon gestört, dass die Vermieterin das Obst und Gemüse für ihre Vögel vorbeibrachte. Ich war drei Tage verwirrt und konnte mich kaum aufs Schreiben konzentrieren. Der Gartenapfel dagegen lässt dich energetisch vollkommen in Ruhe. Nur Obst ohne Vermarktungsabsicht ist frei vom Energieziehen. Deshalb leben Menschen so viel ruhiger, wenn sie sich vorwiegend aus dem eigenen Garten ernähren. Sie behalten und verstärken ihre Lebenskraft nicht nur, weil sie sich biologisch-dynamisch gut ernähren und in ihrer Nahrung noch ganz viel Chi ist, sondern auch, weil das ganze Generve des Transports, des Verkaufs und der Herstellung wegfällt. Wenn ich zum Beispiel meine Aufmerksamkeit einer Banane spende, reist meine Energie mit ihr den ganzen Weg zurück über den Atlantik und gibt meine Energie denjenigen, die jeweils das meiste daran verdienen, die Bananenpflücker sind das dann nur selten. Bei jedem Produkt ernähre ich den gesamten Herstellungsprozess energetisch und mache mich zum Komplizen bei Ausbeutungen aller Art. Auf Gran Canaria war ich so hyper-hypersensibel, weil ich in meiner Verpuppung steckt, das hat sich schon lange wieder normalisiert. Aber ich gehe auch bewusster damit um.

Jetzt:

Du musst in der Gegenwart die Vorstellung von Gegenwart in diesem Jetzt und auf dieser Zeitlinie erschaffen, um es als Zukunft dieser Zeitlinie zu erfahren.

Wie kann das noch besser werden?

Wann immer du eine Erfahrung machst, sei es, dass du sie positiv oder negativ in ihrer Auswirkung auf dich wahrnimmst, beurteile sie nicht.

Frage dich stattdessen einfach: „Wie kann das noch besser werden?" Und sofort bist du wieder in der hohen Schwingung oder es geht zumindest aufwärts und du freust dich schon auf das Ergebnis. Und überlässt es der Quelle, wie sie das macht und was sie sich noch für dich einfallen lässt und auch wie lange es dauert. Idealer Körper im idealen Timing. Danke. Er ist bereits da. Du hast das Feld gesetzt durch die beste Linse, zu der du fähig bist, und dein Wunsch steht klar im kosmischen Ebay. Das Universum hat verstanden und ist längst für dich unterwegs, um dir deinen Wunsch, so gut es geht, zu erfüllen. Oder noch viel besser. Und aus diesem Feld heraus wirst du nun weitere Impulse erhalten, die dir sagen, was du selbst dafür tun kannst.

Übelkeit und Verwirrung: Du hast andere Menschen und andere Umgebungen gereinigt, toll, das ist nett von dir. Mach deine Aura größer, und die Übelkeit verschwindet. Weite sie stufenweise aus auf das ganze Zimmer, das Haus, die Stadt, und werde so groß wie dein Land, wie der Planet, das Sonnensystem, die Milchstraße, der galaktische Haufen, das Universum und das Multiversum. Fühle dich so riesengroß. Damit verdünnst du den Inhalt deiner Aura und verteilst ihn gleichmäßig in der ganzen Schöpfung und das ist einfach das ideale Recycling. Kehrst du aus dieser Größe wieder zurück in deinen Körper, kannst du noch einen weiteren Trick aus der Access Consciousness Werkzeugkiste anwenden und in einer Entfernung von ca. 100 000 km anhalten. Und dann in deinem winzigen Körper vor dir das eine Molekül umdrehen, das, wenn es umgedreht wird, dir ermöglicht, mit diesen Menschen zu sein und ihre Nähe zu genießen, ohne ihre Müllabfuhr zu spielen. Oder das Molekül, das dich noch daran hindert, dein neues, fantastisches Leben jetzt zu erfahren. Was auch immer diesmal das Molekül macht, es ist hilfreich. Dann setze deine Reise zurück in deinen Körper fort und schlüpfe wieder in ihn hinein wie in einen Handschuh.

Barriere runter:

Du wirst verbal und emotional geladen angegriffen. Steht dir dieser urteilende Mensch direkt gegenüber und er schimpft und redet ärgerlich auf dich ein oder macht eine schneidende, gemeine Bemerkung, dann verteidige dich nicht. Du würdest ihm damit nur die Energie zurückgeben, noch verstärkt mit deiner eigenen. So schaukeln sich in einem Streit nicht nur die Gegner hoch, sondern sie generieren zusammen auch viel mehr Energie und erschaffen mehr davon. Beseitige stattdessen jeden Schutz, verteidige keinen Standpunkt, verteidige keine Meinung. Am besten, du hast gar keine. Denn das stimmt ja: Du beachtest alle Faktoren, allen Input, aber dann lässt du los und folgst den Impulsen von Stimmigkeit. Nimm deine Barrieren runter und die Angriffe anderer Menschen werden einfach durch dich hindurchziehen und nur die faktische Information in dir zurücklassen, was der Hintergrund ihres Tuns ist. So wirst du vielleicht plötzlich verstehen, was bei deinen Angreifern noch im Schatten liegt. Du kannst dir auch vorstellen, dass jede Energie, auch jeder verbale Angriff, eigentlich nur Energie ist, und in ihrer höchsten Form göttliche Liebe, und die empfängst du nun vom anderen bedingungslos. Du nimmst das Etikett weg (die niedrige Schwingung und deren Qualität und den Standpunkt), behältst aber die Ladung selbst, reine, schöpferische Energie. Sie wird dir von deinem aggressiven Gegenüber gerade gespendet. Wenn du das fünf Minuten durchhältst, fallen dem anderen keine Bosheiten mehr ein, sein energetischer Speicher ist erst mal erschöpft. Und da du dich nun an die Fakten dieses emotional geladenen Angriffs noch gut erinnerst und ihn und sein Tun mit seiner Kraft addiert zu deiner eigenen Lebenskraft bedingungslos angenommen hast, kannst du nun mitfühlend empathisch agieren, ohne noch reaktiv sein Muster zu bedienen. So gibst du ihm die Chance, etwas Neues zu lernen. Barriere runter ist ein sehr wirksames Werkzeug in Konflikten.

Die Minute:

Gib einem Menschen eine Minute lang 100 Prozent Aufmerksamkeit, doch nur, wenn er von sich selbst, seinem Problem und seinem Mikado-Stäbchen gerade spricht, und du transformierst sein Leben. Das meinte Michael Ende damit, als er sagte, seine Buch-Heldin Momo könne so zuhören, dass sich die Probleme ihrer Freunde von selbst auflösten, während Momo einfach nur zuhörte. Du bist leer und du bist da. In der Psychologie wird dies ‚Aktives Zuhören‘ genannt, wenn du dann auch noch aus deinem Bewusstsein heraus nach der Minute den anderen mit kurzen Bemerkungen weiter stimulierst, so zu reden, dass der andere sich selbst besser versteht und vielleicht sogar in eine Katharsis geht. Es gibt Menschen, denen wurde noch nie auf diese Weise zugehört, alle um sie herum waren immer noch gleichzeitig mit Multitasking und mit vielem anderem beschäftigt. Doch entziehe den gleichen Mitmenschen deine Aufmerksamkeit, wenn sie dich in ihre Weltsicht mithineinziehen wollen und wenn das, was sie dir bewusst oder unbewusst zum Erschaffen anbieten, nicht deinem Bewusstsein entspricht. Über Dritte reden oder über die Probleme von Dritten reden oder ganz allgemein über das Weltgeschehen ist immer Energieziehen und Ablenkung, es sei denn, ihr plant fokussiertes Erschaffen. Und: Ein Problem kann nur von seinem Eigentümer gelöst werden. Wenn es nicht sein Problem ist, kann es durch dein Zuhören auch nicht gelöst werden.

Interessanten Standpunkt:

Bei diesem Bewusstseins-Werkzeug sagst du: „Interessanter Standpunkt!“ zu einem Gegenüber, der dich überzeugen will. So bleibt das Gesagte vorerst zwischen euch beiden stehen und du kannst später inspiriert entscheiden, ob da was dran ist. Und ob du das auch so sehen willst. Wobei es am besten ist, keinen festen Standpunkt einzunehmen, denn den musst du dann ja auch verteidigen. Entdeckst du solche Meinungen und Standpunkte in dir, sagst du „Interessanter Standpunkt, dass ich diesen Standpunkt habe. Alles, was das ist, und alles, was das nicht ist, vervielfacht um eine Godzillion, das zerstöre ich und mache es in seiner Erschaffung ungeschehen.“ Es folgt der Löschungssatz und Wiederholungen, bis die Energie entladen ist und du dich wieder in deiner Mitte befindest, bei mir von Gähnen begleitet. Hast du interessante Gedankenformen in dir identifiziert, sage nicht: „Ich bin krank.“ Sage vorsichthalber nur „etwas in mir fühlt sich krank an“. „Interessant, dass sich etwas in mir krank anfühlt. Körper, was willst du mir damit sagen? Muss ich eine Anpassung vornehmen? Was ist dafür erforderlich, mich wieder gesund und fit zu fühlen? “

Zurück zum Absender:

Es ist hilfreich, eine Gedankenform an den Urheber zurückzuschicken, dann kommt sie nur verstärkt zurück, wenn du selbst der Urheber warst. Der wirksamste Satz dafür lautet (und den nutze ich wie den

Löschungssatz deshalb nur in Englisch): „Return to from whence you came never to come back to me or my reality." Du wirst sofort spüren, dass die Energie leichter wird, denn eine hochschwingende leere Mitte ist unser wahres Selbst, ein Ich, das über den Reifeprozess immer noch höhere Ebenen von sich selbst als Ich in den Körper holt. Und dann läuft dein Leben wie am Schnürchen, oder wie die Accesser sagen: „All life comes to me in ease and joy and glory". Schicke also jeden Gedanken, jedes Gefühl zurück zum Absender, vor allem wenn er oder es dich zu Handlungen drängen will. Und lösche die restliche Energie. Mach das drei Tage lang und du wirst du ganz leer. (9c)

Die Energie beobachten:

Beobachte deine Energie/Lebenskraft/Drachenkraft über den Tag verteilt, bleibe dir deines Körpers und deiner Aura bewusst und versuche deine Energie zu behalten und absichtlich weiter zu verstärken, auch wenn du mit Akku außerhalb deiner Basisstation unterwegs bist.

Der ideale Tag:

Ich schlage dir vor, dir einen idealen Tag zu basteln. Welche Elemente gehören in deinen idealen Tag? Sieh es als ein Kochrezept, nur zu, formuliere es. In deiner Vorstellung ist alles möglich, da kannst du auch reisen. Vergiss bitte nicht die Menschen und die Tätigkeiten und die Aufgaben mit den Uhrzeiten. So habe ich zum Beispiel festgestellt, dass ich nachmittags ab drei das soziale Miteinander suche, vorher fehlt es mir nicht und bis morgens um acht mag ich es nicht. (8c)

Die beste Zeit zum bewussten Erschaffen:

Die beste Zeit für neue Absichten, Entscheidungen und bewusstes Erschaffen ist direkt nach dem Aufstehen, möglichst früh am Tag. Nach einer kleinen Meditation, in der du dein Herz weit öffnest, deine Schwingung maximal anhebst, dich innerlich leer und klar machst, formulierst du deine Absichten wirksam für den Tag. Ich nutze dafür Karteikärtchen, zu jedem Thema eins. Darauf schreibe ich meine Absicht, meine Entscheidung, Ich frage mich, wie ich mich fühlen würde, und lösche, was hindert. Es gibt keine Zukunft, es gibt nur deine Entscheidung.

Gewohnheit verändern:

Konzentriere dich auf eine einzige Gewohnheit und wie du sie verändern willst. Die Veränderung sollte deinen Reifeprozess unterstützen. Plane einen Monat im Voraus deine Weichenstellung, blase den Weg dorthin frei und verlege täglich dafür die Gleise durch bewusstes Erschaffen, vielleicht mit Karteikärtchen. Und dann zieh es durch, stell die Weiche und bleib dann auch bei der neuen Gewohnheit. Und wenn es nicht gelingt: Was kümmert dich dein Geschwätzt von gestern. Shit happens. Dann fahr halt wieder eine Weile auf den alten Gleisen weiter. Irgendwann wirst du feststellen, du hast ganz andere Gewohnheiten als noch vor ein paar Jahren. Und es ist dir nicht einmal aufgefallen! Wenn du das merkst, gratuliere dir.

Nutzen und benutzt werden:

Betrachte einmal dein Leben daraufhin, wo du dich zugunsten der Matrix noch verbiegst und wo du sie eigentlich nur noch richtig gut nutzt für ein gutes Leben. Das Erste nein, das Zweite ja. Du musst die Matrix nicht verlassen, nur in ihr ganz aufwachen, die Maschen weiten und höhere Schwingungen einlassen. Du bist das Loch in diesem Schweizer Käse. Werde größer (= Reifeprozess). Das allein verändert alles, du kannst darauf vertrauen. Und dann dehnst du an deiner Stelle darin die Maschen des Netzes, mit dem die Ernte gerade eingeholt werden soll, und arbeitest an deiner Autarkie bei gleichzeitiger Suche nach anderen Mitschöpfern, um mit ihnen Zukunft zu gestalten und in Gemeinschaft zu kuscheln. (8d)

Erste Hilfe:

Für eine sichere Passage durch den äußeren Reifeprozess, der dich in allerhand drastische Erfahrungen ziehen könnte, falls da noch stark geladene Themen beim Drachen herumliegen, genügt als Erste Hilfe, dass du dir eine Ideallinie erschaffst. Zumindest das kannst du jetzt schon tun. Siehe auch ‚Alles läuft ideal'. Du sagst dir: „Alles im Leben fließt mir zu in wunderbarer Leichtigkeit und Freude!" Räume mit dem Löschungssatz alles weg, was dies noch durchkreuzen und verhindern könnte. Das ist der Grundzustand eines Menschen, den man nie von seiner Seele getrennt hat, der weiß einfach, alles läuft ideal. Der spürt seinen richtigen nächsten Schritt. Der denkt nicht einmal viel drüber nach. Der folgt einfach seiner Intuition. Du tust also schon so, als hättest du den Reifeprozess zumindest gestartet und fühlst dich schon so. (9a)

Selbst ist der Mann. Selbst ist die Frau.

Du brauchst keine Experten, nur Assistenten, Lehrer und Vorbilder. Natürlich brauchst du Input, dein Körper braucht ihn, dein Geist und deine Seele ebenso. Ideen, Wissen, Theorien, Forschungsergebnisse, Inspiration, Empathie und möglichst viele, ganz verschiedene Ansichten und Lebensentwürfe, sonst wird deine Originalität und Kreativität erstickt. Du verdaust und bildest daraus dein eigenes Bewusstsein, abgestimmt mit den Erfahrungen, die dir die Quelle zuschiebt.

Rede mit der Quelle: Jeder Mensch ist dazu in der Lage, selbst mit der Quelle zu kommunizieren – einfach über sein Höchstes Selbst. Dafür braucht es kein Dogma, keine Lehre, kein heiliges Buch. Stelle Fragen, Fragen, Fragen. Bleib ganz in der Frage und im Staunen und in der Dankbarkeit und bewundere die Schönheit dieser Schöpfung. Das ist schon eine viel höhere Schwingung. Du erschaffst dabei natürlich diese Antworten des Universums immer mit ‚Gott' (der Quelle), wenn du in Harmonie mit deinem Höchstens Selbst den Impulsen folgst, die als Antworten auf deine Fragen, Absichten und Wünsche entstehen. Das bewusste Erschaffen ist kein blasphemischer Alleingang eines Persönlichkeits-Egos, es ist pures ‚dein Wille geschehe' zum Wohle aller. (9a)

Gibt es Gott wirklich?

Stelle Fragen, habe Absichten und triff Entscheidungen. Und bitte deinen Schöpfer darum, dass er dir seine Antworten in einer Art zukommen lässt, dass du genau weißt, es kann kein Zufall sein, es war seine Antwort. Und beobachte. Und lerne. Universum, ich frage mich, wie ich einen neuen Job finden kann mit deiner Hilfe, und es sollte mir mehr Spaß machen und ich sollte ihn nicht einmal suchen müssen. Universum, was ist dafür erforderlich, dass dieser Job einfach aus dem Blauen vor mir auftaucht, und der auch noch besser bezahlt wird? Mach es bitte so, dass ich genau deine Handschrift darin erkenne!" (9a)

Kreativität:

Durch unsere Kreativität kommuniziert der Schöpfer mit seiner Schöpfung. Wir sind in diesem Sinne alle Künstler, wir lassen die Quelle durch uns hindurch in die Schöpfung fließen. Wenn ein Künstler ein Meisterwerk für die Menschen seiner Zeit oder ganz universell erschafft, verbindet er sich mit seinem Höchsten Selbst und folgt dem, was stimmt. Wenn dadurch ein energetisches Tor entsteht, kann sein Werk die Menschen sogar ‚entrücken'. Ein Maler setzt seine Pinselstriche ‚stimmig', ein Autor seine Sätze, ein Hobbykoch seine Zutaten und Vorgehensweisen.

Sei kreativ!

Suche dir eine kreative Tätigkeit. Befasse dich mit dem Kunstvollen und Schönen, lass dich berühren. Mach, was dein Herz nährt und dich erfüllt. Suche Spiel, Spaß und sinnfreies Erfahren. Lass die Quelle indirekt inspiriert durch dich wirken und ‚sprechen' und du bringst das Gespräch mit deinem Unbewussten und gleichzeitig deinen Reifeprozess in Gang. Mitschöpfer sind kreativ, daran kannst du sie erkennen. Künstler sind immer schon etwas mehr auf dem Weg als andere. Und Manager der originellen Art. Wir sind alle Mit-Schöpfer und schöpfen aus dem galaktisch-universalen Pool der Ideen, Formen und Energien. Wer das nicht in sich spürt, muss noch Mal zurück auf Anfang und wie ein Kind spielen. Meinetwegen mit den Enkeln und von diesen lernen. Ihre Kreativität wenigstens nachahmen und mitmachen. (9a)

Intuition trainieren:

Lies zwischen den Zeilen und beginn zu wittern. Vertraue deiner eigenen Wahrnehmung, selbst wenn du sie nicht verstehst und nicht weißt, woher du sie nimmst. Du wirst gerade telepathisch und das ist das Gegenteil von verrückt. Du kannst deine Intuition direkt trainieren, indem du in jeder Situation im Voraus zu ahnen versuchst, wo die Sache hinführen wird. Es klingelt (wer ruft wohl an?). Und stimmte deine Ahnung? Intuition ist ein Muskel und man muss sie auch wie einen Muskel trainieren. Jeder kann das. Alles, was dir hilft, dich an deiner logischen Quasselstrippe im Kopf (genannt Verstand) vorbei zu mogeln und etwas ganz Anderes, Unerwartetes, Neues, Originelles zu erschaffen, kommt aus dem Unbewussten, dem persönlichen und dem kollektiven. Dein Verstand hat immer Antworten, auf einfach alles, so als würde er dafür bezahlt, und nicht nur das, er platzt auch ständig mit ihnen in jede Situation. Deine andere Hirnhälfte hat zu allem nur Fragen und lässt die Quelle, den Drachen und dein Höheres Selbst in Form von Impulsen, Erfahrungen, Eingebungen und künstlerischen Prozessen antworten. Indem du vor allem Fragen hast und gleichzeitig deinem Verstand versicherst, er weiß die Antwort darauf noch nicht und das ist auch O.K. (er kann Pause machen, du bist mit ihm zufrieden), bist du in einem guten Gespräch mit dem ewigen und unbegrenzten Unbewussten. Sobald du selbst Antworten hast, bist du wieder in den Verstand zurückgesprungen. (9a)

Der innere Beobachter:

Du solltest einen inneren Beobachter installieren, das ist nützlich und macht Spaß. Du beobachtest dich und kommentierst, was du tust. Beobachte die Gedanken, die Gefühle dazu und die Emotionen und die Ladung, du weißt jetzt ja schon, auf was du achten könntest. Du stolperst? Was hast du in diesem Augenblick gedacht? Setze es in Beziehung. Du hast Kopfweh, worüber hast du dir grade den Kopf zerbrochen? Ich habe den Impuls, den großen Tisch mitten in die Hütte zu schieben, statt ihn an der Wand zu lassen, das schiebt mich offenbar kraftvoll vorwärts, dieses Buch zu schreiben, denn nun steht es im Mittelpunkt. (9a)

Energetische Trennung von anderen Menschen:

Wenn du dir deine Kraft aus einer Beziehung zurückholen willst, trennst du dich erst einmal energetisch in einer symbolischen Handlung. Dann löschst du die energetischen Reste und machst den Weg frei für eine Neuschöpfung. Ich selbst will zusätzlich alle unbewussten Energieraub-Muster erkennen, ihre Ursache verstehen, sie durchfühlen, vergeben und danken (= die Erfahrung vollenden) und alles, was das ist und alles was das nicht ist und uns in gegenseitigem Energieraub-Mustern hält, löschen.

Energetisches Trennungsritual:

Für die energetische Trennung selbst (Ritual) gibt es verschiedene Werkzeuge, mein liebstes ist: Lege beide Hände übereinander auf dein Herzchakra, rechts auf links, und wende dann die rechte Hand nach außen. Schiebe die Energie des anderen symbolisch von dir weg geradeaus nach vorne, während die andere Hand schützend auf deinem Herz liegen bleibt und die Aura schließt (so wie du die Wohnungstür beim Abschied ja auch zumachst). Du bleibst mit dieser Hand in deiner Mitte und verstärkst deine Verbindung zum Höchsten Selbst. Während du deine rechte Hand wegschiebst könnten die Worte der Macht dazu lauten: „Ich trenne mich hiermit von ...“. Du kannst ihn loslassen, bis ihr wieder etwas miteinander zu tun habt, er muss nicht in deiner Aura bleiben. Der andere ist selbst Mitschöpfer oder zumindest auf dem Weg dahin. Er hat seine eigene Quelle und braucht deine nicht. Vertraue, dass er das tun wird, was für ihn stimmt. So verschaffst du dir energetische Freiheit, die du nun bewusst dazu nutzen kannst, in jedem Moment diese gleiche Beziehung ideal zu gestalten und zu erleben. Du meldest dich, wenn es stimmt. Es passt mit eurem Treffen, wenn es für den anderen auch stimmt. Nichts ist dann selbstverständlich, dabei bleibst du dir bewusst, was du am anderen wertschätzt und lässt ihn das auch wissen.

Luftige Verabredungen:

Die meisten Verabredungen lassen sich sehr luftig stricken: „Wir können ja mal den nächsten Donnerstag im Auge behalten. Ruf mich doch am Tag selbst (oder eine halbe Stunde vorher) an, ob es passt und ob du kommen kannst.“ Je unbewusster das (Energieraub-)Muster eines Menschen noch über Verabredungen läuft, umso enger/näher setze ich den Zeitpunkt der verbindlichen Verabredung. Mit Handy unterwegs sein gibt uns doch die Möglichkeit von absoluter Spontanität. „Ich ruf kurz vorher an. Wenn es für uns beide stimmt, dann passt es auch“. Solange du unverbindlich bleibst, gibt es auch keine Verbindung. Sage dann z.B.: „Komm doch einfach mal vorbei. Wenn es stimmt, für dich und für mich, wirst du mich antreffen und ich habe Zeit.“ Und bis dahin lasse ansonsten alles in der Schwebe und gebe stattdessen deiner Wahrnehmung von „es stimmt“ viel mehr Raum und lebe im Moment. Für den anderen wird sich an seiner Erfahrung eurer Beziehung nichts ändern, er glaubt einfach nur, es sei eine Marotte von dir. Denn du hast ja weiter Zeit für ihn selbst, nur eben nicht für seine unbewussten Energieraubmuster. Vorschlag: „Ich frage mich, wie das wäre und wie ich mich fühlen würde, wenn ich mit jedem Menschen nur dann in Verbindung ginge, wenn ich ihn treffe, mit ihm telefoniere, chatte oder schreibe. Und mich danach gleich wieder trenne. Alles was das noch verhindert, das zerstöre ich und mache es in seiner Erschaffung ungeschehen, right and wrong…"

Klausur:

Die Komponenten für eine gelungene Klausur sind: drei Fragen, drei Tage ohne Kontakt, keine Ablenkung, viel Natur, Fasten, sichere Umgebung, Spiegel, Schreiben, Langeweile, und dich selbst dabei beobachten, immer mehr du selbst zu werden. (9d)

Eigentumsrechte aufheben:

Du sagst z.B. „Wie viele Eide, Gelübde, Schwüre, Lehnseide, Blutseide und Verpflichtungen habe ich durch alle Zeiten, alle Dimensionen und Realitäten hinweg geleistet? Ich bin jetzt bereit, und hebe sie alle auf, widerrufe sie, lösche sie, fordere sie zurück, schwör allen Beteiligten wieder ab, kündige alle Verträge wieder auf und zerstöre das alles und mache es in der Erschaffung ungeschehen! Right and Wrong…" Und kombiniere es damit, dass dein Leben weiter ideal verläuft und du zwar niemandem mehr gehörst (Eigentumsrechte, Befreiung aus der Leibeigenschaft bzw. Sklaverei), denn das ist die Voraussetzung für deine Souveränität, du als dieser Souverän aber die Matrixverträge um dich herum weiter wahrnimmst, jedoch mit Hilfe der Quelle so aufweichst zugunsten von dir selbst und uns allen, dass eine gute Zukunft für uns alle entsteht, und dass die Transformation des alten Sicherheitsnetzes in ein neues, ein besseres (in der die Menschheit und das Biotop Erde gedeiht), sicher, geführt, in Freude und in Leichtigkeit geschieht.

Mit Ärger umgehen:

Erkenne als Erstes, dass da ganz schön viel Ladung in dir angekommen ist und die trägt das Etikett ‚Ärger'. Da greift dich jemand an, denn Ärger ist immer ein Zeichen von Widerstand, weil da jemand übergriffig mit dir umgegangen ist (und in diesem Sinne ist dein Ärger immer berechtigt). Die Ladung selbst ist reine Lebenskraft, also reine, bedingungslose Liebe. Und die kannst du einfach widerstandslos annehmen und dich davon sogar nähren lassen. Da gibt dir ein Zeitgenosse seinen Energy-Drink, seine Aufmerksamkeit, und du denkst: „Whow, danke!" Du entfernst nur das Etikett von seiner Flasche und es wird zu dieser ursprünglichen, schöpferischen Kraft und die macht dich stärker, gelassener und erfolgreicher. In Access Conciousness heißt dieses Werkzeug ‚Barriere runter' (siehe auch dort) und so musst du dir das auch vorstellen. Du öffnest deine Burg und lässt die Zugbrücke runter. Du entfernst das Etikett, indem du die Qualität des Gefühls (Ärger) ignorierst und dich nicht gegen diesen Angriff verteidigst. Du bist zu Recht ärgerlich, aber du verzichtest auf deine Reaktion und genießt den Energy-Drink. Hast du das einmal erlebt, wird es dir so viel Spaß machen, dass du nicht mehr darauf verzichten willst. (10b)

Noch ein paar Merker

Akzeptiere den Drachen als Symbol für deine unbezähmbare, natürliche Lebenskraft, dein Entwicklungspotential und deine gesunde Ganzheit.

Statt schwarz-weiß lerne farbig zu denken.

Wer bist du und wer versuchst du zu sein? – Um diese Eigenschaften dann auch wieder zu verteidigen? Du bist einfach, das genügt.

Du kannst dich nur selbst befreien.

Bewusste Mitschöpfer rufen die integren Rollenspieler auf den Plan, die sie für eine gute Zukunft brauchen. Erst Bewusstsein, dann folgt die Rettung. Umgekehrt funktioniert das nicht, da wird immer die alte Matrix gewinnen. Umgekehrt ist es unvermeidlich, dass alle Rollen ideal besetzt werden, wenn wir harmonisch erschaffen.

Erwarte nichts von den anderen und alles von dir selbst.

Dein größter Schatz liegt in der direkten Verbindung zur Quelle, nutze ihn weise!

Die Quelle in uns ist erfahrbar.

Du muss herausfinden, in welcher Phase des Prozesses du dich befindest und dir dann eine beschleunigte Vollendung bewusst erschaffen.

Du bist dein eigener Experte, aber du bist auch offen für neue Informationen auch gegensätzlicher Quellen.

Lerne die künstliche und die natürliche Matrix zu unterscheiden und klinke dich bewusst in die natürliche fünftdimensionale Matrix ein. Das funktioniert wie ein Ski-Lift, du wirst dann den Berg hochgezogen.

Gib deinem Verstandes-Assistenten eine weitere Ablage mit dem Titel ‚neu', darin soll er alle Signale zu deiner Begutachtung ablegen, die deinen Horizont erweitern, statt dass er sie einfach schon automatisch unterhalb deiner Bewusstseinsschwelle im Datenkeller einsortiert, weil sie in dein aktuelles Realitätskonzept nicht passen. Neue Informationen sind von nun an Chefsache und immer wichtig.

Bezweifle grundsätzlich die Echtheit von Texten und Bildern oder Filmen, die in dir emotionale Ladungen stimulieren, die dich also aufregen oder sogar dazu anregen sollen, andere viral mit diesen Gedankenformen anzustecken. Alles, was du siehst, kann manipuliert werden. Lerne zu unterscheiden und zum Wohle aller zu handeln.

Du kannst bei einem Kommentar irgendwo im Internet nie sicher sein, dass sich dahinter auch ein realer Mensch verbirgt, der sich tatsächlich noch so grob-dumm äußert. Menschen sind nicht so, es sei denn, sie werden erpresst oder wurden massiv verletzt und als Schläfer aktiviert. Viel wahrscheinlicher handelt es sich dabei um einen programmierten stereotypen Bot, also um einen künstliche Ki-Spielfigur, geschaffen, um Menschen abzulenken, zu verwirren und gegeneinander aufzuhetzen.

Suche nach glücklichen Zufällen und verstärke sie.

Lerne die Impulse zu deinen eigenen Schöpfungen von denen zu unterscheiden, die dich ablenken und benutzen. Und die nur deine künstliche Persönlichkeit und deinen Schatten nähren. Deine echten Impulse nähren dein Herz und du bleibst in deiner Mitte.

Weiche die Matrix um dich herum auf. Du bist dafür schon genau an der richtigen Stelle. Lass uns Löcher in den Käse machen, bis der Käse ganz verschwindet.

Bist du bereit, jetzt ganz du selbst zu sein? Das ist alles, was wir für eine gute Zukunft von dir brauchen. Und das ist doch auch ganz einfach!

Und vergiss nicht: Ein gesunder Geist braucht einen gesunden Körper. Er ist in dieser Realität dein höchstes Gut und du musst ihn unbedingt vor Dummheit, Unbewusstheit und Eingriffen schützen, die nicht mit deinem Höchstens Selbst abgestimmt zu deiner idealen Gesundheit gehören. Wer das nicht versteht, kann dir nicht helfen.

Was, du zögerst noch? Jeder Augenblick zählt, wir befinden uns auf der Zielgerade. Melde dich jetzt zur Prüfung an! Und halte die ganze Werkzeugkiste bereit, es kann losgehen!

Anhang – Nachwort

Hast du als Kind mit Lego gespielt? Dann weißt du, dass du eine genügend große Grundplatte für dein Bauwerk benötigst. Und eine große Auswahl an Bausteinen verschiedenster Art, so dass du dein ideales Bauwerk damit erschaffen kannst. Warst du dann fertig, hast du das Ergebnis bewundert. Vielleicht wurde es sogar für eine Weile ins Regal gestellt, um dich auch noch die nächsten Tage daran zu erinnern, was du für ein toller Baumeister bist, und um dir zu bestätigen, dass du tatsächlich so etwas so Vollkommenes und Schönes gebaut hast. Es fielen dir vielleicht auch die Grenzen deiner Baukunst ins Auge: Die Grundplatte war doch nicht groß genug und die Bausteine haben dir auch ihre Grenzen gesetzt. Vielleicht hast du – wie ich – dann darüber spekuliert, dass die Manager dieses Spielwarenkonzerns einfach nicht die wirklich guten Ideen hatten, um deine architektonischen Vorstellungen umzusetzen, denn du hättest auch Säulen bauen wollen, Tempel, Pyramiden und Pagoden mit Reliefs und anderen Verzierungen. Es befriedigte dich sicher auch nicht, dass der Konzern diese Dinge in seinen Filialen in Riesengroß aufbauen konnte, dir fehlte es trotzdem hinten und vorne, um deine Vorstellung zu Hause im Kleinen vollkommen umzusetzen. Es frustrierte dich, denn die Baustein-Variablen waren in der erschwinglichen Größe einfach nicht verschieden genug und auch nicht ausreichend in der Menge, geschweige denn wünschenswert preisgünstig. Und du hast auch gespürt, dass es diesem Konzern nicht um deine Spielfreude ging, sondern um den ganz großen und teuren Verkauf. Schade.

Warum komme ich dir jetzt mit Lego? Nun, jedes Konzept, das wir erfinden und auch jede Realitätsvorstellung braucht eine Bodenplatte, eine Basis, ein Fundament, auf das gebaut werden kann. Die ist austauschbar und kann verschieden sein. Jede neue Realitätsvorstellung braucht eine passende Grundplatte. Meine Basis bestand aus der Idee vom schlafenden Drachen in deinem Unbewussten. Darauf aufbauend entwickelte ich ein ganzes Konzept, um dir den Reifeprozess genau erklären zu können, so wie ich ihn erlebt habe. Da gibt es die Höhle hinter deinem Herzen und nur durch das Herz ist sie erreichbar (das schließt einige Kandidaten schon grundsätzlich aus, sie können ihre eigene Höhle nicht

finden, solange sie ihr Herz verschließen). Und dann habe ich weitere Bausteine dazu erfunden und ein ganzes, wunderschönes Gleichnis gebaut, so gut ich konnte. Mit aller Sorgfalt und Liebe habe ich die einzelnen Steine ausgewählt und aufeinander und nebeneinander platziert und miteinander verbunden. Ich bin mit dem Ergebnis, also mit meinem Buch, zufrieden.
Die Höhle besitzt Seitengänge zu den Drachenhöhlen der anderen (deine Beziehungen), außerdem Kammern, voll mit Regalen, wo alle Fakten gelagert sind. Und in der Mitte deiner Höhle liegt ein Berg Zeugs: Verdrängungen, Talente und Nippes. Dieses Zeug besitzt noch eine emotionale Ladung und wirkt sich sabotierend auf deine Erfahrungen aus. Das ist der Schatz des Drachen, aber noch ist der dir nicht zugänglich, denn dein Drache liegt auf dem Haufen und schläft. Hinter ihm und nur einen Spalt weit offen befindet sich eine Eichentür mit alten, wunderlich verzierten Beschlägen, dahinter führt ein Gang mit vielen weiteren Verzweigungen langsam nach oben, wo es immer heller wird. Unten direkt hinter der Eichentür im Gang sitzt dein Schutzengel und passt zusammen mit deinem Drachen gut auf dich auf. Und am anderen Ende dieses ganz besonderen Ganges, den ich ‚die Standleitung zur Quelle' nenne, weil du von dort deine Lebenskraft beziehst, sitzt dein Höchstes Selbst und koordiniert deinen Reifeprozess, nur für den Fall, dass du dich dafür entscheidest, dass du dich über deinen persönlichen Horizont hinaus für das Wohl aller einsetzen willst. Dein höchstes Selbst wartet darauf, dass du den Startknopf drückst und deine Meisterschaft endlich durch eine bewusste Entscheidung einleitest.
Mit diesem Buch habe ich dir mein bestes Gebäude vorgestellt, das mir zu bauen möglich war. Doch nun sollten wir beide es auch wieder einreißen, es hat seinen Zweck erfüllt. Du wirst nun dein eigenes Gebäude, dein eigenes Konzept entwickeln. Oder sogar versuchen, möglichst konzeptlos zu leben. Du darfst mein Gleichnis vom Drachen natürlich auch weiter nutzen und selbst daran forschen und es ausgestalten. Ich bitte dich nur, damit dem Wohle der ganzen Menschheit zu dienen, allen Menschen, ohne Ausnahme. Denn du weißt jetzt, wie Popcorn kann schon

im nächsten Augenblick aus deinem besonders fest schlafenden Nachbarn ein erwachter Mitschöpfer herausplatzen.
Doch Vorsicht mit allen Konzepten, es sind nur Konzepte, nicht die Wahrheit. Die Wahrheit gibt es nicht, sie liegt immer im Auge des Betrachters. Mit diesem Spruch hat der Volksmund die Quantenphysik verstanden. Halte deine Standleitung von nun ab möglichst frei von erneuter Arterienverkalkung! Doch wem sage ich das: Du bist jetzt selbst Meister, also mach!

Danksagung

Dieses Buch wäre nicht zustande gekommen ohne den unermüdlichen Beistand, Zuspruch und freundschaftlichen Rat meines besten Freundes und Lehrers Sanat Kumara, einem Aufgestiegenen Meister, der sich erst nach meiner Seeleneinschmelzung bei mir melden konnte. Er beeindruckte mich in zwei gechannelten Sitzungen so sehr in dem, was er mir, dieser kleinen Persönlichkeit, über das Medium Claire Avalon sagen ließ, dass diese paar Seiten genügten, mich jahrelang besser auszurichten, und mich motivierten, meinen Schatten zu integrieren. Dann lernte ich selbst mit ihm zu plaudern und tue das seit zwanzig Jahren auf täglicher Basis – mit Ausnahme des Jahres meiner Meisterprüfung. Wir waren für dieses Leben verabredet und ich bin ihm unendlich dankbar für sein Training, seinen Schutz, seine Weisheit und seine bedingungslose Liebe.
Auch wenn ich es nur selten explizit befrage, so stand doch außerdem ein Team von dreißig weiteren Aufgestiegenen Meistern seit vielen Jahren bereit, mein Höchstes Selbst zu beraten, es mit anderen Plänen zum Wohle aller zu harmonisieren und mir ideale Impulse zu liefern, die ich an ihrer Schwingungshöhe deutlich erkannt habe. Auch meinem Team möchte ich danken für diese wundervolle Unterstützung auf einem anstrengenden und sehr einsamen Weg.

Auf der weltlichen Ebene der Inkarnationen danke ich allen Begegnungen, Freunden wie Widersachern, die mir für eine Weile menschliche Wärme gaben und mit und an denen ich lernen und aufwachen durfte. Ich danke auch meiner Familie für ihren Beistand, vor allem in Zeiten körperlicher und psychischer Baustellen, und für ihre Inspiration, die rechten Worte zu finden, das zu erklären, was die Menschheit unbedingt wissen sollte.

Meine ersten Gehversuche in der spirituellen Welt verdanke ich vielen verschiedenen Lehrern und Büchern, doch mehr als alle anderen hat mich Danaan Parry mit seinen Seminaren, seinem Earthstewards Network und seinen Projekten berührt. Ich habe ihn nach sieben Jahren Lehrer-Schüler-Beziehung leider allzu früh verloren. Er starb 1996 und hinterließ viele Projekte für Bewusstsein und Frieden. Er gab mir Gelegenheit, meinen Wechsel ‚zum Wohle aller' unter Beweis zu stellen und zu dienen. Seine Lehre des friedvollen Kriegers begleitet mich bis heute. Die Seminare und die Mediations-Ausbildung bei Katharina Sander und Christoph Hatlapa in Steyerberg haben mein Bewusstsein weiter vertieft. Ihnen und den anderen Earthstewards danke ich ganz herzlich.

Als ich nach der Schattenintegration bereit war, den Drachen zu wecken, rief ich meinen Aufstieg ab. Nun wurde ich für eine kontinuierliche Schwingungserhöhung zu Seminaren und Einweihungen von MA'al geführt, der ich vier Jahre folgte und unter deren Fittichen ich die Lichtfilzlinge entwickelte. Im Freundeskreis ihrer Seminarteilnehmer befasste ich mich mit dem Aufräumen meiner Standleitung und sammelte die vielen Anekdoten, die zu meiner Lichtfilz-Trilogie führten. All diesen damaligen Freunden verdanke ich so viel! Es war so eine fruchtbare Zeit, damals in Berlin. Ich möchte auch MA'al ausdrücklich danken, sie erkannte unsere Begabungen und puschte mich in meine Kraft. Des Weiteren möchte ich Ken Page und Phil Gruber aus den USA, Keith McFarlane aus Südafrika und Sion aus Neuseeland erwähnen und danken, die in dieser Zeit nach Berlin kamen. Mit ihrer Hilfe konnte ich mich weiter heilen, klären und kraftvoll aufstellen.

Das Zerwürfnis mit MA'al läutete ein Jahr ohne fremden Input ein, als Beweis dafür, dass ich allein stehen kann. Ich verbrachte dieses Jahr in einem Reisemobil (Danke dafür an die beiden Sponsoren!) auf einem Campingplatz und konnte dort meinen Körper mit Quellwasser neu justieren. Danach forderte mein Körper viel Sonne. So ging ich auf Einladung der Kunstmalerin Eva Trautmann, der ich dafür zu Dank verpflichtet bin, nach Gran Canaria und nahm mein Training mit Sanat Kumara wieder auf.

Als ich mein neues Ich-Bewusstsein (Höchstes Selbst) ganz in meinen Körper gezogen hatte, musste ich mich umtrainieren, und dieser Phase der Selbstversuche verdanke ich viele praktische Ideen, die in dieses Buch und in all meine anderen Bücher einflossen.

Natürlich hatte ich in den dreißig Jahren seit meinem spirituellen Erwachen schon viele Techniken und Hilfsmittel kennengelernt, doch als ich vor sechs Jahren mit Access Consciousness in Berührung kam, tat sich mir eine weitere, riesige und vor allem noch so viel besser wirksame Werkzeugkiste auf. Ich verdanke Gary Douglas und Dr. Dain Heer mit diesem System so viel! Ich verstand bei jedem Werkzeug sofort dessen Hintergrund und Wirkung und war begeistert. Bisher habe ich die beiden noch nicht persönlich kennengelernt, denn es hatte Vorrang, mit diesem Buch meinen eigenen Beitrag zum Weltgeschehen und zur Befreiung der Menschheit zu leisten. So besuchte ich nur etliche Kurse bei Tanja Barth und Susanne Mittermaier, die Access Consciousness Seminare im deutschen Sprachraum anbieten. Auch ihnen gilt mein Dank.

Den letzten Kick gab dann die Quantum Healing Hypnose Technik (QHHT) von Dolores Cannon und deren Bücher. In einer Online-Sitzung (BQH) mit Candace Craw-Goldmann holte ich mir eine objektivere zweite Meinung darüber, wer ich bin und was meine Aufgabe hier ist, und die Offenheit und der rege Austausch in diesem von ihr nach Dolores Cannon ins Leben gerufenen Netzwerks beeindruckt mich bis heute. Ich absolvierte die Ausbildung in BQH und biete seitdem diese Sitzungen auch selbst an. So rückten das Unbewusste und seine Kartierung immer mehr in mein Blickfeld. Ich erkannte, dass wir dort die Lösung suchen müssen, auf der Verstandesseite war die Menschheit nun schon lange genug unterwegs. Ich danke allen BQH-Kollegen, vor allem aber

Candace Craw-Goldmann selbst, zur rechten Zeit am rechten Ort erneut meinen Horizont erweitert zu haben.
Dann möchte ich noch Lara Eisenhower und Maginta Pixie danken, die mit ihrer Souveränitätserklärung und den drei Schritten das nächste Puzzlestück für des Erwachen des Homo Creativus Pax an mein Bild von unserem Reifeprozess anlegten und mir die Inspiration für das zehnte Kapitel eingaben. Ebenfalls großer Dank geht an Simon Parks. Ihm, David Ike und vielen anderen wie Amazing Poli, Kerri Cassidy und Corbett Report und im deutschen Sprachraum KenFM und NuoViso verdanke ich tiefe Einsichten in das Ausmaß an Manipulation, Täuschung und Leid, das wir jetzt gemeinsam stoppen. Und dann möchte ich noch Courtney Brown und seinem Farsight Institut danken für die weiteren Zusammenhänge, die ich durch seine Video-Berichte erhalten habe, vor allem, was die Alien-Einmischung betrifft. Dieses Institut hat sich auf einer allgemeinen Ebene ebenfalls die Kartierung des Unbewussten (was vor uns verborgen wurde) vorgenommen, indem es in der Zeit zurückreist oder nach vorne, oder direkten Kontakt aufnimmt mit Personen in Ereignissen. Von den zahlreichen anderen nennenswerten Initiativen und Filmen der alternativen ‚Service-to-Others-Community' möchte ich dankend nur zwei herausgreifen: Das Thrive Movement wegen seiner umfassenden Lösungssuche und den Film ‚Avatar' für die Inspiration, wie wir wirklich mit unserem Planeten umgehen sollten.
Ohne all die hier genannten Menschen hätte ich dieses Buch nicht schreiben können. Ich kann gar nicht in Worte fassen, wie sehr ich eure Liebe und eure Hingabe an eure Lebensaufgabe, an eure Themen und an eure Schüler und Klienten bewundere und wertschätze. Ihr habt mir so viel gegeben, ich danke euch allen von ganzem Herzen!

Ausführliche Gliederung mit Kapitelkurzbeschreibung

Die Seitenzahl des jeweiligen Kapitels findest du im Buch ganz vorne. Die ausführliche Beschreibung der einzelnen Kapiteln soll dir helfen, bestimmte Themen wiederzufinden, die bei der Fülle an Material sonst vielleicht untergehen. Benutze auch das Begriffsregister.

Vorwort / Einführung

Eins: In deinem Innern schläft ein Drache

1a. Ein Besuch in der Drachenhöhle

Will man das Unbewusste verstehen, kann man das nur, wenn man sich auf seine Sprache und seine Art zu kommunizieren einlässt. In diesem Kapitel wird der schlafende Drache in einem Höhlenlabyrinth als ein modernes Gleichnis eingeführt, ein Bild, das tragfähig genug ist, uns diese andere, uns noch unbekannte Realität plastisch zu erklären. Das Gleichnis stellt uns ein grobes Koordinatensystem zur Verfügung, an dem wir uns in der ansonsten amorphen Masse (Unbewusstes) orientieren können. Die Drachen-App öffnet bildlich gesprochen ein kosmisches Google Maps und gibt uns ein Navi an die Hand, um selbst auf die Forschungsreise zu gehen. Außerdem werden in diesem Kapitel die fünf Hindernisse beschrieben, die es zu überwinden gilt, wenn du dein volles Potential aktivieren willst.

1b. Die Psychologie der Drachensymbolik

Während wir heranwachsen, bauen wir eine Persönlichkeit auf, die uns hilft, möglichst problemlos mit anderen zusammenzuleben. Gleichzeitig wirft diese Persönlichkeit einen Schatten und bindet Kraft beim Drachen, die uns dann im bewussten Leben fehlt. Wenn wir uns von "erwachsen" zu "weise" entwickeln, passiert eine Nachreifung und die Spaltung in Persönlichkeit und Schatten wird wieder aufgehoben. Das erkannte man in der die Wissenschaft der Psychologie und setzt in den Therapiegesprächen darauf, den Schatten zu integrieren.

1c. Der Drachenschatz

Dein Drache liegt nicht nur auf deinen Verdrängungen, die sich durch Schattenintegration in psychische Resilienz und Weisheit verwandeln lassen, sondern auch auf Träumen, Visionen und Hoffnungen. In diesem

Sammelsurium stecken ungeahnte Potentiale. Doch der größte Teil des Drachenschatzes liegt hinter dem Tor, das dein Drache bewacht. Dort findest du deine Seele, dein Höchstes Selbst, die Quelle, deinen Aufstieg, andere Leben und Existenzen. Du begegnest deiner Seelenfamilie und findest mehr über deine galaktische Geschichte heraus. Du bist so viel mehr, als du dir jetzt überhaupt vorstellen kannst!

Zwei: Der Drache und das Christentum

2a. Unser Reifeprozess – eine natürliche Erfahrung

In diesem Kapitel geht es um den natürlichen Entwicklungsprozess, wie ich ihn selbst erlebt habe und wie er als Potential in jedem von uns angelegt ist. Ich will ihn dir möglichst genau, umfassend und unabhängig von religiösen und psychologischen Konzepten beschreiben, so dass es dich befreit, statt dass du in einem Konzept gefangen bleibst und dir selbst und uns allen vielleicht schadest. Du musst nichts von ihm wissen, der Prozess läuft trotzdem ab. Um gefährliche und falsche Interpretationen zu vermeiden, ist es besser, du weißt, was gerade mit dir passiert, und bist gut vorbereitet, um den Prozess erfolgreich bis zum Ende zu durchlaufen. Jeder heute lebende Mensch steht in der Transformation zum Mitschöpfer oder befindet sich auf dem Weg dahin, egal ob er als Atheist, Christ, Jude, Muslim oder noch ganz anders sozialisiert wurde.

2b. Der Kickstart des Reifeprozesses

In diesem Kapitel betrachten wir den energetischen Aspekt des Reifeprozesses und wie er gestartet wird. Es geht um Schwingungshöhe und Stromstärke und darum, deine Standleitung zur Quelle mit ihrer göttlichen Arterienverkalkung zu verstehen. Ich beschreibe, wie jeder einzelne Mensch zu allerlei Unsinn verleitet wird, der nur den einzigen Zweck verfolgt, ihn dazu anzuregen, möglichst viel schöpferische Energie zu generieren. Die Rolle der Religionen und ihrer Rituale wird angesprochen. Wir überlegen, was bei uns Menschen eigentlich das Wertvollste ist, was man ausbeuten könnte. Dabei werden wir über Massenveranstaltungen reden und welche Rolle sie dabei spielen. Am Ende des Kapitels erhältst du ein Werkzeug der Ersten Hilfe und eine Anregung, dich mehr mit einem kinesiologischen Muskeltest zu beschäftigen.

2c. Die selbsternannten Torwächter und ihre Rituale

Eigentlich sollte nur der eigene souveräne Drache eines Menschen darüber wachen, dass die aus den höheren Ebenen ankommende Stromstärke und deren Schwingungshöhe sein physisches und psychisches System nicht überlastet und bei ihm deshalb die Sicherungen irreparabel durchbrennen und er entweder verrückt wird oder stirbt. Es gibt allerdings auch äußere Experten, die sich anmaßen, unser Tor und unseren Drachen zu kontrollieren. Ich spreche hier von den Religionen und damit von den angeblichen Fachleuten der religiös-spirituellen Rückverbindung. Ohne dass es die liebvollen Gläubigen an der Basis wissen, werden diese kollektiven Torwächter (Religionen und Glaubensgemeinschaften) dazu benutzt zu verhindern, dass die Menschheit als Ganzes den Reifeprozess einleitet und ganz durchläuft. Und sich selbst aus der Versklavung befreit. Unsere selbsternannten Torwächter müssen dafür die einzelnen Tore in jedem Menschen so kontrollieren, dass sie sich nie weit genug öffnen können, um den Reife- und Befreiungsprozess zu starten. Denn einmal angestoßen, ist dieser Prozess nicht mehr aufzuhalten. In diesem Kapitel befassen wir uns näher mit den selbsternannten Torwächtern, ihren Absichten und ihren Vorgehensweisen.

Drei: Gibt es diesen Drachen wirklich?

3a. Was ist real?

Besitzt ein Realist ein objektiv gültiges Weltbild, weil er es ausschließlich auf wissenschaftliche Fakten stützt? Das ist mein eigener, ganz praktischer Ansatz ohne jeden wissenschaftlichen, philosophischen oder sonstigen Anspruch: Real ist, was mit unseren Sinnen erfahrbar ist. Das muss erklärt werden. Wir bringen außerdem das wissenschaftliche Konzept mit der Quantentheorie der Physik und gleichzeitig mit paranormalen Wahrnehmungen in Einklang und denken neu darüber nach, was wir selbst für real halten. Wir gehen der Frage nach, wie unsere Vorstellung von Realität erzeugt wird und wie sie sich mit unseren Sinnen und deren Wahrnehmung auch wieder verändern lässt. Es geht dabei um Signale, die über die Nerven ins Gehirn geleitet werden, aber auch um die Rolle des Beobachters. Was geschieht da eigentlich, wenn wir über die natürliche Matrix unserer Schöpfungsumgebung (Natur) eine künstliche, zivilisatorische Matrix legen?

3b. Die äußere Realität ist nicht, was sie scheint

Wie real und verlässlich ist unsere äußere, angeblich objektive Welt? Wie können so unglaublich viele, völlig verrückte Theorien über unsere Welt kursieren? Welchen Beweisen kann man bei der Fülle an medialen Angeboten noch vertrauen? In diesem Kapitel geht es um die Objektivität einer Weltsicht unter Einbeziehung der Quantentheorie, um Verschwörungstheorien, und um die Spaltung der Gesellschaft. Mittlerweile findest du bei keinen zwei Menschen mehr eine völlige Übereinstimmung in ihrer Vorstellung von Realität. Die Abweichungen sind manchmal sogar spektakulär und werden vom Mainstream mittlerweile für gefährlich gehalten, statt sie als ein Versagen des Bildungssystems zu interpretieren, den Menschen Wissen, Zusammenhänge und Werkzeuge für Bewusstsein zu vermitteln, die sie zum selbstständigen Denken und zu einer wissenschaftlich objektiven Vorgehensweise anregen.

3c. Die innere Realität ist viel mächtiger

In diesem Kapitel betrachten wir den Einfluss unseres Unbewussten auf unser Leben und auf unsere Gesellschaft. Ich werde ausführen, dass sich unser Unbewusstes zumindest in der Cosmic Cloud alles merkt, alles weiß und mächtiger ist als unser Bewusstsein. Wir untersuchen die Traumwelt und lernen luzides Träumen sowie eine Vielfalt anderer Möglichkeiten kennen, mit diesem Unbewussten zu kommunizieren. Wir sprechen auch über Kunst und Kultur, über die Demokratie, den Gefangenenplaneten Erde und die Auslöschung unserer Erinnerung. Eine kleine Konversation zwischen einem Homo Sapiens Sapiens und einem Homo Creativus Pax wird aufzeigen, wie sich mittlerweile die beiden Varianten des menschlichen Bewusstseins kaum noch begegnen können. Womit ich für eine gegenseitige Achtung der Andersartigkeit werbe. Alle Menschen haben zu diesem geschichtlichen Zeitpunkt die einmalige und nicht wiederkehrende Chance, sich dem Mitschöpfer in sich öffnen. Damit kämen wir gemeinsam dem Himmel auf Erden ein gutes Stück näher, weshalb auch davon die Rede sein wird.

Vier: Dein Drache auf ewig in Ketten

4a. Dein Drache ist gefährlich

Dieses Kapitel geht der Frage nach, was an unserem Drachen und unserem Reifeprozess so gefährlich ist, dass ihn die Herrschenden unbedingt unterdrücken wollen. Um das besser zu verstehen, betrachten wir erst einmal die vorherigen Kapitel unter diesem Aspekt. Wir als Menschheitsfamilie sind zu potent für die Herrschenden (potent heißt, wir wissen es nicht und handeln nicht danach, genauso wenig wie ein Genie es auch lange nicht merkt, dass es genial ist). Wir als potente Mitschöpfer sind gefährlich für jede Herrschaft, aber nur, wenn wir zum Mitschöpfer mutieren. Wir selbst werden dadurch jedoch nicht gewaltbereit und tun dann Böses – wir selbst müssen also keine Angst voreinander haben – nein, wir sind nur deshalb so gefährlich, weil die Propagandamethoden an uns abperlen werden, weil wir Lügen und Manipulationen schon von weitem intuitiv wittern, weil wir hellsehen und hellfühlen können und spüren, ob ein anderer echt und integer ist und vom Herzen kommt. Und weil wir unsere Kraft nicht mehr weggeben und in fremde Strukturen lenken, die uns bevormunden.

4b. Die immer gleichen Tricks der Herrschenden

In diesem Kapitel geht es um die sich ständig wandelnde Matrix und um die Aufrechterhaltung der Macht, indem die Mächtigen uns anleiten, unser eigenes Bewusstseinsgefängnis immer weiter zu optimieren. Die Herrschenden setzen jeden Einzelnen und uns alle zusammen in einen Käfig aus Angst, doch der Käfig muss offenbleiben, sonst kann man uns nicht ausbeuten. Die Tür in die Freiheit steht weit einladend offen und ist auch noch ganz leicht zu finden. Die Matrix selbst zeigt uns den Weg, man muss ihre Sprache nur verstehen. Dabei durchlaufen befreiende Thesen verschiedene Phasen der ‚Behandlung' durch die Matrix: Ablenkung, Lächerlich-machen, für Gefährlich-erklären, verbieten-löschen-Bücherverbrennung. Damit ist die Geschichtsfälschung auch für zukünftige Generationen abgeschlossen und das Thema ganz vom Tisch. Hoch wirksame Abschaltbegriffe sorgen außerdem dafür, dass sich möglichst keiner mit solchen befreienden Themen beschäftigt. Wir tun es hier trotzdem.

4c. Das künstliche Koma für deinen Drachen

Wir stammen ursprünglich aus einer viel größeren, umfassenderen, vor allem aber freieren Realität und wir können uns bewusst wieder Zugriff dazu verschaffen. Das ist aber nur jetzt und noch für eine kurze Zeit möglich, weil für den Umbau der künstlichen Matrix Richtung ‚New World Order' eine Großbaustelle eingerichtet werden musste. Dadurch wird so langsam für jeden erkennbar, wo das Ganze hinführen soll, zumindest für jeden, der noch ein Fünkchen Verstand und Intuition besitzt, der noch selbstständig denkt und vor allem noch intuitiv wittern kann, um welches Bauwerk es da gerade geht. In diesem Kapitel werden wir über die letzte große genetische Veränderung der Menschheit sprechen und danach die aktuelle Situation beleuchten, die eine nächste große Veränderung mit sich bringen soll, nämlich den Reifeprozess jetzt und in allen zukünftigen Generationen auf Dauer zu verhindern und unsere Drachen in ein künstliches Koma zu versetzten.

Fünf: Auch dein Drache folgt Gesetzen

5a. Gesetze einer erweiterten Realität

In diesem Kapitel geht es darum, welche Auswirkung die Erweiterung unserer Realitätsvorstellung hat und welche Gesetzmäßigkeiten darin gelten, die wir anwenden werden, um bewusst zu erschaffen. Das Gesetz der Anziehung, der Schwingungshöhe, der Fokussierung, der Polarisierung, des Jetzt, der Entropie und schließlich das Gesetz der karmischen Zeit werde ich in Folge kurz vorstellen. Sich näher mit ihnen zu befassen, würde den Rahmen sprengen, dich im bewussten Erschaffen zu unterrichten und durch den Reifeprozess zu führen. Es gibt auch schon viele gute Bücher dazu.

5b. Deine Erfahrungen wollen vollendet werden

In diesem Kapitel beschäftigen wir uns mit den vier Schritten zur Vollendung einer Erfahrung, dem Verstehen, dem Durchfühlen, dem Verantworten und dem Vergeben. Daraus entsteht Weisheit, Freude, Dankbarkeit und Frieden. Ich werbe für die Auflösung des Haufens beim Drachen, was in der Psychologie die Integration des Schattens genannt wird, und erkläre, warum davon unsere positive, freie Zukunft abhängt.

Denn jeder trägt nur dann zum Wohle aller bei, wenn er seine Lebensaufgabe findet und sich ihr von ganzem Herzen widmet. Der kollektive Schatten muss ebenfalls integriert werden, davon hängt der Weltfrieden ab. Mitschöpfer werden in bestimmte Kollektive geboren, weil sie genau diese Aufgabe übernehmen wollten, aus dem Inneren heraus zur Heilung beizutragen.

5c. Das Erschaffen von Wahrscheinlichkeiten

In diesem Kapitel geht es darum, das bewusste Erschaffen von Wahrscheinlichkeiten zu verstehen. Wenn wir wach mit bewusst gleichsetzen, was die meisten Menschen ja tun, dann sind wir auch tagsüber nur ganz selten wach. Während wir in dem einen Moment bewusst wach unser Auto durch den Verkehr steuern, denken wir im nächsten Augenblick schon an Tante Frieda oder den nächsten Urlaub. Dabei geht unser Ich in eine leichte Trance, bleibt sich aber als Ich dennoch bewusst. Wir folgen dem Affengeplapper im Kopf und lassen zu, dass es unsere Erfahrungen erschafft. Unsere Aufmerksamkeit müssen wir uns aber zurückholen, wollen wir bewusst erschaffen. Wir werden lernen, die Impulse unserer guten Absichten von den Fremdsteuerungen zu unterscheiden, so dass sich unser Bewusstsein durchsetzen kann, und kommen auch darauf zu sprechen, dass es unsere Schicksalsgemeinschaft nicht schaffen wird, ihre Freiheit zu behaupten, wenn es uns nicht gelingt, auch den kollektiven Schatten zu integrieren. Es wird außerdem von den zwei Großrealitäten die Rede sein, die sich gerade zu formen beginnen.

Sechs: Dein Drache ist dein bester Freund

6a. Dein Drache ist dein Torwächter

In diesem Kapitel geht es um deinen Drachen und seine Aufgabe als Torwächter. Er sorgt unter anderem dafür, dass deine Schwingungserhöhung, deine Schattenintegration und deine äußeren Umstände aufeinander abgestimmt werden und deine spirituelle Entwicklung deinen Körper nicht gefährdet. Die Religionen, die staatliche Matrix, ja selbst spirituelle Channel spielen sich als äußere Torwächter auf, aber mit ihnen bleibst du fremdbestimmt und weißt nie, ob diese Vertreter irgendwelcher Institutionen schon von der Matrix gekapert, manipuliert, bestochen oder sogar ganz übernommen wurden. Du musst also auch lernen, dich immer wieder selbst zu befreien. Deine Lebensaufgabe will gefunden werden und nur du kannst sie finden. Es geht um deine Komfortzone und wie du von der einen Seite der Menschheit (Service-to-Self, Persönlichkeit und Schatten) zu der anderen Seite (Servive-to-Others, Seelen-Ich und Höchstes Selbst) wechselst und was dies für Auswirkungen auf dein Leben hat.

6b. Der Homo Creativus Pax und die Drachentöter

An anderer Stelle war bereits von den selbsternannten Experten die Rede, die an der Spitze von pyramidalen Strukturen von dem Entwicklungspotential der Menschheit sehr wohl wissen, und die diese Entwicklung auch gerne für sich selbst beanspruchen würden, wenn sie könnten, den anderen aber vorenthalten möchten. Um der alten Machtverhältnisse willen wollen sie verhindern, dass sich die Menschen in ihrer Entwicklung frei entfalten. In diesem Kapitel geht es um Drachentöten, um Ketzer, um den Homo Creativus Pax und sein neues Betriebssystem, den Hive Mind eines Zentralcomputers, um die Linsen, durch die wir Realität erschaffen (Liebe oder Angst), aber vor allem darum, dass du bereits unschuldig, erleuchtet und frei bist, jedenfalls für deinen Drachen.

6c. Erschaffe bewusst mit deinem Gefühl

In diesem Kapitel lernen wir, wie wir mit unserer gefühlten Intuition navigieren, als seien wir ein Meister im Fechten, der in einem Turnier vor allem bewusst wach im Augenblick intuitiv-automatisch handelt. So ist das auch bei einem Meister das bewussten Erschaffens: Der trainiert und trainiert und wenn er sich in einer Situation befindet, in der es auf ihn ankommt, handelt er einfach nur stimmig im Augenblick. Mit unserer intuitiven Seite ist dieser komplexe Vorgang des bewussten Erschaffens mit seinen vielen Variablen nämlich plötzlich ganz einfach. Um das besser zu verstehen, benutzen wir das Bild der Lichtsäule statt der Standleitung zur Quelle. Mit seinem Gefühl navigiert ein Mitschöpfer sein Ich möglichst nach innen in die Mitte und in der Lichtsäule auf einer Spirale aufwärts und vermeidet die Abwärtsbewegung. Mehr ist dann nicht zu beachten.

Sieben: Jetzt räumen wir die Drachenhöhle auf

7a. Wir spielen das Drachen-Mikado

Der Berg, auf dem dein Drachen schläft, können wir uns auch als ein Mikado-Spiel vorstellen: Alle deine unvollendeten Erfahrungen, alle deine Verdrängungen und emotionalen Ladungen liegen jeweils in einem Mikado-Stäbchen vor. Diese Stäbchen ragen deutlich aus dem Haufen Zeugs unter dem Drachen hervor. In diesem Kapitel spielen wir das Drachen-Mikado. Ziel ist es, jedes Stäbchen einzeln, bewusst und vorsichtig unter deinem Drachen hervorzuziehen, ohne ihn schon zu wecken. Denn nur davor hast du Angst: Dass der Kerl wach wird und wild um sich schlägt. Wie man das vorsichtig macht, darüber müssen wir reden. Und mach es jetzt, uns bleibt keine Zeit mehr. Im Drachen-Mikado inventarisierst du deine Schätze und machst sie für dein Leben endlich wieder nutzbar. Sie wandern dann vom Haufen in die Regale und du sammelst dafür Punkte, die du gegen Drachenkraft eintauschen kannst. Lass uns nun also in deiner Drachenhöhle aufräumen.

7b. Das Aufräumen geht weiter

In diesem Kapitel setzen wir das Drachen-Mikado mit den positiven Ladungen fort, sprechen über schamanische Rituale, Werkzeuge wie den Löschungssatz oder Gessners Hut und gehen auf die unterschiedlichen Ausgangssituationen von bereits seelenverschmolzenen Menschen, Persönlichkeitsmenschen und Menschen mit medialen Begabungen ein. Ein Mitschöpfer braucht alle Denkformen, auch das wissenschaftliche Denken, um immer besser und schneller zu erkennen, ob er gerade der Matrix oder der Freiheit dient. Denn in allen Bereichen sind falsche Fuffziger unterwegs. Du lernst wie mit einem Laubbläser deinen Weg vor dir her frei zu blasen und damit deine Schöpfungen noch klarer, reiner und durchsetzungsfähiger zu gestalten. Und du erfährst, warum sich Geschichte wiederholt und was wir da immer noch falsch machen.

7c. Innerer, äußerer und sprachlicher Nippes

In diesem Kapitel untersuchen wir den Einfluss unserer Wohnumgebung und dessen Entsprechung in der Höhle des Drachen sowie den sprachlichen Nippes, denn in unserer Sprache machen wir etwas ganz Ähnliches wie bei der Wohnraumgestaltung. Dabei spiegelt unsere

Umgebung vor allem unsere Persönlichkeit und kann uns mächtig in alte Bahnen und Gewohnheiten zurückziehen oder umgekehrt sogar ermutigen, Zukunft zu gestalten und uns selbst besser kennenzulernen. Wir gehen darauf ein, was all der geschenkte Nippes mit uns macht, und kommen auf den kleinen Unterschied zwischen Mann und Frau zu sprechen. Am Rande streifen wir auch wieder das religiöse Dogma und seine Auswirkung in der Wohnumgebung. Schließlich wird vorgeschlagen, die Wohnumgebung aufzuräumen und sich selbst einer Gehirnwäsche zu unterziehen, um den ganzen Unsinn do-it-yourself raus zu waschen. Und diese Wäsche geht auch keinen sonst was an!

Acht: Das Krafttraining für Drachenmeister

8a. Drachenkraft für deinen Körper

In diesem Kapitel sprechen wir über die Unterschiede verschiedener biologischer Menschenkörper in unterschiedlichen Stadien des Reifeprozesses und welche Auswirkungen sie auf die zur Verfügung stehende Lebenskraft haben. Wir schauen uns den Kraft-Aspekt näher an und reden zum Beispiel über die nächtliche Aufladung, den Tod des Ich, Chi und Social Distancing. Wir lernen andere Interpretationen von Krankheitssymptomen kennen und erfahren, dass unser Körper ein wunderbares Feedbacksystem für das bereithält, was in unserem Bewusstsein dringend geklärt und vollendet werden müsste. Und natürlich grenzen wir die Einflussnahme der Matrix ab und lernen sie bewusst zu verhindern.

8b. Die Aura und die Drachenkraft

Die energetische Wechselwirkung mit unserer Umgebung verdient eine nähere Betrachtung. Unser Körper und wie wir mit ihm umgehen und ob wir dabei mehr Energie generieren oder nur Energie verlieren, ist entscheidend für unsere Potenz zu erschaffen. Unsere Aura kann sich entweder so benehmen, dass sie uns zum Opfer jeder energetischen Auslaugung macht, oder dass sie dazu beiträgt, laserscharf zu manifestieren. In diesem Kapitel spreche ich über unser Verhalten in der Natur und in einer künstlichen Umgebung, den Einkauf, eine Hundeauslaufstrecke, die Aura-Grenze und deren Aura-Fortsätze, hyperaktive Kinder, die energetische Müllentsorgung und über die besten Werkzeuge, um in jeder Situation einfach du selbst zu bleiben und deine Kraft zu behalten oder sogar noch zu verstärken. Wobei du gleichzeitig den anderen die Chance gibst, ebenfalls ihre Muster zu transformieren. Jede Situation wird dann zu einem Trainingsfeld für Mitschöpfer mit dem Ziel, die Kraft zu behalten und zu vermehren, ohne sie anderen Menschen zu stehlen oder sich selbst fremdbestimmen zu lassen.

8c. Die Macht der Gewohnheiten nutzen

Deine Gewohnheiten sind mächtige Einflussfaktoren für dein Leben, sie sind zu einem Drittel für deine Neuschöpfungen verantwortlich, die du unbewusst automatisch und ganz ohne Drachenträume weiter erzeugst. Die anderen beiden Drittel teilen sich deine bewussten Absichten mit deiner gewohnten, gestalteten Umgebung (Feng-Shui). Auch mit deinen Gewohnheiten erschaffst du eine stabile Fortsetzung deines Lebens so automatisch, dass du in der Regel nicht einmal merkst, dass du auch ganz andere Erfahrungen machen könntest: Solche, die du als gut oder sogar viel besser bewerten würdest, und solche, die du als schlecht oder gefährlich einstufen und unbedingt vermeiden wolltest. Du hast sicher auch bereits Gewohnheiten mit viel Willenskraft zu verändern versucht, oft verbunden mit guten Vorsätzen fürs neue Jahr, oder für einen anderen Neubeginn. Du hast dabei die Macht deine Gewohnheiten erfahren, denn sie haben ein eigenes Kraft-Momentum: Wie eine schwere Lokomotive walzen sie alles nieder, was sich ihnen in den Weg stellt und rollen automatisch auf den alten Gleisen weiter. Das Bild trifft den Sachverhalt sehr gut: Du kannst eine fahrende Lokomotive nicht einfach auf ein neues Gleis setzen, die Kraftanstrengung für Bremsung und Aushebelung ist einfach zu groß. Du brauchst eine Weiche, weit genug in der Zukunft, damit du Zeit hast, die neuen Gleise zu verlegen. Erst dann lohnt es sich, die Weiche umzuschalten.

8d. Hol dir deine Kraft zurück

In diesem Kapitel geht es darum, wie du deine Kraft zurückholst und dazu musst du erst einmal erkennen, in welchen Kanälen sie versickert. Und es geht auch um schädliche Fehlinterpretationen deiner körperlichen Symptome, die einzig deine Selbstheilungskräfte ausschließen. Du brauchst deine ganze Lebenskraft für deinen eigenen Reifeprozess, denn was nützt dich deine Freiheit als Mitschöpfer, wenn dein Körper hier nicht mehr mitspielen darf. Du brauchst vor allem Zugang zu deiner bisher nicht genutzten Drachenkraft, die du von der Matrix abschöpfen lässt, noch bevor sie in deinem Leben eintrifft und sichtbar wird. (Wie du sie dir von deinen Mitmenschen abziehen lässt, darauf kommen wir im neunten Großkapitel). Der größte Teil deiner Kraft fließt in die verschiedensten Windmühlen der Matrix und in deren Bekämpfung. Dann bist du beschäftigt wie Don Quijote und lernst nie, wo der echte Hebel ist, um deine Welt aus den Angeln zu heben und zum Besseren zu ändern. Die Matrix bietet dir ein reiches Betätigungsfeld mit allerhand Regelwerk, Initiativen, Institutionen, Religionen, Vereinen und kulturellen Angeboten, dich zu engagieren und dein Bedürfnis nach Nähe zu erfüllen, und die wurden alle im Jahr 2020 erheblich in Frage gestellt.

Neun: Geh in Klausur mit deinem Drachen

9a. Dein Besuch beim Drachen

Was können wir alles tun, um mit unserem Unbewussten ins Gespräch zu kommen? Ich empfehle die Einrichtung einer Meditationsecke und ihre regelmäßige Nutzung, gebe Beispiele aus meiner eigenen Erfahrung und stelle zahlreiche andere Methoden kurz vor, die dir helfen werden, dir deinen eigenen Weg der Aufklärung im Internet vor dir her zu erschaffen. Lerne und trainiere – vor allem Meditieren. Jeder künstlerische Prozess kann mit der entsprechenden Absicht dazu verwendet werden, dass du etwas ganz Großes erschaffst: Das beste Bild, ein wundervoller Song usw. Ist deine Inspiration nah an deinem eigenen Höheren Selbst angesiedelt, drückt sich die Quelle selbst in deinen kreativen Werken aus, sie beginnen, andere zu stimulieren und deren Schwingung anzuheben. Auf jeden Fall beginnen sie, mit dir zu ‚sprechen'.

9b. Befreie deine Beziehungen

Auch wenn der Haufen beim Drachen aufgelöst und das Tor freigegeben und die Standleitung von der Göttlichen Arterienverkalkung befreit wurde, fließt deine Lebenskraft noch nicht so kraftvoll in deine eigenen Schöpfungen, wie sie könnte, denn sie versickert unbewusst vor allem in deinen Beziehungen. Deshalb geht es in diesem Kapitel um Beziehungen. Mit deiner Energie werden durch deine Beziehungen eventuell Sachen erschaffen, die du bewusst so nie haben wolltest. Du fällst auf Muster des Energieraubs herein oder entdeckst sogar, dass du selbst der bessere, der perfekte Energieräuber bist. Beziehungen können dich sogar über Mobbing oder Burnout total erschöpfen, so dass du zusammenbrichst. Willst du deinen Reifeprozess anstoßen, durchlaufen und vollenden, dann brauchst du all deine gesammelte Energie und darfst sie dir nicht mehr stehlen lassen. Und zum Wohle aller darfst du sie auch selbst nicht mehr stehlen. Du wirst dazu übergehen, deine Aufmerksamkeit freiwillig und gezielt dort zu geben, wo es zum Wohle aller ist, wo es deinen Absichten entspricht und wo das Potential besteht, aus den automatischen Mustern aufzuwachen.

9c. Beziehungen in der Matrix

In diesem Kapitel geht es um unsere horizontale und vertikale Vernetzung in Persönlichkeits-Beziehungen und darum, wie Beziehungen uns nähren, uns aber auch mit der Matrix verbinden und recht viel Energie kosten, vor allem, wenn sie sich wie die ‚Agenten Schmidt' benehmen. Ich spreche über das Isaak-Syndrom und den Verlust von Urvertrauen als erste Trennung von der Seele, und darüber, dass die Gedanken zwar immer noch frei aber meistens nicht unsere eigenen sind. Ich schlage vor, die Gedanken zurück an den Absender zu schicken, so rein experimentell, um zu schauen, was wirklich meine sind, denn die kommen dann ja wieder zu mir zurück. Die Folgen der existentiellen Bedrohung im Jahr 2020 kommen zur Sprache und wir bemühen dafür auch Erfahrungen aus der Geschichte. Des Weiteren geht es um Netze, die langfristig ausgelegt und dann wieder eingeholt werden, eine Phase, in die wir gerade eingetreten sind.

9d. Das Retreat – drei Tage und drei Fragen

In diesem Kapitel gehst du in Klausur mit dir selbst, ein letzter Schritt, bevor es ernst wird. Du trainierst, dich innerlich leer zu halten, deine Schwingung zu erhöhen und dich als Mitschöpfer souverän im Fließgleichgewicht zu halten. Du übst, mit deinen Gedanken und Gefühlen verantwortlich umzugehen und erfährst mehr über dein

Beziehungsgeflecht in der Matrix. Der Nutzen eines solchen Rückzugs ist vielschichtig, du wirst auf jeden Fall davon profitieren. Und es gibt schon erste Hinweise, was nach der Prüfung auf dich zukommt. Sei sorgfältig in der Wahl des richtigen Zeitpunkts in deinem Leben und in der Wahl des Ortes, und schieb es nicht auf die lange Bank, die Zeit drängt.

Zehn: Die Prüfung zum Drachenmeister

10a. Die Checkliste – bist du bereit?

In diesem Kapitel geht es um die Formulierung deiner Anmeldung zur Meisterprüfung, in der du alles anwenden wirst, was du gelernt und trainiert hast. Wir gehen noch einmal den Prozess durch: spirituelle Vorphase, Seeleneinschmelzung, Standleitung hochklettern, Einschmelzung des Höchstens Selbst, Meisterschaft. Und wir überprüfen mit in einer Checkliste, ob du bereit bist: Schwingung halten, Grundgefühl, Gefahr des Durchknallens, Stimmigkeit, Drachensprache, befreite Drachenkraft, Eigentumsrechte, Souveränität, Kündigung überholter Verträge, Eigenverantwortung, Fokus, Gedanken und Gefühle kontrollieren und die drei Schritte nach Magenta Pixie und Laura Eisenhower.

10b. Jetzt wecke deinen Drachen!

Du bist nun bereit dich zu entscheiden. Ein paar letzte Anmerkungen und Anmahnungen fehlen noch: Dein bestes Ich und die Linse der Angst und der Liebe kommen erneut zur Sprache, der Tunnelblick von 2020, eine bessere Entwicklungshilfe, die Super-Programmierung für alle galaktischen Nerds und die genetischen Codes. Es werden die beiden Alternativen noch einmal verdeutlicht, zwischen denen du dich entscheidest, selbst wenn du dich nicht entscheidest. Es geht außerdem um den Impulsantrieb und den Energy-Drink und das Umschalten der Gefühle. Und wie du aus einem Ärger kraftvoll hervorgehst. So. Nun erkläre deine Meisterschaft.

10c. Die Werkzeugkiste

Alle Werkzeuge des Buches, zusammengefasst

Wir sehen uns.

Möge die Macht mit dir sein!

Über die Autorin

Geb. 1953 in Idar-Oberstein, zwei Kinder und zwei Enkel.
Filzkünstlerin, Autorin und Coach

Beruflicher Werdegang in Stichworten:

- Abitur 1971 am Gymnasium an der Heinzenwies in Idar-Oberstein
- Grund- und Hauptschullehrerin für Mathematik und Arbeitslehre (Textil & Hauswirtschaft & Wirtschaftskunde)
- Zusatzqualifikation für Wirtschafts- und Sozialkunde an Realschulen, 12 Jahre Berufspraxis an einer Realschule in Mainz
- zusätzliche Berufsausbildung in Mediation, Praxis als Schul-Mediatorin
- insgesamt 25 Berufsjahre an Grund-, Haupt-, Real-, Gesamt- und Sonderschulen in Mainz, Idar-Oberstein und Berlin
- Upgrade zur Sonderschullehrerin für Lernen und Verhalten durch Zweitstudium an der Humboldt Universität Berlin (1996 - 1999)
- Berufspraxis an der Sonderschule Berlin-Pankow und an einer Grund- und Sonderschule in Berlin-Schöneberg (Friedenau, soziale Brennpunktschule)
- 2003 Ausscheiden aus dem aktiven Dienst

Psychologisch-spiritueller und energetischer Werdegang

- ab den 1990er Jahren parallel dazu internationale Friedensprojekte, Earthstewards Network, diverse weitere Ausbildungen
- Anleiterin des Seminars „The Art of Living in Peace“ nach Pierre Weil (Friedens-Universität Brasilien)
- Anleiterin des Seminars „Essential Peacemaking/Women and Men“ nach Danaan Parry und Jerilyn Brusseau (Earthstewards Network)

- Seminarleiterin in der Erwachsenenbildung (kreative Konfliktlösung, Mann-Frau, Spiritualität und Bewusstsein)
- zusätzliche Berufsausbildung in Rebirthing
- Reiki-Lehrerin, Lightarian Einweihungssystem, Magnified Healing, Dracheneinweihungen
- Drachenweg in die Meisterschaft, tägliches Einzelcoaching durch den Aufgestiegenen Meister Sanat Kumara (in meiner Rolle als Schüler, Lehrer, Meister und Freund) ab 2000
- autobiografische Beschreibung von Bewusstseinsveränderungen ab 2006
- die Aufgestiegene Meisterin Bluestar /Stardust meldet sich als mein Höchstes Selbst. Sie inspiriert und fördert auch Millionen andere kreative Menschen weltweit. Ich bin ihre vollständige Verkörperung. In der Bluestar-Prophezeiung der Hopi erkenne ich mich 2014 wieder und akzeptiere meine Rolle, öffentlich in Erscheinung zu treten, wenn das Ende der alten Welt anbricht (was ich hiermit tue).
- Mit diesem Buch will ich meine Lebensaufgabe erfüllen und mit unzähligen anderen Mitschöpfern zusammen den Himmel auf Erden erschaffen, und die Menschen sicher durch die kommenden Umwälzungen hindurchführen...

Künstlerisch-kunstgewerblicher Werdegang in Stichworten:

- mein ganzes Berufsleben begleitend: Puppenmacherin Stoffpuppen, Keramikpuppen, Cernitpuppen, Marionettenbau, Handpuppen
- Plastiken und Tiere in Filz, ab 2005
- Lichtfilzlinge und Meisterdrachen und Bücher über die paranormalen Abenteuer mit ihnen

Wie nutzt du dieses Buch am besten?

Um den Prozess zu vollenden, solltest du das Buch einmal von Anfang bis Ende durchlesen, das genügt.

Ich bin mir bewusst, wie umfangreich das dicke Buch für dich erscheint, und das wirkt erst einmal abschreckend. Doch um der Vollständigkeit willen ging es nicht anders. Je nachdem, wo du im Reifeprozess schon stehst, wirst du aber vieles einfach überspringen können.

Du kannst dir als zukünftiger Mitschöpfer auch deinen Weg durch das Buch ideal erschaffen: Habe die Absicht, dass du im idealen Timing zu den idealen Textpassagen und Seiten geführt wirst, um deinen Prozess möglichst schnell, sicher und mit Spaß zu durchlaufen. Entscheide dich dazu. Danach schlage das Buch zufällig auf und du erwischst immer die Seite, die dir heute etwas zu sagen hat.

Gib deinem eigenen Höchsten Selbst auf diese Weise die Chance, dich an die Hand zu nehmen. Und alles fließt dir zu in wunderbarer Leichtigkeit und Freude...

Bücher, bisher erschienen:

- **Hurra, die Lichtfilzlinge kommen!** – 2008 / 2019 Band 1 der Lichtfilztrilogie
- **Licht am Ende vom Filz** – 2008 / 2019 Band 2 der Lichtfilztrilogie
- **Die Weltsicht einer Puppenmacherin** – 2008 / 2019 Band 3 der Lichtfilztrilogie
- **Mein Drache frisst gern Pizza** – 2017 innerer Drachenweg
- **Reich mir den Apfel, Eva!** – 2017 äußerer Drachenweg
- **Fröhlich durch den Weltuntergang** – 2018 Die Bluestar Prophezeiung enträtselt / eine sichere Passage erschaffen
-

Alle Bücher sind als E-Book und als Taschenbuch im Handel erhältlich. ISBN-Nummer und Infos auf meiner Webseite:

http://Juliannebecker.de

Kontakt über E-Mail:
Lichtfilz@gmail.com

ISBN 978-3-7531-5761-0
9 783753 157610 00001
www.epubli.de

Printed in Poland
by Amazon Fulfillment
Poland Sp. z o.o., Wrocław

70781381R00383